Politik – verstehen und handeln

Politik/Wirtschafts- und Sozialkunde für die berufliche Schule

von

Ralf Dietrich, Berlin
Dunja Neumann, Wilhelmshaven
Markus Sennlaub, Hanau
Gesche Thikötter, Berlin
Martina Woitas, Gera

12., aktualisierte Auflage

Handwerk und Technik ▪ Hamburg

Agentur für Erneuerbare Energien, Berlin: S. 305

akg-images GmbH, Berlin: S. 92; 94; 126/a,b; 128; 225/3; 225/4 (Horst Maack); 225/5; 226/1; 237/1; 242/2,3; 243/1,2 (Horst Maack); 245; 246; 257; 258/2

Alamy Ltd., Oxon, Großbritannien: S. 232/1 (Pictorial Press Ltd); 232/2 (Photo 12); 256/1 (bilwissedition Ltd.)

Axel Springer Syndication GmbH - ullstein bild, Berlin: S. 249/1; 256/2

Bergmoser + Höller Verlag AG, Aachen: S. 7; 41; 59/1; 75; 84/5; 86; 97; 98; 130/5; 165; 185; 192/2; 197/1,2; 199; 201; 202; 203; 210/2; 238/2; 239/1,2; 243/3; 249/2; 250/2; 259; 260/2; 261; 264/2; 280; 306

Bertelsmann Stiftung, Gütersloh: S. 170/1

Bildarchiv Preußischer Kulturbesitz, Berlin: S. 126/c; 127/2; 238/1 (© A. Paul Weber/ VG Bild-Kunst, Bonn, 2022); 247/2 (Kunstbibliothek, SMB/Knud Petersen)

Bundesverband der Deutschen Volksbanken und Raiffeisenbanken - BVR, Berlin: S. 66/2

Charta der Vielfalt e. V., Berlin: S. 146/2

ddp images GmbH, Hamburg: S. 138 (dapd/Norbert Millauer)

DIN Deutsches Institut für Normung e. V., Berlin: S. 44

dpa-Picture-Alliance GmbH, Frankfurt am Main: S. 1/1 (Patrick Seeger/dpa -Report); 16 (Infografik); 20 (Infografik); 21 (Infografik); 36 (Infografik); 42 (Infografik); 49/4 (Wolfgang Thieme/dpa-Report); 64 (picture alliance/SULUPRESS.DE); 65 (Infografik); 70/1,2 (Infografik); 72 (Infografik); 77 (Waltraud Grubitzsch/ dpa-Report); 81/1,2 (Infografik); 84/1 (Daniel Kalker); 84/2 (Sebastian Kahnert/ dpa-Zentralbild); 84/3 (Winfried Roth/picture alliance); 84/4 (Revierfoto); 96 (Infografik); 103/5 (Zentralbild); 104 (Infografik); 106 (Infografik); 114/1-3 (Infografik); 116/2 (Infografik); 117 (Zentralbild); 118 (Arco Images/picture alliance); 136 (Infografik); 143/1 (Zentralbild); 149/1 (Christophe Gateau/ picture alliance); 149/2 (Neil Hall/REUTERS/picture alliance); 156/2 (Infografik); 157 (Infografik); 162/1 (Infografik); 164 (Infografik); 168/2 (Infografik); 175/1 (picture alliance); 175/3 (Helga Lade Fotoagentur); 176/2 (picture alliance); 178/1 (dieKLEINERT.de/Martin Erl); 178/2 (Infografik); 180/1 (picture alliance/ imageBROKER); 189 (Infografik); 196/2 (Infografik); 206 (dieKLEINERT.de/ Kostas Koufog); 213/1 (Infografik); 216/1 (dieKLEINERT.de/Kostas Koufog); 217 (Infografik); 218 (dieKLEINERT.de/Kostas Koufog); 219/1 (nordphoto GmbH/ Hafner); 219/2 (Infografik); 222/1 (Marcel Kusch); 225/6 (akg-images); 226/2 (picture-alliance/akg-images); 228 (picture-alliance/akg-images); 229/1 (picture-alliance/akg-images); 236/1 (picture alliance); 236/2 (picture alliance); 237/2 (picture-alliance/akg-images); 240 (Infografik); 242/1 (picture-alliance); 244/1; 244/2 (akg-images); 247/1 (akg-images); 250/1 (picture alliance); 267 (Infografik); 269 (Infografik); 273 (Infografik); 274 (Infografik); 277/4 (Abdelhamid Kalai); 277/5 (ZB Fotoreport); 282/2,3 (Marek M. Berezowski / Anadolu Agency), 283 (EPA/STR); 287 (Infografik); 292/2 (dpa-Report); 293/1 (JEWEL SAMAD/picture alliance); 293/2 (Infografik); 295/2; 307/1 (dpa-Report); 307/2 (Kerem Kocalar/AA/ ABACAPRESS.COM); 308/2 (picture alliance)

DW (Deutsche Welle), Bonn: S. 299

Eimsbütteler Turnverband e. V., Hamburg: S. 50/4

Europäische Kommission, Brüssel, Belgien: S. 304/2

FAZ.NET/Statista (Lizenz: CC BY-ND 3.0): S. 182/2

FC St. Pauli, Hamburg: S. 50/3

Gay, Claude-Bernard, Hamburg: S. 26; 27

iStockphoto, Berlin: S. 45/5 (frankoppermann); 131/1 (CasarsaGuru); 134/2 (Media Raw Stock); 166/1 (g-stockstudio); 180/2 (simpson33)

Janson, Jürgen, Landau: S. 272

Koufogiorgos, Kostas, Stuttgart: S. 286/1

Krüper, Werner, Fotografie, Steinhagen: S. 110/1; 111/2; 116/3

KV-media - Eine Marke der atacama KV Software GmbH & Co. KG, Bremen: S. 111/1

Lang, Ernst Maria: S. 258/3

mauritius images GmbH, Mittenwald: S. 91/1,2 (World Book Inc.); 182/1 (dieKleinert/ Kostas Koufogiorgos); 225/1 (World Book Inc.); 237/2 (World Book Inc.); 258/1 (Alamy/David Cole); 258/4 (Alamy/Cola Images); 268 (dieKleinert/Martin Guhl); 270 (Alamy/Stelios Michael)

Medienpädagogischer Forschungsverbund Südwest (mpfs), Stuttgart: S. 171; 177

Mester, Gerhard, Wiesbaden: S. 153; 262; 313

Mohr, Burkhard, Königswinter: S. 112/1; 140; 196/1; 265

obs/Ipsos GmbH, Hamburg: S. 155

Plaßmann, Thomas, Essen: S. 115; 285; 298

Schoenfeld, Karl-Heinz, Potsdam: S. 216/2

Shell Deutschland GmbH, Hamburg: S. 154/2

Shutterstock Images LLC, New York, USA: S. 8 (Iakov Filimonov); 43 (Bonezboyz); 45/4 (Parkin Srihawong); 50/1 (foto-select); 50/2 (360b), 50/5 (Borisb17); 103/1 (MilanMarkovic78); 116/1 (nitpicker); 130/1 (sirtravelalot); 130/2 (Milkovasa); 130/3 (sirtravelalot); 130/4 (arepaStock); 131/2 (Dmitry Kalinovsky); 134/1 (Zapp2Photo); 146/1 (GraphicPapa); 148 (Robert Kneschke); 152/1 (frescomovie); 152/4 (VoodooDot); 154/1 (maramorosz); 184 (Uncle Leo); 229/2 (Kamil Zelezik); 277/2 (punghi); 295/1 (Juliann); 296 (wavebreakmedia); 297 (Pressmaster)

Sinus Markt- und Sozialforschung GmbH, Heidelberg: S. 145

Spehzies Illustration, Hamburg: S. 2; 6; 14; 22; 38; 40; 54; 56; 60; 74; 108/1,2; 120; 122; 150; 156/1; 160; 176/1; 188; 190/1; 192/1; 198; 204; 208; 210/1; 212; 220; 248; 260/1; 264/1; 282/1; 284; 288/1; 290; 292/1; 300; 301; 308/1; 309

Statistisches Bundesamt: S. 190/2

stock.adobe.com: S. 1/2 (motorradcbr); 1/3 (Helmut Brands); 1/4 (Franz Pfluegl); 1/5 (Rich Yasick); 1/6 (Lucky Dragon); 49/1 (MUJKA); 49/2 (Haramis Kalfar); 49/3 (Uolir); 49/5 (sculpies); 49/6 (GaToR-GFX); 80 (Benicce); 103/2 (Irina Fischer); 103/3 (pressmaster); 103/4 (roboriginal); 103/6 (Michael Flippo); 143/2 (Syda Productions); 143/3 (Qujas); 143/4 (Sandor Jachal); 143/5 (Bernd Leitner); 143/6 (Kzenon); 152/2 (Syda Productions); 152/3 (Kzenon); 166/2 (dalaprod); 166/3 (Robert Kneschke); 175/2 (Marc Wendland); 175/4 (photocrew); 175/5 (Michael Homann); 175/6 (KD-Photo); 255/1 (Michael Schmehling); 255/2 (Sven Hoppe); 255/3 (Tuffi); 255/4 (Franco Visintainer); 255/5 (morganimation); 255/6 (Heino Pattschall); 277/1 (Karsten Koehler); 277/3 (Nejron Photo); 277/6 (Lucaluf)

Stuttmann, Klaus, Berlin: S. 112/2; 172; 179

Süddeutsche Zeitung Photo, München: S. 127/1; 225/2; 239/3

toonpool.com GmbH, Berlin: S. 46 (Jan Tomaschoff)

VDE Prüf- und Zertifizierungsinstitut GmbH, Offenbach: S. 45/1,2

ver.di Landesbezirk Baden-Württemberg, Stuttgart: S. 30

Verlag Handwerk und Technik GmbH, Hamburg: S. 66/1; 133

wikipedia.org (Public-Domain/gemeinfrei: Knötel 1857-1914): S. 294

ISBN 978-3-582-74132-5 Best.-Nr. 1835

Verlag Handwerk und Technik GmbH,
Lademannbogen 135, 22339 Hamburg; Postfach 63 05 00, 22331 Hamburg – 2023
E-Mail: info@handwerk-technik.de – Internet: www.handwerk-technik.de

Illustrationen: Bernhard Speh, Hamburg
Umschlagsmotive: AdobeStock © www.stock.adobe.com: Brandenburger Tor © Tetastock, Berlins Skyline mit Fernsehturm © Tetastock, Bernhard Speh, Hamburg
Gestaltung und Satz: Roman Bold & Black, Köln
Druck: Himmer GmbH Druckerei & Verlag, 86167 Augsburg

VORWORT

Politik – verstehen und handeln ist für den Politik-/Wirtschafts- und Sozialkundeunterricht an der beruflichen Schule konzipiert. Das Buch vermittelt ein solides Grundwissen für die Auseinandersetzung mit politischen, wirtschaftlichen, sozialen und kulturellen Ereignissen.

- Die einzelnen Lehrplaninhalte sind in den Kapiteln nach dem Doppelseitenprinzip gegliedert. Eine Doppelseite beinhaltet ein Thema, das in einer Unterrichtseinheit bearbeitet werden kann, und ermöglicht einen gezielten Zugriff auf Themenbereiche im aktuellen kompetenz-, handlungs- und ereignisbezogenen Politikunterricht.

- Die einzelnen Themen werden aus einer schülernahen Perspektive aufgegriffen, die den beruflichen und schulischen Rahmen berücksichtigt.

- Komplexe Zusammenhänge werden ausführlich dargelegt und durch eine Vielzahl von Abbildungen erläutert.

- Durch Verweise und Zusatzinformationen in den Randspalten werden die Zusammenhänge innerhalb einzelner Themen verdeutlicht und mit anderen Themenbereichen verknüpft.

- Jedes Unterkapitel enthält einen abschließenden Aufgabenblock, der sich aus Wiederholungsaufgaben zur Stofffestigung und weiterführenden Aufgaben zusammensetzt, die auf die Entwicklung der Urteils- und Entscheidungsfähigkeit der Lernenden abzielen.

- Jedes Hauptkapitel schließt mit einer Methodenseite, z.B. Debatte, Informationsbeschaffung/Recherche, Referat, Wandzeitung usw., ab.

- Ein umfangreiches Sachwortverzeichnis mit mehr als 1700 Stichwörtern hilft, gezielt nach Inhalten zu suchen.

- Alle Inhalte, Themenbereiche und Prüfgebiete, die in der Abschlussprüfung vorkommen können, sind enthalten.

In diesem Buch sind übrigens immer alle Geschlechter gemeint: Das gilt, wenn männliche und weibliche Formen oder umfassende Formen wie „Auszubildende" genannt werden. Das gilt auch, wenn manchmal wegen der besseren Lesbarkeit nur eine weibliche oder nur eine männliche Form verwendet wird.

Politik verstehen und handeln ISBN 978-3-582-74132-5

Politik verstehen und handeln ISBN 978-3-582-74132-5

Bundeszentrale für politische Bildung (1996) (Hrsg.): *Entwicklungsländer*. Information zur politischen Bildung, Nr. 252. **S. 310**

dpa-Newskanal (2014): *Studie: Jugendliche Intensivtäter bleiben nicht kriminell*. In: Süddeutsche Zeitung, 22.05.2014. Unter: https://www.sueddeutsche.de/panorama/kriminalitaet-studie-jugendliche-intensivtaeter-bleiben-nicht-kriminell-dpa.urn-newsml-dpa-com-20090101-140522-99-06274 [07.03.2022]. **S. 164**

Fischermann, Thomas (2011): *Mikrodarlehen – Kredit und Misskredit*. In: Die Zeit, 20.04.2011. Unter: https://www.zeit.de/2011/17/DOS-Mikrokredit-Kasten [05.04. 2022]. **S. 311**

Galen, Clemens August Kardinal von (1941): *Predigt vom 13. Juli 1941*. In: Galen, Clemens August Kardinal von: *Predigten in dunkler Zeit*. Unter: https://web.archive.org/web/20111125071851/http:/kirchensite.de/fileadmin/red/pdf_downloads/aktuelles/Predigt_Galen_Deutsch.pdf [07.03.2022]. **S. 237**

Marschall, George C. (1947): *Der Marshall-Plan. Aus der Rede des amerikanischen Außenministers George C. Marshall an der Harvard-Universität, 5. Juni 1947*. In: Europa-Archiv, 2. Jahr, 1947, S.821. **S. 246**

Medienmitteilung der Universität Basel (2008): *Umweltgift schwächt das menschliche Immunsystem*. In: Homepage der Universität Basel. Unter: https://www.unibas.ch/de/Aktuell/News/Uni-Research/Umweltgift-schw-cht-das-menschliche-Immunsystem.html [05.04. 2022]. **S. 302**

Michalka, Wolfgang (Hsg.): *Das Dritte Reich. Dokumente zur Innen- und Außenpolitik*. Band 1. München: Deutscher Taschenbuchverlag, 1985. **S. 231**

Spiegel Online, 25.12.2022: *Jeder zweite Jugendliche macht Erfahrungen mit Cybermobbing*. Unter: https://www.spiegel.de/netzwelt/barmer-jugendstudie-jugendliche-erleben-immer-haeufiger-cybermobbing-a-28f02619-dec7-4afb-bad6-eea321664e2e [22.05.2023] **S.179**

Lehming, Malte (2019): *War die DDR ein Unrechtsstaat? Ein Wort, das trifft;* in: www.tagesspiegel.de vom 08.10.2019; entnommen: 22.06.2023 **S. 253**

Preker, Alexander (2022): *In der Coronawelle etwas mehr Arbeitslose in Deutschland*. In: Der Spiegel, 04.01.2022. Unter: https://www.spiegel.de/wirtschaft/unternehmen/bundesagentur-fuer-arbeit-zahl-der-arbeitslosen-steigt-in-corona-welle-quote-bei-5-1-prozent-a-d5c7562e-b767-47d3-9532-7d2a56d42ce3 [04.04.2022]. **S.138**

Schadt, Jörg (1976): *Verfolgung und Widerstand unter dem Nationalsozialismus in Baden. Die Lageberichte der Gestapo und des Generals*. Stuttgart: Kohlhammer Verlag. **S. 230.**

Sobotta, Joachim (1985): *Vortrag (Auszug) am 7. Mai 1985 in Krefeld*. Düsseldorf: Rheinische Post. **S. 238.**

Steinhaus, Ingo (2018): *Im Märzen der Bauer das IoT anspannt*. In: IT-Zoom. World of Technology, 22.02.2018. Unter: https://www.it-zoom.de/mobile-business/e/im-maerzen-der-bauer-das-iot-anspannt-19164/ [07.03.2022]. **S. 132**

Techbook, 19.07.2017: *Wann zahlt die Haftpflichtversicherung für ein kaputtes Handy?* Unter: https://www.techbook.de/mobile/haftpflichtversicherung-kaputtes-handy-display-smartphone [05.04.2022]. **S. 124**

Flüchtlingskrise Mittelmeer – Flucht nach Europa; aus: UNO Flüchtlingshilfe: https://www.uno-fluechtlingshilfe.de/hilfe-weltweit/mittelmeer. Entnommen: 15.05.2023 **S. 306**

Töpper, Verena: (2020): *Nach Sturm „Sabine" - diese Rechte haben Arbeitnehmer*. In: Der Spiegel, 10.02.2020. Unter: https://www.spiegel.de/karriere/chaos-nach-sturm-sabine-diese-recht-haben-arbeitnehmer-a-2b8d62f6-5577-4b3b-851c-0bc79314014d [05.04.2022]. **S. 12**

Weiße Rose Stiftung e. V.: *VI. Flugblatt der Weißen Rose (1943)*. Unter: https://www.weisse-rose-stiftung.de/widerstandsgruppe-weisse-rose/flugblaetter/vi-flugblatt-der-weissen-rose/ [07.03.2022]. **S. 236**

Zimmermann, Torsten (2017): *Industrie 4.0 – 4 Anwendungsbeispiele aus der Praxis (Auszug)*. In: business-wissen.de, 02.05.2017. Unter: https://www.business-wissen.de/artikel/industrie-40-4-anwendungsbeispiele-aus-der-praxis/ [27.03.2022]. **S. 132**

Politik verstehen und handeln ISBN 978-3-582-74132-5

1

BERUFS- UND ARBEITSWELT

Politik verstehen und handeln ISBN 978-3-582-74132-5

1.1 ARBEITSRECHT

1.1.1 Die Berufsausbildung

Hinweis:
Wesentliche Rechtsgrundlagen für die Berufsausbildung:
- das Berufsbildungsgesetz (BBiG)
- das Jugendarbeitsschutzgesetz
- das Berufsbildungsförderungsgesetz
- die Handwerksordnung
- die Ausbilder-Eignungsverordnung
- die Liste der staatlich anerkannten Ausbildungsberufe

Diese Rechtsgrundlagen können auf der Internetseite des Bundesministeriums für Bildung und Forschung unter dem Titel „Ausbildung und Beruf" kostenlos heruntergeladen werden:
www.bmbf.de/publikationen

Das **duale System** gilt für die meisten handwerklichen, kaufmännischen und gewerblich-technischen Ausbildungen sowie für verschiedene Ausbildungen im öffentlichen Dienst.

BBiG: Berufsbildungsgesetz

HwO: Handwerksordnung
JArbSchG: Jugendarbeitsschutzgesetz

Das duale Berufsausbildungssystem

Mit dem Schulabschluss ist die Vollzeitschulpflicht im Normalfall absolviert; nun stellt sich die Frage nach der beruflichen Orientierung, mit der auch die Teilzeitschulpflicht (Berufsschulpflicht) erfüllt werden kann.
Rund die Hälfte der Schulabgänger entschließt sich für eine Berufsausbildung im **dualen Ausbildungssystem**, d. h.: arbeiten im Betrieb – lernen in der Berufsschule. Der Betrieb vermittelt die praktischen Kenntnisse und Fertigkeiten, parallel dazu besteht die gesetzliche Pflicht zum Besuch der Berufsschule.

Geregelt wird die Berufsausbildung durch das **BBiG**, Ergänzungen finden sich zusätzlich in der **HwO** und im **JArbSchG**. So dürfen Jugendliche unter 18 Jahren nur in einem der zurzeit ca. 325 anerkannten Ausbildungsberufe ausgebildet werden. Die Ausbildung nach der erlassenen Ausbildungsordnung garantiert dabei bundeseinheitlich gleiche Ausbildungsinhalte. Sie muss mindestens folgende Inhalte besitzen:
- die genaue Berufsbezeichnung,
- die Dauer der Ausbildung,
- das Berufsbild (Überblick über die Kenntnisse, Fähigkeiten und Fertigkeiten, die erworben werden),
- den Ausbildungsrahmenplan (Beschreibung des Berufsbildes und zeitlicher Ablauf) und
- die Prüfungsanforderungen (Inhalte, Form und Organisation der Prüfung).

Duales System

Betrieb
- für die praktische Ausbildung zuständig
- Verantwortlichkeit liegt bei den einzelnen Kammern, z. B. IHK oder HK
- die gesetzliche Absicherung erfolgt durch das BBiG

Berufsschule
- für die Vermittlung theoretischer Grundlagen zuständig
- die Verantwortung trägt das Kultusministerium des entsprechenden Bundeslandes
- die gesetzliche Grundlage ist das Schulgesetz (SchG) des entsprechenden Bundeslandes

Politik verstehen und handeln ISBN 978-3-582-74132-5

Um als Ausbildungsbetrieb zugelassen zu werden, muss der Betrieb dies bei der zuständigen Kammer (Handwerkskammer oder Industrie-und Handelskammer) beantragen. Die Kammer überprüft:

- die betriebliche Eignung, d. h., ob die Ausstattung und die Arbeitsinhalte des Betriebes ermöglichen, alle in der Ausbildungsordnung geforderten Kenntnisse und Fertigkeiten zu vermitteln.
- die persönliche und fachliche Eignung der Ausbilder/-innen. Sie müssen über die notwendigen Kenntnisse und Fertigkeiten verfügen und eine Ausbildereignungsprüfung abgelegt haben. Es dürfen zudem keine Gründe vorliegen, die gegen die Beschäftigung von Jugendlichen oder jungen Erwachsenen sprechen.

Sind nicht alle Einrichtungen zur Vermittlung der notwendigen Fertigkeiten im Betrieb vorhanden, kann dies durch ergänzende Ausbildungsmaßnahmen (z. B. Schweißlehrgang, EDV-Kurse usw.) aufgefangen werden.

Können auch mit diesen ergänzenden Maßnahmen nicht alle Inhalte abgedeckt werden, können sich Betriebe zu einer Ausbildungskooperation zusammenschließen:

- **Teilausbildung:** Teile der Ausbildung werden an einen anderen Betrieb übertragen.
- **Ausbildungsverbund:** Zwei oder mehrere sich ergänzende, spezialisierte Betriebe „tauschen" ihre jeweiligen Auszubildenden.

Hier muss vertraglich eindeutig geregelt werden, welche Ausbildungsinhalte in welcher Ausbildungsstätte vermittelt werden.

Über die Eignung Auszubildender entscheidet der Betrieb. Theoretisch ist ein Schulabschluss keine notwendige Voraussetzung, um einen Beruf zu ergreifen. Aus der Erfahrung ergeben sich jedoch bestimmte Anforderungen an die Abschlüsse und Zensuren der zukünftigen Auszubildenden. Aber auch weitere Aspekte spielen für die Betriebe eine wichtige Rolle: z. B. Interesse am Beruf, Vorkenntnisse durch Hobbys und vor allem persönliche Voraussetzungen (Zuverlässigkeit, Pünktlichkeit, Lernbereitschaft usw.).

Im Bereich der Gesundheitsberufe, der Technischen Assistenten und einiger anderer Berufe erfolgt die Ausbildung an einer Berufsfachschule, ergänzt durch betriebliche Praktika und gegebenenfalls ein praktisches Anerkennungsjahr. Vorausgesetzt wird häufig mindestens der Realschul- oder ein vergleichbarer Abschluss. Zumeist erhält man hier keine Vergütung; teilweise muss sogar ein Schulgeld gezahlt werden.

Die Inhalte einer **Ausbildungsordnung** werden von Sachverständigen der Arbeitgeber und der Gewerkschaften erstellt und von Vertretern der Berufsschulen mit den Rahmenlehrplänen der Kultusministerkonferenz abgestimmt. Bei betriebsbedingten Besonderheiten können ***Flexibilitätsklauseln*** in die Ausbildungsordnung aufgenommen werden.

Im BBiG fest verankert ist inzwischen auch die Möglichkeit der **Teilzeitausbildung**. Dabei nimmt man am normalen Berufsschulunterricht teil, die Praxiszeiten werden mit dem Ausbilder festgelegt. Sie muss bei der zuständigen Kammer beantragt werden.
Man unterscheidet:

- Teilzeit ohne Verlängerung der Ausbildungszeit mit mindestens 25 h / Woche (inklusive Berufsschule).
- Teilzeit mit Verlängerung der Ausbildungszeit (in der Regel ein 1/2 Jahr) bei mindestens 20 h /Woche (inklusive Berufsschule).

Auch eine grenzüberschreitende Verbundausbildung ist möglich, bei der Unternehmen Auszubildende phasenweise in einen Partnerbetrieb aussenden.

Aufgaben

1. Nehmen Sie Stellung zu den Aussagen der Jugendlichen am Anfang des Kapitels.
2. Nennen Sie die wichtigsten Vor- und Nachteile, die das duale Berufsausbildungssystem für Ihre Berufsausbildung bietet.
3. Sammeln Sie Beispiel für Berufe, die mit Ihrem Beruf artverwandt sind. Ermitteln Sie, welche Fähigkeiten und Fertigkeiten ihnen gemeinsam sind und wodurch sie sich unterscheiden.
4. Diskutieren Sie im Plenum, welche Vor- und Nachteile eine Verbundausbildung gegenüber der herkömmlichen Ausbildung besitzt.

1

Hinweis:
Wesentliche Rechtsgrundlagen für die Berufsausbildung:
- das Berufsbildungsgesetz (BBiG)
- das Jugendarbeitsschutzgesetz
- das Berufsbildungsförderungsgesetz
- die Handwerksordnung
- die Ausbilder-Eignungsverordnung
- die Liste der staatlich anerkannten Ausbildungsberufe

Diese Rechtsgrundlagen können auf der Internetseite des Bundesministeriums für Bildung und Forschung unter dem Titel „Ausbildung und Beruf" kostenlos heruntergeladen werden:
www.bmbf.de/publikationen

Da schon zur Zeit der Zünfte eine Liste der Lehrlinge geführt und aufgerollt im Zunfthaus aufbewahrt wurde, wird das Verzeichnis der Berufsausbildungsverhältnisse auch heute noch oft als **„Lehrlingsrolle"** bezeichnet.

Zuständige Stellen für die Ausbildung			
Industrie	***Handwerk***	***„freie" Berufe***	***Land-/Hauswirtschaft***
Industrie- und Handelskammer (IHK)	Handwerkskammer (oft delegiert an die zuständige Innung)	Berufsständische Kammern (z. B. Anwaltskammer)	Bezirksregierung
Abschluss:			
Facharbeiterprüfung	Gesellenprüfung	Fachprüfung	

1.1.2 Der Ausbildungsvertrag

Maike: „Jeden Morgen muss ich im Schaufenster erst mal Staub wischen. Das nervt! Ich will schließlich Kauffrau im Einzelhandel werden und nicht Putzfrau!"

Jonas: „Jetzt bin ich schon im dritten Ausbildungsjahr und mein Chef kontrolliert noch immer alle meine Geschäftsbriefe. Der hält mich wohl für blöd."

Ali: „Letzte Woche habe ich im Akkord gearbeitet. Das war ganz schön anstrengend – ich habe das ganze Wochenende danach verschlafen."

Mona: „Da mäkelt mich meine Chefin doch an, mein Minirock sei zu kurz und ich solle mich konservativer anziehen. Die ist doch nur neidisch."

Mike: „Gestern musste ich den Kindern vom Chef Pizza nach Hause bringen, weil seine Frau krank ist. Na ja, einmal kann man das ja machen, wenn Not am Mann ist. Aber noch mal lass ich mir das nicht gefallen."

Im Gegensatz zu anderen Arbeitsverträgen wird im Berufsbildungsgesetz (BBiG) für den Berufsausbildungsvertrag die schriftliche Form zwingend vorgeschrieben. Er muss vor Beginn der Ausbildung sowohl vom Vertreter des Ausbildungsbetriebes als auch vom Auszubildenden (bei Minderjährigen der gesetzliche Vertreter) unterschrieben werden. Hierin müssen gesetzlich festgelegte Mindestangaben getroffen werden:

- Art, sachliche und zeitliche Gliederung sowie Ziel der Ausbildung,
- Beginn und Dauer,
- Ausbildungsmaßnahmen außerhalb der Ausbildungsstätte,
- Dauer der regelmäßigen täglichen Arbeitszeit,
- Dauer der Probezeit (mindestens einen, maximal vier Monate),
- Zahlung und Höhe der Ausbildungsvergütung, gestaffelt nach Ausbildungsjahr,
- Urlaubstage, bei Minderjährigen gestaffelt nach Lebensjahr,
- Kündigungsvoraussetzung.

Dieser Vertrag muss dann bei der zuständigen Kammer eingereicht werden. Sie prüft, ob der Betrieb als Ausbildungsbetrieb zugelassen ist bzw. werden kann. Bei jugendlichen Auszubildenden wird geprüft, ob eine ärztliche Bescheinigung über die Prüfung des Gesundheits- und Entwicklungszustandes vorliegt.

Sind alle Voraussetzungen erfüllt, trägt die Kammer den Vertrag in das Verzeichnis der Berufsausbildungsverhältnisse ein. Erst mit Stempel und Unterschrift der Kammer auf dem Berufsausbildungsvertrag, der die Prüfung und Eintragung bestätigt, ist der Vertrag rechtsgültig.

Politik verstehen und handeln ISBN 978-3-582-74132-5

Durch einen Vertrag ergeben sich für beide Seiten Rechte und Pflichten:

Rechte der Auszubildenden = Pflichten der Ausbildenden	*Rechte der Ausbildenden = Pflichten der Auszubildenden*
■ **Ausbildungspflicht**, d.h. Vermittlung aller nötigen Kenntnisse und Fertigkeiten durch die bzw. den Ausbilder selbst oder eine von ihm ausdrücklich beauftragte Person. Daher dürfen Auszubildenden auch nur dem Ausbildungszweck dienende Aufgaben oder solche, die Teil des Betriebsalltages sind, übertragen werden. Das sind z.B. Arbeiten, die mit der Sauberkeit und der Pflege der Gegenstände des Arbeitsplatzes zu tun haben. Auch Aufträge, die dem Gemeinwohl der Abteilung dienen (z.B. Kaffee kochen) gehören dazu, sofern sie nicht überhandnehmen. Auch die regelmäßige Kontrolle der Berichtshefte bzw. Ausbildungsnachweise usw. gehört zur Ausbildungspflicht. ■ **Kostenlose Bereitstellung von Arbeitsmitteln**, d.h. insbesondere Werkstoffe und Werkzeuge. Arbeits- und Sicherheitsbekleidung gehören in der Regel nicht dazu. ■ **Freistellung für den Berufsschulunterricht** und für überbetriebliche Maßnahmen. An einem Berufsschultag der Woche mit mindestens fünf Unterrichtsstunden (bei Blockunterricht mindestens 25 Stunden an fünf Tagen) muss die oder der Auszubildende – unabhängig vom Alter – gänzlich freigestellt werden, am zweiten Berufsschultag kann er nach der Berufsschule noch in den Betrieb bestellt werden. Freigestellt werden muss auch am Tag der Zwischen- und Abschlussprüfungen sowie am Tag vor der schriftlichen Abschlussprüfung. Auch den Termin der ärztlichen Untersuchung gemäß §§ 9, 10, 32 des Jugendarbeitsschutzgesetzes dürfen Auszubildende während der Arbeitszeit wahrnehmen. Zugleich muss der oder die Ausbildende auch zum Berufsschulunterricht anhalten, d.h., bei Fernbleiben abmahnen, Erziehungsberechtigte benachrichtigen und sonstige Maßnahmen ergreifen. ■ **Sorgepflicht**, d.h., der oder die Auszubildende darf durch die übertragenen Aufgaben weder körperlich noch sittlich gefährdet werden. Verboten sind z.B. Akkord-, Fließband- oder Nachtarbeit für Minderjährige. Auch die Kontrolle, ob die ärztlichen Untersuchungen gemäß §§ 9, 10, 32 des Jugendarbeitsschutzgesetzes erfolgt sind, gehört zur Sorgepflicht. ■ **Datenschutzpflicht**, d.h., persönliche Daten, Beurteilungen, Prüfungsergebnisse, Einträge in die Personalakte usw. dürfen nur an berechtigte Personen weitergegeben werden. ■ **Vergütungspflicht**, d.h., eine Vergütung muss monatlich, spätestens am letzten Arbeitstag des Monats, gezahlt werden. Ist der Arbeitgeber tarifgebunden, gilt die tariflich festgelegte Höhe. Ansonsten ist die Ausbildungsvergütung verhandelbar. Es muss Auszubildenden aber wenigstens die gesetzliche **Mindestvergütung** gezahlt werden, die im BBiG festgelegt ist. Sie unterscheidet sich vom gesetzlichen Mindestlohn, da die Ausbildung nicht zum klassischen Arbeitsverhältnis zählt.	■ **Lernpflicht**, d.h., alle übertragenen Aufgaben sorgfältig auszuführen und sich zu bemühen, die notwendigen Kenntnisse und Fertigkeiten zu erwerben. Zum aktiven Bemühen gehört auch das Nachfragen, selbständiges Nachlesen usw., falls etwas nicht verstanden wurde. Auch das ordnungsgemäße Führen des Berichtsheftes bzw. Ausbildungsnachweises gehört zur Lernpflicht. ■ **Befolgung von Weisungen** des Ausbilders und anderer weisungsberechtigter Mitarbeiter/-innen. ■ **Besuch der Berufsschule** und Teilnahme an Prüfungen und sonstigen Veranstaltungen oder Terminen, für die der Auszubildende vom Betrieb freigestellt wurde. ■ **Sorgfaltspflicht**, d.h. der pflegliche Umgang mit Werkzeugen, Maschinen und Einrichtungen. Auch die Einhaltung der Betriebsordnung bildet eine Sorgfaltspflicht. ■ **Schweigepflicht**, d.h. Stillschweigen über Betriebs- und Geschäftsgeheimnisse. ■ **Benachrichtigungspflicht bei Fernbleiben** von der betrieblichen Ausbildung, dem Berufsschulunterricht oder sonstigen betrieblichen oder ausbildungsbedingten Veranstaltungen. Nach dem Entgeltfortzahlungsgesetz kann für jeden unentschuldigten Fehltag – egal ob Arbeitsplatz, Berufsschule oder Fortbildung – die Vergütung um 1/30 gekürzt werden. Bei fortgesetzter Wiederholung kann unentschuldigtes Fernbleiben nach Abmahnung auch zur Kündigung führen.

Aufgaben

1. Lesen Sie die Aussagen der Lehrlinge am Anfang der Seite durch. Nehmen Sie jeweils dazu Stellung: Ist der jeweilige Auszubildende mit seiner Kritik im Recht? Begründen Sie Ihre Meinung.
2. In der Regel werden für die Berufsausbildungsverträge Vertragsformulare verwendet. Erklären Sie, warum Probezeit, Vergütung und Urlaubstage nicht vorformuliert sind, sondern erst eingetragen werden.

1.1.3 Jugendarbeitsschutz

Sebastian (16), zukünftiger Auszubildender, erfährt von Freunden, dass er den Inhalt seines Lehrvertrages individuell mit seinem Ausbildungsbetrieb aushandeln kann. Um seine Lehrlingsvergütung aufzubessern, beschließt er, sich am Wochenende für die Nachtarbeit zu melden.

Montags um 6.00 Uhr ist die Schicht beendet, und um 8.00 Uhr beginnt der Unterricht in der Berufsschule. Seiner Meinung nach eine einfach geniale Lösung.

Das Jugendarbeitsschutzgesetz unterscheidet:

- **Kinder (unter 15 Jahren)**
- **Jugendliche (zwischen 15 und 18 Jahren)**

Das Jugendarbeitsschutzgesetz sieht folgende Bestimmungen und Einschränkungen vor:

- **Verbot der Kinderarbeit**
  Ein grundsätzliches Verbot gilt für die Beschäftigung von Kindern (unter 15 Jahren).
  Jugendliche unter 15 Jahren, die nicht mehr vollzeitschulpflichtig sind, können schon eine Berufsausbildung absolvieren, dürfen dabei aber nur leichte Tätigkeiten verrichten. (§7 JArbSchG)

- **Arbeitszeit und Ruhepausen**
  Jugendliche dürfen nicht länger als 8 Stunden täglich und nicht mehr als 40 Stunden wöchentlich beschäftigt werden. Ist die Arbeitszeit an einzelnen Werktagen auf weniger als 8 Stunden verkürzt, kann an den übrigen Tagen derselben Woche 8½ Stunden gearbeitet werden. (§8 JArbSchG)
  Die Arbeitszeit muss durch Ruhepausen unterbrochen werden, um Jugendliche vor körperlichen und psychischen Schäden zu schützen. (§11 JArbSchG)

- **Fünftagewoche**
  Jugendliche dürfen nur an fünf Tagen in der Woche beschäftigt werden. (§15 JArbSchG)

- **Urlaub**
  Die Anzahl der Urlaubstage richtet sich nach dem Alter des Jugendlichen:
  - mindestens 30 Werktage, wenn der Jugendliche zu Beginn des Kalenderjahres noch nicht 16 Jahre alt ist,
  - mindestens 27 Werktage, wenn der Jugendliche zu Beginn des Kalenderjahres noch nicht 17 Jahre alt ist,
  - mindestens 25 Werktage, wenn der Jugendliche zu Beginn des Kalenderjahres noch nicht 18 Jahre alt ist,
  - für Auszubildende gilt zusätzlich, dass der Urlaub während der Schulferien gewährt werden muss.

  (§19 JArbSchG)

Jugendarbeitsschutzgesetz (JArbSchG)
§1 JArbSchG (Geltungsbereich):
(1) Dieses Gesetz gilt für die Beschäftigung von Personen, die noch nicht 18 Jahre alt sind.

§13 JArbSchG (Tägliche Freizeit):
Nach Beendigung der täglichen Arbeitszeit dürfen Jugendliche nicht vor Ablauf einer ununterbrochenen Freizeit von mindestens 12 Stunden beschäftigt werden.

§11 JArbSchG (Ruhepausen)
(1) Jugendlichen müssen im voraus feststehende Ruhepausen von angemessener Dauer gewährt werden. Die Ruhepausen müssen mindestens betragen
1. 30 Minuten bei einer Arbeitszeit von mehr als viereinhalb bis zu sechs Stunden,
2. 60 Minuten bei einer Arbeitszeit von mehr als sechs Stunden.

Als Ruhepause gilt nur eine Arbeitsunterbrechung von mindestens 15 Minuten.

Werktage sind nicht das selbe wie Arbeitstage
(vgl. auch Abschnitt 1.2.1)

Politik verstehen und handeln ISBN 978-3-582-74132-5

- **Besuch der Berufsschule**

  Jugendliche müssen vom Arbeitgeber für den Unterrichtsbesuch freigestellt werden:
  - bei mehr als fünf Unterrichtsstunden einmal in der Woche auch für den Rest des Berufsschultages,
  - bei mindestens 25 Stunden im Blockunterricht für die ganze Berufsschulwoche.

  (§9 JArbSchG)

- **Gesundheitsschutz**

  Vor Beginn der Ausbildung muss der Jugendliche sich ärztlich untersuchen lassen (so genannte Erstuntersuchung).

  Ein Jahr nach Arbeitsbeginn muss eine Nachuntersuchung durchgeführt werden.

  (§32 ff. JArbSchG)

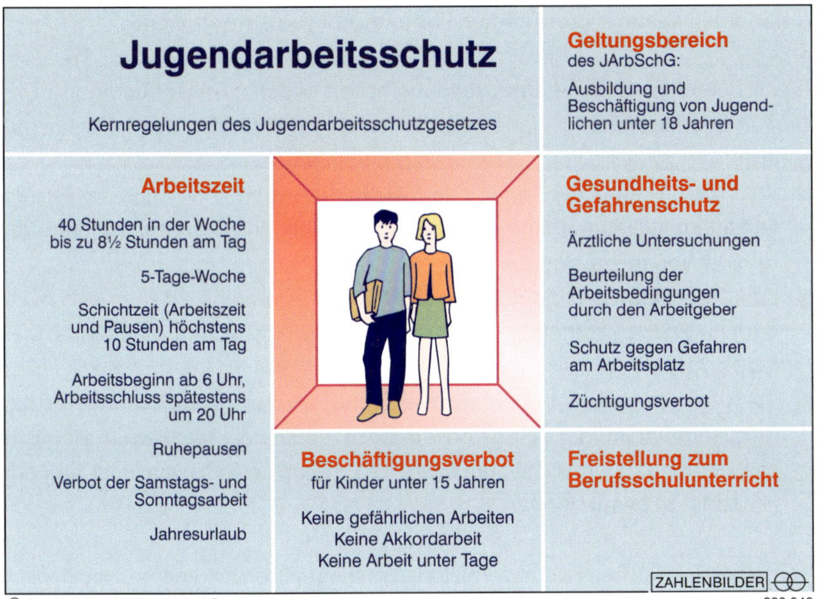

 280 040

§9 JArbSchG (Berufsschule):

(1) Der Arbeitgeber hat den Jugendlichen für die Teilnahme am Berufsschulunterricht freizustellen. Er darf den Jugendlichen nicht beschäftigen:

1. vor einem vor 9.00 Uhr beginnenden Unterricht,
2. an einem Berufsschultag mit mehr als 5 Unterrichtsstunden von mindestens 45 Min. und einmal in der Woche,
3. in Berufsschulwochen mit einem planmäßigen Blockunterricht von mindestens 25 Stunden an mindestens 5 Tagen. Zusätzliche betriebliche Ausbildungsveranstaltungen bis zu 2 Stunden sind zulässig.

Hinweis:

Andere Arbeitsschutzbestimmungen treffen auch zu.

§21a JArbSchG (Tariföffnungsklausel):

Durch einen Tarifvertrag können in bestimmtem Umfang abweichende Regelungen von den Bestimmungen über die Arbeitszeiten, Schichtzeiten, Ruhepausen sowie über die Samstagsarbeit und über den Ausgleich für Sonn- und Feiertagsarbeit zugelassen werden. Im Geltungsbereich eines solchen Tarifvertrages kann auch ein nicht tarifgebundener Arbeitgeber die tarifvertragliche Regelung durch Betriebsvereinbarung oder, wenn ein Betriebsrat nicht besteht, durch schriftliche Vereinbarung mit dem Jugendlichen übernehmen.

Aufgaben

1. Nennen Sie die wesentlichen Rechte von Jugendlichen, die das Jugendarbeitsschutzgesetz einräumt, und listen Sie diese stichpunktartig auf.
2. Ermitteln Sie, ob es für Ihren Ausbildungsberuf abweichende Sonderregelungen gibt, und stellen Sie diese gegebenenfalls im Plenum dar.
3. Begründen Sie die Notwendigkeit der Arbeitszeitvorschriften für Jugendliche und erläutern Sie, welche Auswirkungen sie auf Ausbildung, Freizeit und Gesundheit haben.

1

1.1.4 Beendigung des Ausbildungsvertrags

Theoretisch ist auch eine Gesellenprüfung ohne vorherige Lehre möglich. Voraussetzung für diese sogenannte **Externenprüfung** ist der Nachweis, dass man mindestens das 1,5fache der vorgeschriebenen Ausbildungszeit in diesem Beruf tätig war. Der zuständige Prüfungsausschuss prüft den Antrag und entscheidet über die Zulassung zur regulären Prüfung.

Mit einer abgeschlossenen Berufsausbildung kann man unter Umständen auch den nächst höheren Bildungsabschluss erreichen. Die Bedingungen sind jedoch je nach Bundesland unterschiedlich (z. B. geforderter Notendurchschnitt, Nachweis von Englischkenntnissen).

Nicht nur für den Abschluss und die Arbeit während der Ausbildung gelten besondere arbeitsrechtliche Regelungen, sondern auch für die Beendigung des Berufsausbildungsvertrags. Läuft alles wie geplant, bildet das Ende der Ausbildung die Abschluss-, Gesellen- oder Facharbeiterprüfung. Sie setzt sich aus einer schriftlichen und einer praktischen bzw. mündlichen Prüfung vor einem von der zuständigen Kammer beauftragten Prüfungsausschuss zusammen.

Für die Beendigung der Berufsausbildung bedarf es daher keiner Kündigung. Das genaue Enddatum hängt dabei jedoch von den Umständen der Benachrichtigung ab:

- Wird das Bestehen der Prüfung dem Ausbildungsbetrieb **vor** dem im Vertrag festgelegten Datum mitgeteilt, endet die Ausbildung vorzeitig mit dem Datum der Vorlage im Betrieb.
- Erhält der Betrieb die Mitteilung über eine bestandene Prüfung erst **nach** dem im Vertrag festgelegten Datum, endet die Ausbildung mit dem festgelegten Ablaufdatum.
- Auch bei einer nicht bestandenen Prüfung gilt das im Ausbildungsvertrag festgelegte Ablaufdatum. Die oder der Auszubildende hat aber die Möglichkeit, eine Verlängerung bis zum nächsten Prüfungstermin – maximal aber um ein Jahr – zu beantragen.

Nach der erfolgreichen Prüfung erhält man drei Abschlussdokumente. Neben dem Kammerzeugnis mit den Noten der Abschluss- oder Gesellenprüfung stellt die Berufsschule ein Zeugnis über die schulischen Leistungen aus. Der Ausbildungsbetrieb verfasst ein betriebliches Zeugnis mit Angaben über Art, Dauer und Ziel der Berufsausbildung sowie der erworbenen beruflichen Kenntnisse und Fähigkeiten. Ein qualifiziertes Zeugnis, dass auch Angaben über Leistungen und Verhalten beinhaltet, muss der Betrieb nur auf Verlangen des Auszubildenden ausstellen.

Nicht immer läuft aber alles nach Plan – ggf. kann es zu einer vorzeitigen Beendigung des Ausbildungsvertrages kommen.

Die Probezeit dient Ausbildungsbetrieb und Auszubildendem als Test, ob die richtige berufliche Entscheidung getroffen wurde. Während der Probezeit können daher beide Vertragspartner (bei Minderjährigen mit Zustimmung der Erziehungsberechtigten) ohne Kündigungsfrist, also zum folgenden Werktag, den

Politik verstehen und handeln ISBN 978-3-582-74132-5

Ausbildungsvertrag beenden. Es muss für die Kündigung auch kein Grund angegeben werden, sie muss aber auf jeden Fall schriftlich erfolgen.

Die bis zum Tag der Kündigung erbrachten Leistungen kann man aber natürlich geltend machen. Dazu gehören die anteilige Ausbildungsvergütung, anteiliger Urlaubsanspruch und die Ausstellung eines Arbeitszeugnisses.
Nach Ende der Probezeit ist eine ordentliche Kündigung seitens des Arbeitgebers bis zum Ausbildungsende nicht mehr möglich. Der Auszubildende selbst kann mit einer Kündigungsfrist von vier Wochen zum 15. oder zum Monatsende schriftlich kündigen, wenn er

- die Berufsausbildung aufgeben will oder
- eine Ausbildung in einem anderen Beruf machen möchte.

Eine außerordentliche (= fristlose) Kündigung kann dagegen auch nach der Probezeit von beiden Seiten erfolgen. Hierfür müssen aber gravierende Gründe vorliegen. Dies können z.B. Gesundheitsprobleme sein, die die Ausübung des Berufs unmöglich machen. Wirtschaftliche Gründe können nur geltend gemacht werden, wenn eine komplette Betriebsauflösung ansteht oder Ausbildungsabteilungen geschlossen werden, sodass keine Ausbildung mehr durchgeführt werden kann.

Fristlose Kündigungen werden jedoch zumeist aus verhaltensbedingten Gründen ausgesprochen. Aus Sicht des Betriebs sind dies z.B. häufiges unentschuldigtes Fehlen, nicht ordnungsgemäße Führung des Berichtsheftes, Missachtung von Anweisungen und Sicherheitsbestimmungen. Zunächst muss aber eine schriftliche Abmahnung erfolgen, in der der Abmahnungsgrund aufgeführt und eine Kündigung bei Wiederholung angedroht werden muss. Nur bei Vorkommnissen, die eine Fortführung des Arbeitsverhältnisses unzumutbar machen, wie z.B. Diebstahl oder Vandalismus, kann ohne Abmahnung fristlos gekündigt werden.

Gravierende Gründe aus Sicht der Auszubildenden sind insbesondere Verletzungen der Arbeitsschutzgesetze, fehlender Ausbilder oder mangelnde Ausbildungsmöglichkeiten, Belästigung oder körperliche Gewalt usw. Ähnlich wie bei einer Abmahnung muss dem Ausbildungsbetrieb Gelegenheit gegeben werden, die Missstände abzustellen, indem er schriftlich darauf hingewiesen wird.

Während die Kündigung eine einseitige Beendigung des Vertrags bedeutet, erfolgt sie bei einem Aufhebungsvertrag im gegenseitigen Einverständnis. Damit unterliegt man zunächst einer Sperrzeit, in der kein Arbeitslosengeld gezahlt wird.

Nur besondere Personenkreise besitzen schon während der Probezeit einen besonderen Kündigungsschutz (vergleiche Seite 19), wie z.B. Schwangere, Schwerbehinderte oder Mitglieder der Jugendvertretung.

Der Ausbildungsabbruch sollte immer die letzte Alternative sein. Bei Problemen, die sich nicht im direkten Gespräch mit Ausbildern, Betriebsräten oder Lehrern lösen lassen, sollte man sich zunächst an den Ausbildungsberater der zuständigen Kammer wenden. Für schwerwiegende Streitigkeiten haben die meisten Kammern eine sogenannte Schieds- oder Schlichtungsstelle, die noch vor dem Arbeitsgericht zuständig ist.

Bei Mobbing oder sexueller Belästigung möchte man sich vielleicht lieber betriebsfremden Personen anvertrauen. Hier helfen Organisationen wie z.B. das Hilfe- und Beratungstelefon der Antidiskriminierungsstelle des Bundes: 030/185551855.

Die Arbeitsagentur kann ebenfalls unterstützen, sei es in finanzieller Hinsicht durch Berufsausbildungsbeihilfe, sei es durch **ausbildungsbegleitende Hilfen** zur Unterstützung beim Lernen.

Aufgaben

1. Lesen Sie die Aussagen am Anfang der Seite. Erläutern Sie, welche Empfehlungen Sie den einzelnen Personen geben würden.
2. Erklären Sie, warum vor einer verhaltensbedingten, fristlosen Kündigung durch den Betrieb eine Abmahnung erfolgen muss.
3. Beschreiben Sie die unterschiedlichen Auswirkungen von Kündigung und Aufhebungsvertrag.

1.1.5 Der Arbeitsvertrag

Ist die Abschlussprüfung erst einmal geschafft, beginnt für die meisten die Suche nach einem Arbeitsplatz. Nicht nur der Inhalt eines Arbeitsvertrages, das Arbeitsleben selbst und die Kündigung sind gesetzlich geregelt. Bereits bei der Anbahnung eines Arbeitsvertrages gilt es, entsprechende Regelungen zu beachten.

Bei der Einstellung muss das Prinzip der Wahrheit und Klarheit beachtet werden. Für den Arbeitgeber bedeutet dies, dass er den Bewerber wahrheitsgemäß über die Anforderungen der Stelle unterrichten muss. Der Bewerber hingegen hat alle Fragen, die für die zukünftige Arbeit von Bedeutung sind, ehrlich und richtig zu beantworten. Von sich aus muss man aber keine ungünstigen Umstände offenbaren – es sei denn, sie machen eine Ausübung der Arbeit fraglich. In diesem Fall besteht eine Offenbarungspflicht.

Falsche Angaben bei zulässigen Fragen oder fehlende Offenbarung relevanter Umstände bilden einen Anfechtungs- und damit einen Kündigungsgrund.

zulässige Fragen	*unzulässige Fragen*
prinzipiell alle Fragen, die für die Erfüllung der Arbeit relevant sind	prinzipiell alle Fragen, die keinen Einfluss auf die Erfüllung der Arbeit haben
■ nach beruflichen Kenntnissen, Erfahrungen, Prüfungsergebnissen ■ nach schweren oder chronischen Erkrankungen im letzten Jahr ■ nach Schwerbehinderteneigenschaften ■ nach der Höhe des bisherigen Gehaltes ■ nach der Ableistung des freiwilligen Wehrdienstes, Bundesfreiwilligendienstes o. ä. ■ nach Umständen, die die Erfüllung der Arbeit fraglich machen oder verhindern (z. B. nach laufendem Verkehrsprozess bei Kraftfahrern)	■ nach Heiratsabsichten und Familienplanung ■ nach dem Gesundheitszustand, wenn er für die zukünftige Arbeit unwichtig ist ■ nach der Gewerkschaftszugehörigkeit ■ nach Religion oder Parteizugehörigkeit (außer „Tendenzbetriebe", wie z. B. Kirchen oder Parteien) ■ nach bestehender Schwangerschaft, außer wenn dies die Erfüllung der Arbeit verhindert (Verbot für Schwangere: z. B. Nachtarbeit, Arbeit mit fruchtschädigenden Chemikalien oder Strahlungen, Arbeit mit Tieren)

Für einen Abschluss eines Arbeitsvertrages kann ein Arbeitgeber unter den Bewerbern grundsätzlich frei wählen. Zum Schutz der Arbeitnehmer bestehen aber einige gesetzliche Einschränkungen:

- **Diskriminierungsverbot:** Das AGG regelt, dass bei gleicher Qualifikation weder Geschlecht noch ethnische Herkunft, Religion, Weltanschauung, Behinderung, Alter oder sexuelle Identität ein Ablehnungsgrund sein darf. Eine Ausnahme bildet die sogenannte „Kirchenklausel", die den Kirchen erlaubt, Arbeitnehmer, deren Aufgaben unmittelbar mit dem Glauben zusammenhängen, nach Religionszugehörigkeit auszuwählen.
- **Zustimmungspflicht der Erziehungsberechtigten** bei nicht voll geschäftsfähigen Personen.

AGG: Das Allgemeine Gleichbehandlungsgesetz (auch Antidiskriminierungsgesetz) wurde 2006 vom Bundestag beschlossen.

- **Zustimmungspflicht des Betriebsrates,** sofern im Betrieb vorhanden.
- **Abschlussgebot** zur Erfüllung der gesetzlich vorgeschriebenen Schwerbehindertenquote.

Nach deutschem Arbeitsrecht kann ein Arbeitsvertrag zunächst mündlich vereinbart und die Arbeit dann auch entlohnungspflichtig aufgenommen werden. Der Arbeitgeber ist jedoch gemäß dem Nachweisgesetz verpflichtet, die wesentlichen Vertragsbedingungen innerhalb eines Monats nach Arbeitsbeginn schriftlich nachzureichen. Hierzu gehören:

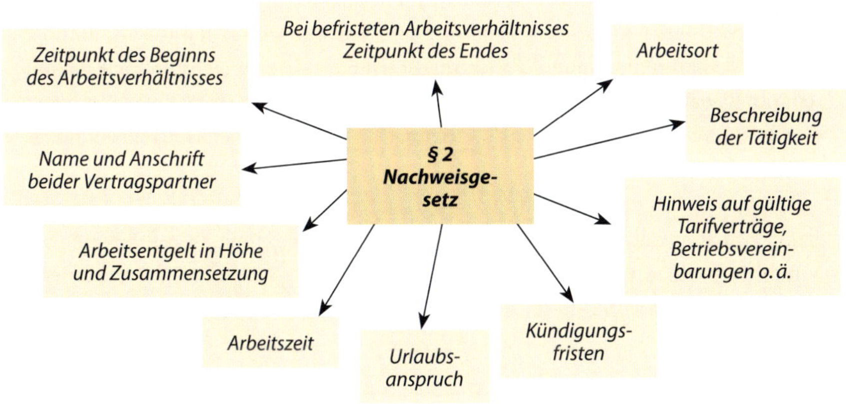

Der Vertragsinhalt selbst ist prinzipiell frei verhandelbar. Es müssen dabei jedoch die Bestimmungen aus der Vielzahl arbeitsrechtlicher Gesetze beachtet werden. So ist im Gesetz eine Probezeit nicht zwingend vorgesehen, durch die Vertragsfreiheit aber erlaubt. Laut Gesetz darf sie dann aber maximal sechs Monate betragen. Auch Bestimmungen zu maximalen Arbeitszeiten, Ruhezeiten, Mindesturlaub usw. dürfen nicht unterschritten werden. Ebenso kann die Vertragsfreiheit auch durch tarifrechtliche Bestimmungen einschränkt werden.

Mündliche Arbeitsverträge bilden nicht den Regelfall. Zwar sind sie und alle mündlich abgesprochenen Inhalte zunächst einmal gültig, bei Streitigkeiten wird ein Beweis aber für beide Seiten schwierig. Daher ist das Interesse an einer schriftlichen Niederlegung für beide Seiten von großem Interesse. Kann ein Beweis der Absprache nicht erfolgen oder sind Regelungen gar nicht erfolgt, tritt die gesetzliche Regelung in Kraft.

Der Anspruch auf einen schriftlichen Nachweis ist durch Europäisches Recht in Artikel 3 RL 91/533 für alle EU-Länder geregelt und wurde durch das Nachweisgesetz in nationales Recht übersetzt.

Der Inhalt der Arbeitsverträge orientiert sich an einer Vielzahl unterschiedlicher Gesetze, z. B.:
BGB: Bürgerliches Gesetzbuch
ArbZG: Arbeitszeitgesetz
BUrlG: Bundesurlaubsgesetz
JArbSchG: Jugendarbeitsschutzgesetz
MuSchG: Mutterschutzgesetz
NachwG: Nachweisgesetz
KüSchG: Kündigungsschutzgesetz
MiLoG: Mindestlohngesetz
MiArbG: Mindestarbeitsbedingungsgesetz
EFZG: Entgeltfortzahlungsgesetz
TzBfG: Teilzeit- und Befristungsgesetz
und viele mehr.

Hinweis:
Sind Vertragsinhalte von vornherein gesetzwidrig und damit ungültig oder durch das Rang- oder Günstigkeitsprinzip entkräftet (vergleiche Seite 28), dann sind nur diese entsprechenden Passagen ungültig, alle anderen Abschnitte des Arbeitsvertrages gelten weiterhin.

Aufgaben

1. Lesen Sie die beiden Stellenanzeigen durch. Entscheiden Sie, auf welche der Anzeigen Sie sich eher bewerben würden und begründen Sie Ihre Meinung.
2. Beschreiben Sie, welche Art von Fragen von einem Bewerber nicht wahrheitsgemäß beantwortet werden muss. Erläutern Sie, warum in solchen Fällen eine Lüge Ihrer Meinung nach ausdrücklich erlaubt ist.
3. Diskutieren Sie im Plenum, inwieweit die sogenannte „Kirchenklausel" sinnvoll ist.
4. Formulieren Sie einen Arbeitsvertrag, der den Vorgaben des Nachweisgesetzes entspricht. Erweitern Sie ihn um Inhalte, die Ihrer Meinung nach in einem Arbeitsvertrag unbedingt festgelegt werden sollten, und vergleichen Sie die Ergebnisse in der Klasse.

1.1.6 Rechte und Pflichten aus dem Arbeitsvertrag

Nach Sturm „Sabine" – diese Rechte haben Arbeitnehmer

Gesperrte Straßen, gestrichene Züge – Winterorkan „Sabine" bremst viele Pendler aus. Welche Rechte haben Angestellte? Der Überblick.

Dürfen Beschäftigte bei Unwetter zu Hause bleiben?
In der Regel nicht. Grundsätzlich gilt: Angestellte sind selbst dafür verantwortlich, dass sie pünktlich ihren Job beginnen. Das gilt auch an Tagen, an denen ein Stau, Sturm oder Streik den Weg zur Arbeit beschwerlich macht oder die U-Bahn ersatzlos ausfällt. Wenn überall Bäume herumliegen und ein Sturm so wütet, dass es nicht zumutbar ist, auf die Straße zu gehen, kann dies eine „begründete Arbeitsverhinderung" sein. Aber für die Zeit, die Angestellte nicht arbeiten, muss ihnen der Arbeitgeber auch keinen Lohn zahlen – es sei denn, Tarifverträge oder Betriebsvereinbarungen sehen ausdrücklich eine andere Regelung vor.

Eine Ausnahme: Bei manchen Arbeitsplätzen hat es der Mitarbeiter nicht in der Hand, pünktlich zu erscheinen. Bei Arbeitsplätzen auf Offshore-Plattformen oder Inseln zum Beispiel kann starker Wind oder eine Flut das verhindern. Bei solchen Jobs trägt der Arbeitgeber das Wegerisiko – und muss seinen Mitarbeiter auch dann Lohn zahlen, wenn der gar nicht zum Einsatz kommt.

(aus: www.spiegel.de, 2020)

Auch der Berufsausbildungsvertrag zählt zu den Arbeitsverträgen. Die gesetzlichen Regelungen zum Arbeitsvertrag gelten daher natürlich auch für den Berufsausbildungsvertrag – ergänzt um seine besonderen gesetzlichen Regelungen aus dem BBiG

Aus rechtlicher Sicht entsteht durch den Arbeitsvertrag ein sogenannter Dienstvertrag, der im Wesentlichen im Bürgerlichen Gesetzbuch (BGB §611) geregelt ist. Der Arbeitsvertrag bildet eine – in der Praxis die wichtigste – Unterart des Dienstvertrages und es entstehen damit für beide Vertragspartner Rechte und Pflichten.

Die **Hauptpflicht** des Arbeitnehmers ist naturgemäß die **Arbeitspflicht:** Er muss seine Arbeitskraft persönlich, pünktlich und am vereinbarten Arbeitsort zur Verfügung stellen und dort die vereinbarte Arbeitsleistung nach Weisung des Arbeitgebers oder dessen Vertreters erbringen. Daraus ergeben sich verschiedene Nebenpflichten.

So kann z. B. bei Berufsfahrern der Alkoholgenuss innerhalb eines festgelegten Zeitraumes vor Dienstantritt untersagt sein, damit der Arbeitnehmer auch uneingeschränkt einsatzfähig ist.

Da der Arbeitgeber Anspruch auf die volle Arbeitskraft hat, muss er so früh wie möglich informiert werden, falls der Arbeitnehmer unverschuldet seine Arbeit nicht antreten kann. Krankheit gilt generell als unverschuldet, Verspätungen durch Witterungseinbrüche oder Verkehrsbehinderungen dagegen nur, wenn sie tatsächlich nicht vorhersehbar waren.

Auch muss er alles dafür tun, die Ursache der Arbeitsverhinderung so schnell wie möglich abzustellen. Bei Krankheit muss man sich daher so verhalten, dass nichts eine möglichst schnelle Genesung verhindert. Auch müssen Urlaub und Freizeit tatsächlich zur Erholung genutzt werden. Nebentätigkeiten darf der Arbeitgeber daher untersagen, wenn sie nachweislich die Leistung der Haupttätigkeit schmälert.

Durch die **Gehorsamspflicht** (Weisungsgebundenheit) ist der Arbeitnehmer verpflichtet, den Forderungen und Anweisungen seines Arbeitgebers bzw. dessen Vertreters im Rahmen seiner beruflichen Tätigkeit nachzukommen. Darüber hinaus hat der Arbeitgeber keine Weisungsbefugnis. Prinzipiell kann er daher auf die Freizeit des Arbeitnehmers keinen Einfluss nehmen. Ausnahmen bestehen jedoch, wenn dem Betrieb dadurch nachweislich ein Schaden entsteht.

Die **Treuepflicht** beinhaltet, dass der Arbeitnehmer alles unterlassen muss, was dem Betrieb schaden kann. Dazu gehört z.B. Abwerben von Kunden, Schwarzarbeit, üble Nachrede, wissentliches Inkaufnehmen von Schäden oder Weitergabe von Betriebsgeheimnissen. **Wettbewerbsverbot** und **Schweigepflicht** können sogar noch nach Ende des Arbeitsverhältnisses weiterbestehen.

Im Gegenzug geht auch der Arbeitgeber Verpflichtungen ein – allen Voran die **Vergütungspflicht**. Er muss den Arbeitnehmer vertragsgemäß entlohnen, auch im Fall der Erkrankung (Lohnfortzahlung). Durch die **Beschäftigungspflicht** ist festgelegt, dass er dem Arbeitnehmer die vertraglich vereinbarten Arbeiten zuweisen muss. Tut er dies nicht, obwohl der Arbeitnehmer seine Arbeitskraft zur Verfügung stellt, bleibt der Anspruch auf Entlohnung dennoch bestehen.

Der vielfältigste Pflichtbereich ist die **Fürsorgepflicht** des Arbeitgebers. Er muss dafür Sorge tragen, dass seine Mitarbeiter weder körperlichen noch seelischen oder finanziellen Schaden erleiden. Arbeitsschutzgesetze (JArbSchG, Mutterschutz, ArbZG usw.) müssen ebenso wie die Richtlinien des technischen Arbeitsschutzes eingehalten werden. Arbeitnehmer dürfen nicht ohne Sicherheits- und Betriebseinweisung mit der Führung von Maschinen betraut werden, bei gesundheitsgefährdenden Arbeiten muss Schutzausrüstung vorhanden sein, Stolperfallen müssen beseitigt werden usw. Auch der Anspruch auf einen ergonomischen Arbeitsplatz bzw. Ausgleichsmaßnahmen bei einseitiger Belastung, Pausen und Urlaub ist hierin begründet. Zur finanziellen Fürsorge zählt insbesondere die korrekte Zahlung der Sozialversicherungsbeiträge für die Arbeitnehmer und die Verwaltung der betrieblichen Altersvorsorge.

Bei Mobbing, Diskriminierung oder sexueller Belästigung muss der Arbeitgeber alle ihm zur Verfügung stehenden, angemessenen Maßnahmen ergreifen, um diesen Umstand abzustellen und zu verhindern. Auch die Einhaltung des Datenschutzes gehört in diesen Bereich.

Einen Sonderfall im Hinblick auf die Beschäftigungspflicht bildet die **Kurzarbeit**, bei der Einkommensverlust hingenommen werden muss. Kurzarbeit ist rechtlich nur möglich, wenn sie

- durch wirtschaftliche Gründe oder ein unabwendbares Ereignis nötig wird,
- durch keine anderen Maßnahmen vermieden werden kann und
- zeitlich begrenzt ist.

Mobbing: von engl. „to mob" = bedrängen, anpöbeln, heruntermachen. Mobbing setzt oft auf Zermürben durch versteckte Angriffe, Intrigen und Sticheleien. Auch ist Mobbing vor allem ein Gruppenphänomen, seltener die Tat eines Einzelnen.

Mobbing ist für Außenstehende oftmals schwer zu identifizieren, da es in den unterschiedlichsten Formen auftreten kann und sich eine klare Grenze, an der Mobbing beginnt, nur schwer ziehen lässt. Rechtlich gelten Anfeindungen als Mobbing, wenn sie

- systematisch und zielgerichtet erfolgen und kein einmaliges Fehlverhalten sind,
- über einen längeren Zeitraum erfolgen und so einen nachvollziehbaren Leidensweg erzeugen.

Aufgaben

1. a) Lesen Sie den Artikel am Kapitelanfang. Erklären Sie, welche objektiven Kriterien zu einer „begründeten Arbeitsverhinderung" führen können und welche Konsequenzen sich daraus ergeben.
   b) Beschreiben Sie die Konsequenzen, die sich aus einer „nicht objektiv begründeten Arbeitsverhinderung" ergeben können.
2. Rechte und Pflichten aus Arbeitsvertrag und Berufsausbildungsvertrag sind naturgemäß in weiten Teilen identisch. Erstellen Sie eine Tabelle, in der die Unterschiede dieser beiden Dienstverträge gegenübergestellt werden.
3. Recherchieren Sie, welche psychischen und physischen Auswirkungen Mobbing auf die gemoppte Person haben kann. Erstellen Sie eine „Checkliste" mit Maßnahmen, die der oder die Betroffene selbst, die Kollegen und Vorgesetzte ergreifen können.

1

Hinweis:
- Für die Ausbildung und Beschäftigung von Jugendlichen – also Personen unter 18 Jahren – gilt das Jugendarbeitsschutzgesetz (vergleiche Abschnitt 1.1.3).
- Auch für Schwangere und stillende Frauen gelten besondere Arbeitszeitregelungen, die im Mutterschutzgesetz festgelegt sind.
- Die zusätzlichen Bestimmungen für Schwerbehinderte sind dagegen im Sozialgesetzbuch XI geregelt.

Hinweis:
Obwohl die Bereitschaft als Arbeitszeit gilt, heißt dies nicht, dass sie auch in vollem Umfang vergütet werden muss. Häufig wird sie geringer bezahlt.

§5 ArbZG (Ruhezeiten):
(2) Die Dauer der Ruhezeit des Absatzes 1 kann in Krankenhäusern und anderen Einrichtungen zur Behandlung, Pflege und Betreuung von Personen, in Gaststätten und anderen Einrichtungen zur Bewirtung und Beherbergung, in Verkehrsbetrieben, beim Rundfunk sowie in der Landwirtschaft und in der Tierhaltung um bis zu eine Stunde verkürzt werden, wenn jede Verkürzung der Ruhezeit innerhalb eines Kalendermonats oder innerhalb von vier Wochen durch Verlängerung einer anderen Ruhezeit auf mindestens zwölf Stunden ausgeglichen wird.

1.1.7 Regelung der Arbeitszeit und des Urlaubs

Durch das **Arbeitszeitgesetz (ArbZG)** werden die Rahmenbedingungen der maximal erlaubten Arbeitszeit für alle Arbeitnehmer über 18 Jahre geregelt. Tarifverträge und Einzelvereinbarungen können sie ergänzen, dürfen aber den Arbeitnehmer nicht schlechter stellen.

Durch das Arbeitszeitgesetz sollen
- die Sicherheit und Gesundheit der Arbeitnehmer bei der Arbeitszeitgestaltung gewährleistet,
- der Sonntag und die staatlich anerkannten Feiertage geschützt sowie
- die Rahmenbedingungen für flexiblere Arbeitszeiten verbessert werden.

Die Zeit von der Arbeitsaufnahme bis zum Arbeitsende wird als **Schichtzeit** bezeichnet. Die **Arbeitszeit** ist dagegen definiert als die Zeit vom Beginn bis Ende der Arbeit abzüglich der Ruhepausen. **Bereitschaftsdienste**, die erfordern, dass man sich am Arbeitsort aufhält, zählen dabei zur Arbeitszeit – unabhängig von der wirklich geleisteten Arbeit. Bekannte Beispiele sind z. B. die Bereitschaft von Rettungsdiensten, aber auch die Wartezeiten zwischen Be- und Entladen bei Lkw-Fahrern. Dagegen zählt die **Rufbereitschaft**, bei der keine Anwesenheit, sondern lediglich Erreichbarkeit notwendig ist, als Ruhezeit. D. h., sie spielt für die Höchstarbeitszeit keine Rolle, solange kein Einsatz erforderlich wird.

Das ArbZG schreibt die maximale tägliche, aber auch wöchentliche Arbeitszeit genau vor. Prinzipiell geht der Gesetzgeber von einer 6-Tage-Woche aus, an der täglich maximal 8 Stunden und damit maximal 48 Stunden pro Woche gearbeitet werden darf. Die maximalen Arbeitszeiten dürfen auch durch anfallende Überstunden nicht überschritten werden. Die tägliche Arbeitszeit kann allerdings auf maximal bis zu zehn Stunden verlängert werden, wenn innerhalb der nächsten sechs Kalendermonaten ein zeitlicher Ausgleich erfolgt. Auch die Ruhepausen während der Arbeitszeit sowie nach der Arbeit werden über das ArbZG geregelt. Zwischen zwei Arbeitstagen muss eine Ruhezeit von mindestens elf Stunden ein-

Politik verstehen und handeln ISBN 978-3-582-74132-5

gehalten werden. Bei einer Arbeitszeit von sechs bis neun Stunden hat man Anspruch auf 30 Minuten Gesamtruhezeit, bei mehr als 9 Stunden täglicher Arbeitszeit auf eine Gesamtruhezeit von 45 Minuten.

Ein Pausenabschnitt muss mindestens 15 Minuten betragen, um arbeitsrechtlich als Ruhepause zu gelten. Der Arbeitgeber darf aber regeln, dass die Gesamtruhezeit in Pausen längerer Abschnitte zu unterteilen ist. Auch die Lage der Pausenzeiten ist nicht vorgeschrieben. Ruhepausen sind jedoch eine Unterbrechung der Arbeitszeit und dürfen daher niemals direkt am Anfang oder direkt am Ende der Arbeitszeit liegen. Länger als sechs Stunden hintereinander dürfen Arbeitnehmer nicht ohne Ruhepause beschäftigt werden.

Ebenso ist die Arbeit an Sonn- und Feiertagen gesetzlich geregelt. Im Allgemeinen dürfen Arbeitnehmer an diesen Tagen nicht beschäftigt werden. Es existieren jedoch Ausnahmeregelungen für bestimmte Berufsgruppen, die in §5 Absatz 2 ArbZG aufgezählt sind.

Urlaub

Der Erholungsurlaub dient in erster Linie der Erhaltung und der Wiederherstellung der Arbeitskraft der Arbeitnehmer. Urlaubszeiten werden über das **Bundesurlaubsgesetz (BUrlG)** geregelt, das einen Mindestanspruch von 24 Werktagen pro Jahr vorsieht. Tarif- oder Arbeitsverträge können aber höhere Ansprüche festlegen. Der Zeitpunkt des Urlaubs muss grundsätzlich beim Arbeitgeber beantragt und von ihm genehmigt werden. Während der ersten sechs Monate in einem Arbeitsverhältnis muss der Arbeitgeber keinen Urlaub gewähren.

Ein bewilligter Urlaub kann nicht mehr zurückgenommen werden. Eine Ausnahme besteht nur, wenn es zu einer unvorhergesehener, existenziellen Notsituation kommt. In diesem Fall muss der Arbeitgeber allerdings den eventuellen finanziellen Schaden (z.B. Stornierungskosten) tragen. Ist der Urlaub bereits angetreten, kann man nicht mehr zurückgerufen werden. Auch muss der gesetzliche Mindesturlaub als Freizeit genommen werden. Man darf daher einerseits während des Urlaubes keiner bezahlten Nebentätigkeit nachgehen und andererseits sich den Urlaub auch nicht auszahlen lassen (§ 8 BUrlG). Eine Ausnahme besteht lediglich, wenn ein Arbeitsverhältnis beendet wird, aber noch bestehende Urlaubsansprüche aus betrieblichen Gründen gar nicht mehr gewährt werden können.

Hinweis:
Die Dauer des Urlaubs kann in Werktagen oder in Arbeitstagen ausgedrückt werden (siehe auch Abschnitt 1.2.1).
Werktage sind alle Tage, außer Sonntage und Feiertage, von Montag bis Samstag (6-Tage-Woche).
Wird der Urlaub in Werktagen bemessen, dann wird die Urlaubswoche mit 6 Tagen auf den Jahresurlaub angerechnet, auch dann, wenn tatsächlich nur an 5 Tagen in der Woche gearbeitet wird.
Arbeitstage sind die Wochentage von Montag bis Freitag (5-Tage-Woche) außer Feiertage, die auf einen Wochentag von Montag bis Freitag fallen. Die Urlaubswoche wird mit 5 Tagen angerechnet.

Hinweis:
Für Jugendliche gelten in Bezug auf den Urlaub die Bestimmungen des Jugendarbeitsschutzgesetzes (siehe Abschnitt 1.1.3).
Für Auszubildende gilt zusätzlich, dass ihnen der Urlaub vom Arbeitgeber innerhalb der Schulferien gewährt werden muss.
Für Schwerbehinderte gelten Sonderregelungen. Sie haben einen Anspruch auf Zusatzurlaub.

Hinweis:
Während des Urlaubs hat ein Arbeitnehmer das Anrecht auf das durchschnittliche Gehalt (ohne Überstundenvergütung) des letzten Vierteljahres.

Aufgaben

1. Erläutern Sie, ob die in der Eingangsgrafik aufgeführten Wünsche mit den grundlegenden Bestimmungen des BUrlG verträglich sind.
2. Fassen Sie die wichtigsten Bestimmungen des Arbeitszeitgesetzes stichpunktartig zusammen und stellen Sie sie den Regelungen des Jugendarbeitsschutzes gegenüber.
3. In welchen Bereichen der Wirtschaft gestattet das Arbeitszeitgesetz die Sonn- und Feiertagsarbeit? Finden Sie Beispiele.

1.1.8 Flexibilisierung der Arbeitszeit

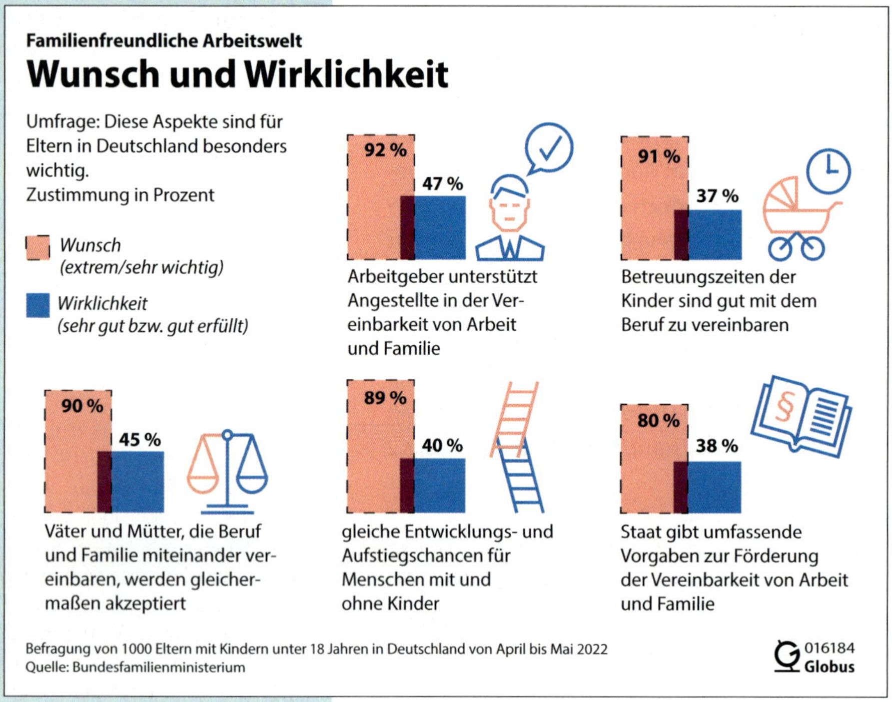

Unser Arbeitsleben ist im Wesentlichen von der traditionellen Aufteilung mit festem Arbeitsbeginn, Pausenzeiten und Arbeitsende geprägt. Dies spiegelt sich auch in den gesetzlichen Regelungen des Arbeitsschutzes wieder, die dem Schutz der Gesundheit und der Wahrung des Familien- und Freizeitlebens dienen.

Work-Life-Balance:
siehe Seite 170.

Der Wandel in der Gesellschaft und der Wirtschaftsverhältnisse hat in den letzten Jahren jedoch dazu geführt, dass sich sowohl Arbeitnehmer als auch Arbeitgeber eine flexiblere Gestaltung der Arbeitszeit wünschen. In unserer globalisierten Welt werden immer mehr internationale Geschäftsbeziehungen gepflegt, deren Zeitverschiebungen veränderte Arbeitszeiten erfordern. Auftragsbezogenes Arbeiten lassen Zeiten mit hohem Arbeitsanfall und auftragsärmere Zeiten entstehen, die personell unterschiedlich abgedeckt werden müssen. Die zunehmende Digitalisierung der Arbeitswelt dagegen sorgt dafür, dass immer mehr Berufsbilder entstehen, bei denen Mitarbeiter orts- und/oder zeitunabhängig arbeiten können.

Für die Mitarbeiterinnen und Mitarbeiter steht die sogenannte „Work-Life-Balance" immer mehr im Vordergrund, also die Vereinbarkeit von Privatleben und Arbeitsleben. Arbeitnehmer möchten die eigene Arbeit so organisieren können, dass sich Karriere und Privatleben vereinbaren lassen, ggf. längere Bildungsreisen in andere Länder möglich sind usw.

So entstand in den letzten Jahren eine Vielzahl von Arbeitsformen, bei denen Zeit und Ort der Tätigkeit in unterschiedlichem Maße flexible gestaltet werden können. Einige Beispiele sind:

- **Gleitzeit:** Der Arbeitnehmer kann Arbeitsbeginn und -ende innerhalb der sogenannten Gleitzeitspanne selbst festlegen, eine Anwesenheitspflicht besteht nur in der Kernarbeitszeit. Da Gleitzeitmodelle kaum Nachteile haben und sich für viele Arbeitsplätze eignen, sind sie inzwischen stark verbreitet.
- **zeitautonome Arbeitsgruppen (variable Arbeitszeit oder auch Funktionszeit):** Hier wird vorgegeben, zu welchen Zeiten ein Betriebsbereich arbeitsfähig sein muss und welches Arbeitsergebnis nach einem bestimmten Zeitraum

Politik verstehen und handeln ISBN 978-3-582-74132-5

erzielt werden muss. Die Arbeitsgruppe organisiert die Dauer und Lage der Arbeitszeit des einzelnen Teammitglieds dann selbst. Hierbei handelt es sich also um eine erweiterte Form der Gleitzeit.

- **Teilzeitarbeit:** Die individuelle Arbeitszeit wird reduziert, z. B. Halbtagsarbeit oder Vier-Tage-Woche. Verteilzeiträume können aber auch der Monat, das Jahr oder sogar die Lebensarbeitszeit sein. So können Stoßzeiten aufgefangen oder Servicezeiten ausgedehnt werden. Der Arbeitnehmer kann seine Arbeitszeit besser an seine Lebenssituation anpassen. Zwar können durch die häufigeren Arbeitsübergaben mehr Fehler entstehen, dafür arbeiten Teilzeitbeschäftigte oft produktiver.
- **Modulare Arbeitszeit (Wahlarbeitszeit):** Der Arbeitgeber erstellt einen Plan, zu welcher Zeit er wie viele Mitarbeiter benötigt. Die Mitarbeiter können sich je nach vertraglicher Arbeitszeit und persönlicher Vorlieben dann für die entsprechenden Blöcke eintragen. Da alle Zeiten abgedeckt werden müssen und die „Lieblingszeiten" gerecht verteilt sein sollen, erfordert es viel Absprache und Kompromissbereitschaft bei Arbeitnehmern und Arbeitgebern. Wahlarbeitszeit findet man häufig in Gastronomie und Einzelhandel.
- **Jahresarbeitszeit:** Es wird berechnet, wie viele Arbeitsstunden pro Jahr durchschnittlich anfallen und diese dann unterschiedlich über das Jahr verteilt. So kann der Arbeitgeber z. B. Saisonschwankungen im Vorfeld abfangen. Das Entgelt wird gleichmäßig auf die 12 Monate verteilt, sodass der Arbeitnehmer keine Gehaltsschwankungen hat.
- **Telearbeit:** Durch die Digitalisierung sind viele Arbeiten nicht mehr an einen festen Ort gebunden. So können Mitarbeiter Arbeiten ganz oder teilweise von zu Hause aus erledigen. Sie erleichtert die Vereinbarkeit von Beruf und Familie, erfordert aber ein hohes Maß an Selbstorganisation und Disziplin.
- **Arbeit auf Abruf:** Die Dauer der Arbeitszeit innerhalb eines bestimmten Zeitraumes liegt nicht fest. Der Arbeitsvertrag regelt im Wesentlichen nur die Höhe des Entgeltes pro gelisteter Stunde.

Flexible Arbeitszeitmodelle führen meist zu einer höheren Zufriedenheit der Mitarbeiter und dadurch zu besseren Arbeitsergebnissen und einer geringeren Krankheitsquote. Die Arbeit lässt sich so im Idealfall an die persönlichen Bedürfnisse anpassen. Allerdings verwischen sich durch diese Arbeitsnormen häufig auch die Grenzen zwischen Arbeitszeit und Privatzeit immer mehr. Der Arbeitgeber ist daher verpflichtet, die Einhaltung gesetzlicher Regelungen zu Arbeitszeit und Arbeitsschutz sowie durch geltende Tarifverträge zu kontrollieren.

Weitere Arbeitszeitmodelle: Jobsharing (Arbeitsplatzteilung): Zwei oder mehrere Arbeitnehmer teilen als Gemeinschaft einen oder mehrere Arbeitsplätze unter sich auf. Wie die Aufgaben und die Arbeitszeiten eingeteilt sind, sollten die Beschäftigten möglichst selbst organisieren. Jobsharing eignet sich besonders für Führungspositionen, da die Verantwortlichkeiten im Team übernommen werden.

Altersteilzeit: Hier wird die Arbeitszeit in den Jahren vor der Verrentung reduziert, z. B. durch allmähliche Reduzierung oder durch Halbierung über den gesamten Zeitraum. Für die Arbeitgeber steht hier meist die sanfte Verkleinerung oder Verjüngung der Belegschaft im Vordergrund. Der Arbeitnehmer hat den Vorteil, dass ein gleitender Übergang vom Arbeitsleben in den Ruhestand möglich wird.

Sabatical: Durch einen Gehaltsverzicht bei gleicher Arbeitsleistung werden Plusstunden aufgebaut, die dann innerhalb eines festgelegten Zeitraumes als Freizeitblock (z. B. drei Monate, ein Jahr) genommen werden können. Während der gesamten Zeit bleibt das Gehalt konstant.

Aufgaben

1. Nehmen Sie zu dem oben abgebildeten Schaubild Stellung.
2. Beschreiben Sie, welche flexiblen Arbeitsformen in Ihrem Betrieb bereits eingeführt sind. Überprüfen Sie, ob andere Formen nach Ihrem Kenntnisstand möglich wären.
3. Erklären Sie, welche Vor- und welche Nachteile Sie bei den einzelnen flexiblen Arbeitszeitformen sehen.

1

1.1.9 Kündigungsschutz

Frau Weiss ist 33 Jahre alt und arbeitet als Bauzeichnerin in einem großen Architektenbüro.

Da sie seit acht Jahren diese Tätigkeit ausübt, kennt sie sich gut aus.

Als ein neuer Chef die Abteilung im Juli übernimmt, wird Frau Weiss fristlos gekündigt.

Die Kündigung eines Arbeitsverhältnisses bildet für den anderen Vertragspartner immer eine Beeinträchtigung:

- Dem Arbeitnehmer wird durch den Verlust seines Arbeitsplatzes die Möglichkeit entzogen, seinen Lebensunterhalt zu verdienen.
- Für den Arbeitgeber hingegen kann eine Kündigung vonseiten eines Mitarbeiters zu einer Störung der betrieblichen Abläufe führen.

Damit dies von keiner Seite unverhältnismäßig ausgenutzt werden kann, wurde der Bereich der Kündigung gesetzlich sehr detailliert geregelt.

Eine fristlose Kündigung ist von beiden Seiten prinzipiell nur möglich, wenn wichtige Gründe vorliegen. In jedem Fall muss dieser gewichtige Grund gut dokumentiert sein, z. B. durch eine vorausgegangene Abmahnung.

Für eine fristgerechte Kündigung durch den Arbeitgeber gelten die gesetzlichen Kündigungsfristen des BGB als Mindestfristen. Nach dem Kündigungsschutzgesetz (KSchG) können Gründe für eine fristgerechte Kündigung sein:

in der Person	*im Verhalten*	*durch betriebliche Erfordernisse*
■ unzureichende Arbeitsleistung ■ Krankheit ■ unzureichende Belastbarkeit	■ Mobbing oder ähnliche Betriebsstörungen ■ Straftaten	■ schlechte Auftragslage ■ Betriebsänderungen

Betrieblich bedingte Kündigungen müssen nach dem KSchG sozial gerechtfertigt sein. Berücksichtigt werden müssen dabei:

- Lebensalter
- Unterhaltspflichten
- Dauer der Betriebszugehörigkeit
- Schwerbehinderung des Arbeitnehmers

Arbeitnehmer können jedoch von der Sozialauswahl ausgenommen werden, wenn ihre Weiterbeschäftigung aufgrund ihrer Kenntnisse oder Leistungen (Leistungsträger) oder auch aufgrund einer ausgewogenen Personalstruktur im betrieblichen Interesse liegt. Bei einer betriebsbedingten Kündigung kann der Arbeitgeber eine Abfindung anbieten. Dann hat der Arbeitnehmer einen Anspruch auf die Abfindung (0,5 Monatsverdienste für jedes Jahr der Betriebszugehörigkeit), sofern er keine Klage erhebt.

Die **Kündigung** ist eine einseitige empfangsbedürftige Willenserklärung. Sie muss daher immer schriftlich erfolgen. Bei einer fristlosen Kündigung (egal von welcher Seite) und bei einer ordentlichen Kündigung durch den Arbeitgeber muss in der Kündigung kein Grund genannt werden (Ausnahme: Ausbildungsverhältnisse). Bei Kündigungen in der Probezeit und bei einer Eigenkündigung braucht kein Grund genannt werden.

Wichtige Gründe für eine fristlose Kündigung: z. B. Diebstahl, vorsätzliche Sachbeschädigung, Ausbleiben der Lohnzahlungen oder der Zahlung der Sozialversicherungsbeiträge.

Gesetzliche Kündigungsfristen:

Beschäftigungsdauer	*Kündigungsfrist*	
Probezeit (maximal 6 Monate)	2 Wochen	
bis 2 Jahre	4 Wochen zum 15. oder zum Monatsende	
2 bis 4 Jahre	1 Monat	Zum Monatsende
5 bis 7 Jahre	2 Monate	Zum Monatsende
8 bis 9 Jahre	3 Monate	Zum Monatsende
10 bis 11 Jahre	4 Monate	Zum Monatsende
12 bis 14 Jahre	5 Monate	Zum Monatsende
15 bis 19 Jahre	6 Monate	Zum Monatsende
20 und mehr Jahre	7 Monate	Zum Monatsende

Abmahnung: In der Regel handelt es sich um eine erzieherische Maßnahme, die vor einer Kün-digung erfolgt. Ihre Rechtswirkung ist zeitlich begrenzt: Abmahnungen, die länger als ein Jahr zurückliegen, sind in der Regel gegenstandslos.

Politik verstehen und handeln ISBN 978-3-582-74132-5

Für sogenannte Kleinbetriebe mit 10 oder weniger Mitarbeitern gilt das Kündigungsschutzgesetz nicht und eine Entlassung eines Mitarbeiters ist leichter möglich. Bei der Berechnung der Betriebsgröße zählt jedoch nicht jeder Beschäftigte als Arbeitnehmer im Sinne des KSchG. Auszubildende, Umschüler und auch Leiharbeiter werden bei der Berechnung gar nicht berücksichtigt. Weiterhin dürfen bis zu 5 befristet angestellte Mitarbeiter unberücksichtigt bleiben, Teilzeitbeschäftigte hingegen werden nur anteilig berücksichtigt. So können in einem Betrieb weitaus mehr als 11 Arbeitnehmer beschäftigt sein, ohne dass der Betrieb unter das KSchG fällt.

Dennoch sind die Mitarbeiter in Kleinbetrieben nicht völlig ungeschützt, da die allgemeinen Voraussetzungen einer Kündigung wie Schriftform und Fristen eingehalten werden müssen (nach §622 BGB 4 Wochen zum 15. oder zum Ende des Monats). Zwar benötigt der Arbeitgeber in Kleinbetrieben keinen Kündigungsgrund, die Kündigung darf aber auch nicht gegen das allgemeine Gleichbehandlungsgesetz (AGG) verstoßen und darf auch weder sitten- noch treuewidrig sein (z.B. Kündigung aus „Rache").

Einige Personengruppen, die aus unterschiedlichen Gründen besonders vor einer Kündigung geschützt werden sollen, unterliegen dem besonderen Kündigungsschutz, der sowohl in Klein- als auch in größeren Betrieben gilt:

§4 Kündigungsschutzgesetz (KSchG) (Anrufung des Arbeitsgerichtes):
Will ein Arbeitnehmer geltend machen, dass eine Kündigung sozial ungerechtfertigt oder aus anderen Gründen rechtsunwirksam ist, so muss er innerhalb von drei Wochen nach Zugang der schriftlichen Kündigung Klage beim Arbeitsgericht auf Feststellung erheben, dass das Arbeitsverhältnis durch die Kündigung nicht aufgelöst ist.

Hinweis:
Hält der Arbeitnehmer die Gründe seiner Kündigung für nicht gerechtfertigt, kann er dagegen eine Kündigungsschutzklage beim Arbeitsgericht einreichen.

Personengruppen	*Ordentliche Kündigung*	*Fristlose Kündigung*	*Besonderheiten*
Auszubildende	während der Probezeit ohne Angabe von Gründen, danach nicht mehr	während der Probezeit ohne Angabe von Gründen, danach aus gewichtigem Grund	Kündigung durch einen nicht volljährigen Auszubildenden bedarf der Zustimmung seiner Erziehungsberechtigten
Schwangere und stillende Frauen sowie Erziehungsberechtigte in der Elternzeit	während der Schwangerschaft und bis zum Ablauf von vier Monaten nach der Entbindung sowie ab Antrag (maximal jedoch 8 Wochen vor Beginn) und während der Elternzeit unzulässig	generell unzulässig (bei groben Verstößen darf der Arbeitgeber nur die Annahme des Arbeitsangebots verweigern, mit der Folge des Lohnentzugs)	Mutter und Vater können bis zum Ende des dritten Lebensjahres gemeinsam oder jeweils eine Elternzeit in Anspruch nehmen. (Zu den einzelnen Regelungen siehe Abschnitt 1.3.4)
Schwerbehinderte (mindestens 50 % Behinderung)	nur mit Zustimmung des zuständigen Integrationsamts; eine Kündigung muss vom Arbeitgeber schriftlich beantragt werden		während der Probezeit von maximal 6 Monaten besteht kein Kündigungsschutz
	Mindestfrist: 4 Wochen nach Antrag	Mindestfrist: 2 Wochen nach Antrag	
Jugendvertreter und Betriebsratsmitglieder	allgemein unzulässig	nur mit Zustimmung des Betriebsrates; lehnt dieser ab, dann nur durch das Arbeitsgericht	nach Beendigung der Amtszeit ein weiteres Jahr Kündigungsschutz

Aufgaben

1. Erläutern Sie, ob Frau Weiss die Kündigung im Einstiegstext widerspruchslos hinnehmen muss.
2. Nennen Sie Möglichkeiten, die ein Arbeitnehmer im Falle einer sozial ungerechtfertigten Kündigung hat.
3. Vergleichen Sie die Kündigungsschutzbedingungen innerhalb eines Betriebes mit 5 bis 10 Mitarbeitern und eines Betriebes mit mehr als 10 Beschäftigten. Stellen Sie die wesentlichen Unterschiede stichpunktartig gegenüber.

Neue und modernisierte Ausbildungsberufe 2021:
- Elektroniker für Gebäudesystemintegration
- Elektroniker Fachrichtung Automatisierungs- und Systemtechnik
- Elektroniker für Maschinen und Antriebstechnik
- Informationselektroniker
- Fahrzeuginterieur-Mechaniker
- Brauer und Mälzer

Strukturelle Arbeitslosigkeit:
siehe Abschnitt 3.2.4

1.1.10 Qualifikation, Mobilität und Beschäftigung

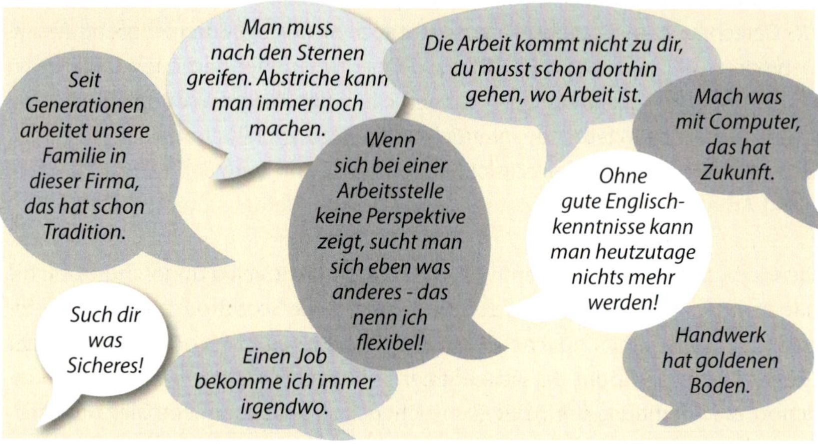

Wie in den meisten europäischen Ländern ist die strukturelle Arbeitslosigkeit in Deutschland hoch. Die staatlichen Maßnahmen sind zwar vielfältig, können das Problem insgesamt aber nur mindern, nicht beseitigen. Wer innerhalb des derzeitigen Strukturwandels nicht untergehen will, kann nicht nur darauf warten, dass ihm geholfen wird. Jeder Einzelne muss selbst daran mitwirken, seine Chancen auf dem angespannten Arbeitsmarkt zu gestalten.

Natürlich ist nur schwer abzuschätzen, wie sich die Wirtschaft und damit die entsprechenden Tätigkeiten entwickeln werden. Grundsätzlich gibt es jedoch einige Tendenzen, die man berücksichtigen sollte.

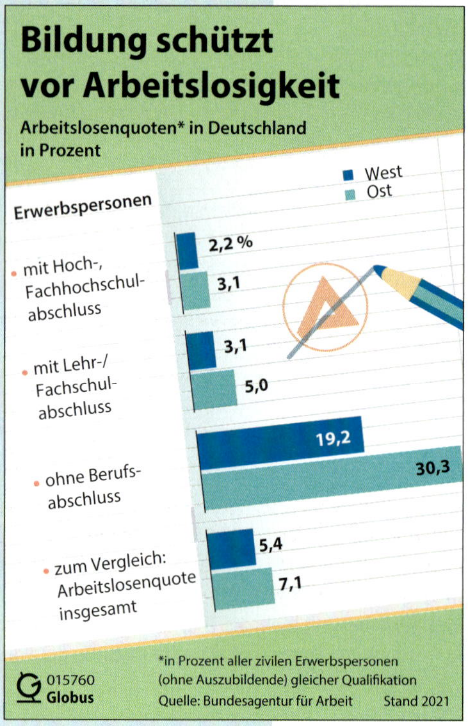

„Wissen" wird in unserer Gesellschaft immer wichtiger. Ungelernte Arbeitskräfte gehören eindeutig zu den Verlierern des Strukturwandels. Rationalisierung und Stellenabbau trafen in den letzten Jahren weitaus häufiger Arbeitsstellen mit einem geringen Qualifikationsbedarf als Stellen, die eine bessere Qualifikation erfordern. Als grobe Richtlinie kann gelten: je geringer die Qualifikation, umso unsicherer der Arbeitsplatz. Viele Betriebe stellen bereits keine ungelernten Arbeitskräfte mehr ein. Experten erwarten, dass sich auch in Zukunft dieser Trend fortsetzen wird. Im Bereich der Hoch- und Fachhochschulabsolventen wird dagegen ein Stellenzuwachs erwartet. Bei Arbeitsstellen mit mittlerem Qualifikationsbedarf werden die Zahlen in etwa gleich bleiben.

In allen Berufen werden sich jedoch die Anforderungen insgesamt verändern und häufig auch steigen. Während z. B. früher die Schreibmaschine im Büro das Arbeitsmittel war, werden heute Computerkenntnisse als selbstverständlich vorausgesetzt. Neben dem „normalen" Brief müssen jetzt auch Tabellen, Grafiken und Präsentationen erstellt werden. Die Nutzung von Internet und neuen Medien hat bereits in fast allen Betrieben Einzug gehalten.

Politik verstehen und handeln ISBN 978-3-582-74132-5

Die Qualifikation endet heute also nicht mehr mit dem Abschluss der Schule bzw. der Lehre. „Lebenslanges Lernen" ist nötig.
Auch die Arbeitswelt an sich ändert sich. Die Bundesregierung versucht, diesen Entwicklungen jeweils mit der Bildung neuer anerkannter Ausbildungsberufe Rechnung zu tragen. Derzeit wird im Bereich der Dienstleistung ein Zuwachs an Arbeitsstellen erwartet. Insbesondere die Gebiete „neue Technologien", „Medien" und „Service" werden als zukunftsträchtig angesehen.

Natürlich dürfen persönliche Vorlieben und Veranlagungen nicht unberücksichtigt bleiben. Was nützt es, wenn man einen Beruf mit der allerbesten Perspektive hat, aber jeden Tag nur mit Grauen zur Arbeit geht! Ob man dann gute Leistungen erbringt, scheint fraglich. Die meisten Berufsfelder beinhalten jedoch mehr unterschiedliche Berufe, als viele Menschen wissen. Und auch die Einsatzmöglichkeiten innerhalb eines Berufes sind oft vielfältiger als gemeinhin bekannt ist. Es ist also sinnvoll, sich umfangreich zu informieren.

Was aber tun, wenn man sich doch für den falschen Beruf entschieden hat? Wer kann schon zusichern, dass sich wirklich alles so entwickelt, wie man es erwartet hat? In diesem Fall ist Mobilität gefordert, d. h.

- **räumliche Mobilität:** Ist die Arbeitsmarktsituation in anderen Regionen vielleicht besser?
- **betriebliche Mobilität:** Werden die Chancen und beruflichen Perspektiven vielleicht durch einen Wechsel des Betriebes besser?
- **persönliche Mobilität:** Kann man auf den momentanen Beruf aufbauen? Gibt es Fortbildungsmöglichkeiten? Häufig existieren artverwandte Tätigkeiten, in denen man eigene Stärken besser nutzen und gemachte Erfahrungen einfließen lassen kann.

Natürlich bilden solche Überlegungen keine Garantie für einen Arbeitsplatz. Aber nicht nur das „Wissen" als Qualifikation, sondern auch das Wissen um die Möglichkeiten kann ein entscheidender Vorteil auf dem Arbeitsmarkt sein.

Hinweis:
Welche Berufe als anerkannte Ausbildungsberufe gelten, ist im §4 BBiG (Berufsbildungsgesetz) geregelt. Nur diese Ausbildungen sind dem Gesetz nach „staatlich geordnet", damit einheitlich und bundesweit anerkannt. Da sie entsprechend den Veränderungen in der Arbeitswelt ständig überarbeitet und angepasst werden, ändert sich die Zahl der Ausbildunsgberufe fast jedes Jahr (2023: 326 Ausbildungsberufe).
Daneben gibt es noch Berufe, die außerhalb des dualen Systems, z. B. in vollzeitschulischen Berufsfachschulen, ausgebildet werden. Informationen erhält man auf der Internetseite des Bundesinstituts für Berufsbildung (BiBB) oder auf der Internetseite der Bundesagentur für Arbeit.

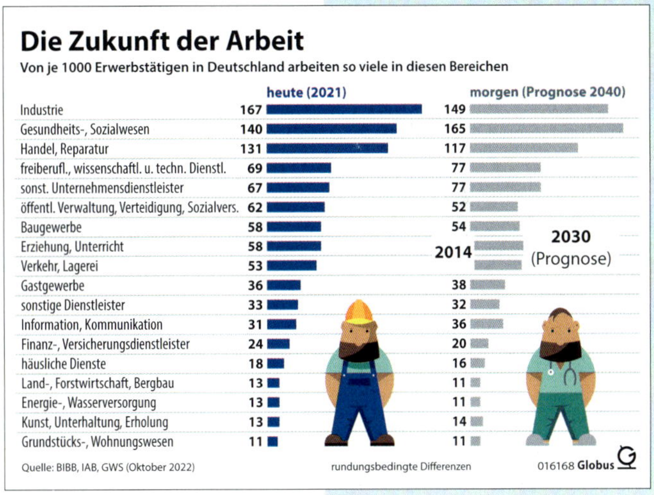

Aufgaben

1. Am Anfang des Abschnittes finden Sie unterschiedliche „Leitsätze" für die berufliche Zielsetzung. Formulieren Sie einen Leitsatz für Ihre eigene Zielsetzung und vergleichen Sie Ihn mit denen Ihrer Mitschüler. Bilden Sie Cluster ähnlicher Zielsetzung.
2. Erläutern Sie, was man unter „lebenslangem Lernen" versteht.
3. Recherchieren Sie, wie Ihr Berufsbild vor 20 Jahren aussah. Stellen Sie dar, wie sich das Berufsbild bis heute verändert hat. Skizzieren Sie auch, wie sich das Berufsbild vermutlich in Zukunft weiter verändern wird.
4. Benennen Sie, welche Arten von „Mobilität" es gibt und welche Art Sie für Ihren eigenen Lebensweg für besonders wichtig halten. Begründen Sie Ihre Antwort.

1.1.11 Qualifikation und Weiterbildung in Schule und Beruf

Hinweis:
Der Meisterzwang als Voraussetzung für eine Selbstständigkeit gilt im Handwerk (z. B. Dachdecker, Kraftfahrzeugmechatroniker, Elektrotechniker), für Nahrungsmittelhandwerker (z. B. Bäcker) und für große Ausbildungshandwerke (z. B. Friseur). Damit gilt der Meisterzwang nur noch für 41 Handwerksberufe und dann, wenn man aus Deutschland kommt.
Bürger aus anderen EU-Staaten – in denen das Ausbildungsverfahren anders ist und es daher oft gar keinen Meistertitel gibt – unterliegen dem Meisterzwang auch in den gefahrengeneigten Berufen nicht. Sie müssen jedoch eine angemessene Berufserfahrung nachweisen.
In Deutschland ausgebildete Altgesellen können sich nach sechs Jahren im Beruf selbstständig machen. Ausgenommen sind jedoch die Berufe des Gesundheitshandwerks (Augenoptik, Hörgeräteakustik usw.) sowie Schornsteinfeger.

Da die persönliche Mobilität ein entscheidender Faktor im beruflichen Leben ist, besitzt die Aus-, Weiter- und Fortbildung einen hohen Stellenwert. Die Ausbildung in einem anerkannten Ausbildungsberuf bildet einen wichtigen Grundstein für den Eintritt in die Arbeitswelt. In einer schnelllebigen Zeit mit einem ständigen Wandel am Arbeitsmarkt hört das Lernen jedoch nie auf. Wer neue Qualifikationen erwirbt, ist daher gegenüber anderen im Vorteil. Aber nicht nur im Rahmen der beruflichen Weiterentwicklung ist dies von Bedeutung, es dient auch der persönlichen Entfaltung.

Ein Mangel an gut ausgebildeten Menschen kann in der Wirtschaft zu Engpässen führen und das Wachstum und die Entwicklung ganzer Wirtschaftszweige behindern. Um die Qualifikation zu fördern, gewährt der Staat daher häufig für die Fortbildung finanzielle Unterstützung. Aber auch die Betriebe selbst haben Interesse an einer Qualifikation ihrer fähigen Leute und bezuschussen ggf. Maßnahmen.

Fortbildung

Von einer „Fortbildung" wird gesprochen, wenn die Maßnahme die bisherige vorhandene berufliche Bildung entweder erhalten, anpassen oder erweitern kann oder einen beruflichen Aufstieg fördert. Fortbildungen beziehen sich also immer auf den derzeit besetzten Arbeitsplatz. So soll sichergestellt werden, dass die momentane Arbeit in der geforderten Qualität ausgeführt werden kann oder alle Fähigkeiten und Fertigkeiten für neue, bevorstehende Aufgaben erworben werden. Da ein Betrieb ein großes Interesse an qualifizierten Mitarbeitern und gut ausgebildeten Nachwuchskräften hat, werden Fortbildungen häufig vom Arbeitgeber bezuschusst oder bezahlt.

Politik verstehen und handeln ISBN 978-3-582-74132-5

Weiterbildung

Eine „Weiterbildung" liegt dagegen vor, wenn der Ausbildungsinhalt dazu dient, die eigene Qualifikation auszubauen. Sie muss dabei keinen bestimmten betrieblichen Zweck erfüllen und kann sich am ausgeübten Beruf orientieren oder aber allgemeinbildend sein. Wer sich also höher qualifizieren will, ganz allgemein neues Wissen in seinem Berufsfeld erwerben möchte oder einen höheren Abschluss erwerben will, besucht eine Weiterbildungsmaßnahme. Auch Umschulungen oder Business-Sprachkurse, Computerzertifikate und Schlüsselqualifikationen (z. B. Teamfähgkeit) gehören in diesen Bereich. Wird der Kurs mit einem Zertifikat oder einem anerkannten Abschluss beendet, kann häufig finanzielle Unterstützung vom Staat in Anspruch genommen werden.

Für die Bewilligung von teilweiser oder gänzlicher Übernahme der Weiterbildungskosten sind das Jobcenter oder die Agentur für Arbeit zuständig. Im Normalfall muss der Antrag vor Beginn der Maßnahme gestellt werden. Bei einer Vollzeitmaßnahme kann AFGB (Meister-BaföG) gewährt werden.

Beim Beschreiten des **zweiten Bildungsweges** kann in der Regel BAföG bezogen werden.

Je nach Branche und Ausbildung gibt es verschiedene Weiterbildungsmöglichkeiten, die in der Regel sowohl in Teilzeit oder auch in Vollzeit absolviert werden können. Eine der wichtigsten und bekanntesten ist der Meisterbrief für die gewerblich-technischen Berufe. Auch die Weiterbildung zum staatlich geprüften Techniker ermöglicht Aufstiegschancen. Im kaufmännischen Bereich bietet sich die Weiterbildung zum Fachwirt oder zum Betriebswirt an. Entsprechende Informationen zu Meisterlehrgängen bzw. anerkannten Fortbildungsprüfungen geben die zuständigen Kammern.

Schulische Weiterbildung

Über den zweiten Bildungsweg kann auch ein höherer Schulabschluss erreicht werden. Im deutschen Bildungssystem liegt die Zuständigkeit für das Schulwesen bei den Bundesländern (Kulturhoheit), sodass sich die Möglichkeiten im Detail sehr unterscheiden können.

Bildungsföderalismus:
Laut Verfassung bestimmen die einzelnen Bundesländer selbst über ihr jeweiliges Bildungssystem. Dies wird je nach Standpunkt als positiv bzw. negativ betrachtet.

Für die schulische Qualifikation bieten sich viele unterschiedliche Wege. Dennoch lässt sich auch Kritik an unserem Bildungssystem vernehmen, z. B.:

- die frühe Auslese durch die Aufteilung in Haupt-, Realschule, Gymnasium und Förderschule.
- die Uneinheitlichkeit des bundesweiten Bildungssystems (Bildungsföderalismus, siehe hierzu auch Abschnitt 5.2.4),
- der enge Zusammenhang zwischen sozialer Herkunft und Bildungserfolg.

Beruflich Qualifizierten mit ausreichender Berufserfahrung ist es sogar möglich, ohne Abitur ein Hochschulstudium zu beginnen. So haben Meister deutschlandweit die Möglichkeit, an einer Fachhochschule oder Universität zu studieren. Auch ein Studium in einem ausbildungsfremden Fach ist gegebenenfalls möglich.

Aufgaben

1. Beurteilen Sie die Aussagen der Jugendlichen am Anfang des Kapitels. Formulieren Sie Ratschläge für die jeweiligen Personen.
2. Haben Sie sich bereits Gedanken über Ihren zukünftigen beruflichen Werdegang gemacht? Zeichnen Sie schematisch Ihren bisherigen und Ihren geplanten Werdegang auf. Beschreiben Sie, welche Möglichkeiten Sie jetzt schon haben, auf Ihr Ziel hinzuarbeiten.
3. Nennen Sie Möglichkeiten beruflicher Qualifikation, die in Ihrem Beruf von besonderer Bedeutung sind.

1.1.12 Lernen, Arbeiten und Leben in Europa

Auch Azubis sollen ins Ausland – Erasmus für Lehrlinge

Azubis nehmen die Möglichkeit, ins Ausland zu gehen, nur sehr selten wahr. Trotz der momentanen Einschränkungen durch die Corona-Pandemie: Durch die zunehmende Globalisierung wird Auslandserfahrung zukünftig immer wichtiger.

Nur wenige Auszubildende verbringen einen Teil der Lehrzeit im Ausland, obwohl sie dafür über das Erasmus-Programm Stipendien der Europäischen Union erhalten können. Das Bundesministerium für Arbeit und Soziales betont die Notwendigkeit, dass sich dies ändere. Eine gute Ausbildung sei der wirksamste Schutz vor Arbeitslosigkeit. Und dazu gehöre in Zeiten der Globalisierung auch unbedingt der Blick über den Tellerrand. Allerdings seien hier auch die Unternehmen dazu aufgefordert, möglichst vielen jungen Menschen die Möglichkeit zu geben, eine Zeitlang ins Ausland zu gehen.

Lernen und Arbeiten weit weg von Zuhause – das hat im Arbeitsleben schon immer eine wichtige Rolle gespielt. Während früher allerdings „weit weg" bereits die nächste Stadt sein konnte, verbinden die meisten Menschen damit heutzutage – in den Zeiten großer Mobilität – eher einen Auslandsaufenthalt.

Die persönlichen Gründe haben sich dabei kaum gewandelt: Ein gewisses Maß an „Abenteuerlust" wird befriedigt, man verbessert seine Sprachkenntnisse, macht eine Menge wertvoller Erfahrungen, erweitert so seinen persönlichen Horizont und schafft sich eine gute Position für den Einstieg in den Arbeitsmarkt.

Der Staat und die Europäische Union unterstützen diese Bestrebungen. Denn Regierung und Arbeitgeber sehen den Vorteil vor allem in der Stärkung des europäischen Wirtschaftsraumes. Durch die Globalisierung, die zunehmende weltweite Konkurrenz aber auch die Veränderungen in der Gesellschaft (z. B. durch Geburtenrückgang und Überalterung) wird es immer wichtiger, dass die „richtigen" Arbeitnehmer auch am „richtigen" Ort verfügbar sind.

Hinweis:
Weitere Informationen finden Sie im Internet unter anderem auf folgenden Seiten:
- **ec.europa.eu/ploteus**
- **www.eures.europa.eu**
- **www.goforeurope.de**
- **www.sprung-ins-ausland.de**
- **www.arbeitsagentur.de**

Der **europass** erleichtert – vorrangig in den Ländern der Europäischen Union (EU) – Praktika sowie Studienaufenthalte vor, während und nach der Berufsausbildung. Er umfasst die folgenden fünf Dokumente:

Möglichkeiten für Auslandsaufenthalte für Auszubildende und Arbeitnehmer

EU-Bildungsprogramm Erasmus+ (für allgemeine und berufliche Bildung, Jugend und Sport)

Unterprogramme von Erasmus+:
- **Comenius** (allgemeine Bildung in der Schule)
- **Erasmus** (Hochschulbildung und akademische Ausbildung)
- **Leonardo** (berufliche Aus- und Weiterbildung)
- **Grundtvig** (Erwachsenenbildung)
- **Jugend in Aktion** (außerschulische Jugendbegegnungen etc.)
- **EFD** (Europäischer Freiwilligendienst)

Möglichkeiten außerhalb der EU-Bildungsprogramme

- **Schulbesuch im Ausland** (Besuch einer öffentlichen Schule)
- **United World College (UWC)** (internationale Schulen, in denen die letzten zwei Jahre der oberen Sekundarstufe absolviert werden können)
- **Auslandserfahrungen für Schulklassen und einzelne Schüler** (Projekte, Workcamps, Austausche etc.)
- **Au-pair**

Arbeiten bei EU-Institutionen

- längerfristige Arbeitsverträge
- Praktika

Freier Arbeitsmarkt

- **EURES-Netzwerk** (Unterstützung der europaweiten Arbeitssuche / europäisches Job-Netzwerk)
- **YfEj** (= your first EURES job / EU-gefördertes Mobilitätsprogramm)
- **ZAV** (= Zentrale Auslands- und Fachvermittlung der Bundesagentur für Arbeit / Hilfe rund um die Stellensuche im Ausland)
- **private Arbeitsvermittler**

Politik verstehen und handeln ISBN 978-3-582-74132-5

Die rechtliche Grundlage hat die EU durch die Bildung des Europäischen Binnenmarktes geschaffen (vergleiche Kapitel 7.3.3). Er beinhaltet den freien Personen- und freien Dienstleistungsverkehr. Dadurch hat jeder EU- Bürger prinzipiell das Recht, sich in jedem Mitgliedsstaat niederzulassen, dort seine Ausbildung oder Teile davon zu erwerben und dort als Angestellter oder Selbstständiger zu arbeiten.

Häufig ist es aber für den Einzelnen schwierig, einen solchen Auslandsaufenthalt konkret zu organisieren. Die EU hat daher eine Vielzahl unterschiedlicher Programme aufgelegt, um den Einzelnen zu unterstützen.
Im Bereich der Berufsausbildung ist ein Auslandsaufenthalt als Teil der Ausbildung oder als Praktikum möglich. Zwar ist es prinzipiell möglich, seine Ausbildung auf der ganzen Welt zu machen, in der Praxis unterscheiden sich die Ausbildungssysteme der Länder oft erheblich. Eine Anerkennung des Berufsabschlusses in Deutschland ist dann oft schwierig oder gar nicht möglich. Bis zu einem Viertel der Ausbildung darf jedoch im Ausland erfolgen, ohne dass Nachteile für die Zulassung zur Prüfung entstehen.

Auch nach der Ausbildung bieten viele Organisationen Austauschprogramme zur Weiter- und Fortbildung im internationalen Rahmen an. Es ist aber auch möglich, sich ganz normal über den freien Arbeitsmarkt auf eine Stelle im Ausland zu bewerben. Zu beachten ist dabei jedoch, dass etliche Berufe in den verschiedenen Ländern unterschiedlich reglementiert sind, d. h. die Arbeitsaufnahme ist an bestimmte Abschlüsse, Zeugnisse, Diplome o. ä. geknüpft. In diesem Fall muss ein offizieller Antrag auf Anerkennung bei der zuständigen Behörde des Aufnahmelandes gestellt werden.

Bei anderen reglementierten Berufen erfolgt eine Prüfung der individuellen Ausbildungsinhalte. Sind sie mit den Vorgaben des Landes vergleichbar, erfolgt eine Anerkennung. Bei größeren Unterschieden kann die Anerkennung an Auflagen – z. B. Anpassungslehrgänge oder Eignungsprüfung – geknüpft werden. Und bei extremen Unterschieden kann die Anerkennung auch verweigert werden. Für die Ausübung eines nicht reglementierten Berufs ist keine Anerkennung nötig. Dennoch wird der Arbeitgeber einen Nachweis über Ausbildung, Erfahrungen und Zeugnisse verlangen. Hier ist es von Vorteil, seinen Bildungsweg im **europass** (auch Europäischer Bildungspass) festhalten zu lassen. Er erleichtert Arbeitgebern im Ausland, den berufsbildenden Abschluss und den beruflichen Werdegang besser zu beurteilen.

- europäischer Lebenslauf,
- europäisches Sprachendokument,
- europäische Zeugniserläuterungen für den Bereich berufliche Bildung,
- europäischer Diplomzusatz,
- Europass-Mobilitätsnachweis.

(Siehe hierzu auch Abschnitt 7.3.3.)

Hinweis:
Erste Anlaufstelle sollten immer der eigene Betrieb und/oder die zuständige Kammer sein, die häufig Erfahrungen oder gar eigene Austauschprogramme haben.

Hinweis:
Die zuständige Kontaktstelle ist in den meisten Ländern beim Bildungs-, Wissenschafts- oder Wirtschaftsministerium angesiedelt.

reglementieren:
durch Vorschriften oder Regeln einschränken

Wer von seiner Firma zu einer ausländischen Tochterfirma entsendet wird, wird als **Expatriat** bezeichnet.

Wissenswerte Informationen bezüglich Kultur, Klima, Arbeitsrecht, Zollbestimmungen etc. des Ziellandes kann man bei der Bundesstelle für Auswanderer und Auslandstätige einholen **(www.bva.bund.de)**. Sie bietet jedoch keine Beratung.

Aufgaben

1. Erläutern Sie, welche Gründe für eine Arbeitsaufnahme in einem anderen Land sprechen können.
2. Diskutieren Sie in der Klasse, welche Vor- und Nachteile ein Auslandsaufenthalt für Sie persönlich und für Ihre zukünftige berufliche Entwicklung beinhaltet.
3. Ermitteln Sie, welche EU-Programme für Sie infrage kommen würden. Recherchieren Sie in Gruppenarbeit die wesentlichen Inhalte der relevanten Programme und stellen Sie Ihr Ergebnis in der Klasse vor.
4. Erstellen Sie auf der entsprechenden Internetseite der EU Ihren persönlichen europass.

1

1.1.13 Arbeits- und Sozialgerichtsbarkeit

Autoindustrie-Zulieferer in Neuruppin vor dem Aus. Azubis fordern Übernahme

Die Auszubildenden des gescheiterten Zulieferbetriebs *Mobilita* wehren sich gegen ihre Entlassungen. Mehr als 100 Lehrlinge wollen nach einem Bericht der *Märkischen Oderzeitung* vor dem Arbeitsgericht klagen. Nach ihrer Auffassung ist die Betriebsstilllegung von *Mobilita* kein wirksamer Grund für die Kündigung.
Auch Brandenburgs Sozialminister hat sich unterdessen gegenüber dpa für eine Übernahme sämtlicher Azubis ausgesprochen.

Treten Konflikte im Arbeitsleben auf, die nicht durch Gespräche oder gütliche Einigung gelöst werden können, bleibt nur der Gang vor das Arbeitsgericht. Die Arbeitsgerichte sind zuständig für alle Streitigkeiten

- zwischen Arbeitgeber und Arbeitnehmer über den Arbeitsvertrag,
- zwischen den Sozialpartnern über Tarifverträge,
- über bestimmte Angelegenheiten der Mitbestimmung im Unternehmen,
- über Entscheidungen zur Tariffähigkeit und Tarifzuständigkeit.

Alle Regelungen zu Konflikten im Arbeitsleben findet man im Arbeitsgerichtsgesetz (ArbGG).

Sozialpartner und Tarifverträge:
siehe die Abschnitte 1.2.1 bis 1.2.3.

Tariffähigkeit und Tarifzuständigkeit:
siehe Abschnitt 1.2.1 und 1.2.2.

Die Klage kann bei dem Gericht, das den Wohn- oder Geschäftssitz des Beklagten oder aber den vornehmlichen Arbeitsort des Arbeitnehmers in seinem Einzugsbereich hat, eingereicht werden. Arbeitsgerichtsprozesse weisen gegenüber den Zivilprozessen einige Besonderheiten auf. So werden sie in der Regel schneller abgewickelt. Jede Partei muss ihre Rechtsanwaltskosten selbst tragen.
Die Gerichtskosten, d. h. Gebühren und Auslagen für Zeugen, Post usw., trägt am Ende die unterlegene Partei. Die Gerichtsgebühren sind jedoch wesentlich geringer als bei Zivilprozessen.
Der Prozess kann insgesamt drei Instanzen durchlaufen:

Nach Klageerhebung vor dem Arbeitsgericht findet nach Möglichkeit innerhalb von zwei Wochen ein Gütetermin statt. Hierbei versucht ein Berufsrichter eine gütliche Einigung in Form eines Vergleichs zwischen den Parteien zu erreichen. Gelingt dies nicht, schließt sich möglichst innerhalb von acht Wochen nach Klageerhebung der Prozess an.
Bei betriebsbedingten Kündigungen kann der Arbeitgeber dem Arbeitnehmer eine Abfindung anbieten, um eine Klage zu vermeiden (vergleiche Abschnitt 1.1.9).

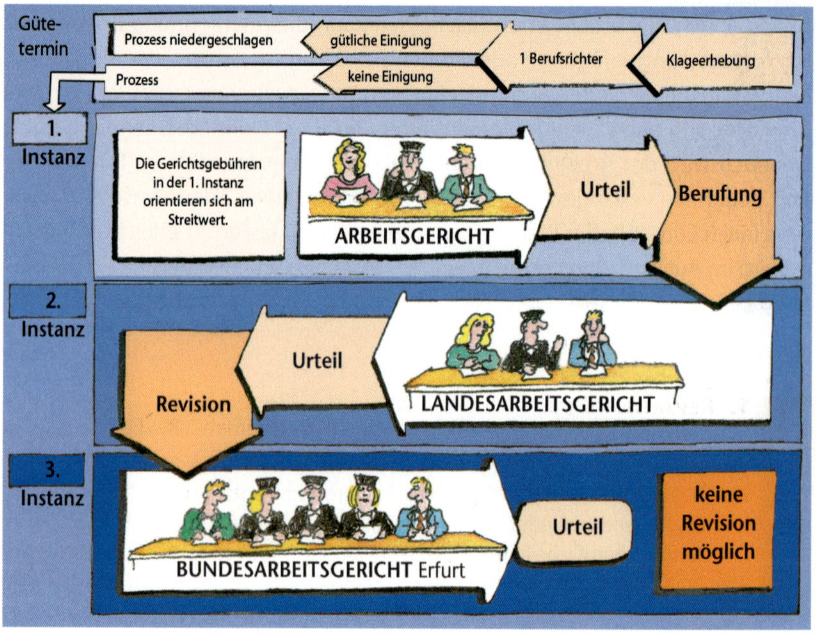

Hinweis:
Die Tabelle zu Streitwert und Gerichtskosten kann bei den Arbeitsgerichten eingesehen werden.

Politik verstehen und handeln ISBN 978-3-582-74132-5

Streitigkeiten, die

- die Sozialversicherungen,
- sonstige Belange der Bundesarbeitsagentur,
- ALG II, Leistungen der Sozialhilfe und für Asylbewerber,
- Kassenarztrechnungen u. Ä. betreffen,

werden vor dem Sozialgericht verhandelt.

Das Sozialgerichtsverfahren ist für Versicherte und Leistungsempfänger grundsätzlich kostenfrei, da auch Versicherte mit einem relativ geringen Einkommen die Möglichkeit erhalten müssen, ihr Recht zu suchen.

Im Aufbau gleicht die Sozialgerichtsbarkeit der Arbeitsgerichtsbarkeit:

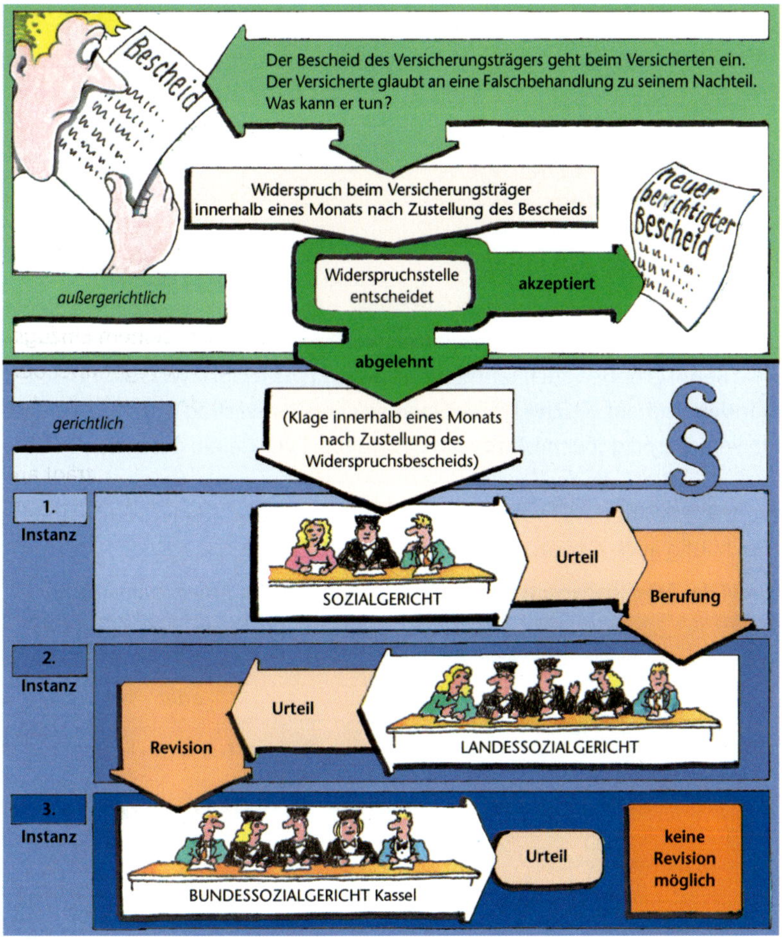

Bei Streitigkeiten aus dem Bereich der Ausbildungsförderung und des Wohngeldes sind dagegen die allgemeinen Verwaltungsgerichte zuständig. Rechtsstreitigkeiten aus dem Bereich des Kindergeldes fallen in die Zuständigkeit der Finanzgerichte.

Allerdings können vom Sozialgericht Missbrauchskosten erhoben werden, wenn eine unberechtigte Klage trotz eines entsprechenden Hinweises des Gerichts angestrengt oder fortgeführt wird.

Außergerichtliche Kosten, z. B. für einen Prozessbevollmächtigten, muss jede Partei erst einmal selbst aufbringen. Bei Beendigung des Verfahrens entscheidet das Gericht, ob der Gegner diese Kosten ganz oder teilweise erstatten muss.

Sowohl in Verfahren des Arbeits- als auch des Sozialgerichtes kann eine Prozesskostenbeihilfe beantragt werden. Ob sie gewährt wird, hängt vom Einkommen und vom Vermögen ab.

Gewerkschaftsmitglieder erhalten bei Arbeitsgerichtsverfahren finanzielle Unterstützung von ihrer Gewerkschaft. Ansonsten kann sowohl in Verfahren des Arbeits- als auch des Sozialgerichts Prozesskostenbeihilfe beantragt werden. Ob sie gewährt wird, hängt vom Einkommen und vom Vermögen ab.

Aufgaben

1. Beschreiben Sie den Aufbau der Arbeitsgerichtsbarkeit und der Sozialgerichtsbarkeit.
2. Arbeiten Sie heraus, welche Unterschiede bei den beiden Gerichtsbarkeiten zu erkennen sind.
3. Sowohl bei den Arbeitsgerichten als auch bei den Sozialgerichten sind ehrenamtliche Beisitzer (so genannte Laienrichter) tätig.
   a) Benennen Sie die Voraussetzungen, die man Ihrer Meinung nach besitzen muss, um als Laienrichter berufen zu werden.
   b) Begründen Sie, warum Ihrer Einschätzung nach Laienrichter eingesetzt werden, statt alle Sitze mit Berufsrichtern zu besetzen.

1

Der Begriff „Tag“ wird vom Gesetzgeber auf drei verschiedene Arten aufgefasst:

Kalendertag:
Dazu gehört jeder Tag, also sieben Tage pro Woche.

Werktag:
alle Tage außer Sonn- und gesetzlichen Feiertagen – also auch der Samstag.

Arbeitstag:
die Tage, an denen gewöhnlich gearbeitet wird – für die meisten Berufe also fünf Tage in der Woche.

individuell:
von Person zu Person unterschiedlich

kollektiv:
gemeinsam; gemeinschaftlich

Die **Tarifautonomie** leitet sich aus der Koalitionsfreiheit ab, die im Grundgesetz (Artikel 9 Absatz 3) festgelegt ist. Dort heißt es: „Das Recht, zur Wahrung und zur Förderung der Arbeits- und Wirtschaftsbedingungen Vereinigungen zu bilden, ist für jedermann und für alle Berufe gewährleistet.“

Die ersten und damit älteren Gewerkschaften haben sich in der Regel nach dem Industrieverbandsprinzip gegründet. Erst in jüngerer Zeit sind vermehrt Gewerkschaften nach dem Berufsverbandsprinzip entstanden, die auch als Fachgewerkschaften oder Spartengewerkschaften bezeichnet werden. Solche sehr spezialisierten Fachgewerkschaften sind z. B.

- GdF (Gewerkschaft der Fluglotsen)
- GDS (Gewerkschaft der Servicekräfte)
- DFeuG (Deutsche Feuerwehrgewerkschaft)
- TGL (Technik Gewerkschaft Luftfahrt)

1.2 VERSCHIEDENE REGELUNGEN – WOHER KOMMEN DIE?

1.2.1 Sozialpartner – Staffelung der Rechtsprechung – Günstigkeitsprinzip

Auszug aus einem Arbeitsvertrag:
„Der Jahresurlaub beträgt 30 Tage.“

Auszug aus einem Tarifvertrag:
„Der Jahresurlaub beträgt 30 Arbeitstage.“

Bundesurlaubsgesetz (BUrlG):

§ 3: Die Dauer des Urlaubs:
(1) Der Urlaub beträgt jährlich mindestens 24 Werktage.

(2) Als Werktage gelten alle Kalendertage, die nicht Sonn- oder gesetzliche Feiertage sind.

Neben den im vorangegangenen Abschnitt behandelten gesetzlichen Regelungen (Arbeitsrecht) und den Einzelarbeitsverträgen (Individualverträge) gelten für viele Berufsgruppen auch Tarifverträge (Kollektivverträge). Wer unter welchen Umständen und auf welche Weise einen solchen Tarifvertrag abschließen darf, wurde vom Gesetzgeber im **Tarifvertragsgesetz (TVG)** genau geregelt.

Tarifverträge können nur von Tarifvertragsparteien geschlossen werden; diese werden häufig auch als Sozialpartner bezeichnet. Es sind

auf der Arbeitgeberseite	auf der Arbeitnehmerseite
ein einzelner Arbeitsgeber	eine einzelne Gewerkschaft
oder	oder
eine Arbeitgebervereinigung	ein Zusammenschluss von Gewerkschaften (Spitzenorganisation)
oder	
ein Zusammenschluss mehrerer Arbeitgebervereinigungen (Spitzenorganisation)	

Die Gewerkschaften bilden die Vertretung der Arbeitnehmer. Meist sind sie nach dem **Industrieverbandsprinzip** organisiert, d. h. alle Arbeitnehmer eines Industriezweiges gehören einer Gewerkschaft an, egal ob sie dort als Elektriker, kaufmännischer Angestellte oder Betriebsschlosser tätig sind. Einige Gewerkschaften sind aber nach dem **Berufsverbandsprinzip** gebildet (z.B. Gewerkschaft deutscher Lokomotivführer). In der größten Dachorganisation, dem Deutschen Gewerkschaftsbund **(DGB)**, sind acht Einzelgewerkschaften zusammengeschlossen

Politik verstehen und handeln ISBN 978-3-582-74132-5

(vgl. die Randspalte rechts). Der DGB selbst schließt keine Tarifverträge ab, sondern unterstützt lediglich die Einzelgewerkschaften. Neben dem DGB bestehen mit dem Deutschem Beamtenbund (DBB) und dem Christlichen Gewerkschaftsbund (CGB) zwei weitere Dachorganisationen.

Die Arbeitgeber sind in unterschiedlichen Verbänden organisiert; ihr Dachverband ist die Bundesvereinigung Deutscher Arbeitgeberverbände **(BDA)**.
An welche Bedingungen die Tarifvertragspartner sich bei ihren Verhandlungen halten müssen und welche gesetzlichen Regelungen einzuhalten sind, wird im TVG (vergleiche Seite 30 ff.) definiert. Hier hat der Staat also einen gesetzlichen Rahmen geschaffen. Der Staat darf jedoch **nicht** in die eigentliche Tarifverhandlung eingreifen und auch **keine** exakten Inhalte des Tarifvertrages vorschreiben. Die Tarifvertragsparteien besitzen **Tarifautonomie**, d. h., die Verträge werden allein durch sie ausgehandelt und beschlossen, ohne dass der Staat eingreifen darf.

Nicht alle Fälle und Fragen, die im Arbeitsleben auftreten, können immer im Vorhinein bedacht werden. Oft fehlen Vereinbarungen zu einzelnen Fragen oder die einzelnen Vereinbarungen oder Verträge widersprechen sich. Dann müssen die Antworten aus anderen arbeitsrechtlichen Quellen ermittelt werden. Hierbei besteht eine Rangordnung der arbeitsrechtlichen Normen und Quellen.
Bei Unklarheiten wird also nach dem **Rangprinzip** entschieden. Hat der Arbeitnehmer z. B. keine Anweisung von seinem Vorgesetzten über den täglichen Arbeitsbeginn erhalten, muss zunächst im Arbeitsvertrag nachgesehen werden. Enthält auch er keine Aussagen darüber, gelten die Bestimmungen der Betriebsvereinbarung usw. Die Basis und damit das ranghöchste Recht ist unser Verfassungsrecht (vergleiche Abbildung).

Bei widersprüchlichen Aussagen kann jedoch vom Rangprinzip abgewichen werden, wenn rangniedrigere Regelungen für den Arbeitnehmer vorteilhafter sind. Dann gilt das **Günstigkeitsprinzip**. Werden z. B. im Arbeitsvertrag 30 Urlaubstage zugesichert, im Tarifvertrag jedoch lediglich 28 Tage, so gilt die Regelung des Arbeitsvertrages. Sie ist zwar gegenüber der tariflichen Regelung rangniedriger, für den Arbeitnehmer jedoch günstiger.

Mitgliedsgewerkschaften des DGB:
- **IG Bau** (Industriegewerkschaft Bauen – Agrar – Umwelt)
- **ver.di** (Vereinte Dienstleistungsgewerkschaft)
- **IG BCE** (Industriegewerkschaft Bergbau, Chemie, Energie)
- **IG Metall** (Industriegewerkschaft der Metallindustrie, des Metallhandwerks, der Textil- und Bekleidungs-, Holz- und Kunststoffindustrie)
- **NGG** (Gewerkschaft Nahrung – Genuss – Gaststätten)
- **GdP** (Gewerkschaft der Polizei)
- **EVG** (Eisenbahn- und Verkehrsgewerkschaft)
- **GEW** (Gewerkschaft Erziehung und Wissenschaft)

Aufgaben

1. Lesen Sie die drei Regelungen zur Urlaubszeit am Beginn dieses Abschnitts noch einmal durch. Erklären Sie, welche der drei Regelungen für den Arbeitnehmer gültig ist. Beachten Sie dabei die unterschiedlichen Bezeichnungen für den Urlaubsanspruch.
2. Erklären Sie, welche Gewerkschaft für Sie zuständig ist, und begründen Sie Ihre Einschätzung.
3. Definieren Sie den Begriff „Tarifautonomie".
4. Beschreiben Sie die Unterschiede zwischen „Rangprinzip" und „Günstigkeitsprinzip".

1.2.2 Gleicher Lohn für gleiche Arbeit? – Gültigkeitsbereiche von Tarifverträgen

Die Cousins David aus Magdeburg und Ronny aus Potsdam treffen sich bei einem Konzert wieder. Sie sind beide Auszubildende im Kfz-Handwerk und haben sich so einiges zu erzählen:

David: Ich habe mir ja jetzt dieses neue Motorrad gekauft. Hast du es schon gesehen? Es steht draußen.

Ronny: Ja, nicht schlecht. Das hat aber bestimmt ganz schön was gekostet!

David: Allerdings! Da kam mir die Tariferhöhung gerade recht.

Ronny: Was denn für eine Tariferhöhung? Davon habe ich ja gar nichts gehört.

David: Na, vor zwei Monaten ist doch ein neuer Tarifvertrag in Kraft getreten. Also muss sich dein Arbeitgeber auch daran halten.

Ronny: Bist du sicher? Bei uns hat noch keiner mehr Geld bekommen.

David: Das ist ja merkwürdig. Wir machen doch die gleiche Arbeit – da müssen wir doch auch dasselbe Geld bekommen. Oder?

Tarifverträge sollen so gestaltet sein, dass sie möglichst gut auf die speziellen Verhältnisse der betroffenen Arbeitnehmer, aber auch der Arbeitgeber zugeschnitten sind. Mit dem Abschluss eines Tarifvertrages soll der Arbeitskampf beendet werden. Dies ist nur möglich, wenn eindeutig festgestellt werden kann, für wen der Tarifvertrag zutrifft. Aus diesem Grund werden Tarifverträge von den Sozialpartnern immer für einen speziellen Geltungsbereich abgeschlossen. Dieser Geltungsbereich, der im Text des Tarifvertrages exakt aufgeführt wird, umfasst vier Ebenen:

- **Räumliche Geltung:** Jeder Tarifvertrag gilt nur für einen bestimmten geografischen Bereich. Dieser stimmt nicht unbedingt mit den Bundesländern überein, sondern kann auch einzelne Bezirke, Regionen bis hin zu überregionalen Bereichen umfassen.
- **Fachliche Geltung:** Die Sozialpartner sind im Allgemeinen nach dem Industrieverbandsprinzip organisiert. So werden die Tarife für einen bestimmten Industriezweig, eine Branche, eine Betriebsart usw. abgeschlossen. In selteneren Fällen können einzelne Betriebe oder Betriebsarten jedoch auch im Vertragstext extra ausgeschlossen werden.
- **Persönliche Geltung:** Der Tarifvertrag kann sich auf alle oder nur auf bestimmte Arbeitnehmer, die in den räumlichen und den fachlichen Geltungsbereich fallen, erstrecken. Die verschiedenen Arbeitnehmergruppen werden im Text des Tarifvertrages aufgeführt (z. B. „alle gewerblichen Mitarbeiter, einschließlich der Auszubildenden und Mitarbeiter in Teilzeit").
- **Zeitliche Geltung:** Tarifverträge sind nur für einen bestimmten Zeitraum gültig. Im Tarifvertrag wird festgelegt, zu welchem Zeitpunkt der Tarifvertrag von einem der Sozialpartner frühestens gekündigt werden darf. Allerdings bleibt der Vertrag auch nach Kündigung bis zum Abschluss eines neuen Vertrages gültig (**Nachhaltigkeit**).

Über die Gültigkeit von Tarifverträgen besteht ein langjähriger Streit zwischen den Verfechtern der **Tarifautonomie** und denen der **Tarifpluralität**. Der **Tarifeinheit** liegt das Prinzip „Ein Betrieb – ein Tarifvertrag" zugrunde, während der Arbeitgeber bei einer **Tarifpluralität** verschiedene Tarifverträge mit verschiedene Gewerkschaften abschließen kann. Bis 2010 galt in der Bundesrepublik die Tarifeinheit, wobei sich die zuständige Gewerkschaft aus der Branche ergab. 2010 wurde sie zugunsten der Tarifpluralität abgeschafft. In der Folge bildeten sich viele kleinere Spartengewerkschaften und es kam zu deutlich mehr Tarifkämpfen. Daher wurde 2015 durch das Tarifeinheitsgesetz festgelegt, dass derjenige Tarifvertrag gültig ist, der mit der Gewerkschaft geschlossen wurde, in der die meisten Mitarbeiter organisiert sind. Die Spartengewerkschaften klagten gegen dieses Gesetz, da sie dadurch aus vielen Betrieben „verdrängt" wurden. 2017 entschied das Bundesverfassungsgericht, dass das Tarifeinheitsgesetz prinzipiell gültig ist. Es muss jedoch so überarbeitet werden, dass die besonderen Belange der „verdrängten" Gewerkschaften berücksichtigt werden.

Mantel-
tarifvertrag
für den
Hamburger
Einzelhandel
TARIFVERTRAG
gültig ab 01. Mai 2003
ver.di
Vereinte
Dienstleistungs-
gewerkschaft

Politik verstehen und handeln ISBN 978-3-582-74132-5

Grundsätzlich gelten Tarifverträge nur für Arbeitnehmer, die einer Gewerkschaft angehören, und für Arbeitgeber, die

- in einem Arbeitgeberverband organisiert sind
  oder
- selbst einen Tarifvertrag abgeschlossen haben (Haustarifvertrag)
  oder
- einen Flächentarif (vergleiche Kapitel 1.2.3) anerkannt haben.

Nur dann besteht die Möglichkeit, Rechtsansprüche aus dem Tarifvertrag einzuklagen. In der Praxis gewähren die gebundenen Unternehmen jedoch häufig auch ihren Mitarbeitern, die keiner Gewerkschaft angehören, die tariflichen Leistungen. Dies muss im Arbeitsvertrag festgehalten werden (**Bezugnahmeklausel**).

Tarifverträge können auch vom Bundesminister für Arbeit und Soziales (BMAS) im Einvernehmen mit dem Tarifausschuss für allgemein verbindlich erklärt werden. Voraussetzungen für eine Allgemeinverbindlichkeit sind:

- Einer der Tarifpartner beantragt die Allgemeinverbindlichkeit.
- Einer der beiden Tarifparteien beantragt die Allgemeinverbindlichkeitserklärung und der Tarifvertrag ist für die Gestaltung der Arbeitsbedingungen in seinem Geltungsbereich von hoher Bedeutung
  oder
- er sichert Bedingungen, die gegen die Folgen wirtschaftlicher Fehlentwicklungen wirken.

Der Beschluss über die Allgemeinverbindlichkeit wird im Tarifregister eingetragen und dadurch für alle Arbeitnehmer und Arbeitgeber des Geltungsbereiches wirksam.
Das Tarifregister wird beim Bundesministerium für Arbeit und Soziales geführt. In ihm sind alle Tarifverträge verzeichnet.

Gehaltstarifvertrag
für den Hamburger Einzelhandel

Zwischen dem

Landesverband des Hamburger Einzelhandels e.V.
und der
Gewerkschaft Handel, Banken und Versicherungen,
Landesbezirk Nord
wird folgender Gehaltstarifvertrag vereinbart:

§ 1 Geltungsbereich

Dieser Gehaltstarifvertrag gilt:

Räumlich: für das Gebiet der Freien und Hansestadt Hamburg.
Fachlich: für die Betriebe des Einzelhandels aller Branchen und Betriebsformen einschließlich ihrer Hilfs- und Nebenbetriebe.
Persönlich: für alle Angestellten.

Tarifvertragsgesetz (TVG) §4 (5):
Nach Ablauf des Tarifvertrages gelten seine Rechtsnormen weiter, bis sie durch eine andere Abmachung ersetzt werden.

Eine Klage, um Rechtsansprüche aus dem Tarifvertrag gerichtlich geltend zu machen, muss beim Arbeitsgericht erhoben werden.

Eine Liste der als allgemein verbindlich erklärten Tarifverträge kann man vom Bundesministerium für Arbeit und Soziales als Download auf der Internetseite
www.bmas.de
unter dem Reiter „Arbeit" finden. Auch die einzelnen Gewerkschaften geben Auskunft.

1

Aufgaben

1. Sie haben das Gespräch von Ronny und David zufällig mit angehört. Erklären Sie den beiden, was der Grund für die unterschiedlichen Ausbildungsvergütungen sein könnte.
2. Während man sich über die Notwendigkeit von Pluralismus in Politik und Wirtschaft einig ist, besteht zu diesem Prinzip im Bereich der Gewerkschaften ein Rechtsstreit (siehe die Randspalte auf Seite 30). Ermitteln Sie in Gruppenarbeit Pro- und Kontra- Argumente für die beiden Prinzipien. Diskutieren Sie ihre Meinung zu diesem Thema im Plenum.
3. Für den Bereich Garten- und Landschaftsbau wurde ein neuer Tarifvertrag beschlossen. Uwe ist Mitglied der IG Bauen-Agrar-Umwelt, sein Arbeitgeber ist jedoch in keinem Verband organisiert. Erläutern Sie, ob Uwe die im neuen Tarifvertrag beschlossene Lohnerhöhung einfordern kann.

1

Informationen rund um den Tarifvertrag finden Sie unter anderem auf den Internetseiten der verschiedenen Gewerkschaften oder der Hans-Böckler-Stiftung:
www.dgb.de
www.boeckler.de

1.2.3 Wo ist der tarifliche Lohn festgelegt? – Tarifvertragsarten und -inhalte

Zwischen dem

Verband des Kraftfahrzeuggewerbes
Baden-Württemberg e.V. — einerseits

und der

IG Metall
Bezirk Baden-Württemberg
Bezirksleitung Baden-Württemberg

sowie der

Gewerkschaft ver.di
Landesbezirk Baden-Württemberg — andererseits

wird folgender

GEHALTSTARIFVERTRAG

vereinbart:

§ 1
Geltungsbereich

1.1 Der Gehaltstarifvertrag gilt

1.1.1 **räumlich**:
für den Bereich des Landes Baden-Württemberg;

1.1.2 **fachlich**:

1.1.2.1 für alle Betriebe zur Instandsetzung von Kraftfahrzeugen (Kfz-Reparaturbetriebe, Zylinder- und Kurbelwellenschleifereien, Kraftfahrzeugelektrikerbetriebe, Betriebe der Kühlerinstandsetzung sowie die mit vorstehenden Betrieben verbundenen Nebenbetriebe oder Betriebsabteilungen);

1.1.2.2 Kraftfahrzeughandel;

Tarifverträge lassen sich nach einer Vielzahl unterschiedlicher Kriterien einteilen und bezeichnen. Die wichtigste Einteilung ist jedoch die Untergliederung nach dem **Inhalt**. Hier unterscheidet man:

Manteltarifverträge	*Rahmentarifverträge*	*Lohn-, Gehalts- und Entgelttarifverträge*	*Einzeltarifverträge*
Hier werden die allgemeinen Arbeitsbedingungen tariflich geregelt. Z. B. werden Bestimmungen ■ zur Einstellung und Kündigung von Mitarbeitern, ■ zur allgemeinen Arbeitszeit, ■ zu Erholungs- und Sonderurlaub, ■ zu Schicht- und Mehrarbeitszuschlägen, ■ zum Rationalisierungsschutz o. Ä. festgelegt.	Sie enthalten die Festlegung von Lohn- bzw. Gehaltsgruppen. Anhand der hier festgelegten Gruppenmerkmale kann jeder Mitarbeiter mittels der Merkmale, die seine Tätigkeit aufweist, in eine Lohn- bzw. Gehaltsgruppe eingeordnet werden. Aus diesem Grund spricht man häufig auch von Lohn- bzw. Gehalts**rahmen**tarifverträgen, da über die eigentliche Höhe des Entgeltes keine Aussage gemacht wird.	Hier werden die eigentlichen Entgelte für die Tätigkeiten festgelegt. Zunächst wird ein **Ecklohn** als tarifliche Grundvergütung festgelegt. Für jede Tarifgruppe aus dem Rahmentarif wird dann festgelegt, wie viel Prozent des Ecklohnes als tarifliches Entgelt gezahlt werden muss. Der Ecklohn ist dabei in der Regel der Lohn einer mittleren Lohngruppe, sodass sich sowohl Prozentwerte von unter, als auch über 100 % ergeben. Die Verträge enthalten normalerweise auch die Regelung der Ausbildungsvergütung.	In Einzelfällen werden über verschiedene Regelungen, die normalerweise im Manteltarifvertrag beschlossen werden, zusätzliche Tarifverträge als Ergänzung geschlossen. Häufig betreffen diese Einzelregelungen ■ die Berufsausbildung, ■ vermögenswirksame Leistungen (VL), ■ Vorruhestandsregelungen, ■ Rationalisierungsschutz o. Ä.
In der Regel haben sie eine Laufzeit (also Gültigkeit) von **mehreren Jahren.**		In der Regel **ein Jahr** Laufzeit.	Sie haben **unterschiedliche** Laufzeiten.

Politik verstehen und handeln ISBN 978-3-582-74132-5

Nimmt man eine Unterscheidung der Tarifverträge nach den Vertragspartnern vor, ist insbesondere der Firmentarifvertrag bedeutend. Hier wird von der Gewerkschaft ein Tarifvertrag mit einem einzelnen Unternehmen geschlossen. Er wird daher häufig auch als **Haustarifvertrag** bezeichnet. Bei der Unterteilung nach dem räumlichen Geltungsbereich ist der **Flächentarifvertrag** der häufigste. Hier wird ein Tarifvertrag für einen Wirtschaftszweig (Branche) eines bestimmten Raumes **(Fläche)** geschlossen.

Die verschiedenen Unterteilungen bestehen nebeneinander. So kann z. B. ein Flächentarifvertrag ein Manteltarifvertrag, ein Rahmenvertrag oder ein Lohntarifvertrag sein.

Gleichgültig, um welche Art von Tarifvertrag es sich handelt: Im Grundsatz weisen sie alle einen einheitlichen Aufbau auf. Am Beginn wird aufgeführt, zwischen welchen beiden Sozialpartnern der Tarifvertrag geschlossen wird. Dann werden der räumliche, der persönliche und der fachliche Geltungsbereich (vergleiche Abschnitt 1.2.2) so genau wie möglich bezeichnet. Es folgt der eigentliche Inhalt des Tarifvertrags. Im letzten Teil wird der zeitliche Geltungsbereich durch Festlegung der Termine für das In-Kraft-Treten, mögliche Kündigung und Kündigungsfrist des Tarifvertrages festgelegt. Und wie jeder Vertrag schließt auch der Tarifvertrag mit der Unterzeichnung der Vertreter der beiden Vertragsparteien.

Der **erste Tarifvertrag** – im damaligen Deutschen Reich – wurde 1873 abgeschlossen. In ihm wurden Vereinbarungen über Mindestlöhne, Arbeitszeit, Überstunden und Kündigungsfristen für das Buchdruckerhandwerk getroffen.

Der Abschluss von Tarifverträgen soll also die wesentlichen Arbeitsbedingungen für die Arbeitnehmer regeln. Dabei gewährleistet er die drei Funktionen:

1. **Schutzfunktion:**
   Der Arbeitnehmer soll davor geschützt werden, dass der Arbeitgeber alle Arbeitsbedingungen einseitig diktiert und so seine Überlegenheit über Gebühr ausnutzt.
2. **Ordnungsfunktion:**
   Die Arbeitsverhältnisse sollen in ihren grundsätzlichen Bedingungen vereinheitlicht werden, damit sie für den einzelnen Arbeitnehmer besser überschaubar und vergleichbar sind.
3. **Friedensfunktion:**
   Während der Laufzeit der Tarifverträge sind Arbeitskämpfe (Streik und Aussperrung) gesetzlich untersagt (Friedenspflicht). Ständige Arbeitskämpfe würden die Wirtschaft insgesamt zu sehr schädigen, was ja auch im Interesse der Arbeitnehmer nicht sein darf. Die Friedenspflicht bezieht sich jedoch grundsätzlich nur auf die Inhalte des Tarifvertrages. Forderungen über Inhalte, die im Tarifvertrag nicht vorkommen, können durchaus Gegenstand von Streiks sein.

Immer häufiger werden **Öffnungsklauseln** in die Tarifverträge aufgenommen, die den Unternehmen in genau festgelegten Fällen ermöglichen, von den grundsätzlich unmittelbar geltenden und zwingenden Bestimmungen eines Tarifvertrags abzuweichen und auf betrieblicher Ebene neu zu vereinbaren. So enthält z. B. das Arbeitszeitgesetz (ArbZG) in § 7 und § 12 verschiedene Öffnungsklauseln bezüglich der Höchstarbeitszeit und der Sonn- und Feiertagsarbeit.
Da Öffnungsklauseln im Fall einer wirtschaftlichen Notlage eine Abweichung von den tarifvertraglich vereinbarten Mindestbedingungen erlauben, bezeichnet man sie auch als **Härteklauseln**. In vielen Fällen werden die Arbeitgeber aber bei Inanspruchnahme dieser Klauseln zu Gegenleistungen (z. B. Verzicht auf betriebsbedingte Kündigungen) verpflichtet.

Aufgaben

1. Erstellen Sie eine Tabelle und tragen Sie für das am Abschnittsbeginn aufgeführte Tarifvertragsbeispiel die Vertragspartner sowie die räumlichen, fachlichen und persönlichen Geltungsbereiche ein.
2. Vergleichen Sie die Laufzeiten der verschiedenen Tarifvertragsarten. Begründen Sie die Unterschiede.
3. Erläutern Sie, nach welchen drei Kriterien Tarifverträge unterteilt werden können.
4. Erklären Sie, was der Begriff „Friedenspflicht" bedeutet.

Entgelt:
die in einem Vertrag vereinbarte Gegenleistung. Umgangssprachlich ist damit meistens das Arbeitsentgelt für eine Arbeitsleistung gemeint.

Lohn:
ist Entgelt für die geleistete Arbeit (Einkommensquelle).

Nominallohn:
bezeichnet den in Geldeinheiten ausgedrückten Lohn. Er gibt nicht die Kaufkraft des Geldes an.

Reallohn:
kennzeichnet, was tatsächlich vom Lohn gekauft werden kann. (Bei steigenden Preisen kann man sich weniger leisten.)

Bruttolohn:
ist der Gesamtlohn des Arbeitnehmers.

Nettolohn:
ist der ausgezahlte Lohn nach Abzug der entsprechenden Beträge, wie
- Lohnsteuer
- Kirchensteuer
- Solidaritätsbeitrag
- Krankenversicherung
- Pflegeversicherung
- Arbeitslosenversicherung
- Rentenversicherung

Seit 2015 gilt für Deutschland ein flächendeckender **Mindestlohn** von zurzeit 12,00 € brutto (Stand: August 2023; geplant ist eine weitere Anhebung). Es gibt jedoch zahlreiche Ausnahmen. So sind z. B. Minderjährige ohne Berufsabschluss sowie Auszubildende und die meisten Praktikanten von der Regelung ausgeschlossen.

1.2.4 Entgelt und Entgeltformen

Linda hat einen Arbeitsvertrag als Bauzeichnerin unterschrieben. Während einer Probezeit von sechs Monaten soll sich herausstellen, ob sie für die Arbeitsstelle geeignet ist.

Gewissenhafte und korrekte Arbeit ist Voraussetzung für ihren neuen Job. Zeichnungen müssen mit großer Sorgfalt und äußerster Genauigkeit angefertigt werden.

Andreas hat einen Arbeitsvertrag als Dachdecker abgeschlossen. Sein Chef meint: „Zeit ist Geld, und Geld muss man erst einmal verdienen." Das Unternehmen muss innerhalb eines Monats mehrere Dächer neu eindecken.

Für die meisten Menschen ist das Entgelt die entscheidende Einkommensquelle, um ihren Lebensunterhalt zu sichern. Deshalb ist der monatliche Verdienst von enormer Bedeutung für sie.
Wie sich das Entgelt zusammensetzt und auf was es ankommt, wird anhand von unterschiedlichen Kriterien bewertet.
Verschiedenste Tätigkeiten in der komplexen Wirtschafts- und Arbeitswelt werden dabei unterschiedlich honoriert.

Bewertungskriterien sind unter anderem:
- Qualifikation
- Arbeitsbelastbarkeit
- Übernahme von Verantwortung
- Arbeitsbedingungen

Eine angemessene und gerechte Entlohnung für die Arbeitskraft und den entsprechenden Tätigkeitsbereich zu finden ist oft nicht einfach. Daher bieten Lohn- und Gehaltsgruppen für einzelne Bereiche und Branchen eine wesentliche Erleichterung für die Bemessung des Lohnes.

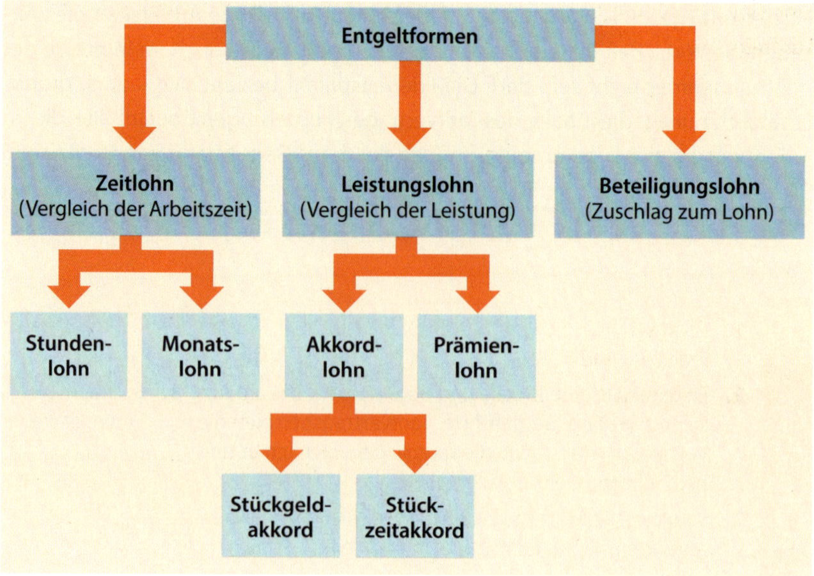

Politik verstehen und handeln ISBN 978-3-582-74132-5

Zeitlohn

Zeitlohn wird in den Bereichen gezahlt, in denen die konkrete Leistung nicht einfach zu ermitteln ist. Die Entlohnung erfolgt nach der Dauer der Arbeitszeit. Nicht Schnelligkeit ist hier von wesentlicher Bedeutung, sondern Qualität und Gewissenhaftigkeit.
Man unterscheidet zwischen:
Gehalt (monatliche Zahlungsform für Angestellte und Beamte);
Stundenlohn (Entgelt nach geleisteter Arbeitszeit bei Arbeitern); vereinzelt wird auch Tages- oder Wochenlohn gezahlt

Berechnungsformel: Zeitlohn

Arbeitsstunden pro Tag x Arbeitstage x Stundenlohn
= Bruttoverdienst

Leistungslohn

Leistungslohn ist abhängig von der erbrachten Leistung des Arbeitnehmers. Im Allgemeinen liegt er über dem tariflichen Mindestlohn. Zum Leistungslohn gehören Akkord- und Prämienlohn.

Berechnungsformel: Akkordlohn

Stückzahl x Stückgeldakkordsatz = Bruttoverdienst
oder
Stückzahl x Stückzeit x Minutenfaktor = Bruttoverdienst

Beteiligungslohn

Beteiligungslohn erhalten Mitarbeiter über den Lohn hinaus. Eine Kapitalbeteiligung (z. B. Aktien) des Unternehmens kann z. B. für Einzahlungen in eine Lebensversicherung verwendet werden. Das Geld steht dem Mitarbeiter bei dieser Form der Beteiligung aber nicht zur freien Verfügung.
Eine Gewinnbeteiligung hingegen wird ausgezahlt und steht dem Arbeitnehmer zur freien Verfügung.

Entgeltformen sind z. B.
- Gage (z. B. beim Künstler)
- Honorar (z. B. beim Dozenten der Volkshochschule)
- Gehalt (z. B. beim Angestellten im Büro)
- Sold (z. B. bei Soldaten, die ihren Wehrdienst leisten)

Akkordlohn:
Er ist ein leistungsbezogener Lohn. Es wird das messbare Ergebnis der geleisteten Arbeit bezahlt.
Man unterscheidet
- Einzelakkord
- Gruppenakkord
- Stückakkord
- Stückzeitakkord

Prämienlohn:
Er setzt sich zusammen aus einem Grundlohn und einer Sondervergütung. Er kann bei einer Umsatzsteigerung oder auch bei entsprechender Qualitätsarbeit gezahlt werden.

Entgelttransparenzgesetz (EntgTranspG):
Seit dem 6. Januar 2018 gilt das Gesetz zur Förderung der Transparenz von Lohnstrukturen. Es soll helfen durchzusetzen, dass Frauen und Männer bei gleicher oder gleichwertiger Arbeit ein gleiches Entgelt erhalten.

Aufgaben

1. Erläutern Sie die Begriffe „Nominallohn" und „Reallohn" anhand von zwei Beispielen.
2. Erarbeiten Sie eine Übersicht, in der Vor- und Nachteile der einzelnen Lohnarten gegenübergestellt werden. Führen Sie anhand dieser Übersicht eine Pro-und-Kontra-Diskussion in Ihrer Klasse. (Informationen über den Ablauf einer Diskussion finden Sie auf Seite 314.)
3. Benennen Sie die jeweilige Lohnart, die Bauzeichnerin Linda und der Dachdecker Andreas im Eingangsbeispiel erhalten. Begründen Sie Ihre Antwort.
4. Informieren Sie sich über die einzelnen Beitragssätze der entsprechenden Sozialversicherungen. Erörtern Sie, welche lohnabhängigen Faktoren die Beitragshöhe bestimmen. (Weitere Informationen finden Sie in Abschnitt 3.1.1.)

1.2.5 Geld her, oder ich streike! – Geht das so einfach? Tarifrunden und -verhandlungen

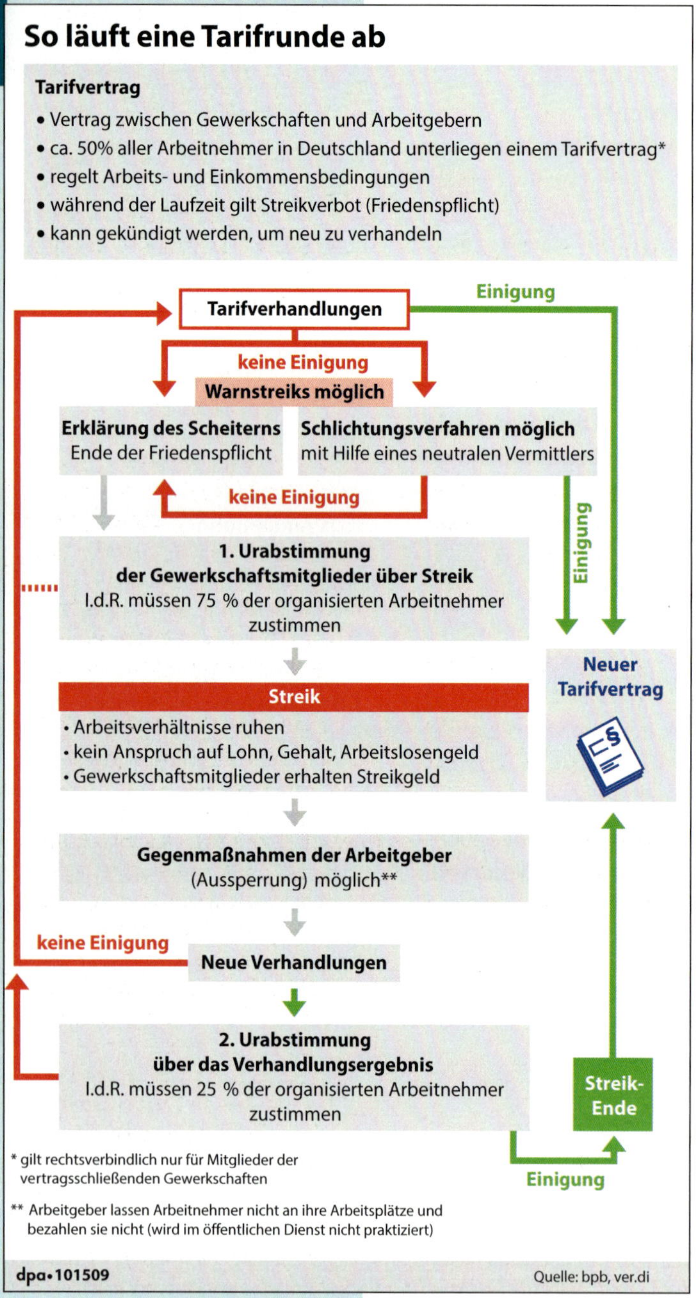

Laufen Tarifverträge aus und werden sie von Gewerkschaft oder Arbeitgeberverband fristgerecht gekündigt, wird dadurch eine neue **Tarifrunde** eingeläutet. Als Tarifrunde bezeichnet man alle Verhandlungen und Maßnahmen von der ersten Forderung, die die Sozialpartner stellen, bis hin zum letztendlichen Abschluss eines neuen Tarifvertrages.

Diese Tarifverhandlungen beginnen kurze Zeit nach dem Auslaufen der Tarifverträge und erstrecken sich normalerweise über mehrere Verhandlungstermine. Da sich die Interessen der Arbeitgeberseite und der Arbeitnehmerseite naturgemäß sehr unterscheiden, muss durch Verhandlungen ein Kompromiss zwischen den unterschiedlichen Forderungen gefunden werden.

Bei einem Großteil der Verhandlungen gelingt es den Sozialpartnern, sich gütlich auf einen neuen Tarifvertrag zu einigen. Gelingt dies nicht, kann einer der Tarifvertragspartner eine **Schlichtung** anrufen. Die Schlichtungskommission ist zu gleichen Teilen mit Vertretern beider Tarifparteien und zusätzlich einem unparteiischen Vorsitzenden besetzt. Sie macht einen Schlichtungsvorschlag, der aber **nicht** angenommen werden **muss**.

Mit dem Ende der Laufzeit endet auch die **Friedenspflicht**. Sind die Verhandlungen gescheitert, kommt es zum eigentlichen **Arbeitskampf** durch **Streik** auf der Arbeitnehmerseite und **Aussperrung** auf der Arbeitgeberseite. Im Normalfall wird zunächst von der Gewerkschaft zu einem **Warnstreik** aufgerufen. Bei einem solchen Warnstreik handelt es sich um die Niederlegung der Arbeit für einen kurzen Zeitraum, um die Streikbereitschaft zu signalisieren bzw. einen regulären Streik anzudrohen.

Bleibt auch der Warnstreik ergebnislos, kann die Gewerkschaft zu einem rechtmäßigen Streik aufrufen. Die Mitglieder der Gewerkschaft stimmen in einer **Urabstimmung** ab, ob der Streik erfolgen soll. Mindestens 75 % der durch die

Tarifverhandlungen betroffenen Mitglieder müssen zustimmen.

Wichtige, rechtlich zulässige Streikformen sind:

1. **Schwerpunktstreik:** Es werden nur wenige, aber sehr wichtige Betriebe bestreikt (z. B. die Müllabfuhr bei einem Streikaufruf der ver.di).
2. **Flächenstreik (= totaler Streik):** Alle oder nahezu alle betroffenen Betriebe werden bestreikt.
3. **kurzfristiger Sympathiestreik:** Arbeitnehmer nicht betroffener Branchen oder Tarifgebiete solidarisieren sich und streiken für **maximal einige Stunden mit.**

Der Arbeitgeber wiederum kann einen rechtmäßigen Streik mit einer Aussperrung beantworten. Von dieser Maßnahme wird jedoch nur selten Gebrauch gemacht, da sie einerseits rechtlich sehr umstritten ist, andererseits für den Arbeitgeber oft auch eine zusätzliche Schädigung und damit kaum Nutzen bedeutet.
Im Rahmen eines rechtmäßigen Streiks dürfen Streikende nicht entlassen werden; auch darf ihre Teilnahme nicht in den Personalakten vermerkt werden. Streikende sowie ausgesperrte Mitarbeiter erhalten jedoch keinen Lohn. Damit werden auch keine Sozialbeiträge für sie entrichtet. Kranken- und Pflegeversicherungsschutz bleiben jedoch erhalten. Auch der Arbeitslosengeldanspruch wird – außer bei extrem langen Streiks – nicht beeinträchtigt. Die Rentenansprüche dagegen verringern sich.

Während streikende und ausgesperrte Gewerkschaftsmitglieder als Unterstützung von ihrer Gewerkschaft ein Streikgeld erhalten, gehen nicht-organisierte Mitarbeiter leer aus. Ausgesperrte Mitarbeiter haben auch keinen Anspruch auf Arbeitslosenunterstützung, da die Bundesagentur Neutralität wahren soll. Dies gilt auch für Mitarbeiter, die von einer kalten Aussperrung betroffen sind.
Parallel zu Streik und Aussperrung werden weiterhin Einigungs- und Schlichtungsgespräche geführt. Das Ergebnis dieser Verhandlungen wird den Gewerkschaftsmitgliedern vorgelegt und von ihnen durch eine zweite Urabstimmung angenommen oder abgelehnt. Sind mindestens 25 % der Betroffenen für eine Annahme, endet der Arbeitskampf (=Streik) und der neue Tarifvertrag kann unterzeichnet werden. Mit der Unterzeichnung herrscht wieder Friedenspflicht (vergleiche Abschnitt 1.2.4).

Natürlich möchte niemand unvorbereitet in Verhandlungen gehen. Daher beginnen die Tarifkommissionen der Tarifpartner bereits einige Wochen bzw. Monate vor dem Auslaufen des Tarifvertrages, ihre Forderungen auszuarbeiten.

Ein gesetzlicher Zwang zur Schlichtung besteht nicht. In vielen Tarifgebieten bestehen jedoch **Schlichtungsabkommen**, d. h. die Zusicherung, einen Schlichtungsversuch zu unternehmen.

Längere Sympathiestreiks, wilde Streiks (Streiks ohne Genehmigung durch Gewerkschaft und Urabstimmung) und **Generalstreiks** (Arbeitsniederlegung aller Branchen aus politischen Gründen) sind dagegen rechtswidrig. Die Teilnahme an solchen Streiks kann in der Personalakte vermerkt werden und gegebenenfalls sogar zur Entlassung führen.

Von einer **kalten Aussperrung** spricht man, wenn Mitarbeiter von Betrieben betroffen sind, die selbst gar nicht bestreikt werden. Kann z. B. nicht gearbeitet werden, weil für die Produktion das Material aus einem bestreikten Zulieferbetrieb fehlt, so gelten die Mitarbeiter als kalt ausgesperrt und haben weder Anspruch auf Lohn noch auf Arbeitslosengeld.

Aufgaben

1. Erklären Sie den Begriff „Arbeitskampf". Notieren Sie stichpunktartig die entsprechenden Mittel der Gewerkschaften und der Arbeitgeberverbände.
2. In der Meyer GmbH sollen aus Rationalisierungsgründen 5 % der Mitarbeiter entlassen werden. Ein Teil der Mitarbeiter beschließt, aus Protest die Arbeit niederzulegen. Erklären Sie, welche Streikart hier vorliegt und welche Folgen dies für die Mitarbeiter haben kann.
3. In Magdeburg wird ein rechtmäßiger Streik ausgerufen. Danny ist Gewerkschaftsmitglied, David nicht. Beide sind sich nicht sicher, ob sie am Streik teilnehmen sollen. Erklären Sie den beiden die rechtliche Lage und mögliche Folgen durch die Teilnahme an diesem Streik.

Leitende Angestellte sind weder wählbar noch wahlberechtigt. Da sie den Betrieb führen, werden sie der Arbeitgeberseite zugerechnet. Sind mindestens zehn leitende Angestellte im Betrieb beschäftigt, können sie jedoch einen Sprecherausschuss wählen. Der Sprecherausschuss hat nur Informations- und Beratungsrechte.

1.2.6 Der Betriebsrat

Betriebsratsgröße		
Wahlberechtigte	*Betriebsratsmitglieder insgesamt*	*davon für die Betriebsratsarbeit freigestellt*
5 - 20	1	keiner
21 - 50	3	keiner
51 - 100	5	keiner
101 - 200	7	keiner
201 - 400	9	1
401 - 500	11	1
501 - 700	11	2
701 - 900	13	2
901 - 1000	13	3
1001 - 1500	15	3
1501 - 2000	17	4
2001 - 2500	19	5
2501 - 3000	21	5
3001 - 3500	23	6
3501 - 4000	25	6
4001 - 4500	27	7
4501 - 5000	29	7
5001 - 6000	31	8
6001 - 7000	33	9
7001 - 8000	35	10
8001 - 9000	35	11
9001 - 10000	35	12
	Danach erhöht sich die Zahl der Betriebsräte um 2 für je angefangene 3000 Arbeitnehmer.	Danach erhöht sich die Zahl der freigestellten Betriebsräte um 1 für je angefangene 2000 Arbeitnehmer.

Das Betriebsverfassungsgesetz (BetrVG) soll dafür sorgen, dass die Belegschaft eines Betriebs über einen gewählten Betriebsrat in gewissem Maße an den betrieblichen Entscheidungen beteiligt wird. Es regelt die Zusammenarbeit zwischen dem Arbeitgeber auf der einen Seite und dem Betriebsrat, den Gewerkschaften und anderen Arbeitnehmervereinigungen – und damit der Belegschaft – auf der anderen Seite.

Der Arbeitgeber braucht sich um die Einrichtung eines Betriebsrates nicht zu kümmern, denn dieser kann nur auf Betreiben der Arbeitnehmer gebildet werden. Will die Belegschaft einen Betriebsrat bilden, darf der Arbeitgeber dies nicht verhindern. Er ist sogar verpflichtet, allen Mitarbeitern die Teilnahme an der Versammlung während der Arbeitszeit zu ermöglichen und die durch die Versammlung entstehenden Kosten zu tragen. Behindert er die Wahl oder die spätere Arbeit des Betriebsrates oder versucht er, sie zu beeinflussen, macht er sich strafbar.

Die Bildung eines Betriebsrates kann laut §1 des BetrVG nur in Betrieben mit **„mindestens fünf ständigen wahlberechtigten Arbeitnehmern, von denen drei wählbar sind"** erfolgen. Wahlberechtigt sind alle Arbeitnehmer, die mindestens 16 Jahre alt sind. Wählbar sind dagegen nur volljährige Mitarbeiter, die mindestens sechs Monate dem Betrieb angehören. Dabei ist es unerheblich, ob es sich um eine Vollzeit-, Teilzeit-, Heim- oder sonstige Art der Arbeit handelt.
Die Größe des Betriebsrates hängt von der Anzahl der wahlberechtigten Mitarbeiter ab. Er wird alle vier Jahre, jeweils in der Zeit vom 1. März bis zum 31. Mai, in geheimer Wahl gewählt. Besteht der Betriebsrat aus mindestens drei Mitgliedern, müssen sich die zahlenmäßigen Verhältnisse der Geschlechter im Betriebsrat widerspiegeln. Aber auch die sonstige Zusammensetzung der Belegschaft (Bereiche, Beschäftigungsart usw.) sollte berücksichtigt sein.

Politik verstehen und handeln ISBN 978-3-582-74132-5

Der Betriebsrat hat die Aufgabe, im ständigen Dialog mit dem Arbeitgeber
- die Interessen der Arbeitnehmer wahrzunehmen,
- Konflikte zu vermeiden und
- soziale Spannungen auszugleichen.

Hierfür stehen ihm verschiedene Möglichkeiten der Mitbestimmung zur Verfügung:

Mitbestimmung durch den Betriebsrat

Mitbestimmungsrechte in sozialen Angelegenheiten (§ 87 BetrVG)	**Mitwirkungsrechte** in personellen Angelegenheiten	**Mitwirkungsrechte** in wirtschaftlichen Angelegenheiten
Der Betriebsrat hat, soweit eine gesetzliche oder tarifliche Regelung nicht besteht, in folgenden Fällen mitzubestimmen: 1. Betriebsordnung und Arbeitnehmerverhalten 2. Beginn, Ende und Verteilung der täglichen Arbeitszeit, Pausen 3. Urlaubsplan 4. Einführung von technischen Einrichtungen zur Überprüfung von Verhalten und Leistung der Arbeitnehmer 5. Unfallverhütung 6. Sozialeinrichtungen im Betrieb 7. betriebliche Entlohnungsgrundsätze und -methoden 8. Akkord- und Prämiensätze 9. betriebliches Vorschlagswesen	Der Betriebsrat ist bei der Durchführung einer Maßnahme zu beteiligen: 1. Einstellung, Ein- und Umgruppierung, Versetzung (§ 99 BetrVG) 2. Durchführung betrieblicher Bildungsmaßnahmen (§ 98 BetrVG) 3. Kündigungen (§ 102 BetrVG)	Arbeitgeber muss Betriebsrat unterrichten (§ 106 BetrVG): 1. wirtschaftliche und finanzielle Lage 2. Produktions- und Absatzlage 3. Investitionen und Rationalisierungen 4. Arbeitsmethoden 5. Stilllegen, Verlegen und Zusammenschließen von Betrieben 6. Änderung der Betriebsorganisation 7. Gestaltung des Arbeitsplatzes (§ 90 BetrVG) 8. betrieblicher Umweltschutz

In jedem Quartal beruft der Betriebsrat eine Betriebsversammlung ein. Hier gibt er einen Bericht über seine Tätigkeiten ab und beantwortet Fragen der Mitarbeiter. Auch der Arbeitgeber wird zu diesen Versammlungen geladen, damit er zu aktuellen Themen oder Problemen Stellung nehmen kann.

Daher besteht für Betriebsratsmitglieder ein spezieller Kündigungsschutz (vgl. Abschnitt 1.1.6)

Da immer mehr Unternehmen europaweit Betriebsstätten besitzen, verabschiedete der Rat der Arbeits- und Sozialminister der EU am 22.9.1994 die Richtlinie „Europäische Betriebsräte", um eine Mitbestimmung in den Konzernen auch grenzüberschreitend zu ermöglichen.

Die Regelungen für die Beteiligung von Leiharbeitern sind etwas komplexer. Wird eine Stelle mehr als die Hälfte des Jahres durch **Leiharbeiter** besetzt, zählt dieser bei der Festlegung der Betriebsgröße und damit der Betriebsratsgröße mit. Wahlberechtigt im Entleihbetrieb sind jedoch nur Leiharbeiter, die länger als 3 Monate im Betrieb eingesetzt sind. Wählbar sind sie verständlicherweise nicht. Mitarbeiter, die über einen Werkvertrag angestellt sind, sind in keiner Weise berücksichtigt.

Aufgaben

1. Beurteilen Sie, ob der Arbeitgeber im Eingangsbeispiel seine Meinung durchsetzen können wird.
2. a) Arbeiten Sie heraus, wie viele Betriebsratsmitglieder in den folgenden Beispielen gewählt werden müssen.
   b) Ermitteln Sie, wie viele Mitglieder dabei für ihre Betriebsratsarbeit von ihrer betrieblichen Tätigkeit freizustellen sind.
3. Begründen Sie, in welchen Bereich der Mitbestimmung Sie folgende Fälle einordnen würden!
   Herr Meier soll wegen Trunkenheit entlassen werden – durch die gute Auftragslage werden Überstunden nötig – in der Kantine soll Rauchverbot erlassen werden – es soll Gleitzeit eingeführt werden – eine Filiale soll geschlossen werden.

Beschäftigte insgesamt	*davon*			
	unter 18 Jahre	*weniger als 6 Monate beschäftigt*	*leitende Angestellte*	*sonstige Angestellte*
62	6	5	2	25
15.852	172	86	15	4.623

1

1.2.7 Jugend- und Auszubildendenvertretung

Die Interessenvertretung für die Belegschaft gegenüber dem Arbeitgeber ist **allein** der Betriebsrat. Daher darf die JAV ihre Aufgaben nur gegenüber dem Betriebsrat erfüllen.

Jüngere Arbeitnehmer und Auszubildende sind zwar von denselben betrieblichen Problemen betroffen wie alle anderen Mitarbeiter, können aber bis zu ihrer Volljährigkeit nicht als Betriebsrat bzw. Betriebsrätin gewählt werden. Um ihnen dennoch eine Beteiligung an der Mitbestimmung im Betrieb zu ermöglichen und gleichzeitig ihre speziellen Probleme zu berücksichtigen, kann eine Jugend- und Auszubildendenvertretung (JAV) gebildet werden. Sie ist ein Untergremium des Betriebsrates und unterliegt daher im Wesentlichen denselben Bestimmungen wie der Betriebsrat.

Die Bildung einer Jugend- und Auszubildendenvertretung ist an zwei Bedingungen geknüpft. Da die JAV kein eigenständiges Organ ist, muss zunächst ein Betriebsrat bestehen. Zudem muss der Betrieb in der Regel mindestens fünf Arbeitnehmerinnen bzw. Arbeitnehmer beschäftigen, die das 18. Lebensjahr noch nicht vollendet haben (jugendliche Arbeitnehmer) oder die in der Berufsausbildung stehen. Den Anstoß zur Wahl einer JAV kann der Arbeitgeber, der Betriebsrat oder eine im Betrieb vertretene Gewerkschaft geben.

Arbeitnehmer, die infolge strafrechtlicher Verurteilung die Fähigkeit, Rechte aus öffentlichen Wahlen zu erlangen, verloren haben, sind nicht wählbar.

Wahlberechtigt (aktives Wahlrecht) sind alle nicht volljährigen Arbeitnehmer sowie die zu ihrer Berufsausbildung Beschäftigten. Sie müssen am Tag der Wahl im Betrieb beschäftigt sein; die Dauer des Arbeitsverhältnisses ist dabei nicht entscheidend. Wählbar (passives Wahlrecht) sind dagegen alle Auszubildenden (unabhängig vom Alter) und alle Arbeitnehmer, die das 25. Lebensjahr noch nicht vollendet haben. Zudem dürfen Sie kein Betriebsratsmitglied sein.

Die Wahlen der JAV finden alle zwei Jahre im Zeitraum vom 1. Oktober bis 30. November statt. Lediglich wenn eine JAV neu gebildet wird, kann die Wahl auch an einem anderen Termin erfolgen. Die nächste Wahl muss aber dann wieder im vorgeschriebenen Zeitraum erfolgen. Wie der Betriebsrat, so soll auch die JAV möglichst die personellen Verhältnisse widerspiegeln.

Politik verstehen und handeln ISBN 978-3-582-74132-5

Nach § 60 Absatz 2 des Betriebsverfassungsgesetzes (BetrVG) soll die JAV die besonderen Interessen und Probleme der jugendlichen Arbeitnehmer und der Auszubildenden gegenüber dem Betriebsrat vertreten. Um dies zu gewährleisten, liegen ihre Aufgaben insbesondere darin,

- die Einhaltung geltender Bestimmungen (z. B. Gesetze, Verordnungen, Unfallverhütungsvorschriften, Tarifverträge oder Betriebsvereinbarungen) zu überwachen, die jugendliche Arbeitnehmer und Auszubildende betreffen. Dazu kann die JAV – sofern der Betriebsrat zugestimmt hat – beispielsweise Betriebsbegehungen durchführen.
- Anregungen von Jugendlichen und Auszubildenden zu sammeln und gegebenenfalls daraus konkrete Maßnahmen zu entwickeln, um diese beim Betriebsrat einzureichen und auf die Erledigung hinzuwirken. Dies gilt insbesondere bei Fragen zur Berufsbildung und zur Übernahme in ein Arbeitsverhältnis.
- Maßnahmen zur Durchsetzung der tatsächlichen Gleichstellung beim Betriebsrat zu beantragen. Es gilt, beispielsweise auf die Gleichstellung von Mann und Frau bei der Ausbildung hinzuwirken. Aber auch das Beantragen von Maßnahmen beim Betriebsrat zur Integration Auszubildender und jugendlicher Arbeitnehmerinnen und Arbeitnehmer ausländischer Herkunft fällt in diesen Bereich.

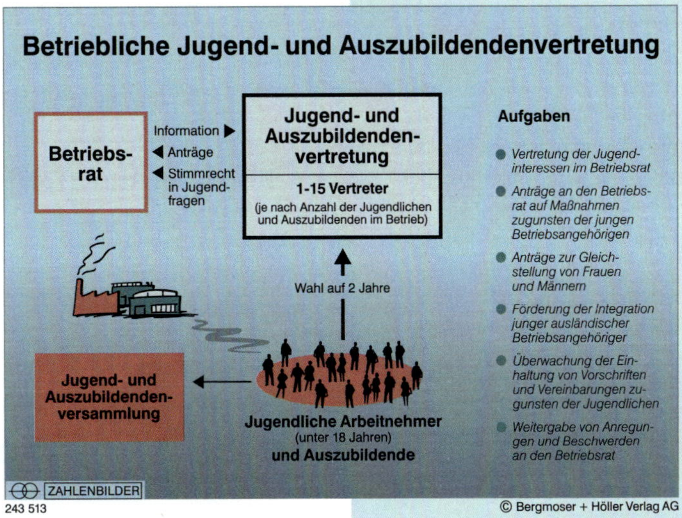

243 513

wahlberechtigte Beschäftigte:	*zu wählende Mitglieder:*
5 - 20	1
21 - 50	3
51 - 150	5
151 - 300	7
301 - 500	9
501 - 700	11
701 - 1000	13
mehr als 1000	15

Um seine Aufgaben erfüllen zu können, dürfen die Mitglieder der JAV an den Sitzungen des Betriebsrates teilnehmen und die Jugendlichen Arbeitnehmer und Auszubildenden informieren. Einmal im Quartal ist eine Versammlung einzuberufen. Bei mehr als 50 Wahlberechtigten kann zusätzlich eine eigene Sprechstunde im Betrieb eingerichtet werden.
Die Mitglieder der JAV unterliegen – genau wie Betriebsratsmitglieder – einem besonderen Kündigungsschutz (vergleiche Abschnitt 1.1.9). So muss der Arbeitgeber Auszubildende, die Mitglied in einem betriebsverfassungsrechtlichen Vertretungsorgan sind (also Betriebsrat oder JAV), nach der Ausbildung in ein unbefristetes Vollzeitarbeitsverhältnis übernehmen, sofern der Auszubildende dies innerhalb der letzten drei Monate vor Bekanntgabe der Prüfungsergebnisse schriftlich verlangt hat. Dies gilt auch, wenn das Berufsausbildungsverhältnis vor Ablauf eines Jahres nach Ende der Amtszeit endet.

Aufgaben

1. Beurteilen Sie die Situation in der dargestellten Szene des Kapitelanfangs.
2. Sie würden gern sehen, dass in Ihrem Betrieb eine JAV entsteht. Listen Sie die dazu notwendigen Voraussetzungen und die zu unternehmenden Schritte auf.
3. Recherchieren Sie, wie sich der rechtliche Ablauf einer JAV-Wahl gestaltet. Beachten Sie dabei, was bei der Wahlvorbereitung, Durchführung der Wahl, der Stimmabgabe und -auszählung sowie der Benachrichtigung zu beachten ist.

1

Wann sind Arbeitsunfälle meldepflichtig?
Wenn eine Mitarbeiterin oder ein Mitarbeiter aufgrund eines Arbeitsunfalls mehr als drei Tage krankgeschrieben wird oder im schlimmsten Fall tödlich verunglückt, ist dieser Arbeitsunfall durch das Unternehmen bei der zuständigen Berufsgenossenschaft oder Unfallkasse anzuzeigen.

Was sind Unfallverhütungsvorschriften?
Nach § 15 SGB VII werden die Unfallverhütungsvorschriften (UVV) als verbindliche, unabhängige Rechtsnormen für Arbeitssicherheit und Gesundheitsschutz am Arbeitsplatz von den Unfallversicherungsträgern erlassen.

Unter **Arbeitsplatzergonomie** versteht man, dass die Arbeitsbedingungen und der Arbeitsplatz optimal an den Menschen angepasst werden. Somit sollen Berufskrankheiten, wie z. B. Haltungsschäden, vermieden werden.

1.3 ARBEITSSCHUTZ – GEHT UNS ALLE AN!

1.3.1 Arbeitsschutz in Deutschland

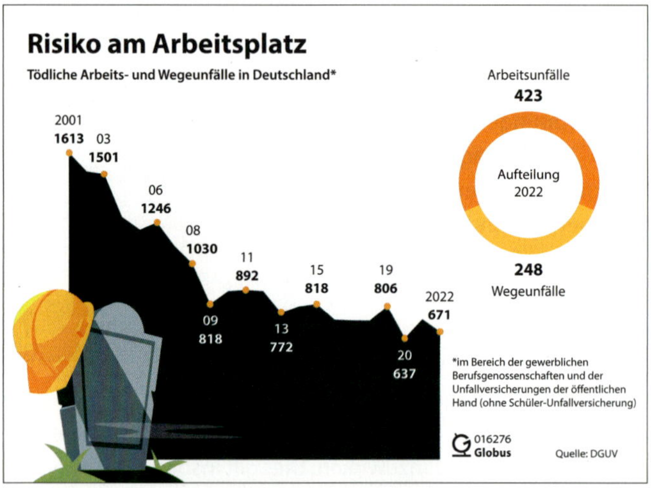

Seit den 1960er-Jahren bis zum Jahr 2000 haben sich die meldepflichtigen Arbeitsunfälle um rund 70 % reduziert. In der eingangs gezeigten Grafik ist zu sehen, dass die Arbeitsunfälle von 2001 bis heute weiter zurückgegangen sind. Gründe für diese Entwicklung sind u. a.

- der Rückgang von unfallträchtigen Berufen wie z. B. dem Bergbau,
- technologische Veränderungen in der Produktions- und Arbeitswelt,
- die Fortschritte im Arbeitsschutz und in der Arbeitssicherheit.

Im August 1996 trat in Deutschland das Arbeitsschutzgesetz (ArbSchG) in Kraft, welches die „Europäischen Rahmenrichtlinie Arbeitsschutz" national umsetzt. Es gilt für nahezu alle Tätigkeitsbereiche und Beschäftigten in Deutschland. Oberstes Ziel des Arbeitsschutzgesetzes ist nach § 1, Absatz 1, ArbSchuG: „ […] Sicherheit und Gesundheitsschutz der Beschäftigten bei der Arbeit durch Maßnahmen des Arbeitsschutzes zu sichern und zu verbessern." Dabei stehen folgende Maßnahmen des Arbeitsschutzes im Mittelpunkt:

- Maßnahmen zur Unfallverhütung im Betrieb,
- Maßnahmen zur Verhütung von arbeitsbedingten Gesundheitsrisiken am Arbeitsplatz,
- Maßnahmen zur ergonomischen Arbeitsplatzgestaltung.

Für die Durchführung und Überwachung des staatlichen Arbeitsschutzes gibt es in den Bundesländern zuständige Stellen und Behörden wie die Gewerbeaufsichtsämter, die Staatlichen Ämter für Arbeitsschutz und die Träger der gesetzlichen Unfallversicherungen (siehe rechts unten). Letztere haben nach dem Sozialgesetzbuch (§ 14 ff. SGB VII) u. a. die Aufgabe, für die Verhütung von Arbeitsunfällen, Berufserkrankungen und arbeitsbedingten Gesundheitsgefahren zu sorgen. Von ihnen werden auch die Unfallverhütungsvorschriften erlassen, denn Vorbeugung ist eine der wichtigsten Maßnahmen im Arbeitsschutz.

Politik verstehen und handeln ISBN 978-3-582-74132-5

Innerhalb des Betriebes ist die Unternehmensführung gesetzlich für die Arbeitssicherheit und den Gesundheitsschutz der Mitarbeiterinnen und Mitarbeiter verantwortlich. Sie muss u. a. gewährleisten, dass Arbeiten den Vorschriften entsprechend sicher ausgeführt werden können, persönliche Schutzausrüstung (z. B. Gehörschutz oder Schutzbrillen) zur Verfügung steht und der Arbeitsplatz ergonomisch gestaltet ist, sodass z. B. Haltungsschäden vermieden werden. Da dies in größeren Betrieben von der Geschäftsführung nicht alleine zu bewerkstelligen ist, werden häufig Führungskräfte mit dieser Aufgabe beauftragt.
Je nach Größe des Betriebs gibt es dann noch weitere Mitarbeiterinnen und Mitarbeiter, die mit dem Arbeitsschutz beauftragt sind. Hierzu zählen z. B. die Fachkraft für Arbeitssicherheit, der Betriebsarzt, Sicherheitsbeauftragte und Mitglieder im Betriebs- und Personalrat (siehe die Tabelle unten).

Der beste Arbeitsschutz nützt jedoch nichts, wenn die Mitarbeiterin oder der Mitarbeiter sich nicht an die gängigen Unfallverhütungsvorschriften hält. So dürfen z. B. beim Bohren an Ständerbohrmaschinen keine Handschuhe oder Ringe getragen werden. Und wer z. B. mit Kühlschmierstoffen arbeitet, muss entsprechende Hautschutzpläne zur Vermeidung von Hauterkrankungen beachten. Neben der bestimmungsgemäßen Handhabung von Werkzeugen und Maschinen, müssen Beschäftigte zudem ihre persönliche Schutzausrüstung verwenden, um Arbeitsunfälle aktiv vorzubeugen (z. B. Tragen einer Schutzbrille beim Bohren). Wer grob fahrlässig handelt, sich also nicht an die geltenden Unfallverhütungsvorschriften hält oder Schutzeinrichtungen umgeht, kann bei einem Arbeitsunfall unter Umständen den Versicherungsschutz durch die gesetzliche Unfallversicherung verlieren.

Die „Persönliche Schutzausrüstung"
Die „Persönliche Schutzausrüstung" (PSA) dient der eigenen Sicherheit und soll die Gesundheit der Beschäftigten vor Gefahren schützen. Die PSA muss vom Arbeitgeber zur Verfügung gestellt und von den Bediensteten getragen bzw. benutz werden.

Übersicht über die wesentlichen Beteiligten im Arbeitsschutz	
Außerbetrieblich Beteiligte	**Innerbetrieblich Beteiligte**
■ Staatliche Ämter für Arbeitsschutz (StÄfA) bzw. Gewerbeaufsichtsämter ■ Träger der gesetzlichen Unfallversicherungen: • gewerblichen Berufsgenossenschaften (DGUV) • landwirtschaftliche Berufsgenossenschaft • Versicherungsträger der öffentlichen Hand wie z.B. Unfallkassen	■ Gesetzlich verantwortliche Person für den Arbeits- und Gesundheitsschutz: Unternehmerin, Unternehmer des Betriebs und beauftragte Führungskräfte. ■ Verantwortung für die eigene Sicherheit und die der Kolleginnen und Kollegen: alle Mitarbeiterinnen und Mitarbeiter im Betrieb. ■ Fachleute für den Arbeitsschutz: • Sicherheitsbeauftragte • Fachkraft für Arbeitssicherheit • Betriebsarzt/-ärztin

Aufgaben

1. Recherchieren Sie, wer bei Ihnen im Betrieb für den Arbeitsschutz verantwortlich ist und welche weiteren Akteure im Bereich des Arbeitsschutzes tätig sind. Erstellen Sie darüber ein Organigramm.
2. Erstellen Sie eine Tabelle, in der Sie Ihre PSA für bestimmte Tätigkeiten zuordnen.
3. Erläutern Sie, warum für Unternehmen Arbeitsschutz so wichtig ist.

1.3.2 Achtung, elektrischer Strom!

Warnung vor gefährlicher elektrischer Spannung

Tödlicher Stromschlag durch Elektroherd

ERFURT - Eine Frau (25) erlitt einen tödlichen Stromschlag durch einen defekten Elektroherd.

Der Unfall ereignete sich beim Aufsetzen des Kochtopfes. Dabei erlitt die junge Frau einen tödlichen Stromschlag. An Händen und Füßen sind deutlich Strommarken durch Verbrennung zu erkennen. Die Polizei geht davon aus, dass sich ein Stromkabel im Elektroherd gelöst hat. Eine genauere Untersuchung wird durch einen Sachverständigen ausgeführt.

Hinweis:
An einem defekten Elektroherd kann am Gehäuse und an der Kochplatte eine elektrische Spannung von 230 Volt vorliegen.

Bei großer Stromstärke führt die Wärmeentwicklung des elektrischen Stroms zu Verbrennungen an der Ein- und Austrittsstelle. Dort entstehen so genannte Strommarken. Es ist möglich, dass Körperteile an diesen Stellen vollständig verkohlen.

Sicherheit bieten nur einwandfreie elektrische Geräte, die für den Verwendungszweck auch vorgesehen sind.

Wirkungen des elektrischen Stromes auf den menschlichen Körper:
Der elektrische Strom wird für den Menschen ab 0,5 Milliampere (mA) spürbar.
Stromstärken, die größer als 50 Milliampere sind, können zum Tode führen – diese Stromstärke kann bereits bei 50 Volt Wechselspannung auftreten.

Der Gebrauch von Strom ist für uns heute so selbstverständlich, dass wir kaum noch darüber nachdenken. Es sei denn, die Stromrechnung ist gestiegen oder der Strom wurde vorübergehend einmal abgeschaltet. Dass der elektrische Strom aber auch mit tödlichen Gefahren verbunden sein kann, darüber denken die wenigsten nach.
Als Naturerscheinung hat der Blitzschlag den Menschen schon immer in Schrecken versetzt. Deshalb ist der Blitz auch das Symbol zur Kennzeichnung elektrischer Anlagen oder Gefahren durch elektrischen Strom.

Gefährdungen können entstehen

- durch direkte Berührung unter Spannung stehender Teile, zum Beispiel Leitungen mit defekter Isolation;
- durch indirekte Berührung von Teilen, die nur durch einen Gerätefehler unter Spannung stehen.

Sicherheit bietet nur die Benutzung einwandfreier elektrischer Geräte, die gleichzeitig für den jeweiligen Verwendungszweck geeignet und vorgesehen sind.

Ursachen von Gefahren können sein:

- die Verwendung defekter Geräte und Betriebsmittel,
- eine Beschädigung der Isolation,
- mangelhafte oder unzureichende Schutzmaßnahmen bei der Arbeit mit elektrischem Strom oder Elektrogeräten.

Sicherheitsvorschriften sind überlebenswichtig.
Folgende wichtige Bestimmungen sind daher unbedingt zu beachten:

- Es dürfen nur Maschinen und Geräte verwendet werden, die das amtliche Prüfzeichen tragen (VDE-Zeichen).
- Alle Hersteller von Elektrogeräten haben zu garantieren, dass ihre Produkte den Sicherheitsvorschriften des Gesetzes über technische Arbeitsmittel und Verbraucherprodukte entsprechen.
- Schadhafte Geräte und Maschinen dürfen auf keinen Fall eingesetzt werden.
- Es dürfen nur Elektrofachkräfte elektrische Betriebsmittel und Anlagen installieren und in Betrieb nehmen. Dieses ist im Regelwerk des VDE (Verband Deutscher Elektrotechniker) genau festgelegt.

VDE Kennzeichen = Verband der Elektrotechnik, Elektronik und Informationstechnik
Das auf elektrischen Geräten angebrachte VDE-Zeichen bedeutet, dass die Schutzbestimmungen des Verbandes eingehalten sind.

GS = Geprüfte Sicherheit
Das freiwillige GS-Zeichen beruht ausschließlich auf deutschem Recht. Es wird für Produkte vergeben, die unter den Anwendungsbereich des Gesetzes über technische Arbeitsmittel und Verbrauchsprodukte fallen. Eine Prüfstelle (z. B. TÜV) stellt im Auftrag des Herstellers fest, dass die sicherheitstechnischen Voraussetzungen erfüllt sind.

CE = Communauté Européenne
(Europäische Gemeinschaft)
Mit dem CE-Zeichen erklärt der Hersteller/Importeur die Konformität. D. h., er dokumentiert damit an seinem Produkt, dass es die gültigen Sicherheitsvorschriften der Europäischen Union (EU) einhält.

- Der Unternehmer hat dafür zu sorgen, dass elektrotechnische Anlagen und Betriebsmittel den gültigen Regeln des VDE entsprechen und dass diese auf ihren ordnungsgemäßen Zustand geprüft werden (BGV A3 – Unfallverhütungsvorschrift der Berufsgenossenschaft).

Verhalten bei Elektrounfällen:
- Zuallererst Stromkreis unterbrechen (Stecker oder Sicherung raus, Hauptschalter auf AUS).
- Unfallopfer in stabile Seitenlage bringen (Kontrolle der Atmung und Herztätigkeit).
- Wenn Atmung und Herztätigkeit nicht mehr vorhanden sind, dann künstliche Beatmung und Herzdruckmassage vornehmen.
- Parallel zu diesen Maßnahmen muss auf jeden Fall ein Notarzt gerufen werden.
- Reanimation (Wiederbelebung) so lange fortführen, bis der eintreffende Arzt den Verletzten übernimmt.

Aufgaben

1. Untersuchen Sie den eingangs dargestellten Elektrounfall „Tödlicher Stromschlag durch Elektroherd". Gehen Sie mit folgenden Fragen auf den Unfallhergang ein:
   a) Wodurch wurde der Unfall ausgelöst?
   b) Welche Maßnahmen der ersten Hilfe wären möglich gewesen?
   c) Was ist beim Ergreifen von Maßnahmen zur ersten Hilfe besonders zu beachten?
2. Nennen Sie Maßnahmen, die eine Gefährdung durch elektrischen Strom unterbinden.
3. Ermitteln Sie in Ihrer Klasse, wer von Ihnen wann und wo an einem Erste-Hilfe-Kurs teilgenommen hat.

1.3.3 Kind und/oder Karriere

Häufig fällt jungen Familien die Entscheidung für ein Kind schwer, da man nicht längere Zeit aus dem Beruf ausscheiden möchte – sei es aus persönlichen oder finanziellen Gründen oder einer Kombination aus beidem. Insbesondere Frauen – die immer noch die Hauptlast der Erziehungsarbeit leisten und auch häufig noch nach der Elternzeit nicht ganztägig in den Beruf zurückkehren – empfinden ihre beruflichen Chancen als eingeschränkt. Die meisten Männer nehmen dagegen keine Benachteiligung durch die Elternzeit wahr.

Die Elternschaft ist aber eine schöne und für viele Paare erstrebenswerte Rolle im Leben. Fällt die Entscheidung für ein Kind, sollte für die Familie die Möglichkeit bestehen, „Kind und Karriere" zu vereinbaren. Der Gesetzgeber ist bestrebt, Familien hierin durch unterschiedliche Maßnahmen zu unterstützen. Eine rasche Rückkehr in den Beruf soll z. B. durch das **Kinderförderungsgesetz (KiföG)** ermöglicht werden, in dem festgelegt ist, dass für jedes Kind ab 1 Jahr ein Platz in einer Kindertagesstätte verfügbar sein muss.

Die Regelungen zur Elternzeit sind im **Bundeselterngeld- und Elternzeitgesetz (BEEG)** festgelegt. Sie kann in zwei Varianten genommen werden:

- als vollständige Arbeitspause,
- als Verringerung der Arbeitszeit (Elternteilzeit) mit maximal 30 Wochenstunden.

Nicht nur die leiblichen Eltern eines Kindes können die Elternzeit in Anspruch nehmen. Auch Adoptiv- und Pflegeeltern können davon Gebrauch machen und selbst nahe Verwandte können unter bestimmten Umständen berechtigt sein.

Elternzeit

Die sogenannte **flexible Elternzeit** ermöglicht, 3 Jahre uneingeschränkt für die Betreuung des Kindes da zu sein. Mit Zustimmung des Arbeitgebers können bis zu 24 Monate zwischen dem 4. und 8. Lebensjahr genommen und in maximal drei Zeitblöcke aufgespalten werden. Während der Elternzeit besteht uneingeschränkter Kündigungsschutz (vergleiche Kapitel 1.1.6). Auch Krankenversicherung, Pflegeversicherung und Arbeitslosenversicherung bestehen ohne Beitragszahlung weiter. Für die Rente werden bis zu drei Erziehungsjahre anerkannt.

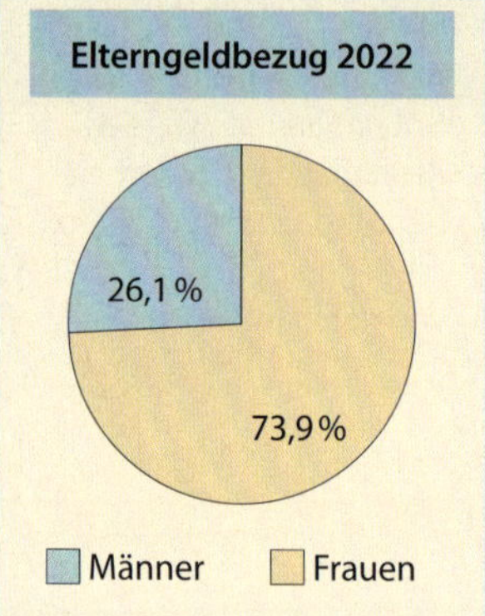

(Quelle: Statistisches Bundesamt, 29.03.2023)

Wird das Kind in den ersten 14 Monaten nach der Geburt von den Eltern betreut, kann **Elterngeld** in Anspruch genommen werden. Es kann zwischen dem Bezug von Elternbasisgeld und ElterngeldPlus oder einer Kombination daraus gewählt werden.

Basiselterngeld wird dem betreuenden Elternteil für zwei bis maximal 12 Monate gezahlt. Die Aufteilung zwischen Vater und Mutter kann individuell getroffen werden. Wollen beide Elternteile gleichzeitig Elternzeit nutzen, wird für zwei zusätzliche Monate (Partnermonate) Basiselterngeld gezahlt, um so die partnerschaftliche Aufteilung der Kindererziehung zu fördern. Die Höhe des Elternbasisgeldes ist gehaltsabhängig und kann zwischen 300 bis 1.800 Euro (Stand: 2023) betragen. Geringverdiener können eine Aufstockung beantragen.

Eltern, die früher in den Beruf zurückkehren möchten, können das **ElterngeldPlus** nutzen. Es beträgt nur die Hälfte des Basiselterngeldes, wird dafür doppelt so lange gezahlt. Dies gilt auch für den Bezug der Partnermonate: Bei vier Monaten gemeinsamer ElternPlus-Zeit können vier Monate zusätzlich ElterngeldPlus bezogen werden.

Soll **ElterngeldPlus** bezogen werden, muss zwischen 25 bis 30 Wochenstunden gearbeitet werden (Teilzeit).

Politik verstehen und handeln ISBN 978-3-582-74132-5

Basiselterngeld, ElterngeldPlus und Partnerschaftsmonate können kombiniert werden. Welche Möglichkeit am besten ist, hängt von den persönlichen Lebensumständen ab.

Mutterschutz

Der gesundheitliche Schutz von Mutter und Kind wird vor allem durch das **Mutterschutzgesetz (MuSchG)** gesichert. Es dient der Abwendung von Gesundheitsschäden während der Schwangerschaft und für einen festgelegten Zeitraum nach der Entbindung. Zudem enthält es Regelungen zur finanziellen Absicherung und zum Erhalt des Arbeitsplatzes.

Schwangere Frauen genießen Kündigungsschutz: Eine Kündigung während der Schwangerschaft und bis zum Ablauf von vier Monaten nach der Entbindung ist – bis auf wenige Ausnahmen – unzulässig.

Auch muss der Arbeitsplatz (einschließlich der Werkzeuge und Maschinen) so gestaltet sein, dass die schwangere Arbeitnehmerin und auch das Ungeborene vor Gefahren für Leben und Gesundheit ausreichend geschützt sind. So müssen z. B. Möglichkeiten zur Unterbrechung von Tätigkeiten bereitgestellt werden. Auch ist eine schwangere Frau von Arbeiten, die das Ungeborene schädigen können, zu befreien (z. B. Arbeit mit Chemikalien oder Strahlung). Nach Ablauf des fünften Monats der Schwangerschaft darf nicht länger als vier Stunden stehend gearbeitet werden.
Ein Arbeitgeber kann seinen Pflichten aber nur nachkommen, wenn er von der Schwangerschaft Kenntnis besitzt. Für eine Dauer von sechs Wochen vor und acht Wochen (bei Früh- und Mehrlingsgeburten 12 Wochen) nach der Geburt wird das Mutterschaftsgeld gezahlt.

Krankheit des Kindes

Berufstätige, deren Kind das 12. Lebensjahr noch nicht vollendet hat, stellt der Betrieb bei Krankheit des Kindes frei. Der Einkommensausfall wird durch die Krankenkasse ersetzt. Auf diese Freistellung besteht (gemäß SBG V) ein Rechtsanspruch von 10 Arbeitstagen pro Kalenderjahr. Sind beide Elternteile versichert, haben beide diesen Anspruch. Insgesamt können also 20 Arbeitstage im Jahr bei einem Kind gewährt werden; bei mehreren bis zu 50 Arbeitstagen.

Antrag auf Elterngeld stellen:
Zuständig für die Antragstellung auf Elterngeld sind die von der jeweiligen Landesregierung beauftragten Ämter (zum Beispiel Einwohnermeldeamt). Der Antrag auf Elterngeld ist zeitnah nach der Geburt des Kindes zu stellen, denn das Elterngeld wird rückwirkend nur für drei Monate gezahlt.

Das Mutterschutzgesetz:
(MuSchG) ist ein Gesetz zum Schutz von Müttern bei der Arbeit, in der Ausbildung und im Studium. Es soll die Gesundheit der Frau und ihres Kindes während der Schwangerschaft, nach der Entbindung und in der Stillzeit schützen. Es ist in einer neuen Fassung seit dem 1. Januar 2018 in Kraft und gilt am Arbeits-, Ausbildungs- und Studienplatz.
Für Soldatinnen und Beamtinnen gelten besondere, aber inhaltlich vergleichbare Verordnungen.

Hinweis:
Alleinerziehende haben für die Betreuung des ersten Kindes Anspruch auf 20 Tage Freistellung im Jahr, bei mehreren Kindern auf bis zu 50 Tage.

Aufgaben

1. Analysieren Sie die Karikatur auf der linken Seite. Nehmen Sie hierfür auch das Diagramm zur Hilfe. Stellen Sie hierzu Ihre eigene Position dar.
2. Sara hat hohes Fieber. Der Arzt hat der 7-Jährigen strenge Bettruhe verordnet. Das bringt ihre berufstätigen Eltern in arge Bedrängnis: Wer soll ihre Tochter zu Hause pflegen? Notieren Sie stichpunktartig die gesetzlichen Ansprüche.
3. Die Elternzeit von Ina geht demnächst zu Ende. Der Arbeitgeber hat ihr aber schon jetzt gekündigt, weil er keine Aufträge hat. Begründen Sie, ob dies möglich ist oder nicht.
4. Erkundigen Sie sich, ob es in Ihrem Bundesland nach dem Elterngeld weitere finanzielle Unterstützungen gibt.

METHODE

DIE GRUPPENARBEIT

Ziel

Jeder soll sich innerhalb einer Arbeitsgruppe aktiv einbringen. Die Teilnehmer sollen mit unterschiedlichen Materialien wie Texten, Folien usw. umgehen und eigene Schlussfolgerungen ziehen.

Vorbereitungsphase

- Die Gruppe sollte sich aus mindestens drei, maximal sechs Schülerinnen und Schülern zusammensetzen.
- Die Zuordnung der einzelnen Schülerinnen und Schüler zu einer Gruppe kann nach unterschiedlichen Prinzipien erfolgen:
  - auf freiwilliger Basis,
  - nach Interesse,
  - nach Sympathie,
  - nach Festlegung der Lehrerin bzw. des Lehrers.
- Die Arbeitsgruppe macht sich mit ihrem Themenbereich (z. B. Teilaspekt einer Gesamtproblematik) vertraut. Wichtig ist es, den zur Verfügung stehenden Zeitumfang zu berücksichtigen und beim weiteren Vorgehen im Auge zu behalten.
- In einem weiteren Schritt wird das Vorgehen geplant und festgelegt, wie die Aufgaben in der Gruppe verteilt werden. Z. B.:
  - Wer übernimmt welche Aufgabe?
  - Wer übernimmt die Sprecherrolle?
  - Wo wird recherchiert?
  - Welche Quellen, Materialien usw. sollen berücksichtigt werden?
  - Welche Sitzordnung wird gewählt?
  - In welcher Form soll das Ergebnis dargestellt werden?
  - Präsentieren alle oder wer übernimmt welchen Teil der Präsentation?

Ausarbeitungsphase

- Für die Ausarbeitung und Lösung der Gruppenaufgabe werden Arbeitsmaterialien wie Bücher, Internet usw. herangezogen, gesichtet und ausgewählt.
- Dabei ist es wichtig, dass die Problemstellung genau erfasst und eingegrenzt wird. Hierfür eignen sich besonders Diskussionen innerhalb der Arbeitsgruppe.
- Stellen Sie Ihre Ergebnisse in einer übersichtlichen und kurzen Form zusammen.

Präsentationsphase

- Der festgelegte Sprecher präsentiert die Ergebnisse der Gruppe vor der gesamten Klasse. Dabei empfiehlt sich die Verwendung von Medien, Folien, Übersichten usw. Informationen darüber, wie Sie Ihren Beitrag am besten in einer Pro-und-Kontra-Diskussion verwerten, finden Sie auf der Methodenseite zur **Debatte und Pro-und-Kontra-Diskussion** (Seite 314).
- Halten Sie nicht nur Ihre bisherigen, sondern auch die weiteren Ergebnisse schriftlich fest. Machen Sie sich gegebenenfalls Notizen.
- Das Gesamtergebnis Ihrer Gruppenarbeit können Sie auch in einer Wandzeitung zusammenfassen. Informationen, wie eine Wandzeitung gestaltet werden kann, finden Sie auf der Methodenseite zur **Wandzeitung** (Seite 174).

Aufgaben

Bilden Sie in Ihrer Klasse mehrere Gruppen von mindstens drei bis maximal sechs Personen. Wählen Sie zum Thema **Arbeitsschutz** einen Themenbereich für Ihre Gruppen aus (z. B. historische Entwicklung, Aufgaben und Bedeutung, die Einhaltung von Vorschriften).

1. Entwickeln Sie jeweils eine stichpunktartige Übersicht zu den Kernbereichen und –problemen Ihres Themas.
2. Stellen Sie das Ergebnis Ihrer Gruppe in der Klasse vor. Benutzen Sie hierfür auch die unterschiedlichen Präsentationsmöglichkeiten (Handout, Overheadprojektor und Folien usw.). Weitere Informationen über das Vortragen Ihrer Ergebnisse finden Sie auf der Methodenseite zum Thema **Referat** (Seite 254).

2 WIRTSCHAFT UND RECHT

Politik verstehen und handeln ISBN 978-3-582-74132-5

2.1 RECHTSGESCHÄFTE

2.1.1 Rechts- und Geschäftsfähigkeit

Norddeutsche Affinerie AG

Fanmeile

Sportvereine

Rathaus in Köln

Das Bürgerliche Gesetzbuch (BGB):
Es ist bereits 1900 innerhalb des Gebietes des damaligen Deutschen Reiches in Kraft getreten und überdauerte alle Wechsel der Verfassungen. Das BGB ist ein Teil des Privatrechts.

Personen des Rechts (= Rechtssubjekte)	
natürliche Personen (= alle Menschen)	**juristische Personen** (= Vereinigungen von Personen oder Sachwerten) • **des Privatrechts,** z. B. AG, GmbH, Vereine • **des öffentlichen** Rechts, z. B. IHK, Gemeinden

Das Gemeinschaftsleben wird durch eine Vielzahl von Gesetzen und Verordnungen geregelt. In der Gesamtheit spricht man vom Recht. Durch dieses bindende Recht werden z. B. Streitfälle entschieden und berechtigte Interessen und Ansprüche des Einzelnen erfüllt.

Die Rechtsfähigkeit ist die Fähigkeit, Träger von Rechten und Pflichten zu sein. Rechtsfähig sind grundsätzlich alle Personen (= Rechtssubjekte).

Das Bürgerliche Gesetzbuch unterscheidet zwischen natürlichen und juristischen Personen.

Natürliche Personen sind alle Menschen von der Geburt bis zum Tod (BGB §1).

So hat z. B. ein Säugling schon das Recht zu erben und jeder Bürger die Pflicht, direkt oder indirekt Steuern zu zahlen (z. B. die Mehrwertsteuer).

Dagegen handelt es sich bei Zusammenschlüssen von Personen und Organisationen um juristische Personen, z. B. ein Verein, eine Aktiengesellschaft oder eine Genossenschaft.

Juristische Personen handeln durch Organe – z. B. den Vorstand einer AG, der wiederum aus natürlichen Personen besteht. Die Rechtsfähigkeit von juristischen Personen beginnt mit der Eintragung in das zuständige Register und endet mit deren Löschung, z. B. im Vereinsregister oder im Handelsregister.

Die Stufen der Geschäftsfähigkeit natürlicher Personen

Jeder Mensch ist von Geburt an rechtsfähig. Von dieser Rechtsfähigkeit ist die **Geschäftsfähigkeit** klar abzugrenzen. Die Geschäftsfähigkeit ist die Fähigkeit, Rechtsgeschäfte selbstständig und rechtlich wirksam abschließen zu können, z. B. einen Kaufvertrag.

Da aber die Fähigkeit, die Folgen eines Rechtsgeschäftes überblicken zu können, u. a. von den Lebensjahren abhängig ist, wird im BGB der Umfang der Geschäftsfähigkeit in drei Stufen festgelegt:

Politik verstehen und handeln ISBN 978-3-582-74132-5

1. Geburt bis 7. Lebensjahr – Geschäftsunfähigkeit:

Kinder unter sieben Jahren und Personen mit „Störung der Geistestätigkeit" können keine gültigen Rechtsgeschäfte abschließen. Von diesen Personen abgegebene Willenserklärungen haben keine rechtliche Bedeutung, das Geschäft ist ungültig (vgl. §105 BGB). Wenn z. B. ein fünfjähriges Kind einen Comic kauft, können die Eltern die Rücknahme vom Verkäufer verlangen. Stellvertretend für nicht geschäftsfähige Personen handelt der gesetzliche Vertreter – also die Eltern oder ein Vormund.

§105 BGB (Nichtigkeit der Willenserklärung):
(1) Die Willenserklärung eines Geschäftsunfähigen ist nichtig.
(2) Nichtig ist auch eine Willenserklärung, die im Zustande der Bewusstlosigkeit oder vorübergehenden Störung der Geistestätigkeit abgegeben wird.

2. Vollendung des 7. bis zum 18. Lebensjahr – beschränkte Geschäftsfähigkeit

Schließt ein Jugendlicher ein Rechtsgeschäft ab, so ist dieses nur mit Einwilligung des gesetzlichen Vertreters gültig. Man bezeichnet den geschlossenen Vertrag als „**schwebend unwirksam**". Das Schweigen der Eltern gilt als Ablehnung, wenn auf die Aufforderung des Anderen innerhalb von zwei Wochen keine Erklärung erfolgt. Ratenkäufe oder Verträge mit Folgezahlungen benötigen **immer** die besondere Zustimmung der Eltern. Wenn z. B. ein 17-Jähriger gegen den Willen der Eltern ein teures Mountainbike gekauft hat, muss der Verkäufer das Rad zurücknehmen. Zum Schutze des Minderjährigen gibt es aber auch Ausnahmen, die ebenfalls im BGB verankert sind. Gültig sind:

- generell Willenserklärungen, die nur Vorteile bringen, z. B. die Annahme eines Geschenks, ohne dass daraus Verpflichtungen folgen.
- Verpflichtungen, die der Minderjährige im Rahmen des Taschengelds bestreiten kann, z. B. der Kauf eines Sporttrikots (vgl. §110 BGB).
- mit dem grundsätzlichen Einverständnis der Erziehungsberechtigten alle Rechtsgeschäfte, die im Rahmen eines geschlossenen Dienst- oder Arbeitsverhältnisses anfallen (z. B. Festlegung des Jahresurlaubs oder rechtswirksam kündigen und ein anderes Arbeitsverhältnis im gleichen Berufsfeld annehmen).

§110 BGB (Taschengeldparagraph):
Ein von dem Minderjährigen ohne Zustimmung des gesetzlichen Vertreters geschlossener Vertrag gilt als von Anfang an wirksam, wenn der Minderjährige die vertragsmäßige Leistung mit Mitteln bewirkt, die ihm zu diesem Zwecke oder zu freier Verfügung von dem Vertreter oder mit dessen Zustimmung von einem Dritten überlassen worden sind.

3. Vollendung des 18. Lebensjahres – volle Geschäftsfähigkeit

Mit dem Erreichen der Volljährigkeit sind alle abgegebenen Willenserklärungen rechtsgültig, d. h. aber auch, dass die eingegangenen Verpflichtungen erfüllt werden müssen. Kauft sich z. B. eine 18-Jährige einen Neuwagen auf Raten, so muss sie diesen auch bezahlen. Kommt sie den Verpflichtungen nicht nach, haftet sie rechtlich voll.

Aus rechtlicher Sicht war der 21. Geburtstag lange Zeit die Stufe zum Erwachsensein. Das Wahlalter wurde schließlich 1970 und das Volljährigkeitsalter 1975 auf 18 Jahre herabgesetzt. Allerdings kann ein junger erwachsener Täter noch bis zum Ablauf des 21. Lebensjahres nach dem Jugendstrafrecht verurteilt werden, wenn das Gericht dies entscheidet.

Aufgaben

1. Nennen Sie drei Beispiele für juristische Personen.
2. Entscheiden Sie bei folgenden Fällen die Rechtslage und begründen Sie Ihre Ansicht:
   - Melanie (16) bekommt von ihrem Onkel 150 Euro geschenkt und kauft sich davon ein Smartphone. Ihre Mutter verlangt, dass sie den Kauf rückgängig macht.
   - Paul (6) geht in ein Spielzeuggeschäft und kauft sich eine große Wasserpistole für 6 Euro. Die Mutter verlangt von dem Ladenbesitzer die Rückzahlung des Kaufpreises.

2

2.1.2 Rechtsgeschäfte – wirtschaftliches Handeln in unterschiedlichen Situationen

Rechtsgeschäfte
einseitige Nur eine Person gibt eine Willenserklärung ab: • **empfangsbedürftig:** z. B. Kündigung • **nicht empfangsbedürftig:** z. B. Testament
mehrseitige **(= Verträge aller Art)** Mindestens zwei Personen müssen übereinstimende Willenserklärungen abgeben: • Ausbildungsvertrag • Kaufvertrag • Mietvertrag • Dienstvertrag • Darlehensvertrag • Werkvertrag

Rechtsgeschäfte können grundsätzlich formfrei abgeschlossen werden! Sie entstehen durch die Abgabe von Erklärungen durch rechts- und geschäftsfähige Personen (z. B. Schreiben eines Testaments oder der Abschluss eines Mietvertrages). Im Rechtsdeutsch bezeichnet man dies als abgegebene Willenserklärung.

Je nachdem, ob bei einem Rechtsgeschäft eine oder mehrere Personen Willenserklärungen abgeben, unterscheidet man einseitige und mehrseitige Rechtsgeschäfte. Empfangsbedürftige Rechtsgeschäfte sind erst dann gültig, wenn der Betroffene darüber in Kenntnis gesetzt wurde (z. B. wenn die Kündigung des Mietvertrages dem Vermieter zugestellt wurde).

Abgeben können die beteiligten Personen ihre Willenserklärung grundsätzlich

- mündlich,
- schriftlich (z. B. Käufe im Geschäft, Schenkungsvertrag) oder
- durch schlüssiges Handeln (z. B. durch Hinlegen des Geldes beim Kauf einer Tageszeitung).

Rechtsgeschäfte können grundsätzlich formfrei abgeschlossen werden!

Das geschlossene Rechtsgeschäft ist gültig! Aus Beweisgründen ist es bei Verträgen jedoch meistens ratsam, sie schriftlich abzuschließen.
Nur bei einigen wichtigen Rechtsgeschäften ist eine Form gesetzlich vorgeschrieben, damit sie gültig sind. So müssen z. B. Ratenkaufverträge, Mietverträge über Wohnraum für einen längeren Zeitraum als ein Jahr und Berufsausbildungsverträge grundsätzlich schriftlich abgeschlossen werden. Anmeldungen zum Vereinsregister müssen öffentlich beglaubigt, Grundstückskäufe und Eheverträge notariell beurkundet werden.

Formvorschriften bei bestimmten Verträgen sind:

- **Schriftform**: eigenhändige Unterschrift der beteiligten Personen oder ihrer gesetzlichen Vertreter, z. B. bei Staffelmietverträgen;
- **öffentliche Beglaubigung**: Bestätigung der Echtheit der Unterschrift der beteiligten Personen durch einen Notar oder eine Behörde, z. B. Ausschlagung einer Erbschaft;
- **notarielle Beurkundung**: Beurkundung der Echtheit der Unterschrift und der Richtigkeit des Inhaltes durch einen Notar, z. B. Grundstücksverkäufe, Schenkungsversprechen.

Achtung, Wucherzinsen!
Eine feste Grenze für Wucherzinsen gibt es nicht, es müssen stets die Einzelheiten des Falls überprüft werden. Die Verbraucherberatungsstellen bieten häufig eine Schuldnerberatung und Rechtsberatung in solchen Zweifelsfällen an.

Nichtige und anfechtbare Rechtsgeschäfte

Einmal geschlossene Rechtsgeschäfte mit voll geschäftsfähigen Personen sind grundsätzlich gültig und müssen eingehalten werden. Der Gesetzgeber hat aber zum Schutze der beteiligten Personen bestimmte Fälle vorgesehen, in denen ab-

Politik verstehen und handeln ISBN 978-3-582-74132-5

geschlossene Rechtsgeschäfte von vornherein ungültig (nichtig) bzw. fragwürdig und damit anfechtbar sind.

Nichtig sind grundsätzlich alle Rechtsgeschäfte,

- die von nicht geschäftsfähigen Personen geschlossen werden (vergleiche Abschnitt. 2.1.1);
- die gegen die guten Sitten verstoßen, z. B. ein Kreditvertrag mit Wucherzinsen (§138 BGB);
- die gesetzeswidrig sind, z. B. ein Geschäft mit unverzollten Zigaretten;
- bei denen eine vorgeschriebene Form nicht beachtet wird, z. B. ein mündlicher Grundstückskaufvertrag;
- so genannte Scherzgeschäfte, z. B. die Äußerung eines durstigen Gastes, für ein Wasser alles zu geben, was er besitze;
- so genannte Scheingeschäfte, z. B. der Kaufpreis für einen Luxuswagen wird mit 1 Euro festgelegt, um Steuern zu sparen.

Anfechtbar sind Rechtsgeschäfte,

- die durch arglistige Täuschung oder widerrechtliche Drohung zustande gekommen sind, z. B. der Kauf eines Gebrauchtwagens, der als unfallfrei bezeichnet wurde, tatsächlich aber ein Unfallwagen ist.
- die durch einen Irrtum zustande gekommen sind, z. B. wenn eine Aushilfe ein Sofa mit der Angabe verkauft, der Bezug sei aus echtem Leder. Es stellt sich dann jedoch heraus, dass es sich um ein Imitat handelt.

Werden solche Rechtsgeschäfte unter den gesetzlich vorgeschriebenen Bedingungen angefochten, sind sie ebenfalls ungültig. Werden sie jedoch nicht angefochten, haben sie Gültigkeit.

Seit 2012 schützt die sogenannte Button-Lösung den Verbraucher vor unbeabsichtigten Käufen im Onlinehandel. Der Verkäufer ist gesetzlich verpflichtet, deutliche Hinweise, wie z.B. „kostenpflichtig bestellen" oder „kaufen", vor dem Abschluss eines Vertrages zu geben. Ist dies nicht deutlich, ist der Vertrag ungültig.

§138 BGB (Sittenwidriges Rechtsgeschäft; Wucher):

(1) Ein Rechtsgeschäft, das gegen die guten Sitten verstößt, ist nichtig.

2

App-Käufe durch Kinder und Jugendliche:

Verträge mit Mobilfunkanbietern, die von Minderjährigen abgeschlossen wurden, sind ohne Zustimmung der Eltern nicht rechtsgültig. Viele Kinder und Jugendliche nutzen daher die von den Eltern gekauften Smartphones und Tablets. Großer Beliebtheit erfreuen sich Spiele, die sich oft kostenlos herunterladen lassen. Teuer kann es jedoch durch herunterladen kostenpflichtiger Extras (In-Apps) werden. Nur durch geeignete Sicherheitseinstellungen und Sperren der hinterlegten Bankverbindungen können Eltern sich vor möglichen Folgekosten schützen.

Die EU-Initiative für mehr Sicherheit im Netz **(www.klicksafe.de)** bietet Eltern und Kindern viele Informationen zum Thema Mediennutzung.

Aufgaben

1. Nennen Sie zwei Beispiele für Rechtsgeschäfte, die, um gültig zu sein, nicht formfrei abgeschlossen werden können.
2. Geben Sie ein Beispiel für ein empfangsbedürftiges Rechtsgeschäft und zählen Sie Gründe auf, die für die gesetzlichen Vorschriften zu diesem Rechtsgeschäft sprechen.
3. Geben Sie bei folgenden Rechtsgeschäften an, ob sie a) gültig, b) anfechtbar oder c) nichtig sind, und begründen Sie Ihre Entscheidung:
   a) Familie Meyer kauft ein Grundstück von den Nachbarn und besiegelt den Vertrag „traditionell per Handschlag".
   b) Ein Gastwirt bestellt bei seiner Brauerei telefonisch 30 Fässer Bier. Als die Ware geliefert wird, erklärt er, dass er sich versprochen habe und wie gewöhnlich nur drei Fässer Bier bestellen wollte.
   c) Ihre Großeltern haben auf Anraten der Familie „todsichere Aktien" gekauft. Die Kurse fallen jedoch in den Keller.
4. Tauschen Sie Ihre Erfahrungen in der Klasse aus, inwieweit Sie bereits negative Erfahrungen mit abgeschlossen Verträgen für Apps oder Ähnlichem gemacht haben.

2

2.1.3 Angebot bleibt Angebot? Der Kaufvertrag – Antrag und Annahme

Einen Fahrschein lösen, wortlos Geld gegen die Tageszeitung austauschen, im Supermarkt einkaufen, eine Pizza bestellen usw. – im **Bürgerlichen Gesetzbuch** ist rechtlich genau festgelegt, was wir tagtäglich wie selbstverständlich tun: Verträge abschließen.

Für den Abschluss eines gültigen Vertrags sind grundsätzlich **zwei übereinstimmende Willenserklärungen** erforderlich.
Beim Zustandekommen eines Kaufvertrages handelt es sich dabei um

- das Angebot und
- dessen Annahme.

Rechtlich spricht man hier von:

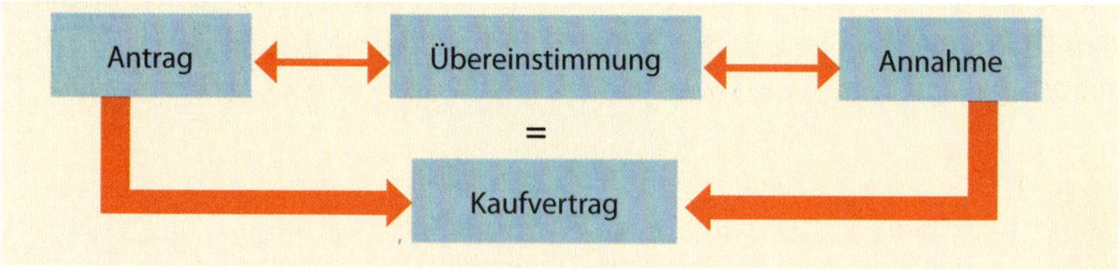

Ob **mündlich, schriftlich** oder sogar **wortlos**, bei einer Übereinstimmung zwischen Antrag und Annahme ist der Vertrag gültig.
Wichtig ist es, den Unterschied zwischen einem Angebot und einer Aufforderung zu einem Angebot (Anpreisung, Offerte) zu erkennen.
Im Falle eines „echten" Antrags muss der konkrete Wille, ein Geschäft abzuschließen, erkennbar sein.

Verkaufsangebote in Zeitungen und Katalogen sowie Preisauszeichnungen in Schaufensterauslagen sind dagegen keine Angebote im rechtlichen Sinne, sondern lediglich **Anpreisungen** an die Allgemeinheit. Der Kunde hat hier keinen

Das Bürgerliche Gesetzbuch (BGB):
Es trat bereits 1900 innerhalb des Gebietes des Deutschen Reiches in Kraft und überdauerte alle Wechsel der Verfassungen. Das BGB ist ein Teil des Privatrechts und besteht selbst aus fünf Teilen. Im allgemeinem Teil (erstes Buch) befinden sich alle Gesetze zum Bereich Vertragsrecht.

EU-Verbraucherrechte-Richtlinie:
Am 13. Juni 2014 wurde eine Richtlinie der EU in das deutsche BGB eingebaut, die das Widerrufsrecht bei „außerhalb von Geschäftsräumen geschlossenen Verträgen" (frühere Bezeichnung: Haustürgeschäfte) und bei Fernabsatzverträgen (also vor allem Internetkäufe, siehe auch Seite 63), weitestgehend vereinheitlicht. Die Verbraucherrechte-Richtlinie brachte u. a. Änderungen für den spätestmöglichen Fristablauf, die Art der Ausübung des Widerrufrechts und die Kostentragung bei Rücksendung der Ware. Nach EU-Verbraucherrichtlinien besteht ein 14-tägiges Widerrufsrecht für alle Verträge, die telefonisch, per Mail oder über das Internet abgeschlossen wurden.

Eine Anpreisung ist kein Antrag

Politik verstehen und handeln ISBN 978-3-582-74132-5

Anspruch auf den tatsächlichen Abschluss eines Vertrages, sondern wird nur aufgefordert, seinerseits einen Antrag abzugeben.
Eine Bestellung aus einem Katalog ist hingegen ein Antrag durch den Käufer, an den er rechtlich gebunden ist. Der Verkäufer dagegen kann die Bestellung ablehnen oder annehmen, er ist rechtlich aber nicht an die vorherige Anpreisung gebunden. Erst wenn der Verkäufer die Bestellung annimmt, liegen zwei übereinstimmende Willenserklärungen vor, und der Vertrag ist rechtsgültig.

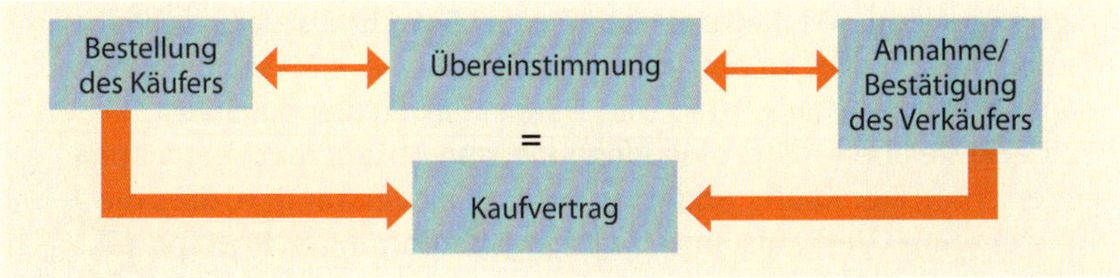

Erfolgt eine Bestellung aufgrund eines vorher eingeholten Angebotes, z. B. wenn eine Firma bei einem Lieferanten bestellt, dann handelt es sich bei dem eingeholten Angebot um einen Antrag des Lieferanten. Die Bestellung ist hier die Annahme des Antrages, der Vertrag ist somit rechtsgültig.

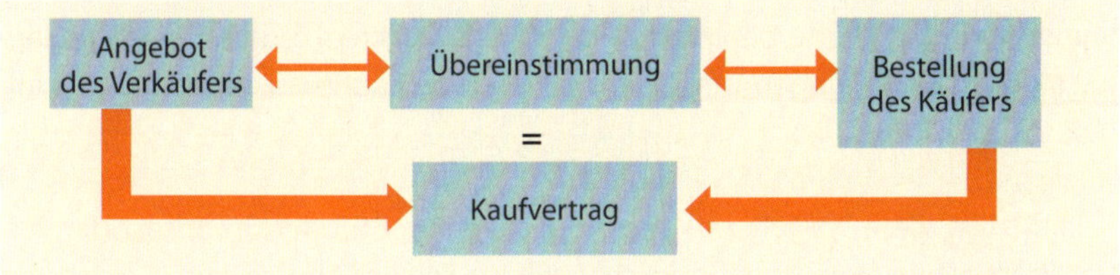

Durch den Abschluss eines Kaufvertrages verpflichtet sich der Verkäufer, die Ware zu übergeben und dem Käufer das Eigentum zu verschaffen. Der Käufer ist verpflichtet, den vereinbarten Kaufpreis zu bezahlen und die Ware anzunehmen – man spricht bei einem Kaufvertrag auch von einem **Verpflichtungsgeschäft**.
In §433 BGB sind diese Grundpflichten des Verkäufers und Käufers rechtlich festgelegt. Werden beispielsweise Waren auf einer Internetplattform angeboten und erworben bzw. ersteigert, handelt es sich um einen rechtsgültigen Kaufvertrag mit den gesetzlichen Verpflichtungen des Käufers und Verkäufers.

Ein **Kostenvoranschlag** ist eine ganz spezielle Art des Angebotes mit besonderen rechtlichen Bedingungen. Vergleiche hierzu Abschnitt 2.1.7 zum Werkvertrag.

2

§433 BGB (Vertragstypische Pflichten beim Kaufvertrag):
(1) Durch den Kaufvertrag wird der Verkäufer einer Sache verpflichtet, dem Käufer die Sache zu übergeben und das Eigentum an der Sache zu verschaffen.
(2) Der Käufer ist verpflichtet, dem Verkäufer den vereinbarten Kaufpreis zu zahlen und die gekaufte Sache abzunehmen.

eBay ist die wohl bekannteste Internet-Auktionsplattform weltweit. Hier können Privatpersonen und Gewerbetreiben-de neue und gebrauchte Waren anbieten und erwerben. (Siehe hierzu auch den Hinweis zum Fernabsatzvertrag auf Seite 63.)

Aufgaben

1. Betrachten Sie die Grafik am Beginn des Abschnitts: Laura ist davon überzeugt, dass sie ein Anrecht auf den in der Werbung angegebenen Preis für die In-Ear-Kopfhörer hat. Erklären Sie ihr die Rechtslage.
2. Entscheiden Sie bei den folgenden Fällen, ob ein Vertrag zustande gekommen ist. Geben Sie jeweils an: a) wer den Antrag gemacht hat; b) ob er angenommen wurde.
   Fall 1: Carl (Azubi) vergleicht die angeforderten Angebote von verschiedenen Lieferanten und bestellt dann per Mail beim günstigsten Anbieter.
   Fall 2: Bei einer weiteren Bestellung entdeckt Carl beim nochmaligen Überfliegen des Angebots den Zusatz „befristet bis 15.09.2023". „Oh je", denkt Carl, „heute ist ja schon der 19.09."
   Fall 3: Auf dem Weg zur Arbeit kommt Monika täglich an einem Kiosk vorbei. Sie legt wortlos das abgezählte Geld für die ausgelegte Tageszeitung hin. Die Verkäuferin nimmt das Geld zerstreut vom Verkaufstresen.
3. Laura möchte sich ein gebrauchtes Smartphone kaufen. Auf einer Internetplattform findet sie ein passendes Angebot einer Privatperson. Sie nimmt mit dem Anbieter Kontakt auf, der ihr nun aber einen viel höheren Preis nennt. Beurteilen Sie, ob Laura auf den schriftlich angegebenen Preis bestehen kann.

2

2.1.4 Der Haken mit dem „Kleingedruckten" – allgemeine Geschäftsbedingungen

Fall: Die neue Waschmaschine

Katrin hat endlich eine eigene Wohnung und sich eine neue Waschmaschine gekauft. Nach der zweiten Wäsche ist die Waschmaschine defekt. Katrin überlegt: „Wie hieß das noch gleich? **Gewährleistungsrechte.** Genau, steht ja alles im BGB. Ich will sofort eine neue Maschine!" Als sie den schriftlichen Kaufvertrag zum ersten Mal genauer durchliest, entdeckt sie überrascht Folgendes im letzten Absatz vor ihrer eigenen Unterschrift: **Der Käufer erklärt sich damit einverstanden, dass die umstehenden Verkaufs- und Lieferungsbedingungen Bestandteil dieses Vertrags sind.**

Gewährleistungsrechte: vergleiche Abschnitt 2.1.6.

Bei diesen Verkaufs- und Lieferungsbedingungen handelt es sich um die **allgemeinen Geschäftsbedingungen**, die umgangssprachlich als das „Kleingedruckte" bezeichnet werden.
Immer mehr Geschäfte benutzen solche vorgedruckten Kaufvertragsformulare mit eigenen Bedingungen, um die Abwicklung von Kaufverträgen zu beschleunigen.

Allgemeine Geschäftsbedingungen (AGB) sind vorformulierte Vertragsbedingungen, die in vielen Verträgen verankert sind.

Rechtlich ist diese Vorgehensweise möglich, da im BGB der Grundsatz der Vertragsfreiheit verankert ist: Jede geschäftsfähige Person kann frei entscheiden, mit wem sie Verträge abschließt und welchen Inhalt der Vertrag haben soll. Dabei müssen allerdings die bestehenden Gesetze beachtet werden.

Wichtige Bestimmungen sind:

- Die AGB erlangen nur Gültigkeit, wenn der Käufer bei Vertragsabschluss ausdrücklich auf sie hingewiesen wurde, sie deutlich lesbar sind und vom Käufer zur Kenntnis genommen wurden.
- Überraschende Klauseln sind unwirksam. Wenn z. B. die Laufzeit eines Vertrages (Zeitschriftenabonnement, Wartungsvertrag usw.) befristet ist, in den AGB jedoch eine automatische Verlängerung der Laufzeit festgeschrieben wird, ist diese Klausel ungültig.
- Absprachen zwischen den Vertragspartnern haben Vorrang. Allerdings sollten mündlich getroffene Einzelvereinbarungen, die von den AGB abweichen, stets schriftlich festgehalten werden, um sie auch beweisen zu können.
- Die Gewährleistungspflicht kann von einem Vertragspartner nicht auf andere geschoben werden. Folgende Klausel ist z. B. verboten:
  Die Garantiepflicht des Herstellers tritt an die Stelle der gesetzlichen Gewährleistungspflicht der Verkaufsfirma.
- Die Gewährleistungsrechte dürfen bei Vertragsschluss mit einem Verbraucher nicht vollständig ausgeschlossen werden.

Politik verstehen und handeln ISBN 978-3-582-74132-5

- Dem Käufer dürfen keinen Kosten für eine Nachbesserung berechnet werden.
- Unangemessen lange Nachfrist-Klauseln bei Lieferverzug sind ungültig.

Wenn keine allgemeinen Geschäftsbedingungen vorliegen und man z. B. selber einen schriftlichen Kaufvertrag aufsetzen will, sollten die folgenden Punkte unbedingt in den Vertrag aufgenommen werden:

- **Art und Güte, Menge und Beschaffenheit der Ware**
  Beispiel: Schuhschrank mit 4 Klappfächern, schwarz, Metall, Maße: 64x15 cm breit, 113 cm hoch.

- **Preis**
  Angabe des Nettokaufpreises und des Gesamtkaufpreises (= Nettopreis zuzüglich der Mehrwertsteuer in %).
  Beispiel: Nettokaufpreis 86,15 Euro, + 19 % MwSt. (= 16,36 Euro), Gesamtkaufpreis = 102,51 Euro.

- **Zahlungsbedingungen**
  Mit Angaben von Preisnachlass (Skonto, Rabatt), Zahlungsweise (Barzahlung, per Nachnahme, Rechnungskauf usw.), Zahlungszeitpunkt (z. B. 14 Tage nach Rechnungsdatum).

- **Lieferbedingungen**
  Mit Angabe des Liefertermins (z. B. bis zu 4 Wochen nach Bestellung oder am 15.03.), Lieferart (z. B. per Post) und Lieferkosten (z. B. Lieferung frei Haus).

- **Erfüllungsort**
  Wenn kein anderer Ort vereinbart ist, gilt der gesetzliche Erfüllungsort (Wohn- bzw. Firmensitz des Schuldners). Beim Kaufvertrag ist der Verkäufer der Warenschuldner und der Käufer der Geldschuldner.

Warenschulden sind gesetzlich Holschulden, d. h., der Verkäufer hat seine Pflicht erfüllt, wenn er dem Käufer die Ware an seinem Wohn- bzw. Geschäftsort übergibt.
Geldschulden sind immer Bringschulden (bzw. Schickschulden), d. h., der Käufer ist verpflichtet, dem Verkäufer das Geld rechtzeitig an dessen Wohn- bzw. Geschäftsort zu übermitteln.

Skonto ist ein Preisnachlass, der bei frühzeitiger Zahlung einer Rechnung gewährt werden kann.

Rabatt ist ein Preisnachlass.

Gerichtsstand:
Beim gesetzlichen Gerichtsstand – also dem Ort, an dem eine Klage eingereicht werden muss – handelt es sich immer um den Ort des Schuldners, der seinen Pflichten nicht nachkommt:
- bei Geldschulden um den Wohnort des Käufers,
- bei Warenschulden um den Firmensitz des Verkäufers.

Kauf bei ausländischen Anbietern:
Wenn Sie in Deutschland Ware von ausländischen Anbietern kaufen, z. B. bei Online-Käufen, gilt nicht automatisch das deutsche Recht, sondern das von den Vertragspartnern gewählte Recht. Bei Streitigkeiten kann es dann teuer werden, wenn der Gerichtsstand im Ausland liegt. Wurde es im Vertrag nicht eindeutig festgeschrieben, ist zu prüfen, ob das Unternehmen die Ware für den deutschen Markt anbietet.

Bei Käufen innerhalb der Europäischen Union gelten einheitliche Mindestschutzstandards für Verbraucher.

Die **Geoblocking-Verordnung** besagt, dass Kunden europaweit Zugang zu denen in der EU angebotenen Waren und Dienstleistungen haben.

2

Aufgaben

1. Erörtern Sie, welche Gewährleistungsrechte Katrin im Eingangsfall laut BGB zustehen und welche Einschränkungen Sie in dem „Kleingedruckten“ des Kaufvertrags vermuten.
2. Besorgen Sie sich allgemeine Geschäftsbedingungen (z. B. in einem Möbelgeschäft) und übersetzen Sie deren Inhalt allgemein verständlich. Überprüfen Sie auch, ob sich für den Käufer Nachteile aus den Geschäftsbedingungen ergeben.

2.1.5 Vertragsstörungen – Nicht-Rechtzeitig-Zahlung

Handwerksbetrieb Oberbringer
Rosenstr. 3
10978 Berlin

Frau
Mechthild Bleier
Münzenweg 7
11345 Berlin

RECHNUNG

Berlin, den 2023-09-03

Sehr geehrte Frau Bleier,

für die von uns durchgeführten Renovierungsarbeiten berechnen wir 103,00 Euro. Bitte benutzen Sie den beiliegenden Zahlschein.
Der Rechnungsbetrag muss spätestens am 10. Tag nach Zugang der Rechnung auf unserem Konto gutgeschrieben werden.

Mit freundlichen Grüßen
Ihr Handwerksbetrieb Oberbringer

U. Braun

Die Zahlung des vereinbarten Preises für erhaltene Waren oder durchgeführte Dienstleistungen gehört zu den vertraglichen Hauptpflichten. Im Falle von Zahlungsverzögerungen gilt:

Der Schuldner (Käufer) gerät spätestens 30 Tage nach Fälligkeit und Zugang der Rechnung in Zahlungsverzug. Ein schriftliches Mahnen ist nicht mehr erforderlich. Die rechtliche Grundlage legt das „Gesetz zur Beschleunigung fälliger Zahlungen" fest.

Die gesetzlich festgelegten **Verzugszinsen** berechnen sich anhand des von der Europäischen Zentralbank (EZB) festgelegten Basiszinssatzes und der Art des Geschäftes:

- Verzugszinsen von Privatleuten: 5 %+ Basiszinssatz
- Verzugszinsen von Kaufleuten: 9 % + Basiszinssatz
- Verzugszinsen von Kaufleuten für Mieten: 9 % + Basiszinssatz

Der Basiszinssatz der EZB ist zum 01.04.2023 auf 2,25 % gestiegen.

Nach Ablauf der gesetzlichen Zahlungsfrist muss der Käufer mit zusätzlichen Kosten (Verzugszinsen) rechnen.

- Für den Verkäufer soll durch diese gesetzliche Regelung ein langes Herauszögern der Bezahlung fälliger Rechnungen verhindert werden.
- Für den Käufer ist es ratsam, Rechnungen sofort nach deren Erhalt auf ihre Richtigkeit hin zu überprüfen.

Werden ausstehende Rechnungen nach Ablauf der Frist nicht bezahlt, kann der Gläubiger (Verkäufer) ein **gerichtliches Mahnverfahren** einleiten, indem er beim Amtsgericht einen **Mahnbescheid** beantragt. Nach Zustellung des Mahnbescheids hat der Schuldner 14 Tage Zeit, Widerspruch einzulegen oder die Rechnung zu bezahlen. Reagiert der Schuldner dennoch nicht, beantragt der Gläubiger in einem nächsten Schritt einen Vollstreckungsbescheid. Wird die Rechnung immer noch nicht beglichen, kommt es im letzten Schritt zu einer Pfändung von

Politik verstehen und handeln ISBN 978-3-582-74132-5

Gegenständen, Werten oder des Gehalts durch den Gerichtsvollzieher oder das Vollstreckungsgericht (**Zwangsvollstreckung**).
Die Gegenstände werden abtransportiert und öffentlich versteigert.
Der Schuldner muss außerdem mit einem Eintrag bei der SCHUFA rechnen. Solange ein solcher Eintrag besteht,

- gewährt keine Bank Kredite,
- ist keine Warenlieferung auf Rechnung möglich.

SCHUFA Holding AG:
Schutzgemeinschaft für allgemeine Kreditsicherung, mit Sitz in Wiesbaden

Die Gerichtskosten für das gesamte Mahnverfahren muss der Schuldner zahlen. Gleiches gilt für die Anwaltskosten, wenn es zu einem Gerichtsverfahren kommt und der Schuldner den Prozess verliert.

Verjährungsfristen:
vergleiche Abschnitt 2.1.6

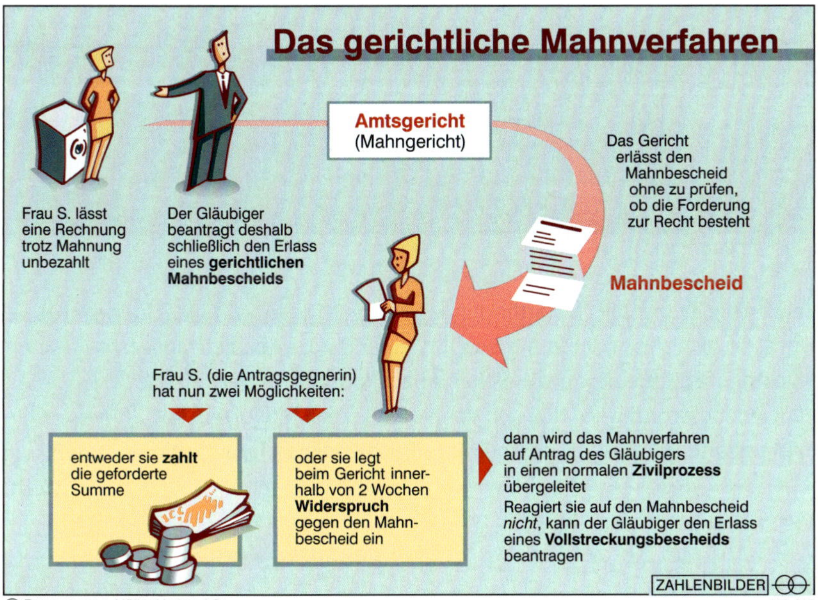

© Bergmoser + Höller Verlag AG 129 615

Pfändbar ist alles, was einen materiellen Wert hat, z. B. Schmuck, Computer, teure Sportgeräte etc. Schwer bewegliche Gegenstände werden mit einem Siegel („Kuckuck") versehen.

Kuckuck:
Das wohl bekannteste Dienstsiegel ist das Pfandsiegel, umgangssprachlich „Kuckuck" genannt – nach dem im damaligen Preußen darauf abgebildeten Adler, der als Kuckuck verballhornt wurde.

Unpfändbar ist alles, was zur Berufsausübung benötigt wird, z. B. der Fotoapparat eines Fotografen.
Lebensnotwendige Dinge dürfen ebenfalls nicht gepfändet werden, dazu zählt z. B. das Bett, aber auch ein einfacher Fernseher. Immobilien können mit einer Hypothek belastet oder zwangsversteigert werden.

Aufgaben

1. Erläutern Sie,
   a) welche gesetzliche Frist der Käufer beim Bezahlen der abgebildeten Rechnung einhalten sollte, und
   b) welche Konsequenzen eine verspätete Zahlung hat.
2. Erläutern Sie, welche Konsequenzen die EU-Zahlungsverzugsrichtlinie für den Käufer hat.
3. Zahlungsunfähige Käufer werfen häufig zugestellte Rechnungen ungeöffnet weg. Welche Möglichkeit sehen Sie, um in einer solchen Situation eine Zwangsvollstreckung zu verhindern?
   Stellen Sie stichpunktartig eine Reihe von Ratschlägen für die betroffene Person auf.

2.1.6 Vertragsstörungen: mangelhafte Lieferung und Nicht-Rechtzeitig-Lieferung

Bei den vielen tagtäglich stattfindenden Kaufverträgen läuft nicht immer alles so, wie es sollte. Es kann vorkommen, dass einer der beiden Vertragspartner seinen Pflichten nicht oder nur unzureichend nachkommt.
Kaufvertragsstörungen, die der Verkäufer zu verantworten hat, können eine mangelhafte Lieferung oder eine Nicht-Rechtzeitig-Lieferung sein.

Was kann der Käufer tun, wenn eine gekaufte Ware Mängel aufweist?

Im BGB ist festgeschrieben, dass der Verkäufer grundsätzlich für Sachmängel haftet. Der Käufer hat so genannte **Gewährleistungsansprüche.**
Zunächst muss der Käufer den entdeckten Mangel anzeigen.
Auf Kassenbons findet sich häufig der Zusatz „Umtausch nur innerhalb von 14 Tagen". Bei dieser Umtauschfrist handelt es sich um ein freiwilliges Angebot des Händlers, die gekaufte Ware umtauschen zu können. Ware mit Mängeln kann bis zu einem Zeitraum von 2 Jahren reklamiert werden.

Entscheidend für den Rechtsanspruch ist der Umfang des Mangels. Es zählen nur Mängel, die nicht völlig unerheblich sind. So ist z. B. ein geliefertes Möbelstück, das als Ausstellungsstück diente, nicht mangelhaft, wenn es fabrikneu aussieht. Das Ausmaß eines Mangels zu bewerten schafft häufig Unstimmigkeiten zwischen den Vertragspartnern.

Eine Reklamation nimmt man direkt beim Händler vor, denn mit dem Hersteller der Ware hat der Käufer nichts zu tun. Diese Beanstandung des Kaufs wird **Mängelrüge** genannt. Nach dem Anzeigen eines „echten Mangels" hat der Käufer folgende Rechte bzw. Gewährleistungsansprüche:

Verjährung der Mängelansprüche:
Ein Verkäufer kann die Erfüllung der Rechte, die dem Käufer zustehen, verweigern, wenn sie verjährt sind. Hier gelten folgende Fristen:

2 Jahre:
übliche kaufrechtliche Verjährungsfrist für Mängel

3 Jahre:
arglistig verschwiegene Mängel

5 Jahre:
Bauwerksmängel und Mängel an in Gebäuden eingebauten Sachen

30 Jahre:
Rechte, die im Grundbuch eingetragen sind

Eine **Mängelrüge** sollte
- schriftlich erfolgen,
- eine Schilderung der Mängel **(z. B. defekter Schalter),**
- Ihre rechtlichen Ansprüche,
- eine Frist zur Mängelbeseitigung **(z. B. innerhalb von 14 Tagen)** aufweisen.

Achtung!
Wurden beim Kauf allgemeine Geschäftsbedingungen (AGB) vereinbart, sind die Rechte des Käufers häufig eingeschränkt (vgl. Abschnitt 2.1.4).

Politik verstehen und handeln ISBN 978-3-582-74132-5

Gewährleistungsansprüche:

Zunächst

1. Nacherfüllung, wahlweise

- Beseitigung des Mangels: Der Verkäufer beseitigt den Mangel der Ware durch Nachbesserung.
- Lieferung einer mangelfreien Ware: Der Käufer gibt die beschädigte Ware zurück und erhält eine Ersatzware.

Erst dann

2. Minderung: Der Käufer fordert bei beschädigter Ware einen angemessenen Preisnachlass.
3. Rücktritt: Der Käufer gibt die Ware zurück und erhält den bezahlten Kaufpreis zurückerstattet.
4. Schadensersatz: Der Käufer fordert die Erstattung aller angefallenen Kosten, die durch den fehlgeschlagenen Kauf entstanden sind.

Beachte:
Der Gewährleistungsanspruch kann bei rein privaten Zweite-Hand-Geschäften ausgeschlossen werden.
Auch bei dem Erwerb von Waren über eine Privatauktion im Internet besteht kein Anspruch des Käufers auf Gewährleistung.

2

Was kann der Käufer tun, wenn die Ware nicht bzw. zu spät geliefert wird?

Ein Käufer hat ein Sofa bei einem Möbelhaus bestellt. Der Verkäufer hat sich im Kaufvertrag verpflichtet, die bestellte Ware zu liefern. Ist ein fester Liefertermin vereinbart (z. B. 30. Juni), so gerät der Verkäufer mit Ablauf dieses Tages (im Beispiel also am 1. Juli) in Verzug. Ist dagegen kein bestimmter Liefertermin vereinbart, so bedarf es einer Mahnung des Käufers an den Verkäufer, damit Verzug eintritt.

Auch wenn es keine Formvorschriften gibt, sollte die Mahnung schriftlich und per Einschreiben erfolgen. Der Verzug tritt erst nach dem Zugang der Mahnung beim Verkäufer ein.

Bei Lieferverzug kann der Käufer zwischen folgenden Rechten wählen:

- **Erfüllung der Vertrags:** Der Käufer besteht nach wie vor auf die Lieferung.
- **Erfüllung des Vertrags und Berechnung eines Verzugsschadens:** Schadensersatz kann nur berechnet werden, wenn er tatsächlich entstanden ist, z. B. wenn eine Firma nicht weiterproduzieren konnte, weil die benötigten Einzelteile nicht rechtzeitig geliefert wurden.
- **Ablehnung der Lieferung und Rücktritt vom Vertrag:** Der Käufer kann dem Verkäufer eine Frist mit der Androhung setzen, dass er nach deren Ablauf die Annahme der Lieferung verweigere. Die Fristsetzung sollte wie die Mahnung schriftlich erfolgen. Nach Ablauf der Frist entfällt der Anspruch des Käufers auf Lieferung. Er kann dann entweder vom Vertrag zurücktreten oder
- **Schadensersatz statt der Leistung** verlangen. Schadensersatz kann z. B. berechnet werden, wenn die Ersatzware nach Ablauf der Frist anderweitig, aber zu einem höheren Preis gekauft wurde.

Häufig kommt es vor, dass der Vertrag nicht vollständig erfüllt wird und die Restlieferung zu einem späteren Termin angekündigt wird. Auch in diesem Fall sollte man immer eine Nachfrist setzen, um bei Nichterfüllung auf seinem Recht bestehen zu können.

Garantieansprüche sind nicht gesetzlich vorgegeben. Sie können von Herstellern oder Händlern freiwillig angeboten werden, oft zwischen 12 bis 24 Monaten.

Aufgaben

1. Geben Sie drei Beispiele für eine mangelhafte Lieferung und begründen Sie jeweils, von welchem Gewährleistungsrecht Sie Gebrauch machen würden.

2. Erläutern Sie, welcher Gewährleistungsanspruch stets Vorrang hat.

2.1.7 Mehrseitige Rechtsgeschäfte: Werk-, Dienst- und Fernabsatzvertrag

§631 BGB (Vertragstypische Pflichten beim Werkvertrag):

(1) Durch den Werkvertrag wird der Unternehmer zur Herstellung des versprochenen Werkes, der Besteller zur Entrichtung der vereinbarten Vergütung verpflichtet.

(2) Gegenstand des Werkvertrags kann sowohl die Herstellung oder Veränderung einer Sache als auch ein anderer durch Arbeit oder Dienstleistung herbeizuführender Erfolg sein.

Bei Reparaturaufträgen, Änderungsarbeiten, Dienstleistungen unterschiedlichster Art und Vermietungen werden Verträge zwischen mindestens zwei Vertragspartnern abgeschlossen. Man spricht hier von mehrseitigen Rechtsgeschäften (vgl. Abschnitt 2.1.2). Der Inhalt der Verträge kennzeichnet die unterschiedlichen Vertragsarten, z.B. Werkvertrag, Dienstvertrag und Mietvertrag. Die rechtlichen Regelungen sind im BGB festgeschrieben.

Der Werkvertrag

Der Werkvertrag wird bei den unterschiedlichsten Reparaturen und der Vergabe von Arbeiten gegen Bezahlung z.B. an Maler-, Dachdecker- und Renovierungsfirmen abgeschlossen.

Der Auftraggeber überlässt hier sein Eigentum, Dinge und auch nötige Materialien, an den Auftragnehmer. Entscheidend ist, dass

- der Unternehmer sich verpflichtet, die in Auftrag gegebenen Arbeiten erfolgreich und termingerecht (rechtzeitig) durchzuführen, und
- der Auftraggeber diese Arbeit dementsprechend bezahlt.

Bezahlt der Kunde die erfolgreich durchgeführte Arbeit nicht, kann der Unternehmer die bearbeitete Ware zunächst einbehalten (**Pfandrecht**). Wird die Arbeit nicht erfolgreich durchgeführt, hat der Kunde das Recht auf

- Nacherfüllung,
- eigene Beseitigung des Mangels und Ersatz für die Aufwendungen,
- Rücktritt,
- Minderung,
- Schadensersatz.

Allerdings verwenden die meisten Betriebe allgemeine Geschäftsbedingungen, die diese Rechte häufig eingrenzen (vgl. Abschnitt 2.1.4).

Politik verstehen und handeln ISBN 978-3-582-74132-5

Der Dienstvertrag

Dienstleistungen sind solche Arbeiten, die nicht der Güterproduktion dienen, sondern in persönlichen Leistungen bestehen. Beispiele für Dienstleistungsbranchen sind die Banken, die Versicherungen, Handelsbetriebe, Verkehrsbetriebe, der öffentliche Dienst, die medizinische Betreuung, die Gastronomie usw.
Der Dienstvertrag ähnelt dem Arbeitsvertrag (vgl. Abschnitt 1.1.3 und 1.1.4).

Geht man zum Arzt, um seine Beschwerden behandeln zu lassen, oder nimmt man Musikunterricht, dann schließt man einen Dienstvertrag ab. Im Gegensatz zum Werkvertrag wird in einem Dienstvertrag der Erfolg der angebotenen Dienstleistung weder rechtlich festgeschrieben noch garantiert. Es wird nur das **Bemühen** des Anbieters bezahlt. Nimmt man Musikunterricht oder belegt einen Fremdsprachenkurs, so kann es sein, dass man nach einem Jahr immer noch nicht das Instrument beherrscht bzw. die Sprache spricht. Ein Lehrer erhält dennoch die festgelegte Bezahlung für seinen Unterricht.

Im Gegensatz zum Werkvertrag ist der Dienstvertrag an Personen gebunden. Wenn man ein Paar Schuhe zur Reparatur gibt, bleibt es dem Betrieb freigestellt, wer die Arbeit durchführt. Bei einem Arztbesuch hat man den **Anspruch**, von einem bestimmten Arzt behandelt zu werden, und muss sich nicht darauf einlassen, beim nächsten Besuch von seinem Vertreter weiterbehandelt zu werden.

Der Fernabsatzvertrag

Der Fernabsatzvertrag kann ein Vertrag über die Lieferung von Waren (Kaufvertrag) oder über die Erbringung von Dienstleistungen (Dienstvertrag, Mietvertrag, Partnerschaftsvermittlung usw.) sein. Ein solcher Vertrag liegt dann vor, wenn er zwischen einem Unternehmer und einem Verbraucher unter Verwendung von Fernkommunikationsmitteln (z. B. Telefon, Fax, Online-Bestellung, Brief) abgeschlossen wird.

Die Vertragspartner begegnen sich also nicht persönlich und die Waren oder Dienstleistungen werden nur aufgrund von Beschreibungen oder Bildern bestellt. Der Verbraucher kann den Vertrag innerhalb von zwei Wochen ohne Angabe von Gründen widerrufen (Widerrufsrechte).

Hinweis:
Infos und Tipps zu den Rechten als Verbraucher siehe: Bundesministerium für Umwelt, Naturschutz, nukleare Sicherheit und Verbraucherschutz (bmuv.de):
www.bmuv.de/themen/verbraucherschutz-im-bmuv

2

Aufgaben

1. Die Anzeigen bieten verschiedene Arbeiten an. Ordnen Sie jeweils zu, ob es sich um einen Werkvertrag oder einen Dienstvertrag handelt.
2. Beurteilen Sie die Rechtslage: Stefan hat seit 6 Monaten wöchentlich Nachhilfeunterricht (Kosten 100 € monatlich) erhalten. Am Schuljahresende haben sich seine Zeugnisnoten jedoch in keinem Fach verbessert. Er fordert nun sein Geld zurück.
3. Tauschen Sie sich über Ihre Erfahrungen mit dem Widerruf von Fernabsatzverträgen, die am Telefon, im Internet oder bei einer Katalogbestellung abgeschlossen wurden, aus.
   a) Was sollte bei einem Widerruf unbedingt beachtet werden?
   b) Zu welchen Bedingungen erfolgt die Rückgabe der Ware?

2.1.8 Mehrseitige Rechtsgeschäfte: Mietvertrag und Leasingvertrag

Demonstration gegen starkes Ansteigen von Wohnungsmieten und für bezahlbaren Wohnraum

§ 535 BGB (Inhalt und Hauptpflichten des Mietvertrags):

(1) Durch den Mietervertrag wird der Vermieter verpflichtet, dem Mieter den Gebrauch der Mietsache während der Mietzeit zu gewähren. Der Vermieter hat die Mietsache dem Mieter in einem zum vertragsgemäßen Gebrauch geeigneten Zustand zu überlassen und sie während der Mietzeit in diesem Zustand zu erhalten. Er hat die auf der Mietsache ruhenden Lasten zu tragen.

(2) Der Mieter ist verpflichtet, dem Vermieter die vereinbarte Miete zu bezahlen.

§§ 535 – 548 BGB, hier finden sich die allgemeine Vorschriften für Mietverhältnisse.

§§ 549 – 577 a BGB Mietverhältnisse über Wohnraum

Hinweis:
Wichtige Informationen rund um den Wohnungsmietvertrag und ein Mustervertrag finden sich beim DMB (Deutscher Mieterbund e.V.) unter:
www.mieterbund.de

Übergabeprotokoll:
Bei Ein- oder Auszug sollte der Zustand der Wohnung schriftlich festgehalten werden, um Streitigkeiten zu vermeiden. Vordrucke sind z.B. beim Mieterbund erhältlich.

Der Mietvertrag

Ein Mietvertrag kann für bewegliche Sachen oder Gegenstände, z.B. Auto, Musikanlage, oder unbewegliche Sachen, z.B. eine Wohnung oder ein Grundstück, abgeschlossen werden. Der Vermieter überlässt dem Mieter die Sache zur Nutzung, der Mieter zahlt im Gegenzug eine Mietgebühr. Der Vermieter ist verpflichtet, die Sache in einem benutzbaren Zustand zu erhalten, d.h., angezeigte Mängel müssen durch den Vermieter behoben werden. Der Mieter muss aufgetretene Mängel dem Vermieter umgehend mitteilen.

Grundsätzlich gibt es keine gesetzliche Vorschrift, einen Mietvertrag in schriftlicher Form abzuschließen. Beim Wohnungsmietvertrag gilt ein Mietvertrag auf unbestimmte Zeit, wenn der Mietvertrag länger als ein Jahr andauert. Empfehlenswert ist aber die schriftliche Form, um bei Streitigkeiten eine eindeutige Grundlage zu haben. Das neue Wohnungsmietrecht stärkt grundsätzlich die Rechte des Mieters bzw. der Mieterin, z.B. in Bezug auf Kündigung und Mieterhöhung. Achten Sie daher immer auf bestimmte Klauseln im Mietvertrag.

2020 hatte der Berliner Senat den bundesweit einmaligen **Mietendeckel** beschlossen. Weil die Wohnkosten in der Hauptstadt in den vergangenen Jahren stark gestiegen sind, sollten die Mieten in Berlin für fünf Jahre eingefroren werden. Dies war für 1,5 Millionen Wohnungen vorgesehen, die vor dem Jahr 2014 gebaut wurden. Das Gesetz wurde kontrovers diskutiert; während der Immobilienverband und die Berliner CDU sich gegen diesen Beschluss wandten, befürwortete der Mieterbund die Entscheidung für gesicherten, bezahlbaren Wohnraum. Am 25. März 2021 entschied das Bundesverfassungsgericht, dass der „Berliner Mietendeckel" aus Gründen der Gesetzgebungskompetenz mit dem Grundgesetz unvereinbar und das Berliner Gesetz nichtig ist.

Politik verstehen und handeln ISBN 978-3-582-74132-5

Der Leasingvertrag

Leasing ist zivilrechtlich eine besondere Art der Miete für ein Leasingobjekt, z. B. Kraftfahrzeuge, Büroausstattung und IT-Systeme. Bei dem Finanzierungsleasing, z. B. eines Kraftfahrzeugs, spricht man auch von einem atypischen Mietvertrag.

Ein Leasingobjekt ist nicht das Eigentum, sondern nur im Besitz des Leasingnehmers. Im Unterschied zu einem Mietvertrag hat der Leasingnehmer aber die Instanthaltungspflicht und muss die Leasingrate auch weiterhin bezahlen, wenn Mängel auftreten. Die Gewährleistungsrechte sind in der Regel vom Leasingnehmer beim Händler bzw. Hersteller einzufordern.

Pacht meint das Überlassen gegen Entgelt und ist damit eine Art Mietvertrag mit spezieller Gesetzesgrundlage (vgl. BGB § 581 ff.).

Hinweis:
Leasing ist beliebt: Die Leasing-Quote bei Straßenfahrzeugen in Deutschland lag im Jahr 2021 bei rund 76 Prozent.

2

Wer ist an einem Leasingvertrag beteiligt?

Beim **indirekten** Leasing sind drei Parteien beteiligt: der Leasingnehmer, der Leasinggeber und ein Verkäufer. Der Leasinggeber bzw. die Leasinggesellschaft kauft vom Verkäufer (Produzenten) den Leasinggegenstand.
Der Leasingnehmer „mietet" für den vertraglich vereinbarten Zeitraum das Leasingobjekt vom Leasinggeber und erhält das Nutzungsrecht dafür. Als Gegenleistung zahlt er meist für eine feste Laufzeit eine monatliche Leasingrate. Bei der endgültigen Überlassung an den Leasingnehmer wird eine Restsumme am Ende der Leasinglaufzeit fällig.

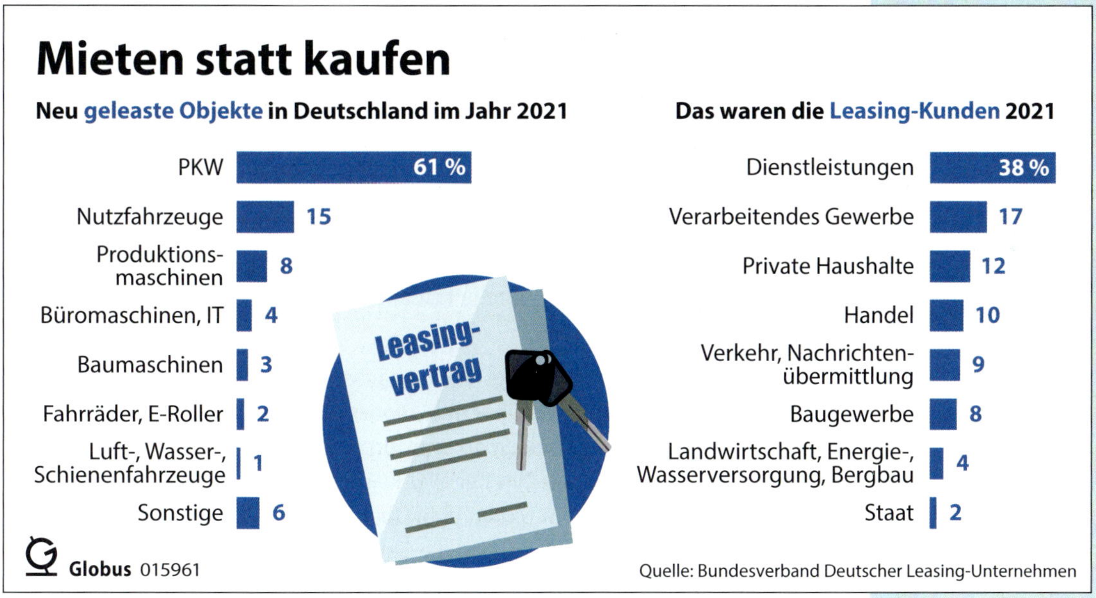

Aufgaben

1. Der Berliner Mietendeckel wurde kontrovers diskutiert. Sammeln Sie in zwei Gruppen Argumente, die für und die gegen einen Mietendeckel sprechen. Bereiten Sie eine Diskussionsrunde vor.
2. Stellen Sie Pflichten des Mieters und des Vermieters in einem übersichtlichen Schema dar.
3. Informieren Sie sich bei einem Autohändler über die Konditionen eines Leasingvertrags. Welche Vor- und Nachteile sehen Sie für den Leasingnehmer.

2.1.9 Bargeldloser Zahlungsverkehr

€ Musterbank

Kontonummer: 1234567891 — € Musterbank — BLZ 123 456 78
IBAN DE01 1234 5678 9111 2000 17 — BIC MUSTERDEXXX

BuTag	Wert	Verwendungszweck	Soll	Umsätze	Haben
28.04.	28.04.	Überweisung	174,50		
30.04.	30.04.	Ausbildungsvergütung			476,50
30.04.	30.04.	Dauerauftrag	40,00		
30.04.	30.04.	Lastschrift Telekom	48,94		
02.05.	02.05.	Scheck 834567	180,00		
03.05.	03.05.	Lastschrift Kaufmarkt	49,00		

Alter Kontostand H 210,05

Herrn
Max Mustermann
Buchungsweg 78
12345 Münzhausen

Kontostand vom 04.05. H 194,11

Auszug vom:	Auszug-Nr.:	Blatt-Nr.:
04.05.20XX	36	1

Giralgeld
(lat. giro = Kreis):
Buchgeld; Zahlungen, die durch Verrechnung auf (Giro-) Konten abgewickelt werden.

Bankkarte („BankCard"):
Die Bankkarte wird von Banken nur an vertrauenswürdige Kunden mit regelmäßigem Einkommen vergeben.

Sebastian (18) hat nach einem längeren Bewerbungsmarathon endlich einen Ausbildungsplatz als Koch gefunden. Der erste Schritt in die Selbstständigkeit ist geschafft. Er will nun auch seine finanziellen Angelegenheiten selbst regeln. Zunächst hat er ein Girokonto bei der Hausbank seiner Eltern eröffnet. Ein Sparbuch besitzt er schon seit frühster Kindheit, doch nun verdient er endlich eigenes Geld. Sein Chef wollte natürlich die Bankverbindung wissen, auf die monatlich seine Ausbildungsvergütung überwiesen werden soll. Die Zeiten, in denen die Gehälter noch bar in Lohntüten ausgezahlt wurden – wie sein Großvater gerne berichtete –, sind längst vorbei. „Eigentlich läuft heute ja fast alles bargeldlos", überlegt Sebastian.

- Um sich eine kleine Rücklage für den nächsten Urlaub anzusparen, hat Sebastian einen Dauerauftrag über eine monatlich gleich bleibende Summe von seinem Girokonto auf sein Sparkonto eingerichtet.
- Wenn mit dem eigenen Zimmer alles klappt, wird er auch die Miete per Dauerauftrag zahlen. Jeden Monat eine Überweisung über den gleichen Betrag auszufüllen ist viel zu lästig, und die Gefahr, es zu vergessen, ist groß.
- Er plant auch, die Smartphonenutzung von der Karte auf einen Vertrag umzustellen. Den Vertrag eines Mobilfunkanbieters hat er schon vorliegen. Nur die Einzugsermächtigung muss noch unterschrieben werden, dann wird monatlich der jeweilige Rechnungsbetrag abgebucht.

Einen großen Vorteil bei bargeldloser Zahlung sieht Sebastian beim Einkaufen. Früher passierte es, dass ihm ein Sonderangebot entging, weil er nicht genügend Bargeld dabei hatte. Oder damals, als er sein neues Fahrrad gekauft hat: Ständig hatte er Angst, dass ihm das Bargeld auf dem Weg zum Geschäft gestohlen werden könnte.

Politik verstehen und handeln ISBN 978-3-582-74132-5

Damit ist jetzt Schluss. Dank seiner Bankkarte kann Sebastian an internationalen Geldautomaten in ganz Europa Geld abheben oder in Geschäften, die über Electronic Cash verfügen, bargeldlos zahlen. „Allerdings", überlegt er erschrocken, „wie war denn noch die Nummer, meine PIN?"
Ohne die richtige Geheimzahl nutzt ihm auch die Bankkarte wenig. In einigen Geschäften ist die Bezahlung mit der Bankkarte in Verbindung mit der Unterschrift des Karteninhabers möglich. Sebastians EC-Karte verfügt noch nicht über einen Funkchip, der ein kontaktloses Bezahlen am Zahlungsterminal ermöglicht.

Jetzt fehlt nur noch eine Kreditkarte: Kreditkarte zücken und den Beleg unterschreiben. Allerdings kann man da sein blaues Wunder erleben, denn nur einmal im Monat wird der ausgegebene Betrag per Lastschrift vom Konto abgebucht.
„Nee!", denkt Sebastian. „Da verliere ich vielleicht doch zu schnell den Überblick über meine Ausgaben. Außerdem ist mein Einkommen auch nicht hoch genug, dass ein Kreditkartenunternehmen mich als Kunden akzeptieren würde."

Den Überblick über seine Ausgaben zu behalten ist für Sebastian auf alle Fälle ein absolutes Muss. Bei einem guten Kumpel hat er miterlebt, wie der fröhlich Geld ausgegeben hat, und dann ging trotz Überziehungskredit irgendwann gar nichts mehr. Die totale Pleite! (vgl. Abschnitt 2.1.12)
Sebastian will da ganz anders rangehen. Auf den Kontoauszügen werden alle Zahlungseingänge und -ausgänge mit Datum und Zahlungsart aufgeführt. Die wird er immer schön kontrollieren und abheften.
Vielleicht nutzt er bald auch die Möglichkeit, seine ganzen Bankgeschäfte vom Computer zu Hause aus zu regeln. Electronic Banking nennt man das.

Electronic Banking

Voraussetzung für die Online-Kontoführung sind ein Computer, die entsprechende Hard- und Software sowie ein Internetanschluss. Zusätzlich erhält der Kunde eine **P**ersönliche **I**dentifikations-**N**ummer (PIN) von seiner Bank und eine **Transaktionsnummer (TAN)** für jeden Buchungsauftrag als zusätzliche Sicherung.

EC-Karte mit Funkchip (NFC = **N**ear **F**ield **C**ommunication)

Diese neue Generation der Bezahlsysteme ermöglicht ein kontaktloses Bezahlen am Terminal. Der Datenaustausch erfolgt über einen Funkchip, die Abrechnung über das Lastschriftverfahren.

Mit der Bankkarte kann man in Verbindung mit der **PIN** (Persönliche Identifikationsnummer) an Geldautomaten mit dem girocard-Zeichen (weltweit: Maestro-Zeichen) Geld abheben. In vielen Geschäften kann man mit der Bankkarte und der PIN (Online-Buchung) oder mit der Bankkarte und der Unterschrift des Karteninhabers (Buchung per Lastschrift) bargeldlos zahlen. Der Fachausdruck hierfür ist **Electronic Cash**.

kontaktloses Bezahlen: Alle Girocards und Kreditkarten, die einen NFC-Chip besitzen, können bis zum Betrag von 50 Euro ohne Pin oder Unterschrift bezahlen. Nach einer Gesamtsumme von 150 Euro wird jedoch die Bestätigung nötig.

Hinweis:
Neue Regeln im Onlinebanking: Seit dem 14.09.2019 gilt die PSD2 (Zweite europäische Zahlungsdienstrichtlinie), die u.a. eine stärkere Kundenauthentifizierung bei Zahlungen durch mindestens zwei Faktoren erfordert:
- Faktor „sein" (biometrische Merkmale, z.B. Fingerabdruck),
- Faktor „Wissen" (z.B. ein PIN),
- Faktor „Besitz" (z.B. ein Smartphone).

Pay Pal:
Eigenes, zurzeit am meisten verbreitetes Online-Bezahlverfahren der Internetplattform eBay. Ermöglicht Online-Zahlungen bei diversen Online-Shops und wirbt bei Käufern und Verkäufern mit erhöhter Sicherheit und Schutz.

2

Aufgaben

1. Erstellen Sie eine Übersicht über die aufgeführten Möglichkeiten des bargeldlosen Zahlungsverkehrs.
   a) Beschreiben Sie die Unterschiede zwischen den jeweiligen Zahlungsarten.
   b) Erläutern Sie anhand von Beispielen, wann es sinnvoll ist, eine bestimmte Zahlungsart zu nutzen.
2. Erklären Sie, welche Voraussetzungen gegeben sein müssen, damit man am bargeldlosen Zahlungsverkehr teilnehmen kann.
3. Erläutern Sie (z.B. mittels eines Erklärvideos), was unter der sogenannten Zwei-Faktoren-Authentifizierung verstanden wird und wie Accounts dadurch besser gesichert sind.

2.1.10 Bedürfnisse und Bedarf

Bedürfnisse lassen sich zudem in **materiell** und **immateriell** unterteilen. Materiell sind die stofflichen, körperlich greifbaren Bedürfnisse, z. B. der Wunsch nach einem Auto oder Haus. Immaterielle Bedürfnisse umfassen die unstofflichen Dinge, wie der Wunsch nach Bildung, Anerkennung usw.
Auch eine Unterteilung in **Individual- und Kollektivbedürfnisse** ist möglich. Individualbedürfnisse betreffen die Bedürfnisse einer einzelnen Person (z. B. eigenes Auto), Kollektivbedürfnisse betreffen die Gesellschaft als Gesamtes (z. B. gutes Verkehrsnetz).

materiell: stofflich, körperlich greifbar; auf Besitz bedacht

immateriell: unstofflich

Abraham Maslow:
(1908 – 1970) war ein US-amerikanischer Psychologe. Er gilt als der wichtigste Gründervater der Humanistischen Psychologie, deren Lehre besagt, dass sich eine gesunde und schöpferische Persönlichkeit mit dem Ziel der Selbstverwirklichung entfaltet.

Bedürfnisse sind einem ständigen Wandel unterworfen. War zum Beispiel der Besitz eines eigenen Radios in den 30er-Jahren des letzten Jahrhunderts ein Luxusbedürfnis, so ist dies heutzutage nicht mehr zwingend so. Andererseits können Bedürfnisse auch erst geweckt werden, wenn durch Werbung auf ein neues Produkt, wie z.B. ein besonders gut zum Spielen geeigneter Computer, hingewiesen wird.

Ralf hat genügend Geld beiseite gelegt, um sich ein hochwertiges Zwölfgang-Fahrrad zu kaufen, damit er schneller im Ausbildungsbetrieb ist. Die Zeit, die er spart, hat er in seiner Freizeit mehr zur Verfügung. Im Briefkasten findet er eines Morgens einen Werbeprospekt, der eine hochwertige SmartWatch mit neuesten Health-Funktionen ankündigt, die er gut für sein Training im Leistungssport gebrauchen kann. Ralf ist sofort begeistert und will dieses Gerät kaufen. Er muss sich jetzt entscheiden: Entweder er kauft das teure Fahrrad oder die SmartWatch. Für Beides reicht das Geld nicht aus.

Alle Menschen haben das Bedürfnis, empfundene Mangelgefühle zu beseitigen. Die Empfindung eines Mangel kann von Mensch zu Mensch ganz unterschiedlich ausgeprägt sein – und damit das Bedürfnis, diesen Mangel zu beseitigen. Während beispielsweise für den einen Menschen der Wunsch nach einem neuen elektronischen Gerät sehr dringlich sein kann, ist es für einen anderen kaum von Bedeutung.
Die Unterteilung der Bedürfnisse lässt sich auf vielfältige Weise treffen. Die wohl bekannteste Unterscheidung der Bedürfnisse ist die von Abraham Maslow entwickelte Bedürfnispyramide:

Maslow geht davon aus, dass es sich hier um grundsätzliche, existenzielle Bedürfnisse handelt, die der Mensch zu stillen versucht. Dabei kann er sich sich immer erst auf die Erfüllung der Bedürfnisse einer Stufe konzentrieren, wenn die Bedürfnisse der darunterliegenden Stufe weitestgehend erfüllt sind. Das höchste Maß der Erfüllung ist schließlich – die wohl kaum zu erreichende – vollständige Selbstverwirklichung.

Nach einer weiteren Theorie lassen sich die einzelnen maslowschen, grundsätzlichen Bedürfnisse wiederum danach unterteilen, wie ihre Erfüllung angestrebt wird. Das körperliche Bedürfnis „Durst" lässt sich ja z. B. durch Leitungswasser, Sprudelwasser oder auch durch limitiertes Himalajaquellwasser gleichermaßen stillen. Der Wunsch nach Wasser zum Durststillen bildet damit ein reines Existenzbedürfnis. Üblicherweise wird bei uns aber Sprudelwasser getrunken – es liegt

ein Kulturbedürfnis vor. Und wer sich abheben möchte, bei dem liegt vielleicht das Luxusbedürfnis nach ganz besonderen Getränken vor.
Ob ein Bedürfnis als Existenz-, Kultur- oder Luxusbedürfnis zugeordnet wird, ist nicht immer eindeutig, sondern hängt von vielen Bedingungen ab. Je nach Lebensalter, Geschlecht, sozialem Umfeld, Region und Land sowie Stand der gesellschaftlichen und technischen Entwicklung gehören Bedürfnisse unterschiedlichen Stufen an. So spielt zum Beispiel die Zugehörigkeit zu einer Einkommensschicht eine große Rolle dabei, ob etwas als Luxus angesehen wird oder nicht. Andererseits wird in einem Wüstenstaat der Dritten Welt der unbegrenzte Zugang zu sauberem Trinkwasser eher als Luxus empfunden werden als es beispielsweise derzeitig in Deutschland der Fall ist.

Im Gegensatz zu den Bedürfnissen der Menschen, die tendenziell als unbegrenzt betrachtet werden können, sind die Güter zur Befriedigung der Bedürfnisse meist nur in begrenzter Zahl vorhanden. Sobald ein Bedürfnis befriedigt ist, taucht schon das nächste auf, denn sowohl das, was andere besitzen, wie auch die Werbung für bestimmte Güter, sorgen dafür, dass den Menschen die Wünsche nicht ausgehen.

2

Bedarf

Unter wirtschaftlichem Aspekt sind vorrangig die materiellen Bedürfnisse von Bedeutung. Um sie zu befriedigen, werden (Konsum-) Güter benötigt. Aus den Bedürfnissen wird aber erst dann ein Bedarf, wenn es tatsächlich zu einer Nachfrage kommt.
So kann im Eingangsbeispiel Ralfs Bedürfnis, die Smartwatch zu besitzen, zum Bedarf werden, wenn er sich entschließt, die vorhandenen finanziellen Mittel (Kaufkraft) für den Erwerb der Uhr einzusetzen. Dieser Bedarf wiederum hat einen direkten Einfluss auf die Nachfrage, und letztendlich bestimmt die Nachfrage nach einem Gut das Angebot auf dem Markt: Je mehr Bedarf und damit Nachfrage besteht, desto größer wird das Angebot auf dem Markt sein.

Güter: wirtschaftlich betrachtet zählen zu den Gütern nicht nur Waren aller Art (Kaffee, Videospiel, Benzin usw.), sondern auch Dienstleistungen (Haare schneiden, Servieren usw.)

Nachfrage: der gesamte Bedarf einer bestimmten Personengruppe an einem Gut.

Bedarf: Die Summe aller Bedürfnisse, die aufgrund vorhandener Kaufkraft befriedigt werden können.

Bedürfnis entsteht, wenn ein Mangelgefühl empfunden wird.	→	**Bedarf** entsteht, wenn die Möglichkeit besteht, das Bedürfnis zu stillen.	→	**Nachfrage** entsteht, wenn daraus ein konkreter Entschluss zum Kauf folgt.

Wirtschaftliches Handeln

Im Gegensatz zu den unbegrenzt vorhandenen Bedürfnissen der Menschen sind sowohl Güter für die Bedürfnisbefriedigung wie auch die Mittel für deren Erwerb nur begrenzt vorhanden. Um nun die bestmögliche Befriedigung der Bedürfnisse zu erreichen, muss mit den vorhandenen Mitteln vernünftig und planvoll umgegangen werden – d.h., es muss wirtschaftlich gehandelt werden.
Wie das Eingangsbeispiel zeigt, muss sich Ralf gut überlegen, welches Bedürfnis er befriedigt und sich gegebenenfalls eine alternative Lösung einfallen lassen – beispielsweise zwar das digitale Produkt kaufen, aber dann ein gebrauchtes Fahrrad erwerben.
Wenn Ralf sich sein wirtschaftliches Handeln gut überlegt, wird er nach dem ökonomischen Prinzip handeln.

Das **ökonomisches Prinzip** (vergleiche hierzu Abschnitt 2.2.2) sieht zwei Alternativen vor:

- **Maximalprinzip:** Mit den gegebenen Mitteln soll ein größtmöglicher Erfolg erzielt werden: Ralf kauft sich das teure Fahrrad.
- **Minimalprinzip:** Ein bestimmter Erfolg soll mit möglichst geringen Mitteln erzielt werden: Ralf kauft sich ein gebrauchtes Fahrrad und die Smartwatch.

Aufgaben

1. Erläutern Sie die Begriffe **Bedürfnis** und **Bedarf** an einem Beispiel aus Ihrem eigenen Alltag.
2. Fassen Sie in eigenen Worten zusammen, wie Bedürfnisse, Bedarf und Nachfrage zusammenhängen.
3. Zeigen Sie anhand eines eigenen Beispiels, wie nach dem ökonomischen Prinzip gehandelt werden kann. (Weitere Informationen zum ökonomischen Prinzip finden Sie auf Seite 78.)

2

2.1.11 Sparen

Die Deutschen sind ein Volk der Sparer und das trotz Inflation und steigenden Preisen nach den Pandemie-Jahren (2020 und 2021). 2020 erreichte die Sparquote mit über 16 Prozent einen sehr hohen Stand, bedingt durch die mangelnden Konsummöglichkeiten. Obwohl das verfügbare Einkommen hauptsächlich zur Deckung der monatlichen Kosten benötigt wird, liegt die Sparquote seit Jahrzehnten um die 10%.

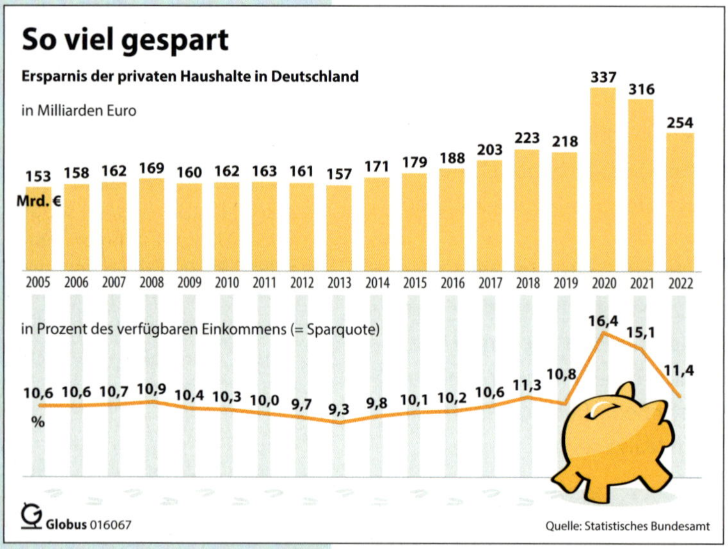

Die wichtigsten Sparmotive sind

- die finanzielle Absicherung für das Alter und
- der Wunsch nach teuren Konsumgütern

Es gibt die unterschiedlichsten Möglichkeiten, sein Geld anzulegen. Bei der Entscheidung für die geeignete Sparform sind folgende Aspekte zu berücksichtigen:

- der Ertrag (Rendite), also die Zinsen, die man für das angelegte Vermögen erhält.
- die Verfügbarkeit (Liquidität), also die Bedingungen, unter denen man das angelegte Geld verwenden kann.
- die Sicherheit, gemeint ist hier das Risiko, durch die Anlageform Geld zu verlieren.

Priorität:
Rangfolge, Stellenwert

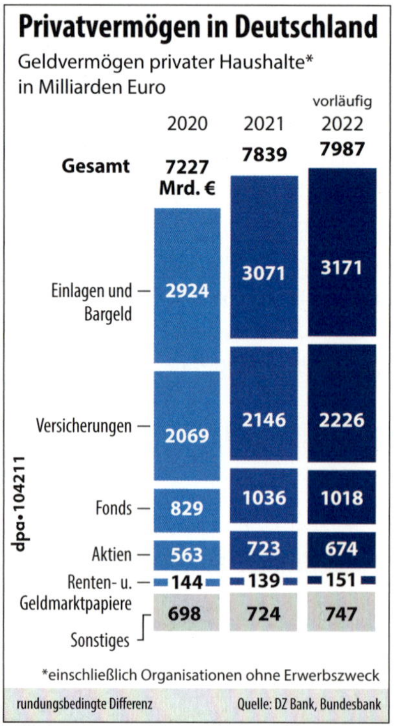

Jede Anlageform hat unterschiedliche Vor- und Nachteile, die sich aus den genannten Aspekten ergeben. Der Anleger muss sich also genau überlegen, welche Prioritäten er bei der Auswahl der geeigneten Anlageform setzt.

Bei dieser Entscheidung ist die persönliche Vermögenssituation besonders zu beachten. Um die Vor- und Nachteile unterschiedlicher Anlageformen zu nutzen, ist eine Streuung des anzulegenden Vermögens die beste Möglichkeit. Betrachtet man die unterschiedlichen Anlageformen, so wird grundsätzlich zwischen dem **Kontensparen** und dem **Wertpapiersparen** unterschieden. Gemeinsame Merkmale der

Politik verstehen und handeln ISBN 978-3-582-74132-5

Anlageformen, die zu der Gruppe des **Kontensparens** gezählt werden, sind relativ niedrige Zinsen, kaum Risiko in der Geldanlage.

Die Verfügbarkeit ist unterschiedlich und erstreckt sich von
- der ständigen Verfügbarkeit bei Sichteinlagen (Geld auf dem Girokonto) und Tagesgeldkonten über
- die gesetzliche Kündigungsfrist von 3 Monaten bei Spareinlagen (Sparkonto) bis zur
- festgeschriebenen Bindung, z. B. bei Bausparverträgen und Termingeldern (mit Ausnahmeregelungen).

An Beliebtheit zugenommen hat die Anlage auf Tagesgeldkonten. Es handelt sich um eine kurzfristige, flexible Kapitalanlage (ohne Kündigungsfrist), die höhere Zinsen als Spareinlagen bietet. Angeboten wird das Tagesgeld vielfach als Online-Konto, zusätzlich benötigt der Anleger ein Girokonto.

Spätestens seit der **Bankenkrise** bevorzugen viele Sparer Geldanlagen mit hoher Sicherheit und Flexibilität, auch wenn die Rendite niedriger ausfällt. Das erklärt wohl die Beliebtheit des Girokontos und des traditionellen Sparbuchs als Anlageform.

Beim langfristigen Sparen stehen an oberer Stelle der gewählten Anlageformen Versicherungen.

Beim Wertpapiersparen bevorzugen die Anleger Investmentzertifikate – hier erwirbt der Anleger einen Anteil an einem Fond der gewählten Investmentgesellschaft. Ein Fond besteht aus verschiedenen Aktien oder Wertpapieren. Durch die Streuung auf mehrere Anlagen wird das Risiko, Geld zu verlieren, verteilt.

Bei einer Geldeinlage in Aktien (vgl. Abschnitt 2.2.6) ist der hohe Risikofaktor zu beachten. Je nach Kursentwicklung an der Börse kann eine Aktie hohe Gewinne, aber auch hohe Verluste mit sich bringen.

Anlageformen beim Kontensparen sind:
- Sichteinlagen
- Tagesgeldkonto
- Bausparkonten
- Spareinlagen
- Termingelder

Anlageformen beim Wertpapiersparen sind:
- Investmentzertifikate
- Aktien
- Pensionsfonds
- Festverzinsliche Wertpapiere
- Sparbriefe

Inflationsrate:
Unter der Inflationsrate versteht man den allgemeinen Anstieg des Preisniveaus bzw. die Preisentwicklung für private Verbrauchsausgaben, berechnet über ein Jahr. Allgemein wird auch von „Teuerungsrate" gesprochen.

Bankenkrise:
Durch finanzielle Probleme einzelner Kreditinstitute wird das Vertrauen in das Bankensystem so schwer beschädigt, dass auch andere Kreditinstitute und möglicherweise die Finanzmärkte und in der Folge die gesamte Volkswirtschaft geschädigt werden. Die 2007 in den USA ausgelöste Bankenkrise zeigt seit 2008 auch Auswirkungen auf dem deutschen Finanzmarkt.

Hinweis:
Zahlreiche Informationen rund um das Thema Geld erhalten Sie beim Deutschen Sparkassen- und Giroverband unter **www.dsgv.de**

2

Aufgaben

1. Nennen Sie mögliche Gründe dafür, dass viele Bundesbürger ihr Geld einfach auf dem Girokonto „parken".

2. „Das Sparbuch – für Geldanlage ungeeignet." Beurteilen Sie diese Aussage. Stellen Sie Vor- und Nachteile dieser Sparform gegenüber.

3. a) Recherchieren Sie die Gründe für die aktuelle Erhöhung des Leitzinses durch die Europäische Zentralbank (EZB).
b) Erläutern Sie, welchen Einfluss dies auf die Sparzinsen hat.

2.1.12 Verbraucherkredite – Kaufen auf Pump

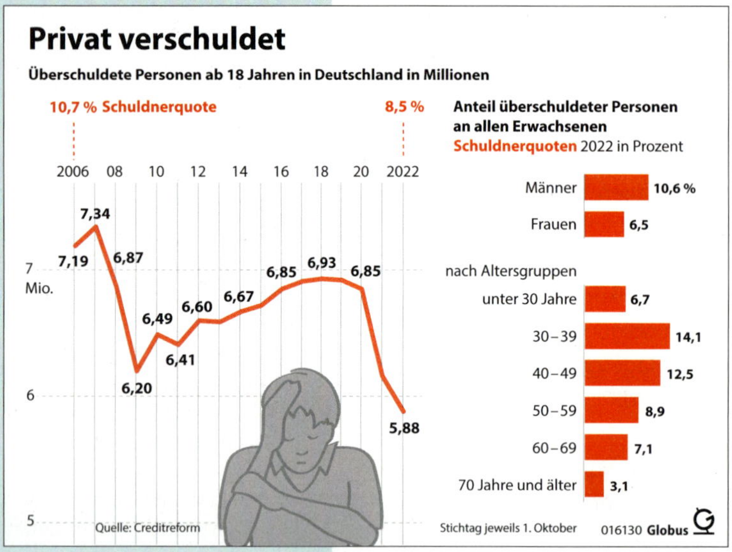

Wirtschaft ohne Kredite, das erscheint unvorstellbar. Ein größeres Bauvorhaben etwa oder die Gründung einer Firma, diese Vorhaben wären ohne die Existenz von Krediten kaum realisierbar. Das benötigte Geld muss häufig auf Zeit geliehen werden, für die Überlassung des Kapitals erhält der Kreditgeber entsprechende Zinsen. Aber auch für Privathaushalte stellt sich bei Konsumwünschen und Dringlichkeiten häufig die Frage der Finanzierung.

Grundsätzlich bestehen zwei Möglichkeiten: so lange sparen, bis das benötigte Geld vorhanden ist, oder einen Kredit aufnehmen. Vor einer Kreditaufnahme sollten aber einige wichtige Aspekte beachtet werden:

- Ist der Konsumwunsch wirklich so dringlich, dass ein Kredit aufgenommen werden muss?
- Welche Kreditform ist die geeignete?
- Was muss bei einer Kreditaufnahme beachtet werden?

Die wichtigsten Kreditarten für den Privathaushalt sind der Dispositionskredit und der Ratenkredit.

Dispositionskredit

Der Dispositionskredit kann Inhabern eines Girokontos gewährt werden. Bei Inanspruchnahme eines Dispositionskredits hebt der Kontoinhaber mehr Geld ab, als er eigentlich hat (Haben). Der Kontostand (Saldo) ist im Minusbereich (Soll).
Ein Dispositionskredit wird von den Geldinstituten in der Regel jedem Kontoinhaber

- mit einem regelmäßigen Einkommen,
- ohne besonderen Antrag und
- ohne zusätzlichen Nachweis von Sicherheiten gewährt.

Der Dispositionsrahmen beträgt die zwei- bis dreifache Höhe des monatlichen Einkommens.
Wird dieser Überziehungsrahmen weiter überschritten, müssen zusätzliche Überziehungszinsen gezahlt werden. Bei der Kreditinanspruchnahme über den Dispositionskredit hinaus werden vergleichsweise hohe Zinsen bezahlt, er sollte daher nur für kurzfristige Kreditnutzung gewählt werden.
Es besteht aber auch die Gefahr, den Überblick über seine tatsächliche finanzielle Situation zu verlieren, wenn man den Überziehungskredit über einen längeren Zeitraum nutzt (vgl. Abschnitt 2.1.12).

Kredit:
(lat. credere = glauben): Bevor der Kreditgeber an den Kreditnehmer Geld verleiht, muss er daran glauben, das Geld plus Zinsen zurückzubekommen.

Dispositionskredit:
wird auch als Überziehungs-, Kontokorrent-, Giro- oder Dispokredit bezeichnet.

Ratenkredit:
wird auch als Anschaffungsdarlehen, Konsumentenkredit oder Allzweckdarlehen bezeichnet.

Hinweis:
Die Bezeichnungen „Darlehen" und „Kredit" werden häufig gleichbedeutend verwendet.

Politik verstehen und handeln ISBN 978-3-582-74132-5

Ratenkredit

Ein Ratenkredit wird in der Regel zur Anschaffung von Konsumgütern in Anspruch genommen. Zwischen Kreditnehmer und -geber wird ein schriftlicher Vertrag über Kredithöhe, Laufzeit und Höhe der monatlichen Raten abgeschlossen. Die Länge der Laufzeit richtet sich nach den Rückzahlungsmöglichkeiten des Kreditnehmers und der Kredithöhe.

Vom Gesetzgeber ist vorgeschrieben, dass alle Kosten des Kredits im „effektiven Jahreszins" angegeben werden müssen, d. h. Zinsen, Bearbeitungsgebühren und evtl. die Vermittlungsprovision. Der Effektivzinssatz wird für unterschiedliche Zinssätze und Laufzeiten in Tabellen ausgewiesen.

Bevor ein Kreditvertrag zustande kommt, wird das Geldinstitut Auskunft über die Kreditwürdigkeit des Kreditnehmers verlangen. Neben der Selbstauskunft des Kreditnehmers über weitere Verpflichtungen ist eine Anfrage bei der Schutzgemeinschaft für allgemeine Kreditsicherung (SCHUFA) üblich.

Daten zum Kredit	*Kreditinstiut A*	*Kreditinstitut B*
Kreditbetrag	10 000 €	10 000 €
Laufzeit	12 Monate	12 Monate
durchschnittl. Monatsrate	857,92 €	864,83 €
Effektivzins* pro Jahr	2,95 %	3,78 %
Zinsen	195 €	228 €
Gesamtaufwand	10 195 €	10 228 €

* Die Angabe von Effektivzinssätzen bei Krediten entspricht der Endpreis-Angabe bei sonstigen Waren oder Dienstleistungen

Die SCHUFA speichert alle Daten, die von den angeschlossenen Unternehmen über Kreditnutzung und Zahlungszuverlässigkeit eines Kunden zur Verfügung gestellt werden. Für die SCHUFA-Auskunft muss der Kreditnehmer schriftlich sein Einverständnis geben.

Weitere Kreditsicherheiten, je nach Kreditart und Kreditnehmer, sind Gehaltsabtretungen, Bürgschaften oder Sicherungsübereignungen.

Bei einer Sicherungsübereignung ist der Kreditnehmer bis zur vollständigen Kredittilgung lediglich Besitzer der gekauften Sache, Eigentümer ist der Kreditgeber.

Überziehungszinsen:
berechnen sich aus der Höhe des beanspruchten Betrages und dem Überziehungszeitraum. Weder die Laufzeit (d. h., wie lange das Konto überzogen ist) noch die Höhe der Tilgung (Rückzahlungsbetrag) ist festgelegt.

2

Effektiver Jahreszins:
Laut Preisangabenverordnung ist seine Angabe in einem Kreditvertrag vorgeschrieben. Im Effektivzins sind alle Kreditkosten eingerechnet. Der effektive Jahreszins gibt dem Verbraucher die Möglichkeit, Kreditbedingungen verschiedener Geldinstitute zu vergleichen.

Hinweis:
Auch die von zahlreichen Autohäusern, Möbelgeschäften, Kauf- und Versandhäusern angebotenen Ratenkäufe sind vom Wesen her Ratenkredite. Hier ist lediglich der Kreditvertrag in den Kaufvertrag eingebunden.

Tipp:
Grundsätzlich Kreditangebote verschiedener Kreditgeber vergleichen. Gegebenenfalls von der zweiwöchigen Widerrufsfrist Gebrauch machen.
Vorsicht bei Lockangeboten durch Kreditvermittler!

Bürgschaft umfasst die Kreditsicherung durch eine weitere Person.

Aufgaben

1. Stellen Sie in einer Tabelle stichpunktartig die Gründe gegenüber, die für und die gegen eine Kreditaufnahme sprechen.
2. Vergleichen Sie die Werbung von verschiedenen Geldinstituten. Arbeiten Sie heraus, mit welchen Mitteln sprachlich und bildlich geworben wird, welche Versprechen gemacht, welche Wünsche des Verbrauchers angesprochen werden.
3. Erklären Sie die Bedeutung der SCHUFA-Auskunft.

Aktuelle Informationen zum Verbraucherrecht und zum Thema Finanzen und Überschuldung gibt es bei:
Verbraucherzentralen Bundesverband e.V., Markgrafenstr. 66,
10969 Berlin: **www.vzbv.de**

Publikationen rund um das Thema Geld sind erhältlich beim Deutschen Sparkassen- und Giroverband:
www.dsgv.de

Hinweis:
Bei Überschuldung bzw. Insolvenz droht dem Schuldner die Pfändung seines Kontoguthabens durch die Gläubiger. Um das Existenzminimum vor der Pfändung zu schützen, sollte der Betroffene sein Girokonto in ein **P-Konto** (Pfändungsschutzkonto) umwandeln. Diese Kontoeinrichtung wird an die SCHUFA (vgl. Abschnitt 2.2.12) gemeldet.

2.1.13 Verschuldung

Ohne Moos nichts los!

Dieser Spruch über den Stellenwert des Geldes spiegelt sich in der Auffassung vieler wider. Durch Medien und Werbung unterstützt, können sich auch viele Jugendliche den Konsumzwängen nicht entziehen. Alles, was Spaß macht und „in" ist, kostet: Shopping, Smartphone, Computer, Führerschein, Kino, Kleider usw.

Das Verhältnis zwischen den Konsumwünschen und den tatsächlichen finanziellen Mitteln klafft häufig auseinander. Den richtigen Umgang mit dem Geld zu finden, gelingt immer weniger Jugendlichen.
Angeregt werden der spontane Konsum und das erste Schuldenmachen auch durch das Jugendmarketing der verschiedenen Geldinstitute.
Der Einstieg ist bei vielen Jugendlichen das stark beworbene Girokonto. Von den Geldinstituten wird darauf verwiesen, den Jugendlichen so den Umgang mit dem Geld beibringen zu wollen. Tatsächlich geht es aber wohl mehr um die frühzeitige Kundenbindung.
Manche Kreditinstitute räumen sogar Minderjährigen schon Möglichkeiten der Kontoüberziehung ein. Rechtlich bedürfen Kreditverträge von Minderjährigen jedoch der Einwilligung der gesetzlichen Vertreter.
Bei Volljährigkeit und eigenem Einkommen steht zwar dem ersten Kredit nichts mehr im Wege, Kredite können aber der erste Schritt in eine dauerhafte Verschuldung sein.

Bei einer Kreditaufnahme – z. B. für das eigene Auto – wird häufig viel zu knapp kalkuliert. Die monatlich anfallenden Kosten für die Steuern, Zinsen, Versicherung, Benzin, nebenbei noch Handygebühren usw. übersteigen das Einkommen. Schleichend wird dann häufig zunächst der Dispositionskredit immer weiter ausgeschöpft. Anschaffungen mit der Bankkarte oder Kreditkarte werden bargeldlos bezahlt (vgl. Abschnitt 2.1.9). Gleiches gilt für Bestellungen bei Versandhäusern usw.
Trotz SCHUFA-Auskunft (vgl. Abschnitt 2.1.12) gelingt es, Ratenkäufe in unterschiedlichen Läden zu tätigen oder zunächst mit der Kreditkarte zu bezahlen. Der Rechnungsbetrag fällt so erst im nächsten Monat an. Passiert dann noch etwas Unvorhergesehenes – z. B. der Verlust der Lehrstelle oder ein Unfall –, schnappt die Schuldenfalle zu.
Werden die ausstehenden Rechnungen nicht bezahlt, vergrößern sich die Schulden immer weiter: Mahngebühren, Lohnpfändung, Gerichts- und Räumungskosten.
Damit es nicht so weit kommt, sollte ein realistischer Finanzplan erstellt werden. Mithilfe eines Haushaltsplanes können alle anfallenden Ausgaben geplant bzw. erfasst werden. Dabei sind die monatlich anfallenden fixen Ausgaben, aber auch die variablen Ausgaben zu berücksichtigen. Bei einer vorausschauenden Planung müssen außerdem die halbjährlich bis jährlich anfallenden Ausgaben – z. B. für Versicherungsbeiträge – berücksichtigt werden.

Politik verstehen und handeln ISBN 978-3-582-74132-5

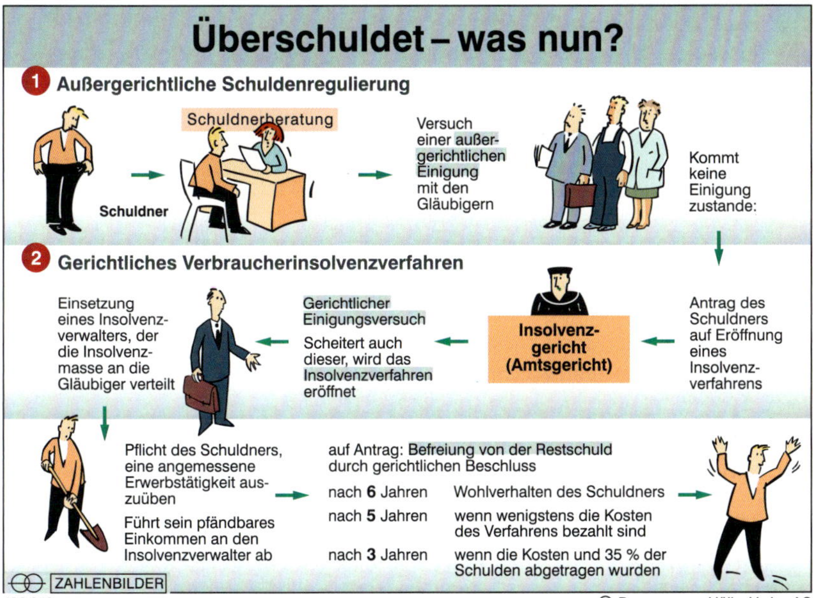

129 640 © Bergmoser + Höller Verlag AG

Im Falle einer **Überschuldung** ist es wichtig, die eigene Situation realistisch einzuschätzen. Auch hier ist der erste Schritt die Gegenüberstellung der Einnahmen und Ausgaben. Sich einen Überblick über den Umfang der gesamten Schulden zu verschaffen ist notwendig. Wenn man feststellt, dass man die ausstehenden Raten nicht mehr zahlen kann, sollte man sich umgehend mit den Kreditgebern bzw. Vertragspartnern in Verbindung setzen. Gemeinsam sollte dann versucht werden, eine vernünftige Schuldenregelung zu finden. Wichtig ist es, die Bereitschaft zu zeigen, seine Schulden bezahlen zu wollen. Auch kleinere Ratenbeträge sind eine Möglichkeit.

Für Betroffene, die keine Möglichkeit sehen, die Schulden zu bezahlen, gibt es das Verbraucherinsolvenzverfahren. Die Insolvenzordnung gibt überschuldeten Privatpersonen die Möglichkeit, bei der Erfüllung der gesetzlichen Vorgaben, nach sechs Jahren von seiner Restschuld befreit zu werden. Hilfestellung dann, wenn man selber nicht mehr durchsieht, kann man bei den Schuldnerberatungsstellen erhalten. Anlaufadressen, um eine seriöse Schuldnerberatung zu erhalten, sind der Bundesverband der Verbraucherzentralen und Verbände (VzBv) sowie die Verbraucherzentralen in vielen Städten Deutschlands.

Haushaltsplan (Ein-Personen-Haushalt/junger Erwachsener)	
Erwerbstätigkeit (netto):	1 300,00 €
Zinsen, Kapitalanlagen:	25,00 €
Gesamtnettoeinkommen:	**1 325,00 €**
Planung der Gesamtausgaben in Euro monatlich	
Feste (fixe) Kosten	
Miete	546,00
Nebenkosten (Strom, Gas, Wasser)	100,00
Durchschnittliche Telefonkosten (incl. Handygebühren)	50,00
Rundfunkbeitrag	17,98
Versicherungen (Haftpflicht, Hausrat)	18,00
ÖPNV-Abo	49,00
Monatsbeitrag Fitnessstudio	29,00
Sparbeitrag	20,00
Variable (veränderliche Kosten)	
Ernährung	180,00
Kleidung	75,00
Kosmetik, Hygieneartikel	15,00
Freizeit (Kino, Disco, Kneipe etc.)	50,00
Genussmittel	30,00
Ausbildung (Bücher, Hefte etc.)	35,00
Sonstige	65,00
Summe der Ausgaben	**1049,98**
Überschuss oder Fehlbetrag	+ 15,02

Aufgaben

1. Sammeln Sie in der Klasse weitere Sprüche zum Thema „Geld“ auf einer Wandzeitung und diskutieren Sie über deren Bedeutung. (Hinweise zum Erstellen einer Wandzeitung finden Sie auf Seite 174.)
2. Führen Sie eine Umfrage durch, wie viel und wofür Jugendliche ihr Geld ausgeben und wie hoch das (monatliche) Einkommen ist.
3. Ein junges Paar beschließt nach wenigen Monaten, in eine gemeinsame Wohnung zu ziehen. Um sich schicke Möbel leisten zu können, schließen sie einen Ratenkaufvertrag ab. Da Tom kurz vor dem Ende seiner Ausbildung steht und sein Chef ihm zugesagt hat, ihn zu übernehmen, leistet er sich endlich einen eigenen Wagen auf Kredit. Doch dann passieren Dinge, mit denen beide nicht gerechnet haben, und eine Finanzkrise droht. Welche unvorhergesehenen Dinge könnten den beiden zustoßen? Erstellen Sie eine Liste und tauschen Sie eigene Erfahrungen aus.

2

2.2 BETRIEBS- UND UNTERNEHMENSFORMEN

2.2.1 Der Betrieb als Teil der Wirtschaft

Top ▶	*Themen* ▶ | *Thema durchsuchen* ▶ | *Antworten* ▶
28.05.2023, 11:24	
Jörn ✱✱✱✱✱ **Registriert seit:** 27.05.2023 **Beiträge:** 1	**Betriebsgründung** Hallo zusammen, ich würde gern Hobby und Beruf vereinen und mich selbstständig machen. Als totaler Fan alter Motorräder und Oldtimer dachte ich, mich auf die Sonderanfertigung von Ersatzteilen zu verlegen. Die bekommt man nämlich oft nicht mehr. Bin mir leider total unsicher, ob ich das einfach so machen darf und wo ich den Betrieb anmelden muss. Hat jemand da Erfahrungen und kann mir einen Rat geben? Gruß, Jörn

Um seinen Lebensunterhalt zu bestreiten, benötigt der Mensch eine Vielzahl von Gütern. Leider stellt die Natur uns diese nur in begrenztem Umfang zur Verfügung – sie sind also knapp und auch nur selten in solcher Form, dass wir sie direkt nutzen könnten. Produktionsbetriebe übernehmen für uns die Aufgabe, in mehreren Stufen durch Grundstoffgewinnung, Veredelung und Verarbeitung Produkte herzustellen. Dabei wird das produzierende Gewerbe in der Regel in handwerkliche und industrielle Produktionsbetriebe unterschieden.

Hinweis:
Die zulassungspflichtigen, zulassungsfreien und handwerksähnlichen Gewerbe sind in den Anlagen A und B der HwO aufgelistet.

Was ein Handwerksbetrieb ist, wird gesetzlich durch die Handwerksordnung (HwO) geregelt. Sie unterscheidet

- zulassungspflichtiges Handwerk, für dessen Ausübung es grundsätzlich einer Meisterprüfung bedarf, und
- zulassungsfreies Handwerk sowie handwerksähnliches Gewerbe, das ohne Meisterprüfung betrieben werden kann.

Handwerksrolle:
Das Verzeichnis aller Inhaber eines Betriebes eines zulassungspflichtigen Handwerks im Kammerbezirk. Die Handwerksrolle wird von der Handwerkskammer geführt.

Handwerksbetriebe müssen bei der Handwerkskammer (HK) in die Handwerksrolle eingetragen werden. Es besteht für sie eine Pflichtmitgliedschaft in der Handwerkskammer.

HK und IHK betreiben die Interessenvertretung ihrer Mitglieder bezüglich Infrastruktur, Steuern und Abgaben, Ökostandards usw. Sie nehmen Prüfungen ab, bestellen Sachverständige, beraten bei Existenzgründungen, Steuerfragen und Geschäftsanbahnungen. Die Zwangsmitgliedschaft der jeweiligen Betriebe steht jedoch immer wieder in der Kritik.

Wird das Gewerbe weder handwerklich noch handwerksähnlich, sondern industriell ausgeübt, spricht man von einem Industriebetrieb. Für derartige Betriebe besteht eine Pflichtmitgliedschaft in der Industrie- und Handelskammer (IHK). Um einen Industriebetrieb zu betreiben, bedarf es keiner gewerberechtlichen Voraussetzung – also auch keiner Meisterprüfung. Normalerweise genügt die Anmeldung bei der zuständigen Ordnungsbehörde.

Ab wann ein Betrieb handwerklich oder industriell betrieben wird, ist besonders bei kleineren Betrieben oft nur schwer abzugrenzen. Für die Zuordnung werden daher mehrere Merkmale herangezogen, um dann im Einzelfall zu urteilen, welche Seite überwiegt.

Politik verstehen und handeln ISBN 978-3-582-74132-5

Die wesentlichen Kriterien sind:

- Betriebsgröße (Wie hoch ist die räumliche Ausdehnung des Betriebs, die Anzahl der Mitarbeiter, der Umsatz und der Kapitaleinsatz?)
- Überschaubarkeit des Betriebs (Wäre es dem Inhaber vom Prinzip her möglich, die Arbeit seiner Mitarbeiter im Einzelnen noch zu überwachen und ihnen Anweisungen zu erteilen?)
- fachliche Qualifikation der Mitarbeiter und Arbeitsteilung (In welchem Umfang sind umfassend fachlich-qualifizierte Mitarbeiter zur Ausführung der Aufträge nötig, sodass sie im Wesentlichen alle betrieblichen Arbeiten ausführen können? Oder reichen angelernte Mitarbeiter aus, die nur mit einzelnen Arbeitsgängen vertraut sind?)
- Verwendung von Maschinen (Dienen die Maschinen zur Erleichterung und Unterstützung der Handarbeit oder ersetzen sie diese weitgehend?)
- betriebliches Arbeitsprogramm (Besteht eine Massenfertigung auf Lager oder Einzelfertigung aufgrund einer Bestellung?)

Manufaktur:
bezeichnet einen Betrieb, in dem zwar im Wesentlichen noch in Handarbeit – dabei aber stark spezialisiert und mit hoher Arbeitsteilung – hergestellt wird. Sie steht also zwischen dem Handwerksbetrieb und der Industrie.

2

Auszubildende in der Automobilindustrie

Das produzierende Gewerbe bildet in Deutschland einen zentralen Sektor, der 2023 ungefähr 1/4 der Bruttowertschöpfung erzielte. Damit liegt der Industrieanteil in Deutschland wesentlich höher als in anderen, vergleichbaren Industrienationen. Von Vorteil ist dabei, dass in Deutschland eine gute Mischung aus Großbetrieben und einem breit aufgestellten, gesunden Mittelstand existiert. Rund 98% der sozialversicherungspflichtig Beschäftigten sind in mittelständischen Familienbetrieben mit 500 und weniger Mitarbeitern angestellt.

Deutschland zählt zu den weltweit führenden Exportnationen. Nahezu die Hälfte aller hergestellten Erzeugnisse werden ins Ausland verkauft. Führend sind hier die in Deutschland traditionellen Bereiche der Kfz-Industrie, des Maschinenbaus und der Chemie, in denen die Exportrate weit über 60% liegt. Auch hier ist der Mittelstand wesentlich beteiligt. Aus Deutschland kommen rund 1.300 mittelständische Weltmarktführer. Aus keinem anderen Land kommen so viele „Hidden Champions".

Im Gegenzug werden aber auch der Anteil der aus dem Ausland bezogenen Rohstoffe sowie Bauteile und die Abhängigkeit von internationalen Märkten immer größer. Wie bei allen Exportländern ist die deutsche Wirtschaft damit stark von der weltweiten Konjunkturlage abhängig. Dies liegt vor häufig daran, dass es sich um relativ kleine Familienunternehmen handelt, die nicht börsennotiert sind und so in den Nachrichten kaum auftreten.

Hidden Champions:
Bezeichnung für Unternehmen, die in ihrer Branche zwar zu den Weltmarktführern gehören, in der Öffentlichkeit aber relativ unbekannt sind, z. B.:

- Herrenknecht (Tunelbaumaschinen),
- Lürssen (Yachtbau),
- Wilo (Pumpsysteme),
- Otto Bock Holding (Rollstühle und Prothesen),
- Grimme Gruppe (Landmaschinen).

Aufgaben

1. a) Erstellen Sie eine Liste der wesentlichen Beurteilungskriterien und ordnen Sie Handwerks- und Industriebetrieb entsprechend ein.
   b) Begründen Sie, welche Antwort Sie Jörn in diesem Zusammenhang geben würden.
2. Recherchieren Sie, welche Industriebetriebe in Ihrer Region ansässig sind und welcher Branche sie zugeordnet werden können.
3. Erläutern Sie, auf welche Art die deutsche Industrie von den internationalen Wirtschaftsbeziehungen abhängig ist.

2

2.2.2 Betriebliche Ziele und wirtschaftliche Kennzahlen

Krisenstimmung bei der Ostsee-Handel GmbH

Lübeck. Die Ostsee-Handel GmbH, einer der größten Arbeitgeber in unserer Stadt, hatte in den letzten Jahren mit erheblichen Gewinneinbußen zu kämpfen. Wie Herr Meier, seit Juni diesen Jahres neuer Geschäftsführer, unserer Zeitung gegenüber äußerte, liegen die Ursachen in Managementfehlern der vorherigen Geschäftsleitung. Marktveränderungen wurden nicht rechtzeitig erkannt, sodass die herkömmlichen Produkte nicht mehr abgesetzt werden konnten. Durch eine Umgestaltung der Produktpalette soll dieser Tendenz entgegengewirkt werden. Neue Produktlabels und Werbemaßnahmen sollen ein jugendlicheres Image schaffen. Herr Meier verspricht sich dadurch für das kommende Jahr eine Umsatzsteigerung von 4 %.
So könnten auch die derzeit bedrohten 25 Arbeitsplätze erhalten werden.

Das berühmte Beispiel vom Kühlschrankvertreter bei den Eskimos leuchtet ein: Wer Produkte oder Dienstleistungen anbietet, die niemand benötigt oder aus anderen Gründen besitzen möchte, wird nicht lange bestehen können.

Jedes Unternehmen, das am Markt bestehen will, verfolgt die unterschiedlichsten betrieblichen Ziele. Rein sachlich betrachtet, steht zunächst einmal die Frage im Vordergrund, **was** das Unternehmen überhaupt herstellen bzw. welche Dienstleistungen erbracht werden sollen. Dieses **Sachziel** wird mit ganz bestimmten Absichten, so genannten **Formalzielen**, verfolgt. Erwerbswirtschaftliche Betriebe wollen normalerweise einen möglichst großen Gewinn erzielen. Aber auch solche Ziele wie Umsatzsteigerung, Deckung der entstehenden Kosten, Umweltschutzrichtlinien umsetzen und vieles mehr können Formalziele sein, die das Weiterbestehen der Firma sichern sollen.

Um diese Ziele zu erreichen, muss ein Unternehmen nach wirtschaftlichen Gesichtspunkten handeln. Einerseits möchte es so viel wie möglich erreichen, andererseits hat es nur begrenzte Mittel an Geld, Arbeitskraft, Maschinen usw. zur Verfügung. Wirtschaftliche Entscheidungen müssen nach dem **ökonomischen Prinzip** getroffen werden. Man unterscheidet dabei:

ökonomisch:
wirtschaftlich, sparsam

Minimalprinzip (= Sparprinzip)	***Maximalprinzip*** (= Haushaltsprinzip)
Ein vorgegebenes Ziel soll mit möglichst geringen (= minimalen) Mitteln erreicht werden. **Beispiel:** Eine neue Maschine vom Typ XYZ soll angeschafft werden. Es wird bei dem Händler gekauft, der am günstigsten anbietet.	Mit vorgegebenen Mitteln soll möglichst viel (= Maximales) erreicht werden. **Beispiel:** Es stehen 50.000 Euro zur Verfügung. Es wird die Maschine angeschafft, die für diesen Preis die meisten und besten Funktionen bietet.

Kein Unternehmen entscheidet ausschließlich nach dem Minimal- oder nach dem Maximalprinzip, sondern von Fall zu Fall unterschiedlich. In einigen wenigen Fällen ist keine Entscheidung nach dem ökonomischen Prinzip möglich, da feste Preise vorliegen oder es keine Auswahlmöglichkeiten gibt.

Um den Erfolg seiner Bemühungen festzustellen, kann das Unternehmen **wirtschaftliche Kennzahlen** berechnen. Dabei unterscheidet man:
Produktivität als reine Mengenbewertung. Dabei wird die Menge der erzeugten Produkte auf die benötigte Arbeitszeit (= Arbeitsproduktivität) oder auf das eingesetzte Material bezogen. Die so errechnete Kennzahl ist als einzelne Zahl nicht aussagekräftig. Erst wenn die Produktivität mit den Zahlen der Vorjahre oder mit

Politik verstehen und handeln ISBN 978-3-582-74132-5

denen anderer Betriebe verglichen wird, kann man einschätzen, ob sie relativ gut oder relativ schlecht ist.

Wirtschaftlichkeit, bei der der Ertrag in Euro zum Aufwand in Euro ins Verhältnis gesetzt wird. Sie ist also eine wertmäßige Bewertung der betrieblichen Arbeit. Sind der Ertrag und der Aufwand genau gleich, wurde also kein Gewinn erzielt, sondern wurden gerade die Kosten gedeckt, ist die Wirtschaftlichkeit genau 1. Je höher der Wert über 1 liegt, umso besser ist die Wirtschaftlichkeit. Aber auch hier kann eine richtige Einschätzung nur durch den Vergleich mit den Vorjahreszahlen oder den Zahlen der Konkurrenten erfolgen.

Rentabilität, die Aufschluss darüber gibt, ob sich der Einsatz des Kapitals gelohnt hat. Bei der Rentabilität, die als Prozentwert angegeben wird, werden in der Regel zwei verschiedene Rentabilitäten errechnet:

- **Eigenkapitalrentabilität**, bei der das Verhältnis von Gewinn zu dem eingesetzten Eigenkapital ermittelt und mit dem Zinssatz verglichen wird, den man z. B. bei einer Bank für das Geld bekommen hätte. Liegt der Wert unter diesem Zinssatz, wäre es besser gewesen, sein Geld anders einzusetzen.
- **Gesamtkapitalrentabilität**, bei der das gesamte Kapital, also eigenes und geliehenes Kapital (Eigen- und Fremdkapital), betrachtet wird. Die Gesamtkapitalrentabilität sollte höher als der für das Fremdkapital zu zahlende Zinssatz sein. Dann wurde so viel erwirtschaftet, dass sich der Kredit gelohnt hat

Beispiel:

Produktionsmittelmenge	= 1000 kg
Ertragsmenge	= 200 Stück
Ertrag	= 200.000 €
Aufwand	= 100.000 €
Eigenkapital	= 70.000 €
Fremdkapital	= 30.000 €
Fremdkapitalzins.	= 4 %

$$\text{Produktivität} = \frac{200\ \text{Stück}}{1000\ \text{kg}} = 0{,}2\ \text{Stück/kg}$$

$$\text{Wirtschaftlichkeit} = \frac{200.000\ €}{100.000\ €} = 2$$

$$\text{Rentabilität} = \frac{(200.000\ € - 100.000\ €)}{(70.000\ € + 30.000\ €)} = 1$$

$$\text{Eigenkapitalrentabilität} = \frac{(200.000\ € - 100.000\ €)}{70.000\ €} = 1{,}43$$

$$\text{Fremdkapitalrentabilität} = \frac{(200.000\ € - 100.000\ €) + (30.000\ € + 0{,}04)}{30.000\ €} = 3{,}37$$

2

Produktivität =	$\frac{\text{Ertragsmenge}}{\text{Produktionsmittelmenge}}$
Wirtschaftlichkeit =	$\frac{\text{Ertrag}}{\text{Aufwand}}$
Rentabilität =	$\frac{\text{Gewinn}}{\text{eingesetztes Kapital}}$
Eigenkapitalrentabilität =	$\frac{\text{Gewinn}}{\text{Eigenkapital}}$
Gesamtkapitalrentabilität =	$\frac{\text{Gewinn und Fremdkapitalzinsen}}{\text{Eigenkapital + Fremdkapital}}$

Aufgaben

1. Beurteilen Sie, welches Sachziel und welche Formalziele die Ostsee-Handel GmbH verfolgt.
2. Prüfen Sie, ob es sich bei den folgenden Beispielen um das Maximal- oder das Minimalprinzip handelt:
   a) Anne wird beauftragt, bei der Post für 10,00 Euro möglichst viele Marken für Postkarten zu kaufen.
   b) Sören soll für 15,00 Euro Limo für eine Party einkaufen. Er vergleicht die Preise in den Getränkehandlungen.
3. Für eine Firma wurden für das letzte Jahr folgende Werte ermittelt: Es wurden 807.000 Stück hochwertige Porzellanvasen in 350.330 Arbeitsstunden erzeugt. Dabei entstanden Kosten von 3.800.000,00 Euro. Die Produkte konnten für insgesamt 4.200.000,00 Euro verkauft werden.
   Die Firma besitzt 956.000,00 Euro Eigenkapital und kein Fremdkapital. Hätte man das Kapital an eine andere Firma verliehen, hätte man 6 % Zinsen bekommen. Berechnen Sie alle mit diesen Zahlen möglichen wirtschaftlichen Kennzahlen. Erörtern Sie, was sie im Einzelnen aussagen.

2.2.3 Unternehmensgründung

Zahlreiche Informationen zur **Existenzgründung** erhält man unter folgenden Adressen:
- Bundesministerium für Wirtschaft und Klimaschutz **www.bmwk.de**
- **www.existenzgruender.de**
- Deutsche Handwerkskammer **www.hwk-berlin.de**
- Industrie und Handelskammer: **www.ihk.de**
- Deutscher Gründerpreis für Schüler: **www.dgp-schueler.de**
- Existenzgründerplanspiel: **www.Unternehmergeist-macht-schule.de**
- IHK München: **www.ihk-muenchen.de/businessplan**

Endlich der eigene Boss sein, seine Geschäftsidee umsetzen – ein Wunsch von vielen. Die Anforderungen an Existenzgründer sind jedoch hoch: umfangreiches Fachwissen, kaufmännisches und rechtliches Wissen, Führungsqualitäten und persönlicher Einsatz.

Am Anfang einer Firmengründung steht die Geschäftsidee. Bis zu deren Verwirklichung ist es aber ein weiter Weg. Eine Existenzgründung muss genau geplant werden, besonders in der Anfangsphase sollte man sich Unterstützung durch Fachleute (z.B. Bundesagentur für Arbeit, IHK, Handwerkskammer, Bundesministerium für Wirtschaft und Energie, Geldinstitute) holen. Durch eine solide Vorplanung sollen auch mögliche Geschäftsrisiken frühzeitig erkannt und umgangen werden.

Man erstellt zunächst einen **Businessplan** und legt damit das Fundament für das Unternehmen. Der Businessplan dient auch dazu, möglichen Kapitalgebern ein stimmiges Konzept vorlegen zu können und möglicherweise Gründungszuschüsse zu beantragen. Wichtige Inhalte, die in einem Businessplan erläutert werden, sind:
- die Geschäftsidee,
- das Profil des Gründers/ der Gründerin bzw. des Gründerteams,
- die Markteinschätzung,
- die Wettbewerbssituation (Konkurrenz),
- Marketing und Vertrieb,
- der Standort,
- der Name und die Rechtsform des Unternehmens,
- Kapitalbedarf und Finanzierung.

Ist die Entscheidung zur Unternehmensgründung getroffen, müssen unbedingt die rechtlichen Vorschriften beachtet werden. Verpflichtend ist:
- die Gewerbeanmeldung, Meldung bei der Industrie- und Handelskammer (IHK) bzw. Handwerkskammer (HwK),
- Eintrag ins Handelsregister,

Politik verstehen und handeln ISBN 978-3-582-74132-5

- Anmeldung zur Unfallversicherung bei der Berufsgenossenschaft,
- Anmeldung der Sozialversicherung bei Beschäftigung von Mitarbeitern.

Weitere staatliche Vorschriften können von Bedeutung sein, z.B.

- die Baunutzungsverordnung,
- die Arbeitsstättenverordnung sowie
- Umweltschutzgesetze und -verordnungen.

Sogenannte „Start-up"-Unternehmen stehen für kürzlich gegründete Unternehmen, die besonders durch ihre innovativen und oft ungewöhnlichen Geschäftsideen auffallen sowie dem Ziel, schnell zu wachsen.

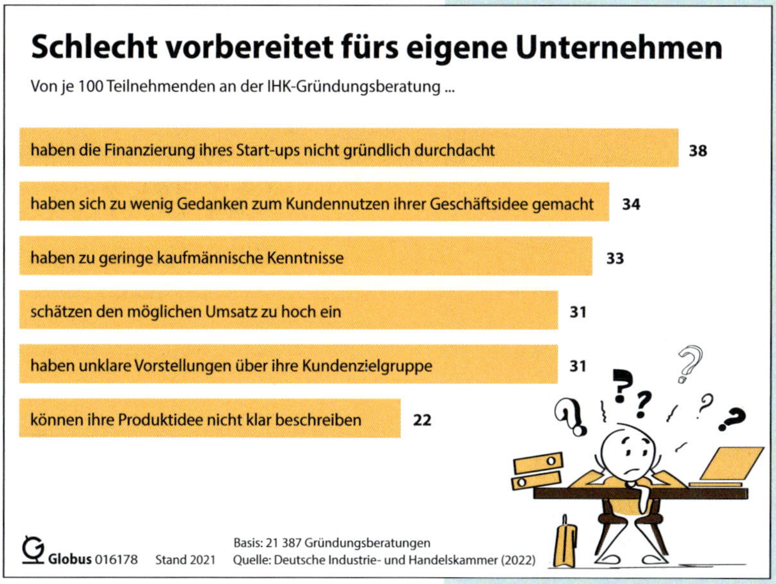

Ihre Finanzierung über die klassischen Wege (Kredite bei Geldinstituten) ist wegen des schwer einschätzbaren Risikos häufig nicht möglich. Eine recht neue kreative Finanzierungsform ist hier das **„Crowdfunding"**.

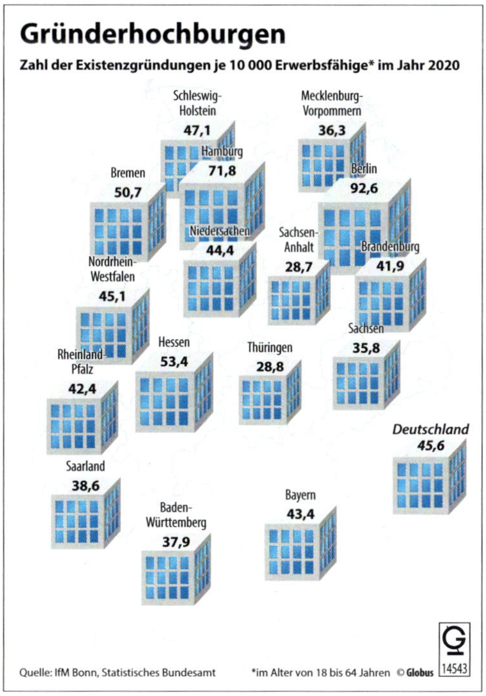

Alle gesetzlichen Regelungen zum Einzelunternehmen und zur Personengesellschaft sind im **Handelsgesetzbuch (HGB)** festgeschrieben.

start up:
englisch: gründen, in Gang setzen.

Crowdfunding:
(von englisch crowd für (Menschen-) Menge und funding für Finanzierung; auch Gruppen- oder Schwarmfinanzierung). Finanzierung einer Idee durch Geld oder Sachmittel von Unterstützern, zumeist über Internetplattformen.

Aufgaben

1. Recherchieren Sie, ob und welche Art von Unternehmen in Ihrer Region kürzlich gegründet wurden.
2. Führen Sie eine Umfrage in Ihrer Klasse durch und nennen Sie „Gründe für die Wahl der Selbständigkeit".
3. Erstellen Sie in Gruppen einen Businessplan für eine Existenzgründung. Zahlreiche Ideen und Vorschläge finden Sie dazu in den angegebenen Links. Präsentieren Sie Ihren Businessplan in der Klasse.
4. Betrachten Sie die untere Grafik und nennen Sie mögliche Gründe dafür, warum in einigen Regionen mehr neue Unternehmen gegründet werden als in anderen.

2.2.4 Rechtsformen: Einzelunternehmen und Personengesellschaften

Alle gesetzlichen Regelungen zum Einzelunternehmen und zur Personengesellschaft sind im **Handelsgesetzbuch (HGB)** festgeschrieben.

Firmenbezeichnungen sind keine Fantasienamen, sondern sie geben Auskunft über die gewählte Form eines Unternehmens.
Die Wahl der geeigneten Unternehmensform ist wiederum an rechtliche Vorgaben geknüpft. Damit ist genau festgeschrieben,

- wer das Kapital aufbringt,
- wer in welchem Umfang haftet,
- wer das Unternehmen leitet und wer es vertritt,
- wer in welchem Umfang Gewinne erhält.

Hat ein Unternehmen einen Eigentümer, so handelt es sich um ein **Einzelunternehmen**. Von einem **Gesellschaftsunternehmen** spricht man, wenn mehrere Personen beteiligt sind. Steht die persönliche Beteiligung im Vordergrund, handelt es sich um **Personengesellschaften**. Überwiegt die finanzielle Beteiligung, spricht man von **Kapitalgesellschaften**. Aber auch **Genossenschaften** sind Gesellschaftsunternehmen (siehe Seite 85).

Unternehmensformen						
Einzelunternehmen	Gesellschaften (mehrere Personen gründen und besitzen ein Unternehmen)					
	Personengesellschaften			Kapitalgesellschaften		Sonderformen
eine Person gründet und besitzt ein Unternehmen	OHG (Offene Handelsgesellschaft)	GbR (Gesellschaft bürgerlichen Rechts)	KG (Kommanditgesellschaft)	GmbH (Gesellschaft mit beschränkter Haftung)	AG (Aktiengesellschaft)	z. B. eG (eingetragene Genossenschaft)
z. B. Hans Huber, Landesprodukte	z. B. Huber OHG	z. B. Sächsische Landesprodukte GbR	z. B. Huber KG, Landesprodukte	z. B. Sächsische Landesprodukte GmbH	z. B. Sächsische Landesprodukte AG	z. B. Landesproduktehandel eG Niederlausitz
ca. 600 000*	ca. 2 000*	ca. 39 000*	ca. 5 000*	ca. 75 000*	ca. 2 000*	ca. 5 000*

* Anzahl der jeweiligen Unternehmen in Deutschland

Die häufigste Rechtsform in der Bundesrepublik Deutschland ist das **Einzelunternehmen**. Sie ist besonders für kleine und mittlere Unternehmen geeignet.

- Der Firmenname ist rechtlich vorgeschrieben: der Familienname des Eigentümers.
- Eine Person trägt alle Rechte und Pflichten der Firma.

Insolvenz:
Zahlungsunfähigkeit

Besondere Vorteile des Einzelunternehmens sind die alleinige Entscheidungsbefugnis über alle Unternehmensbelange sowie der alleinige Gewinnanspruch. Allerdings trägt der Einzelunternehmer auch das gesamte Risiko. Bei Insolvenz haftet er unbeschränkt mit seinem gesamten Vermögen.
Auch ist die Unternehmensvergrößerung durch die geringe Kreditbasis, da Sicherheiten nur von einer Person gegeben werden, begrenzt.

Einzelunternehmen wechseln dann die Unternehmensform und gründen eine **Personengesellschaft**, wenn sie

- das Unternehmensrisiko mindern wollen,
- zusätzliches Kapital benötigen oder
- Fachkräfte oder Familienangehörige für ein Unternehmen gewinnen wollen.

Wenn mindestens zwei Personen sich zusammentun und einen Gesellschaftervertrag schließen, handelt es sich um eine **Offene Handelsgesellschaft (OHG)**. Der Firmenname muss Unterscheidungskraft besitzen und den Zusatz „offene Handelsgesellschaft" oder „OHG" enthalten.
Alle Gesellschafter haben die gleichen Rechte und Pflichten und haften unbeschränkt, unmittelbar und solidarisch bei Unternehmensverlusten oder Insolvenz. Diese Unternehmensform wird oft von Familienbetrieben gewählt.

Gesellschafter der KG:

- **Komplementär,** haftet mit Kapitaleinlage und Privatvermögen.
- **Kommanditist,** haftet lediglich mit der Kapitaleinlage.

Im Unterschied zur OHG sind in der **Kommanditgesellschaft (KG)** zwei unterschiedliche Arten von Gesellschaftern beteiligt: der Komplementär (Vollhafter) und der Kommanditist (Teilhafter). Geleitet wird die KG von den Komplementären. Die Kommanditisten besitzen ein Kontrollrecht und sind anteilig am Gewinn beteiligt. Im Firmennamen erscheinen nur die Komplementäre.

In der **Gesellschaft bürgerliche Rechts (GbR)** sind mindestens zwei Gesellschafter Inhaber des Unternehmens. Gewinn und Verlust werden im Verhältnis der Unternehmensanteile verteilt. Jeder haftet unbeschränkt mit seinem Vermögen. Der Vertrag untereinander ist jederzeit kündbar.

Aufgaben

1. Erläutern Sie die Abkürzungen der aufgeführten Unternehmen am Beginn des Kapitels.
2. Beschreiben Sie die unterschiedlichen Aufgaben des Kommanditisten und des Komplementärs.
3. Finden Sie mögliche Gründe dafür, dass die Mehrzahl kleiner Handwerks-, Handels- und Dienstleistungsunternehmen als Einzelunternehmen geführt wird.

2.2.5 Rechtsformen: Kapitalgesellschaften

Kapitalgesellschaften

Die Anteile an einer GmbH werden als Stammeinlage bezeichnet. Vorteile der GmbH sind

- die begrenzte Haftung,
- das relativ niedrige Stammkapital bei der Gründung.

Kapitalgesellschaften sind rechtlich Unternehmen, die als **juristische** Person handeln. Das heißt, alle Rechtsgeschäfte werden mit dem Unternehmen und nicht mit natürlichen Personen getätigt.

Hoch im Kurs – die Gesellschaft mit beschränkter Haftung (GmbH)

Die zweithäufigste Unternehmensform in Deutschland ist die Gesellschaft mit beschränkter Haftung (GmbH).

Der entscheidende Unterschied zum Einzelunternehmen ist das Haftungsrisiko. Die Eigentümer – werden in der GmbH Gesellschafter genannt – haften nur mit ihren Beteiligungsanteilen. Diese sogenannten Stammeinlagen der Gesellschafter bilden zusammen das Stammkapital. Dieses Stammkapital muss bei der Gründung mindestens 25 000 Euro betragen.

Die Anteile der Gesellschafter können vererbt, geteilt oder verkauft werden. Die Gesellschafter sind sowohl am Gewinn, als auch am Verlust der Gesellschaft beteiligt.

Zur Leitung der GmbH wird eine Geschäftsführung bestimmt. Die Geschäftsführung vertritt das Unternehmen nach außen und leitet das Unternehmen stellvertretend.

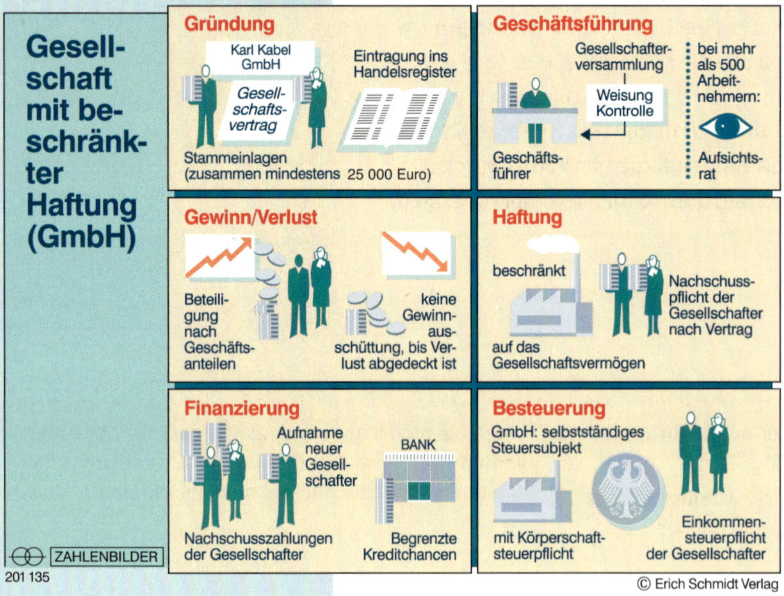

Sind mehr als 500 Arbeitnehmer beschäftigt, ist es gesetzlich vorgeschrieben, einen Aufsichtsrat einzuberufen. Der Aufsichtsrat hat wiederum die Aufgabe, die Geschäftsführung zu überwachen und in der jährlichen Gesellschafterversammlung Bericht zu erstatten.

Die Rechtsform der GmbH wird häufig von kleinen und mittleren Unternehmen gewählt. Wichtig ist es zu bedenken, dass letztendlich derjenige bestimmt, der mehr als 50 Prozent der Stammeinlagen in der GmbH besitzt.

Politik verstehen und handeln ISBN 978-3-582-74132-5

GmbH & Co. KG – Kombination aus GmbH und natürlicher Person
Hierbei handelt es sich um eine Sonderform der Kommanditgesellschaft, in der aber das hohe private Haftungsrisiko des Komplementärs beschränkt wird. Die Gesellschafter der GmbH sind zugleich die Kommanditisten der KG.

Unternehmergesellschaft – „Mini GmbH" oder auch „1-Euro-GmbH"
Die Unternehmergesellschaft (UG) wird meist als Mini GmbH oder 1-Euro-GmbH bezeichnet. Diese „kleine Ausgabe der GmbH" unterliegt vereinfachten Gründungsbedingungen.
Das Stammkapital kann bei der Gründung nur einen Euro betragen und die Haftung ist auf das Gesellschaftsvermögen begrenzt.
Allerdings ist auch die Gewinnausschüttung zunächst begrenzt. Rücklagen von mindestens 25% des Jahresüberschusses müssen angespart werden, bis ein Stammkapital von 25.000 € erreicht wird. Dann kann die Anmeldung im Handelsregister als „normale GmbH" erfolgen. Der Gesetzgeber erhofft sich, durch Schaffung der Mini GmbH Existenzgründungen zu erleichtern und bisherige Wettbewerbsnachteile der GmbH-Rechtsform in der EU zu mindern.

gGmbH:
Rechtsform für gemeinnützige Unternehmen. Der Zweck des Unternehmens muss gemeinnützig orientiert sein, mit den wirtschaftlichen Rahmenbedingungen der GmbH.

Die englische Variante – Limited Company (Ltd.)
(engl.: limited hier: haftungsbeschränkt; company: Firma) Sie ist in Großbritannien eine für kleine und mittlere Unternehmen gebräuchliche Form der Kapitalgesellschaft. Sie gleicht aber eher der deutschen GmbH als der Aktiengesellschaft und erfüllt ähnliche wirtschaftliche Funktionen wie die deutsche GmbH. Seit dem Austritt Großbritanniens aus der Europäischen Union ist die Rechtsgrundlage für eine britische Limited in Deutschland weggefallen. Limited-Gesellschaften mit Verwaltungssitz in Deutschland werden nicht mehr anerkannt, sondern als „Auffanggesellschaft" behandelt – das heißt, wie eine OHG oder GbR. Mit dem entscheidenden Nachteil: volle Haftung mit dem gesamten Vermögen.

Europäische Aktiengesellschaft (Societas Europaea – SE)
Die Europäische Aktiengesellschaft ist eine Rechtsform für Unternehmen, die in mindestens zwei EU-Mitgliedsstaaten Niederlassungen haben bzw. durch Fusion von Gesellschaften (AG, GmbH) aus mindestens zwei EU-Mitgliedsstaaten bestehen. Durch das Gründen einer SE entfällt die Gründung von Tochtergesellschaften nach dem jeweiligen Länderrecht. Die einheitliche Rechtsstruktur der SE spart insbesondere Verwaltungs- und Rechtskosten für das Unternehmen ein.

Aufgaben

1. Benennen Sie Kriterien, die bei der Wahl der Rechtsform für ein Unternehmen ausschlaggebend sein sollten. Beachten Sie bei Ihren Überlegungen die Unterschiede zwischen Personen- und Kapitalgesellschaft.
2. Sie wollen sich selbständig machen. Erörtern Sie, welche Rechtsform – unter den für Sie vorliegenden Bedingungen – realisierbar wäre.
3. Recherchieren Sie, welche sozialen und gemeinnützigen Einrichtungen mit der Rechtsform der gGmbH in Ihrer Region ansässig sind und welchen Zweck sie verfolgen.

2.2.6 Rechtsformen: Aktiengesellschaften und Genossenschaften

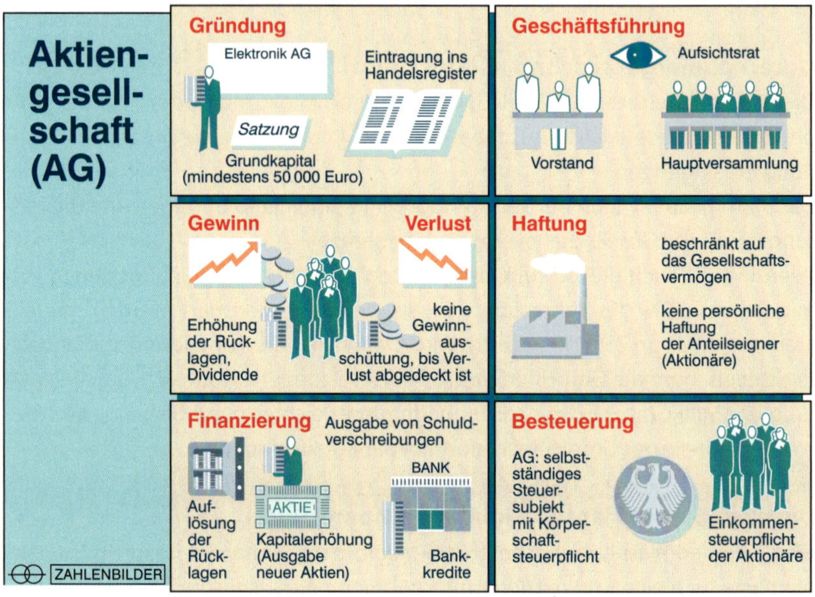

Die **KGaA** (Kommanditgesellschaft auf Aktien) verbindet Merkmale der AG und der KG. Das Grundkapital wird in Aktien aufgeteilt, wie bei der KG sind zwei Gesellschaftertypen beteiligt.

Aktiengesellschaft (AG) – Kapitalgesellschaft mit in Aktien aufgeteiltem Grundkapital

Die typische Rechtsform für Großunternehmen (Industriebetriebe, Versicherungen, Banken), in denen große Kapitalmengen benötigt werden, ist die Aktiengesellschaft. Das Grundkapital einer Aktiengesellschaft wird in Anteile aufgeteilt: die Aktien. Der Mindestnennwert einer Aktie beträgt in Deutschland einen Euro. Stückaktien lauten auf keinen Nennbetrag, sie sind am Grundkapital im gleichen Umfang beteiligt.

Aktien oder Aktienfonds sind seit der Neuregelung des Aktiengesetzes auch bei Kleinanlegern beliebt. Das Gründungskapital einer AG muss mindestens 50.000 Euro betragen.
Ziel einer AG ist die Gewinnerzielung.

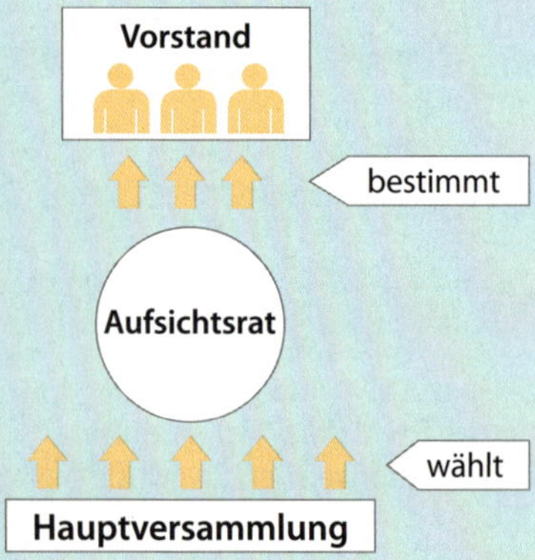

Die Aktionäre treffen sich jährlich auf der Hauptversammlung. Sie sind nach Aktienanteilen stimmberechtigt und prozentual am Gewinn (Dividende) der AG beteiligt. Bei Verlusten haften sie nur mit ihrer Kapitaleinlage. Gesetzlich festgeschrieben sind drei Organe:

- der Vorstand, der das Unternehmen in eigener Verantwortung leitet.
- der Aufsichtsrat, der die Aktivitäten des Vorstands kontrolliert.
- die Hauptversammlung, bestehend aus den Aktionären mit Stimm- und Auskunftsrecht über die Unternehmensaktivitäten.

Politik verstehen und handeln ISBN 978-3-582-74132-5

Genossenschaften – Einzelne schließen sich zusammen, um gemeinsam etwas zu erreichen

Genossenschaften sind Unternehmen, die einen Förderauftrag gegenüber ihren Mitgliedern haben, z. B.:

- Schaffung von preisgünstigem Wohnraum,
- gemeinsamer Wareneinkauf (Konsumgenossenschaften),
- gemeinsame Vermarktung von landwirtschaftlichen Produkten (Erzeugergenossenschaften),
- usw.

Einer der Gründer der genossenschaftlichen Bewegung und Namensgeber der Raiffeisenorganisation: der Sozialreformer und Kommunalbeamte **Friedrich Wilhelm Raiffeisen** (1818 – 1888).

2

Mindestens drei Genossen zeichnen je einen Geschäftsanteil. Beim Eintrag in das Genossenschaftsregister wird der Name **eingetragene Genossenschaft** (eG) vergeben.

Die fünf genossenschaftlichen Prinzipien lauten:

- Selbsthilfe: Das heißt, Personen mit ähnlichen wirtschaftlichen Interessen schließen sich zusammen und unterstützen sich so in ihrem Vorhaben.
- Selbstverwaltung: Die Mitglieder bestimmen über ihre gewählten Organe die Aktivitäten der Genossenschaft.
- Selbstverantwortung: Die Mitglieder haften mit ihren Einzahlungen.
- Förderprinzip: Gewinnerzielung ist nicht oberste Ziel, sondern die Unterstützung der Genossen.
- Identitätsprinzip: Es besagt, dass die Mitglieder einer Genossenschaft zugleich Eigentümer (Anteilseigner der Genossenschaft) und Kunde sind.

Organe der Genossenschaft sind		
Vorstand (Vertretung der Genossenschaft nach außen) mindestens 2 Genossen, gewählt von der Generalversammlung	**Aufsichtsrat** (Kontrollorgan für den Vorstand) mindestens 3 Genossen, gewählt von der Generalversammlung	**Generalversammlung** (Versammlung der Anteilseigner) jeder Genosse hat eine Stimme, unabhängig von der Anzahl seiner Gesellschaftsanteile

Aufgaben

1. Begründen Sie, warum die AG die typische Rechtsform für Großunternehmen ist.
2. Zur Wiederholung: Geben Sie jeweils die Rechtsform des Unternehmens an und geben Sie an, wer in welchem Umfang haftet: Fahrradwerkstatt Johannes Rad KG, Evi Schneider Kostümschneiderei, Botanik 2025 GmbH.
3. Ermitteln Sie die unterschiedlichsten Ausrichtungen verschiedener Genossenschaften (siehe die Abschnittsüberschrift) und finden Sie Beispiele in Ihrer Region.

2.2.7 Wirtschaftliche Verflechtungen – Unternehmenszusammenschlüsse

Zusammenschluss von BeKuLund AG und Nordische Lebensmittel GmbH abgelehnt.

Das Bundeskartellamt und die Monopolkommission haben die Fusion der beiden großen Lebensmittelhersteller untersagt.

Die für 2024 geplante Übernahme der Nordische Lebensmittel GmbH durch das bekannte Unternehmen BeKuLund AG hätte nach Meinung der Behörden eine unzulässige Konzentration der Marktmacht bedeutet.

Die BeLuLund AG hatte gegen die Entscheidung des Bundeskartellamtes Einspruch erhoben und um eine ministerielle Sondererlaubnis durch den Bundeswirtschaftsminister gebeten. Bestätigt das Wirtschaftsressort, dass die wirtschaftlichen Vorteile die wettbewerbsrechtlichen Nachteile deutlich überwiegen, darf sich das Bundeswirtschaftsministerium über die Entscheidung des Bundeskartellamtes hinwegsetzen und eine Fusion unter Auflagen genehmigen. Eine Entscheidung des Bundeswirtschaftsministers steht noch aus.

operatives Geschäft:
Tätigkeitsfeld eines Unternehmens, das seinem eigentlichen Zweck entspricht und mit dem es Gewinn erzielen möchte; z.B. in der Automobilbranche die Umsätze aus dem Verkauf von produzierten Kraftfahrzeugen.

Konsortium:
Gesellschaft, die zur Durchführung ganz bestimmter Aufgaben gebildet wird. Z.B. ein Zusammenschluss mehrerer Banken für die Ausgabe von Akten, um so das Risiko der einzelnen Banken zu mindern.

Joint Venture:
gemeinschaftliche Gründung eines Unternehmens durch zwei Geschäftspartner, wobei Kenntnisse und/oder Kapital bei gleichzeitiger Teilung von Risiko und Gewinn zusammengelegt werden.

Erwirbt z.B. ein Unternehmen die Mehrheitsbeteiligung an einem anderen, obwohl dieses alles tut, um es zu verhindern, spricht man von einer **„feindlichen Übernahme"**.

Verfolgt man die Medien, so vergeht kaum ein Tag, an dem nicht über eine Unternehmensübernahme oder eine Fusion, kartellrechtliche Überprüfungen oder ähnliches berichtet wird. Im Vordergrund steht dabei immer das Bestreben, die eigene Wettbewerbsfähigkeit zu steigern – z. B. mittels Übernahme einen Konkurrent auszuschalten und so einen höheren Marktanteil zu erreichen, durch Zusammenarbeit mit anderen Firmen, um Kosten für Forschung, Verwaltung usw. zu sparen und damit die Wirtschaftlichkeit zu erhöhen oder das Risiko durch Aufteilung auf mehrere Partner zu vermindern.

Im Wesentlichen unterscheidet man bei Unternehmenszusammenschlüssen zwischen der Kooperation und der Konzentration von Unternehmen. Bei einer **Kooperation** handelt es sich in der Regel um Zusammenschlüsse auf vertraglicher Basis (z. B. Interessengemeinschaften, Arbeitsgemeinschaften, Konsortien, Joint Ventures, Genossenschaften und Verbände, Kartelle). Dabei werden lediglich einzelne Funktionen ausgegliedert und an eine gemeinsame Einrichtung übertragen. Die Unternehmen behalten jedoch ihre wirtschaftliche und rechtliche Selbständigkeit. Diese freiwillige Zusammenarbeit der Unternehmen ermöglicht es ihnen zum Beispiel, Großprojekte durchzuführen oder die Interessen gegenüber anderen besser zu vertreten. Kooperationen sind – abgesehen vom Zwang der Wirtschaftlichkeit – immer freiwillig.

Geben die Unternehmen dagegen ihre wirtschaftliche Selbstständigkeit auf, handelt es sich um eine **Konzentration**. Die Unternehmen ordnen sich dabei einer gemeinsamen Leitung unter. Wird zudem auch die rechtliche Selbstständigkeit aufgegeben – geht ein Unternehmen also in einem anderen auf oder entsteht durch den Zusammenschluss ein neues Unternehmen – spricht man von einer **Fusion**. Sie gehen also mit der Übertragung von Besitzverhältnissen durch Verschmelzung zweier Unternehmen oder durch Zukauf eines Unternehmens einher. Sie können um des wirtschaftlichen Vorteils willen freiwillig erfolgen, können aber auch von einer Seite durch Aufkauf erzwungen werden.

Politik verstehen und handeln ISBN 978-3-582-74132-5

Häufig werden Unternehmenszusammenschlüsse aber auch anhand der Produktionsstufen der beteiligten Unternehmen eingeteilt:

horizontaler Zusammenschluss	*vertikaler Zusammenschluss*	*diagonaler Zusammenschluss*
Unternehmen derselben Produktionsstufe	Unternehmen verschiedener Produktionsstufen	Unternehmen unterschiedlicher Branchen
z. B. Zusammenschluss mehrerer Automobilhersteller	z. B. ein Kohlebergwerk schließt sich mit einem Stahlwerk zusammen	z. B. Lebensmittelhersteller, Reiseveranstalter und Bank schließen sich zusammen
Kostenersparnis, z. B. für Forschung und Entwicklung, gemeinsame Nutzung von Vertriebswegen	Sicherung von Beschaffung und/oder Absatz und damit zusammenhängende Kostenersparnis	Risikostreuung, um das Unternehmen auch bei schlechter wirtschaftlicher Lage einzelner Branchen zu sichern

2

Im Detail können die Unternehmenszusammenschlüsse je nach Stärke der wirtschaftlichen und rechtlichen Bindung, der geplanten Dauer, der Anzahl der Partner usw. eine Vielzahl unterschiedlicher Formen annehmen.

Mit zunehmender Größe bergen sie aber immer die Gefahr, dass der entstehende Zusammenschluss den Markt beherrschen und damit bestimmen kann. Entsprechende Pläne großer Unternehmen – insbesondere bei Fusionen und Kartellbildung – müssen daher beim **Bundeskartellamt** in Bonn, den einzelnen Landeskartellbehörden oder dem Bundesministerium für Wirtschaft und Energie angemeldet, von ihnen genehmigt und überwacht werden. Auf europäische Ebene ist zudem die Europäische Kartellbehörde in Brüssel zuständig. Aufgrund des Gesetzes gegen Wettbewerbsbeschränkungen (GWB), dem Gesetz gegen unlauteren Wettbewerb und der europäischen Fusionskontrollverordnung können Zusammenschlüsse untersagt werden, wenn ein Unternehmen damit die Marktbeherrschung erlangen könnte. Dies wird in der Regel vermutet, wenn ein Marktanteil von über einem Drittel erreicht wird.

Die Bildung von **Kartellen** ist in Deutschland verboten. Als Kartelle gelten Absprachen (z. B. über Preise oder Mengen) mit dem Ziel, Kundeninteressen zu umgehen und Mitbewerber zu übervorteilen und damit den Wettbewerb zu beschränken. Ausnahmen bilden jedoch anmeldepflichtige Kartelle (z. B. Mittelstandskartelle, Normen- und Typenkartelle). Genehmigungspflichtige Kartelle (z. B. Rationalisierungskartelle) sind befristet und können mit Auflagen verbunden werden. Da in beiden Fällen ein Missbrauch möglich ist, werden sie laufend überwacht. Syndikate als straffste Form des Kartells sind in Deutschland grundsätzlich verboten.

Kooperationsformen sind z. B.
- Allianz
- Arbeitsgemeinschaft Interessengemeinschaft
- Unternehmensverband
- Joint Venture
- Konsortium
- Franchising
- Lizenzvergabe
- Kartell

Konzentrationsformen sind z. B.:
- Unternehmensbeteiligung
- Konzern
- Trust
- Keiretsu

Keiretsu:
japanische Unternehmensgruppen, auch wirtschaftliche Verbundgruppen genannt

Aufgaben

1. Lesen Sie den Eingangsartikel noch einmal durch. Nennen Sie Gründe, die Ihrer Meinung nach für eine bzw. gegen eine Fusion aus Sicht des Bundesministers sprechen könnten.
2. Erarbeiten Sie in Gruppenarbeit für eine Form des Unternehmenszusammenschlusses die wesentlichen Merkmale. Nutzen Sie dafür Informationsquellen wie Zeitschriften, Internet etc. und beachten Sie u. a. Fragen nach der Stärke des wirtschaftlichen und juristischen Zusammenschlusses, Gründe, Vorteile und Gefahren, aktuelle/bekannte Beispiele etc.
3. Erstellen Sie eine Mindmap (siehe Seite 100) zu dem Thema "Was macht das Bundeskartellamt?".

Als **Wirtschaftssystem** bezeichnet man eine ideale, gedachte wirtschaftliche Ordnung, also ein Modell. Real lassen sich diese Wirtschaftssysteme meist nicht verwirklichen, sondern müssen mehr oder weniger stark abgewandelt und an die wirklichen Verhältnisse der Gesellschaft angepasst werden. Dann spricht man von einer **Wirtschaftsordnung**.

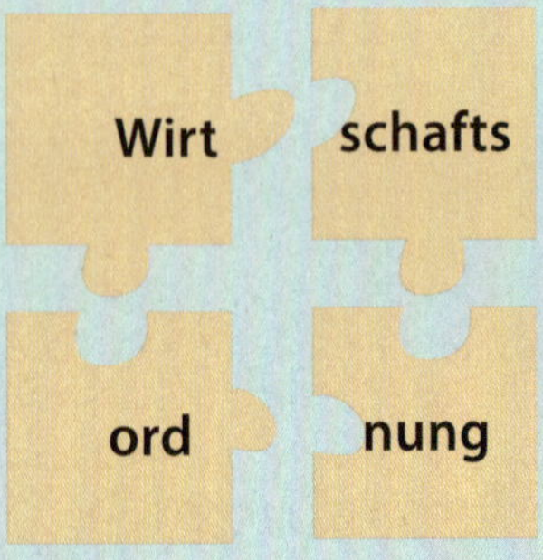

Im wirtschaftspolitischen Sinn unterschiedet man zwischen den beiden Grundmodellen **Kapitalismus** und **Kommunismus.** Der Kommunismus basiert auf den Theorien von Marx und Engels und bezeichnet das Ziel einer klassenlosen Gesellschaft, in der die Produktionsmittel und der mit ihnen erwirtschaftete Gewinn der Gesellschaft gleichermaßen zugänglich sind. In diesen Bereichen gibt es also kein Privatbesitz. Im Gegensatz dazu basiert der Kapitalismus – im Wesentlichen von Adam Smith theoretisch fixiert - gänzlich auf dem Besitz von Privateigentum und dem Recht der alleinigen Nutzung durch den Besitzer.

Im politischen Sinne unterscheidet man die beiden Gegensätze **Demokratie** und **Diktatur.**

2.3 WIRTSCHAFTSORDNUNGEN

2.3.1 Grundmodelle der Wirtschaftsordnungen

Alle Menschen, unabhängig von ihrem Alter, ihrem Kulturkreis oder sonstigen Merkmalen, besitzen Bedürfnisse, die zufrieden gestellt werden wollen. In der heutigen Zeit ist niemand mehr in der Lage, die für diese Bedürfnisbefriedigung notwendigen Güter oder Dienste selbst herzustellen bzw. zu leisten. Jeder Einzelne steht zwangsläufig in wirtschaftlichen Beziehungen mit anderen Menschen oder Institutionen:

- Käufer mit Anbietern,
- Arbeitnehmer mit Arbeitgebern,
- Banken mit Sparern,
- Kommune, Land und Staat mit ihren Bürgern usw.

Die Verflechtungen sind dabei so kompliziert und vielfältig, dass sie für den Einzelnen nicht mehr überschaubar sind. Es gilt zu entscheiden, welche Produkte in welchen Mengen zu welchem Zeitpunkt hergestellt werden sollen. Welche Preise sollen die Produkte haben? Wer soll der Besitzer der Produktionsmittel sein? Auf all diese Fragen können unterschiedliche Antworten gefunden werden, deren Kombinationen zu verschiedenen Wirtschaftsordnungen führen:

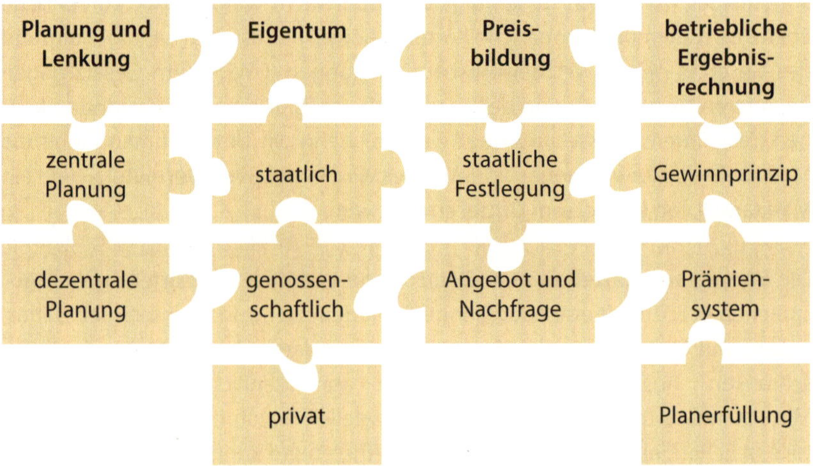

Die Theorie der **freien Marktwirtschaft** geht davon aus, dass der freie Wettbewerb auf dem Markt von allein für ein optimales Funktionieren der Wirtschaft

Die beiden wesentlichen Grundmodelle sind die

freie Marktwirtschaft	
Privateigentum	Preisbildung durch Angebot und Nachfrage
dezentrale Planung und Lenkung	Gewinnerzielung steht im Vordergrund

und die

Zentralverwaltungswirtschaft	
staatliches Eigentum	staatliche Preisfestsetzung
zentrale Planung und Lenkung	Planerfüllung steht im Vordergrund

Politik verstehen und handeln ISBN 978-3-582-74132-5

sorgt. Werden Güter angeboten, die niemand haben möchte, oder sind die Preise zu hoch, werden die Anbieter den Preis senken oder die Produktion einstellen. Andererseits werden Güter, die viele Menschen kaufen möchten, teurer oder mehr produziert, da die Anbieter ja möglichst viel Gewinn erzielen möchten. Die Produktion und die Preise werden also durch **Angebot und Nachfrage** gesteuert. Der Staat sollte auf jeden Eingriff in das Wirtschaftsgeschehen verzichten und lediglich für den Schutz von Person und Eigentum, Rechtspflege und Bildung sorgen („Nachtwächterstaat"). In der Realität hat sich jedoch gezeigt, dass die freie Marktwirtschaft zur Monopolbildung und zur Verelendung der Arbeitnehmer führte (vgl. auch Abschnitt 2.3.2).

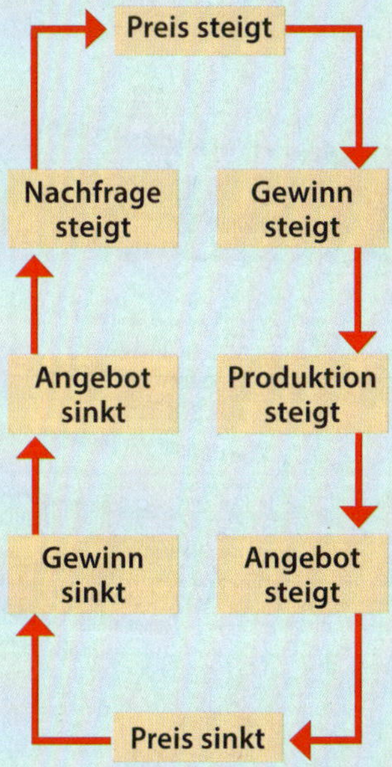

Kritiker wie Karl Marx und Friedrich Engels forderten daher eine neue Wirtschaftsform, in der die Steuerung der Wirtschaft durch eine Verstaatlichung der Produktionsmittel und durch eine zentrale Planung gänzlich vom Staat übernommen wird. In der **Zentralverwaltungswirtschaft** werden von einer Planungsbehörde ein- oder mehrjährige (häufig 5 Jahre) Pläne aufgestellt. So wird festgelegt,

- welcher Betrieb welche Güter in welcher Menge herstellt,
- von wem die Rohstoffe dafür gekauft werden,
- an wen die fertigen Produkte verkauft werden,
- welche Preise und Löhne gezahlt werden.

Auch dieses Wirtschaftssystem hat jedoch erhebliche Mängel. Je mehr geplant wird, umso mehr Fehler treten dabei auf, die die Wirtschaft schwer schädigen können. Wird z. B. eine falsche Anzahl von Schrauben geplant oder kann der herstellende Betrieb seinen Plan nicht erfüllen, kann dies die Produktion vieler Produkte – von der Küchenlampe bis zum Flugzeug – lahm legen.
Die heutigen Wirtschaftssysteme basieren zwar alle auf diesen beiden Grundmodellen, haben diese aber mehr oder weniger abgewandelt und an die wirtschaftlichen und politischen Erfordernisse angepasst. Heute existieren also nur noch Mischformen unterschiedlichster Art.

Monopol:
z. B. ein marktbeherrschendes Unternehmen, das als alleiniger Anbieter oder Nachfrager die Preise diktieren kann

Die Zentralverwaltungswirtschaft wird häufig auch als **zentrale Planwirtschaft** bezeichnet.

Karl Marx
(1818 – 1883)

Friedrich Engels
(1820 – 1895)

Aufgaben

1. Erläutern Sie die wesentlichen Unterschiede zwischen freier Marktwirtschaft und Zentralverwaltungswirtschaft.
2. Die Wirtschaftsordnungen aller Länder basieren auf einem der beiden genannten Grundmodelle.
   Dabei ist das Wirtschaftssystem in der Regel eng mit dem politischen System verknüpft. Beschreiben Sie stichpunktartig diesen Zusammenhang.
3. Führen Sie auf, welche Vor- und Nachteile die beiden Wirtschaftssysteme Ihrer Meinung nach haben. Stellen Sie diese in einer Liste gegenüber und diskutieren Sie die Ergebnisse in der Klasse.

2.3.2 Die Soziale Marktwirtschaft und ihre Probleme

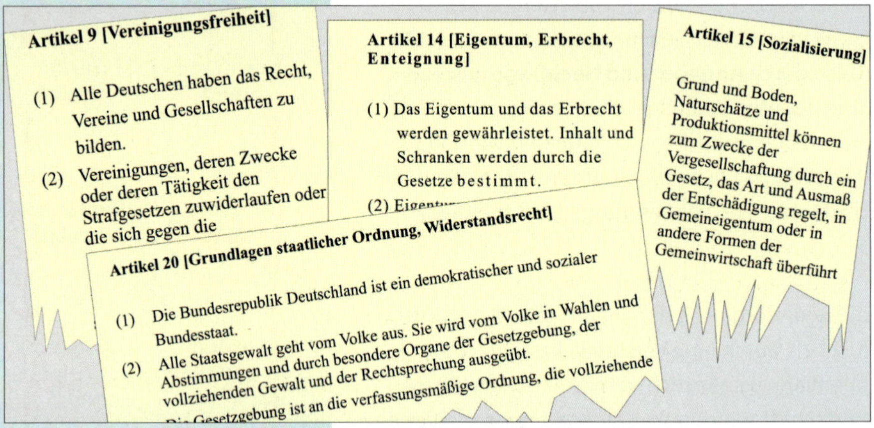

Artikel 9 [Vereinigungsfreiheit]

(1) Alle Deutschen haben das Recht, Vereine und Gesellschaften zu bilden.

(2) Vereinigungen, deren Zwecke oder deren Tätigkeit den Strafgesetzen zuwiderlaufen oder die sich gegen die

Artikel 14 [Eigentum, Erbrecht, Enteignung]

(1) Das Eigentum und das Erbrecht werden gewährleistet. Inhalt und Schranken werden durch die Gesetze bestimmt.

Artikel 15 [Sozialisierung]

Grund und Boden, Naturschätze und Produktionsmittel können zum Zwecke der Vergesellschaftung durch ein Gesetz, das Art und Ausmaß der Entschädigung regelt, in Gemeineigentum oder in andere Formen der Gemeinwirtschaft überführt

Artikel 20 [Grundlagen staatlicher Ordnung, Widerstandsrecht]

(1) Die Bundesrepublik Deutschland ist ein demokratischer und sozialer Bundesstaat.

(2) Alle Staatsgewalt geht vom Volke aus. Sie wird vom Volke in Wahlen und Abstimmungen und durch besondere Organe der Gesetzgebung, der vollziehenden Gewalt und der Rechtsprechung ausgeübt.

Gesetzgebung ist an die verfassungsmäßige Ordnung, die vollziehende

Nach dem 2. Weltkrieg musste nahezu das gesamte Gesellschafts- und Wirtschaftssystem Deutschlands neu aufgebaut werden. In den westlichen Besatzungszonen entschied man sich auf Betreiben der USA und des späteren Wirtschaftsministers und Bundeskanzlers Prof. Dr. Ludwig Erhard für eine „soziale Marktwirtschaft".

Erhard war überzeugt, dass sich der marktwirtschaftliche und der soziale Gedanke nicht widersprechen, sondern ergänzen. Im Idealfall führe im freien Wettbewerb der Mechanismus von Angebot und Nachfrage automatisch zu einer gerechten Verteilung knapper Ressourcen und leistungsgerechter Entlohnung. Da aber durch Krankheit, Alter oder Invalidität nicht alle an diesem Prozess teilnehmen können, müsse für diese Fälle eine zusätzliche soziale Absicherung geschaffen werden.

Die Soziale Marktwirtschaft basiert daher auf den Grundsätzen der freien Marktwirtschaft und hier insbesondere auf dem durch staatliche Institutionen geschützten freien Wettbewerb. Gleichzeitig soll dem Einzelnen die größte mögliche Freiheit gelassen werden, sein Schicksal selbst zu bestimmen. Dazu gehört, dass er zunächst in die Lage versetzt wird, sich weitgehend selbst, durch eigene Leistungskraft zu versorgen und gegen Risiken abzusichern sowie gleichzeitig möglichst frei von der Bestimmung durch andere zu sein. Unterschiedliche Startvoraussetzungen, Einkommen und finanzielle Belastungen sollen dabei durch staatliche Regelungen gemindert werden.

Ludwig Erhard
(1897 - 1977)

Um dies zu erreichen sind die wesentlichen Ziele und Maßnahmen:

- Verringerung der Abhängigkeit des Arbeitnehmers von seinem Arbeitgeber durch Arbeitsschutz- und Mitbestimmungsgesetze.
- Sicherung von Minimallöhnen durch die Zulassung von Gewerkschaften und deren Tarifautonomie (vgl. Abschnitt 1.2.2 und 1.2.3).
- Erhalt des freien Wettbewerbs, damit gute Leistungen sich lohnen. Der Missbrauch wirtschaftlicher Macht, z. B. durch Preisabsprachen, Monopolbildung und ähnliche wettbewerbsmindernde Aktivitäten, soll aber durch Gesetze verhindert werden.
- Gewährung von Vertragsfreiheit, d. h., jeder soll kaufen bzw. verkaufen können, was, wo und so viel er möchte, solange es sich nicht um gesundheitsgefährdende oder moralisch und ethisch verwerfliche Güter oder Dienstleistungen handelt.
- Offenheit der Märkte gegenüber dem Ausland, d. h., prinzipiell sollen keine Einfuhrverbote bzw. -beschränkungen bestehen (Freihandel).

Die Soziale Marktwirtschaft wurde zwar im Grundgesetz nicht verbindlich festgelegt, bisher wurde jedoch noch keine Wirtschaftsordnung entwickelt, welche die im Grundgesetz Artikel 20 (1) gestellte Forderung nach einem Sozialstaat besser erfüllen kann.

 ISBN 978-3-582-74132-5

- Unterstützung von Unternehmen und Branchen in Krisenzeiten durch eine der Konjunktur angepasste Beschäftigungspolitik, um Arbeitsplätze zu erhalten oder zu schaffen (z. B. durch, steuerliche Förderung, Subventionen).
- Milderung sozialer Ungerechtigkeiten, die durch Lohn- und Besitzunterschiede zwangsläufig entstehen, z. B. durch die Einkommensbesteuerung, das Kinder- und Wohngeld, BAföG usw.

Nach der Einführung der sozialen Marktwirtschaft erfolgte in den 50er- und 60er-Jahren zunächst ein enormer Wirtschaftsaufschwung. Zur Zeit des „Wirtschaftswunders" war die Bundesrepublik Deutschland der modernste Standort Europas. Die asiatischen und lateinamerikanischen Länder waren noch keine Konkurrenz, die osteuropäischen Staaten standen wegen des „Eisernen Vorhangs" nicht im Wettbewerb mit den westlichen Industrienationen. Die 70er-Jahre waren dagegen durch eine hohe Inflation geprägt, die Ölknappheit zeigte die Grenzen des Wachstums auf. Mit der zunehmenden Globalisierung und einer steigenden Konkurrenz durch „Billiglohnländer" wurden seit den 80er- und 90er-Jahren die Arbeitslosigkeit und die damit verbundenen zunehmenden Kosten der sozialen Sicherung die zentralen Probleme. Der demografische Wandel – immer weniger Kinder bei gleichzeitig steigender Lebenserwartung – verstärken diesen Effekt noch. Das „Soziale" unserer Marktwirtschaft wird immer weniger bezahlbar.

Staatliche Maßnahmen, um dieser Entwicklung entgegenzuwirken, sind daher unbedingt notwendig. Wie diese Maßnahmen aber aussehen sollen und welche Richtung sie einschlagen müssen, darüber wird intensiv diskutiert. Im Wesentlichen gibt es zwei Ausrichtungen:
So wird einerseits eine stärkere Rückbesinnung auf die Prinzipien des freien Wettbewerbs und der Eigenverantwortlichkeit des Einzelnen gefordert. In diesem Sinne wird vor allem eine Reduzierung staatlicher Eingriffe in das Wirtschaftsgeschehen gefordert. Dies könne zum Beispiel erfolgen durch

- stärkere Privatisierung staatlicher Betriebe,
- Subventionsabbau,
- Vereinfachung des Steuersystems,
- Flexibilisierung von Kündigungsschutz- und Arbeitszeitgesetzen sowie der Tarifsysteme, Abbau von Sozial- und Transferzahlungen.

Die Gegenseite vertritt die Auffassung, dass nur mit intensiver staatlicher Regulation der soziale Charakter unserer Gesellschaft erhalten werden kann. Da das Marktgeschehen an sich auf Profit und Kapitalerwerb ausgelegt ist, würde der soziale Aspekt langfristig untergehen. In diesem Sinne wären mehr staatliche Mitbestimmungsrechte in Konzernen, Begrenzung von Gehältern, stärkere Vereinheitlichung der sozialen Leistungen, einheitliche Bildungschancen für alle sozialen Schichten usw. notwendig.

2

Wirtschaftswunder:
siehe Abschnitt 6.2.3

Eiserner Vorhang:
Dieser Begriff wird in Politik und Zeitgeschichte für eine (ideologisch) unüberwindbare Grenze verwendet. Ursprünglich stammt der Begriff aus dem Theaterbau. Der eiserne Vorhang (Schutzvorhang) ist eine Brandschutzeinrichtung im Theater, die die Bühne als Brandabschnitt vom Zuschauerraum in Form einer Brandwand trennt, um bei Feuer eine sichere Flucht zu gewährleisten.
In seiner politischen Verwendung bezieht sich der Begriff auf die Grenze zwischen der Bundesrepublik Deutschland und der DDR bzw. zwischen den kapitalistisch und marktwirtschaftlich orientierten Staaten des Westens (angeführt durch die USA) und den Staaten Osteuropas mit real-existierendem Sozialismus (teilweise angeführt durch die UdSSR) während des Kalten Krieges (vergleiche Abschnitt 8.2.4).

Aufgaben

1. Suchen Sie aus dem vorhergehenden Kapitel die vier Merkmale der freien Marktwirtschaft heraus. Stellen Sie dar, in welchen Bereichen sie durch staatliche Maßnahmen und/oder Gesetze eingeschränkt werden.
2. Recherchieren Sie Medienberichte über staatliche Maßnahmen der letzten Zeit. Beurteilen Sie, inwieweit diese Einfluss auf unsere Wirtschaftsordnung nehmen und welche grundsätzlichen Ziele hierbei tendenziell vertreten werden.

2.3.3 Die Zentralverwaltungswirtschaft in der DDR und ihr Zusammenbruch

Plakat in der DDR

In der ehemaligen DDR wurde nach dem 2. Weltkrieg auf Betreiben der Sowjetunion eine Zentralverwaltungswirtschaft eingeführt. Im Gegensatz zur Marktwirtschaft beruhte sie im Wesentlichen auf der weitgehenden Abschaffung des privaten Eigentums an Produktionsmitteln und damit auf der Möglichkeit, die Produktion zentral zu planen. Nur so war – nach der marxistisch-leninistischen Gesellschaftstheorie – zu verhindern, dass die Macht des Kapitals ausgenutzt wird, um die Arbeiter zu unterdrücken.

In mehreren Schritten wurde nach sowjetischem Vorbild Privateigentum zum großen Teil in sozialistisches Eigentum überführt. Letztendlich unterschied man bei den Produktionsmitteln vier verschiedene Eigentumsformen:

- volkseigene Betriebe (VEB), die vollständig in staatlicher Hand waren,
- genossenschaftliche Betriebe,
- halbstaatliche Betriebe, d.h. Privatbetriebe mit staatlicher Beteiligung,
- Privatbetriebe, bei denen es sich im Allgemeinen um Kleinbetriebe mit überwiegend selbstständiger Arbeit handelte (Handel, Handwerk, Gaststätten).

Während in der sozialen Marktwirtschaft vor allem angestrebt wird, einen möglichst hohen Gewinn zu erzielen, ist in der Zentralverwaltungswirtschaft die Planerfüllung das oberste Ziel. Die Pläne wurden in einem Planungsverfahren erstellt, das drei verschiedene Phasen umfasste und an dem mehrere Planungse-

Planungs- und Entscheidungsebene	**1. Phase** Vorgabe	**2. Phase** Gegenvorschläge	**3. Phase** Beschluss und Durchsetzung
Politische Führung	Allgemeine Zielvorgabe	Billigung des Plans	Plan erhält Gesetzeskraft
Zentrale Planbehörde	Entwurf des vorläufigen Volkswirtschaftsplans, Aufschlüsselung in Einzelpläne	Koordinierung und Aufstellung des endgültigen Volkswirtschaftsplans	Aufschlüsselung in Einzelpläne
Fachministerien	Detaillierung der Einzelpläne für Betriebe	Koordinierung und Zusammenfassung der Gegenvorschläge	Detaillierung der Einzelpläne für Betriebe usw.
Betriebe und Betriebszusammenschlüsse	Beratung der Planvorschläge	Gegenvorschläge	Plandurchführung

Politik verstehen und handeln ISBN 978-3-582-74132-5

benen beteiligt waren. Dadurch gestaltete sich die Planung sehr kompliziert und langwierig. Häufig konnten kurzfristige Änderungen, z. B. bei Textilien in der Mode, nicht ausreichend berücksichtigt werden. Die Verbraucher waren dementsprechend mit den Produkten unzufrieden, da sie nicht ihren Wünschen entsprachen. Auch die Mengen, die für einzelne Produkte vorgesehen waren, basierten auf veralteten Zahlen. So kam es immer wieder zu Versorgungsengpässen auf der einen Seite und Verschwendung auf der anderen Seite.

Da die Planung für die Herstellung eines Produktes sich auf alle Produktionsebenen erstreckte, konnten kleine Störungen erhebliche Auswirkungen haben. Konnten z. B. schon die Zulieferer für Einzelteile ihr Plansoll nicht erfüllen, hatte dies nicht nur Folgen für die Produktion der Maschinen, sondern auch für alle folgenden Branchen, die diese Maschinen benötigten. Aus diesem Grund gingen viele Betriebe dazu über, bei der Gegenplanung geringere Zahlen anzugeben, als vielleicht möglich gewesen wären. So versuchten sie sich eine Reserve zu erhalten, um das Plansoll ganz sicher erfüllen zu können. Insgesamt wurde die Wirtschaft dadurch aber erheblich gehemmt.

Das sozialpolitische Programm der ehemaligen DDR wird dagegen im Allgemeinen als sehr umfassend eingeschätzt. Soziale Einrichtungen und Versorgungen und auch die Subvention der Produkte für den Grundbedarf waren jedoch teuer. Die hohen Kosten gingen zulasten der Investitionen im Unternehmensbereich, sodass die technischen Anlagen häufig überaltert waren. Auch die Infrastruktur und die Telekommunikation genügten nicht mehr den Anforderungen.

Nach dem Zusammenschluss erwarteten viele Bürger und auch Politiker, dass sich durch die Übernahme des westdeutschen Sozial- und Währungssystems das „Wirtschaftswunder" in den neuen Bundesländern wiederholen würde. Übersehen wurde dabei, dass es sich um zwei völlig unterschiedliche Volkswirtschaften handelte und in den östlichen Bundesländern ein tief greifender Wandel der Strukturen erfolgen musste, um sich der sozialen Marktwirtschaft anzugleichen.

Die sinnvolle Aufgliederung der staatlichen und halbstaatlichen Betriebe in eigenständige Teile und deren Verkauf wurde von der Treuhandanstalt vorgenommen. Gleichzeitig sollte für den Erhalt wichtiger Industrieunternehmen gesorgt werden. Dies war häufig nur durch Subventionen möglich; der Verkauf gestaltete sich schwierig.

Die staatlichen und halbstaatlichen Betriebe waren von ihrer Organisation her nicht geeignet, als Ganzes in privatwirtschaftliche Unternehmen überführt zu werden. Die Besitzverhältnisse von Grund und Boden waren häufig ungeklärt: Auch war die Bewertung schwierig, da Boden ja bisher in der ehemaligen DDR nicht in großem Maße gekauft und verkauft wurde. So konnten nicht genügend Gewerbeflächen für Neugründungen ausgewiesen werden. Viele Arbeitsplätze gingen so verloren.

Aufgaben

1. Erklären Sie den Planungsprozess in der Zentralverwaltungswirtschaft und zeigen Sie deren Probleme auf.
2. Erstellen Sie eine Liste von Großbetrieben der ehemaligen DDR. Recherchieren Sie, wie diese Betriebe durch die Wiedervereinigung betroffen wurden. Nutzen Sie für Ihre Recherche auch die Internetseiten der einzelnen Bundesländer (z. B. **www.sachsen.de** oder **www.berlin.de**).

2.3.4 Ziele staatlicher Wirtschaftspolitik in der sozialen Marktwirtschaft

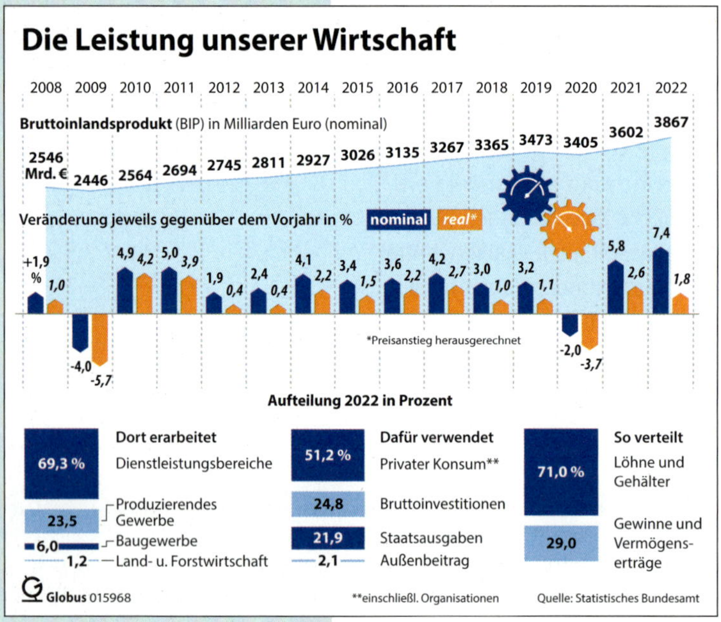

Ob sich die wirtschaftliche Leistung einer Volkswirtschaft gegenüber einem anderen Jahr verändert hat, wird über das **Bruttoinlandsprodukt (BIP)** eingeschätzt. Das BIP misst den finanziellen Wert aller Waren und Dienstleistungen, die innerhalb des Berechnungszeitraumes im Inland hergestellt wurden. Waren und Dienstleistungen, die wiederum in die Produktion anderer Waren und Dienstleistungen eingehen – so genannte Vorleistungen –, dürfen jedoch nicht mitberechnet werden, da sie sonst doppelt in die Rechnung eingehen würden.

In Deutschland wird das BIP über die Entstehungs- und Verwendungsseite ermittelt:

Außenbeitrag:
Export – Import

nominal: betragsmäßig

Inflationsrate: Verminderung der Kaufkraft in Prozent

real: wirklich

Hinweis:
Die Verteilungsrechnung, als dritte Option bei der Ermittlung des BIP, wird in Deutschland nicht angewandt.

Entstehungsrechnung (Produktionsansatz):

Es wird die Differenz zwischen den erzeugten Waren und Dienstleistungen und den Vorleistungen errechnet. Zusätzlich müssen Gütersteuer (Mehrwert-, Mineralölsteuer usw.) hinzu-, Gütersubventionen dagegen abgerechnet werden.

Verwendungsrechnung (Ausgabenansatz):

Hier werden die Konsumausgaben der Privathaushalte und des Staates, die Investitionen und der Außenbeitrag (Exportüberschuss = Export – Import) aufsummiert.

Wird das BIP nach den zum Zeitpunkt der Berechnung gültigen Preisen ermittelt, erhält man das **nominale Bruttoinlandsprodukt**. Sein Index würde aber auch dann größer werden, wenn lediglich die Preise steigen. Um eine tatsächliche Vergleichsgröße zu erhalten, muss das BIP daher um die Inflationsrate bereinigt werden. Auf diese Weise erhält man dann das **reale Bruttoinlandsprodukt,** das als Gradmesser für den Wohlstand eines Landes herangezogen werden kann.

Die konkreten Ziele der Wirtschaftspolitik sind im so genannten **„Magischen Viereck"** festgelegt:

Magisches Viereck:

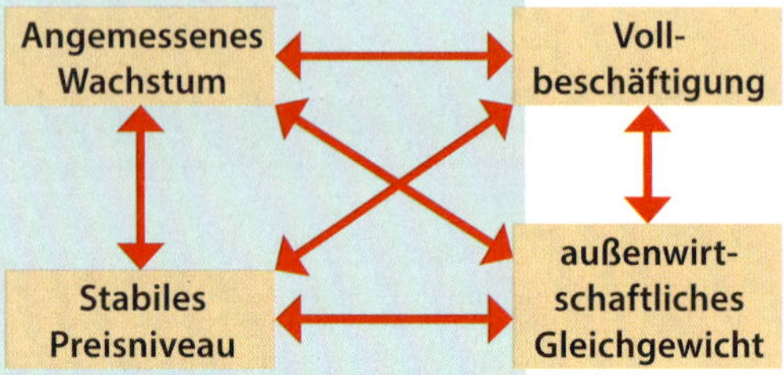

- **Vollbeschäftigung:** Ziel ist es, für nahezu jeden Erwerbstätigen einen Arbeitsplatz zur Verfügung zu stellen. Auf eine Angabe der tolerierten maximalen Arbeitslosenquote wird jedoch verzichtet.
- **Geldwertstabilität (Preisstabilität):** Die Kaufkraft des Geldes sollte gleich bleibend sein, d.h., die Preise sollten möglichst stabil bleiben. Von einer „relativen Geldwertstabilität" spricht man bei einer Preissteigerung von maximal 2 %.

- **Wirtschaftswachstum (stetige Konjunktur):** Die konjunkturellen Schwankungen des Wirtschaftsverlaufes (vergleiche Abschnitt 2.3.5) sollen möglichst gering sein, ein gleichmäßiges Wachstum soll erreicht werden. Als „angemessen" gilt ein Wachstum von 3 – 4 %.
- **Außenwirtschaftliches Gleichgewicht:** Der Import von Gütern und Dienstleistungen bedeutet einen Abfluss von Geld aus der eigenen Binnenwirtschaft, Export von Gütern hingegen einen Zufluss. Diese Zahlungsbilanz muss in einem ausgewogenen Verhältnis stehen; die Werte der Importe und der Exporte sollten ähnlich hoch sein.

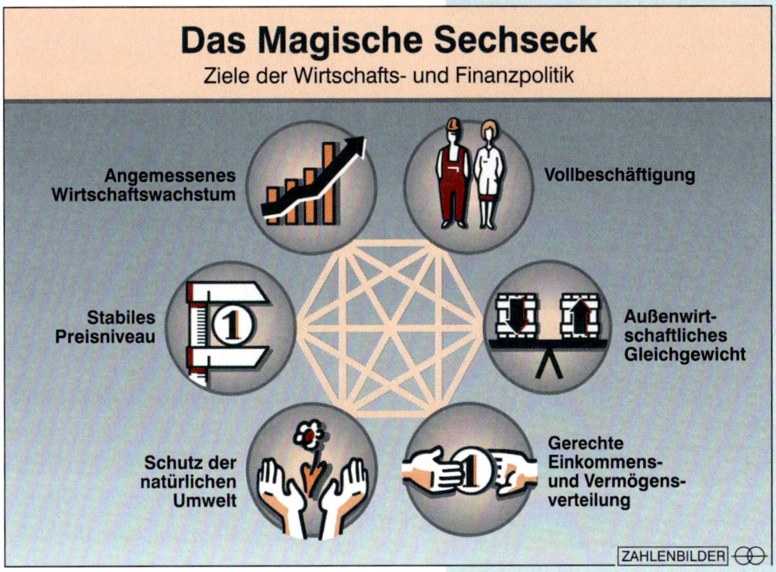

 200 515

Diese vier harten bzw. quantifizierbaren Ziele werden häufig durch zwei weiche Ziele zum sogenannten „**Magischen Sechseck**" ergänzt:

- **Umweltschutz:** Ziel ist der Erhalt einer lebenswerten Umwelt (vergleiche Kapitel 8.3.2 und 8.3.3).
- **Gerechte Einkommensverteilung:** Sie ist für die Wahrung des sozialen Friedens wichtig. „Gerecht" heißt hier aber nicht „vollkommene Gleichverteilung", da dann kein Anreiz bestehen würde, Leistungen zu erbringen. Als „gerecht" gilt hier ein verfügbares Einkommen, das sozial verträglich ist.

Um diese sechs Ziele der Wirtschaftspolitik zu erreichen, gibt es eine Fülle unterschiedlicher Möglichkeiten, das Wirtschaftsgeschehen zu beeinflussen (vergleiche Abschnitt 2.3.5). Allerdings widersprechen sich diese Ziele teilweise, sodass es niemals möglich sein wird, alle Ziele gleichzeitig zu erreichen. Wird z. B. der Export durch staatliche Maßnahmen gesteigert, wird das Angebot auf dem Binnenmarkt zwangsläufig geringer. Die Preise werden steigen und somit die Preisstabilität gefährden. Deshalb spricht man auch von „magisch", denn es wird immer ein Kompromiss angestrebt werden müssen

Hinweis:
Die vier harten Ziele sind im §1 des Stabilitäts- und Wachstumsgesetz von 1967 als gleichwertig festgelegt. Durch Europarecht (Artikel 4 Abs 2) und 105 EGV (Artikel 88 Satz 2 GG) wird jedoch der Geldwertstabilität besonderer Wert beigemessen.

Handlungsbereiche staatlicher Wirtschaftspolitik sind:
- **Prozesspolitik:** wirkt kurz- oder mittelfristig, z. B. Konjunkturpolitik
- **Strukturpolitik:** ähnlich wie Subventionen, jedoch mittel- bis langfristig angelegt
- **Ordnungspolitik:** langfristige Rahmenbedingungen, z. B. Gesetz gegen Wettbewerbsbeschränkungen

Aufgaben

1. Betrachten Sie das Schaubild zur Entwicklung des Bruttoinlandsproduktes (BIP).
   a) Erklären Sie die Begriffe „nominales BIP" und „reales BIP" und stellen Sie deren Unterschied dar.
   b) Beschreiben Sie die Entwicklung des BIP in den letzten Jahren.
   c) Formulieren Sie Gründe, die zu dieser Entwicklung geführt haben können.
2. Eine gerechte Einkommensverteilung zu erzielen, erweist sich als äußerst schwierig. Legen Sie eine Reihe an Eckpunkten fest, die Ihrer Meinung nach für ein gerechtes und damit sozial verträgliches Einkommen kennzeichnend sind.

2

2.3.5 Maßnahmen staatlicher Wirtschafts- und Konjunkturpolitik

Hinweis:
Die rechtliche Grundlage für Politik, um in das Wirtschaftsgeschehen eingreifen zu können, bildet das Gesetz zur Förderung der Stabilität und des Wachstums der Wirtschaft (StWG).

Um die Ziele der Wirtschaftspolitik (siehe auch Abschnitt 2.3.4) zu erreichen, kann der Staat unterschiedliche Maßnahmen ergreifen:

- **Informationspolitische Mittel** dienen dazu, die in der Wirtschaft mitwirkenden Unternehmen, Organisationen und Menschen zu einem bestimmten unternehmerischen Verhalten zu veranlassen. Bei diesen Mitteln handelt es sich beispielsweise um Jahreswirtschafts- und Subventionsberichte sowie staatliche Finanzpläne. Ihre direkte Auswirkung auf die Wirtschaft ist jedoch nur schwer messbar.
- Auch **staatliche Gebote bzw. Verbote** dienen dazu, ein bestimmtes Verhalten zu erreichen. Allerdings sind diese Mittel des Staates in einer sozialen Marktwirtschaft begrenzt. Die Bundesrepublik konzentriert sich hier hauptsächlich auf Wettbewerbsgesetze – wie beispielsweise auf das Kartellverbot, das Verbot von Preisabsprachen und unlauterem Wettbewerb.
- Die **Förderung der Infrastruktur,** d.h. die Förderung der Gesamtheit öffentlicher Einrichtungen – wie beispielsweise Verkehrswege und -betriebe, Krankenhäuser, Schulen, Abwasserversorgung, Telekommunikationsanschlüsse usw. – wird vorgenommen, um Unternehmen und Bürgern die Ansiedlung überhaupt zu ermöglichen.
- **Die staatlichen Einnahmen und Ausgaben** hingegen bilden das Hauptmittel der Wirtschaftspolitik. Hierzu gehören z.B. Subventionen, Steuervergünstigungen bzw. steuerliche Sonderbelastungen, Zölle sowie verbilligte Kredite für bestimmte Vorhaben. Sie greifen direkt in das Wirtschaftsgeschehen ein.

Rezession: tiefster Stand eines Konjunkturabschwunges

Depression: besonders ausgeprägte Rezession

Boom: besonders starker Konjunkturaufschwung

Trend: mittlerer Verlauf über mehrere Zyklen

Zyklus: periodisch ablaufendes Geschehen, Kreislauf regelmäßig wiederkehrender Dinge oder Ereignisse

Ein Großteil der Maßnahmen dient dazu, den Konjunkturverlauf zu dämpfen, weil das Wirtschaftsgeschehen eines Landes nicht gleichmäßig verläuft, sondern sich bessere Zeiten mit hoher Geschäftstätigkeit und schlechtere Zeiten mit geringerer Geschäftstätigkeit abwechseln. Dieser wechselnde Verlauf der Wirtschaft wird als **Konjunktur** bezeichnet. Der Konjunkturverlauf besteht aus mehreren – zyklisch wiederkehrenden – Phasen: Rezession – Konjunkturaufschwung – Hochkonjunktur – Konjunkturabschwung – erneute Rezession – erneuter Konjunkturaufschwung usw.

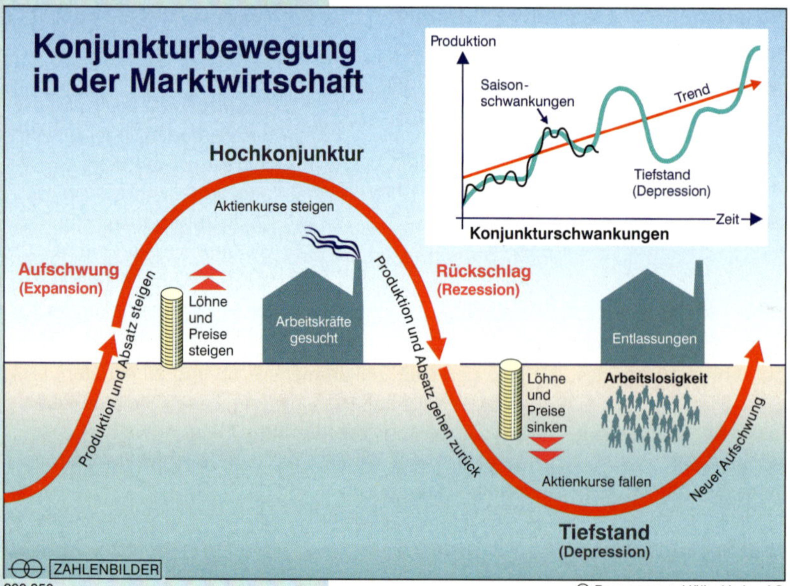

© Bergmoser + Höller Verlag AG

Über mehrere Jahre betrachtet, ergibt sich so ein wellenförmiger Konjunkturverlauf mit aufeinander folgenden Konjunkturzyklen. Besonders das Wirtschaftswachstum und der

Beschäftigungsgrad zeigen im Konjunkturverlauf typische, vom jeweiligen Zyklus abhängige Veränderungen:

- Während eines Aufschwungs steigt die Wachstumsrate, während eines Abschwungs hingegen sinkt sie.
- In der Hochkonjunktur ist der Beschäftigungsgrad besonders hoch, in Zeiten einer Rezession fällt er dagegen deutlich geringer aus.

Zu hohe Ausschläge im Konjunkturverlauf stören das Gleichgewicht der Ziele des „magischen Sechsecks". Zu schnelles Wirtschaftswachstum kann beispielsweise zu starken Preisanstiegen, so zum Rückgang des Wirtschaftswachstums und damit wiederum zu höherer Arbeitslosigkeit führen. Um weder eine starke Depression noch einen zu starken Boom und die damit verbundenen negativen Folgen zuzulassen, ist es notwendig, eine **„antizyklische Wirtschaftspolitik"** zu verfolgen. So variiert der Staat beispielsweise seine Ausgaben je nach wirtschaftlichen Gegebenheiten:

- Während eines Konjunkturaufschwungs sind Nachfrage und Absatz von Produkten und Dienstleistungen in der Regel hoch. Der Staat kann nun seine eigenen Ausgaben verringern, um keine zusätzliche Nachfrage zu erzeugen und so den Aufschwung noch zu verstärken.
- Ein Konjunkturabschwung hingegen geht in der Regel mit Absatzschwierigkeiten von Produkten und Dienstleistungen einher. Hier ist es für den Staat durch eine Erhöhung seiner Ausgaben möglich, auf den Absatz und damit auf die gesamte wirtschaftliche Situation stabilisierend einzuwirken.

Früher nahmen Konjunkturschwankungen einen mehr oder weniger regelmäßigen Verlauf und der Markt fand immer wieder selbstständig zu seinem Gleichgewicht zurück. Durch die zunehmende Konkurrenz auf den Weltmärkten, die fortschreitende Sättigung im Bereich der Konsumgüter, die Automatisierung und ähnliche Einflüsse verlieren die traditionellen konjunkturellen Zusammenhänge jedoch immer mehr ihre strenge Gültigkeit.

2

Um die Nachfrage zu beeinflussen, kann der Staat die Besteuerung von Privatpersonen verändern. Die Wirkung dieser Maßnahmen ist aber umstritten, da Privathaushalte eher dazu neigen, Sparguthaben aufzubrauchen oder anzulegen als ihr Konsumverhalten zu ändern. Auch Unternehmen sollen durch Steuerveränderungen und Änderungen von Abschreibungsmöglichkeiten in ihrem Investitionsverhalten beeinflusst werden.

Abschreibung:
Wertminderung von Sachwerten eines Unternehmens. Hohe Abschreibungen vermindern den Gewinn und damit die zu zahlenden Steuern.

Die staatliche Konjunkturpolitik darf aber nicht isoliert betrachtet werden. So nimmt beispielsweise die Europäische Zentralbank (EZB) im Rahmen ihrer Geldpolitik Einfluss, auch wenn dies nicht Ziel ihrer Arbeit ist. Desgleichen greifen die Tarifparteien mit ihrer Lohnpolitik in das Wirtschaftsgeschehen ein. Und ebenso müssen noch viele angrenzende Bereiche, wie die Sozial- oder die Forschungspolitik, mit einbezogen werden.

Aufgaben

1. Ordnen Sie folgende Sachverhalte danach ein, ob sie sich eher „ankurbelnd" oder eher „dämpfend" auf die Konjunktur auswirken. Begründen Sie Ihre jeweilige Einordnung.
   Der Auftrag für den Neubau einer Schule wird storniert – Erhebung einer Investitionssteuer – Importbeschränkungen für bestimmte Länder werden aufgehoben – wer sich in Neustadt selbstständig machen will, erhält staatliche Finanzhilfen – die Mehrwertsteuer wird erhöht – auf nicht-europäische Produkte werden Zölle erhoben.
2. Erläutern Sie, warum die Wirtschafts- und Konjunkturpolitik „antizyklisch" sein muss.

2.3.6 Wirtschaftliche Folgen der Globalisierung

Wirtschaftspolitik: Globalisierung lässt sich nicht einfach zurückdrehen

Lieferketten in der Corona-Krise

In der Krise glauben viele, dass ein wenigstens teilweiser Rückzug aus der Globalisierung die Lösung sei. Die Krise führt laut Welthandelsorganisation zu einem dramatischen Rückgang des weltweiten Austauschs von Waren und Dienstleistungen. Aber viele Produkte deutscher Maschinenbauer sind so spezialisiert, dass es für sie nur einen Weltmarkt oder aber gar keinen Markt gibt.
Die Globalisierung habe immens viel Gutes bewirkt, behaupten führende Wirtschaftsexpertinnen und -experten. Sie bringe aber systemische Risiken mit sich, mit denen man bisher nicht umgehen könne. Ein Beispiel dafür sei die Finanzkrise von 2008/2009 gewesen, ein zweites sei heutzutage die Corona-Epidemie.

Globalisierung: siehe auch Abschnitt 8.5

Corona-Krise: (auch: COVID-19-Pandemie, Corona-Pandemie): der weltweite Ausbruch der Infektionskrankheit COVID-19 (umgangssprachlich „Corona" bzw. „COVID") mit dramatischen Auswirkungen in vielen Ländern.

Konvertibilität: Austauschbarkeit zum jeweiligen Wechselkurs. Nicht konvertible Währungen besitzen nur im eigenen Land Gültigkeit

Aspekte der Globalisierung
Die rein **ökonomische** (= wirtschaftliche) Globalisierung geht einher mit der **kulturellen** und der **politischen** Globalisierung. **Kulturelle** Globalisierung umfasst den Austausch und das Angleichen von Weltanschauungen, Musik, Mode, kulinarische Vorlieben, Filme, Nachrichten usw. Der Kontakt mit anderen Kulturen bereichert nicht nur unseren Lebensstil, sondern trägt insbesondere zum Verständnis untereinander bei und führte zur Vorstellung des globalen Dorfes (**global village**). Kritiker beanstanden dagegen den zunehmenden Verlust der kulturellen Vielfalt.

Die Corona-Krise hat uns gezeigt, wie anfällig die Weltwirtschaften sind, wenn Lieferketten zusammenbrechen und notwendige Produkte oder Rohstoffe nicht ohne weiteres beschafft werden können. Einerseits wird daher schon seit längerem gefordert, dass Produktionen wieder ins eigene Land zurückgeholt werden müssen, um in Krisenzeiten ein Mindestmaß an Unabhängigkeit von Import und Export zu erhalten. Andererseits wird eine stärkere Vernetzung der Staaten gefordert, da nur gemeinschaftlich den wirtschaftlichen Auswirkungen einer Krise entgegengetreten werden könne. In fast jeder Diskussion über diese Frage taucht eine Begriff auf: Globalisierung. Dieser Begriff beschreibt eine weltweite Entwicklung, die dadurch gekennzeichnet ist, dass in allen Bereichen der Wirtschaft zunehmend internationale Verflechtungen erfolgen. Zwar waren seit jeher Handel und kultureller Austausch ein wesentlicher Bestandteil der Beziehungen zwischen den Ländern, sie erfolgten jedoch zumeist nur über die Nachbarländer. Heute fallen – als Konsequenz der seit Jahrzehnten betriebenen Wirtschaftspolitik – immer mehr Hemmnisse weg.
Die wesentlichen Merkmale der Globalisierung sind dabei:

- **Abbau von Handelsbarrieren (Deregulierung des Weltmarktes):** Die politischen Bemühungen verschiedener Länder führen zu einer verstärkten wirtschaftlichen Zusammenarbeit. Durch die Abschaffung von Zöllen und Einfuhrbeschränkungen sowie die Konvertibilität der Währungen oder gar Einheitswährungen für verschiedene Länder (wie z. B. der Euro) hat das Welthandelsvolumen stark zugenommen. Unternehmen beschaffen ihre Rohstoffe zunehmend im Ausland und setzen ihre Produkte weltweit ab. Durch den verstärkten In- und Export werden das Transportvolumen und der Verkehr erhöht. Damit wächst auch der Energiebedarf sowie der Umwelt- und Ressourcenverbrauch.
- **Fortschritte der Informations- und Kommunikationstechnologien:** Fortschritte im Internet, Intranet usw. ermöglichen die Zusammenarbeit von Firmen oder Fachleuten über weite Distanzen. Informationen sind heute schnell, preisgünstig und unkompliziert zu beschaffen und über Hilfsmittel – wie z. B. Konferenzschaltungen – leicht zu koordinieren. Durch die Vernetzung wird die Arbeitsteilung weltweit intensiviert. Innovationen, Erfindungen und neue Technologien werden schnell verbreitet und weltweit genutzt. Erworbenes

Politik verstehen und handeln ISBN 978-3-582-74132-5

Know-how und der damit verbundene Marktvorteil kann schnell überholt sein.

- **Mobilität der Arbeitsplätze:** Die Produktion im Ausland wird erleichtert, da viele Länder für ausländische Investoren nicht nur steuerliche Nachteile abbauen, sondern solche Investitionen, Zuschüsse oder andere Vergünstigungen fördern. Dadurch erfolgt eine Verlagerung der Produktionsstandorte vor allem in junge Schwellenländer, es entstehen immer mehr transnationale Unternehmen. Damit steigt der Kostendruck auf Löhne und Sozialsysteme insbesondere in den „alten" Industrieländern, in denen eine „schleichende Entindustrialisierung" einsetzt. In den Schwellen- und Entwicklungsländern steigt der Industrialisierungsgrad, jedoch auch die Abhängigkeit vom Weltmarkt. Ebenso der Arbeitsmarkt wird globalisiert: Fachleute werden aus dem Ausland angeworben, Arbeitnehmer wandern in Länder ab, die ihnen bessere Ausbildungs-, Arbeits- und Verdienstmöglichkeiten bieten.
- **Globale Verfügbarkeit des Kapitals:** Durch den zunehmenden weltweiten Handel wird auch das Kapital zunehmend weltweit verfügbar. Durch den raschen Informationsfluss und die Lockerung gesetzlicher Vorschriften kann das Kapital auch dort eingesetzt werden, wo dies früher nicht möglich war. Internationale Geldgeber konzentrieren sich nicht mehr auf die Anlagemöglichkeiten bestimmter Länder. So entstehen neuartige, von den einzelnen Ländern weitgehend losgelöste Strukturen der Finanzmärkte auf denen immer mehr Geschäfte betriebene werden, denen keine Wertschöpfung in der realen Wirtschaft gegenübersteht.

Die **politische** Globalisierung beschreibt das Bestreben, wirtschaftliche Abläufe über die Grenzen des eigenen Landes international zu ordnen und zu regulieren, z. B. durch internationale Wettbewerbsordnungen, Welthandelsorganisationen, Währungsunionen, Zollunionen, Stabilisierungspakte usw.

2

Für die einen ist die Globalisierung die Ursache aller Fehlentwicklungen, für die anderen der Inbegriff neuer Chancen. Feststellen lässt sich, dass die Globalisierung insbesondere für die Industrienationen und die Schwellenländer zunächst einen wachsenden Handel und damit wirtschaftlichen Aufschwung bedeutete. In den letzten Jahren musste man jedoch feststellen, dass diese Vorstellung vom „globalen Dorf" immer weniger der Realität entsprach: Nationale Vorstellung sind nicht so leicht vereinbar, wie gehofft. Es entstehen zunehmend räumliche, wirtschaftliche und politische Konzentrationen (**Megacities**, Großkonzerne, große Staatenverbunde), sodass kleinere von der Globalisierung wenig profitieren. Fachbildung und Know-how ist durch die internationale Vernetzung plötzlich nicht länger das Vorrecht westlicher Industrienationen, so dass die Vorteile durch Qualifikationsunterschiede und damit das Außenhandelsvolumen schmelzen. Gleichzeitig wird ein Land, das stark in die Weltwirtschaft eingebunden ist, zwangsläufig auch anfälliger für globale Krisen.

Die **Nachteile der Globalisierung** führten in den letzten Jahren zu einem Ruf nach nationalstaatlichen Lösungen. Wirtschaftspolitisch bedeutet dies vor allem, dass Handelshemmnisse wie Zölle zwischen den Staaten wieder aufgebaut werden. Ob diese Abschottung die erhoffte Wirkung zeigt, ist abzuwarten. Unstrittig ist, dass die Globalisierung als solches nicht umkehrbar ist. Zu sehr sind die Staaten miteinander verbunden und voneinander abhängig. Deutschland, z. B., ist stärker als viele andere Länder mit der Weltwirtschaft verflochten. Jeder vierte Euro wird im Export verdient, jeder fünfte Arbeitsplatz hängt vom Außenhandel ab.

Aufgaben

1. Stellen Sie eine Liste mit Vor- und Nachteilen der Globalisierung zusammen. Diskutieren Sie im Plenum, welche Seite Ihrer Meinung nach überwiegt.
2. Recherchieren Sie in Zeitungen und im Internet, welchen Verlauf die (Wirtschafts-) Krise in Deutschland genommen hat. Führen Sie auf, welche Maßnahmen ergriffen wurden und welchen Effekt man sich erhoffte.
3. Wenn hier auch die wesentlichen wirtschaftlichen Aspekte thematisiert sind – Globalisierung ist mehr als Weltwirtschaft. Welche Einflüsse der Globalisierung machen sich in Ihrem Alltag bemerkbar? Erstellen Sie in Gruppenarbeit ein Thesenpapier.

METHODE

MINDMAP

Mindmap bedeutet „Gedanken-Landkarte" oder auch „Gedächtnislandkarte".

Ziel einer Mindmap

Gedanken können gesammelt, geordnet und übersichtlich dargestellt werden. Kaum ein Gedanke geht dabei verloren und das Gesammelte kann auf einer Seite abgebildet werden.

Durch die räumliche Einteilung der Mindmap, ähnlich einer Landkarte, kann man sich außerdem die gesammelten Begriffe viel besser einprägen.

Einsatzmöglichkeiten einer Mindmap

Das Erstellen einer Mindmap ist eine Methode, um Einfälle und Ideen zu einem bestimmten Thema festzuhalten. Im Unterricht kann man es z. B. nutzen,

- um Arbeitsergebnisse von Diskussionen, Gruppenarbeiten und Besprechungen festzuhalten,
- einen Vortrag, ein Referat oder eine Hausarbeit zu strukturieren,
- zum Wiederholen und Festigen von Lernstoff.

Eine Mindmap selber machen

Für die erste Mindmap empfiehlt es sich, zunächst ein vertrautes Thema zu wählen, z. B. Ihr Hobby oder das nächste Urlaubsziel.

Die grundlegenden Schritte

1. Zunächst das Thema in die Mitte eines quer gelegten Blattes schreiben.
2. Überlegen Sie sich die wichtigsten Aspekte (Überbegriffe) und schreiben Sie diese auf die Hauptäste. Falls es Ihnen schwer fällt, die wichtigsten Aspekte abzugrenzen, können Sie auch erst einmal Begriffe auf Karten sammeln oder später eine zweite Mindmap zum gleichen Thema erstellen.
3. Notieren Sie Ihre Gedanken, wie sie kommen. Passt der Begriff zu einem Überbegriff, dann hängen Sie an den Hauptast einen Nebenast an. Lässt sich der Begriff nicht zuordnen, bilden Sie einen neuen Hauptast. Auch die Nebenäste können sich weiter verästeln. Schreiben Sie möglichst auf den Linien und ziehen Sie die Striche geradlinig, damit die Übersichtlichkeit erhalten bleibt. Möglichst wenige Stichworte auf einen Ast.
4. Im letzten Schritt verfeinern und verbessern Sie Ihre Mindmap nochmals. Sie können auch Bilder einfügen. Beachten Sie aber immer folgenden Grundsatz: je weniger Text, desto mehr Übersichtlichkeit.

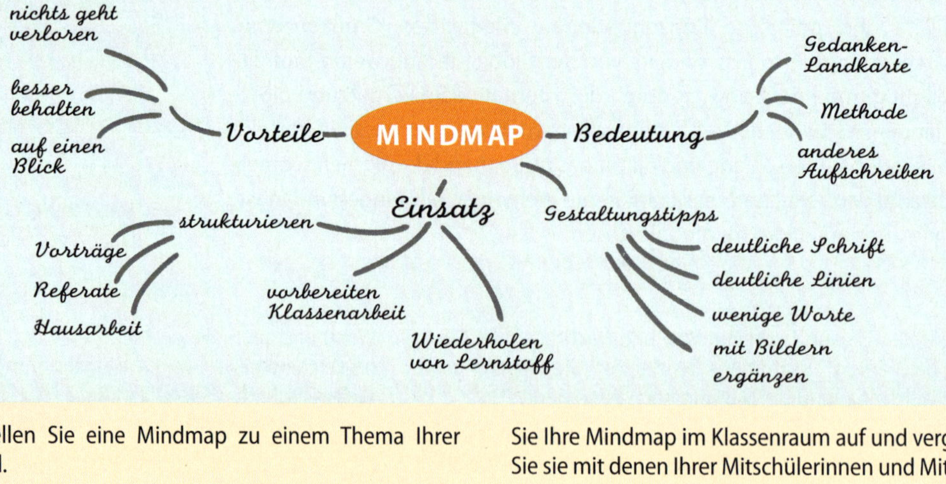

Aufgaben

1. Erstellen Sie eine Mindmap zu einem Thema Ihrer Wahl.
2. Üben Sie den Lernstoff zum Thema **Kapitalgesellschaften**, indem Sie eine Mindmap erstellen. Hängen Sie Ihre Mindmap im Klassenraum auf und vergleichen Sie sie mit denen Ihrer Mitschülerinnen und Mitschüler.

3

SOZIALPOLITIK UND STRUKTURWANDEL

3.1 SOZIALPOLITIK IN DER BUNDESREPUBLIK

3.1.1 Sozialstaat – Sozialpolitik – soziale Sicherung

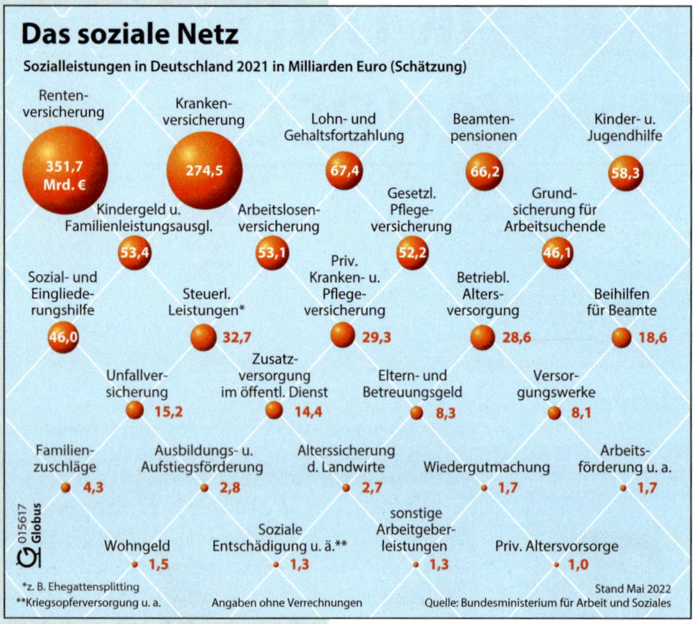

Die Bundesrepublik Deutschland ist ein **Sozialstaat** (siehe auch Abschnitt 5.2.3). D.h., sie ist einerseits ein demokratischer Staat, der die Einhaltung der Grundrechte, der persönlichen und der wirtschaftlichen Freiheit zusichert (Rechtsstaat). Andererseits werden diese Freiheiten gesetzlich eingeschränkt, um soziale Gegensätze und Spannungen in gewissem Maße auszugleichen.

Die Gesamtheit der rechtlichen, finanziellen und materiellen Maßnahmen mit sozialem Hintergrund bezeichnet man als **Sozialpolitik.** Sie beinhaltet alle politischen und gesetzgeberischen Aktivitäten, deren Ziel es ist,

- die Bürger gegen existenzbedrohende Risiken abzusichern,
- sozial Schwächere zu schützen und
- die Lebenssituation zu verbessern.

Die Grundsätze des **Sozialgesetzbuches (SGB)** basieren auf den Artikeln 1 und 20 des Grundgesetzes (GG):

Artikel 1 Absatz 1 GG
(Schutz der Menschenwürde): Die Würde des Menschen ist unantastbar. Sie zu schützen und zu achten ist Verpflichtung aller staatlichen Gewalt.

Artikel 20 Absatz 1 GG
(Verfassungsgrundsätze): Die Bundesrepublik Deutschland ist ein demokratischer und sozialer Bundesstaat.

Das geltende Recht ist in den zwölf Teilen des Sozialgesetzbuches festgelegt (SGB I bis SGB XII).

Das Ziel des Sozialstaates und seiner Sozialpolitik ist die **soziale Sicherung** seiner Bürgerinnen und Bürger. Teils wird dies durch ein gesetzlich vorgeschriebenes Versicherungssystem – die Sozialversicherung – realisiert. Der Anspruch auf Leistungen basiert hier auf der vorherigen Zahlung von Beiträgen. Aber auch direkt vom Staat gezahlte Sozialleistungen können in Anspruch genommen werden. Bei diesen sogenannten Transferleistungen geht keine Zahlung von Beiträgen voran.

In der Bundesrepublik Deutschland spricht man von den **drei Säulen des sozialen Sicherungssystems:**

Soziale Sicherung		
Soziale Versorgung	**Sozialfürsorge**	**Gesetzliche Sozialversicherung**
• Kinder- und Elterngeld • Wohngeld • Bundesausbildungsförderung (BAföG) • Kriegs- und Gewaltopferversorgung	• Sozialhilfe • Jugendhilfe	• Krankenversicherung • Pflegeversicherung • Arbeitslosenversicherung • Rentenversicherung • gesetzliche Unfallversicherung

Politik verstehen und handeln ISBN 978-3-582-74132-5

Diese drei Säulen bilden ein **soziales Netz**, das die Einwohner der Bundesrepublik auffangen soll, die sich in einer sozialen oder finanziellen Notlage befinden und sich nicht aus eigener Kraft helfen können. So soll ein Mindestmaß an sozialer Sicherheit garantiert werden.

Finanziert wird das soziale Netz durch die **Solidargemeinschaft**, d. h., der Stärkere tritt für den Schwächeren ein. Konkret bedeutet dies, dass jeder, der ein finanzielles Auskommen besitzt, über Steuern und Abgaben einen Beitrag zur Solidargemeinschaft leisten muss. Der größte Teil der Kosten wird dabei von den Arbeitnehmern und Arbeitgebern über die Sozialversicherungsbeiträge aufgebracht. Durch Zuschüsse aus Steuereinnahmen wird nur ungefähr ein Fünftel der notwendigen Mittel gedeckt.

Sozialversicherungsbeiträge (Stand: 2023)

	gesamt	Arbeitnehmeranteil	Arbeitgeberanteil
Krankenversicherung			
allgemeiner Beitragssatz	14,6 %	7,3 %	7,3 %
ermäßigter Beitragssatz	14,0 %	7,0 %	7,0 %
Zusatzbeitrag	durchschnittl. 1,6 %	durchschnittl. 0,8 %	durchschnittl. 0,8 %
Pflegeversicherung* (ohne Kinder)	4 %	2,3 %	1,7 %
mit 1 Kind	3,4 % (lebenslang)	1,7 %	1,7 %
mit 2 Kindern	3,15 %	1,45 %	1,7 %
mit 3 Kindern	2,9 %	1,2 %	1,7 %
mit 4 Kindern	2,65 %	0,98 %	1,7 %
mit 5 Kindern und mehr	2,4 %	0,7 %	1,7 %
Rentenversicherung	18,6 %	9,3 %	9,3 %
Arbeitslosenversicherung	2,6 %	1,3 %	1,3 %
Unfallversicherung	je nach Gefahrenklasse des Betriebs	-	gesamt

* nur Sachsen: AN: 2,8 % und Staffelung nach Kindern, AG: 1,2 %

Kranken- Pflege-, Arbeitslosen- und Rentenversicherung werden von Arbeitgebern und Arbeitnehmern gemeinsam getragen, die gesetzliche Unfallversicherung zahlt der Arbeitgeber allein.

Die Kostensteigerung der Sozialleistungen bildet derzeit ein großes Problem. So reichen z. B. die Einnahmen aus den Sozialversicherungen nicht, um die anfallenden Kosten zu decken. Die Ursachen dieser Kostenexplosion sind vielfältig und eng miteinander verwoben, z. B.

- steigende Kosten im Gesundheitswesen durch höhere Arzneimittelpreise und -verbrauche, höhere Kosten für Heilbehandlungen usw.,
- erhöhte Ansprüche bei weniger Eigenverantwortung der Versicherten,
- steigender Anteil älterer Menschen,
- hohe Arbeitslosenzahlen,
- höhere Lebenshaltungskosten.

Trotz aller sozialen Sicherungen fallen aber immer noch viele Menschen durch das „soziale Netz". Die Armutsgefährdung in Deutschland ist in den letzten Jahren eher gestiegen. So waren laut des Statistischen Bundesamtes (Stand: Mai 2023) im Jahr 2022 über 17,3 Millionen Menschen von Armut oder sozialer Ausgrenzung bedroht. Das waren 20,9 % der Bevölkerung. Z. B. Alleinlebende mit einem Mindesteinkommen von ca. 1145 € monatlich und Familien mit zwei Kindern unter 14 mit 2410 € Monatseinkommen.

Aufgaben

1. Erklären Sie die Begriffe „Sozialstaat", „Sozialpolitik" und „Solidargemeinschaft".
2. Betrachten Sie das Schaubild „Das soziale Netz" am Beginn des Kapitels.
   a) Ermitteln Sie, welche Summe (in €) insgesamt für die Sozialleistungen aufgebracht werden musste.
   b) Nennen Sie die drei Sozialleistungen, die die höchsten Ausgaben erforderlich machten.
   c) Ordnen Sie den drei Säulen der sozialen Sicherung die im Schaubild gezeigten Leistungen zu. Errechnen Sie, welche Beträge sich für die einzelnen Säulen ergeben.
3. Überlegen Sie, in welcher Form Ihre Familie Transfer- bzw. Sozialleistungen in Anspruch genommen hat.

   Prüfen Sie, ob Sie in diesen Fällen etwas zur Kostendämpfung hätten tun können.

3.1.2 Gesetzliche Krankenversicherung

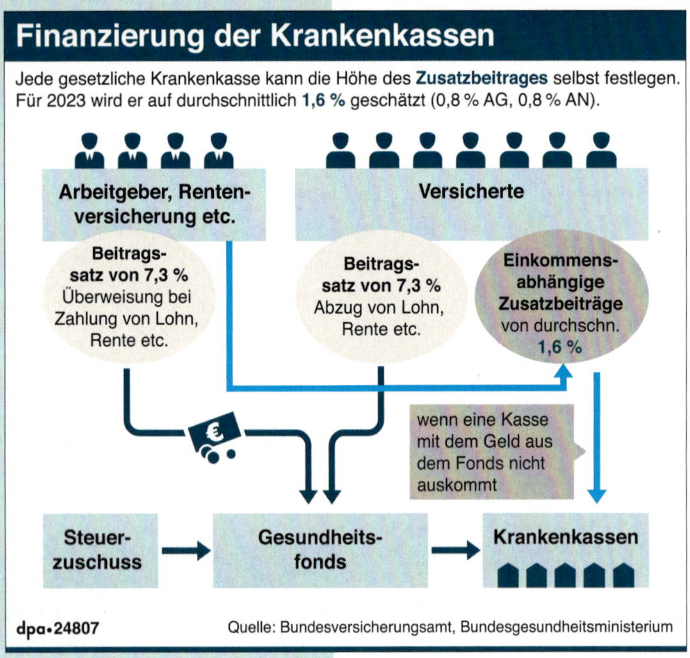

Krankheiten und Verletzungen sind jederzeit möglich. Nur die wenigsten von uns könnten sich die teuren medizinischen Behandlungen und Medikamente leisten. Gesundheit wäre so nur den „Reichen" vorbehalten. Damit wir auch im Krankheitsfall finanziell abgesichert sind, besteht die Pflicht zur Krankenversicherung, solange das Einkommen unterhalb eines festgelegten Bemessungssatzes liegt.

In der gesetzlichen Krankenversicherung wird daher zwischen Pflichtversicherten, freiwillig Versicherten und Familienversicherten unterschieden.

- **Pflichtversicherte** sind vor allem Arbeitnehmer mit einem Entgelt unterhalb der Bemessungsgrenze, Rentner, Arbeitslose, Studenten, Künstler.
- **Familienversicherte** sind Kinder und Ehegatten eines Pflichtversicherten, die über kein eigenes sozialversicherungspflichtiges Einkommen verfügen.
- **Freiwillig versichert** ist, wer nach dem Gesetz zwar nicht pflichtversichert ist, aber dennoch in eine gesetzliche Krankenkasse eintritt. Dies geht aber nur, wenn man direkt vorher bereits Mitglied einer gesetzlichen Krankenkasse war.

Unter **Krankheit** ist ein regelwidriger körperlicher oder geistiger Zustand zu verstehen, der entweder lediglich die Notwendigkeit ärztlicher Behandlung oder zugleich (in Ausnahmefällen auch allein) Arbeitsunfähigkeit zur Folge hat.
(Quelle: Bundesarbeitsgericht)

Versichern kann man sich bei einer der Allgemeinen Ortskrankenkassen (AOK). Sie sind jeweils für eine bestimmte Region zuständig, die von der entsprechenden Landesregierung bestimmt wird. Es besteht aber auch die Möglichkeit, in eine der verschiedenen Ersatzkassen einzutreten. Dabei besteht am Wohn- oder Beschäftigungsort eine Wahlfreiheit für den Versicherten – AOK und Ersatzkassen dürfen, anders als private Krankenkassen, die Aufnahme nicht ablehnen. Die Wahl einer Betriebs- oder Innungskrankenkasse dagegen ist nur möglich, wenn die Satzung der Kasse dies zulässt.

Hinweis:
Der Vergleich von Krankenkassen kann sich lohnen. Die Kassen erheben unterschiedliche Zusatzbeiträge, das kann sparen helfen. Dabei sollte aber auch unbedingt berücksichtigt werden, ob und welche Leistungen über den festen Leistungskatalog hinaus bezahlt werden.

Der einheitliche Beitragssatz wird jährlich angepasst. Je nach Bedarf kann eine Krankenkasse einen einkommensabhängigen Zusatzbeitrag erheben, der von den Arbeitnehmern und Arbeitgebern zu gleichen Teilen getragen wird und direkt mit dem Krankenkassenbeitrag eingezogen wird. Der durchschnittliche Zusatzbeitrag liegt bei 1,6 % (Stand: 2023).

Politik verstehen und handeln ISBN 978-3-582-74132-5

Die Leistungen der Krankenkassen sind zu ungefähr 95 % durch den so genannten **Pflichtleistungskatalog** gesetzlich vorgeschrieben. Der Pflichtleistungskatalog enthält alle gängigen, anerkannten Behandlungsmethoden, die nötig sind, um eine Krankheit zu heilen, chronische Leiden zu mindern oder Krankheiten durch Vorsorge zu verhindern und somit die medizinische Grundversorgung abzudecken.

Bemessungsgrenzen (Stand 01.01.2023)		
	West	***Ost***
Beitragsbemessungsgrenze Kranken- und Pflegeversicherung	4.987,50 €	
Versicherungspflichtgrenze Kranken- und Pflegeversicherung	4.987,50 €	
Beitragsbemessungsgrenze Arbeitslosen- und Rentenversicherung	7.300,00 €	7.100,00 €
Geringfügigkeitsgrenze Minijob	520 €	
Geringverdienergrenze mit vermindertem Beitragssatz (Übergangsbereich)	520,01 € bis 2.000,00 €	

Im Wesentlichen unterscheiden sich die gesetzlichen Krankenkassen daher in den angebotenen **Zusatzleistungen** und im Service. Hierzu gehören Behandlungsmethoden, Therapien und Operationstechniken, die noch nicht in den Pflichtkatalog aufgenommen wurden. Auch finanzielle Zuschüsse für Gesundheitskurse gehören häufig zu den Zusatzleistungen. Welche Kasse dabei „die Beste" ist, kommt auf den Einzelfall an.

Seit zehn Jahren wird an der Einführung der neuen elektronischen **Gesundheitskarte** gearbeitet. Inzwischen sind die meisten Versicherten zwar mit der neuen Karte ausgestattet, die angekündigten Funktionen können aber noch nicht genutzt werden. Zurzeit sind hier nur Daten abgespeichert, die auch von außen abgelesen werden können: Name, Geburtsdatum, Krankenkasse, Versicherungsnummer und Zuzahlungsstatus. Seit 2021 kann auch der Medikationsplan elektronisch auf der Gesundheitskarte abgespeichert werden, wenn der Patient dies wünscht. So können Basisdaten für Notfälle (z. B. Allergien, Blutgruppe usw.), aber auch Diagnosen und Therapien bis hin zu eignen Daten (z. B. ein Tagebuch über Blutzuckermessung) gespeichert und den behandelnden Ärzten zugänglich gemacht werden. Die Gesundheitskarte beinhaltet auch die europäische Krankenversicherungskarte (EHIC), die die Inanspruchnahme ärztlicher Leistungen in den EU-Ländern ermöglicht.

Die Gesundheitskarte ist dennoch bei Medizinern und Datenschützern sehr umstritten. Es werden vor allem Fehldiagnosen und -behandlungen durch fehlerhafte Dateneingaben sowie ein Datenmissbrauch durch Dritte befürchtet.

Zusätzlich bieten Ärzte **individuelle Gesundheitsleistungen (IGeL)** an, die jedoch komplett selbst bezahlt werden. Diese lassen sich häufig durch Zusatzversicherungen abdecken. Ob dies sinnvoll ist, kann jedoch nur für den Einzelfall entschieden werden.

Bei der Kranken- und Pflegeversicherung muss man zwischen **zwei Bemessungsgrenzen** unterscheiden. Die Beitragsbemessungsgrenze ist der Höchstbetrag für die Berechnung des Beitrages. Die Versicherungspflichtgrenze ist die Höhe des sozialversicherungspflichtigen Einkommens, die überschritten werden muss, um von der Pflichtversicherung in eine private Krankenversicherung zu wechseln. Diese Grenze muss allerdings mindestens für ein Jahr überschritten worden sein.

3

Aufgaben

1. Erklären Sie die Funktionsweise der Finanzierung der Krankenkassen in eigenen Worten.
2. Stellen Sie dar, um welche Art von Versicherten es sich handelt:
   - Herr Grosner, selbstständiger Handwerker, Mitglied der AOK,
   - Thomas, Schüler, die Eltern sind beide bei einer Ersatzkasse versichert,
   - Rieke, Auszubildende im 3. Lehrjahr, die Eltern sind beide bei der AOK versichert.
3. a) Informieren Sie sich, unter welchen Bedingungen Sie Ihre Krankenkasse wechseln können.
   b) Nennen Sie Kriterien, die für Sie bei der Auswahl der Krankenkasse von Bedeutung sind.
4. Auch nach der Einführung der Gesundheitskarte steht diese in der Diskussion. Informieren Sie sich, welche Argumente Befürworter und Kritiker der Gesundheitskarte anführen, und stellen Sie diese in der Klasse dar.

3.1.3 Im Krankheitsfall

Teilweise arbeitsunfähig:
Eine Ausnahme gilt für den Schulunterricht. So kann der Arzt z. B. eine Befreiung nur für den Sportunterricht ausstellen.

Entgeltfortzahlungsgesetz §5
(Anzeige- und Nachweispflicht):
(1) Der Arbeitnehmer ist verpflichtet, dem Arbeitgeber die Arbeitsunfähigkeit und deren voraussichtliche Dauer unverzüglich mitzuteilen. Dauert die Arbeitsunfähigkeit länger als drei Kalendertage, hat der Arbeitnehmer eine ärztliche Bescheinigung [...] spätestens an dem darauf folgenden Arbeitstag vorzulegen. Der Arbeitgeber ist berechtigt, die Vorlage der ärztlichen Bescheinigung früher zu verlangen.

Nicht jede Krankheit hat arbeitsrechtlich eine Bedeutung. Erst wenn die Erkrankung so schwerwiegend ist, dass der Arbeitnehmer seine Arbeit gar nicht mehr ausführen kann oder die Krankheit durch die Arbeit schlimmer werden könnte, spricht man von Arbeitsunfähigkeit. Es kann also durchaus sein, dass eine Erkrankung für den einen Arbeitnehmer **Arbeitsunfähigkeit** bedeutet, für einen anderen jedoch nicht. Mit einer gebrochenen linken Hand kann eine Schreibkraft ihre Arbeit kaum ausführen. Für andere Berufe muss dies keine wesentliche Behinderung in der Arbeit darstellen.

Es gibt aber **keine teilweise Arbeitsunfähigkeit**. Es gilt das Prinzip „ganz oder gar nicht". Selbst wenn man eigentlich in der Lage wäre, z. B. einige Stunden am Tag zu arbeiten, kann der Arbeitgeber dies nicht verlangen.

Bei einer Erkrankung muss der Arbeitgeber **sofort** benachrichtigt werden. Eine bestimmte Form ist dafür nicht vorgeschrieben – sie kann telefonisch, elektronisch oder schriftlich erfolgen. Versäumt man dies, muss man mit einer Abmahnung rechnen. Ob der Arbeitgeber bereits für den ersten Krankheitstag ein ärztliches Attest von seinen Mitarbeitern fordert, kann er selbst entscheiden. Das Gesetz schreibt aber vor, dass ein Attest spätestens nach drei Kalendertagen vorzulegen ist. Es muss also zwischen der gesetzlichen und der betrieblichen Regelung unterschieden werden. Die betriebliche Regelung hat in den ersten drei Kalendertagen der Arbeitsunfähigkeit vor der gesetzlichen Regelung Vorrang.

Politik verstehen und handeln ISBN 978-3-582-74132-5

Da das Gesetz ausdrücklich von drei Kalendertagen spricht, müssen auch arbeitsfreie Tage mitgerechnet werden, d. h.:

Arbeitsunfähig		
Montag – Mittwoch	3 Arbeitstage = 3 Kalendertage	keine Arbeitsunfähigkeitsbescheinigung notwendig
Freitag – Montag	2 Arbeitstage = 4 Kalendertage	spätestens Montag muss eine Arbeitsunfähigkeitsbescheinigung vorgelegt werden

Das vom Arzt ausgestellte Attest besteht aus zwei Blättern. Das vordere Blatt, in dem neben der Dauer auch der Grund der Krankschreibung vermerkt ist, muss umgehend an die Krankenkasse gesandt werden. Im zweiten Blatt ist die Krankheitsursache nicht eingetragen, sondern lediglich die Dauer der Krankschreibung. Dieses Blatt muss so schnell wie möglich dem Arbeitgeber zugestellt werden.
Die Zeit der Krankschreibung dient ausschließlich der Erholung, damit die Arbeitsfähigkeit wiederhergestellt wird. Auch wenn ein Arbeitsunfähigkeitsattest – je nach der Art der Krankheit – keinen Bettliegezwang oder Hausarrest bedeutet, ist der Kranke doch verpflichtet, sich zu schonen. Arbeiten jeglicher Art – egal ob als Freundschaftsdienst oder gegen Bezahlung – und andere Unternehmungen, die einem schnellen Gesunden hinderlich sind, können ein Entlassungsgrund sein.

Hinweis:
Der Arbeitgeber hat das Recht, schon ab dem ersten Krankheitstag eine ärztliche Bestätigung der Krankheit zu fordern. Sie wird aber von den meisten Arbeitgebern nur in Ausnahmefällen gefordert, wenn z. B. ungewöhnlich viele Kurzfehlzeiten auftreten oder ein missbräuchlicher Umgang mit den Krankmeldungen vermutet wird.

3

Auch wer während seines Urlaubes erkrankt, sollte seinem Arbeitgeber hierüber ein Attest vorlegen. Die Zeit der Krankschreibung wird dann nicht als Urlaub angerechnet und die durch Krankheit verloren gegangenen Tage können zu einem anderen Zeitpunkt nachgeholt werden.
Während einer Krankheit ist der Arbeitgeber verpflichtet, das Entgelt weiterhin zu zahlen, wenn der Arbeitnehmer wenigstens vier Wochen ununterbrochen bei ihm beschäftigt war. Diese Entgeltfortzahlung wird per Gesetz jedoch auf sechs Wochen beschränkt. Ab der siebten Krankheitswoche zahlt stattdessen die Krankenkasse ein Krankengeld. Es beträgt 70 % des Bruttoentgelts (maximal jedoch 90 % des Nettoentgelts). Vom Krankengeld werden noch die Sozialversicherungsanteile für Renten-, Arbeistlosen- und Pflegeversicherung abgeführt. Krankenversicherungsanteile müsen nicht entrichtet werden.

Der §5 des Entgeltfortzahlungsgesetzes gilt auch für eine entsprechend nachgewiesene **Erkrankung im Ausland.**

Sportunfälle gelten nicht als selbst verschuldet, es sei denn, das eigene Leistungsvermögen wurde offensichtlich überschritten. Dies kann nur im Einzelfall geprüft werden.

Arbeitgeber und Krankenkasse dürfen aber ihre Zahlungen verweigern, wenn
- die Benachrichtigung über die Krankheit bzw. das Attest vom Arbeitnehmer nicht fristgerecht vorgelegt wurde,
- der Arbeitnehmer die Krankheit grob fahrlässig verschuldet hat (z. B. Trunkenheit am Steuer, gestellte Sicherheitsbekleidung wurde nicht angezogen).

Aufgaben

1. Betrachten Sie die Abbildung am Beginn des Abschnitts. Beurteilen Sie, ob hier ein Attest nötig ist.
2. Nicole hat eine Urlaubsreise gebucht. Während der Reise erkrankt sie und muss vorzeitig nach Hause zurückkehren. Erläutern Sie, was sie tun muss, um den Urlaubsanspruch zu erhalten.
3. Ein Alkoholiker nimmt an einer vierwöchigen Entziehungskur teil. Nehmen Sie Stellung zu der Frage, ob ihm sein Arbeitgeber das Entgelt fortzahlen muss. Begründen Sie Ihre Meinung und diskutieren Sie diese in der Klasse.
4. Frau Werner ist bei einer Ersatzkasse versichert, möchte sie aber noch in diesem Jahr wechseln. Erklären Sie Frau Werner, unter welchen Voraussetzungen dies möglich ist und was sie unternehmen muss.

3.1.4 Die Pflegeversicherung

Die gesetzliche Grundlage der Pflegeversicherung bildet das elfte Buch des Sozialgesetzbuches (SGB XI).

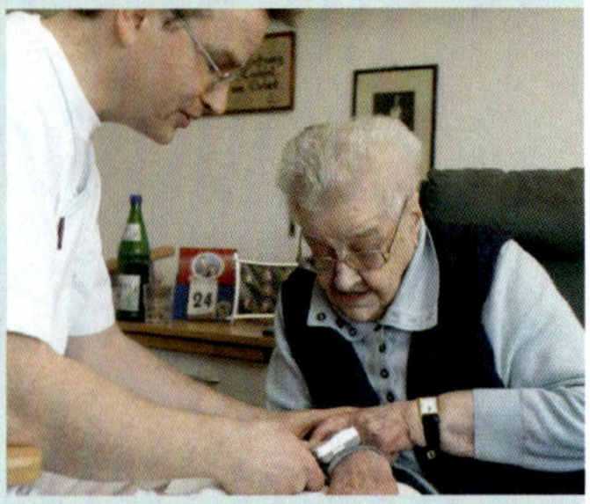

Bei der Versicherungspflicht gilt der Grundsatz: **„Pflegeversicherung folgt Krankenversicherung"**. Als Pflichtversicherter ist man also automatisch bei seiner Krankenkasse auch pflegeversichert. Lediglich freiwillig Versicherte haben die freie Wahl der Pflegekasse.

Beitragssätze zur Pflegeversicherung: siehe Seite 103.

Als **längere Zeit** gelten mehr als sechs Monate.

Die Begutachtung erfolgt nicht automatisch, sondern muss beantragt werden.

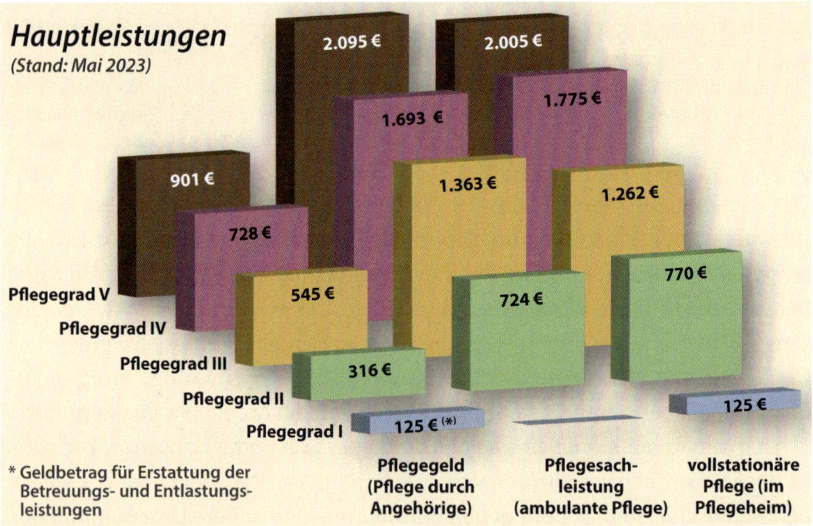

Die Pflegeversicherung wurde als jüngster Zweig unserer Sozialversicherung am 1. Januar 1995 eingeführt. Ihre Leistungen sollen pflegebedürftigen Menschen trotz ihres Hilfebedarfes ein möglichst selbstständiges und menschenwürdiges Leben ermöglichen.

Als **pflegebedürftige Person** gilt, wer auf Dauer oder für längere Zeit in erheblichem Maße Hilfe benötigt, um das tägliche Leben bewältigen zu können. Wurden bei der Einführung der Pflegeversicherung lediglich die körperlichen Einschränkungen begutachtet, so werden durch das Pflegestärkungsgesetz II, das 2017 in Kraft tritt, geistige und körperliche Gebrechen in das Begutachtungssystem einbezogen.

Die Begutachtung zur Festlegung der Pflegebedürftigkeit erfolgt durch den medizinischen Dienst der Krankenkassen. Dabei wird eingeschätzt, wie selbstständig die Person ohne Hilfe und Unterstützung anderer zurechtkommt – dies im Hinblick auf:

- Mobilität (z. B. Treppen steigen),
- geistige und kommunikative Fähigkeiten (z. B. örtliche und zeitliche Orientierung),
- Verhalten (z. B. nächtliche Unruhe, autoaggressives Verhalten),
- Selbstversorgung (z. B. Körperpflege, Ernährung),
- Umgang mit Erkrankung und Belastungen (z. B. Therapieeinhaltung, Medikation, Arztbesuche),
- soziale Kontakte (z. B. Gestaltung des Tagesablaufs).

Für jeden Bereich werden je nach Beeinträchtigung Punkte vergeben, diese unterschiedlich gewichtet, addiert und so eine Gesamtpunktzahl errechnet und damit der Pflegegrad festgelegt.

Pflegegrad	*Beschreibung*
1	geringe Beeinträchtigung der Selbstständigkeit
2	erhebliche Beeinträchtigung der Selbstständigkeit
3	schwere Beeinträchtigung der Selbstständigkeit
4	schwerste Beeinträchtigung der Selbstständigkeit
5	schwerste Beeinträchtigung der Selbstständigkeit mit besonderen Anforderungen an die pflegerische Versorgung

Politik verstehen und handeln ISBN 978-3-582-74132-5

Da die Selbstständigkeit möglichst lange erhalten bleiben soll, gelten bei der Bewilligung der Leistungen zwei Grundsätze:

- **Prävention und Rehabilitation gehen vor Pflege**, und
- **ambulante Pflege geht vor stationärer Pflege.**

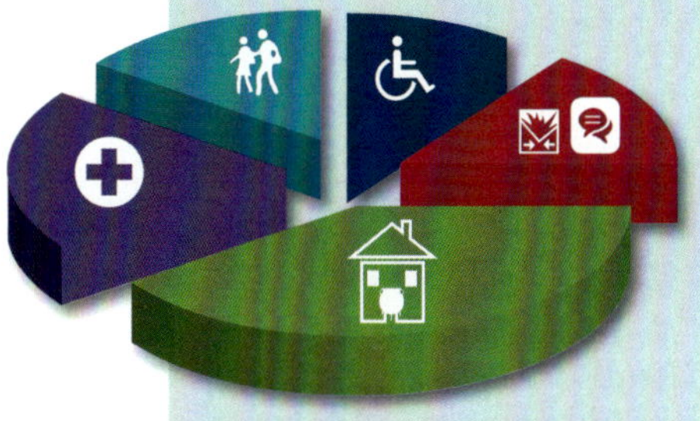

(© KV-media – www.kv-media.de)

- Modul 1 - Mobilität (10 %)
- Modul 2 oder 3 - Kognitiv / Verhalten (15 %)
- Modul 4 - Selbstversorgung (40 %)
- Modul 5 - Behandlung / Therapie (20 %)
- Modul 6 - Alltagsgestaltung (15 %)

Pflegebedürftige in häuslicher Pflege können für die Inanspruchnahme von Pflegediensten oder anderen anerkannten Angeboten zur Unterstützung im Alltag einen Zuschuss (Entlastungsbetrag) erhalten. Pflegebedürftigen der Pflegegrade 2 bis 5 stehen zudem

- Sachleistungen (z. B. Pflege durch Sozialstationen) oder
- Geldleistungen (z. B. für die Pflege durch Angehörige) zu.

Die Höhe der Leistungen ist je nach Pflegegrad gestaffelt; auch eine Kombination ist möglich. Die Pflegeversicherung beteiligt sich auch an den Kosten für eine Urlaubs- oder Krankheitsvertretung der pflegenden Person (Verhinderungspflege).

3

Der Großteil der häuslichen Pflege wird von Familienangehörigen geleistet, die dann häufig ihre Arbeitsstunden reduzieren oder gar auf eine eigene Berufstätigkeit verzichten müssen. Die Pflegeversicherung übernimmt daher ab einer erforderlichen Pflegetätigkeit von 10 Stunden wöchentlich die Rentenversicherung. Auch die Arbeitslosenversicherung wird übernommen, sofern unmittelbar vor der Pflegetätigkeit eine Versicherungspflicht bestanden hat. Beide Ansprüche müssen vom medizinischen Dienst bestätigt werden. In der Laienpflege erfolgen daher auch mehrmals jährlich Besuche durch ausgebildetes Fachpersonal. Dieser Besuch dient in erster Linie der Beratung der pflegenden Person. Lehnt sie einen solchen Besuch ab, führt das zum Wegfall des Pflegegeldes.

Prävention: Vorsoge

Rehabilitation:
Maßnahmen, die helfen, Pflegebedürftigkeit zu überwinden oder Verschlimmerung zu vermeiden

Bei den Rückforderungen gilt – wie in der gesamten Sozialhilfe – das Prinzip der „Hilfe nach der Besonderheit des Einzelfalles". Ihre Höhe richtet sich also nach dem Selbstbehalt, den finanziellen Verpflichtungen usw. des Angehörigen.

Ist die Betreuung im Heim notwendig, zahlt die Pflegekasse je nach Pflegegrad einen festgelegten Pflegesatz. Der Pflegebedürftige zahlt einen einrichtungseinheitlichen Eigenanteil (EEE) der von seinen Einkünften (z. B. durch die Rente) gedeckt wird. Dabei bleibt ein sogenannter Selbstgehalt („Taschengeld") unangetastet. Reichen die Einkünfte nicht, wird der Restbetrag von der Sozialhilfe übernommen. In diesem Fall wird dann an die Angehörigen in gerader Linie (d. h. Eltern-Kind-Beziehung) mit einer Rückforderung herangetreten.

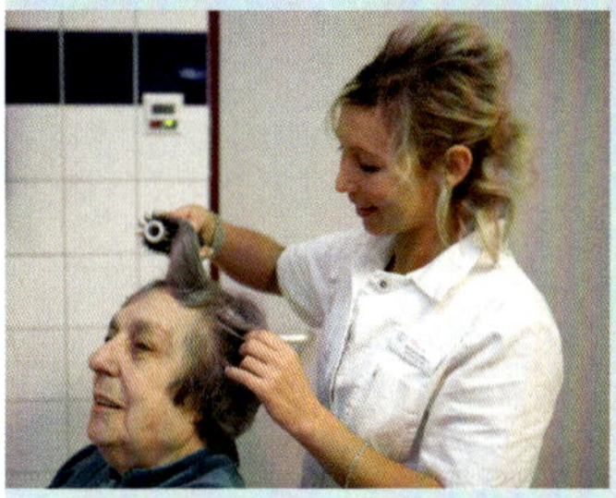

Pflegeeinrichtungen werden einmal pro Jahr vom medizinischen Dienst der Krankenversicherungen unangemeldet überprüft und bekommen eine Note. Verbraucherschutzverbände halten diese Noten jedoch nicht für aussagekräftig genug. Bei der Auswahl eines Heimes sollte man daher immer auch eigene Kriterien festlegen und sich einen eigenen Eindruck verschaffen.

Aufgaben

1. Ermitteln Sie die aktuelle Zahl der pflegebedürftigen Personen. Stellen Sie den prozentualen Anteil der Pflegebedürftigen, die zu Hause versorgt werden, dem Anteil der im Heim gepflegten Personen gegenüber.
2. Durch das Pflegestärkungsgesetz II werden körperliche und geistige Einschränkungen gleichgestellt. Begründen Sie, warum diese Umstellung Ihrer Meinung nach erforderlich war.
3. Nennen Sie den Versicherungsgrundsatz für die Kranken- und Pflegeversicherung. Diskutieren Sie im Plenum, welcher Grund für die Einführung dieses Grundsatzes bestand.

3.1.5 Die Rentenversicherung

Grundlage der gesetzlichen Rentenversicherung ist das sechste Buch des Sozialgesetzbuches (SGB VI). Die steuerlichen Aspekte der Alterssicherung werden durch das Alterseinkünftegesetz geregelt.

Bereits seit 1889 schützt die gesetzliche Rentenversicherung ihre Versicherten bei Minderung oder Gefährdung ihrer Erwerbsfähigkeit, im Alter und bei Tod deren Hinterbliebene. Durch sie sollte den Ruheständlern ermöglicht werden, ihren Lebensstandard aufrechtzuerhalten und vom steigenden Wohlstand zu profitieren. Träger der gesetzlichen Rentenversicherung ist die Deutsche Rentenversicherung.

Man unterscheidet zwei Arten von Versicherten:

	Rentenart (gesetzliche Rentenversicherung)	*Mindestversicherungszeit (Wartezeit)*	*Voraussetzungen*
Altersrente	Regelaltersrente	5 Jahre	mindestens 67 Jahre
	Altersrente für besonders langjährig Versicherte	45 Jahre	mindestens 65 Jahre
	Altersrente für langjährig Versicherte	35 Jahre	mindestens 67 Jahre
	Altersrente für Schwerbehinderte	35 Jahre	mind. 50 % Schwerbehinderung oder Berufs- oder Erwerbsunfähigkeit
Hinterbliebenenrente	Witwen-/Witwerrente	5 Jahre Wartezeit oder bereits Rentenbezug des Verstorbenen	kein Rentensplitting
	Waisenrente		bis zur Volljährigkeit oder bis zum Ende der Schul-/Berufsausbildung
	Erziehungsrente	5 Jahre	Erziehung eines mit dem Verstorbenen gemeinsamen Kindes
Erwerbsminderungsrente	Rente wegen teilweiser Erwerbsminderung	5 Jahre, davon mind. 3 in den letzten 5 Jahren vor Eintritt der Erwerbsminderung	max. 3 bis 6 Stunden tägliche Arbeitszeit gesundheitlich zumutbar
	Rente wegen voller Erwerbsminderung		weniger als 3 Stunden tägliche Arbeitszeit gesundheitlich zumutbar

- **Pflichtversicherte:** Zu ihnen gehören
  - alle Arbeitnehmer mit einem Gehalt innerhalb der Bemessungsgrenzen (vergleiche Kapitel 3.1.2),
  - Behinderte, die in einer Behindertenwerkstätte arbeiten,
  - bestimmte Selbstständige (z. B. Handwerker, Künstler und freiberufliche Hebammen),
  - Eltern während der Kindererziehungszeit,
  - Personen, die einen Pflegebedürftigen wöchentlich mindestens 14 Stunden nicht erwerbsmäßig pflegen.
- **Freiwillig Versicherte:** Jeder, der nicht gesetzlich versichert ist und das 16. Lebensjahr vollendet hat, kann der Rentenversicherung freiwillig beitreten. Dies sind vor allem Selbstständige und Hausfrauen bzw. Hausmänner.

Mütterrente:
Sie ist keine eigene Rente, vielmehr erhöht sie die reguläre staatliche Rente, weil Kindererziehungszeiten angerechnet werden.

Tritt ein Rentenversicherungsfall ein, wird die Rente nicht automatisch ausgezahlt. Sie muss **immer** bei der zuständigen Versicherungsanstalt beantragt werden. Das System der gesetzlichen Rentenversicherung ist auf dem Prinzip des Generationenvertrages (vergleiche Kapitel 3.1.6) aufgebaut. Doch durch die sinkende Bevölkerungszahl und die hohe Arbeitslosigkeit gibt es immer weniger Beitragszahler. Der Generationenvertrag verliert mehr und mehr seine Funktionsfähigkeit.

Politik verstehen und handeln ISBN 978-3-582-74132-5

Daher wurde den Bürgern vom Gesetzgeber mehr Eigenverantwortung für die Altersvorsorge zugewiesen. Wer seinen Lebensstandard auch im Alter erhalten möchte, muss private Vorsorge leisten. Hierbei werden drei Vorsorgeschichten unterschieden, die unterschiedlich vom Staat gefördert werden.

3. Schicht
Übrige Vorsorge. u. a. private Rentenversicherung, Kapitallebensversicherung

2. Schicht
Kapitaldeckende Zusatzversorgung: Riester-Rente, betriebliche Altersvorsorge

1. Schicht
Basisvorsorge: staatliche Rente, Grundrente, Leibrente

Ein Anrecht auf eine staatliche Rente wird durch die Zahlung von Sozialversicherungsbeiträgen erworben. Häufig haben Menschen zwar jahrelang gearbeitet, Kinder großgezogen oder die Pflege Angehöriger übernommen und so nicht genügend verdient, um eine auskömmliche Rente erhalten zu können. Für diese Fälle ist ab 2021 ein gesetzlicher Anspruch auf eine Grundrente festgelegt worden. Hier wird das gesamte Einkommen (z. B. Mieteinkünfte, Renten aus betrieblicher oder privater Vorsorge usw.) zugrunde gelegt und entsprechend aufgestockt. Auch die Anzahl der Beitragsjahre spielt bei der Berechnung eine Rolle. Zur Basisrente zählt auch die Leibrentenversicherung, die mit einem privaten Versicherungsunternehmen geschlossen wird.

Auch die Möglichkeiten der **kapitalgedeckten Zusatzvorsorge** werden staatlich gefördert. Für die Riester-Rente genannte Zusatzvorsorge erhält man staatliche Zuschüsse. Zulageberechtigt sind alle Pflichtversicherten der Rentenversicherung, Beamte sowie deren Ehepartner. Gefördert werden nur Verträge, die im Alter lebenslange Zahlungen garantieren und vom Bundesaufsichtsamt zertifiziert wurden. Die Höhe der Forderungen hängt vom Einkommen, der Eigenleistung und dem Familienstand ab. Zudem hat jeder Pflichtversicherte der Rentenversicherung einen Anspruch auf Entgeltumwandlung. Der Arbeitgeber ist verpflichtet, auf Wunsch einen Teil des Bruttoentgeltes in eine **betriebliche Altersvorsorge** zu investieren.

Die Leibrentenversicherung wird oft auch als Basisrente oder als „Rürup-Rente" bezeichnet.

Schrittweise, nachgelagerte Besteuerung:
Die Versicherungsbeiträge werden in mehreren Stufen von der Steuer freigestellt, dafür werden die später ausgezahlten Renten nach und nach stärker besteuert.

Welche Form der Zusatzversorgung für den Einzelnen die beste ist, welche Versicherung das günstigste Angebot hat usw., das hängt stark von den individuellen Verhältnissen ab. Vor dem Abschluss sollte man sich daher von einem objektiven Begutachter beraten lassen.

Informationen und uneigennützige Beratungen erhält man zum Beispiel bei:
- vom Gerichtspräsidenten zugelassenen Rechtsbeiständen für Versicherungsberatung
- Verbraucherzentrale e. V.
- Bund der Versicherten e. V.
- Stiftung Warentest
- Bürgertelefon des Bundesministeriums für Gesundheit und Soziale Sicherung
- Deutsche Rentenversicherung
- Arbeitsgemeinschaft für betriebliche Altersvorsorge

3

Aufgaben

1. Erklären Sie die Funktionsweise des Generationenvertrages. Erläutern Sie, aus welchen Gründen er früher ausreichend war, jetzt aber den Anforderungen nicht mehr genügt.
2. Bilden Sie vier Gruppen. Erstellen Sie pro Gruppe ein Referat, das die Vor- und Nachteile der verschiedenen Zusatzvorsorgemöglichkeiten (Leibrente, „Riester-Rente", betriebliche Altersvorsorge, Vorsorgeprodukte der 3. Schicht) darstellt. Unter welchen Umständen sind die einzelnen Möglichkeiten besonders vorteilhaft? Nutzen Sie zur Recherche auch Informationsstellen und das Internet.
3. a) Interpretieren Sie die beiden Karikaturen am Anfang des Kapitels und stellen Sie deren unterschiedlichen Aussagen gegenüber.
   b) Begründen Sie, welcher der beiden Karikaturen Sie eher zustimmen würden und diskutieren Sie dies in der Klasse.

3.1.6 Der demografische Wandel und seine Folgen

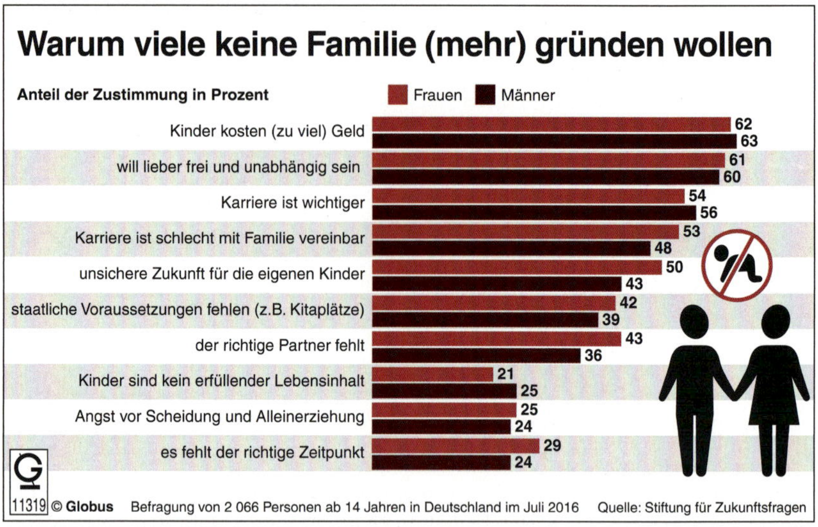

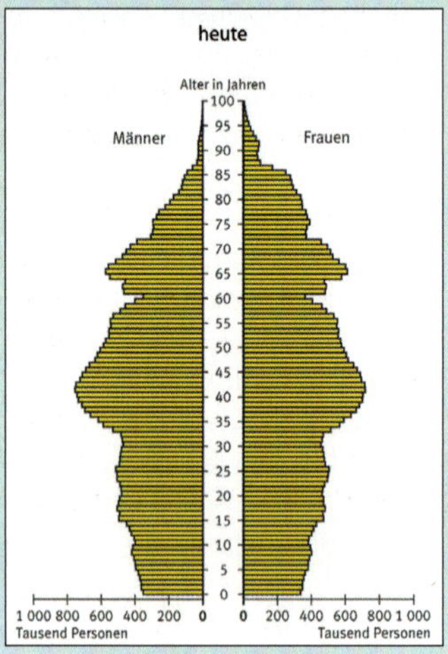

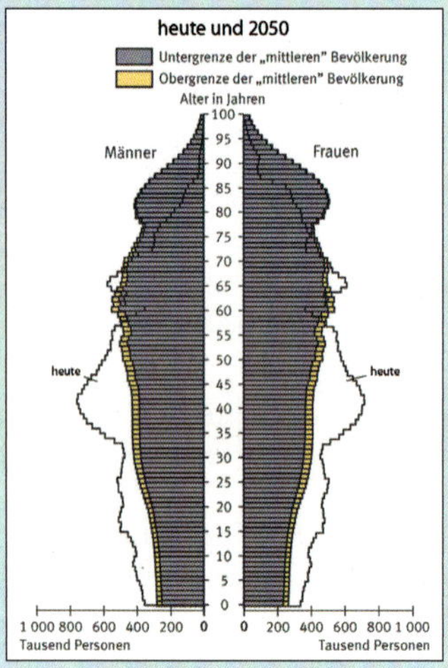

Die demografische Entwicklung in Deutschland

Wie an der derzeitigen Alterspyramide zu sehen ist, verschiebt sich das zahlenmäßige Verhältnis zwischen älteren und jüngeren Menschen zunehmend. Es gibt immer weniger Geburten – 2022 waren es 1,58 Kinder pro Frau – bei gleichzeitig steigender Lebenserwartung der Menschen. Das Statistische Bundesamt hat für das Jahr 2050 eine Bevölkerungsvorausberechnung erstellt. Dabei ging es von einer gleich bleibenden Geburtenrate, einer Erhöhung der Lebenserwartung und der Einwanderung von jährlich 200.000 Menschen aus. Das Ergebnis dieser so genannten „mittleren Variante" der Bevölkerungsvorausberechnung lässt sich vereinfacht wie folgt zusammenfassen:

- Die Bevölkerung wird auf ungefähr 74 Millionen Einwohner sinken.
- Die Lebenserwartung für Frauen steigt auf über 86 Jahre, für Männer auf über 81 Jahre.
- Jeder Dritte in Deutschland wird 60 Jahre oder älter sein.

Mögliche Ursachen für den Geburtenrückgang

Ab Mitte der 60er-Jahre des letzten Jahrhunderts sanken die Geburtenzahlen. Dieser Rückgang fällt mit der Einführung der Pille als Verhütungsmittel zusammen und ist als so genannter „Pillenknick" in der langfristigen Bevölkerungsentwicklung verzeichnet. Wir wissen heute, dass neben der Familienplanung durch sichere Verhütungsmittel weitere Faktoren als Ursache für den Geburtenrückgang verantwortlich gemacht werden müssen:

- **Wandel der Familie:** Kinder haben heute nicht mehr die gleiche Bedeutung für die soziale Absicherung im Alter, wie es noch vor wenigen Genrationen der Fall war (siehe Kapitel 4.2.1).
- **Lebensstil:** Kinder bedeuten Freude, aber auch hohe Kosten und Zeitaufwand. Ein junges Paar wird durch ein Kind in seiner bisherigen Lebensweise eingeschränkt. Viele wollen aber ihren Lebensstandard und ihre Ungebundenheit beibehalten.

Politik verstehen und handeln ISBN 978-3-582-74132-5

- **Gleichberechtigung der Frau:** Die Frau ist nicht mehr wie früher „nur" Hausfrau und Mutter, sondern gleichberechtigte Partnerin in der Lebensgemeinschaft. Der Wunsch nach Beruf und Karriere stehen dem Kinderwunsch häufig entgegen.

Familienpolitik kann Eltern unterstützen

Probleme, die sich aus der demografischen Entwicklung ergeben, sind z. B.:

- Gefährdung des Sozialstaates mit seinen gesetzlichen Sozialversicherungen, insbesondere des Generationenvertrags (vergleiche Kapitel 3.1.5),
- höhere Lebensarbeitszeit,
- zu wenig Menschen im erwerbsfähigen Alter.

Was kann vonseiten der Politik unternommen werden, damit die Geburtenrate wieder steigt? Bereits in der Umfrage „Wenn Eltern die Wahl haben" des Meinungsforschungsinstituts FORSA vom April 2013 wünschen sich die befragten Eltern mehr Chancengleichheit und einen Staat, der die richtigen Rahmenbedingungen für Familien schafft durch:

- mehr und flexiblere Betreuungsplätze für Kinder,
- eine größere Vereinbarkeit von Familie und Beruf,
- eine stärkere finanzielle Entlastung von Familien.

Mit den möglichen Ursachen für den Geburtenrückgang, den Wünschen junger Eltern und dem steigenden Armutsrisiko Alleinerziehender (vergleiche Kapitel 4.2.1) lassen sich folgende Ziele für eine moderne Familienpolitik beschreiben:

- **finanzielle Unterstützung der Eltern und Alleinerziehenden** durch – beispielsweise – steuerliche Entlastungen oder das Elterngeld,
- **Familie und Beruf in Einklang bringen** durch – beispielsweise – den weiteren Ausbau von Kinderkrippen, Kindergärten, Horten und Ganztagsschulen und die Flexibilisierung der Betreuungszeiten,
- **Elternhilfe** durch – beispielsweise – kompetente Beratung in Erziehungsfragen durch Kindergärten, Schulen, Familienberatungsstellen oder Familienhelfer.

Der demografische Wandel verändert zusehends das Gesicht der Gesellschaft und schafft neue Herausforderungen für die Politik und alle an ihr beteiligten Institutionen. Entscheidend für die Zukunft ist daher auch eine an den tatsächlichen Bedürfnissen der Gesellschaft angepasste Familienpolitik.

Demografie:
Bevölkerungswissenschaft; sie beschäftigt sich mit dem Leben, Werden und Vergehen menschlicher Bevölkerungen. Dies betrifft sowohl ihre Zahl als auch ihre Verteilung im Raum sowie die Faktoren, die für Veränderungen verantwortlich sind. Die Erforschung der Regelmäßigkeiten und Gesetzmäßigkeiten in Zustand und Entwicklung der Bevölkerung wird mithilfe der Statistik erfasst und gemessen.

FORSA:
eines der größeren Markt- und Meinungsforschungsinstitute Deutschlands

Generationenvertrag:
Er bezeichnet ein angenommenes gesellschaftliches Übereinkommen, das die Finanzierung der gesetzlichen Rentenversicherung sichern soll. Die jeweils Erwerbstätigen zahlen mit ihren Beiträgen die Renten der aus dem Erwerbsleben ausgeschiedenen Generation und erwerben dabei selbst Ansprüche auf ähnliche Leistungen der nachfolgenden Generationen.

3

Aufgaben

1. Nennen Sie die Probleme, die mit der rechts gezeigten Karikatur angesprochen werden.
2. Für den Geburtenrückgang in unserer Gesellschaft werden mehrere Ursachen verantwortlich gemacht. Begründen Sie stichpunktartig, welche Faktoren Sie für entscheidend halten.
3. Stellen Sie sich vor, Sie wären Politiker. Entwerfen Sie Empfehlungen für eine moderne Familienpolitik. Begründen Sie Ihre Ausführungen.
4. Beschreiben Sie, welche Veränderungen der Altersstruktur in Deutschland festzustellen sind und wie sich diese auf eine gesetzliche Rentenversicherung auswirken.

3

3.1.7 Arbeitsförderung und Arbeitslosenversicherung

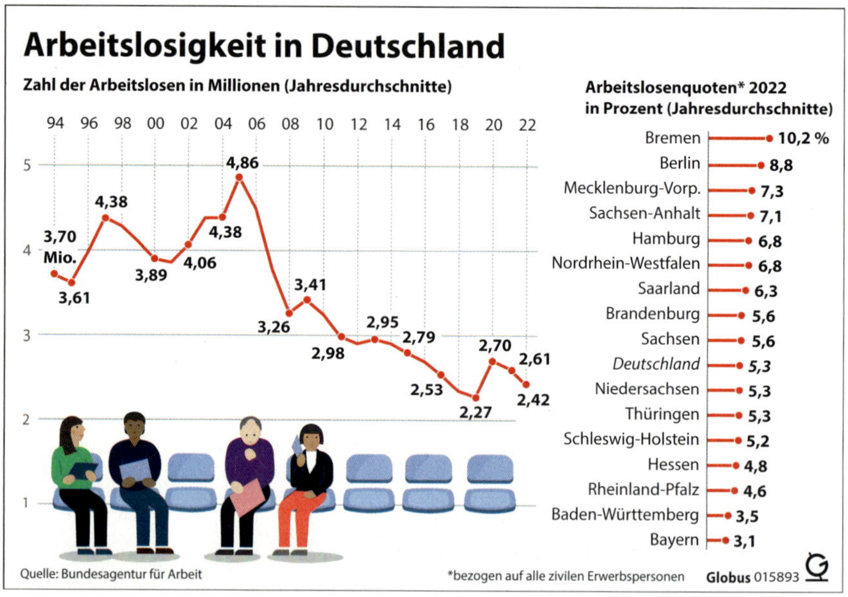

Der ursprüngliche Grundgedanke hinter der Arbeitslosenversicherung ist die Gewährleistung der finanziellen Grundversorgung im Fall von Arbeitslosigkeit. Heutzutage – in Zeiten, in denen Arbeitslosigkeit leider keine Seltenheit mehr ist – steht jedoch die Bemühung um eine Wiedereingliederung der Arbeitslosen in den Arbeitsmarkt im Vordergrund.
Die wesentlichen Aufgaben der Arbeitsagenturen sind daher die

- Beratung und Besetzung offener Ausbildungs- und Arbeitsstellen,
- Förderung der Vermittlungsfähigkeit der Arbeitslosen,
- Verhinderung von Arbeitslosigkeit,
- Entgeltersatzleistungen.

Hierzu dienen Beratung und Arbeitsvermittlung, aber auch Maßnahmen, die die Eingliederungsaussichten verbessern sollen. So werden Lehrgänge angeboten, die sich von der Bewerbung über die Ausbildung und Umschulung hin bis zur Weiter- und Fortbildung erstrecken. Da Bewerbungsmappen, Fahrten zu Vorstellungsgesprächen usw. teuer werden können, gewähren die Arbeitsagenturen in einigen Fällen die Rückerstattung solcher Ausgaben.

Auch die **Verbesserung des Arbeitsmarktes** spielt eine wichtige Rolle. Hier werden Arbeitsbeschaffungsmaßnahmen (ABM) durch Zuschüsse und Darlehen gefördert. Arbeitgeber können Zuschüsse erhalten

- zur Ausbildungsvergütung oder
- für die Einstellung von schwer vermittelbaren Arbeitnehmern oder
- für die Befreiung des Arbeitnehmers von der Pflichtversicherung.

Träger von Arbeitsförderungsmaßnahmen können Leistungen für die Errichtung von Jugendwohnheimen, Einrichtungen der beruflichen Aus- und Weiterbildung oder zur beruflichen Eingliederung von Behinderten beziehen.

Grundlage für das Arbeitsförderungsgesetz ist das dritte Buch des Sozialgesetzbuches (SGB III). Es ist in seiner heutigen Fassung seit dem 22.12.2005 in Kraft.

Träger dieses Versicherungszweiges ist die Bundesagentur für Arbeit.

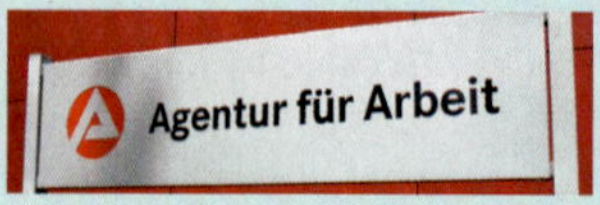

Weitere Aufgaben sind

- Arbeitsmarkt- und Berufsforschung,
- Arbeitsmarktbeobachtung und -berichterstattung,
- Arbeitsmarktstatistik,
- Ordnungsaufgaben zur Bekämpfung des Leistungsmissbrauchs,
- Überwachung der Einhaltung des Schwerbehindertengesetzes.

Zudem ist sie im Auftrag des Bundes für das Arbeitslosengeld II und als Familienkasse für das Kindergeld zuständig.

Arbeitsförderung

Politik verstehen und handeln ISBN 978-3-582-74132-5

Arbeitslose, die eine neue Arbeitsstelle gefunden haben, können durch Mobilitätshilfen gefördert werden. So sind unter Umständen Beihilfen für Arbeitskleidung, für den Umzug in eine andere Stadt oder für Fahrtkosten möglich. Bis zur Zahlung des ersten Monatsentgeltes kann ein Darlehen als Übergangsbeihilfe gewährt werden. Aber auch der Entschluss, eine selbstständige Tätigkeit aufzunehmen, kann von den Arbeitsagenturen gefördert und finanziell unterstützt werden.

Der Arbeitslose oder der durch Arbeitslosigkeit bedrohte Arbeitnehmer hat Anspruch auf so genannte Entgeltersatzleistungen. Dazu zählen Arbeitslosen- und Teilarbeitslosengeld, Kurzarbeitergeld, Insolvenzgeld usw.

ländliche Arbeitsförderung

Um die vielfältigen Aufgaben bewältigen zu können, gliedert sich die Bundesagentur für Arbeit in mehrere Ebenen. Die Hauptstelle mit Sitz in Nürnberg erarbeitet und überwacht die grundsätzlichen Richtlinien, um eine einheitliche Erledigung der Aufgaben in den Dienststellen abzusichern. In der Arbeit der 10 Regionaldirektionen steht die regionale Arbeitsmarktpolitik und Arbeitsförderung im Vordergrund. Die 150 Agenturen für Arbeit mit ihren etwa 600 Geschäftsstellen (Stand: 2023) sind für die eigentliche Abwicklung der Vorgänge und die Betreuung der Arbeitssuchenden und der Arbeitgeber zuständig.

Grundsätzlich ist jeder versicherungspflichtig, der gegen Entgelt beschäftigt ist. Dies gilt auch für Beschäftigte im Freiwilligen Sozialen Jahr oder im Bundesfreiwilligendienst. Von der Versicherungspflicht ausgenommen und somit versicherungsfrei ist nur,

- wer einer geringfügigen Beschäftigung nachgeht,
- wer das Antrittsalter für die Altersrente erreicht hat oder
- wer eine Rente aufgrund voller Erwerbsminderung bezieht.

Für Pflegepersonen und für außerhalb der EU Beschäftigte besteht die Möglichkeit der freiwilligen Arbeitslosenversicherung. Seit Februar 2006 können sich auch Selbstständige freiwillig versichern, sofern sie in den 24 Monaten vor der Existenzgründung mindestens 12 Monate sozialversicherungspflichtig beschäftigt waren oder unmittelbar vor der Existenzgründung Arbeitslosengeld bezogen haben. Wie lange die Existenzgründung zurückliegt, ist dabei unerheblich.

Ein-Euro-Jobs:
Sie sind Arbeitsgelegenheiten im Sinne des § 16 Absatz 3 SGB II und richten sich speziell an Langzeitarbeitslose und Geringqualifizierte. Es wird kein Lohn, sondern eine sogenannte Mehraufwandsentschädigung (in der Regel ein Euro pro Stunde) gezahlt, da diese nicht auf die Grundsicherung oder das Arbeitslosengeld angerechnet wird. Die wöchentliche Arbeitszeit darf bis zu 30 Stunden betragen. Die Tätigkeiten müssen „zusätzlich" sein, dürfen also keine regulären Arbeitsplätze verdrängen, und müssen im öffentlichen Interesse liegen. Klassische Einsatzbereiche sind Reinigungs- und Gartenbaudienste. Die Ein-Euro-Job-Regelung steht immer wieder in der Diskussion; wie es mit dieser Beschäftigungsmaßnahme weitergeht, ist nicht absehbar.

Um die Beratung und Vermittlung besser und bedarfsgerechter zu gestalten, sind die Geschäftsstellen in lokalen „Job Centern" angesiedelt. Sie sollen gemeinsame Anlaufstelle des Arbeitsamtes und der örtlichen Träger der Sozialhilfe darstellen.

Zu den Ansprüchen und zur Berechnung von Entgeltersatzleistungen siehe Abschnitt 3.1.8.

3

Aufgaben

1. Betrachten Sie das Schaubild über die Entwicklung der Arbeitslosigkeit in Deutschland.
   a) Welche Tendenzen lassen sich daraus ablesen?
   b) Nennen Sie die Ursachen, die in den Medien für diese Entwicklung genannt werden.
2. Im gesetzlichen Bereich wurde der Name „Arbeitslosenversicherung" durch „Arbeitsförderung" ersetzt. Erläutern Sie, was den Gesetzgeber zu dieser Änderung veranlasst haben könnte.
3. Erklären Sie den Unterschied zwischen „Bundesagentur für Arbeit" und „Agentur für Arbeit".
4. Benennen Sie, welche Arten von Leistungen von der Bundesagentur für Arbeit und deren Geschäftsstellen erbracht werden.

3

3.1.8 Entgeltersatzleistungen bei Arbeitslosigkeit oder drohender Arbeitslosigkeit

Wer von Arbeitslosigkeit bedroht ist oder bereits arbeitslos wurde, den wird verständlicherweise wohl in erster Linie interessieren, ob und wie er finanziell abgesichert ist.

Damit Beschäftigungslosigkeit nicht zu finanzieller Not führt, wird Arbeitslosengeld gezahlt. Voraussetzung ist, dass man bei der zuständigen Arbeitsagentur als arbeitssuchend gemeldet ist und eine so genannte **Anwartschaftszeit** erfüllt hat. D. h., man muss in den letzten zwei Jahren vor dem Beginn der Arbeitslosigkeit mindestens 12 Monate in einem versicherungspflichtigen Beschäftigungsverhältnis gestanden haben.

Die **Anwartschaft** muss nicht in einem durchgehenden Arbeitsverhältnis angesammelt werden, sondern kann auch durch Zeiten ohne versicherungspflichtige Tätigkeiten unterbrochen sein. Bei Saisonarbeitern beträgt die Mindestanwartschaft lediglich 6 Monate.

Damit die oder der Arbeitslose die Erfüllung der Anwartschaftszeit nachweisen kann, ist jeder Arbeitgeber verpflichtet, seinen Mitarbeitern bei der Auflösung eines Arbeitsvertrages einen Arbeitsnachweis auszustellen. In diese speziellen Formulare der Arbeitsagentur werden die Dauer und Art der Tätigkeit, das Entgelt und der Grund für die Auflösung des Arbeitsvertrages eingetragen.
Zudem muss man deutlich den **Willen zur Arbeit** bekunden. Hierzu gehört einerseits die **persönliche Meldung** der Arbeitslosigkeit, denn Arbeitslosengeld wird frühestens vom Tag der Meldung an gezahlt.

Auch wenn man direkt eine neue Arbeitsstelle antritt, sollte dieser Arbeitsnachweis gut aufgehoben werden, da man bei einer späteren Arbeitslosigkeit **alle** Nachweise vorlegen muss.

Andererseits muss die eigene Arbeitskraft **jederzeit verfügbar** gehalten werden. Alles, was diese Verfügbarkeit verhindern kann, ist der Arbeitsagentur mitzuteilen bzw. bei ihr zu beantragen. Genau wie jeder Arbeitnehmer muss sich der Arbeitslose bei Krankheit eine Krankschreibung ausstellen lassen und sie der Arbeitsagentur vorlegen. Ebenso hat er nur den gesetzlichen Urlaubsanspruch und muss diesen bei der Arbeitsagentur beantragen und sich genehmigen lassen. Zudem muss ein deutliches Eigenbemühen nachgewiesen werden, d. h., Bewerbungen und Vorstellungen bei Firmen müssen in ausreichender Menge belegt werden.

Für den Arbeitslosen ist die Arbeitsagentur wie ein „Arbeitgeber". So werden für den Arbeitslosen auch alle Sozialversicherungsbeiträge von der Arbeitsagentur bezahlt.

Weitere Informationen gibt es im Internet unter der Adresse:
www.arbeitsagentur.de

Politik verstehen und handeln ISBN 978-3-582-74132-5

Wer kein Eigenbemühen zeigt, die Meldungen vergisst, zumutbare Arbeitsmöglichkeiten oder eine Teilnahme an Maßnahmen der Arbeitsagentur ohne Grund ablehnt, dem kann das Arbeitslosengeld bis zu 30 % gekürzt oder eine Sperrzeit verhängt werden. Nur wenn alle Voraussetzungen erfüllt sind, kann ein Arbeitslosengeld für einen bestimmten Zeitraum (vergleiche die Randspalte) bewilligt werden.

Das Arbeitslosengeld (ALG I) wird auf Tagesgeldbasis berechnet. Hierfür werden von dem durchschnittlichen Bruttoverdienst der letzten 150 Tage die Lohnsteuer sowie 21 % pauschalierte Sozialversicherungsabgabe abgezogen. Das monatliche Arbeitslosengeld beträgt dann – unabhängig von der wirklichen Länge des Monats – das 30fache dieses Tagesgeldes. Arbeitslose mit Kind erhalten 67 %, ohne Kind 60 % dieses Bemessungsgeldes. Zusätzlich zum ALG I werden die Beiträge zur Kranken-, Pflege- und Rentenversicherung gezahlt.

Mitbürger, die trotz Erwerbsfähigkeit auf finanzielle Unterstützung angewiesen sind, haben Anspruch auf Bürgergeld. Dies sind also Personen, deren Anspruch auf ALG 1 abgelaufen ist, aber auch Geringverdiener, die mit ihrem Gehalt ihren Lebensunterhalt nicht bestreiten können. Arbeitslosigkeit ist also keine Voraussetzung. Anders als das ALG 1 ist das Bürgergeld keine Versicherungsleistung, sondern ein Sozialgeld aus Steuermitteln. Die Höhe des Bürgergeldes berechnet sich nach den Kosten des Lebensunterhaltes: Kosten für Unterkunft und Heizung sowie für befristete Zuschläge für besondere finanzielle Belastungen (Klassenfahrt der Kinder, Mehrbedarf bei Krankheit, Schwangerschaft, Behinderung usw.). Erst wenn alle Eingliederungshilfen (z. B. Eingliederungszuschüsse an einen Arbeitgeber) keinen Erfolg zeigen, kann der Arbeitslose in eine „Arbeitsgelegenheit mit Mehraufwandsentschädigung“ (Ein-Euro-Job) vermittelt werden. Die Arbeitszeit beträgt dabei maximal 30 Stunden pro Woche. Die Aufwandsentschädigung ist kein Arbeitsentgelt, sondern eine Zahlung zum Ausgleich des Mehraufwands. Der Ein-Euro-Job ist daher anrechnungsfrei und muss nicht als Nebenverdienst angegeben werden.

Arbeitslose, die sich selbstständig machen, können eine zweistufige **Existenzgründungsförderung** in Anspruch nehmen. Voraussetzung ist, dass die oder der Arbeitslose noch mindestens 150 Tage Anspruch auf Arbeitslosengeld hat, eine persönliche Eignung sowie ein tragfähiges Unternehmenskonzept vorweisen kann. In der ersten Stufe kann sechs Monate lang eine Förderung in Höhe des monatlichen Arbeitslosengeldes und zusätzlich eine Pauschale von 300 € pro Monat zur sozialen Absicherung gewährt werden. Nach diesem Zeitraum muss die Geschäftsfähigkeit und die Tragfähigkeit erneut nachgewiesen werden. Bei positivem Bescheid kann für weitere neun Monate eine Förderungspauschale von 300 € gezahlt werden. Ein Rechtsanspruch auf eine Existenzförderung besteht jedoch nicht.

Die maximale **Sperrzeit** beträgt 12 Wochen. Sie wird auch ausgesprochen, wenn man berechtigt fristlos gekündigt wurde oder man den Arbeitsvertrag selbst gekündigt hat. Eine Ausnahme besteht jedoch, wenn der Grund für die Eigenkündigung fehlende Lohnzahlung und die Nichteinhaltung der Lohnzahlungsfristen ist.

Für Arbeitnehmer unter 55 Jahren gilt:	
Versicherungspflichtig gearbeitete Zeit innerhalb der letzten 2 bzw. bei erweiterter Rahmenfrist 3 Jahre	Anspruchsdauer
Monate (= Kalendertage)	Monate (= Kalendertage)
12 (= 360)	6 (= 180)
16 (= 480)	8 (= 240)
20 (= 600)	10 (= 300)
24 (= 720)	12 (= 360)

Für Arbeitnehmer von 50 Jahren und älter gilt:		
Versicherungspflichtig gearbeitet innerhalb der Rahmenfrist von 5 Jahren in Monaten	Alter	Anspruchsdauer in Monaten
30	>50	15
36	>55	18
48	>58	24

Private Unternehmen sind von der Vergabe der Ein-Euro-Jobs ausgeschlossen.

3

Aufgaben

1. Melanie (26 J.), Andreas (24 J.), Mario (27 J.) und Carina (26 J.) melden sich zum 01.01.2024 arbeitslos.
   Stellen Sie fest, ob für die vier ein Anspruch auf Arbeitslosengeld besteht, und wenn ja, für wie lange und ggf. in welcher Höhe.

	versicherungspflichtig angestellt	*nicht versicherungspflichtig angestellt*
Melanie	01.05.2021 – 31.12.2023	01.01.2019 – 31.04.2021
Andreas	01.03.2023 – 31.12.2023	01.09.2020 – 29.02.2023
Mario	01.12.2020 – 31.02.2022 01.01.2023 – 31.11.2023	01.03.2022 – 31.12.2022 01.12.2023 – 31.12.2023
Carina	01.01.2020 – 31.03.2022 01.04.2022 – 31.12.2023	

3.1.9 Die gesetzliche Unfallversicherung

Das siebte Buch des Sozialgesetzbuches (SGB VII) bildet die Grundlage für die gesetzliche Unfallversicherung.

Die gewerblichen und landwirtschaftlichen Berufsgenossenschaften sowie die Unfallversicherungsträger der öffentlichen Hand sind die Träger der gesetzlichen Unfallversicherung. Diese Versicherung soll den Arbeitnehmer vor den Folgen von Arbeitsunfällen, Berufskrankheiten und arbeitsbedingten Gesundheitsgefahren schützen. Die Aufgabe der zuständigen Träger ist es daher, mit allen zur Verfügung stehenden Mitteln solche Gefahren zu verhindern.

Für Beamte gelten besondere Vorschriften zur Unfallfürsorge.

Jeder Arbeitnehmer muss von seinem Arbeitgeber der Berufsgenossenschaft gemeldet werden und ist so automatisch pflichtversichert. Selbstständig Erwerbstätige können sich freiwillig bei der Berufsgenossenschaft gegen Unfall versichern. Es gibt aber auch noch weitere Gruppen geschützter Personen:

Durch die gesetzliche Unfallversicherung geschützte Personen

während der beruflichen Tätigkeit und auf dem Weg zur oder von der Arbeit		während der Hilfeleistung	beim Besuch des Kindergartens, der Schule oder Hochschule und auf dem Hin- und Rückweg
alle Arbeitnehmer	freiwillig und pflichtversicherte Selbstständige	Helfer bei Unglücksfällen oder bei der Verhinderung von Straftaten, Zivil- und Katastrophenschutzhelfer, Blut- und Organspender	Kinder, Schüler, Studenten

Mit der Jahresentgeltmeldung muss der Betrieb für jeden Mitarbeiter die geleisteten Arbeitsstunden, das dafür bezogene Entgelt und die Gefahrtarifstelle, der der Mitarbeiter zugeordnet ist, dem Finanzamt melden. Die Gefahrenklasse berücksichtigt dabei die unterschiedlichen Unfallgefahren in den Gewerbezweigen. Anhand dieser Daten wird dann der vom Betrieb zu leistende Unfallversicherungsbeitrag festgelegt, der der Unfallkasse zugeleitet wird. Der Arbeitnehmer selbst muss keinen Anteil für die Unfallversicherung leisten, sie wird nur durch die Beiträge der Arbeitgeber finanziert.

Tritt ein Arbeits- oder Wegeunfall ein, hat der Versicherte bzw. haben dessen Angehörige Anspruch auf Leistungen der gesetzlichen Unfallversicherung. Dabei spielt es keine Rolle, wer an dem Unfall schuld ist.

Als **Arbeitsunfall** gilt jeder Unfall, der während der Arbeitszeit passiert – also sowohl die Verletzung durch Arbeitsgeräte als auch das Ausrutschen auf dem Flur. **Wegeunfall** nennt man einen Unfall, der auf dem Weg eines betrieblich angeordneten Arbeitsganges geschieht, z. B. dann, wenn der Auszubildende Briefmarken bei der Post besorgen soll. Aber auch Unfälle auf dem Weg zwischen Wohnung und Arbeitsplatz zählen als Wegeunfälle. Dies gilt jedoch nur, wenn sich der Unfall auf dem **direkten Weg** ereignet. Umwege sind nur erlaubt, wenn der Arbeitnehmer seine Kinder bei einem Hort oder Kindergarten absetzen muss oder wenn er eine Fahrgemeinschaft mit Kollegen bildet und er diese abholt.

Die Leistungen der gesetzlichen Unfallversicherung lassen sich aufteilen in
- **Prävention:** d. h. Maßnahmen zur Vorsorge und Verhinderung von Unfällen. Die Berufsgenossenschaften erlassen z. B. Unfallverhütungsvorschriften und überwachen deren Einhaltung in den Betrieben.
- **Rehabilitation:** d. h. Heilbehandlungen zur Wiederherstellung der Arbeitsfähigkeit. Ist die Schädigung durch den Unfall so groß, dass der Verletzte seinen Beruf nicht mehr ausüben kann, werden Kurse zur beruflichen Anpassung, Fortbildung oder Umschulung bezahlt. Ist auch dies aus gesundheitlichen Gründen nicht möglich, wird Pflegegeld bezahlt.
- **Finanzielle Hilfen:** Während der Maßnahmen zur Heilung erhält der Verletzte anstelle von Arbeitslohn ein Verletztengeld, während der beruflichen Rehabilitation ein Übergangsgeld. Kann die Erwerbsfähigkeit nicht mehr vollständig hergestellt werden, bezieht man eine Verletztenrente. Ihre Höhe richtet sich danach, wie sehr die Erwerbsfähigkeit gemindert ist. Handelte es sich um einen tödlichen Unfall, dann erhalten die Hinterbliebenen Witwen- bzw. Waisenrente.

Sozialversicherungszweige:
- Rentenversicherung
- Krankenversicherung
- Arbeitslosenversicherung
- Pflegeversicherung
- Unfallversicherung

Eine Ausnahme bilden lediglich Unfälle, die durch Trunkenheit verursacht wurden.
Unfälle, die sich auf Betriebsfesten ereignen, gelten arbeitsrechtlich als Arbeitsunfälle.

Als Beginn bzw. Ende des Arbeitsweges zählt die Haustür. Erleidet also jemand einen Unfall auf der Schwelle seiner Haustür, so sollte er tunlichst aus der Tür auf die Straße fallen –, nur dann ist es ein Wegeunfall! Fällt er in den Hausflur, ist es ein privater Unfall.

3

Aufgaben

1. Schreiben Sie in Partnerarbeit einen Kurzdialog zu der am Anfang dieses Kapitels abgebildeten Situation.
2. Die gesetzliche Unfallversicherung darf nicht mit der privaten Unfallversicherung verwechselt werden. Erklären Sie, für welche Fälle die gesetzliche und für welche Fälle eine private Unfallversicherung zuständig ist.
3. Beurteilen Sie, ob es sich in den folgenden Fällen um einen Wegeunfall handelt oder nicht.

a) Manja soll die Tageseinnahmen auf dem Nachhauseweg bei der Bank abgeben. Auf dem Weg zwischen Bank und Wohnung stürzt sie.

b) Markus ist nach der Arbeit mit seinem Chef und einem Kollegen zu einer Skatrunde verabredet. Auf dem Weg von der Arbeit zur Kneipe hat er einen Autounfall.

c) Svetlana nimmt an einem Betriebsausflug in die Sächsische Schweiz teil. Bei der Wanderung stolpert sie über eine Baumwurzel.

Durch die **Verordnung [EWG] Nr.1408771 zur Grundlage des Sozialversicherungsschutzes innerhalb der EU** besteht ein Sozialversicherungsabkommen unter allen EU- und EWR-Mitgliedsstaaten und ihren überseeischen Departments. Man spricht daher von einem mehrseitigen Abkommen. Zusätzlich hat die Bundesrepublik Deutschland mit anderen Ländern zweiseitige (= gegenseitige Anerkennung) oder auch einseitig (= Anerkennung nur von der einen Seite) Sozialversicherungsabkommen geschlossen. Die Abkommen können sich dabei über mehrere oder auch nur über einzelne Zweige der Sozialversicherung erstrecken. Besonders häufig sind Rentenabkommen.

3.1.10 Und wenn es uns in die Ferne zieht … internationale Sozialversicherung

Wer von uns hat nicht schon einmal davon geträumt: einmal eine Zeit lang in einem ganz anderen Land arbeiten und leben oder sich im Alter auf eine sonnige Insel zurückziehen. Lange Zeit war dies nicht möglich, ohne seinen Status in der Sozialversicherung aufzugeben, da die deutschen Sozialversicherungsgesetze eigentlich vorsehen, dass ihre Leistungen nur in Deutschland erbracht werden. Heutzutage gibt es jedoch immer mehr internationale Verflechtungen. Millionen von Menschen besuchen fremde Länder als Touristen oder arbeiten und leben in einem anderen als ihrem Heimatland. Auch die Zahl der „Grenzgänger" nimmt immer mehr zu, d.h. Arbeitnehmer, die in einem Land wohnen, jedoch jeden Tag über die Grenze zu ihrem Arbeitsplatz in ein anderes Land fahren.

Innerhalb der Europäischen Union (EU) wurde daher eine Verordnung geschaffen, deren oberstes Ziel es ist, mögliche Nachteile für betroffene Grenzgänger, aber auch für Touristen zu verhindern. Die Mitgliedsstaaten der EU (vergleiche Abschnitt 7.3) wollen damit erreichen, dass

- alle Bürger in ihren sozialen Rechten innerhalb eines Landes grundsätzlich gleichgestellt sind und
- für den einzelnen Bürger der Aufenthalt in einem anderen Mitgliedsland grundsätzlich die gleiche soziale Sicherung beinhaltet wie der Aufenthalt in seinem Heimatland.

Da die Sozialsysteme der EU-Mitglieder aber nicht gleich sind und die EU auch zurzeit kein einheitliches Sozialsystem anstrebt, können diese Forderungen nicht in jeder Einzelheit erreicht werden. In der Realität müssen zwangsläufig Unterschiede bestehen bleiben, deren Ausmaß vom Einzelfall abhängt.

Die Regelungen des Sozialversicherungsausgleichs, die für die EU-Staaten gelten, sind nach dem Abkommen über den Europäischen Wirtschaftsraum (EWR) auch für Norwegen, Island und Liechtenstein gültig. Zudem bestehen ähnliche Verträge auch mit einigen anderen europäischen Staaten sowie mit einigen Ländern außerhalb Europas.

Als Faustregel gilt, dass man immer in dem Land sozialversichert ist, in dem man auch seine Anstellung gefunden hat. Begibt man sich also z.B. nach Frankreich, um dort zu arbeiten, ist man auch dort sozialversichert. Wird man dagegen von einer deutschen Firma in ein anderes Land entsandt, z.B. auf Montage, bleibt man weiterhin in seinem Heimatland versichert. Bei der Bewilligung ergeben sich jedoch Unterschiede.

Politik verstehen und handeln ISBN 978-3-582-74132-5

Krankenversicherung:
Grundsätzlich ist man immer in dem Land krankenversichert, in dem man als Arbeitnehmer beschäftigt ist, und kann die dort üblichen Leistungen in Anspruch nehmen. Wird man von seinem Arbeitgeber in ein Land entsendet, mit dem ein Versicherungsabkommen besteht, sollte man eine „Entsendebescheinigung" als Nachweis dafür mit sich führen, dass man versichert ist. Als Tourist sollte man sich vor einer Reise von der Krankenkasse eine Anspruchsbescheinigung ausstellen lassen. Dann werden die Kosten ambulanter Behandlungen erstattet. Krankenhausbehandlungen dagegen müssen vorher genehmigt werden.

Rentenversicherung:
Hat man während seines Arbeitslebens in mehreren Ländern gearbeitet, werden die jeweiligen Zeiten der Rentenversicherung zusammengezählt. Dadurch wird festgestellt, ob überhaupt ein Rentenanspruch besteht. Besteht ein Anspruch, kommt jedes Land anteilig für die Zeit auf, die man dort versichert war. Die Rente wird in jedes Vertragsland gezahlt. Den Antrag hat man in dem Land zu stellen, in dem man wohnt.

Arbeitslosenversicherung:
Ist man arbeitslos und möchte in einen anderen Staat der EU oder des EWR ziehen, kann unter bestimmten Bedingungen weiterhin – maximal drei Monate – deutsches Arbeitslosengeld gezahlt werden. Voraussetzung ist aber, dass man mindestens vier Wochen vor dem Umzug arbeitslos gemeldet war und sich innerhalb von einer Woche bei der Arbeitsverwaltung des Landes, in das man zieht, als arbeitssuchend meldet.

Unfallversicherung:
Unfallversicherungsbeiträge werden vom Arbeitgeber gezahlt und damit immer in dem Land des Arbeitgebers. Hat man einen Arbeitsunfall während seiner Anstellung in einem anderen Land, muss auch der dort zuständige Versicherungsträger zahlen. Dabei gelten die Gesetze des entsprechenden Landes. So werden z.B. auch Renten in einer Höhe gezahlt, die in dem Staat üblich ist, in dem der Unfall geschieht.

Die einzelnen Sozialversicherungsabkommen sind sehr unterschiedlich. Die wesentlichen Regelungen können beim Bundesministerium für Gesundheit – **www.bmg.bund.de** – nachgelesen werden.
Die Sozialversicherungsabkommen gelten nur für Arbeitnehmer. Als Tourist ist man nicht in allen Ländern krankenversichert.
Genauere Informationen und Auskünfte zur Krankenversicherung gibt es bei allen Krankenkassen sowie bei der Deutschen Verbindungsstelle Krankenversicherung – Ausland:
www.dvka.de

Auskünfte und Informationen zur Rentenversicherung erhält man bei den Dienststellen der Rentenversicherungsanstalten.

Unter den Stichworten **„Europa für Sie"** und **„Bürgerwegweiser"** findet man im Internet alle relevanten Informationen zum Leben und Arbeiten in Europa.

Auskünfte gibt der Spitzenverband der gewerblichen Berufsgenossenschaften
www.dguv.de

3

Aufgaben

1. Wählen Sie drei Länder aus, in denen Sie gerne einmal für längere Zeit beruflich tätig wären. Recherchieren Sie, ob und wenn ja, für welche Zweige, für diese Länder ein Sozialversicherungsabkommen mit Deutschland besteht.
2. Herr Müller aus Magdeburg hat die letzten acht Jahre vor dem Beginn seiner Rente in Paris gelebt und gearbeitet. Mit dem Eintritt in das Rentenalter zieht er wieder in seine ehemalige Heimatstadt zurück.
   Erläutern Sie, wo er die Rente beantragen und wer sie zahlen muss.
3. Frau Gerdes aus Köln hat im Jahr 2020 in Luxemburg gelebt und gearbeitet. Dort hatte sie einen Arbeitsunfall, der erst nach Jahren Folgeschäden zeigt. In Deutschland würde man aufgrund dieser Folgeschäden keine Leistungen, in Luxemburg jedoch eine kleine Entschädigung erhalten.
   Hat Frau Gerdes Ansprüche? Begründen Sie Ihre Antwort.
4. Martin fährt nach Marokko in den Urlaub und wird dort krank. Beurteilen Sie, ob er einen Krankenversicherungsschutz besitzt.

3.1.11 Individualversicherung

Wann zahlt die Haftpflichtversicherung für ein kaputtes Handy?

Einen Moment nicht aufgepasst, schon fällt das Smartphone herunter – und das Display zerspringt. Kann ich den oft hunderte Euro teuren Schaden von der Haftpflichtversicherung abrechnen? […]

Vor allem ist das empfindliche Display häufig die Ursache für unbrauchbare Geräte, oft reicht schon ein Sturz aus einem Meter Höhe, um das Glas zersplittern zu lassen.
Da der Schadenswert hoch ist, versuchen viele, den Schaden über die Haftpflichtversicherung abzusetzen. Nicht immer mit Erfolg: Eine Branchenauswertung hat laut des Gesamtverbands der Deutschen Versicherungswirtschaft (GDV) ergeben, dass von 2.000 eingereichten Smartphone-Vorfällen gerade mal die Hälfte plausibel war. Doch wann muss die Versicherung eigentlich für die Schäden bezahlen? […]

(aus: www.techbook.de, 2017)

individuell:
das Individuum betreffend; der Eigenart des Einzelnen entsprechend

Hinweis:
Wer erwerbsunfähig wird, hat zwar Anspruch auf eine Erwerbsminderungsrente. Doch laut der Deutschen Rentenversicherung Bund fällt diese nur gering aus.

Durch die gesetzliche Sozialversicherung und die Sozialfürsorge – und damit durch die staatliche Gemeinschaft – sind wir finanziell so weit abgesichert, dass zumindest unsere Grundversorgung und unser Lebensminimum gewährleistet sind. Unser Vermögen und unseren Lebensstandard müssen wir jedoch selbst durch zusätzliche private Versicherungen gegen die Risiken des Alltags schützen. Da jeder Mensch anderen Risiken unterliegt und daher einen anderen Versicherungsschutz benötigt, spricht man hier von **Individualversicherung.** Sie zahlt bei auftretenden Schäden einen finanziellen Ausgleich für den jeweiligen Schaden.

Man unterscheidet:

Individualversicherung

Personenversicherungen
(Versicherung der Person gegen Krankheiten und Unfälle)

- private Unfallversicherung
- private Krankenversicherung
- private Pflegeversicherung
- Lebensversicherung
- Ausbildungsversicherung
- Berufs- und Arbeitsunfähigkeitsversicherung
- etc.

Sachversicherungen
(Versicherung von Sachen gegen Verlust und Zerstörung)

- Hausratversicherung
- Glasversicherung
- Einbruchs- und Diebstahlversicherung
- Feuer- (Brand-) Versicherung
- Reisegepäckversicherung
- Transportversicherung
- etc.

Vermögensversicherungen
(Sicherung des Vermögens gegen Verlust und Ansprüche anderer)

- private Haftpflichtversicherung
- Tierhalterhaftpflichtversicherung
- KFZ-Haftpflichtversicherung
- Rechtsschutzversicherung
- private Arbeitslosenversicherung
- Mietausfallversicherung
- etc.

Da die staatlichen Leistungen bei weitem nicht ausreichen, um sich selbst und gegebenenfalls die Familie zu versorgen, ist der Abschluss einer Berufsunfähigkeitsversicherung jedem zu empfehlen.

Anders als bei den gesetzlichen Sozialversicherungen kann jeder entsprechend seiner Lebenssituation selbst entscheiden,

- ob er eine solche Versicherung benötigt oder nicht und
- bei welcher Versicherungsgesellschaft er einen Vertrag abschließen möchte.

Lediglich die Haftpflichtversicherung für Kraftfahrzeughalter und die Brandversicherung für Hausbesitzer bilden eine Ausnahme – sie sind im Interesse der Gesellschaft vom Staat gesetzlich vorgeschrieben worden.

Politik verstehen und handeln ISBN 978-3-582-74132-5

Welche Versicherungsart abgeschlossen werden sollte und welche Versicherungsgesellschaft die besten Konditionen bietet – hierfür gibt es keine eindeutige Antwort. Ein Vertrag, der für den einen optimal ist, kann für den anderen herausgeworfenes Geld sein.

Grundsätzlich gilt es, für jeden Versicherungsabschluss Folgendes zu bedenken:

- Benötige ich diese Versicherung überhaupt? Wie wahrscheinlich ist es, dass ich jemals einen solchen Versicherungsfall erleben werde? Oder ist er vielleicht sogar schon durch eine andere, bereits bestehende Versicherung mit abgedeckt?

- Immer mehrere Angebote verschiedener Versicherungsunternehmen einholen und miteinander vergleichen! Die Leistungen und Tarife sind in den allgemeinen Versicherungsbedingungen (AVB) der einzelnen Versicherungen beschrieben und können erheblich voneinander abweichen. Nicht immer ist daher das billigste Angebot das beste. Auch solche Dinge wie Beratung, Kundenservice, Schnelligkeit der Schadenregulierung usw. sind wichtig.

- Die Fragen im Versicherungsvertrag müssen wahrheitsgemäß und vollständig ausgefüllt werden. Bei Personenversicherungen können falsche Angaben (z. B. über den Gesundheitszustand) dazu führen, dass die Police nichtig wird. Bei Sach- und Vermögensversicherungen kann es durch Falschangaben zu einer **Unter- oder Überversicherung** kommen. Um dies zu vermeiden, sollte man auch regelmäßig überprüfen, ob die angegebenen Werte überhaupt noch dem aktuellen Stand entsprechen. Wurden vielleicht inzwischen wertvolle Gegenstände angeschafft oder verkauft? Dann sollte die Versicherungspolice angepasst werden!

- Stelle ich nach der Unterschrift fest, dass der Vertrag doch nicht meinen Vorstellungen entspricht, kann er innerhalb von 14 Tagen nach Unterschrift noch widerrufen werden. Langfristige Verträge (fünf oder zehn Jahre) können danach noch zum Ablauf des fünften und jedes darauffolgenden Jahres gekündigt werden.

Police:
vom Versicherer ausgestellte Urkunde über den Abschluss einer Versicherung; Nachweis

Überversicherung:
Die angegebene Versicherungssumme ist höher als der wirkliche Versicherungswert. Die Prämien sind dementsprechend hoch, die Versicherung zahlt aber trotzdem nur den tatsächlichen Schaden.

Unterversicherung:
Die angegebene Versicherungssumme ist geringer als der wirkliche Versicherungswert. Die Prämien sind dementsprechend gering. Die Versicherung zahlt dann den entstanden Schaden auch nur anteilig. Beträgt der Versicherungswert z. B. 150.000 Euro, die Versicherungssumme aber nur 75.000 Euro, so zahlt die Versicherung auch nur 50 % des entstandenen Schadens. Bei einem Schadensfall von 20000 Euro wären dies also nur 10000 Euro.

3

Aufgaben

1. Recherchieren Sie, unter welchen Bedingungen der im Eingangsartikel beschriebene Schaden von der Haftpflichtversicherung beglichen wird.
2. Erläutern Sie, welche Individualversicherungen Ihrer Meinung nach für jeden unerlässlich sind. Begründen Sie Ihre Antwort.
3. Erstellen Sie überschlägig eine Liste aller Gegenstände Ihres Besitzes mit dem entsprechenden Wiederbeschaffungswert. Vergessen Sie nicht, Dinge aufzuführen wie Gardinen, Inhalt der Schränke und Taschen usw. Fragen Sie bei verschiedenen Versicherungen an, wie hoch für Sie die Prämie einer Hausratversicherung wäre.
4. Begründen Sie, welche Versicherung jeweils zuständig ist.
   - Herr Meier bucht eine Kretareise, erkrankt aber am Tag vor der Abreise schwer.
   - Der Hund rennt über die Straße; ein ausweichendes Auto verursacht dabei einen Auffahrunfall.
   - Ein Spülmaschinenschlauch platzt, das Wasser tropft durch Fußboden/Decke in die Unterwohnung.

3.1.12 Die soziale Sicherung – Geschichte und Zukunft

Die sogenannte Kaiserliche Botschaft vom 17.11.1881 gilt als „Geburtsurkunde" der deutschen Sozialversicherung. Kaiser Wilhelm I. forderte in seiner Thronrede zur Eröffnung des Reichstags – auf den Rat des Reichskanzlers Otto von Bismarck hin – zur „positiven Förderung des Wohls der Arbeiter" auf. Er empfahl damit dem Reichstag, Gesetze zum Schutz der Arbeiter gegen Krankheit, Unfall, Invalidität und Alter zu beschließen.

Wie so viele Bereiche des menschlichen Zusammenlebens musste sich auch das **soziale Bewusstsein** – also die Fürsorge und Verantwortung für andere – in der Geschichte der Menschheit zunächst einmal entwickeln. Je mehr sich die Menschen von einer Organisation in Stämmen und Sippen entfernten und zu einer arbeitsteiligen und städtischen Lebensweise übergingen, umso stärker wuchs auch das soziale Gewissen.

Das Familien- und Sippensystem der sozialen Sicherung besteht heute noch in vielen Entwicklungsländern (vergleiche Abschnitt 8.4.2).

So waren bei den Germanen alte, kranke und mittellose Menschen auf die Hilfe ihrer Familie und Sippe angewiesen. Geriet die ganze Sippe (z.B. durch eine schlechte Ernte oder Überfälle anderer Stämme) in Not, zeigte sich der Stamm verantwortlich. In der Fremde – ohne Sippe – blieb man auf sich allein gestellt.

Im Mittelalter begann die Kirche, soziale Fürsorge zu leisten. Klöster und Ritterorden (z.B. die Johanniter) gründeten Krankenstationen und Hospitäler. Viele Klöster nahmen alte und arbeitsunfähige Personen und Waisen in ihre Obhut. Auch die größeren Städte schufen nach und nach – vor allem wegen der Seuchengefahr – öffentliche Hospitäler.

Der Dreißigjährige Krieg (1618–1648) ließ Mitteleuropa völlig zerstört zurück. Nahezu 50 % der Bevölkerung kamen in den Kriegswirren ums Leben.

Zunehmende wirtschaftliche Schwierigkeiten, die kirchlichen Zerwürfnisse durch die Reformation und die Wirren des Dreißigjährigen Krieges führten zu einem Rückgang dieser Fürsorgeeinrichtungen. An ihrer Stelle übernahmen die Zünfte und Gilden Sorge für ihre Mitglieder.

Jedes Mitglied hatte einen bestimmten Betrag in die Zunftbüchse zu entrichten. Dafür sorgten die Zunfthäuser für ihre in Not geratenen Brüder und auch für deren Witwen und Waisen.

Mit dem Beginn der Industrialisierung verloren die Zünfte und Gilden ihre Bedeutung. Immer mehr Menschen zogen in die Städte, um Arbeit in den Fabriken zu

Politik verstehen und handeln ISBN 978-3-582-74132-5

finden, ohne von einer Zunft in einem Beruf ausgebildet zu sein. Ohne Zugehörigkeit zu einer Gemeinschaft waren die Fabrikarbeiter bei Krankheit, Invalidität oder Alter auf sich allein gestellt. Fehlende soziale Einrichtungen und die Ausbeutung der Arbeiter durch die Industriellen führten zu einer zunehmenden Verelendung der Massen. Immer mehr Arbeiter begannen, sich den Gewerkschaften und der Sozialdemokratischen Arbeiterpartei, dem Vorläufer der Sozialdemokratischen Partei Deutschlands (SPD), anzuschließen.

In Deutschland nahm die Industrialisierung insbesondere in den so genannten **Gründerjahren** (1871–1873) eine rasante Entwicklung.

Kinderarbeit (um 1840)

Otto von Bismarck
(1815–1898) ist erster Reichskanzler des 1871 gegründeten Deutschen Reiches. Nach Zerwürfnissen mit dem deutschen Kaiser Wilhelm II. wird er von diesem 1890 entlassen.

Um diesen Entwicklungen entgegenzuwirken, nahm der Staat die soziale Fürsorge selbst in die Hand. Durch die „Kaiserliche Botschaft" vom 17.11.1881 (vergleiche Seite 126) wurde der Aufbau der Arbeiterversicherung eingeleitet. 1883 verabschiedete der Reichstag das Krankenversicherungsgesetz als erstes Gesetz zur sozialen Sicherung der Bevölkerung. Nach und nach wurden bis in unsere Jahre per Gesetz immer mehr Versicherungen eingeführt und Verordnungen erlassen, ergänzt und an die aktuellen Probleme angepasst.

Nach dem Ende des Zweiten Weltkriegs nahm die deutsche Sozialversicherung durch die Teilung Deutschlands in zwei Staaten getrennte Wege.
In der Bundesrepublik Deutschland wurde das bestehende System weitgehend übernommen. In der DDR entwickelte sich eine Einheitsversicherung, in der die Kranken-, Unfall- und Rentenversicherung zusammengefasst waren. Sie wurde von zwei Trägern verwaltet:

- Für die Genossenschaftsmitglieder und die selbstständig Tätigen war die staatliche Versicherung der DDR zuständig.
- Die Arbeiter und Angestellten, also ca. 85 % der Bevölkerung, waren dem FDGB (Freier Deutscher Gewerkschaftsbund) zugeordnet.

Nach der Wiedervereinigung wurde das Sozialsystem der DDR im Mai 1990 dem Sozialsystem des westlichen Bundesgebietes zunächst angeglichen. Ab 1991 wurde dann das Sozialstaatssystem der westlichen Bundesländer auf die östlichen Bundesländer übertragen.

Trotz der hundertjährigen konfliktreichen Entwicklung unserer Sozialversicherung müssen immer wieder Neuerungen erfolgen. Die europäischen Länder schließen sich immer enger zusammen. Um soziale Ungerechtigkeiten zu vermeiden, muss daher auch die Sozialpolitik angeglichen werden. In Europa kennt man drei nationale Sozialstaatsmodelle:

Die Sozialstaatsmodelle Europas unterscheiden sich erheblich von dem der USA. Dort wird nur in geringem Maß eine Mindestsicherung der Bevölkerung gewährleistet. Eine öffentliche Krankenversicherung – abgesehen von einem System für Ältere und Bedürftige – kennt man dort nicht.

- **Das kontinentaleuropäische Sozialstaatsmodell**
  (= Bismarck-Modell) beinhaltet eine Sicherung der arbeitenden Bevölkerung. Durch die Sozialversicherungsabgaben soll in Notfällen ein Lebensstandard über dem Mindeststandard gesichert werden. Die Bevölkerungsteile, die nicht erwerbstätig sind (Kinder, Hausfrauen usw.), werden über andere Maßnahmen abgesichert.
- **Der Wohlfahrtsstaat skandinavischer Prägung**
  verfolgt die Absicherung der gesamten Bevölkerung über dem Mindestlebensstandard. Diese Absicherung erfolgt weniger über Sozialabgaben von Lohn und Gehalt, sondern über Steuerabgaben.
- **Das anglikanische „Welfare State"-Modell**
  (= Beveridge-Modell) ist eine Sicherung des Existenzminimums der gesamten Bevölkerung.

W. H. Beveridge
(1879–1963): englischer Politiker, der 1942 im amtlichen Auftrag eine Denkschrift ausarbeitete, nach der 1946 der staatliche Gesundheitsdienst in Großbritannien aufgebaut wurde.

Trotz der Unterschiede – alle Länder wollen die Folgen von Alter, Invalidität, Krankheit und Arbeitslosigkeit mindern. Und sicher wird auch die EU ein „europäisches Sozialmodell" entwickeln.

Politik verstehen und handeln ISBN 978-3-582-74132-5

Entwicklung der Sozialversicherungsgesetzgebung:

1883	Krankenversicherungsgesetz für Arbeiter
1884	Unfallversicherungsgesetz; Bildung der ersten Ortskrankenkasse
1889	Gesetz über Invaliden- und Altersversicherung der Arbeiter
1911	Reichsversicherungsverordnung (RVO) sowie Angestelltenversicherungsgesetz
1913	In-Kraft-Treten des Angestelltenversicherungsgesetzes
1916	Festlegung der Rentenaltersgrenze für Männer (65 J.) und Frauen (60 J.)
1927	Gesetz über Arbeitsvermittlung und Arbeitslosensversicherung
1952	Mutterschutzgesetz
1954	Sozialgerichte nehmen ihre Arbeit auf
1957	Einführung der bruttolohnbezogenen dynamischen Rente
1957	Altershilfe für Landwirte
1963	Neuordnung der gesetzlichen Unfallversicherung
1968	Versicherungspflicht aller Angestellten
1971	Unfallversicherung für Kinder, Schüler und Studenten
1972	Öffnung der Rentenversicherung für Selbstständige und Hausfrauen
1972	Einführung der flexiblen Altersgrenze
1975	Gesetz über die Sozialversicherung Behinderter
1983	Gesetz über die Versicherung selbstständiger Künstler und Publizisten
1986	Reform der Hinterbliebenenrenten (Gleichstellung von Witwer und Witwe)
1986	Einführung der Kindererziehungszeiten
1989	Gesundheitsreformgesetz zur Kostendämpfung
1990	Rentenreform (Nettolohnbezug)
1992	Das neue Sozialversicherungsrecht tritt in der Bundesrepublik in Kraft
1992	Betriebsrentengesetz (Unverfallbarkeit der Leistungen)
1995	Einführung der Pflegeversicherung
2002	Altersvermögensgesetz („Riester-Rente")
2003	Erstes Gesetz für moderne Dienstleistungen am Arbeitsmarkt (Hartz I), u. a. mit Regelungen zur Förderung der beruflichen Weiterbildung durch die Arbeitsagentur
2003	Zweites Gesetz für moderne Dienstleistungen am Arbeitsmarkt (Hartz II) mit Regelungen zu Ich-AG, Mini- und Midijob
2004	Drittes Gesetz für moderne Dienstleistungen am Arbeitsmarkt (Hartz III): Umbau der Bundesanstalt für Arbeit zur Bundesagentur für Arbeit
2005	Viertes Gesetz für moderne Dienstleistungen am Arbeitsmarkt (Hartz IV): Zusammenführung von Arbeitslosen- und Sozialhilfe zum Arbeitslosengeld II. Das bisherige Arbeitslosengeld wird zum Arbeitslosengeld I und dessen Laufzeit auf maximal ein Jahr reduziert.
2007	Verabschiedung des Gesundheitsreformgesetzes, GKV-Wettbewerbsstärkungsgesetz (Einführung der Krankenversicherungspflicht)
2009	Start des 2007 beschlossenen Gesundheitsfonds
2012	Bildungspaket tritt in Kraft
2023	Zusammenführung des ALG II und der Sozialhilfe zum Bürgergeld

Ein einheitliches Sozialsystem bzw. eine Harmonisierung der unterschiedlichen Sozialsysteme in der EU ist derzeit nicht vorgesehen. Die EU geht aber von zwei wesentlichen Voraussetzungen aus:

- die Bürger der EU sind in ihren sozialen Rechten grundsätzlich gleichgestellt und
- der Aufenthalt in einem Mitgliedsstaat ist dem Aufenthalt in den anderen Mitgliedsstaaten grundsätzlich gleichgestellt.

Aus diesem Grund besteht zwischen den EU-Mitgliedsstaaten ein Sozialversicherungsabkommen (vergleiche Seite 102).

Unter den Stichworten **„Europa für Sie"** und **„Bürgerwegweiser"** findet man im Internet alle relevanten Informationen zum Leben und Arbeiten in Europa.

Aufgaben

1. Erklären Sie in Stichpunkten, warum das „kontinentaleuropäische Sozialstaatsmodell" auch als „Bismarck-Modell" bezeichnet wird.
2. In welchen Sozialversicherungsgesetzen wurden unsere fünf Sozialversicherungszweige (Renten-, Arbeitslosen-, Kranken-, Pflege- und Unfallversicherung) zum ersten Mal festgeschrieben?
   Notieren Sie das entsprechende Gesetz mit der Jahreszahl seiner Verabschiedung.

 ISBN 978-3-582-74132-5

3.2 ÄNDERUNG DER ARBEITSWELT

3.2.1 Strukturwandel

Informationen zum Begriff **Bruttoinlandsprodukt** finden sich in Abschnitt 2.3.4.

Unter dem Begriff „Wirtschaftsstruktur" wird verstanden, in welchem Maße die verschiedenen Branchen und Wirtschaftszweige an der Wertschöpfung beteiligt sind, d.h., welchen Beitrag sie zur Erarbeitung des Bruttoinlandsproduktes leisten. Die Wirtschaftsstruktur kann dabei für eine einzelne Region, ein Land oder aber für ein ganzes Wirtschaftsgebiet (z.B. die EU) ermittelt werden.

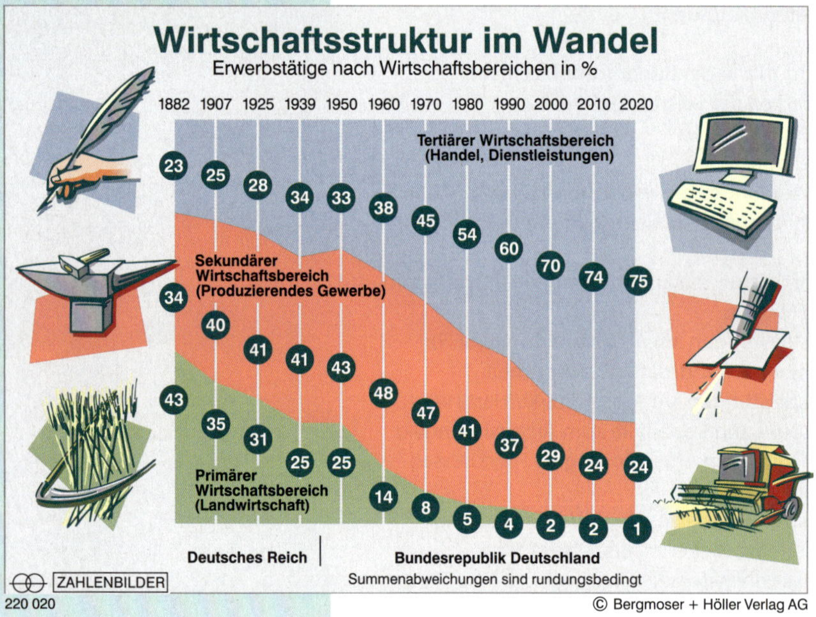

220 020

Im Allgemeinen nimmt man zur Bestimmung der Wirtschaftsstruktur zunächst eine Unterscheidung vor. Dabei wird die Wirtschaft unterteilt in

- den **Primärsektor**, zu dem Wirtschaftsbereiche mit einem hohen Anteil am Produktionsfaktor „Natur" zählen, also Land- und Forstwirtschaft sowie Fischerei.
- den **Sekundärsektor**, bei dem der Produktionsfaktor „Kapital" überwiegt, d.h. alle produzierenden Gewerbe einschließlich des Bergbaus, der Energie- und Wasserwirtschaft sowie der Bauwirtschaft.
- den **Tertiärsektor**, der überwiegend vom Produktionsfaktor „Wissen und Know-how" bestimmt wird. Dazu gehören Handel, Banken und Versicherungen, Verkehr, Telekommunikation und öffentliche Dienstleistungen.

Je nachdem, welcher Bereich innerhalb der Wirtschaftsstruktur den größten Anteil besitzt, spricht man daher von einer Agrar-, einer Industrie- oder einer Dienstleistungsgesellschaft. Tendenziell durchlaufen alle Länder diese drei Gesellschaftsarten, wenn auch in unterschiedlicher Geschwindigkeit und in unterschiedlicher Ausprägung. Während in Deutschland noch vor hundert Jahren der

Politik verstehen und handeln ISBN 978-3-582-74132-5

landwirtschaftliche Bereich überwog, also eine Agrargesellschaft bestand, hatte Deutschland sich in den 60er-Jahren des 20. Jahrhunderts zu einer Industriegesellschaft gewandelt. In den 80er-Jahren hatte der tertiäre Bereich einen Gleichstand mit dem Sekundärbereich erreicht und nimmt seither langsam, aber stetig zu.

Für die Zukunft, so wird von entsprechenden Forschungseinrichtungen vorausgesagt, wird diese Tendenz noch anhalten und Deutschland sich immer mehr zu einer Dienstleistungsgesellschaft entwickeln.

Bei einem Strukturwandel kommt es immer zu Beschäftigungsverschiebungen. Man kann davon ausgehen, dass in einem kleiner werdenden Sektor Entlassungen und Betriebsschließungen und damit fallende Arbeitnehmerzahlen zu verzeichnen sind. Ein sich vergrößernder Sektor dagegen besitzt meist ein wachsendes Arbeitsplatzangebot, da es zu Betriebsgründungen kommt. Im Idealfall finden die in dem einen Sektor arbeitslos gewordenen Menschen eine neue Beschäftigung in dem wachsenden Sektor.

Geschieht dies nicht, so kommt es zu einer **strukturellen Arbeitslosigkeit,** wie wir sie in den letzten Jahren erleben mussten. In diesem Fall gibt es also nicht genügend Wachstumsbereiche, sondern zu viele strukturschwache Branchen oder Regionen.

Die Ursachen von Strukturschwächen können vielfältig sein:

- Nachfrageänderungen, die z. B. durch neue gesetzliche Vorschriften, durch erhöhten Wettbewerb aus anderen Ländern, technische Neuerungen o. Ä. entstehen und auf die nicht schnell genug oder gar nicht reagiert wurde.
- fehlende oder zu geringe technische Neuerungen bei den Produktionsprozessen, die zu hohen Lohnkosten und damit hohen Preisen der Produkte führen. Gegen billigere Anbieter hat man so keine Chancen.
- Regionen haben häufig mit unzulänglichen Verkehrsanbindungen in einer Randlage, veralteten Kommunikationsnetzen oder auch Imageproblemen zu kämpfen.

Der Staat versucht durch seine **Strukturpolitik**, Strukturschwächen und strukturelle Arbeitslosigkeit zu vermindern. So können zukunftsträchtige Branchen mit finanziellen Hilfen gefördert, sich im Abbau befindende Branchen durch Subventionen gebremst werden (z. B. der Bergbau). Strukturschwache Regionen werden insbesondere durch infrastrukturelle Maßnahmen oder durch Steuererleichterungen für sich neu ansiedelnde Betriebe gefördert.

Die Aussage **„Deutschland entwickele sich immer mehr zu einer Dienstleistungsgesellschaft"** gilt für die Bundesrepublik Deutschland als Gesamtheit. In den einzelnen Regionen können jedoch andere Sektoren vorherrschen.

Als Branchen, die derzeit besonders von **Strukturveränderungen** betroffen sind, gelten z. B.:

- Teile des Handels und Großhandels,
- Automobilzulieferindustrie,
- Energieerzeuger.

Strukturschwach und damit **Krisenregionen** sind laut einer Studie des IW Köln u.a. die Altmark, Anhalt-Bitterfeld-Wittenberg, Duisburg/Essen, Bremerhaven und Emscher-Lippe.

3

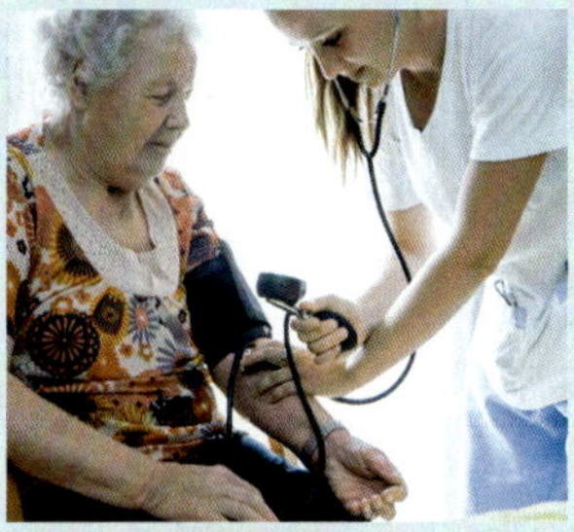

Aufgaben

1. Ordnen Sie die Bilder am Beginn dieser Seite den verschiedenen Sektoren zu.
2. Welcher Sektor herrscht in Ihrer Region vor? Begründen Sie Ihre Meinung. Versuchen Sie, die realen Zahlen bei der zuständigen Behörde (z. B. Wirtschaftsamt Ihres Landkreises) zu ermitteln, und vergleichen Sie diese mit Ihrer Einschätzung.
3. Gehört Ihre Region Ihrer Meinung nach zu den „Krisenregionen"? Tragen Sie Informationen zu Maßnahmen der Strukturförderung zusammen, die in Ihrer Region bestehen. Erläutern Sie, was im Einzelnen jeweils damit bezweckt werden soll.

3.2.2 IIOT und IOT – das Internet der Dinge

Im Märzen der Bauer das IoT anspannt

Landwirtschaft bedeutet heute, dass der Bauer auf dem Feld seine Smartwatch nutzt, um den Düngerbedarf zu kontrollieren.

[…] Die Rede ist von Smart Farming, also dem Einsatz von Informations- und Kommunikationstechnologien zur nachhaltigen Produktion von Lebensmitteln. Die Verfahren sind IoT-basiert und nutzen ein System zur Überwachung des Ackerlandes mit Sensoren, beispielsweise für Licht, Regenmenge, Temperatur und Bodenfeuchte. Zugleich werden automatische Bewässerungssysteme eingesetzt. Die Landwirte können damit die Bedingungen auf dem Feld von jedem Ort aus überwachen und steuern. Durch den Einsatz von IoT-Technologien ist Smart Farming im Vergleich zum konventionellen Ansatz hocheffizient.[…]

(aus: www.it-zoom.de, 2018)

Ein Beispiel für IIot:
„Ziel war es, individuelle Kniegelenke in Serie anstatt, wie sonst üblich, in einem gewissen Rastermaß (klein, mittel, groß) zu produzieren. […]
Zunächst wird der Knochen des Patienten vermessen, sodass am Ende ein dreidimensionales Datenmodell des betreffenden Gelenks vorliegt. Hieraus wird ein Prothesenmodell realisiert. Damit lassen sich die Daten und der Produktionsprozess auf Basis des Testergebnisses auf Korrektheit prüfen, denn jeder einzelne Fertigungsprozess liefert ja individualisierte Produkte. […] Wenn die Ergebnisse den Anforderungen vollständig genügen, wird die eigentliche Produktion durch das Einspielen der 3D-Daten in die CNC-Fräsmaschine begonnen. Das Produkt ist dann nach wenigen Stunden verfügbar."
(aus:www.business-wissen.de, 2018)

So wie die Wirtschaftsstruktur einem stetigen Wandel unterzogen ist, so verändert sich durch den Wandel der Produktionsprozesse auch die Arbeitswelt als solches. Die Industrie setzt derzeit große Erwartungen in die zunehmende Vernetzung der Systeme. Einzelne Maschinen, Werkzeuge, Roboter, Fließbänder usw. sollen dabei untereinander Daten austauschen und so miteinander kommunizieren. Sie sollen ihre Daten mit Sollwerten oder Anweisungen vergleichen und selbstständig Korrekturen, Veränderungen oder Neueinstellungen vornehmen.

So entstehen intelligente Fabriken mit einem hohen Automatisierungsgrad, die zusätzlich noch mit den Anlagen von Zulieferern, Transporteuren und Abnehmern vernetzt sein können.

International wird dies als **IIoT (Industrial Internet of Things)** bezeichnet. Im deutschsprachigen Bereich hat sich dagegen eher der Begriff **Industrie 4.0** durchgesetzt. Das Ziel ist dabei, die einzelnen Vorgänge direkt auf einen speziellen Adressaten individuell zuzuschneiden. Dies kann in der Produktion das speziell für einen bestimmten Kunden gefertigte Produkt sein, in der Landwirtschaft die Versorgung einer bestimmten Pflanze oder eines speziellen Tieres, in der Logistik die Transportbedingungen für ein bestimmtes Produkt.

Erste Ansätze dieser Produktionsweise erscheinen den meisten Menschen schon aus der Autoindustrie bekannt: Aus dem Katalog werden Farbe und Ausstattung ausgewählt und das Auto dann speziell für diesen Kunden hergestellt. Um eine wirtschaftliche Auslastung der Fertigungsstraßen zu erreichen, müssen aber ausreichend Bestellungen gesammelt werden, die sich nur in wenigen Details unterscheiden. So kann es zu recht langen Lieferfristen kommen.

Hier hat in der Industrie ein Wandel von der Massenfertigung zur Kleinserienfertigung stattgefunden. Industrie 4.0 will durch die Vernetzung der bekannten Fertigungselemente – wie CNC-Fertigungsanlagen, Montageroboter und Sensoren – einen weiteren Schritt bis zur Einzelfertigung erreichen. Dazu werden aber weitere technische Fortschritte nötig:

Politik verstehen und handeln ISBN 978-3-582-74132-5

- Neue Produktionsverfahren und Materialien werden entwickelt, die einzelne Produktionsschritte vereinfachen, zusammenfassen oder unnötig machen. Bestehende Systeme werden so verbessert, dass sie auch komplexe Aufgaben bewältigen können. Konnten Roboter z.B. früher nur einfache Steckbewegungen ausführen, imitieren sie heute die Bewegung einer Hand.
- Um den Ablauf der Fertigung sicherzustellen, muss jedes Einzelteil eindeutig identifizierbar und auffindbar sein. Von der Maschine bis zum Werkzeug oder der Materialpalette – alles muss mit einem vernetzbaren Chip ausgestattet werden. Das wird erst mit der Mikroelektronik möglich.
- Damit die Fertigung verzögerungs- und störungsfrei ablaufen kann, müssen die Fertigungsmaschinen die momentane Situation erfassen können. Sie benötigen quasi „Augen", „Ohren" und weitere Sinne. Hier benötigt man leistungsfähige Sensoren.
- Durch die Vernetzung und die ständigen Statusabfragen entstehen hohe Datenströme, die in Sekundenschnelle bearbeitet werden müssen. Die Prozessoren müssen nicht nur klein, sondern auch so leistungsstark sein, dass sie die Daten in „Echtzeit", also nahezu ohne Verzögerung, verarbeiten können.

Schicht aufgetragen und verfestigt. Von der Plastik-Spielfigur über das metallische Zahnrad bis hin zur Teignudel – es werden derzeit vielfältige, ganz individuelle Einsatzmöglichkeiten erprobt.

Die Vernetzung von Alltagsgegenständen wird allgemein unter der Bezeichnung **IoT (Internet of Things)** zusammengefasst. Begriffe wie Smartphone, Smarthome, **e-health**, Wearables usw. beschreiben dagegen einzelne Funktionen, die im IoT miteinander Daten und Informationen austauschen.

3

Aber auch in unserem täglichen Leben schreitet die Vernetzung voran: Die Heizung schaltet sich bereits an, wenn sie vom Smartphone des Bewohners darüber informiert wird, dass er nur noch fünf Minuten von zu Hause entfernt ist; das Fitnessarmband kontrolliert die Schlafphase, damit die Kaffeemaschine kurz vor dem Aufwachen schon mal mit der Zubereitung von frischem Kaffee beginnen kann.

Von den einen als Hilfe und Vereinfachung des täglichen Lebens begrüßt, von den anderen als unsinnige Spielerei gesehen, von weiteren als Entmündigung und Gleichschaltung der Menschen abgelehnt: Immer mehr Alltagsgegenstände werden mit Internetanschluss ausgestattet.

Schätzungen zufolge waren im Jahr 2022 bereits mehr als 50 Milliarden Geräte miteinander vernetzt. Das Internet bildet mehr und mehr einen zentralen Bestandteil unserer Gesellschaft, reale und virtuelle Welt verschmelzen zunehmend miteinander.

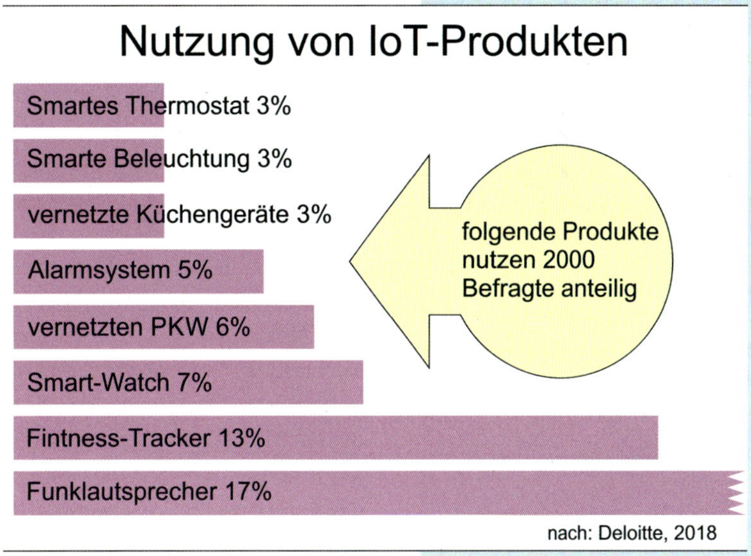

Aufgaben

1. Erklären Sie die Begriffe IoT und IIoT mit eigenen Worten.
2. Erstellen Sie eine Liste mit solchen Bereichen bzw. Funktionen, in denen IoT bereits in Ihrem täglichen Leben Einzug gehalten hat.
3. Entwickeln Sie in Gruppenarbeit ein Zukunftsszenario zu der Frage, inwieweit IoT und/oder IIoT in Ihren Tätigkeitsbereich einziehen könnten. Stellen Sie Ihr Gruppenergebnis im Plenum dar.

3.2.3 Das Internet der Dinge – Auswirkungen auf Arbeitswelt und Gesellschaft

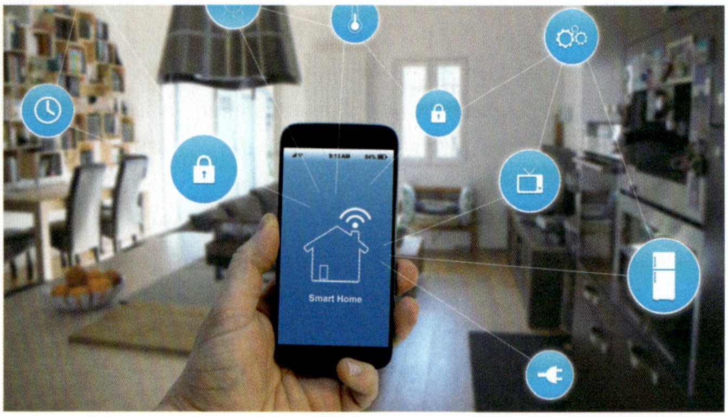

In Angleichung an den Begriff **„Industrie 4.0"** wird der daraus resultierende Wandel der Arbeitswelt häufig unter dem Begriff **„Arbeit 4.0"** zusammengefasst.

Die zunehmende Vernetzung unserer Welt wird sich nicht aufhalten lassen. Wie bei jedem technischen Wandel werden Arbeitswelt und gesellschaftliches Leben davon beeinflusst und sich wandeln. Alte Berufe verändern sich oder verschwinden, neue Berufe entstehen. Die Arbeitszeitformen werden sich anpassen müssen, was wiederum Einfluss auf Lohnsysteme, Tarifverträge und Mitbestimmung nehmen wird. Die Veränderung wird also voraussichtlich sehr komplex und im einzelnen Detail nur schwer voraussehbar sein. Feststellen lassen sich aber bestimmte Tendenzen.

Eine „menschenleere Farbrik", so ist absehbar, wird auch in der Zukunft nicht existieren. Es wird immer Aufgaben geben, die durch Roboter nicht zu bewältigen sind. Nach Einschätzung der Experten werden die Aufgaben sich so entwicklen, dass die Maschine immer weniger als Werkzeug und immer mehr als „Mitarbeiter" betrachtet werden muss, der den Menschen von Routinearbeiten entlastet – es entstehen Mensch-Maschine-Teams.

So werden z. B. Kontrollgänge unnötig, wenn die Maschine z.B. Störfälle und notwendige Wartungen selbstständig meldet, Umrüstungen autonom vornimmt usw. Nach Meinung vieler Experten werden Maschinenbediener immer mehr die Überwachung der Produktionsräume übernehmen und sich so zu „Roboterkoordinatoren" entwickeln müssen. Einer Studie der Bundesagentur für Arbeit zufolge steigt dennoch besonders im produzierenden Gewerbe das Risiko, arbeitslos zu werden – z. B. bei den Maschinenführern. Zwar werden auch neue Berufe entstehen, ob dies jedoch in einer gleichen Größenordnung erfolgt, ist noch nicht absehbar.

Die zunehmende Digitalisierung beschränkt sich aber nicht nur auf die Industrie. So wird beispielsweise das Thema „Smart Home" auch im Bereich Sanitär-Heizung-Klima eine immer größere Rolle spielen. Im Handel wird überlegt, die Warenbestückung der Verkaufsflächen zu automatisieren, was für den Einzelhändler nur noch die Zuweisung der Regalflächen nötig machen würde. Zwangsläufig werden also auch weiterhin in allen Berufsbereichen die IT-Anteile einziehen und sich die Ausbildungsinhalte damit verändern.

Politik verstehen und handeln ISBN 978-3-582-74132-5

Die Vernetzung der Systeme über eine Cloud ermöglicht es, dass Menschen von den verschiedensten Orten gleichzeitig auf eine Datei zugreifen. Bei Arbeiten, die keinen direkten Kontakt mit Menschen oder Produkten erfordern, kann häufig ortsunabhängig gearbeitet werden, z.B. von zuhause, unterwegs oder an wechselnden Schreibtischen im Büro. Solche **Homeoffices** ersparen dem Arbeitgeber Kosten, da weniger Bürofläche bereitgestellt werden muss. Vom Mitarbeiter erfordert es ein hohes Maß an Selbstdisziplin.

Gerade im Bereich der IT-Entwicklung erkennt man aber die Tendenz, Mitarbeiter nur für ein bestimmtes Projekt über das Internet anzuwerben. Da diese **Cloudworker** in den unterschiedlichsten Ländern ansässig sein könnten, sind Mindeststandards bei Bezahlung, Arbeitszeit oder beim Gesundheitsschutz oft nicht geregelt. Voraussichtlich wird diese Arbeitsform durch das IIoT zunehmen, daher müssen hier gesetzliche Regelungen geschaffen werden.

Ob Privathaushalt oder Unternehmen – durch das **Internet der Dinge** entsteht ein immenses Datenvolumen, das versendet, be- und verarbeitet werden muss. Je mehr Daten versendet werden, umso anfälliger ist das System aber auch gegenüber Hackern. Zurzeit wird die Sicherung der Systeme von vielen Herstellern noch nicht ausreichend beachtet. Auch der Endverbraucher handelt fahrlässig, wenn er die Werkseinstellungen nicht ändert und eigene, sichere Passwörter konfiguriert.

Erhobene Daten können zu unterschiedlichen Zwecken ausgewertet werden. Unternehmen können z.B. zur Diebstahlsicherung und Temperaturüberwachung sehen, wie lange und wo der Transporter gestanden hat. Sogar die Anzahl der Tastaturanschläge kann gemessen und ausgewertet werden, um ergonomischere Arbeitsplätze zu planen. Erhobene Daten können aber immer auch missbraucht werden und so zum „gläsernen Menschen" führen. Der Datenschutz und die informelle Selbstbestimmung muss daher sichergestellt werden. Zurzeit fehlen oftmals noch Regelungen, welche Daten zur Prozessoptimierung gespeichert werden dürfen und wie abgesichert werden kann, dass sie nicht zu einer unangemessenen Überwachung des Mitarbeiters führen.

Auch das Haftungsrecht muss überarbeitet werden. In einer vernetzen Umgebung kann es schwierig werden, die Ursache für einen Fehler festzustellen, der zu einem Schaden geführt hat. Manchmal entstehen Fehler auch erst durch den Datenaustausch zwischen den Maschinen.

39 % der deutschen Unternehmen ließen bereits 2018 ihre Mitarbeiter ganz oder teilweise von zuhause aus (**Homeoffice**) arbeiten. 51 % erwarteten, dass sich der Anteil in den kommenden Jahren noch erhöhen würde. Ende Januar 2023 arbeiteten ungefähr 27 Prozent der Erwerbstätigen – als Folge der Corona-Pandemie – ausschließlich oder überwiegend im Homeoffice.

Im privaten Bereich erfahren die Hersteller jetzt schon vieles über Verhalten, Gewohnheiten und Vorlieben der Konsumenten. GPS-Verläufe zeigen bevorzugte Aufenthaltsorte und sagen so viel über unsere Interessen, Freundeskreise und Freizeitaktivitäten aus. Biometrische Daten verraten unsere körperliche Fitness und mögliche gesundheitliche Gefährdungen. Im besten Falle wird dies zur Verbesserung der Produkte und ihrer Funktionen genutzt. Üblich ist aber schon jetzt, gezielte Werbung einzusetzen. Und an wen die Daten weitergegeben werden, ist für den Verbraucher oft nicht ersichtlich.

Wer muss die Kosten tragen, wenn durch eine Fehlfunktion oder fehlerhafte Datenübertragung sinnlose Teile hergestellt wurden? Wer muss haften, wenn durch eine fehlerhafte Analyseauswertung falsche Einstellungen erfolgen? Einige Fragen lassen sich mit bestehenden Gesetzen lösen, in anderen Bereichen muss dringend nachgebessert werden.

Aufgaben

1. Stellen Sie Gefahren und Vorteile der Digitalisierung der Arbeit gegenüber. Diskutieren Sie im Plenum, welche Anteile überwiegen.
2. Der Anteil an Homeoffice-Arbeit wird voraussichtlich ansteigen. Erörtern Sie, welche Anteile Ihrer Arbeit auf jeden Fall in dieser Arbeitsform möglich wären, welche auf gar keinen Fall.
3. Sicherlich haben Sie zuhause auch internetfähige Alltagsgeräte. Beschreiben Sie, welche Sicherheitsmaßnahmen Sie gegen einen unberechtigten Zugriff ergriffen haben.
4. Diskutieren Sie in der Gruppe die Frage, inwieweit eine Chefin bzw. ein Chef Mitarbeiter überwachen dürfen sollte und wo die Grenze sein sollte.

3.2.4 Arbeitslosigkeit und Arbeitslosenquote

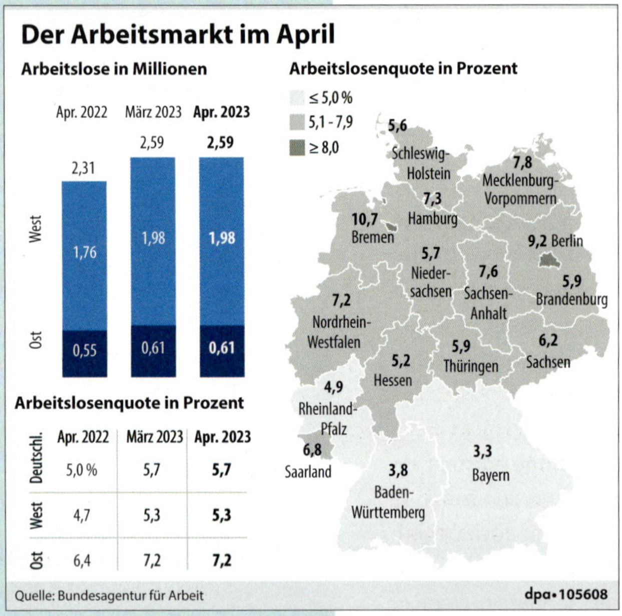

Die Arbeitslosigkeit ist eines der großen politischen und wirtschaftlichen Themen unserer Zeit. Genauer betrachtet, ist sie jedoch ein sehr komplexes Phänomen, denn die Arbeitslosenzahlen eines Landes setzen sich aus unterschiedlichen Anteilen zusammen:

- Die strukturelle Arbeitslosigkeit beruht auf dem strukturellen Wandel innerhalb eines Landes (vergleiche Kapitel 3.2.1).
- Die Höhe der konjunkturellen Arbeitslosigkeit hängt vor allem davon ab, in welcher Konjunkturphase sich ein Land gerade befindet (vergleiche Kapitel 2.3.5).
- Die saisonale Arbeitslosigkeit spielt dagegen eine geringere Rolle. Zwar sinken die Arbeitslosenzahlen zum Sommer hin – da in Bereichen wie Touristik (Gastgewerbe, Verkehr), Bauwirtschaft oder im Erntebetrieb Arbeitsplätze besetzt werden – und steigen zum Winter hin wieder an. Diese saisonalen Schwankungen zeigen sich jedoch Jahr für Jahr in ähnlicher Weise und sind somit in etwa vorhersehbar.
- Die friktionale Arbeitslosigkeit ist die kurzfristige Arbeitslosigkeit, die gegebenenfalls bei einem Wechsel des Arbeitsplatzes auftritt. Sie ist nicht zu verhindern und unproblematisch, da es sich ja für Arbeitnehmerin bzw. Arbeitnehmer um eine absehbare Übergangszeit handelt.
- Die Sockelarbeitslosigkeit bleibt selbst dann bestehen, wenn die Konjunktur sich vollständig erholen würde, da ein Teil der Arbeitslosen aus unterschiedlichen Gründen auch bei ausreichendem Stellenangebot keine Arbeit aufnehmen würden.

Hinweis:
Neben dieser Einteilung, die den Anlass der Arbeitslosigkeit zugrunde legt, gibt es noch eine Vielzahl anderer Gliederungen (Langzeit-/Kurzzeitarbeitslosigkeit; freiwillige/unfreiwillige Arbeitslosigkeit usw.).

Um die Arbeitslosenzahlen zwischen den einzelnen Ländern vergleichen zu können, wird eine Arbeitslosenquote errechnet.
In Deutschland ist hierfür die Bundesagentur für Arbeit zuständig und verwendet folgende Formel:

$$\textbf{\textit{Arbeitslosenquote}} = \frac{\text{registrierte Arbeitslose}}{\text{zivile Erwerbspersonen}} \times 100\,\%$$

Das Statistische Bundesamt errechnet dagegen die Erwerbslosenquote nach den Kriterien der ILO, um einen internationalen Vergleich zu ermöglichen:

$$\textbf{\textit{Erwerbslosenquote}} = \frac{\text{registrierte Erwerbslose}}{\text{zivile Erwerbspersonen}} \times 100\,\%$$

ILO: internationale Arbeitsorganisation (International Labour Organization). Sonderorganisation der Vereinten Nationen. Schwerpunkt ihrer Arbeit ist die Formulierung und Durchsetzung internationaler Arbeits- und Sozialnormen. Internetpräsenz:
http.//www.ilo.org

Politik verstehen und handeln ISBN 978-3-582-74132-5

Durch die unterschiedliche Definition von Arbeitslosigkeit ist die Erwerbslosenquote in Deutschland deutlich niedriger als die Arbeitslosenquote. Arbeitslosigkeit ist dabei ein weltweites Problem mit vielfältigen ökonomischen und gesellschaftlichen Aspekten, die in allen Ländern Auswirkungen haben. So liegen zum Beispiel die materiellen Folgen für den Arbeitslosen klar auf der Hand: keine Arbeit – kein Geld. Viele Wünsche müssen unerfüllt bleiben. Dies zieht aber auch soziale Folgen nach sich. Wer aus Geldmangel nicht mehr an gesellschaftlichen Aktivitäten (Kino, Reisen, Sport usw.) teilnehmen kann, verliert schnell den Kontakt zu anderen (vergleiche auch Abschnitt 3.1.8). Auch die Auswirkungen auf das Selbstwertgefühl sind groß. Länger dauernde Arbeitslosigkeit wird häufig als persönliches Defizit empfunden, zuletzt traut man sich selbst gar nichts mehr zu.

registrierte Arbeitslose: alle bei einer Arbeitsagentur oder einem kommunalen Träger gemeldeten Personen, die eine Arbeit von mindestens 15 Wochenstunden suchen und dabei maximal 14 Wochenstunden arbeiten

registrierte Erwerbslose: alle registrierten und nicht registrierten Arbeitssuchenden, die keine einzige Wochenstunde arbeiten

3

Arbeitslosigkeit bildet aber auch für die Gesellschaft ein finanzielles Problem. Arbeitslose müssen durch den Staat unterstützt werden (in Deutschland z. B. durch das Arbeitslosengeld, Eingliederungszuschüsse usw.). Sie kosten also Geld, das – durch die Erhebung von Abgaben – von der erwerbstätigen Bevölkerung aufgebracht werden muss. Hohe Abgaben führen zu Unmut und oft zur Geringschätzung der Verursacher: Arbeitslose werden immer häufiger als Drückeberger betrachtet, die schon Arbeit finden würden, wenn sie nur wollten. Soziale Spannungen sind die Folge.

Durch eine hohe Arbeitslosigkeit geht aber auch bei der erwerbstätigen Bevölkerung das Sicherheitsgefühl mehr und mehr verloren. Oft wächst aus Angst, den eigenen Lebensstandard zu verlieren, der Widerstand gegen Reformen. Populistische und autoritäre Strömungen, die mit einfachen Konzepten Lösungen versprechen, erhalten so häufig einen Aufschwung. Auch die Forderung, die Einwanderungszahlen stärker zu begrenzen, wie auch fremdenfeindliche Tendenzen werden in der Regel lauter geäußert.

Insbesondere für junge Demokratien kann eine hohe Arbeitslosigkeit eine Bedrohung des politischen Systems darstellen. Vielfach wird erwartet, dass Demokratie automatisch auch die wirtschaftliche Situation verbessert.
Ebenso wirkt sich Arbeitslosigkeit auf alle anderen Bereiche des politischen, wirtschaftlichen und gesellschaftlichen Lebens aus.

Erwerbslosenquote ausgewählter Länder im März 2023 in Prozent

Spanien	12,8
Griechenland	10,9
Italien	7,8
Frankreich	6,9
Portugal	6,9
Lettland	6,5
EU-Durchschnitt	**6,0**
Dänemark	4,6
Irland	4,3
Deutschland	2,8
Polen	2,8

(Quelle: Statistisches Bundesamt 2023)

Aufgaben

1. Analysieren Sie die Grafik am Abschnittsanfang. Zeigen Sie auf, wie sich die Arbeitslosenzahlen im angegebenen Zeitraum entwickelt haben und nennen Sie mögliche Gründe für die Unterschiede in den einzelnen Bundesländern.
2. Arbeiten Sie heraus, aus welchen Arbeitslosigkeitsarten sich die Gesamtarbeitslosigkeit zusammensetzt und wie die einzelnen Arten definiert sind.
3. Erklären Sie den Unterschied zwischen den Begriffen „Arbeitslosenquote" und „Erwerbslosenquote". Erklären Sie, warum in Deutschland die Erwerbslosenquote niedriger als die Arbeitslosenquote ausfällt.
4. Die Auswirkungen der Arbeitslosenquote sind vielfältig. So verändert sich beispielsweise auch der Krankenstand der Arbeitnehmer. Informieren Sie sich über den Verlauf des Krankenstandes in den letzten Jahren. Diskutieren Sie die möglichen positiven und negativen Auswirkungen.

3.2.5 Ursachen der Arbeitslosigkeit

In der Coronawelle etwas mehr Arbeitslose in Deutschland

Im abgelaufenen Monat gab es in der Bundesrepublik 2,330 Millionen Arbeitslose, nur wenig mehr als im November. Die Bundesagentur für Arbeit führt das auf saisonale Effekte zurück und sieht eine positive Entwicklung.

Insgesamt, so die Bundesagentur für Arbeit, hat sich der Arbeitsmarkt in Deutschland im zweiten Coronajahr 2021 positiv entwickelt. Die Arbeitslosigkeit sank im Jahresdurchschnitt »merklich«, so die Nürnberger Behörde. Im Dezember jedoch ist die Zahl der Arbeitslosen in Deutschland etwas angestiegen: Um 12.000 im Vergleich zum November auf 2,330 Millionen.

Die Bundesagentur führt den Anstieg ihres aktuellen Monatsberichts zufolge vor allem auf saisonale Effekte zurück. Im Vergleich zum Dezember 2020 waren sogar 378.000 Menschen weniger arbeitslos, die Arbeitslosenquote blieb stabil bei 5,1 Prozent.

Die offizielle Zahl gibt allerdings nicht die tatsächliche Größe der Arbeitslosigkeit wieder. So sind, wenn man etwa Arbeitslose in Beschäftigungsmaßnahmen oder arbeitsunfähig Erkrankte mitrechnet, 3,089 Millionen Menschen ohne Job gewesen. Diese sogenannte Unterbeschäftigung (ohne Kurzarbeit) verbesserte sich minimal: Im Vergleich zum November 2021 ist sie um 4000 oder 0,1 Prozent gesunken. […]

Gestiegen ist im Dezember allerdings wieder die Kurzarbeit. Vom 1. bis einschließlich 27. Dezember hätten Betriebe – vor allem aus dem Gastgewerbe und Handel – für 286.000 Personen konjunkturelle Kurzarbeit angezeigt. In der Regel wird nicht für jede Anzeige auch tatsächlich Kurzarbeit in Anspruch genommen. Für den November hatte die Bundesagentur Anzeigen für 104.000 Personen gemeldet.

(aus: www.spiegel.de, 04.01.2022)

3

Einer Beschäftigungskrise entgegenzuwirken bildet eine wichtige Aufgabe des Staates. Als **mögliche Ursachen** der Arbeitslosigkeit gelten dabei u. a.:

- Die **Lösung von den traditionellen Lebens- und Verhaltensweisen:** Frauen lassen sich heutzutage beispielsweise nicht mehr auf die klassische Hausfrauenrolle festlegen. Häufig bleiben sie auch nach der Familiengründung im Beruf oder verzichten ganz auf die Gründung einer traditionellen Familie (Rückgang der Geburtenrate). Umfangreiche medizinische Versorgung und gesundheitsbewusstes Verhalten führen zu einer steigenden Lebenserwartung. Zudem wird für viele Menschen durch die Öffnung der Grenzen die Ausbildung und Arbeit in einem anderen Land zunehmend attraktiver. So drängen immer mehr Arbeitssuchende auf einen Arbeitsmarkt, der Konkurrenzdruck steigt.

- **Starre Lohnsysteme** können dazu führen, dass sich die Löhne nicht oder nur stark verzögert an die wirklichen Absatz- und Produktionsverhältnisse anpassen können. Einerseits sind so die Produktionskosten hoch, anderseits halten sich die Produzenten bei den Einstellungen zurück.

- **Hohe Lohnnebenkosten**, also die Abgaben für die soziale Sicherung, verursachen Kosten für den Arbeitgeber und vermindern seine Wettbewerbsfähigkeit. Zudem sinkt das Einkommen der Arbeitnehmer, gegebenenfalls entsteht das Gefühl, dass sich Arbeit nicht mehr lohnt.

Vor allem in den 1980er-Jahren galt die Automatisierung, also der Ersatz von Arbeitskraft durch Maschinen, als wesentliche Ursache der Arbeitslosigkeit. Bisher hat sich diese **technologische Arbeitslosigkeit** aber immer nur für kurze Zeit nachweisen lassen. Rationalisierung führte langfristig immer zu einer Stärkung der deutschen Exportindustrie und damit zu einer Mehrbeschäftigung, technischer Fortschritt immer zu neuen Produkten und neuen Arbeitsplätzen.

Andererseits fördert ein sicherer Arbeitsplatz das Zugehörigkeitsgefühl der Arbeitnehmer zu „ihrem“ Betrieb und damit die Qualität ihrer Arbeit.

Politik verstehen und handeln ISBN 978-3-582-74132-5

- Staatliche **Regulierung des Arbeitsmarktes**: Liegt ein starker Kündigungsschutz vor, dann entlassen Unternehmen ihre Arbeitnehmer zwar nicht so schnell wie in konjunkturschwachen Zeiten, halten sich aber in Zeiten steigender Konjunktur deutlich bei den Einstellungen zurück. So erschwert der Kündigungsschutz den Wechsel von der Arbeitslosigkeit in die Erwerbstätigkeit und fördert damit die Langzeitarbeitslosigkeit. Er wirkt sich also mehr auf die Verteilung als auf die Höhe der Arbeitslosigkeit aus.

- Staatliche **Regulierung des Produktmarktes**: Eine zu geringe Wettbewerbspolitik fördert beispielsweise die Monopol- und Kartellbildung. Die Folge sind hohe Preise, damit eine geringere Nachfrage und daraus folgend eine sinkende Beschäftigung.

- **Mangelhafte Bildungspolitik:** Sie führt dazu, dass sich vorhandene und benötigte Qualifikation von Schulabgängern und Arbeitnehmern immer weniger decken. Nicht nur die Zahl der Arbeitslosen, sondern auch die Zahl der offenen Stellen ist in den letzten Jahren gestiegen. Dies bildet international einen Wettbewerbsnachteil.

- **Globalisierung:** Die Arbeitgeber können ihr Kapital in der ganzen Welt anlegen; es kommt zu einem globalen Wettbewerb zwischen Inland und sog. Billiglohnländern. Gleichzeitig können hoch qualifizierte Arbeitnehmer in Staaten abwandern, die ihnen hohe Löhne und Karrierechancen bieten. Die Politik ist immer stärker in internationale Organisationen eingebunden, ihre Maßnahmen haben jedoch nur innerhalb des eigenen Staates Gültigkeit.

- **Ineffiziente Arbeitsmarktpolitik:** Bürokratische Regelungen machen individuelle Förderung und Forderung schwierig; auf Änderungen der Verhältnisse kann häufig nur stark verzögert reagiert werden usw.

Die genannten Ursachen sind sowohl untereinander wie auch mit allen Bereichen von Politik und Wirtschaft eng verwoben. Gegenmaßnahmen wirken sich auch immer auf andere Aspekte aus. Senkung der Steuern und Löhne, Vereinfachung des Arbeitsrechtes, Reformen im Gesundheitssystem und in der Bildungspolitik, Verringerung des Föderalismus: Ansätze, die dargestellte Tendenz auf dem Arbeitsmarkt zu stoppen, sind vielfältig. Keiner der genannten Ansätze wird das Problem alleine lösen können; Regierung, Unternehmen, Gewerkschaften und andere Organisationen werden zukünftig noch enger zusammenarbeiten müssen.

Direkte Maßnahmen zur Senkung der Arbeitslosenzahlen sind z. B.:

- Arbeitsbeschaffungsmaßnahmen (ABM),
- finanzielle Förderung von Ausbildung, Weiter- und Fortbildung nach dem Bundesausbildungsförderungsgesetz (BAföG) und dem SGB III-Arbeitsförderung,
- finanzielle Beihilfen wie Eingliederungszuschuss, Lohnkostenzuschuss, Beschäftigungshilfen etc. zur Minderung der Arbeitslosigkeit aber auch zu ihrer Verhinderung, wie z. B. Kurzarbeitergeld,
- alle strukturpolitischen Maßnahmen zur Hebung der Konjunktur (vgl. Kapitel 3.2.1 und Kapitel 2.3.4 bis 2.3.5).

Beispielsweise sind Senkungen der Lohnnebenkosten nicht ohne weiteres möglich, da sie einen wichtigen Beitrag für das soziale Sicherungssystem bilden. Erhöhungen der Ausgaben im Bildungssektor entziehen beispielsweise anderen Bereichen die Gelder.

3

Aufgaben

1. Lesen Sie die Meldung am Beginn des Abschnitts durch. Welche Prognosen für den Arbeitsmarkt werden hier angesprochen und welche Gründe genannt?
2. Auch bei steigenden Absatzzahlen halten sich viele Unternehmen mit Neueinstellungen zurück.
   a) Erstellen Sie in Gruppenarbeit eine Mindmap, die Zusammenhänge zwischen den Ursachen der Arbeitslosigkeit verdeutlicht.
   b) Vergleichen Sie Ihre Gruppenergebnisse und ergänzen Sie Ihre Mindmap gegebenenfalls.
3. Häufig wird behauptet, dass die Bekämpfung der Arbeitslosigkeit eine reine Angelegenheit des Staates sei. Erklären Sie, warum es auch im Interesse der Unternehmen ist, wenn keine zu hohe Arbeitslosenquote besteht.

3.2.6 Flexibilisierung der Arbeitswelt

Verfolgt man die Nachrichten, findet man immer häufiger Nachrichten über neue Arbeitszeitmodelle, betriebliche Umstrukturierungen, Fachkräftemangel bei gleichzeitig hoher Arbeitslosenquote, Leiharbeit usw. Begriffe wie „Flexibilisierung", „Globalisierung", „Virtualisierung" und „Cloudworking" signalisieren eine entscheidende Veränderung der Arbeitswelt, der Arbeitsbedingungen und der Anforderungen an den Einzelnen.

Wir erleben einen drastischen Wandel von einer Industriegesellschaft zu einer Dienstleistungs- Wissensgesellschaft. Bereits mehr als 70% der Beschäftigten sind im Dienstleistungssektor tätig (vergleiche Kapitel 3.2.1.). Mit dieser sogenannten Tertiarisierung geht einher, dass mehr und mehr die Nachfrage das Angebot bestimmt. Die Produkte werden kundenspezifischer und dienstleistungsintensiver. Dadurch nimmt der Servicebereich einen immer höheren Anteil an der Dienstleistung ein, deren Hauptanteil aus Informationsarbeit besteht. Man spricht daher auch von einer „Wissens- und Informationsgesellschaft". „Wissen" wird zum wesentlichen Faktor.

Die Globalisierung sowie die Entwicklung der Informations- und Kommunikationstechnologien schreiten rapide voran (vergleiche Kapitel 2.3.6.). Die Arbeit ist immer weniger an einen festen Arbeitsort, an feste Arbeitszeiten oder an einen bestimmten Arbeitnehmer gebunden. Die Grenze zwischen Arbeit und Freizeit verwischt immer mehr. Gleichzeitig werden klassische Arbeitsverhältnisse zunehmend durch neue Formen der Beauftragung ersetzt. Diese Entwicklung wird zumeist pauschal mit „Flexibilisierung" beschrieben.

Die **Flexibilisierung der Arbeitszeit** ermöglicht z. B. Beginn und Ende der Arbeitszeit oder die Lage von Pausen individuell auszuhandeln. Immer häufiger wird gar nur ein bestimmtes Arbeitsvolumen pro Woche, Monat oder sogar Jahr festgelegt. Gleichzeitig werden die Arbeitszeitformen (Teilzeit, Gleitzeit usw.) immer vielfältiger und unübersichtlicher (vergleiche Kapitel 1.1.8)

Bei der **Flexibilisierung des Arbeitsortes** sind Teleheimarbeit oder Homeoffice die bekanntesten Beispiele, denn in vielen Dienstleistungsbetrieben ist eine persönliche Anwesenheit im Betrieb nicht unbedingt nötig. Andererseits wird durch hohe Mobil- und Außendienstarbeit versucht, die Leistungen näher an den Kunden zu bringen. Wo gearbeitet wird und wieviel räumliche Bewegung notwendig ist, wird damit immer mannigfaltiger.

Die **Flexibilisierung der Arbeitsinhalte und der Qualifikation** ist nötig, da sich erworbenes Wissen in der heutigen Zeit immer schneller überholt. „Lebenslanges Lernen" bildet einen wesentlichen Wettbewerbsvorteil auf dem Arbeitsmarkt.

3

- Als **(erste) technische Revolution** wird die Industrialisierung im 18. Jahrhundert bezeichnet.
- Die **zweite technische Revolution** bezeichnet die Automatisierung, also den Einzug der Roboter in die Fertigung.
- Die **dritte technische Revolution** beinhaltet den Einzug computergesteuerter Geräte in Bereichen außerhalb der Fertigung.
- Heute spricht man von einer vierten, der **elektronischen Revolution**, mit der ein Wandel von persönlicher Dienstleistung zu Internetleistungen gemeint ist (E-Commerce, Internetbanking usw.).

prekär: in einer Weise geartet, die es äußerst schwer macht, die richtigen Maßnahmen, Entscheidungen zu treffen, aus einer schwierigen Lage herauszukommen; schwierig, heikel, misslich. Z. B.: eine prekäre (wirtschaftliche, finanzielle) Situation.

Politik verstehen und handeln ISBN 978-3-582-74132-5

Durch die **Flexibilisierung der Einbindung** in die Unternehmenshierarchie arbeiten Beschäftigte statt in einem festen Kollegenkreis zunehmend mit häufig wechselnden Projektpartnern und Vorgesetzten bzw. Untergebenen zusammen.

Wie bei jedem Wandel ergeben sich auch durch die Flexibilisierung der Arbeitswelt Vor- und Nachteile. Durch eine freie Zeiteinteilung können z. B. Arbeiten, die am Tag wegen anderen Terminen nicht geschafft wurden, spätabends erledigt werden und damit dennoch termingerecht vorliegen.

Andererseits kann oft über die konkrete Arbeitszeit gar nicht mehr selbst entschieden werden, sondern es müssen betriebliche Belange berücksichtigt werden und man muss auf Abruf bereitstehen. Das erschwert die Abstimmung in der Familie und im Freundeskreis und lässt die Grenzen zwischen Arbeitszeit und Freizeit zunehmend verschwimmen. Zusammen mit der Notwendigkeit des „Neulernens" sowie einem wechselnden Aufgabenfeld fordert dies ein hohes Maß an selbstständiger Organisation der Arbeit. Diesen Anforderungen sind aber nicht alle Menschen gewachsen.

Durch die flexiblen Arbeitszeitregelungen wird das frühere „Normalarbeitsverhältnis", das sich durch Vollzeitarbeit in einem unbefristeten Vertrag auszeichnet, zunehmend verdrängt. Die neuen Arbeitsformen führen auch zu neuen Verträgen. Immer häufiger werden Schwankungen im Arbeitsaufkommen durch Leih- oder Zeitarbeitnehmer abgedeckt. Sogenannte atypische Arbeitsverhältnisse nehmen zu.

Von zunehmender Bedeutung sind hier auch das „**Cloudworking**" und „**Crowdsourcing**". Personen können auf speziellen Internetplattformen – einer Cloud – ihr Können und ihre Arbeitskraft anbieten. Unternehmen wählen dann aus dieser Crowd (Gruppe) einen Kandidaten aus und „kaufen" dessen Arbeitskraft für einen einzelnen Arbeitsauftrag ein.

Da die gesamte Abwicklung der Anwerbung und der Auftragserfüllung über das Internet erfolgt, ist es unerheblich, in welchem Land sich dieser „freie Mitarbeiter" (Freelancer) befindet. So verschwimmen die Grenzen zwischen den Ländern, den Unternehmen und den Arbeitsverhältnissen zunehmend.

Diese neue Arbeitsform ist durch das herkömmliche Arbeitsrecht kaum geschützt. Mindeststandards hinsichtlich sozialer und rechtlicher Absicherung, Bezahlung, Arbeitszeit usw. sind kaum gegeben.

Fast jeder fünfte Erwerbstätige ist atypisch beschäftigt

Erwerbstätige in Deutschland nach Beschäftigungsart 2021

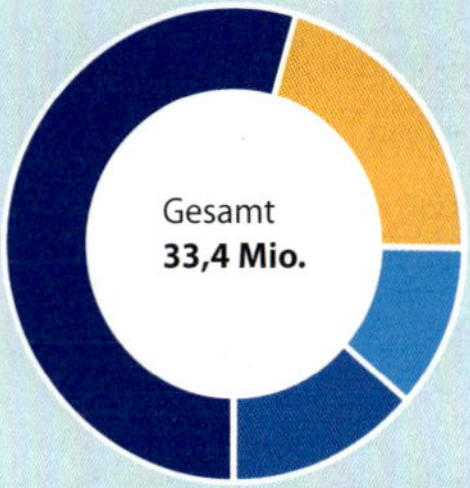

3

atypische Arbeitsverhältnisse umfassen alle Arbeitsformen, die nicht einem Normalarbeitsverhältnis mit festem Arbeitsbeginn und -ende, einem betrieblich vorgegebenen Arbeitsort und entsprechender sozialer Absicherung entsprechen.
Im Wesentlichen zählen zu den atypischen Beschäftigungsverhältnissen die Teilzeitarbeit mit bis zu 20 Wochenstunden, befristete Beschäftigung, Zeitarbeit und Mini-Jobs.
Prekäre Beschäftigungen dagegen beinhalten zusätzlich ein erhöhtes Armutsrisiko. Atypische Beschäftigungsverhältnisse sind daher nicht notgedrungen auch prekär.

Cloudworking war ursprünglich eine Erscheinung der IT-Branche. Zunehmend dehnt sie sich aber auch auf andere Dienstleistungsbereiche aus, z. B. Paketzustellung, Haushaltshilfe, Design-Aufträge usw.

Aufgaben

1. Erklären Sie, was man unter „Tertiarisierung der Arbeitswelt" versteht.
2. Zählen Sie auf, welche Arten atypischer Arbeitsverhältnisse in ihrem Betrieb zu finden sind. Welche Vor- und welche Nachteile sehen Sie für die Beschäftigten? Diskutieren Sie Ihre Ergebnisse im Plenum.
3. Die Veränderung der Arbeitswelt bietet nach Meinung der Befürworter insbesondere Gruppen, die auf dem Arbeitsmarkt sonst eher benachteiligt sind (Alleinerziehende, Berufsrückkehrer, Behinderte, Ältere usw.), besondere Chancen. Stellen Sie in Gruppenarbeit ein Thesenpapier auf, wie diese Gruppen von dem Wandel profitieren können.

METHODE

FRAGEBOGEN

Mit Fragebögen können viele unterschiedliche Personen zu etwas befragt und ihre Antworten schnell ausgewertet werden. Um aber genaues Datenmaterial zu erhalten, aus dem dann auch Antworten gewonnen werden können, muss ein Fragebogen gut durchdacht und müssen die Fragen genau gestellt werden. Dabei ist insbesondere zu beachten:

- **Welche Informationen sollen mit dem Fragebogen genau gewonnen werden?**
  Es ist gründlich zu überlegen, welche Zusammenhänge bestehen könnten, um dann entsprechende Fragen aufzustellen. Wovon könnte z. B. das Freizeitverhalten abhängen: vom Alter, vom Einkommen oder von der gefahrenen Automarke?
- **Welche Gruppe und Menge an Personen soll befragt werden?**
  Will man das Freizeitverhalten von Jugendlichen ermitteln, ist es sicherlich sinnlos, einen Rentner zu befragen. Sind in der Gemeinde 2000 Jugendliche gemeldet, wird man kaum alle befragen können. Aber befragt man nur zwei, wird man keine repräsentative Aussage erhalten. Sind die Jugendlichen ungefähr zur Hälfte männlich oder weiblich, so sollte auch die Gruppe der Befragten dieses Verhältnis annähernd widerspiegeln.
- **Wo und wann sollte die Befragung stattfinden?**
  Das Ergebnis darf durch Orte und Zeiten nicht beeinflusst werden. Eine Befragung z. B. nur vor Diskotheken erfasst keine Jugendlichen, die vor dem Computer sitzen oder zum Sport gehen.
- Wie soll der Fragebogen aussehen?
  - Unnötige Fragen weglassen! Die wenigsten Leute haben viel Lust oder Zeit, einen Fragebogen auszufüllen. Er sollte daher möglichst kurz und leicht zu beantworten sein.
  - Die Fragen sollten möglichst durch Ankreuzen beantwortbar sein. Zur Sicherheit kann immer noch ein Kästchen „Sonstiges: ______“ eingefügt werden.
  - Die Fragen müssen möglichst eindeutig sein. Wenn mehrere Antworten möglich sind, muss dies deutlich in der Fragestellung erkennbar sein (z. B. Fettschrift).
  - Bei Fragen, deren Beantwortung dem Befragten unangenehm sein könnten, müssen die Rubriken möglichst weit gefasst werden. Niemand wird Ihnen z. B. in einem Fragebogen sein genaues Gehalt angeben. Auch werden die wenigsten zugeben, dass sie viel fernsehen. Hier können ähnliche Fragen an unterschiedlichen Stellen des Fragebogens (Kontrollfragen) manchmal hilfreich sein.
  - Bei Bewertungsfragen zeigen die meisten Menschen eine so genannte „Mittentendenz“. Die meisten scheuen sich, eine Person oder Sache ganz gut oder ganz schlecht zu beurteilen. Bei Bewertungen kann man daher mehr Rubriken einfügen als bei der Auswertung benötigt werden und dann die beiden ersten und die beiden letzten zu einer Rubrik zusammenfassen.
  - Der Fragebogen soll ordentlich und übersichtlich sein. Im Fragebogenkopf sollte das Thema der Befragung deutlich erscheinen. Fassen Sie die Fragen sinnvoll zusammen und geben Sie den einzelnen Abschnitten sinnvolle Überschriften.
- **Auswertung und Präsentation:**
  Bei der Auswertung müssen zwei oder mehr Fragen miteinander in Beziehung gesetzt werden. In der Regel werden die Zusammenhänge in Prozentwerten ausgedrückt und in Diagrammen dargestellt.

Aufgaben

Erstellen Sie eine Umfrage zu dem Thema:

1. Zukunftsängste und private Zukunftssicherung in unserer Gemeinde/unserem Kreis
2. Veränderung der Arbeit und der Anforderungen durch neue Technologien

4

DER MENSCH IN DER GESELLSCHAFT

4.1 SOZIALE SCHICHTUNG

4.1.1 Soziale Schichten und Milieus

soziale Ungleichheit: *ungleiche Verteilung materieller und immaterieller Güter innerhalb einer Gesellschaft*

Prestige: *Ansehen, Wertschätzung*

Anteile der 15-jährigen Schüler in % nach Schichtzugehörigkeit und Bildungsgang bei PISA (2009):

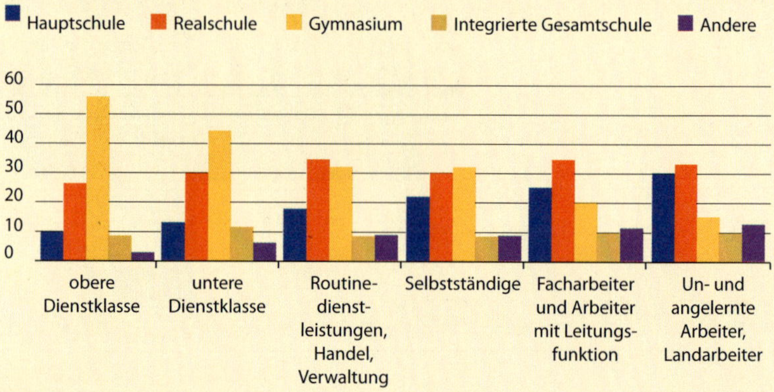

Soziale Schichten in Deutschland *(in % an der Gesamtbevölkerung)*

(Quelle: Institut für Demoskopie Allensbach)

Die soziale Ungleichheit in der Gesellschaft kann als soziale Schichtung dargestellt werden (siehe die Grafik links unten). In diesen Schichten werden Menschen zusammengefasst, die ähnliche Lebensbedingungen aufweisen. Sie sind geprägt durch

- Einkommen,
- Bildung,
- Beruf und
- Sozialprestige.

Bei der Betrachtung des Schichtenmodells darf man auf keinen Fall von einer scharfen Abgrenzung der Schichten untereinander ausgehen. Der Schichtenwechsel erfolgt vielmehr fließend. Der Wechsel zwischen den Schichten ist möglich, so kann sich beispielsweise ein Facharbeiter durch Weiterbildungsmaßnahmen oder Schulungen zu einem Abteilungsleiter hocharbeiten – und damit von der Arbeiterschicht zur Mittelschicht aufsteigen. Genauso kann aber auch ein leitender Angestellter – zum Beispiel durch Rationalisierung und Verlust des Arbeitsplatzes – „sozial" absteigen. Man spricht dabei von der sogenannten „vertikalen Mobilität".

Soziale Schichtung (der westdeutschen Bevölkerung)

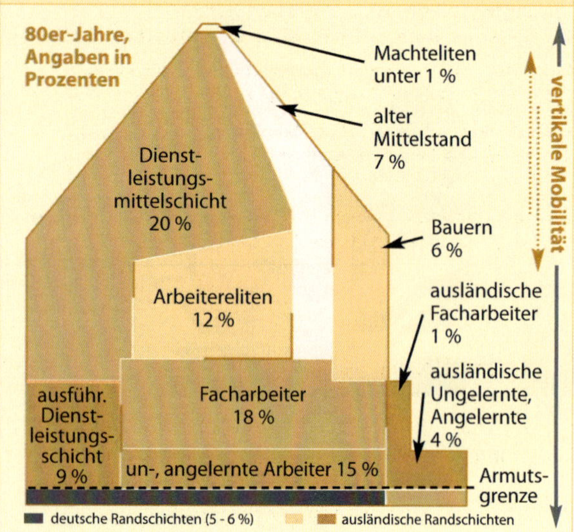

Eine ausführlichere Analyse der Gesellschaft ermöglicht die **Milieuforschung.** Hier werden Menschen in sogenannten sozialen Milieus zusammengefasst, die ähnliche Lebensstile, Wertorientierungen und Lebensziele besitzen. So kann man beispielsweise den Teil der jugendlichen Bevölkerung, der sich als Lebensziel „Spaß und Freizeit" gesetzt hat, ohne sich dem Druck der Leistungsgesellschaft zu unterwerfen, dem hedonistischen Milieu zuordnen. Die Aufstellung der Milieus dient hauptsächlich der Marktforschung, um so neue Produkte für bestimmte Zielgruppen auf den Markt zu bringen.

Politik verstehen und handeln ISBN 978-3-582-74132-5

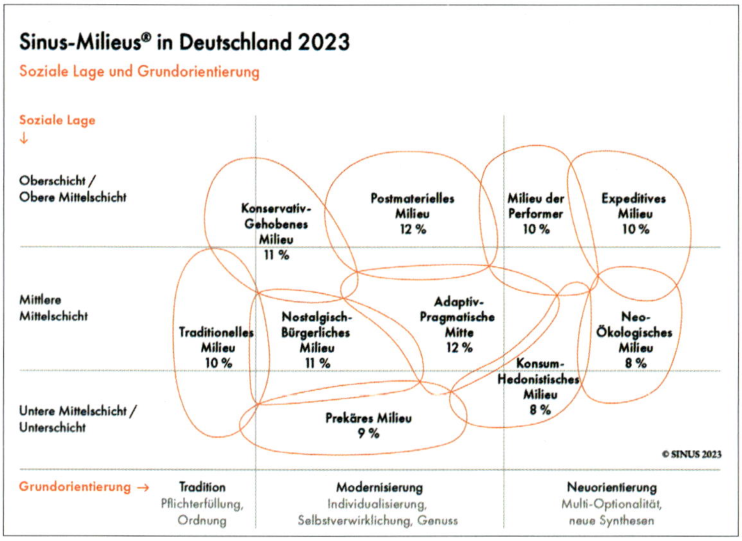

Milieu: Umwelt, Umfeld, Lebensverhältnisse. Das Milieu wird als die Gesamtheit der natürlichen, gesellschaftlichen und kulturellen Gegebenheiten aufgefasst, die auf einen Einzelnen oder eine Gruppe einwirken. Die Grenzen zwischen den Milieus sind fließend. Lebenswelten sind nicht so exakt eingrenzbar wie soziale Schichten.

Performer: Gestalter

Hedonismus: Streben nach Sinneslust und Genuss

prekär: unsicher (bezüglich der Erwerbssituation)

Milieus	*Bevölkerungs-anteil*	*Beschreibung*
Performer	10 %	globalökonomisches und liberales Denken; gesamtgesellschaftliche Perspektive auf der Basis von Eigenverantwortung; Selbstbild als Stil- und Konsum-Pioniere; hohe Technik- und Digital-Affinität.
postmateriell	12 %	Selbstbestimmung und -entfaltung sowie Gemeinwohlorientierung; Verfechter von Nachhaltigkeit, diskriminierungsfreien Verhältnissen und Diversität; Selbstbild als gesellschaftliches Korrektiv.
konservativ-gehoben	11 %	Verantwortungs- und Erfolgsethik, Exklusivitäts- und Führungsansprüche; Wunsch nach Ordnung und Balance.
expeditiv	10 %	Urban, hip, digital, kosmopolitisch und vernetzt; auf der Suche nach neuen Grenzen und unkonventionellen Erfahrungen, Lösungen und Erfolgen; ausgeprägte Selbstdarstellungskompetenz.
neo-ökologisch	8 %	Optimismus und Aufbruchsmentalität bei gleichzeitig ausgeprägtem Problembewusstsein für die Herausforderungen des Planeten; offen für neue Wertesynthesen: Erfolg und Nachhaltigkeit, Party und Protest.
adaptiv-pragmatisch	12 %	Anpassungs- und Leistungsbereitschaft, Nützlichkeitsdenken, aber auch Wunsch nach Spaß und Unterhaltung; starkes Bedürfnis nach Verankerung und Zugehörigkeit.
nostalgisch-bürgerlich	11 %	Wunsch nach gesicherten Verhältnissen und einem angemessenen Status; Selbstbild als Mitte der Gesellschaft, aber wachsende Überforderung und Abstiegsängste.
traditionell	10 %	verhaftet in der kleinbürgerlichen Welt bzw. traditionellen Arbeiterkultur; anspruchslose Anpassung an die Notwendigkeiten; Selbstbild als rechtschaffene kleine Leute.
hedonistisch	8 %	Spaßhaben im Hier und Jetzt; Selbstbild als cooler Lifestyle-Mainstream; starkes Geltungsbedürfnis; berufliche Anpassung vs. Freizeit-Eskapismus; zunehmend genervt vom Diktat der Nachhaltigkeit und Political Correctness.
prekär	9 %	Dazugehören und Anschlusshalten an den Lebensstandard der breiten Mitte – aber Häufung sozialer Benachteiligungen und Ausgrenzungen; Gefühl des Abgehängtseins, Verbitterung.

Aufgaben

1. Deuten Sie das eingangs gezeigte Diagramm aus dem Jahr 2009 zur sozialen Ungleichheit und diskutieren Sie über dessen Aussage in Ihrer Klasse und darüber, in wieweit diese heutzutage zutreffend ist.
2. Der Begriff „soziales Milieu" dient dazu, unsere moderne Gesellschaft in ihrer Sozialstruktur zu beschreiben. Ist Ihrer Meinung nach die Aufteilung in die einzelnen Milieus ausreichend oder könnten Sie sich eine weitere Unterteilung der einzelnen Milieus vorstellen? Erarbeiten Sie diese Frage am Beispiel der hedonistischen Jugendlichen in unserer Gesellschaft und notieren Sie Ihr Ergebnis stichpunktartig.

4.1.2 Diversity in der Gesellschaft und im Betrieb

„Diversity" oder „Diversität" bedeutet Vielfalt und Vielfältigkeit. Damit sind die unterschiedlichen, aber auch die gemeinsamen Merkmale von Menschen gemeint, wie z. B.: Alter, Nationalität, Ethnie, soziale Herkunft, Familienstand, Religion und Weltanschauung, geschlechtliche Identität und sexuelle Orientierung, körperliche und geistige Fähigkeiten.

Diversity bezeichnet auch ein gesellschaftspolitisches Konzept, das einen wertschätzenden, respektvollen Umgang mit der Verschiedenheit der Bürgerinnen und Bürger anstrebt und somit den Abbau von Diskriminierung und die Förderung von Chancengleichheit zum Ziel hat. In mehreren Gesetzen ist Diversity verankert (siehe die Randspalte).

Von den ca. 83 Millionen Menschen, die in Deutschland wohnen, haben z. B. etwa 21 Millionen einen Migrationshintergrund. Knapp 8 Millionen Menschen leben mit einer schweren körperlichen oder geistigen Beeinträchtigung. Rund 6 Millionen Menschen bezeichnen sich als LGBTIQ (siehe Randspalte rechts). Außerdem gibt es in unserem Land über 400 religiöse Gemeinschaften. Dieser Ausschnitt aus dem Gesamtbild der Bevölkerung zeigt, dass Deutschland in verschiedener Hinsicht sehr vielfältig ist.

Die Vielfalt der Bevölkerung findet sich auch in den Betrieben wieder. Ein Modell der unterschiedlichen Dimensionen der Diversität versucht dies darzustellen. Im Zentrum des Modells steht die Persönlichkeit, die von den Persönlichkeitseigenschaften des 1. Ringes umgeben ist, die kaum veränderbar sind. Der 2. Ring zeigt Eigenschaften, die zwar immer noch wichtig, aber veränderbar sind. Im 3. Ring sind die Eigenschaften des Arbeitslebens dargestellt.

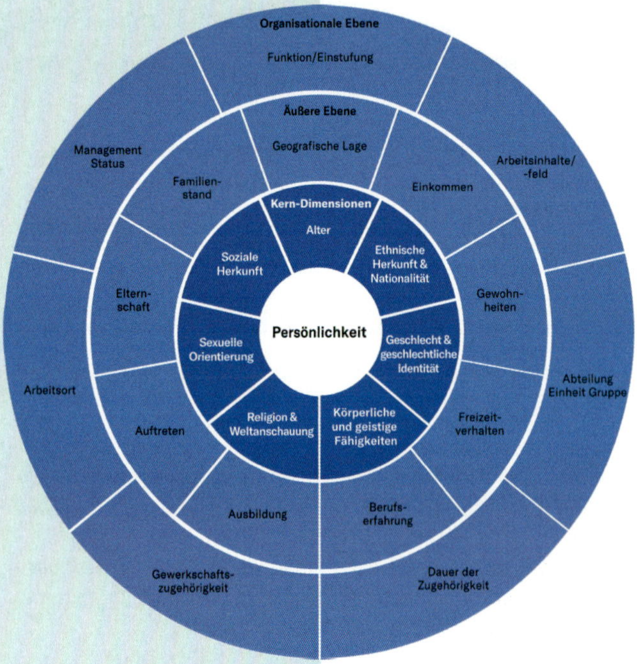

Charta der Vielfalt e.V. / Abbildung frei nach Gardenswartz und Rowe: „4 Layers of Diversity"

Artikel 3 Grundgesetz
(3) Niemand darf wegen seines Geschlechtes, seiner Abstammung, seiner Rasse, seiner Sprache, seiner Heimat und Herkunft, seines Glaubens, seiner religiösen oder politischen Anschauungen benachteiligt oder bevorzugt werden. Niemand darf wegen seiner Behinderung benachteiligt werden.

§ 1 Allgemeines Gleichbehandlungsgesetz (AGG)
Ziel des Gesetzes ist, Benachteiligungen aus Gründen der Rasse oder wegen der ethnischen Herkunft, des Geschlechts, der Religion oder Weltanschauung, einer Behinderung, des Alters oder der sexuellen Identität zu verhindern oder zu beseitigen. Siehe hierzu auch Seite 148.

Einen **Migrationshintergrund** hat man, wenn man selbst oder mindestens ein Elternteil nicht mit deutscher Staatsangehörigkeit geboren wurde.

4

Politik verstehen und handeln ISBN 978-3-582-74132-5

Mittlerweile wird in vielen Unternehmen versucht, das Diversity-Konzept umzusetzen. Ziel dabei ist es, Benachteiligungen innerhalb des jeweiligen Unternehmens durch eine diskriminierungsfreie und wertschätzende Betriebskultur zu vermeiden, um dadurch die Zufriedenheit, die Motivation und die Leistungsfähigkeit der Beschäftigten zu steigern. Dieses Vorgehen nennt man **Diversity-Management**. Es wird zurzeit in 33 % aller Unternehmen angewendet. Weitere knapp 20 % planen es. Die Vorteile des Diversity-Managements liegen für die Unternehmen auf der Hand: Zufriedene Beschäftigte bleiben länger im Unternehmen und reduzieren somit die Kosten für das Einarbeiten von neuem Personal. Sie sind produktiver und innovativer und machen das Unternehmen so erfolgreicher.

Ein großer Teil der deutschen Unternehmen wendet jedoch bisher noch kein Diversity-Management an. So waren beispielsweise 2022 nur ungefähr 29 % der Führungspositionen von Frauen besetzt, obwohl ihr Anteil unter allen Erwerbstätigen 47 % betrug.

Damit Diversity-Management in einem Betrieb eingeführt werden kann, muss unbedingt die Führungsebene diese Entwicklung wollen. Es müssen aber auch alle Beschäftigten miteinbezogen werden, indem z. B. Gruppen für ausländische Fachkräfte, Mütter oder homosexuelle Beschäftigte und andere Beteiligungs- und Beschwerdestellen, wie z. B. Frauenbeauftragte, eingerichtet werden. Die Vorschläge dieser Netzwerke müssen in der Führungsebene ernst genommen werden. Neben der Aufstellung von vielfältigen und gemischten Teams gibt es weitere Möglichkeiten, ein Unternehmen diverser zu machen:

- unterschiedliche Sichtweisen wertschätzen, um Mitarbeitende zu ermutigen, bisherige Arbeitsweisen und Prozesse zu hinterfragen und nach besseren Lösungen zu suchen,
- für die interne Kommunikation leichte oder einfache Sprache verwenden, um Menschen mit nichtdeutscher Herkunftssprache oder mit Lernschwäche den Alltag zu erleichtern,
- interkulturellen Austausch fördern durch z. B. interkulturelle Kalender, Workshops zum Verständnis kultureller Besonderheiten,
- nicht nur eine Weihnachtsfeier, sondern auch wichtige Feiern anderer Religionen organisieren,
- baulich sicherstellen, dass auch Menschen mit Behinderung alle Firmenbereiche erreichen können,
- u. a.

Charta der Vielfalt: *Bis heute haben ca. 4000 Unternehmen und Institutionen in Deutschland die Charta unterzeichnet: eine unternehmerische Selbstverpflichtung zur Förderung einer diskriminierungsfreien und wertschätzenden Betriebskultur. Die Unterzeichnenden sind davon überzeugt, dass vielfältig zusammengesetzte Teams entscheidend für den wirtschaftlichen und gesellschaftlichen Erfolg Deutschlands sind. Die Charta der Vielfalt wurde 2006 von den Konzernen Daimler, Deutsche Bank, Deutsche Telekom und Deutsche BP gegründet.*

§ 1 Behindertengleichstellungsgesetz – BGG
(1) Ziel dieses Gesetzes ist es, die Benachteiligung von Menschen mit Behinderungen zu beseitigen und zu verhindern sowie ihre gleichberechtigte Teilhabe am Leben in der Gesellschaft zu gewährleisten und ihnen eine selbstbestimmte Lebensführung zu ermöglichen. Dabei wird ihren besonderen Bedürfnissen Rechnung getragen.

LGBTIQ: lesbisch, schwul (engl. gay), bisexuell, transgeschlechtlich, intergeschlechtlich und queer.

4

Aufgaben

1. a) Betrachten Sie die Grafik am Beginn des Kapitels. Benennen Sie die Besonderheiten der dargestellten Menschen.
   b) Ordnen Sie diese Eigenschaften den unterschiedlichen Dimensionen der Diversität zu (Ring-Modell).
2. Berichten Sie der Lerngruppe, wie in Ihnen bekannten Betrieben das Diversity-Konzept umgesetzt wird.
3. Stellen Sie kurz dar, was aus Ihrer persönlichen Sicht für ein Diversity-Konzept spricht:
   a) in Unternehmen und
   b) in der Gesellschaft.
4. Welche weiteren konkreten Maßnahmen fallen Ihnen ein? Diskutieren Sie Ihre Vorschläge zunächst in Partnerarbeit und danach in der Lerngruppe.

4.1.3 Vorurteile schaffen keine Lösungen

4

Stereotyp: *starres Vorstellungsbild, das sich beispielsweise von Personen und Personengruppen, Nationen, Ethnien, sozialen Gruppen, Religionen, Regionen usw. gemacht wird. Stereotype dienen dazu, die komplexe Wirklichkeit zu vereinfachen und neu zu ordnen. Ein solches Vorstellungsbild entsteht durch Wahrnehmung und Bewertung eines Details, dass dann unkritisch übernommen und stark verallgemeinert übertragen wird.*

Allgemeines Gleichbehandlungsgesetz (AGG): Umgangssprachlich auch **Antidiskriminierungsgesetz;** ein 2006 in Kraft getretenes deutsches Bundesgesetz. Es soll Benachteiligungen verhindern und beseitigen, die aufgrund von ethnischer Herkunft, Geschlecht, Religion oder Weltanschauung, Behinderung, Alter oder sexueller Identität bestehen.
Um dieses Ziel zu erreichen, erhalten die durch das Gesetz geschützten Personen Rechtsansprüche gegenüber Arbeitgebern und privaten Personen, wenn diese ihnen gegenüber gegen die gesetzlichen Diskriminierungsverbote verstoßen.

Vorurteile

Ein Vorurteil ist eine Meinung, die sich jemand ohne Prüfung der Tatsachen voreilig, im Voraus über jemanden oder etwas gebildet hat – eine Meinung, die nicht objektiv ist. Grundsätzlich hat jeder Mensch Vorurteile und bildet Stereotype, das ist normal. Stereotype und damit verbundene Vorurteile helfen uns, unsere Umwelt zu strukturieren und ggf. Gefahren und Risiken besser und schneller einzuschätzen. Denn der Mensch sortiert die unzähligen Dinge der Wahrnehmung unwillkürlich in „Schubladen" – d. h. Kategorien – ein, denen er ein typisches „Raster" bzw. „Bild" zuordnet (Stereotyp). Für dieses Verhalten gibt es unterschiedliche Erklärungen, z. B., dass es uns hilft, die komplexe Welt um uns herum zu ordnen, (unbewusste) Verarbeitungsprozesse unseres Gehirns zu verringern, Zusammenhänge zu erkennen und die Planung unserer alltäglichen komplexen Handlungen zu vereinfachen.

Der erste Eindruck, den wir von einer Person haben, prägt daher oftmals unbewusst unsere Einschätzung. Dieser Person werden dann automatisch bestimmte Eigenschaften zugeschrieben – z. B. aufgrund von Herkunft (Hautfarbe, Nationalität), Religion, Geschlecht, sexueller Orientierung, Alter oder äußerer Erscheinung.

Vorurteile haben aber auch Einfluss auf unser Verhalten gegenüber anderen. Dabei sind sich viele Menschen ihrer Vorurteile oft kaum bewusst. Vorurteile sind Bewertungen von Menschen, die nicht durch eigene Erfahrungen, sondern durch Verallgemeinerungen entstehen. Sie liefern oft scheinbar einfache Antworten auf komplexe Fragen, haben häufig historische Wurzel, verfestigen sich durch Erziehung und Gesellschaft, bieten scheinbare Orientierung („Freund oder Feind"), haben Abgrenzungsfunktionen gegenüber anderen Individuen und Gruppen („Wir" und „die Anderen").

Lässt man sich von Vorurteilen leiten und gründet seine Vorstellungen nicht auf Fakten oder korrigiert sie nie, können Vorurteile schwerwiegende Folgen haben. Vorurteile können dann grundlos zu ungleicher Behandlung von Menschen führen. Besonders problematisch wird es dann, wenn Vorurteile zusätzlich von feindseligen Gefühlen bestimmt werden. Ein Beispiel: Ein Bewerber oder eine Bewerberin auf ein Stellenangebot wird nicht wegen fehlender beruflicher Qualifikation abgelehnt, sondern beispielsweise aufgrund des Geschlechts, des Alters, der Hautfarbe usw. In einem solchen Fall sprechen wir dann von Diskriminierung.

Politik verstehen und handeln ISBN 978-3-582-74132-5

Diskriminierung

Als Diskriminierung wird jede Form der ungerechtfertigten Benachteiligung oder Ungleichbehandlung bezeichnet, die durch verschiedene wahrnehmbare oder nicht unmittelbar wahrnehmbare Merkmale eines Menschen auftritt. Wahrnehmbar sind zum Beispiel ethnische Zugehörigkeit, Behinderung oder Alter. Eine solche Benachteiligung oder Ungleichbehandlung kann dabei aufgrund von Wertvorstellungen oder aufgrund unreflektierter, auch unbewusster Einstellungen oder Gefühle erfolgen.

In Deutschland ist Diskriminierung rechtswidrig, dies ist im Grundgesetz Artikel 3 und auch im „Antidiskriminierungsgesetz" festgeschrieben. Dennoch ist die Diskriminierung bestimmter Personengruppen immer noch Alltag in unserer Gesellschaft, z. B. bei der Wohnungssuche, bei Polizeikontrollen, im Berufsalltag, im Sport usw. Vorurteile und eine damit verbundene Diskriminierung können eine fatale Wirkung auf die Personen ausüben, die ihnen ausgesetzt sind. Sie können u. a. dazu führen, dass Personen, die regelmäßig eine Vorverurteilung spüren, die Achtung gegenüber denen verlieren, die sie es spüren lassen. Ebenso ist es möglich, dass jemand, dem eine bestimmte Eigenschaft zugewiesen wird, daran zu glauben beginnt und unsicher wird. Aus Unsicherheit macht man dann Fehler und traut sich nichts mehr zu. Dadurch hat man dann weniger Übung und kann daher zuletzt tatsächlich weniger als andere. In so einem Fall spricht man dann von einer Selbsterfüllungsprophezeiung: Ich glaube daran, also tritt es ein bzw. trifft es zu.

Die Regenbogenflagge als ein Symbol für Vielfalt und Toleranz (hier beim Berliner Christopher Street Day 2022)

Der Kniefall als Symbol gegen Rassismus (hier bei der Fussball EM 2021: Kniefall der Spieler vor dem Anpfiff)

Der Hashtag der neuen Bewegung in den USA lautet – neben #blacklivesmatter – #takeaknee („Begib dich auf die Knie!"). Der Kniefall ist zu einem Symbol des Protests gegen den gewaltsamen Tod des Afroamerikaners George Floyd und gegen rassistisch motivierte Unterdrückung geworden.

4

Wie kann man Vorurteile abbauen?

Vorurteile lassen sich nicht mal eben beiseite wischen, niemand kann von heute auf morgen entscheiden, keine Vorurteile mehr zu haben. Aber jeder kann bewusst und schrittweise vorgehen, um eigene Vorurteile abzubauen:

- Erkennen Sie Ihre Vorurteile: Überlegen Sie, welchen Menschen Sie keine Chance geben, an welcher Stelle Sie auf Vorurteile zurückgreifen. Beschäftigen Sie sich damit, um Ihr vorgefertigtes Denken abzubauen.
- Hinterfragen Sie Ihre Vorurteile: Versuchen Sie, Ihre eigenen Vorurteile zu erkennen. Haben Sie überhaupt schon einmal selbst Erfahrungen gemacht, die Ihr Vorurteil bestätigen? Versuchen Sie dabei unbedingt, nicht nur auf Informationen zurückgreifen, die Ihre Meinung entsprechen.
- Machen Sie sich bewusst, dass auch andere Vorurteile haben: Unabhängig davon, zu welcher Gruppe Sie gehören, andere Menschen haben bestimmt auch Vorurteile gegen Sie. Zu verstehen, wie unfair und frustrierend dies ist, hilft dabei, eigene Vorurteile abzubauen.

Aufgaben

1. Erläutern Sie, welche Eigenschaften Sie den Personen im Eingangsfoto zuordnen würden, ohne weitere Informationen über sie zu haben. Vergleichen Sie Ihre Zuordnungen, welche Vorurteile sind zu erkennen.
2. Arbeiten Sie in Kleingruppen und recherchieren Sie, wie die politische Ausrichtung in verschiedenen Ländern der EU gegenüber Minderheiten und Gruppierungen ist. Stellen Sie die Ergebnisse in der Lerngruppe vor.
3. Das Motto der Europäischen Union lautet „In Vielfalt geeint". Interpretieren Sie dieses Motto.

Flüchtlinge oder auch **Geflüchtete** sind Menschen, die aus der begründeten Furcht vor Verfolgung wegen ihrer Rasse, Religion, Nationalität, Zugehörigkeit zu einer bestimmten sozialen Gruppe oder wegen ihrer politischen Überzeugung" auf der Flucht sind. Dies wird in der Genfer Flüchtlingskonvention vom 28. Juli 1951 festgelegt. Insgesamt 148 Staaten sind bisher der **Genfer Flüchtlingskonvention** beigetreten, auch Deutschland.

Kontingentflüchtlinge sind Flüchtlinge, bei denen Deutschland zugesagt hat, eine bestimmte Zahl (also ein Kontingent von Menschen) aus Krisen- oder Kriegsregionen im Rahmen internationaler humanitärer Hilfsaktionen aufzunehmen.

Unter **Migranten** oder **Einwanderern** werden allgemein Menschen verstanden, die ihr Heimatland freiwillig verlassen, um ihre Lebensbedingungen zu verbessern.

Asylsuchende oder **Asylbewerber** sind Menschen, die Asyl (Aufnahme zum Schutz vor Verfolgung) beantragt haben und sich im Asylverfahren befinden. Das Bundesamt für Migration und Flüchtlinge (BAMF) prüft jeden Antrag einzeln und beurteilt, ob ein Bewerber Asyl oder den Flüchtlingsstatus erhält oder ob ihm beides verweigert wird.

Der **Artikel 16a** des deutschen Grundgesetzes legt fest: „Politisch Verfolgte genießen Asylrecht." Politisch verfolgt ist ein Mensch, wenn ihm durch den Staat, in dem er lebt, gezielt Rechtsverletzungen zugefügt werden. Das kann z.B. heißen, dass jemand wegen seiner politischen Überzeugung, seiner Religion, seiner Zugehörigkeit zu einer bestimmten Volksgruppe oder seiner sexuellen Orientierung eingesperrt oder gefoltert wird.

4

4.1.4 Ausländer in Deutschland – das Aufenthaltsrecht

Die erste große Welle von Migranten kam ab 1961 – nach Anwerbeabkommen des deutschen Staates mit fremden Staaten – als damals so genannte Gastarbeiter. Neben Türken kamen damals vor allem Italiener, Griechen, Spanier, Jugoslawen und Portugiesen als Gastarbeiter nach Deutschland.

Wenn Ausländer nach Deutschland einreisen wollen, benötigen sie ein Visum. Das Visum muss bei den deutschen Auslandsvertretungen beantragt werden. EU-Bürger benötigen kein Visum.

Im Sommer 2015 drängten sehr viele Menschen nach Europa. Grund dafür war vor allem der Krieg in Syrien und dem Irak. Die meisten Geflüchteten wollten über den Balkan nach Mittel- und Nordeuropa. Die Bundesregierung versuchte, das menschliche Elend auf dem Fluchtweg zu mindern, und ließ fast eine Million Menschen ohne Visum nach Deutschland einreisen. Die große Zahl der eingereisten Menschen war nur mit großen Anstrengungen zu registrieren und mit Wohnraum und anderen notwendigen Gütern zu versorgen. Diese Situation wurde auch **„Flüchtlingskrise"** genannt.

Am 1. Januar 2005 wurde durch das Inkrafttreten des **Zuwanderungsgesetzes** das neue Aufenthaltsgesetz eingeführt. Die erste Anlaufstelle für Arbeit suchende Ausländer ist nun die Ausländerbehörde bzw. die deutsche Auslandsvertretung. Diese Behörden entscheiden über die Erteilung eines Aufenthaltstitels nach dem Aufenthaltsgesetz. Die Bundesagentur für Arbeit erklärt dazu gegenüber der Ausländerbehörde bzw. der deutschen Auslandsvertretung – bei Vorliegen der gesetzlichen Voraussetzungen – die Zustimmung zur Beschäftigungsaufnahme.

Nach dem **Zuwanderungsgesetz** gibt es zwei Aufenthaltstitel:

- eine (befristete) **Aufenthaltserlaubnis** und
- eine (unbefristete) **Niederlassungserlaubnis.**

Politik verstehen und handeln ISBN 978-3-582-74132-5

Die Voraussetzungen für die Erteilung oder Verlängerung der Aufenthaltserlaubnis richten sich nach dem Zweck des Aufenthalts in Deutschland (Ausbildung, Erwerbstätigkeit, Familiennachzug, humanitäre Gründe).

Asylberechtigte und so genannte **Konventionsflüchtlinge** (Flüchtlinge im Sinne der Genfer Konvention) erhalten zunächst eine befristete Aufenthaltserlaubnis. Diese wird nach drei Jahren in eine unbefristete Niederlassungserlaubnis umgewandelt, wenn die Fluchtgründe weiter vorliegen.

Am 1. März 2020 ist das Fachkräfteeinwanderungsgesetz in Kraft getreten. Mit diesem Gesetz wird die bedarfsgerechte Zuwanderung von Fachkräften aus Staaten außerhalb der EU geregelt. Es erleichtert die Zuwanderung von Hochschulabsolventen und Menschen mit qualifizierter Berufsausbildung, um den Fachkräftemangel in Deutschland zu bekämpfen. Ausländische Fachkräfte erhalten nun zur Arbeitsplatzsuche eine Aufenthaltserlaubnis für bis zu sechs Monate. Sie können bereits nach vier Jahren die Niederlassungserlaubnis in Deutschland erhalten. Die Niederlassungserlaubnis berechtigt zur Ausübung einer Erwerbstätigkeit.

Eine ausländische Person muss unter anderem folgende Voraussetzungen erfüllen, um eine Niederlassungserlaubnis zu bekommen:

- der fünfjährige Besitz einer Aufenthaltserlaubnis,
- das Leisten von Beiträgen zu einer Rentenversicherung mindestens 60 Monate lang,
- die Erlaubnis, eine Beschäftigung auszuüben, wenn die ausländische Person Arbeitnehmer ist,
- ausreichende Deutschkenntnisse (Niveau B1),
- Grundkenntnisse der Rechts- und Gesellschaftsordnung und der Lebensverhältnisse in der Bundesrepublik,
- ausreichender Wohnraum für die eigene Person und weitere in häuslicher Gemeinschaft lebende Familienangehörige.

Wenn Selbstständige ihren Lebensunterhalt und den ihrer Familienangehörigen durch ihre Einkünfte sichern können, kann ihnen schon nach drei Jahren eine Niederlassungserlaubnis erteilt werden.

Möchte ein Eingereister den Ehegatten nach Deutschland nachholen, um mit ihm zusammen zu leben, so darf er dies nur, wenn ausreichender Wohnraum gesichert ist und der Lebensunterhalt aus eigenen Mitteln bestritten wird.

Besitzen die Eltern eine Aufenthalts- oder Niederlassungserlaubnis, können ihre Kinder grundsätzlich bis zur Vollendung des 16. Lebensjahres nachziehen.

Einbürgerung:
Eigentlich gilt in Deutschland das Abstammungsprinzip. Trotzdem können Menschen ohne deutsche Staatsbürgerschaft, die seit acht Jahren dauerhaft und rechtmäßig in Deutschland leben, diese erhalten. Dazu müssen sie folgende Voraussetzungen erfüllen: Sie müssen

- ein unbefristetes oder auf Dauer angelegtes Aufenthaltsrecht besitzen,
- sich zur freiheitlichen demokratischen Grundordnung des Grundgesetzes bekennen,
- ihre bisherigen Staatsangehörigkeit aufgeben,
- mündliche und schriftliche deutsche Sprachkenntnisse auf dem Niveau B 1 des Gemeinsamen europäischen Referenzrahmens für Sprachen nachweisen,
- den Einbürgerungstest über Kenntnisse der Rechts- und Gesellschaftsordnung und der Lebensverhältnisse in Deutschland bestehen,
- eigenständig den Lebensunterhalts für sich und die unterhaltsberechtigten Angehörige bestreiten.

Außerdem dürfen sie nicht wegen einer Straftat verurteilt worden sein.

Abstammungsprinzip:
(z. B. Deutschland): Ein Kind erhält die Staatsbürgerschaft der Eltern.

Territorialprinzip *(z. B. USA, Frankreich): Ein Kind erhält die Staatsbürgerschaft des Landes, in dem es geboren wurde.*

4

Aufgaben

1. Beantworten Sie die Fragen aus dem Einbürgerungstest. Sagen Sie, ob die Fragen Ihrer Meinung nach
   a) leicht oder schwer sind und
   b) jeder Deutsche die richtigen Antworten wissen müsste.
   c) Formulieren Sie drei eigene Fragen mit Wahlantworten, die Sie im Test abfragen würden.
   Begründen Sie, warum Ihre Fragen Ihnen wichtig sind.
2. Erklären Sie mit Ihren eigenen Worten einem gerade eingereisten und Deutsch verstehenden Ausländer die Unterschiede im Aufenthaltsstatus.
3. Bei der Niederlassungserlaubnis ist es dem Gesetzgeber wichtig, dass der Lebensunterhalt aus eigenen Mitteln gesichert wird. Nennen Sie mögliche Gründe dafür.

4.2 GESELLSCHAFTLICHER GRUNDBAUSTEIN – DIE FAMILIE

4.2.1 Wandel der Familie

Familie früher – die Großfamilie

Machen Sie eine kleine Zeitreise: Vor 100 Jahren hätten Sie Ihre Kindheit mit fünf bis zehn Geschwistern in einem Zimmer verbracht. Kinder waren zur damaligen Zeit wichtig, da sie für die Eltern eine Absicherung im Alter darstellten.

Im Haus würden neben Ihren Eltern die Großeltern, unverheiratete Tanten und Onkel und vielleicht noch Bedienstete leben.

Sie hätten schon mit jungen Jahren im Haushalt und auf dem Feld mitgeholfen, denn alle Familienmitglieder mussten für ihr Auskommen mitarbeiten. Wurde ein Familienmitglied krank, so halfen die Mitglieder und pflegten es wieder gesund. Das Oberhaupt der Familie wäre Ihr Vater, der als Einziger im nahe liegenden Dorf – beispielsweise als Schmied – Geld verdient.

Familie heute – eine von vielen Lebensformen?

Großfamilien mit vielen Kindern, wie sie früher üblich waren, um die Eltern im Alter sozial abzusichern, sind heute eher selten geworden. Die meisten Familien setzen sich aus den Eltern und ein bis zwei Kindern zusammen. War früher in aller Regel nur ein Elternteil berufstätig, wird der Lebensunterhalt heute zumeist von beiden Elternteilen bestritten. Neben dieser eher traditionellen Familienform haben sich in den letzten Jahrzehnten weitere Formen des Zusammenlebens herausgebildet (siehe nebenstehende Grafik).

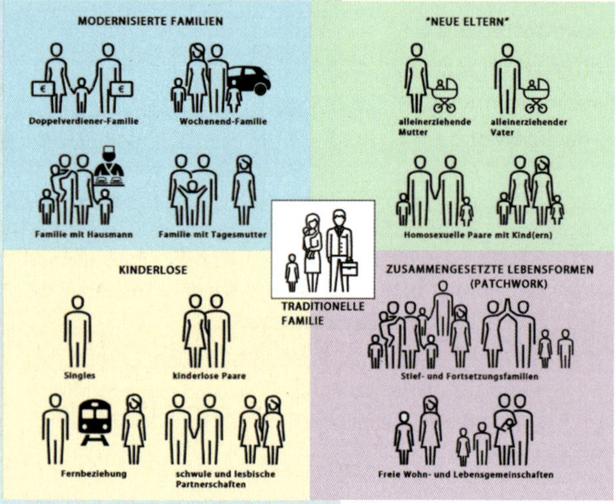

Zu den neuen Lebensformen zählen u. a. die Patchworkfamilie. Sie entsteht, wenn z. B. ein Elternteil eine Beziehung mit einem neuen Partner bzw. einer Partnerin eingeht und beide ihre Kinder in die neue Lebensgemeinschaft mitbringen. Gemeinsame Kinder können diese Lebensgemeinschaft erweitern. Jede siebte Familie, so schätzt man, lebt heute als Patchworkfamilie.

Zu den „Neuen Eltern" zählen neben Alleinerziehenden auch gleichgeschlechtliche Paare mit Kindern (Regenbogenfamilie), die seit dem 01. Oktober 2017 in der Bundesrepublik Deutschland ebenfalls heiraten und Kinder adoptieren dürfen. Im Paragrafen 1353 Absatz 1 des Bürgerlichen

Die Ehe und die Familie stehen unter besonderem Schutz des Staates. Sie sind im Artikel 6 GG verbrieft.

Artikel 6 (Ehe und Familie; nichteheliche Kinder)

(1) Ehe und Familie stehen unter dem besonderen Schutze der staatlichen Ordnung.

(2) Pflege und Erziehung der Kinder sind das natürliche Recht der Eltern und die zuvörderst ihnen obliegende Pflicht. Über ihre Betätigung wacht die staatliche Gemeinschaft.

(3) Gegen den Willen der Erziehungsberechtigten dürfen Kinder nur aufgrund eines Gesetzes von der Familie getrennt werden, wenn die Erziehungsberechtigten versagen oder wenn die Kinder aus anderen Gründen zu verwahrlosen drohen.

(4) Jede Mutter hat Anspruch auf den Schutz und die Fürsorge der Gemeinschaft.

(5) Den unehelichen Kindern sind durch die Gesetzgebung die gleichen Bedingungen für ihre leibliche und seelische Entwicklung und ihre Stellung in der Gesellschaft zu schaffen wie den ehelichen Kindern.

4

Politik verstehen und handeln ISBN 978-3-582-74132-5

Gesetzbuchs steht nun: „Die Ehe wird von zwei Personen verschiedenen oder gleichen Geschlechts auf Lebenszeit geschlossen." Somit hat die gleichgeschlechtliche Ehe den gleichen rechtlichen Stand wie die Ehe zwischen Mann und Frau.

Problem des Wandels: Armutsrisiko Alleinerziehender

Zu den „Neuen Eltern" zählen auch alleinerziehende Mütter und Väter, die ohne Lebenspartner mit einem oder mehreren Kindern zusammenleben. Alleinerziehende sind durch die Kinderbetreuung einerseits und durch die Notwendigkeit einer Erwerbstätigkeit doppelt belastet. Um dieser Doppelbelastung ein Stück zu entfliehen und mehr Zeit für die Kinderbetreuung zu gewinnen, reduzieren viele alleinerziehende Mütter bzw. Väter die wöchentliche Arbeitszeit bzw. ihre Erwerbstätigkeit. Dies führt allerdings dazu, dass Alleinerziehende über ein wesentlich geringeres Einkommen verfügen als Paare mit Kindern. Damit steigt das Risiko, sowohl von akuter Armut als auch von Altersarmut betroffen zu sein. Im Durchschnitt benötigen ca. 34 % der Alleinerziehenden finanzielle Unterstützung durch den Staat (Stand: 2023). Im Vergleich dazu benötigen Paare mit Kindern deutlich weniger finanzielle Unterstützung. Hier liegt die prozentuale Quote bei ca. 6,9 %.

Patchwork: (englisch) Flickenteppich

Patchworkfamilie: Wenn ein Elternteil eine Beziehung mit einem neuen Partner eingeht und beide ihre Kinder in die neue Lebensgemeinschaft mitbringen, spricht man von Patchworkfamilien. Gemeinsame Kinder können diese Lebensgemeinschaft erweitern. Jede siebte Familie, so schätzt man, lebt heute als Patchworkfamilie.

Familienpolitische Maßnahmen

Für die Politik ist es eine große Herausforderung allen familiären Lebensformen durch familienpolitische Maßnahmen gerecht zu werden. Sie muss sich an den extrem unterschiedlichen Bedarfen der verschiedenen familiären Lebensformen orientieren und entsprechende Rahmenbedingungen schaffen. Familienpolitische Maßnahmen verfolgen im Allgemeinen folgende Ziele: die finanzielle Entlastung der Familien, die Vereinbarkeit von Familie und Beruf, die Schaffung von Kita-Plätzen, eine Ganztagsbetreuung an Schulen, die Reduzierung von Kinderarmut.

Die familienpolitischen Maßnahmen der Bundesregierung sind aktuell im Familienreport 2020 veröffentlicht. Neben den lang- und mittelfristigen Zielen muss auch auf aktuelle Geschehnisse Rücksicht genommen werden. So hat die Corona-Pandemie den Familien viel abverlangt. In den Phasen der starken Einschränkungen (harter Lockdown) war die Kinderbetreuung großenteils nicht mehr gegeben. Kitas waren nur für Notbetreuung geöffnet und Schulen wurden weitgehend geschlossen und die Beschulung fand im Distanzunterricht statt. Hinzu kamen finanzielle Einbußen durch Kurzarbeit oder sogar Arbeitslosigkeit. Maßnahmen der Bundesregierung sind innerhalb kürzester Zeit auf den Weg gebracht worden, um die Familien in der Corona-Krise zu unterstützen, wie z. B. der einmalige Kinderbonus von 300 € für jedes Kind.

Aufgaben

1. Bearbeiten Sie in Kleingruppen, welche Aufgaben Ihrer Meinung nach die Familie hat. Visualisieren Sie Ihr Ergebnis in Form einer Mindmap. (Informationen zur Erstellung einer Mindmap finden Sie auf Seite 102.)
2. Erklären Sie, was der Zeichner mit der Karikatur zum Ausdruck bringen möchte, und nehmen Sie begründet Stellung, ob die Aussage der Karikatur zutrifft.

4.2.2 Familie und Partnerschaft

Kleinkind

Familie – was ist das eigentlich?

Der Begriff „Familie" ist nicht ganz eindeutig definiert, da er sich zum einen auf Verwandtschaftsbeziehungen und zum anderen auf die kleinste Lebensgemeinschaft von Erwachsenen und Kindern bezieht.
Heutzutage muss ein Familienbegriff aber auch den Lebensgemeinschaften Rechnung tragen, die im Rahmen steigender Zahlen unehelicher Kinder, wachsender Scheidungsraten und alternativer Lebensformen bestehen (vergleiche Abschnitt 4.2.1 und 4.2.3).

Die Familie wird hauptsächlich als Ort emotionaler Geborgenheit angesehen. Auch wenn sich das Bild einer heutigen Familie geändert hat, nimmt sie für die Entwicklung der Persönlichkeit und für das Zusammenleben in der Gesellschaft eine zentrale Rolle ein – denn Gefühle, Bedürfnisse und Beziehungen wirken sich auf die Charakterbildung der heranwachsenden Generation entscheidend aus.

4

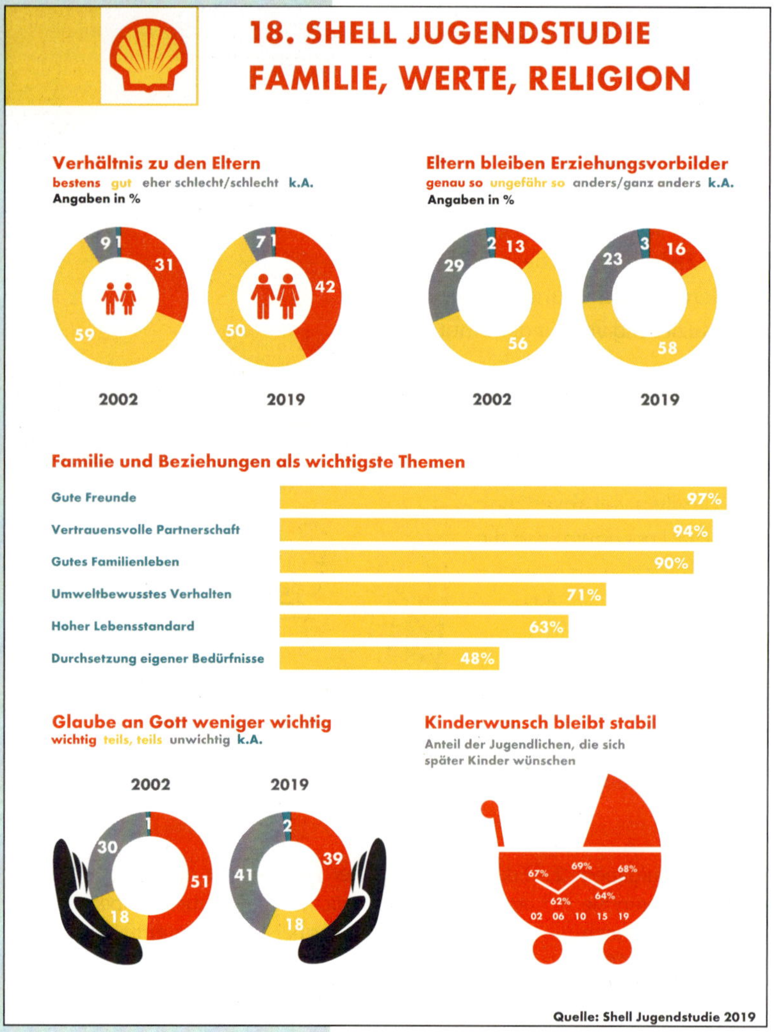

Kinder und Familie

Stellt sich in einer Partnerschaft Nachwuchs ein, sollte die Verantwortung der Kindererziehung von beiden Partnern gemeinsam getragen werden. Diese Situation stellt an die werdenden Eltern große Anforderungen. Oft stehen die Partner vor der Frage: „Wie erziehe ich mein Kind richtig?" Vergleiche mit früheren Generationen zeigen, dass viele Eltern heute bereit sind, ihren Kindern mehr Mitspracherechte und größere Freiheiten einzugestehen. Auf das Miteinander innerhalb der familiären Gemeinschaft kommt es an. Bei der Erziehung der Kinder geht es nicht nur um die Vermittlung von Werten, auch Höflichkeit und Verantwortungsbewusstsein werden heutzutage als vorrangige Erziehungsziele genannt.
So ist neben den Werten und Normen in unserer Gesellschaft besonders das positive Verhalten der Eltern für die moralische, geistige und körperliche Entwicklung von Kindern wichtig.

Politik verstehen und handeln ISBN 978-3-582-74132-5

Erziehung als Lebenshilfe

Da, wo Menschen in Gruppen zusammenleben, existieren Normen und Verhaltensregeln. Diese Regeln dienen dazu, das Zusammenleben so zu gestalten, dass Konflikte und Schwierigkeiten im Umgang miteinander so weit wie möglich verhindert werden.

Eltern wollen ihre Kinder auf das „Leben" vorbereiten. Das heißt, sie versuchen ihnen beizubringen, was im Leben notwendig ist, um es in Privatleben und Beruf zu Anerkennung, Zufriedenheit und Erfolg zu bringen. Eigenschaften wie Hilfsbereitschaft, Höflichkeit oder Bescheidenheit sind Wertvorstellungen, die in der heutigen Zeit oft als nicht ausreichend erscheinen, um sich in der Gesellschaft zu bewähren und zu behaupten. Erziehungsziele unterliegen aber zeitlichen Veränderungen. In ihnen spiegeln sich die jeweiligen Lebensverhältnisse einer bestimmten Zeitspanne wider.

So ist anstelle von Gehorsamkeit und Unterordnung des Kindes in vielen Familien die partnerschaftliche Erziehung getreten. Erziehende erfahren aber im Alltag oftmals schnell, dass die von ihnen angestrebten Erziehungsziele nicht mühelos zu erreichen sind.

Mittel zur Erziehung sind Lob, Tadel, Hilfe zu geben, Mut zu machen, aber auch Grenzen durch Verbote und Strafen aufzuzeigen. Im Erziehungsprozess geht es nicht darum, alles richtig zu machen. Wichtiger ist es, Verständnis zu entwickeln und aus Erfahrungen zu lernen. Jeder, aber erst recht ein Kind, braucht einen Freund oder Vertrauten, an den man sich wenden kann. Dieser muss oft nur zuhören können.

Ansprechpartner für Kinder und Jugendliche, die Probleme mit ihren Eltern oder Erziehungsberechtigten haben, sind:
- Kinderschutzzentren
- Erziehungsberatungsstellen
- Jugendämter

§1631 BGB

(2) Kinder haben ein Recht auf gewaltfreie Erziehung. Körperliche Bestrafungen, seelische Verletzungen und andere entwürdigende Maßnahmen sind unzulässig.

4

Aufgaben

1. Finden Sie heraus, welchen Stellenwert die Familie für jeden Einzelnen in Ihrer Klasse hat. Bilden Sie hierfür Kleingruppen, in denen Sie Ihre Meinungen zusammentragen, und stellen Sie Ihre Ergebnisse der ganzen Klasse vor.
2. Nennen Sie mindestens drei Gründe, die für eine „moderne partnerschaftliche Beziehung und Erziehung" sprechen.
3. a) Betrachten Sie die Grafik „Erziehungsziele". Suchen Sie fünf der für Sie wichtigsten Erziehungsziele heraus und ordnen Sie diese in einer persönlichen Rangfolge.
   b) Vergleichen Sie Ihr Ergebnis mit dem Ihres Tischnachbarn bzw. Ihrer Tischnachbarin und erläutern Sie Ihre Rangfolge.

4.2.3 Spannungsfelder in der Familie

Mit dem Begriff „Familie" verbinden wir meist eigene emotionale Bindungen. Die soziale Verantwortung innerhalb der Familie hat sich jedoch in den letzten 100 Jahren grundlegend verändert. Während die Frau für die Familie, d.h. für die Kindererziehung und die anfallende Hausarbeit, zuständig war, wurde dem Mann die Erwerbstätigkeit zugeordnet.

Heutzutage sind oftmals beide Ehepartner berufstätig, sodass häufig der Zeitrahmen für die Erziehung der Kinder und die weiteren familiären Verpflichtungen enger bemessen wird. Dennoch sind die grundlegenden Aufgaben der Familie gleich geblieben. Es handelt sich hierbei um

- die Sicherung des Unterhalts (Geldverdienen),
- die Versorgung und Betreuung der Kinder,
- die Erziehung der Kinder,
- die Haushaltsführung und
- die rechtliche Vertretung (Abschluss von Verträgen).

BGB §1619
(Dienstleistungspflicht in Haus und Geschäft):
Das Kind ist, solange es dem elterlichen Hausstand angehört und von den Eltern erzogen oder unterhalten wird, verpflichtet, in einer seinen Kräften und seiner Lebensstellung entsprechenden Weise den Eltern in ihrem Hauswesen und Geschäft Dienste zu leisten.

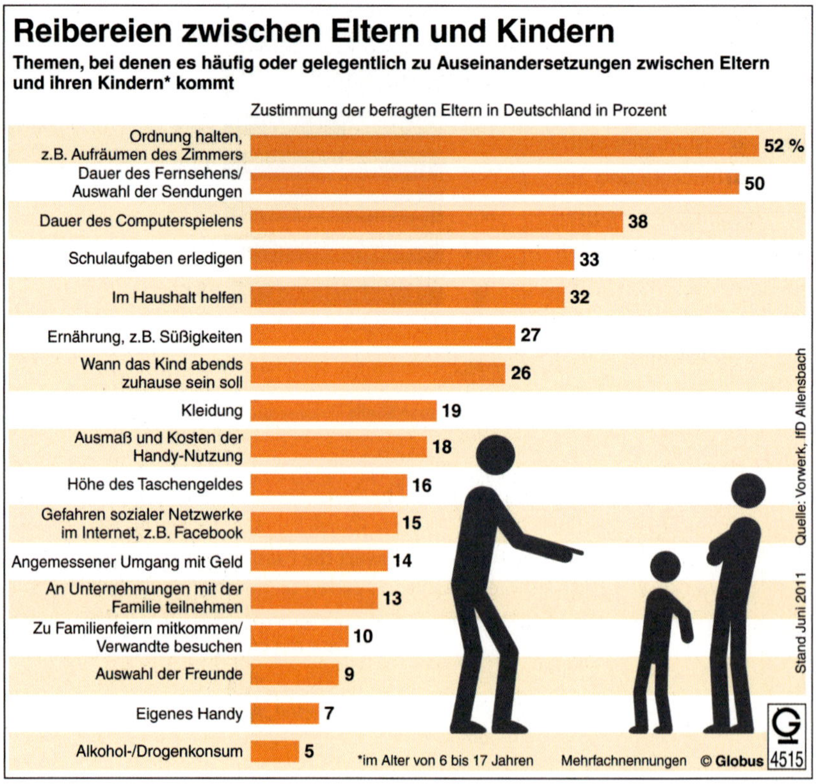

Politik verstehen und handeln ISBN 978-3-582-74132-5

Eine Ursache von Meinungsverschiedenheiten kann aber die Doppelbelastung der Frau durch Beruf und ihre meist große Belastung im häuslichen Alltag sein. Denn auch neben einer Berufstätigkeit lastet in den meisten Familien der überwiegende Teil der anfallenden Hausarbeit immer noch auf der Frau. Der ständige Kampf um eine annähernd gleiche Verteilung der häuslichen Pflichten führt nicht selten zu Spannungen.
Unter diesen Umständen führt dann eine mangelnde Bereitschaft der heranwachsenden Kinder, im Haushalt mitzuhelfen, zu zusätzlichen Spannungen, die sich nur durch die Bereitschaft zur Zusammenarbeit lösen lassen.

BGB §1618a
(Gegenseitige Pflicht zu Beistand und Rücksichtnahme): Eltern und Kinder sind einander Beistand und Rücksicht schuldig.

Auch die Erziehung der Kinder stellt viele Familien täglich auf eine neue Probe. Die Erwartungen der Eltern sind oftmals auf das familiäre häusliche Miteinander und die schulischen und beruflichen Ausbildungsergebnisse der Kinder ausgerichtet. Für Jugendliche steht hingegen oft ihr eigenes soziales Umfeld im Vordergrund (z. B. die Clique, der Freundeskreis). Viele Eltern können es nicht verstehen, dass für ihre Kinder Ausdauer und Leistungsfähigkeit nicht an vorrangiger Stelle stehen.

Eine zusätzliche Bewährungsprobe für eine Familie kann ein finanzieller Engpass durch Arbeitslosigkeit oder durch eine längere Krankheit sein.

4

Aber auch das Mithalten bei aufkommenden Modeerscheinungen in der Clique stellt so manche Familie vor eine echte Zerreißprobe. Da in dieser Frage oft schon unterschiedliche Auffassungen zwischen den Eltern bestehen, ist es möglich, mit diesem Wissen einen Elternteil zu umgehen. Der Streit der Eltern ist dann vorprogrammiert.

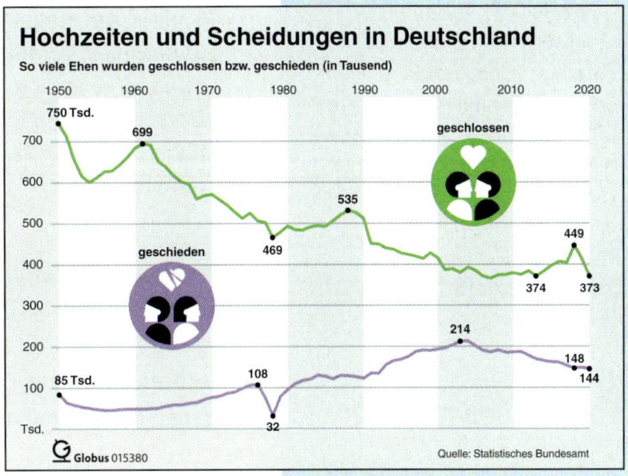

Die hier aufgeführten Problembereiche stehen natürlich nur beispielhaft für viele weitere mögliche Konflikte, die innerhalb einer Familie auftreten können. Eine Problemlösung in solchen schwierigen Situationen zu finden ist nicht einfach. Sie erfordert von allen Beteiligten ein Höchstmaß an Toleranz, aber auch die Bereitschaft, eigene Entscheidungen und Interessen zu überprüfen.

Aufgaben

1. Beurteilen Sie die Aussagen im Eingangsbeispiel. Führen Sie auf, was Sie von Ihren Eltern im alltäglichen Umgang erwarten.
2. Notieren Sie sich drei Aufgabenbereiche der Familie und stellen Sie einen Vergleich von damals zu heute her.
3. In Deutschland gibt es eine relativ hohe Scheidungsrate. Nennen Sie drei Gründe, die Ihrer Meinung nach zu dieser Entwicklung beitragen.
4. a) Nennen Sie neben den im Text dargestellten Ursachen weitere Beispiele aus täglichen Situationen, die zu Spannungen in der Familie führen können.
   b) Schlagen Sie Lösungen vor, wie diese Spannungen vermieden werden können.
5. Betrachten Sie die links stehende Grafik von 2011. Beurteilen Sie, ob die dargestellten Probleme heutzutage einen identischen Stellenwert haben und diskutieren Sie in der Klasse.

4.2.4 Familienrecht

Artikel 3 GG
(Gleichheit vor dem Gesetz):
(2) Männer und Frauen sind gleichberechtigt.

Artikel 6 GG
(Ehe und Familie, nichteheliche Kinder):
(1) Ehe und Familie stehen unter dem besonderen Schutz der staatlichen Ordnung.

Artikel 13 GG
(Unverletzlichkeit der Wohnung):
(7) Eingriffe und Beschränkungen dürfen im Übrigen nur zur Abwehr einer gemeinen Gefahr oder einer Lebensgefahr für einzelne Personen, aufgrund eines Gesetzes auch zur Verhütung dringender Gefahren für die öffentliche Sicherheit und Ordnung, insbesondere zur Behebung der Raumnot, zur Bekämpfung von Seuchengefahr oder zum Schutze gefährdeter Jugendlicher vorgenommen werden.

Das **Kindergeld** beträgt pro Kind 250 € (Stand: 2023).

Hinweis:
Kinderzuschlag erhalten Alleinerziehende und Elternpaare für im Haushalt lebende unverheiratete Kinder unter 25 Jahren. Die Höhe bemisst sich nach dem Einkommen und Vermögen der Eltern sowie der Kinder und beträgt höchstens 250 Euro pro Monat je Kind (Stand: 2023).

4

Das Kindschaftsrecht

Das Kindschaftsrecht, das seit dem 01.07.98 gilt, macht ein Ende mit der einseitigen Vergabe des elterlichen Sorgerechts und hebt die Benachteiligungen nichtehelicher Kinder auf. Mit diesen Gesetzesänderungen werden Eltern endlich in die Lage versetzt, in allen Lebenssituationen Entscheidungen über das Wohl ihrer Kinder gemeinsam zu treffen. So ist es jetzt möglich, dass Väter nichtehelicher Kinder das Sorgerecht erhalten – ledige Mütter brauchen sich in Sachen Erziehung ihrer Kinder nicht vom Jugendamt reinreden zu lassen.

Bei einer Scheidung und sogar bei der Trennung eines unverheirateten Paares bleibt es beim gemeinsamen Sorgerecht. Nach diesem Gesetz haben nun die Kinder das Recht, dass sich beide Elternteile um sie kümmern. Dabei spielt es keine Rolle mehr, ob sie verheiratet sind oder nicht. Ganz bewusst will der Gesetzgeber mit diesem Rückzug aus der Privatsphäre Eltern ermutigen, sich auch in problembehafteten Situationen – wie etwa der einer Trennung – gemeinsam weiter um ihre Kinder zu sorgen.

Die Änderungen in diesem Punkt sind besonders wichtig für die über 2.000.000 unverheirateten Paare in Deutschland. Im Rahmen eines gemeinsamen Sorgerechtes ist es jetzt auch den Vätern möglich, die Erziehung ihrer Kinder mitzubestimmen. Die Regelungen erleichtern dem Vater die Übernahme von Verantwortung im Alltag, z. B. bei Arztbesuchen oder – später – auch in Gesprächen mit Lehrern, da er jetzt als Sorgeberechtigter ebenfalls Entscheidungen im Sinne des Kindes treffen kann. Auf diesem Weg bekommt auch das Kind das wichtige Gefühl, dass es zwei gleichberechtigte Elternteile hat.

Der Schutz der Familie wird in der Bundesrepublik durch die **Artikel 6 und 13 des Grundgesetzes (GG)** gewährleistet. Die formalen Grundlagen der Gleichberechtigung schafft Artikel 3 des Grundgesetzes, der Frauen und Männer mit gleichen Rechten ausstattet. Durch ihr steigendes gesellschaftliches Engagement nehmen Frauen eine immer aktivere Rolle im öffentlichen Leben ein.

Der Staat reagiert mit einer Vielzahl familienpolitischer Maßnahmen auf diese Entwicklung. Um die besondere Wertschätzung der Familie hervorzuheben, wurde in den letzten Jahren der finanziellen Zuwendung für Familien und deren Kinder immer mehr Bedeutung beigemessen. Das Kindergeld ist eine wichtige finanzielle Leistung des Staates für die Familie. Es dient der Angleichung von Lebensbedingungen und unterstützt die Wahrnehmung der Erziehungsfunktionen. Darüber hinaus treten finanzielle Erleichterungen mit der Zahlung des Elterngeldes in Kraft (vergleiche Abschnitt 1.3.4).

Besonderen Belastungen sind Familien ausgesetzt bei
- Arbeitslosigkeit (Träger ist hier die Bundesagentur für Arbeit),
- längerer Krankheit (Träger sind die Krankenkassen),
- Behinderung von Familienmitgliedern (Träger sind auch hier die Krankenkassen).

Politik verstehen und handeln ISBN 978-3-582-74132-5

In diesen besonderen Situationen stehen die genannten Träger zur Verfügung, um Vorsorgemöglichkeiten wie auch unterstützende Maßnahmen zu bieten.

Staatliche Rahmenbedingungen für die Familienpolitik

Am 1. Juli 1998 wurden durch das neue Kindschaftsrecht die bis dahin bestehenden rechtlichen Unterschiede zwischen ehelichen und nichtehelichen Kindern aufgehoben.

- Das Umgangsrecht gewährleistet nach einer Trennung der Eltern den Kontakt des gemeinsamen Kindes zu beiden Elternteilen.
- Das gemeinsame Sorgerecht verpflichtet die Eltern, bei wichtigen Entscheidungen, die das Kind betreffen, gemeinsam zu beraten.

Nicht immer ist in der Familie Eintracht zu spüren. Werden die Kinder älter, wachsen auch ihre Ansprüche. Dies stellt Vater und Mutter mitunter vor schwierige Entscheidungen. Mancher Konflikt kann nur durch Kompromissbereitschaft gelöst werden. Unterstützende Richtlinien enthält das Bürgerliche Gesetzbuch (BGB).

Ein Problem für Eltern und Jugendliche sind Meinungsverschiedenheiten besonders dann, wenn sie sich zu verhärten drohen. Jugendliche empfinden das Fürsorgeverhalten der Erziehungsberechtigten oft als altmodisch.
Doch wie sollen sich Eltern verhalten, wenn ihre 16 Jahre alte Tochter zu einem 25-jährigen Freund ziehen möchte oder wenn der Sohn seine Berufsausbildung abbricht und eine neue Lehre aufnehmen möchte, die seinem eigentlichen Berufswunsch entspricht?

Wenn die Altersgruppe des Jugendlichen immer mehr zum Ersatz einer Bezugsperson wird, entzieht er sich immer stärker der Verantwortung der Familie. Der Clique, dem Freund oder der Freundin kommt als Gesprächspartner bei Problemen eine immer größere Bedeutung zu.

Solche „Abnabelungsprozesse“ gehören zum Erwachsenwerden. Es kann in diesen Situationen aber auch zu grundsätzlichen Meinungsverschiedenheiten kommen. Sind die Positionen und Einstellungen über die Gestaltung des täglichen Lebens zwischen Eltern und Jugendlichen scheinbar unvereinbar, kann eine außen stehende Person oder das Jugendamt für einen Vermittlungsversuch hinzugezogen werden. Kommt es auch hier zu keiner Einigung, sollte das Vormundschaftsgericht eingeschaltet werden.

§1626 BGB
(Elterliche Sorge; Berücksichtigung der wachsenden Selbstständigkeit des Kindes):
(2) Bei der Pflege und Erziehung berücksichtigen die Eltern die wachsende Fähigkeit und das wachsende Bedürfnis des Kindes zu selbstständigem verantwortungsbewusstem Handeln. Sie besprechen mit dem Kind, soweit es nach dessen Entwicklungsstand angezeigt ist, Fragen der elterlichen Sorge und streben Einvernehmen an.

§1631 BGB
(Personensorge):
(1) Die Personensorge umfasst insbesondere die Pflicht und das Recht, das Kind zu pflegen, zu erziehen, zu beaufsichtigen und seinen Aufenthalt zu bestimmen.

Vormundschaftsgericht
Es ist für alle Familienangelegenheiten zuständig, die nicht durch das Familiengericht entschieden werden können. So zum Beispiel:
- Vormundschaft
- Regelungen zur elterliche Sorge
- Adoption
- Betreuung nichtehelicher Kinder

4

Aufgaben

1. Notieren Sie Empfehlungen, die einen „vernünftigen“ Umgang zwischen Eltern und Jugendlichen fördern.
2. Diskutieren Sie in Ihrer Klasse, wie sich Eltern verhalten sollten, wenn ihre minderjährigen Kinder aus der elterlichen Wohnung ziehen wollen. Stellen Sie ein Szenario auf, wie Sie sich verhalten würden.
3. Entwerfen Sie ein Rollenspiel, in dem Vater, Mutter und Kind Entscheidungen treffen müssen. Folgende Themen sind mögliche Probleme, die zu lösen sind:
   - Tätowierung mit 15 Jahren
   - 16 Jahre und Urlaub mit den Eltern
   - Clubbesuch bis weit nach Mitternacht

4.3 IN DER GESELLSCHAFT LEBEN

4.3.1 Vom Mitmachen, Dazugehören und Anderssein – Sozialisation im Jugendalter

Zu der Frage, wie der Mensch im Laufe seines Lebens von seiner Umwelt geprägt wird, gibt es viele verschiedene Vorstellungen: „Kein Mensch ist eine Insel" oder „Jeder Mensch ist das Produkt seiner Gesellschaft", aber auch „Eine Rose ist eine Rose ist eine Rose". Welche Teile des Charakters und der Persönlichkeit angeboren, welche anerzogen bzw. angelernt sind, können auch die Experten nicht eindeutig beantworten.

Unbestritten ist aber, dass der Mensch ein „Herdentier" ist. „Dazugehören" ist für den Menschen ein wichtiger Handlungsgrund. Was Menschen, die uns nahe stehen oder die für uns von besonderer Bedeutung sind, über uns selbst, „Gott und die Welt" denken, können wir nicht einfach ignorieren.

Während man als Kleinkind noch unbesehen an das „Allwissen" der Eltern glaubt, erkennt man mit zunehmendem Alter, dass auch Eltern, Lehrer usw. weder alles wissen noch immer Recht haben. Die Welt, die für ein Kind noch klar strukturiert erscheint, wird für den Jugendlichen viel unsicherer. Hinzu kommt, dass sich in dieser Zeit auch der Körper drastisch verändert und man sich erst einmal in seinem neuen Selbst zurechtfinden muss. „Wer bin ich eigentlich?" wird zu einer zentralen Frage. Im Jugendalter löst man sich mehr und mehr vom Elternhaus. Es entsteht eine soziale und emotionale Lücke, für die man einen angemessenen Ersatz benötigt und die zu der Frage „Wo gehöre ich hin?" führt.

Als Jugendlicher hat der Mensch also eine Reihe von Entwicklungsaufgaben zu bewältigen:

- die Aufnahme sozialer Beziehungen zu Gleichaltrigen,
- die Ausbildung eines persönlichen Werte- und Normensystems,
- die Entwicklung des eigenen politischen Bewusstseins,
- den Aufbau eines eigenen Lebensstils,
- den Erwerb von Qualifikationen in Schule, Ausbildung und Studium als Grundlage einer beruflichen Existenz.

Dabei entsteht zunächst einmal ein Konflikt mit der Erwachsenenwelt. Jede neue Generation Jugendlicher versucht, durch Kleidung, Frisuren, Musikgeschmack und Verhalten zu zeigen: „Wir sind anders als unsere Eltern!" Häufig werden in die-

4

Was prägt den Menschen?
Die Wissenschaft versucht, diese Frage z. B. auch durch die „Zwillingsforschung" zu beantworten. Hierfür werden die Lebenswege von Zwillingen untersucht, die bei der Geburt getrennt wurden. Da dies aber nicht allzu häufig vorkommt, liegen bisher nur geringe Erkenntnisse vor.

Die Frage, welche Lebensjahre das „Jugendalter" bezeichnet, kann nicht eindeutig beantwortet werden. Während der Gesetzgeber unter „Jugend" die Zeit vom 15. bis zum 21. Lebensjahr versteht, zählt die Soziologie häufig die Zeit vom 13. bis 24. Lebensjahr, manchmal sogar bis zum 29. Jahr zur „Jugend". Individuell gesehen, liegt die Jugend einer Person irgendwo innerhalb dieser Zeit und ist von der persönlichen Entwicklung und Reife abhängig.

Politik verstehen und handeln ISBN 978-3-582-74132-5

ser Zeit neue Vorbilder und Idole gesucht. Da wird heute dieser Pop- und morgen jener Filmstar angehimmelt oder nachgeahmt. Insbesondere die sogenannten Influencer in den sozialen Netzwerken haben heutzutage einen großen Einfluss auf viele junge Menschen. Auch Redewendungen und Meinungen bekannter Persönlichkeiten werden wiederholt.

Gleichzeitig werden die Meinungen und Ansichten Gleichaltriger sowie das „Dazugehören" zu einer Gruppe zunehmend wichtig. Freundeskreise und Cliquen bieten den nötigen Raum, um sich in dieser Phase der Neuorientierung auszuprobieren und zu entfalten. Sie üben aber auch mehr oder minder einen Gruppenzwang aus. In dieser Zeit ist man also sehr „anfällig" für Neues jeder Art – damit aber auch für falsche Freunde und Vorbilder. In dieser Zeit wird häufig der Grundstein gelegt für Probleme wie

- Drogenkonsum,
- Zugehörigkeit zu Sekten, extremen Gruppierungen oder Gangs,
- soziales Abdriften.

Die Gefahr ist umso höher, je größer die Missstände im persönlichen sozialen Umfeld sind, da mit Missständen häufig auch ein negatives Selbstkonzept eines Menschen verbunden ist. Unter solchen Umständen distanziert sich die oder der Betroffene häufig in den eigenen Denkweisen von der Gesellschaft und zeichnet sich durch ein Verhalten aus, das von den allgemeinen Normen abweicht.

Im Normalfall entwickelt man im Verlaufe seiner Jugendzeit jedoch ein Selbstkonzept und eine eigene Identität, die dazu befähigt,

- Gruppenzwang und Druck von außen zu erkennen,
- Nein zu sagen, denn „Ich muss nicht so sein wie alle anderen".

Gänzlich frei von äußeren Einflüssen kann man sich jedoch niemals machen. Immer wieder wird es Zwänge geben, denen man mehr oder weniger wissentlich nachgibt. Entscheidend ist aber, sich dieser Zwänge bewusst zu sein und sich zu fragen, ob man etwas wirklich will oder einfach nur mitmacht.

Die Persönlichkeit eines Menschen entwickelt sich unter den unterschiedlichsten Einflüssen. Sie kann also nur innerhalb seiner Umwelt und seiner Kultur begriffen werden. Es gibt vier „Systeme", die den Menschen umschließen:

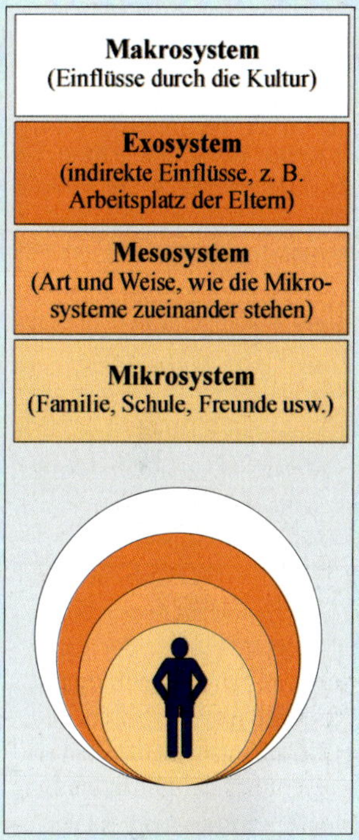

Influencer:
Menschen, die in den sozialen Netzwerken viele Menschen erreichen und sie dazu bringen, ihnen im Netz zu folgen, indem diese ihre „Follower" bzw. „Freunde" werden. Influencer berichten beispielsweise von ihrem Leben und machen dabei Werbung.

Aufgaben

1. „Die Jugend will sich von den Erwachsenen unterscheiden – das war immer so und wird wohl auch so bleiben."
   a) Beurteilen Sie diese Aussage. Stellen Sie dar, wie Sie und Ihre Freunde sich von Ihren Eltern abgrenzen.
   b) Befragen Sie Ihre Eltern und Großeltern dazu, wie diese sich von ihren Eltern unterschieden haben.
2. Stellen Sie eine Liste von „Lebensweisheiten" auf, denen Sie zustimmen (z. B. „Rauchen ist männlich", „Studiere, was du nicht gut kannst, denn was man kann, lernt man nebenbei", „schlank ist schön"). Notieren Sie stichpunktartig, wie Sie zu dieser Meinung gekommen sind (z. B. durch eigene Erfahrung, die Einstellung von Freunden, Lehrern oder Verwandten, durch Bücher, durch Werbung usw.).

Der Begriff der politischen Ausrichtung in **„rechts"** und **„links"** stammt geschichtlich aus der Sitzordnung in der französischen Nationalversammlung von 1789. Spätere Parlamente haben diese Einteilung dann übernommen.

Freiheitliche demokratische Grundordnung (FDGO) in Deutschland heißt:

- Achtung vor den im Grundgesetz festgeschriebenen Menschenrechten, vor allem vor dem Recht jedes Menschen auf Leben und freie Entfaltung,
- Volkssouveränität („Alle Staatsgewalt geht vom Volke aus.", Art. 20 Abs. 2 GG),
- Gewaltenteilung (um den Missbrauch staatlicher Macht zu verhindern (siehe Seite 186)),
- Verantwortlichkeit der Regierung vor dem Parlament (und somit vor dem Volk),
- Gesetzmäßigkeit der Verwaltung (Regierung muss sich an Gesetze halten),
- Unabhängigkeit der Gerichte,
- Mehrparteienprinzip und
- Chancengleichheit für alle politischen Parteien mit dem Recht auf verfassungsmäßige Ausübung einer Opposition.

Verfassungsschutzbehörden sind Inlandsnachrichtendienste (Geheimdienste), die laut Aufgabenbeschreibung zum Schutz der FDGO, des Bestandes und der Sicherheit des Bundes und der Länder arbeiten sollen (Bundesamt für Verfassungsschutz (BfV) und 16 Landesbehörden für Verfassungsschutz (LfV)).

Ethnie: eine Gruppe von Menschen, die durch gemeinsame Eigenschaften (z. B. Sprache, Kultur, Tradition, Geschichte, Religion) sich miteinander verbunden fühlen. In einem Staat können mehrere Ethnien miteinander leben.

4.3.2 Extremismus in Deutschland

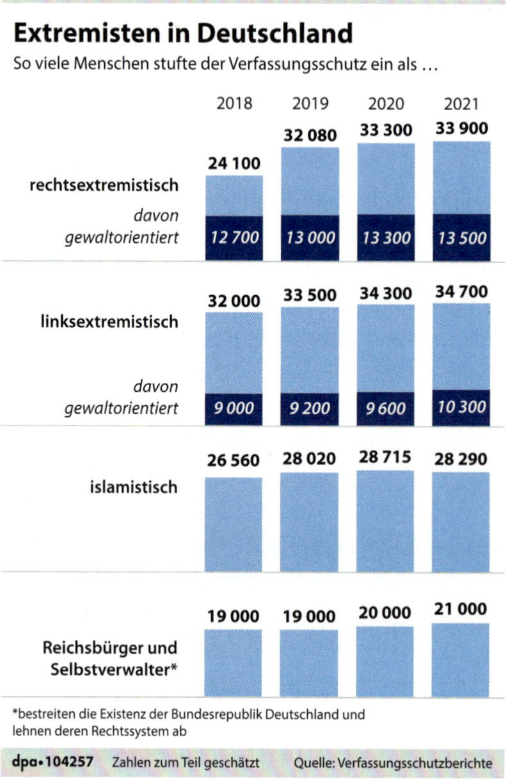

Was ist politischer Extremismus?

Für die Verfassungsschutzbehörden ist der Begriff „politischer Extremismus" besonders wichtig. Unter dem Begriff werden Bestrebungen zusammengefasst, die

- gegen die freiheitliche demokratische Grundordnung (FDGO) oder
- gegen den Bestand und die Sicherheit der gesamten Bundesrepublik und der einzelnen Bundesländer gerichtet sind oder
- darauf abzielen, die Amtsführung der Verfassungsorgane oder ihrer Mitglieder auf ungesetzliche Weise zu beeinträchtigen.

Dabei wird angenommen, dass die politischen Einstellungen der Mitglieder der Gesellschaft geradlinig von rechts nach links verlaufen. Die gefährlichen politischen Extreme lägen demnach weit links oder weit rechts. Die Mitte der Gesellschaft wäre demokratisch eingestellt und würde das bestehende politische System stützen.

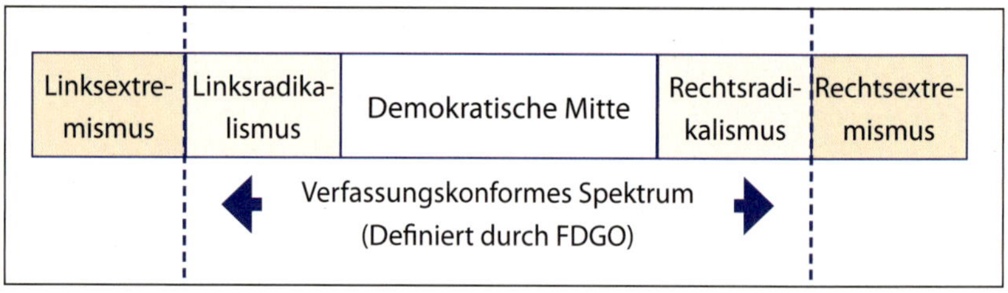

Der Verfassungsschutz geht von vier Formen des politischen Extremismus aus:

- Unter **Rechtsextremismus** werden Bestrebungen verstanden, die sich gegen die Gleichheit aller Menschen richten. Rechtsextremisten sind der Meinung, dass die Menschenrechte nicht für alle Menschen gelten. Ihrer Ansicht nach haben Menschen durch Zugehörigkeit zu einer Ethnie (oder wie sie selbst oft sagen: „Rasse") einen unterschiedlichen Wert. Ihre eigene Ethnie sehen Rechtsextremisten dabei als höherwertig an. Sie wollen den demokratischen Verfassungsstaat durch einen Staat ersetzen, der nach dem Führerprinzip aufgebaut

Politik verstehen und handeln ISBN 978-3-582-74132-5

ist und in dem die Rechte des einzelnen Menschen in jedem Fall weniger gelten als Rechte des Staates. In der Regel sind Rechtsextremisten Antisemiten.

- Unter dem Begriff **Linksextremismus** werden Parteien und Gruppierungen zusammengefasst, die die kapitalistische Wirtschaftsordnung ablehnen und entweder eine sozialistische bzw. kommunistische Gesellschaftsordnung mit einem eher starken Staat errichten wollen oder die ein herrschaftsfreies, selbstbestimmtes Leben frei von staatlicher Macht anstreben.
- Der **Ausländerextremismus** umfasst laut Verfassungsschutz Ausländerorganisationen, die mit ihrer Tätigkeit in Deutschland die Politik in ihren Heimatländern bestimmen wollen. Sie tragen ihre politischen Auseinandersetzungen mit Gewalt aus und gefährden dadurch die Sicherheit in Deutschland. Mitunter führen sie auch von Deutschland aus Gewaltaktionen in anderen Staaten durch. Ihre Aktivitäten richten sich gegen das friedliche Zusammenleben der Völker.
- Die Verfassungsschutzbehörden verstehen unter **islamistischem Extremismus** eine politische, sozialrevolutionäre Bewegung, die von einer kleinen Minderheit der Muslime getragen wird. Ihre Anhänger fordern die Herstellung einer „islamischen Ordnung", die alle Lebensbereiche nach den Vorgaben des Koran regelt und das Gegenmodell zu westlichen, demokratischen Staats- und Gesellschaftsformen sein soll. Sie wollen diese „islamische Ordnung" auch mit Gewalt durchsetzen.

Wie sieht die Wissenschaft den Begriff des politischen Extremismus?

Die oben beschriebene Sicht auf den Extremismus wird von vielen ernstzunehmenden Wissenschaftlern kritisiert. Wichtige Punkte sind:

- die Gesellschaft wird stark vereinfacht abgebildet;
- es ist unklar, wo der Ausländerextremismus und der islamistische Extremismus auf der Rechts-Links-Achse anzuordnen wären;
- die extremen und gefährlichen politischen Einstellungen werden nur an den Rändern der Gesellschaft dargestellt;
- der Rassismus und andere Einstellungen in der Mitte der Gesellschaft werden jedoch nicht gezeigt.

Wenn man zurückblickt in die Geschichte, wird deutlich, dass auch Einstellungen der sogenannten Mitte gefährlich für die Demokratie werden können. So kam z. B. der Nationalsozialismus durch eine Wahl an die Macht. Hitler wurde auch durch viele Menschen aus der Mitte der Gesellschaft gewählt. Heutzutage besteht die Gefahr, dass unter dem Eindruck einer starken Zuwanderung nach Europa rechtsextremistische Ideen in der Mitte der Gesellschaft Zustimmung finden.

Antisemitismus: Judenfeindschaft; Antisemiten sehen in der Existenz der Juden die Ursache aller Probleme und meinen, dass die Gesellschaft durch eine jüdische Verschwörung unterdrückt wird (siehe auch Seite 232).

Islamismus: politische Auffassungen und Handlungen, die die Errichtung einer allein durch den Islam legitimierten Gesellschafts- und Staatsordnung anstreben.

sozialrevolutionär: auf eine gesellschaftliche Umwälzung abzielend.

Salafismus: Zu Bereich des islamistischen Extremismus zählt man auch Salafisten. Sie streben eine Gesellschaft an, wie sie ihrer Meinung nach im 7. Jahrhundert von Muslimen gelebt wurde. Die Gruppe der „Dschihadisten" unter ihnen will die gegebenen Umstände mit Gewalt und Revolution verändern.

Reichsbürger: Szene aus Gruppierungen und Einzelpersonen, welche die Existenz der Bundesrepublik Deutschland als legitimer und souveräner Staat bestreiten und unter anderem die bestehende Rechtsordnung, die Demokratie sowie eine pluralistische Gesellschaft ablehnen. So wurden im Dezember 2022 in einer bundesweiten Razzia 25 „Reichsbürger" festgenommen, die mutmaßlich die Demokratie in Deutschland unter dem Einsatz militärischer Mittel und Gewalt abschaffen wollten.

Aufgaben

1. Notieren Sie mit Ihren eigenen Worten, was der Verfassungsschutz unter Extremismus versteht.
2. Die Extremismustheorie wird damit begründet, dass die Demokratie ihre Feinde erkennen und sich gegen sie wehren müsse. Äußern Sie Ihre Meinung dazu. Begründen Sie Ihre Auffassung.
3. Viele Menschen setzen sich gegen Extremismus in der Gesellschaft ein. Finden Sie heraus, welche Aktionen in Ihrem Landkreis oder Ihrem Ort bereits stattgefunden haben. Beurteilen Sie begründet, ob diese Aktionen Ihrer Meinung nach sinnvoll waren.

Düsseldorf (dpa) – Das Vorurteil „einmal Verbrecher – immer Verbrecher“ trifft einer Langzeitstudie zufolge auf jugendliche Intensivtäter nicht zu. Auch Jugendliche, die mehrfach durch Straftaten aufgefallen sind, finden an der Schwelle zum Erwachsenwerden meist den Weg in die Normalität. Das ist das Ergebnis einer Untersuchung, die nach Darstellung der Autoren die erste deutsche Langzeitstudie zur Jugendkriminalität ist. „Selbst Intensivtäter steigen aus“, sagte der Kriminologe Prof. Klaus Boers.

(aus: Langzeitstudie zur Jugendkriminalität, dpa-Infoline vom 22.05.2014)

4.3.3 Jugendkriminalität

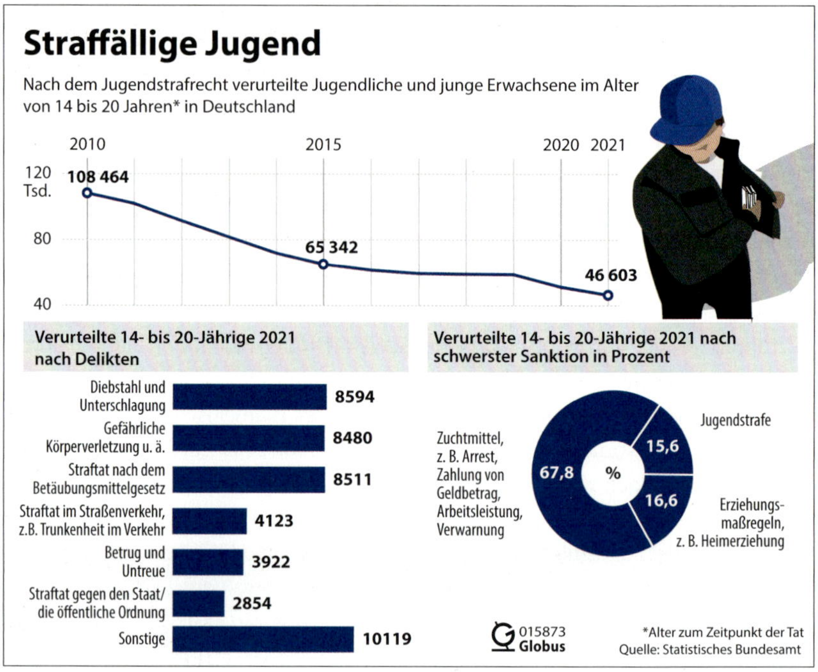

Der positive Trend der zurückliegenden Jahre, der eine Abnahme der Straftaten in Deutschland verzeichnete (siehe die Grafik), hat sich 2022 umgekehrt. Besonders auffällig ist die Entwicklung bei tatverdächtigen Kindern und Jugendlichen. Ein Erklärung ist, dass die Zeit der Pandemie mit Einschränkungen und Lockdown, die das gesellschaftliche Leben praktisch lahmlegte, vorbei ist. Es ergeben sich also wieder vermehrt Gelegenheiten, um Straftaten zu verüben. Stress, häusliche Gewalt und Armut in den Familien sind dabei Risikofaktoren, die die Gewaltbereitschaft von Jugendlichen fördern. Ein Beispiel sind die Krawalle an Silvester 2022/23: In mehreren deutschen Großstädten randalierten Jugendliche und griffen Ordnungskräfte sowie Polizei offensiv an.

Ein kurzfristiger Anstieg von Straftaten wird auch in Zusammenhang mit dem Zuzug von nach Deutschland Geflüchteten gebracht. Die einseitige Darstellung solcher Zahlen steigert in der Öffentlichkeit die Ängste vor Fremden und verstärkt Vorurteile. Schnelle Strafverfolgung und geeignete Präventionsmaßnahmen werden diskutiert.

Die häufigsten Delikte, die von Kindern und Jugendlichen verübt wurden, waren Diebstahl, Körperverletzung, Sachbeschädigung sowie Straftaten nach dem Betäubungsmittelgesetz. Aus der Polizeilichen Kriminalstatistik geht auch hervor, dass Schülerinnen und Schüler zunehmend kinderpornografische Videos und Fotos über die sozialen Medien (soziale Plattformen und Apps) im Internet weiterverbreiten.

Jugendstrafrecht

Kinder unter 14 Jahren sind nach dem Strafgesetzbuch generell strafunmündig. Jugendliche (über 14 – noch nicht 18 Jahre) sind bedingt strafrechtlich verantwortlich. Heranwachsende (18 – noch nicht 21 Jahre) können noch nach dem Jugendstrafrecht verantwortlich gemacht werden. Das Jugendstrafrecht will vor allem erzieherisch auf jugendliche Täter einwirken, um sie von weiteren Straftaten abzuhalten.

Bei Taten mit Bagatellcharakter kann das Verfahren ohne eine Verurteilung eingestellt werden. In der Regel werden folgende Erziehungsmaßnahmen verhängt:

- das Ableisten von Arbeitsstunden im gemeinnützigen Bereich,
- die Betreuung und Aufsicht durch einen Betreuungshelfer,
- die Teilnahme an sozialen Trainingskursen sowie
- Bemühungen um einen Täter-Opfer-Ausgleich.

Erst wenn diese Maßnahmen nicht ausreichen, können Zuchtmittel angewendet werden, wie die Zahlung einer Geldbuße oder zusätzlich zur Bewährungsstrafe ein begleitender Warnschussarrest. Freiheitsentzug in einer Jugendstrafanstalt wird erst bei schwersten Delikten bis zu einem Höchstmaß von 15 Jahren verhängt.

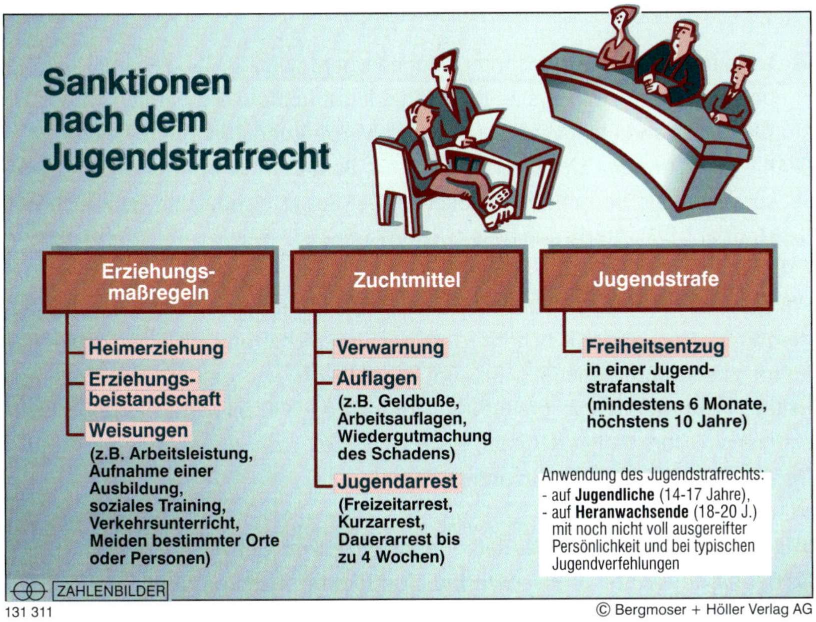

131 311 © Bergmoser + Höller Verlag AG

Delikt: Vergehen, Straftat

primär:
an erster Stelle stehend, ursprünglich

Bagatelldelikt:
Delikt, bei dem die Schuld des Täters gering ist und kein öffentliches Interesse an einer Strafverfolgung besteht

Warnschussarrest:
ein maximal vier Wochen langer Jugendarrest. Gelangt ein Richter zu der Auffassung, dass eine Bewährungsstrafe einem straffälligen Jugendlichen das Unrecht seines Verhaltens nicht deutlich genug vor Augen führt, kann ergänzend ein Jugendarrest verhängt werden.
Der Warnschussarrest ist nicht unumstritten. Von verschiedenen Seiten wurde geäußert, dass er wirkungslos sein und stattdessen lieber vorbeugende Maßnahmen zur Verhinderung von Kriminalität gestärkt werden sollten.

Aufgaben

1. Diskutieren Sie in Ihrer Lerngruppe, ob es sinnvoll ist, angesichts steigender Straftaten von Kindern, die Altersgrenze der Strafmündigkeit herabzusetzen.
2. Welche Umstände führen Ihrer Meinung nach dazu, dass ein Jugendlicher straffällig wird? Zählen Sie Ihnen bekannte Umstände auf und erläutern Sie, wie sich etwas sinnvoll dagegen unternehmen lässt.
3. Die Einführung des Warnschussarrests stellt eine Verschärfung des bisherigen Jugendstrafrechts da.
   a) Bilden Sie Gruppen und sammeln Sie Argumente für und gegen härtere Jugendstrafen.
   b) Führen Sie eine Pro-und-Kontra-Diskussion zum Thema „Härtere Strafen für jugendliche Täter" durch.

4.3.4 Drogen sind wie Münzen: Sie haben zwei Seiten

Heimliches Rauchen, „Wettkampftrinken" unter Freunden, „Partydrogen" zum richtigen Abtanzen, Relaxen bei einem Joint, Pillen zur Leistungssteigerung – Drogen spielen seit Jahrtausenden in den unterschiedlichsten Völkern und Kulturen eine Rolle. Einige Drogen können als Heilmittel sinnvoll verwendet werden. Sie werden aber auch als Suchtmittel missbraucht und können dann zu schweren körperlichen und seelischen Schädigungen führen. Die Bandbreite der Drogen wird unterteilt in legale und illegale Drogen.

Drogen sind alle natürlichen und chemisch-synthetischen Stoffe, die in die Abläufe des Körpers eingreifen und Stimmungen, Wahrnehmungen, Gefühle und Handlungen beeinflussen.

synthetisch:
künstlich hergestellt

4

- **Legale Drogen:** So genannte Alltagsdrogen, wie z.B. Tabakwaren, Alkohol und auch Arzneimittel, sind rechtlich erlaubt und gesellschaftlich akzeptiert. Wirtschaft und Staat verdienen an ihrer Verbreitung und ihrem Verkauf.
- **Illegale Drogen:** Sie werden auch als Betäubungsmittel oder umgangssprachlich als „Rauschgift" bezeichnet. Der Besitz, Handel und Gebrauch sind strafbar bzw. unterliegen gesetzlichen Auflagen.

Weitere Infos zum Thema Drogen erhalten Sie z.B. bei
- den Krankenkassen
- der Bundeszentrale für gesundheitliche Aufklärung (BZgA)
  Postfach 910151
  51071 Köln
  www.bzga.de
- Bundesministerium für Gesundheit
  www.bundesgesundheitsministerium.de

Welche Arten von Drogen verboten und welche akzeptiert und als Heilmittel eingesetzt werden, änderte sich im Laufe der Geschichte und ist in verschiedenen Kulturkreisen unterschiedlich. Bis zum Ende des 19. Jahrhunderts waren opiumhaltige Heilmittel weit verbreitet und wurden gegen Krankheiten wie z.B. Fieber, Schmerzen, Durchfall und Husten eingesetzt. Die Gefahr der Abhängigkeit durch Opiate wurde aber allgemein unterschätzt.

In Deutschland legt heute das Betäubungsmittelgesetz (BtMG) fest, welche Stoffe als Betäubungsmittel anzusehen sind. Durch diese Festlegung schafft es die Voraussetzung für die Ahndung von Rauschgiftdelikten und soll dem Schutz der menschlichen Gesundheit dienen.
Drogen können
- natürlichen Ursprungs sein (Tabak, Alkohol) oder
- synthetisch hergestellt werden (Designerdrogen, Medikamente).

Strafrechtliche Konsequenzen bei Verstößen nach dem BtMG sind beispielsweise Führerscheinentzug und Bußgelder, sonstige Geldbußen, Arbeitsauflagen und Haftstrafen.

Alle Drogen – auch die legalen – können Krankheit und Sucht auslösen oder zum Tod führen.
Tabak hat ein noch höheres Suchtpotential als Alkohol (vgl. Abschnitt 4.3.5).

Politik verstehen und handeln ISBN 978-3-582-74132-5

Unter Jugendlichen nimmt die Attraktivität des Rauchens insgesamt ab. Allerdings ist das Shisha-Rauchen eine beliebte Modeerscheinung und Alternative zur Zigarette. Gesundheitlich ist das Rauchen der Wasserpfeife jedoch keinesfalls unbedenklicher. Durch das Schwelen des häufig stark parfümierten Tabaks inhaliert der Konsument sogar besonders viele Schadstoffe, die Krebserkrankungen begünstigen bzw. bewirken können.

Tabak **Der Reiz lässt nach**

Anteil der jugendlichen Raucher sinkt seit Jahren stark; *Angaben in %*

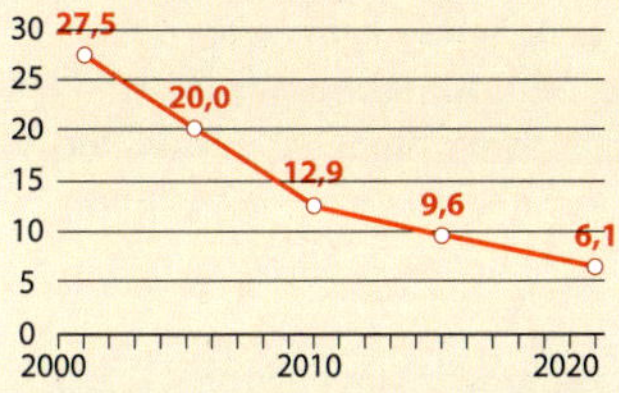

Quelle: BZgA 2022

Die am häufigsten konsumierte illegale Droge in Deutschland ist Cannabis (Marihuana, Haschisch). Laut einer Bundesstudie des Bundesministeriums für Gesundheit haben fast die Hälfte der jungen Erwachsenen (zwischen 18 – 24 Jahre) schon einmal Cannabis konsumiert. Die Einstiegskonsumenten bei Cannabis werden immer jünger, das Einstiegsalter liegt heute im Durchschnitt bei 16 Jahren. Das illegal gehandelte Cannabis ist häufig verunreinigt und schafft dadurch zusätzliche Gesundheitsrisiken. Das Risiko, süchtig zu werden oder an psychischen Störungen zu erkranken, steigt, je jünger die Konsumenten sind. Neben Schädigungen der Lunge sowie des Herz-Kreislauf-Systems kommt es besonders bei jungen Menschen zu psychischen Störungen, wie z. B. Konzentrationsschwäche, verminderte Aktivität, Antriebsschwäche bis hin zu Angstzuständen (Psychosen) bzw. Panikattacken.

Heutzutage sind neben Kokain besonders die sogenannten Designerdrogen im Umlauf, insbesondere Ecstasy (MDMA) und neuerdings Crystal Meth, eine stark süchtig machende Substanz. Diese synthetisch hergestellten Drogen können in der Zusammensetzung sehr unterschiedlich sein. Der Konsument kann sich nie sicher sein, wie die „Pille" wirkt – gleichzeitig ist die Gefahr der Überdosierung besonders hoch. In Studien wird besonders auf die gesundheitlichen Gefahren eines Mischkonsums mit Alkohol hingewiesen.
Die Schädigungen reichen von negativem Einfluss auf die Gedächtnisfähigkeit, psychischen Störungen bis hin zu Leberschäden und lebensbedrohlichem Kreislaufkollaps.

Anmerkung:
Die Bundesregierung bereitet die gesetzliche Freigabe von Cannabis vor. Im April 2023 wurden die Pläne zur Legalisierung von Gesundheitsminister Karl Lauterbach (SPD) vorgestellt. Die Gesetzgebung soll zeitnah starten.

psychisch: seelisch

halluzinogen: Sinnestäuschungen hervorrufend

Nicht alle Drogen machen körperlich abhängig, oft sind aber die psychischen Abhängigkeiten noch schwerer zu bewältigen.
Drogen wirken bei jedem und jedes Mal anders – welche Wirkung erreicht wird, hängt neben der Zusammensetzung der Droge auch von der körperlichen und seelischen Verfassung eines Konsumenten und dessen Umfeld ab.

Aufgaben

1. Welche gesellschaftlichen Anlässe kennen Sie, bei denen legale Drogen konsumiert werden? Nennen Sie drei Beispiele.
2. **„Drogen sind wie Münzen: Sie haben zwei Seiten …"**, vervollständigen Sie den Satz, sodass er eine sinnvolle Aussage macht.
3. Beschreiben Sie den Unterschied zwischen legalen und illegalen Drogen mit eigenen Worten.
4. Nennen Sie Ihnen bekannte Drogen. Halten Sie deren jeweilige Bezeichnung auf einer Karte fest und sortieren Sie diese Karten nach illegal und legal.
5. Recherchieren Sie die Eckpunkte für das geplante Gesetz zur Cannabislegalisierung in Deutschland. Führen Sie eine Pro-und-Kontra-Diskussion zum Thema „Legalisierung von Cannabis" durch.

4.3.5 Abhängigkeit

Die Motive für das Trinken von Alkohol unterscheiden sich bei Jugendlichen kaum von denen der Erwachsenen. Laut einer Studie der Bundeszentrale für gesundheitliche Aufklärung (BZgA) nannten Jugendliche

- Spaß haben und
- Hemmungen verlieren

als Hauptgrund für das Trinken von Alkohol. Das Umfeld ist entscheidend:

Je mehr die Freunde trinken, desto mehr trinkt man selbst!

Der Konsum und Missbrauch von illegalen und legalen Drogen (vgl. Abschnitt 4.3.4) macht oftmals körperlich (physisch) und/oder seelisch (psychisch) abhängig bzw. süchtig.

Suchtmittel können aber nicht nur bestimmte Substanzen sein (Drogen, Alkohol usw.). Auch psychische Abhängigkeiten, wie z. B. die Glückspiel- und Computersucht, Kaufsucht und Magersucht (Anorexia nervosa), zählen zu den Suchtmitteln. Ihre negativen Auswirkungen können für den Betroffenen ganz ähnlich sein: Neben gesundheitlichen Schäden können sie zu massiven sozialen und finanziellen Problemen führen.

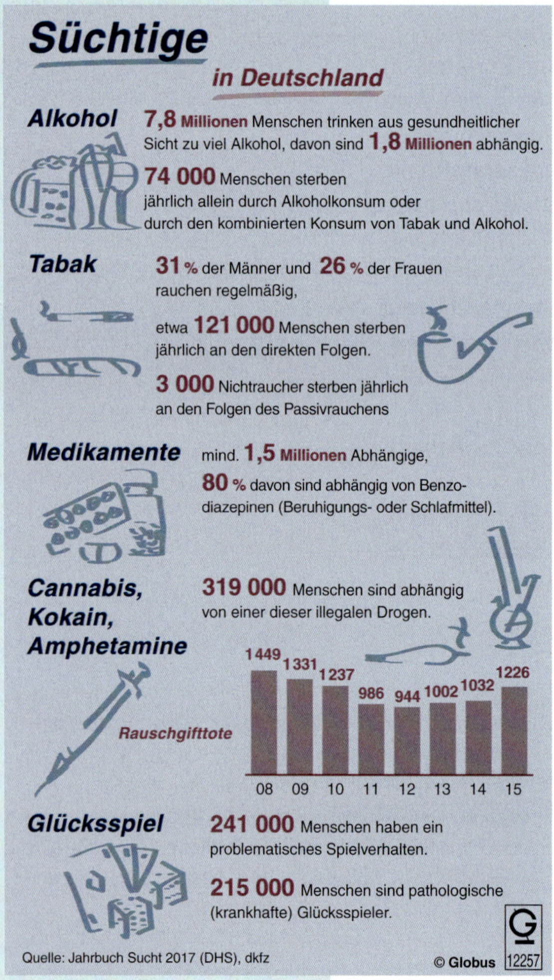

Unter **Abhängigkeit** bzw. **Sucht** versteht man ganz allgemein das zwanghafte Verlangen nach bestimmten Stoffen oder Verhaltensweisen, um mit ihnen ein Lustgefühl zu erzeugen oder ein Missempfinden vorübergehend zu lindern. Sie bedeutet für den Abhängigen Unfreiheit, denn seine Lebensgestaltung wird in der Regel durch die Sucht bestimmt.

- Bei **physischer Abhängigkeit** treten beim Nichteinnehmen der Stoffe körperliche Entzugserscheinungen wie Schweißausbrüche, Krämpfe, Fieber und Erbrechen auf.
- Bei **psychischer Abhängigkeit** treten zwar keine körperlichen Entzugserscheinungen auf, das Konsumverlangen ist jedoch sehr stark. Wird der Stoff nicht mehr konsumiert, kann es zu starken Stimmungsschwankungen, Unlustgefühlen und Niedergeschlagenheit kommen.

Wie schnell ein Mensch abhängig wird, hängt neben dem Suchtmittel auch von der Persönlichkeitsstruktur und seinem sozialen Umfeld ab.

Die Abhängigkeit von einem Suchtmittel entwickelt sich häufig schleichend und aus der Gewohnheit heraus. So ist z. B. das Trinken von Alkohol gesellschaftlich akzeptiert und für viele etwas alltägliches. Täglicher Alkoholkonsum ist jedoch ein Zeichen für Abhängigkeit.

Folgende Verhaltensweisen sind Hinweise dafür, dass man von einem Suchtmittel abhängig ist:

Politik verstehen und handeln ISBN 978-3-582-74132-5

- Um mit Belastungen fertig zu werden und sich wohl zu fühlen, braucht man eine bestimmte Menge des Suchtmittels.
- Man macht sich und anderen etwas vor, was die tatsächlich konsumierte Menge des Suchtmittels angeht.
- Man ist nicht in der Lage, mit dem Konsum aufzuhören.
- Man leidet physisch und psychisch, sobald das Suchtmittel ausgeht.
- Man ergreift jede Möglichkeit, unbemerkt an das Suchtmittel zu gelangen.
- Man erträgt es nicht, keinen Vorrat des Suchtmittels zu haben.

Bei Jugendlichen geht der regelmäßige Alkoholkonsum deutlich zurück. Allerdings ist das Rauschtrinken (Binge-Trinken) nach wie vor weit verbreitet. Besonders oft und reichlich Alkohol trinken männliche Jugendliche. Dabei gelten bereits 40 Gramm Alkohol (ungefähr 1 Liter Bier) bei Männern und 20 Gramm Alkohol bei Frauen als Grenzwert für zu hohen Alkoholkonsum.
Erhöhter Alkoholkonsum kann die Gesundheit erheblich beeinträchtigen und zu einer Schädigung von Herz, Magen, Leber, Gehirn und Nervensystem führen sowie Alkoholvergiftungen hervorrufen, die tödlich enden können.

Binge-Trinken: laut Definition der Bundeszentrale für gesundheitliche Aufklärung (BZgA) der Konsum von mindestens fünf alkoholischen Getränken zu einer Gelegenheit.
Infos zum Thema finden Sie auch bei pad e.V., Fachstelle für Suchtprävention im Land Berlin:
www.berlin-suchtpraevention.de

Hinweis:
Das sogenannte **„Apfelsaftgesetz"** (§ 6 des Gaststättengesetzes) regelt den Ausschank von Getränken in der Öffentlichkeit. Es besagt, dass mindestens ein alkoholfreies Getränk nicht teurer angeboten werden darf, als das günstigste alkoholische Getränk. Der Preisvergleich wird hochgerechnet auf einen Liter der Getränke.

Jugendschutzgesetz (JuSchG)

Das Jugendschutzgesetz dient dem Schutz von Kindern und Jugendlichen. Es regelt

- den Verkauf und Konsum von Alkohol und Tabak in der Öffentlichkeit,
- den Verleih und Verkauf von Filmen und Computerspielen (Kennzeichnung der Altersfreigabe),
- das Verbot von Glücksspiel,
- den Besuch von Kinos und
- gibt zeitliche Beschränkungen und Altersbeschränkungen für den Aufenthalt von Kindern und Jugendlichen in Gaststätten und bei öffentlichen Tanzveranstaltungen (z. B. Clubs und Discotheken) vor.

Verstöße gegen die Vorgaben des Jugendschutzgesetzes können als Straftaten oder Ordnungswidrigkeit mit einem Bußgeld geahndet werden. Gegen Veranstalter und Gewerbetreibende (z. B. Handel, Filmverleih) können Sanktionen verhängt werden, wenn sie nicht auf die Einhaltung des Jugendschutzgesetzes achten. Auch Erziehungsberechtigte können sich strafbar machen, wenn sie z. B. die Vorgaben zum Alkoholausschank an Jugendliche missachten.

Sanktion: eine Reaktion in Form einer Zurechtweisung auf von der Norm oder von Gesetzen abweichendes Verhalten.

4

Aufgaben

1. Erklären Sie die Begriffe „physische und psychische Abhängigkeit".
2. „Warum trinken Jugendliche Alkohol?" Führen Sie eine Umfrage in Ihrer Klasse durch und diskutieren Sie die Ergebnisse. (Zum Thema Umfrage bzw. Fragebogen können Sie sich auf Seite 142 informieren.)
3. a) Ermitteln Sie die genauen gesetzlichen Regelungen im Jugendschutzgesetz.
   b) Berichten Sie von Ihren eigenen Erfahrungen, ob die Gesetze konsequent eingehalten werden.
   c) Bilden Sie Kleingruppen und stellen Sie ein gemeinsam ausgewähltes Fallbeispiel vor.
   d) Überprüfen Sie anhand einer Auswahl an Gaststätten, ob das Apfelsaftgesetz eingehalten wird.

4.3.6 Arbeitszeit – Freizeit – Lebenszeit

Jahr	*Wochenarbeitszeit*
1825	82 Stunden
1875	72 Stunden
1900	60 Stunden (in 6 Tagen)
1913	57 Stunden
1918	8-Stunden-Tag
1932	42 Stunden
1941	50 Stunden
1950	48 Stunden
1956	Übergang zur 5-Tage-Woche
1965	40 Stunden
1984	38,5 Stunden
1995	35 Stunden (Druck-, Metall- und Elektroindustrie
2007	durchschnittlich 37,9 Stunden
2023	durchschnittlich 38,1 Stunden

(aus: Novalis aktuell. Informationen zum Zeitgeschehen aus Politik, Wirtschaft, Wissenschaft und Kultur. Nr. 7/8 1994); BMAS (2008), Statistisches Taschenbuch, Berlin ; WSI-Tarifarchiv 2021)

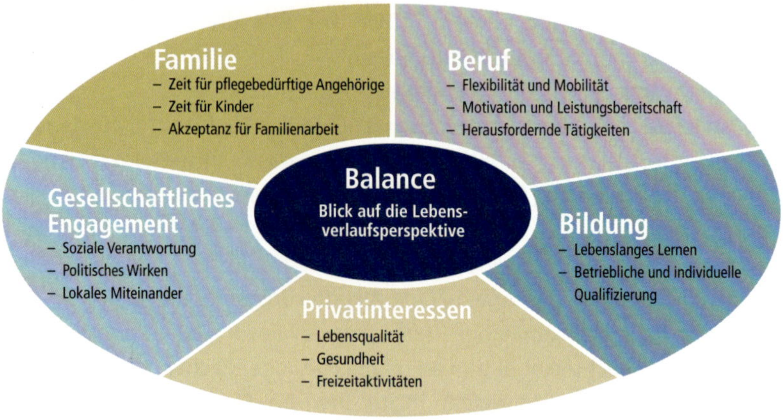

Work-Life-Balance:
Die Begriffsbildung stammt aus dem Englischen: Arbeit (work), Leben (life), Gleichgewicht (balance). Man versteht darunter ein ausgewogenes Verhältnis zwischen Arbeits- und Privatleben eines Menschen.

Burn-out-Syndrom:
Auch als Stress-Syndrom bekannt. Es beschreibt einen Krankheitszustand, der durch berufliche Überlastung hervorgerufen werden kann.
Die betroffene Person ist körperlich, geistig und emotional total erschöpft

Arbeit und Freizeit

Der Begriff Work-Life-Balance beschreibt einen Zustand, in dem Privat- und Arbeitsleben miteinander in Einklang stehen. Verschiedene Lebensbereiche, wie z. B. Beruf, Familie, Freizeit und soziale Aktivitäten, sollen im Gleichgewicht gehalten werden und sich nicht gegenseitig behindern, sondern sich im besten Fall gegenseitig unterstützen.

Eine klare Trennung zwischen Arbeitszeit und Freizeit fällt vielen Arbeitnehmern in Industrieländern aber zunehmend schwer. Insbesondere Smartphone und E-Mail ermöglichen es, auch nach der Arbeitszeit stets erreichbar zu bleiben.
Auch werden Arbeitsmodelle insgesamt flexibler, so etwa durch Homeoffice, Teilzeitbeschäftigung, Nebenerwerbstätigkeit und Gleitzeitmodelle.
Die reine freie Zeit zum Abschalten und Regenerieren kann sich aber durch die höhere Flexibilität auch verkürzen. Arbeitsüberlastung und Krankheiten (Burn-out-Syndrom) können die Folge sein.

Insgesamt hat die Wochenarbeitszeit in Deutschland seit den 1960er-Jahren um rund zwei Stunden abgenommen. Bei separater Betrachtung der Voll- und Teilzeitbeschäftigten fällt auf, dass die Arbeitszeit bei den Vollzeitbeschäftigten über die Jahre relativ konstant geblieben ist. Vollzeitbeschäftigte arbeiteten rund 38,5 Stunden pro Woche. Laut Statistischem Bundesamt ist hingegen bei den Teilzeitbeschäftigten ein Rückgang auf rund 19 Stunden zu verzeichnen.

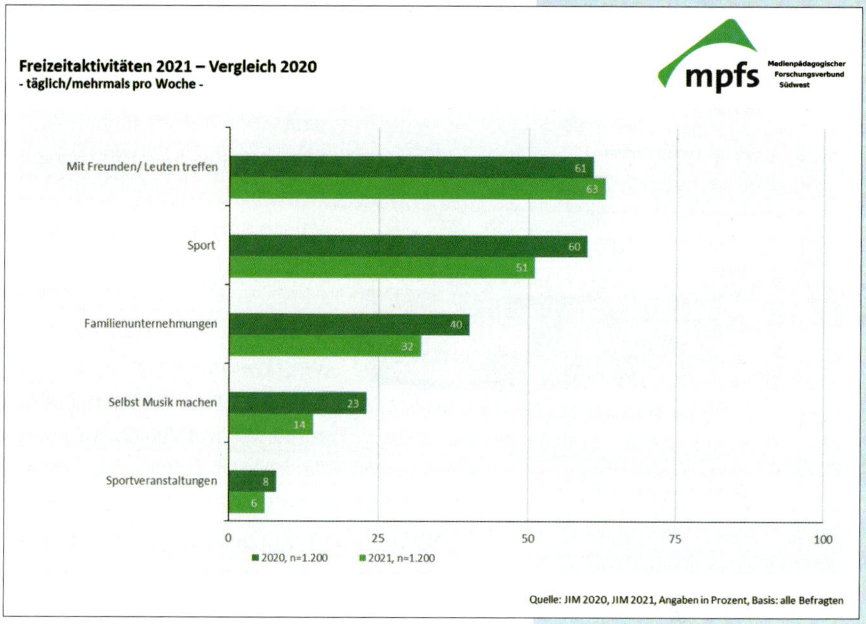

Was ist Freizeit?

Unter Freizeit lässt sich ganz allgemein die frei zur Verfügung stehende Zeit des Einzelnen verstehen – ohne Erwerbstätigkeit, Schulaufgaben, Hausarbeit usw. Sie dient im Wesentlichen dazu,

- sich zu entspannen und zu erholen,
- Beziehungen zu anderen Menschen zu pflegen,
- sich weiterzubilden bzw. seinen Interessen nachzugehen (Musik, Theater, Kino, handwerkliche Hobbys usw.).

Wie jeder Einzelne seine Freizeit letztendlich gestaltet, hängt von unterschiedlichen Faktoren ab.

Jugendliche in der Freizeit

Mediennutzung als Freizeitbeschäftigung steht bei Jugendlichen ganz hoch im Kurs. Das Fernsehen nimmt einen Spitzenplatz ein. Auch die Nutzung des Internets und die Smartphone-Nutzung haben für Jugendliche einen hohen Stellenwert. Besondere geschlechtsspezifische Unterschiede zeigen sich nur beim „Zocken" am PC: Hier sind es mehr die Jungen, die PC- und Videospiele nutzen. Sehr wichtig ist den Jugendlichen weiterhin das Hören von Musik. (Vergleiche hierzu auch Abschnitt 5.1.1.)

Neben diesen medialen Aktivitäten verbringen Jugendliche ihre Freizeit am liebsten damit,

- Freunde zu treffen,
- Sport zu treiben oder
- Zeit mit der Familie zu verbringen.

Aufgaben

1 Wie teilen Sie Ihre Zeit auf? Erstellen Sie ein Kreismodell mit der Aufteilung Ihrer Zeit in unterschiedlich große Kreisabschnitte. Beschriften Sie die Kreisabschnitte mit ihren Aktivitäten.

2. Nennen Sie mögliche Gründe dafür, warum sich Jugendliche heutzutage verstärkt auch in sozial engagierten Organisationen betätigen.

3. Zählen Sie stichpunktartig auf, welche Möglichkeiten der Freizeitgestaltung es in Ihrer Region gibt.

4. Sind Sie mit dem Freizeitangebot in Ihrer Region zufrieden? Machen Sie Verbesserungsvorschläge.

4.3.7 Verschwörungsmythen

Die Mondlandung der Amerikaner hat nie stattgefunden. Elvis Presley wurde von Außerirdischen entführt. Die Erde ist eine Scheibe. Durch Chemtrails werden Gifte versprüht, mit denen die Regierung unsere Gedanken kontrolliert. Diese unsinnigen Aussagen sind Teil von Verschwörungsmythen. Sie werden tatsächlich von Menschen geglaubt.

Was sind Verschwörungsmythen?

Verschwörungsmythen sind Versuche, besondere bedrohliche Ereignisse wie z. B. Krisen, Pandemien oder auch den Tod von Prominenten mit Verschwörungen zu erklären. Sie meinen: *Nichts ist, wie es scheint. Alles hängt mit allem zusammen. Es gibt keinen Zufall.* Die oft komplizierte Wahrheit stellen sie als falsch und manipulierend dar. Ihr wird eine „wirkliche Wahrheit" entgegengestellt, die die Welt klar in „gut" und „böse" einteilt. „Gut" sind dabei die Vertreter der Verschwörungsmythen. „Böse" sind die Wissenschaft, bestimmte Bevölkerungsgruppen und Regierungen. Dabei werden Widersprüche zu belegten Fakten oder gar Naturgesetzen in Kauf genommen.

Verschwörungsmythen werden auch -theorien, -ideologien oder -erzählungen genannt. Sie gibt es spätestens seit dem Mittelalter. Durch die Möglichkeiten der sozialen Medien nimmt ihre Zahl seit einigen Jahren zu.
Es gibt tatsächlich auch echte Verschwörungen, in denen sich allerdings nur wenige Beteiligte für eine begrenzte Zeit zusammenschließen, um ein geheimes Ziel zu erreichen. Oft werden Verschwörungen erst aufgedeckt, wenn Beteiligte anderen darüber erzählen und Medien oder Gerichte überprüfbare Fakten und Beweise finden. Beispiele für echte Verschwörungen sind der Militärputsch in Chile 1973 oder das Attentat serbischer Nationalisten auf den Thronfolger Österreich-Ungarns Erzherzog Franz Ferdinand 1914 in Sarajevo.

Wie/Woran erkennt man Verschwörungsmythen?

U. a. an den folgenden Merkmalen können Verschwörungsmythen erkannt werden (nach: Lewandowsky, S., Cook, J. (2020). *The Conspiracy Theory Handbook*):

- **Widersprüchlichkeit** – Anhänger von Verschwörungsmythen können gleichzeitig an sich widersprechende Behauptungen glauben. So wird z. B. zugleich behauptet, dass es keine Klimaerwärmung gibt und dass die Klimaerwärmung nicht vom Menschen gemacht ist.
- **Extremes Maß an Misstrauen** gegenüber der offiziellen Darstellung – obwohl 99 % der Fachwissenschaftler von der menschengemachten Klimaerwärmung überzeugt sind, sind sogenannte Klimaskeptiker davon überzeugt, dass es diese Veränderungen nicht gibt.
- **Üble Absichten** – den mutmaßlichen Verschwörern werden immer böse Absichten unterstellt. So wird z. B. angenommen, dass Klimaforscher den Klimawandel erfunden haben, um Forschungsgelder zu bekommen.
- **Opferrolle** – Anhänger präsentieren sich gern als verfolgte Opfer, sobald sie öffentlich für ihre Falschaussagen kritisiert werden. Gleichzeitig fühlen sie sich

Chemtrails:
Kondensstreifen, die Flugzeuge durch Wasserdampf und Abgase hinterlassen.

QAnon („Q"): Verschwörungsmythos, der 2017 in den USA entstand. Q ist eine Person oder Gruppe, die behauptet, dass eine geheime Elite („Deep State") aus dem Untergrund die Welt regiere. Diese Elite würde Kinder entführen, um aus deren Blut „Adrenochrom" zu gewinnen, um sich damit zu verjüngen. Anhänger von QAnon streben den Sturz der Regierung und Bestrafung der Regierungsmitglieder an.

Reptiloide: Verschwörungsmythos, der behauptet, dass es reptilienartige Außerirdische (Reptiloide) gibt, die wie Menschen aussehen und nur selten versehentlich ihre Tarnung verlassen. Ihr Ziel soll es sein, die Erde zu übernehmen.

Die jüdische Weltverschwörung: ein sehr alter Verschwörungsmythos; Anhänger behaupten, dass Juden die Weltherrschaft anstreben; hierzu werden „die Juden" als einheitlich handelndes Kollektiv dargestellt.

4

Politik verstehen und handeln ISBN 978-3-582-74132-5

als Helden, weil sie mutig die Wahrheit aussprechen. So behaupten Corona-Leugner, dass sie ihre Meinung nicht sagen dürften, obwohl sie große Demonstrationen durchführen konnten, bei denen sie z. B. behaupten durften, dass Deutschland eine Diktatur sei.

- **Keine Zufälligkeiten** – Anhänger von Verschwörungsmythen akzeptieren keine Zufälle. Sie sind stattdessen der Meinung, dass alle Ereignisse immer auch Teil der Verschwörung sind. So wurde z. B. behauptet, dass der Pergamonaltar im Berliner Pergamonmuseum ein Tempel Satans sei und die damalige Bundeskanzlerin Merkel Satanistin sei, weil sie gegenüber des Museums wohnte.

Sind Verschwörungstheorien eine Gefahr für die Demokratie?

Verschwörungsgläubige misstrauen staatlichen Institutionen und stellen die Glaubwürdigkeit der unabhängigen Presse in Frage, die sie als „Lügenpresse" beschimpfen. Manche Gruppen von Verschwörungsgläubigen lehnen sogar grundsätzlich eine offene demokratische Gesellschaft ab. Sie versuchen Einfluss auf die öffentliche Meinung zu nehmen und bedrohen vermeintlich Schuldige. Das führte dazu, dass mitunter auch der Verfassungsschutz diese Gruppen beobachtet.

Wie geht man mit Verschwörungsmythen um?

Verschwörungsmythen werden oft in der Familie, im Freundeskreis, im Verein oder unter Kollegen verbreitet. Wie kann man darauf reagieren?

- **Informieren:** Wenn Ihnen Behauptungen seltsam erscheinen, dann können sie sich auf seriösen Internetseiten informieren wie z. B. www.tagesschau.de/faktenfinder.
- **Argumentieren:** Wenn sich die Gesprächspartner für Gegenargumente zugänglich zeigen, kann man eine faktenbasierte Gegenerzählung anbieten. Man sollte auf Widersprüche, Ungereimtheiten und Manipulationen von z. B. Bildern oder Texten hinweisen.
- **Fragen stellen:** Wenn Fakten nicht mehr akzeptiert werden, ist es hilfreich, detaillierte Fragen zu stellen, um auf Unstimmigkeiten hinzuweisen.
- **Gespräch abbrechen:** Zeigt sich das Gegenüber völlig uneinsichtig gegenüber Argumenten, ist es besser, das Gespräch abzubrechen, um sich und andere Gesprächsteilnehmer zu schützen.
- **Opfer schützen:** Menschen, die von den Anhängern von Verschwörungsmythen als Feinde bekämpft werden, sind – wenn möglich – zu unterstützen.

Corona-Mythen:
Immer wieder gibt es Verschwörungsmythen zu neu aufkommenden Krankheiten. Für die Pest wurden z. B. Hexen oder Juden verantwortlich gemacht. Verschwörungsgläubige meinen z. B., dass die Krankheit ein Vorwand sei, um einen Impfzwang oder sogar eine Diktatur einzuführen, die Pharmaindustrie zu stärken oder die Bevölkerung durch Einpflanzen eines Chips bei den Impfungen durch Bill Gates kontrollierbar zu ma-chen. Beliebt unter den Ver-schwörungsgläubigen ist auch die Behauptung, dass mit Corona durch „dunkle Mächte" eine neue Weltordnung (NWO) errichtet würde.

Der „große Austausch" (die „Umvolkung", der „Bevölkerungsaustausch"):
Ein rechtsextremer Verschwörungsmythos; die Anhänger behaupten, dass die Regierung den Plan hat, die weiße, christlich geprägte Bevölkerung Deutschlands durch vor allem islamische Flüchtlinge zu ersetzen. Warum die Regierung das angeblich tut, bleibt unklar. Häufig wird eine jüdische Verschwörung, die im Hintergrund die Strippen zieht, konstruiert. Auch Politiker der AfD nutzen diese Begriffe gezielt. Damit sollen Ängste vor verstärkter Zuwanderung geschürt werden.

Eine ausführliche Liste von Verschwörungsmythen findet man unter: **www.planet-wissen.de/gesellschaft/psychologie/verschwoerungstheorien/bekannte-verschwoerungstheorien-100.html**

4

Aufgaben

1. Beschreiben Sie die Karikatur: Was will der Zeichner kritisieren? Begründen Sie dazu Ihre Meinung.
2. Bedrohen Verschwörungsmythen unsere Demokratie? Äußern Sie begründet Ihre Meinung dazu.
3. Erstellen Sie auf der Internetseite https://www.amadeu-antonio-stiftung.de/glaubnichtalles/ den Titel eines eigenen Verschwörungsmythos als SharePic. Entwickeln Sie dazu in Stichpunkten einen Verschwörungsmythos. Versuchen Sie dabei die Merkmale eines Verschwörungsmythos zu beachten. Stellen Sie ihn der Lerngruppe vor.

METHODE

WANDZEITUNG

Ziel

Informationen sollen gut verständlich und schnell erfassbar sein.

Form

1. Auf einer Wandzeitung soll nur Wichtiges stehen.
2. Das Allerwichtigste wird hervorgehoben, z. B. durch:
   - eine größere Schrift, eine hervorstechende Farbe, besondere Fotos oder Zeichnungen.
3. Eine Wandzeitung ist übersichtlich.

Material

Eine Wandzeitung kann angefertigt werden auf:

- Packpapier, der Rückseite eines Plakates oder einer Tapete, einem Flip-Chart, einer Pinnwand, einem schwarzen Brett usw.

Außerdem sollten verfügbar sein:

- Scheren, Kleber und verschiedenfarbige Stifte unterschiedlicher Strichstärke.

Wandzeitung als Informationswand

Diese Art der Wandzeitung soll über ein bestimmtes Thema informieren.

Als Vorbereitung werden zum Thema gesammelt:

- Artikel aus Zeitungen und Zeitschriften; Stellungnahmen von Parteien, Vereinen, Gewerkschaften usw.; wichtige politische Entscheidungen; Karten, Schaubilder, Tabellen, Statistiken, Fotos, Chronologien usw.

Die eigentliche Arbeit besteht

- im Auswählen der wichtigen Informationen und Materialien und
- deren Zusammenstellung.

Für die Gestaltung eines Themas sollte jeweils ein einzelner Schüler oder eine übersichtliche Gruppe verantwortlich sein.

Die fertige Wandzeitung wird vor der Klasse präsentiert und erläutert und durch die Klasse besprochen und diskutiert.

Zu einem Thema können auch zwei Gruppen jeweils eine Wandzeitung erstellen. Die unterschiedlichen Vorgehensweisen und Blickwinkel sollten in der Auswertung verglichen und besprochen werden.

Wandzeitung zum Festhalten von Ergebnissen

Diese Ergebniswand wird genutzt, um die Ergebnisse einer Gruppenarbeit übersichtlich festzuhalten und der ganzen Klasse, der Schulöffentlichkeit usw. zu präsentieren. Die Wandzeitung wird mündlich durch Vertreter der Gruppe erläutert.

Wandzeitung als Meinungswand

Die Meinungswand gibt eine Gelegenheit für die Veröffentlichung unterschiedlicher Meinungsäußerungen und persönlicher Stellungnahmen, z. B. zu einem Unterrichtsprojekt, zur Schulordnung oder zu politischen Ereignissen. Um einen wirklichen Meinungsaustausch zu ermöglichen, kann die Regel abgesprochen werden, dass jeder Beitrag unterschrieben wird.

Außerdem kann es hilfreich sein, wenn die Meinungswand in verschiedene Bereiche eingeteilt wird. Das könnten z. B. Kritik, Ideen oder Wünsche sein.

Aufgaben

1. Bilden Sie Gruppen von maximal fünf Personen. Erstellen Sie in Gruppenarbeit Wandzeitungen als Informationswände zu den folgenden Themen:
a) Jugendliche und Drogen
b) Jugendkriminalität und Jugendstrafen
c) Rechtsextremismus unter Jugendlichen
d) Ausländer in Deutschland
e) Formen des Zusammenlebens in der heutigen Gesellschaft

5

POLITISCHE MEINUNGS- UND WILLENSBILDUNG

Politik verstehen und handeln ISBN 978-3-582-74132-5

5.1 MEINUNGSBILDUNG MIT UND DURCH MEDIEN

5.1.1 Aufgaben und Funktion der Massenmedien

Demonstration gegen das SED-Regime am 23. Okt. 1989 in Leipzig

Was verstehen wir unter Massenmedien?

In der Zeichnung sind unterschiedliche Massenmedien zu sehen. Sie dienen als Vermittler von Information und Unterhaltung in

- gedruckter,
- bildlicher und
- akustischer Form.

Zu den Massenmedien zählen z. B. Zeitungen, Zeitschriften, Hörfunk und Fernsehen, Filme, Videos und das Internet. Im weiteren Sinne können auch Tonträger wie z. B. CDs und MP3-Dateien dazugezählt werden.
Mit diesen Medien können aufgrund hoher Auflagenzahlen und hoher Einschaltquoten viele Menschen erreicht werden. Deshalb heißen sie Massenmedien.

Artikel 5 GG:

(1) Jeder hat das Recht, seine Meinung in Wort, Schrift und Bild frei zu äußern und zu verbreiten und sich aus allgemein zugänglichen Quellen ungehindert zu unterrichten. [...]

(2) Diese Rechte finden ihre Schranken in den Vorschriften der allgemeinen Gesetze, den gesetzlichen Bestimmungen zum Schutze der Jugend und in dem Recht der persönlichen Ehre.

Rechtliche Stellung der Massenmedien

Die rechtlichen Grundlagen für die Massenmedien ergeben sich aus **Artikel 5** des Grundgesetzes. Hier sind festgelegt:

- Meinungsfreiheit,
- Informationsfreiheit,
- Pressefreiheit.

Sie gehören zu unseren Grundrechten und sind in einem demokratischen System für die Meinungs- und Willensbildung des Einzelnen durch die Massenmedien nicht wegzudenken.
Dies bedeutet aber nicht, dass jede Meinung frei geäußert werden darf. Wer Volksverhetzung, Aufforderungen zu Gewalttätigkeiten, Beleidigung, üble Nachrede usw. betreibt, muss z. B. nach den Bestimmungen des Strafgesetzbuches mit Strafe rechnen.

Politik verstehen und handeln ISBN 978-3-582-74132-5

Welche Funktionen erfüllen die Massenmedien in unserer Gesellschaft?

Die Massenmedien haben folgende Funktionen:

- **Information:** Die Massenmedien haben die Aufgabe, die Bürger zu informieren. Dabei sollen sie so sachlich, vollständig und verständlich wie möglich ihre Beiträge dem Medienbenutzer zur Verfügung stellen. Nur durch ausreichende Information sind die Bürger in der Lage, das öffentliche Geschehen zu verfolgen.

- **Mithilfe bei der Meinungsbildung:** Sind die Bürger informiert und haben sie die Möglichkeit, auch bei kontrovers diskutierten Themen alle Meinungspositionen der Beteiligten zu erfahren, ist eine Bildung der eigenen Meinung über ein bestimmtes Thema oder über eine Sachlage möglich.

kontrovers:
gegeneinander gerichtet, strittig

- **Kritik und Kontrolle:** Die Aufgabe der Massenmedien ist es unter anderem, Missstände in der Politik und der Gesellschaft aufzuspüren und diese der Öffentlichkeit bekannt zu machen. So helfen sie mit, Regierung, Verwaltung, Parteien, Verbände usw. zu kontrollieren und bei entsprechendem Anlass die Verantwortlichen zu kritisieren.

- **Bildung und Unterhaltung:** Aufgrund des Freizeitverhaltens haben sie einen großen Anteil an der Unterhaltung und Bildung (vergleiche die Grafik).

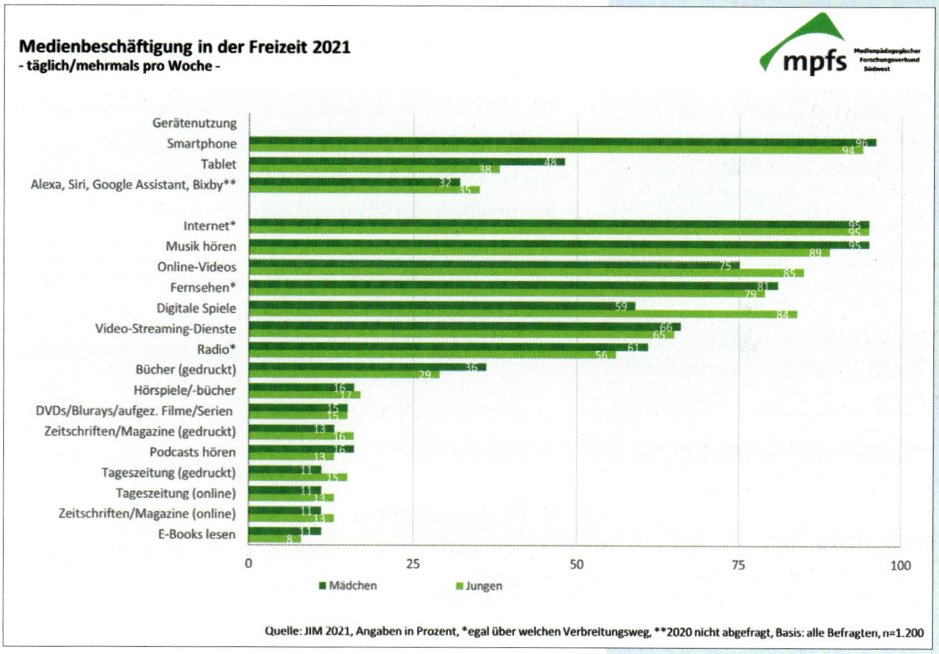

Aufgaben

1. In der eingangs gezeigten Grafik können Sie einige alte und neue Massenmedien erkennen.
   a) Erarbeiten Sie in Ihrer Klasse eine Liste mit den Ihnen bekannten Massenmedien.
   b) Diskutieren Sie in der Klasse, welche Bedeutung die einzelnen Massenmedien für Sie persönlich haben.
2. Erörtern Sie in Ihrer Klasse, welche Chancen sich durch die Meinungs-, Informations- und Pressefreiheit eröffnen und welche Grenzen eingehalten werden müssen.
3. Ermitteln Sie anhand einer Hitliste in Ihrer Klasse, welche Medien bei Ihnen am beliebtesten sind. Vergleichen Sie Ihr Ergebnis mit der Grafik „Medienbeschäftigung in der Freizeit".

5.1.2 „Moderne Medien" – welche Auswirkungen hat der Medienkonsum auf uns?

Als **neue Medien** werden in der Regel Medien bezeichnet, die in digitaler Form Daten übertragen oder empfangen, wie z.B. Dienste aus dem Internet.
Unter den neuen Medien nimmt das **Smartphone** eine besondere Stellung ein und wird von vielen als das Massenmedium der Zukunft bezeichnet. Smartphones sind heutzutage kleine, leistungsstarke Computer mit Internetverbindung, mit denen es möglich ist, hunderte von verschiedenen Applikationen (Apps) zu betreiben. Das Smartphone ist das erste Massenmedium, welches fast immer eingeschaltet ist und uns nahezu immer begleitet, ob im Bett oder auf der Toilette. Das Telefonieren ist nur noch eine Anwendung unter vielen. Insbesondere Jugendliche nutzen das Smartphone über Musik hören oder im Internet surfen hinaus insbesondere für die Kommunikation

- in sozialen Netzwerken wie z. B. Facebook oder
- über Messenger-Programme wie z. B. WhatsApp oder Twitter.

In unserem Alltag sind neue Medien wie Smartphones, Tablets und Ultrabooks selbstverständlich geworden und man findet sie in den unterschiedlichsten Bereichen. Sie dienen unter anderem zur Kommunikation, Information, als Orientierungshilfe oder aber zur privaten und beruflichen Vernetzung. In den letzten fünfzehn Jahren hat sich die Mediennutzung insbesondere bei den 14- bis 19-Jährigen stark verändert. Das Fernsehen hat den ersten Platz in der Rangliste der durchschnittlichen Nutzungsdauer pro Tag verloren (siehe die Grafik). Das Internet spielt heute bei dieser Personengruppe eine immer größere Rolle.

Auswirkungen des Medienkonsums

Wenn man die Gruppe der 12- bis 19-Jährigen näher betrachtet, so kann man feststellen, dass sie im Durchschnitt mehr als sechs Stunden am Tag das Internet und den Fernseher frequentieren. In der Zeit, die wir benötigen, um zu surfen und fernzusehen, wird unser Freizeitverhalten beeinflusst. So werden z.B. soziale Kontakte in der Clique, im Sportverein, usw. weniger. Dafür werden Kontakte in sogenannten sozialen Netzwerken gepflegt – wie z.B. Facebook, Blogger, Twitter, TikTok u.a. Leider bergen Netzwerkplattformen für den Nutzer Gefahren wie das Cyber-Mobbing oder den Missbrauch persönlicher Daten durch Dritte. Dem Nutzer solcher Dienste muss klar sein, dass Daten, die einmal im Internet veröffentlicht wurden, fast nicht wieder zu löschen sind.

Inhalte und Aussagen von Massenmedien können darüber hinaus in erheblichem Maße manipulierend wirken. Über die Werbung im Fernsehen beispielsweise wird dem Zuschauer auf vielfältige Weise suggeriert, welches Outfit gerade am angesagtesten ist, wie die Wohnung am hippsten eingerichtet werden sollte und welche Nahrungs- und Genussmittel gerade im Trend liegen usw. Dabei werden die Inhalte derart geschickt verpackt, dass man es oft nicht bewusst mitbekommt, dass man gerade manipuliert wird. Auch das Internet bedient sich der Werbung. Neben den aus dem Fernsehen bekannten Werbeclips wartet das Internet mit Bannern, Layern, Pop-Ups, Anzeigen, Spielen und Vielem mehr auf.

Gewaltdarstellungen im Fernsehen oder im Internet, z. B. durch Filme auf Videoplattformen oder Onlinespiele, können zu aggressivem Verhalten, Schlafstörungen und Übererregbarkeit führen. Untersuchungen haben ergeben, dass Kinder und Jugendliche ihr eigenes aggressives Verhalten sehr häufig durch Vorbilder aus gewaltverherrlichenden Filmen oder entsprechender Spiele rechtfertigen. Allerdings sind Gewaltdarstellungen im Fernsehen und im Internet nicht die alleinige Ursache für aggressives Verhalten, sondern stehen im engen Zusammenhang mit dem sozialen Umfeld eines Jugendlichen.

Jeder zweite Jugendliche macht Erfahrungen mit Cybermobbing

[...]

Junge Menschen werden immer häufiger Opfer von Cybermobbing. Zu dieser Einschätzung kommt die Barmer-Krankenkasse in einer Befragung. Ob als Täter, Opfer oder Beobachter haben über die Hälfte (51 Prozent) der Jugendlichen zwischen 14 und 17 Jahren in Deutschland Erfahrungen mit Cybermobbing. Ein Jahr zuvor lag dieser Wert noch bei 43 Prozent. Einige kennen das Thema sogar aus zwei oder drei dieser Perspektiven, waren also zum Beispiel schon Opfer und auch Täter.

Der Anteil von Mädchen und Jungen, die gar kein Mobbing im Internet erfahren hätten, sei von 32 auf 28 Prozent gesunken. Laut der sogenannten Sinus-Jugendstudie der Barmer wird Mobbing am häufigsten im Mitteilungsdienst WhatsApp erlebt, gefolgt von den sozialen Netzwerken Instagram, TikTok und Facebook.

(aus: www.spiegel.de, 2022)

frequentieren:
häufig besuchen

manipulieren:
beeinflussen

suggerieren:
jemandem etwas einreden

Aufgaben

1. Erläutern Sie, welche Aussage die Zeichnung am Kapitelbeginn macht.
2. Betrachten Sie die Grafik links und beziehen Sie Stellung: Inwieweit verspüren auch Sie einen „digitalen Überdruss"?
3. Erarbeiten Sie in Kleingruppen einen Maßnahmenkatalog, wie Sie sich gegen die Gefahren des Cybermobbings schützen können.
4. Erläutern Sie, was Ihrer Meinung nach der Zeichner der Karikatur „Immer nur am Computer …" ausdrücken will.

5.1.3 Die Rundfunklandschaft in der Bundesrepublik Deutschland

dual:
zwei, hier: zweigleisig

zensieren:
auf unerlaubte Inhalte durchsuchen und diese streichen

Fernsehen in den 1950-Jahren

Fernsehen heute

Während des nationalsozialistischen Regimes von 1933 bis 1945 hatte der Rundfunk in erster Linie einem politischen Zweck zu dienen. Er war weder frei noch unzensiert und stand unter direkter Staatsaufsicht. Er wurde zu Propagandazwecken missbraucht, um so die Bevölkerung zu beeinflussen. Nach dem Ende des Zweiten Weltkrieges legten die alliierten Besatzungsmächte die Grundlage für einen von staatlichen und wirtschaftlichen Einflüssen unabhängigen Rundfunk. Es entstanden Landesfunkanstalten, die als Einrichtungen der Gesellschaft per Gesetz und mit Staatsverträgen rechtlich abgesichert waren – also öffentlich-rechtliche Organisationen.

1950 schlossen sich die Landesfunkanstalten aus Kostengründen zu der Arbeitsgemeinschaft der öffentlich-rechtlichen Rundfunkanstalten Deutschland (ARD) zusammen. Sie veranstalten seit 1953 ein gemeinschaftliches Erstes Deutsches Fernsehprogramm und verbreiteten daneben eigene Hörfunk- und Fernsehsendungen. 1961 kam dann das durch die Länder gegründete Zweite Deutsche Fernsehen (ZDF) mit einem bundesweit einheitlichen Fernsehprogramm dazu.

Programmsparten im deutschen Fernsehen in der Primetime 2021
19.00 bis 23.00 Uhr, Sendezeitanteile in %

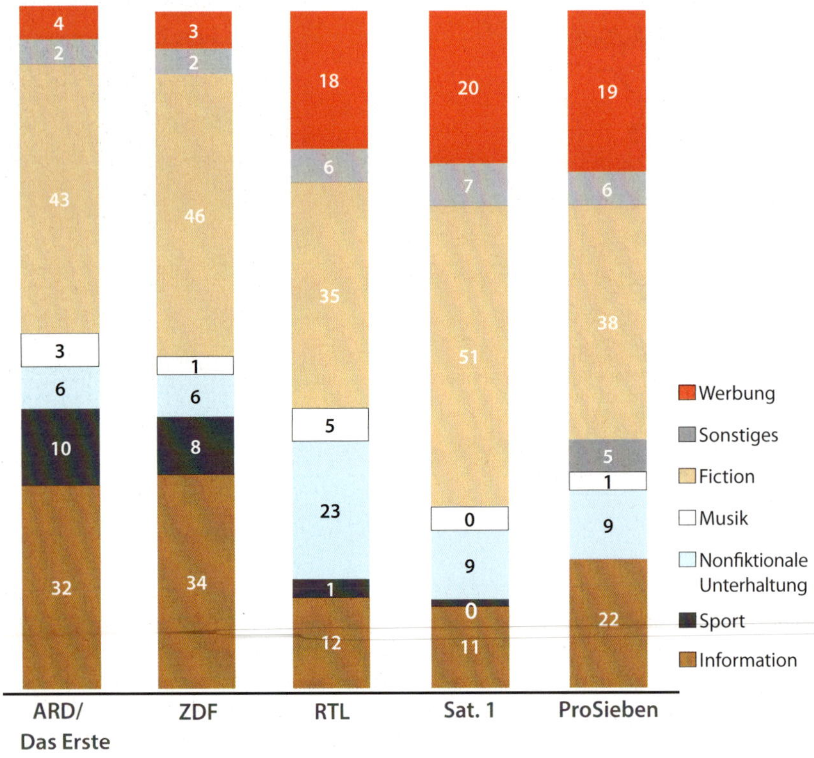

(nach: IFEM Institut für empirische Medienforschung, Köln)

Politik verstehen und handeln ISBN 978-3-582-74132-5

Ab 1984 änderte sich die Medienlandschaft mit dem Erscheinen privater Hörfunk- und Fernsehanstalten, die zunächst nur über das Kabel- und Satellitennetz zu empfangen waren. So stehen heute öffentlich-rechtliche und private Rundfunkanstalten nebeneinander und werden als so genanntes duales Rundfunksystem bezeichnet.

Der kleine große Unterschied

Ob öffentlich-rechtlicher oder privater Rundfunk, finanzieren müssen sie sich beide. Die öffentlich-rechtlichen Rundfunkanstalten beziehen seit 2013 ihre Mittel aus einem Rundfunkbeitrag, der durch die Gebühreneinzugszentrale (GEZ) erhoben wird. Es werden Gebühren je Wohnung erhoben, unabhängig davon, wie viele Personen im Haushalt wohnen und wie viele Rundfunkgeräte betrieben werden. Das bedeutet auch, dass diejenigen, die keine Rundfunkgeräte in ihrer Wohnung betreiben, den Rundfunkbeitrag entrichten müssen. Wer staatliche Sozialleistungen wie z. B. Bürgergeld oder die Grundsicherung erhält, kann einen Antrag stellen, um sich von dem Rundfunkbeitrag befreien zu lassen.

Der Werbeanteil darf bei den öffentlich-rechtlichen Rundfunkanstalten nicht länger als 20 Minuten je Werktag sein und nicht nach 20:00 Uhr erfolgen. Die privaten Rundfunkanstalten müssen sich ausschließlich durch Werbung finanzieren. Der Werbeanteil beträgt teilweise über 20 % der gesamten Sendezeit, und das rund um die Uhr. Da es sich hier um private Unternehmen handelt, steht die Gewinnerwirtschaftung an erster Stelle. So ist der Kampf um Einschaltquoten groß, denn diese bringen die Werbeaufträge und sichern somit die Einnahmen für die Sender.

Organisationsschema der öffentlich-rechtlichen Rundfunkanstalten

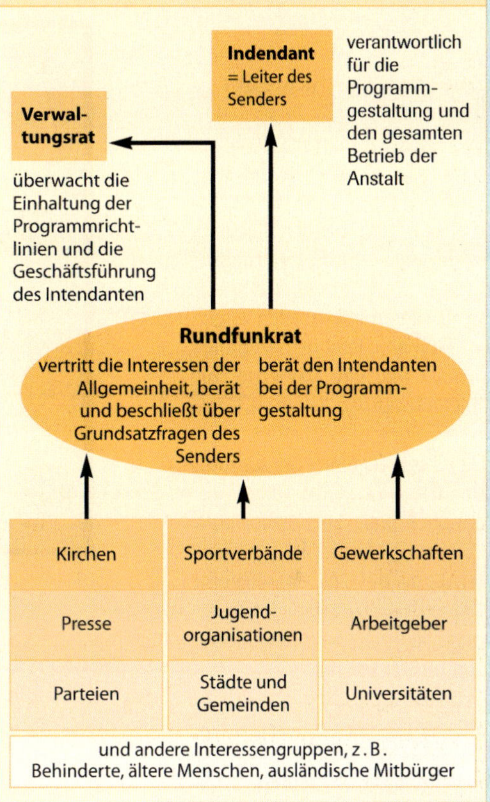

Die Landesmedienanstalten

Der Rundfunk- bzw. Fernsehrat berät und kontrolliert die öffentlich-rechtlichen Rundfunkanstalten (siehe Grafik). Als Aufsichtsorgan für die privaten Rundfunkanstalten wurden seit 1984 in allen Bundesländern Landesmedienanstalten gegründet. Ihre Aufgaben bestehen in

- der Vergabe von Lizenzen für Hörfunk- und Fernsehprogramme und
- der Überwachung der bei Lizenzvergabe gemachten Vereinbarungen.

Darüber hinaus kontrollieren sie,

- ob die Bestimmungen zum Schutz der Jugend eingehalten werden,
- ob keine Sendungen gesendet werden, die Gewalt verherrlichen.

Pay-TV (Bezahlfernsehen)
Zu den privaten Fernsehsender gehören auch Programmanbieter, bei denen Verbraucher über eine monatliche Gebühr unabhängig der GEZ-Gebühren, auf private Fernsehsender zugreifen können. Diese Fernsehsender sind häufig auf bestimmte Themenbereiche mit einem festen Programm spezialisiert, wie z. B. Sport, Spielfilme, Kinderprogramm, Dokumentationen oder Reality-TV. Für den Empfang benötigt man einen Decoder, der die codierten Signale entschlüsselt.

Aufgaben

1. Arbeiten Sie heraus, welche Gefahren Ihrer Meinung nach im harten Wettbewerb der privaten Rundfunkanstalten um Einschaltquoten stecken. Machen Sie sich stichpunktartig Notizen.
2. Erläutern Sie mit eigenen Worten das Organisationsschema der öffentlich-rechtlichen Rundfunkanstalten.
3. In den letzten 70 Jahren hat sich das „Fernsehen" stark verändert. In den Eingangs gezeigten Bildern sehen Sie, ein aktuelles und eins aus dem Jahre 1950. Beschreiben Sie, wie sich der Fernsehkonsum über die Zeit verändert hat. Befragen Sie hierzu auch Ihre Großeltern und Eltern. Stellen Sie Ihr Ergebnis in der Klasse vor.

5.1.4 Das Internet – eine Datenfundgrube?

Viele Menschen nutzen das Internet sowohl privat wie auch beruflich. Insbesondere durch die Nutzung von Smartphones und Tablets ist es mittlerweile allgegenwärtig: Auktionen, Einkäufe und Bankgeschäfte usw. werden online abgewickelt. Soziale Netzwerke werden genutzt und mit persönlichen Informationen „gefüttert". Informationen jeglicher Art können über das Internet schnell verbreitet und schnell gefunden werden. Es herrscht ein kaum vorstellbarer Datenstrom. Im Zeitalter von „Big Data" sprechen wir von einem jährlichen Datenvolumen, welches in Zettabyte gemessen wird – das ist eine Zahl mit 21 Nullen. Was in nur **einer Minute** im Internet passiert, zeigt die folgende Grafik:

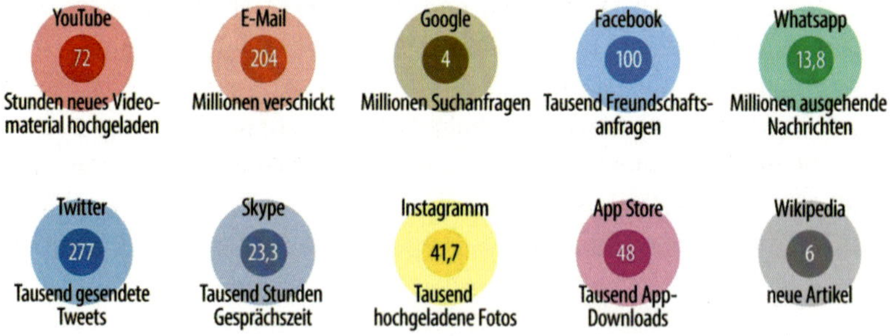

Der Ausdruck „Big Data" beschreibt in diesem Zusammenhang die fast unendliche Menge an Daten, die nur mit Hilfe neuartiger informationstechnischer Systeme und Lösungen verarbeitet werden kann.

Mit jedem Klick hinterlässt der Internet- bzw. Handy-Nutzer unbemerkt elektronische Datenspuren. Den meisten Nutzern ist es z. B. schon aufgefallen, dass nach

ARPA: Advanced **R**esearch **P**rojects **A**gency

Eine kurze Geschichte des Internets
Die Arbeitsgruppe des Verteidigungsministeriums der Vereinigten Staaten von Amerika (ARPA) hatte Ende der 60er-Jahre die Idee, ihre Rechner miteinander zu verbinden, um diese Großrechneranlage allen angeschlossenen Rechnern zugänglich zu machen. Das erste mit Telefonleitungen vernetzte Computernetz war geschaffen.
Da dieses Netzwerk nur für Akademien und Universitäten zugänglich war, die für die ARPA Forschung betrieben, gründeten Ende der 70er-Jahre große Universitäten ihr eigenes Computernetz, welches allen Universitäten offen stand.
Ein Schritt zur Nutzung als universelles Kommunikationsnetz für die breite Öffentlichkeit war die Entwicklung des World Wide Web (WWW) 1990. Onlinedienste schossen wie Pilze aus dem Boden, um den Markt zu decken und preisgünstige Zugänge ins Internet anzubieten. Das World Wide Web breitete sich immer mehr aus und ist heute der am weitesten verbreitete Dienst im Internet.

Big Data: Bezeichnung für große Mengen an Daten, die u. a. aus Bereichen wie Internet und Mobilfunk, Gesundheitswesen, Kredit- und Kundenkarten, Finanzindustrie, Energiewirtschaft, Verkehr, den sozialen Medien sowie Flug- und Fahrzeugen stammen und die mit gespeichert, verarbeitet und ausgewertet werden.

Politik verstehen und handeln ISBN 978-3-582-74132-5

dem Stöbern in einem Online-Kaufhaus – kurze Zeit später auf einer anderen Internetseite – Werbung des vorher gesuchten Artikels auftaucht. Dies geschieht, weil zuvor im Hintergrund das individuelle Nutzerverhalten gespeichert wurde und diese Daten von Unternehmen z. B. zum Zwecke der Absatzsteigerung ausgewertet wurden. Hinzu kommt, dass viele Apps während der Nutzung auf persönliche Daten zugreifen, wie z. B. auf das Telefonbuch im Handy.

Datenschutz ist wichtig

Der Begriff „Datenschutz" bedeutet nicht, wie man irrtümlicherweise annehmen könnte, den Schutz von Daten gegen Verlust oder Diebstahl. Vielmehr bedeutet der Begriff Datenschutz den Schutz des einzelnen Menschen vor unwissentlicher Datensammlung, Datenerhebung und Datenverwendung durch beispielsweise Behörden oder soziale Netzwerke.

Datenschutz unterstreicht die Selbstbestimmung jedes einzelnen Menschen, d.h. jeder sollte demnach selbst entscheiden können, wem er welche Daten, insbesondere personenbezogene Daten, mitteilen möchte und wem nicht – wie z. B. Name, Wohnort, Familienstand und Einkommen. Ausnahmen stellen hier einige staatliche Einrichtungen, wie z. B. die Polizei oder das Einwohnermeldeamt, dar.

Die zentrale Aufgabe des Datenschutzes ist es sicherzustellen, dass niemand durch die Sammlung, Speicherung und Verwendung personenbezogener Daten durch Dritte geschädigt oder in seiner Freiheit eingeschränkt wird. Mit der Einführung der elektronischen Datenverarbeitung Mitte der 60er-Jahre des letzten Jahrhunderts entwickelte sich binnen weniger Jahre ein Bewusstsein dafür, dass der Umgang mit personenbezogenen Daten durch gesetzliche Datenschutzbestimmungen geregelt werden muss. Dies, damit niemand die Daten ohne Einwilligung der betreffenden Person speichert, verarbeitet und weitergibt.

Der durch den technischen Fortschritt mögliche internationale Datenverkehr sowie die Möglichkeit, Daten via Facebook, Twitter, WhatsApp usw. zu sammeln, unterstreichen die Notwendigkeit von allgemeinen Datenschutzbestimmungen. Der Sammlung und Verarbeitung personenbezogener Daten kann man sich nie in Gänze entziehen, weil beispielsweise deutsche Datenschutzbestimmungen im Ausland nicht gelten. Umso wichtiger ist es, dass jedem bewusst ist, dass jeder selbst dafür verantwortlich ist, welche Daten er anderen zur Verfügung stellt. Entsprechend umsichtig sollte man mit seinen Daten bzw. mit der Herausgabe seiner Daten umgehen.

Dürfen wir allen Nachrichten und Mitteilungen in den sozialen Netzwerken glauben?

Fake News sind gefälschte Nachrichten, häufig mit reißerischen Überschriften, manipulierten Bilder und Inhalten. Sie werden hauptsächlich im Internet und dort in sozialen Netzwerken bewusst verbreitet, um die Leser zu täuschen und zu beeinflussen. Fake News lassen sich oft nur schwer von echten Nachrichten unterscheiden.
Sie können unter anderem

- privat motiviert sein, indem man z.B. eine Lüge über eine Person streut oder
- politisch, wie die zwei Folgebeispiele zeigen.

Nutzerinnen und Nutzer sozialer Netzwerke müssen sich bewusst sein, dass Fake News keine Seltenheit sind. Nachrichten und Mitteilungen, die einem nicht seriös erscheinen, sollten mit weiteren Quellen wie Zeitung, Radio sowie Nachrichten auf Richtigkeit überprüft werden.

Auch Webseiten und Online-Tools leisten gute Dienste, um zu überprüfen, ob eine Nachricht der Wahrheit entspricht. Unter anderen können folgende Webseiten beim Aufspüren von Fake News dienen:

http://hoaxmap.org
http://faktenfinder.tagesschau.de/index.html
https://de.firstdraftnews.com
http://www.mimikama.at
https://correctiv.org

5

Aufgaben

1. Beschreiben Sie, was die eingangs gezeigte Karikatur aussagt.
2. In der Abbildung „Das passiert binnen einer Minute im Internet" sehen Sie das Datenaufkommen verschiedener Anwendungen im Internet. Welche Anwendungen sind Ihre Favoriten? Erstellen Sie in der Klasse ein Ranking.
3. Erarbeiten Sie einen Maßnahmenkatalog dazu, wie Sie Ihre persönlichen Daten in sozialen Netzwerken schützen können.
4. Recherchieren Sie und nennen Sie ein aktuelles Beispiel für im Umlauf befindliche Fake News.

Parlamentarischer Rat:
Er bestand aus 65 Mitgliedern der Landtage der westdeutschen Länder. Es handelte sich hierbei um eine verfassungsgebende Versammlung, die unter dem Vorsitz Konrad Adenauers (1876– 1967) in der Zeit vom 1. September 1948 bis 23. Mai 1949 den Entwurf des Grundgesetzes ausarbeitete.

Memorandum:
Denkschrift, Merkbuch

Hinweis:
Der ursprüngliche Wortlaut des **Artikels 23 GG** vom 23. Mai 1949 lautete:
„Dieses Grundgesetz gilt zunächst im Gebiet der Länder Baden, Bayern, Bremen, Groß-Berlin, Hamburg, Hessen, Niedersachsen, Nordrhein-Westfalen, Rheinland-Pfalz, Schleswig-Holstein, Württemberg-Baden und Württemberg-Hohenzollern. In anderen Teilen Deutschlands ist es nach deren Beitritt in Kraft zu setzen."

5

Artikel 146 GG:
„Dieses Grundgesetz, das nach Vollendung der Einheit und Freiheit Deutschlands für das gesamte deutsche Volk gilt, verliert seine Gültigkeit an dem Tage, an dem eine Verfassung in Kraft tritt, die von dem deutschen Volke in freier Entscheidung beschlossen worden ist."

Sicherung und Schutz der Grundrechte
Das Grundgesetz zielt auf die Geltung, den Schutz und die Wirksamkeit der Grundrechte durch
- ihren Anspruch auf unmittelbare Geltung (siehe Artikel 1 Absatz 3)
- das Verbot ihrer Beseitigung (siehe Artikel 79 Absatz 3)

5.2 DAS POLITISCHE SYSTEM DER BUNDESREPUBLIK DEUTSCHLAND

5.2.1 Herzstück unseres Staates – das Grundgesetz

Veränderungen

1849 Paulskirchenverfassung | 1871 Bismarck'sche Reichsverfassung | 1919 Weimarer Verfassung | 1933 – Ermächtigungsgesetz – Reichstagsbrandverordnung | 1949 Grundgesetz für die Bundesrepublik Deuschland

Als im September 1948 der Parlamentarische Rat erstmals zusammentraf, war seine Aufgabe die Ausgestaltung einer Verfassung für die Bundesrepublik Deutschland – das Grundgesetz. Dabei spielten die historischen Erfahrungen eine große Rolle, die man
- mit der Weimarer Verfassung (vergleiche Abschnitt 6.1.1) und
- mit der katastrophalen Entwicklung im Dritten Reich gemacht hatte.

Man wollte sicherstellen, dass sich ein solches Unheil nicht mehr durch Fehler in der Verfassung wiederholen kann. Darüber hinaus nahmen die westlichen Besatzungsmächte Einfluss, indem sie dem Parlamentarischen Rat im November 1948 in einem Memorandum empfahlen, föderalistische Grundsätze stärker zu berücksichtigen. Nachdem der Parlamentarische Rat das Grundgesetz in einer Abstimmung mit 53 gegen 12 Stimmen angenommen hatte, wurde die Genehmigung durch die westlichen Besatzungsmächte erteilt. Am 24. Mai 1949 trat schließlich das Grundgesetz (GG) in Kraft. Man nannte es nicht Verfassung, da man zeigen wollte, dass es einen vorläufigen Charakter hat (vergleiche Artikel 23 GG in der Fassung vom 23. Mai 1949 und Artikel 146 GG in der Randspalte). Mit der Wiedervereinigung wurde auf eine Ausarbeitung einer neuen Verfassung nach Artikel 146 GG verzichtet. Vielmehr ging man nach Artikel 23 GG vor, der besagt, dass das Grundgesetz als gesamtdeutsche Verfassung anzusehen ist. Heute zählt das Grundgesetz zu den ältesten, geltenden Verfassungen weltweit.

Die herausragende Stellung der Grundrechte im Grundgesetz

Liest man im Grundgesetz, so fällt auf, dass die Grundrechte an erster Stelle im Grundgesetz stehen. Erst danach folgen die Grundlagen der staatlichen Ordnung. Gerade weil während der Schreckensherrschaft der Nationalsozialisten im Dritten Reich die Menschenrechte auf abscheuliche Art und Weise verletzt worden

Politik verstehen und handeln ISBN 978-3-582-74132-5

waren, gab der Parlamentarische Rat den Grundrechten eine zentrale Stellung. Dies spiegelt sich dementsprechend in der Position der Grundrechte im Grundgesetz wider.

In den Grundrechten des Grundgesetzes wird sich im Wesentlichen auf **Menschenrechte** und **Bürgerrechte** beschränkt.

- Menschenrechte sind jedem Menschen seit seiner Geburt mitgegeben, unabhängig von seiner Herkunft oder Rasse. Sie sind unveräußerlich. Ausgangspunkt ist die unantastbare Würde des Menschen. Menschenrechte sind im Grundgesetz daran zu erkennen, dass von „allen Menschen" oder „jeder" gesprochen wird.
- Bürgerrechte sind Grundrechte, die nur allen Deutschen im Sinne des Grundgesetzes zustehen. Dazu gehört:

  Artikel 8 GG: (1) **Alle Deutschen** haben das Recht, sich ohne Anmeldung oder Erlaubnis friedlich und ohne Waffen zu versammeln.

Das Grundgesetz zielt auf die Geltung, den Schutz und die Wirksamkeit der Grundrechte durch

- ihren Anspruch auf unmittelbare Geltung,
- das Verbot ihrer Beseitigung,
- Sicherungen im Falle ihrer Einschränkung,
- Vorkehrungen für den Fall ihrer Verletzung.

© Bergmoser + Höller Verlag AG

- Sicherungen im Falle ihrer Einschränkung (siehe Artikel 19 Absatz 1 Satz 1 und Satz 2, Artikel 19 Absatz 2)
- Vorkehrungen für den Fall der Verletzung (siehe Artikel 19 Absatz 4 und Artikel 93 Absatz 1)

Hinweis:
Im Kampf gegen die **Corona-Pandemie** hat die Bundesrepublik Deutschland massiv in die Grundrechte eingegriffen. Maskenpflicht, Versammlungsverbote, Kontaktbeschränkungen, Veranstaltungsverbote, Restaurantschließungen oder Reisebeschränkungen sind nur einige Beispiele dafür, wie der Staat die Grundrechte der Bürger beschnitten hat.
Solche Eingriffe müssen rechtmäßig erfolgen und dafür geeignet sein, das zu verfolgende Ziel zu erreichen. In der Corona-Pandemie war der Staat **per Grundgesetz dazu verpflichtet**, die Gesundheit seiner Bürger zu schützen. Alle Eingriffe in die Grundrechte verfolgten das Ziel, die Pandemie einzudämmen. Bürger, die durch solche staatlichen Eingriffe persönlich betroffen waren, hatten aber die Möglichkeit, vor Gericht prüfen zu lassen, ob die Eingriffe rechts- und verhältnismäßig waren. Zahlreiche Maßnahmen wurden so von den Gerichten, meist in Eilverfahren, geprüft.

Aufgaben

1. Beschreiben Sie, was die eingangs gezeigte Karikatur über die Entwicklung deutscher Verfassungen aussagt.
2. Teilen Sie die Grundrechte – mithilfe des Grundgesetzes – tabellarisch in Menschenrechte und Bürgerrechte auf.
3. Erarbeiten Sie mithilfe der Übersicht „Sicherung und Schutz der Grundrechte" und dem Grundgesetz, wie die Grundrechte in der Bundesrepublik Deutschland geschützt werden. Tragen Sie Ihr Ergebnis in Form eines Kurzvortrages vor.
4. a) Recherchieren Sie, warum nach der Wiedervereinigung Deutschlands das Grundgesetz bestehen blieb und keine neue Verfassung erarbeitet wurde.
   b) Stellen Sie Ihre Ergebnisse in der Klasse vor und diskutieren Sie das Für und Wider dieser Entscheidung.

5.2.2 Merkmale von Demokratie und Diktatur

„Die Demokratie, wie ich sie verstehe, muss den Schwächsten die gleichen Chancen zusichern wie dem Stärksten."
Mahatma Gandhi (1869 – 1948)

„Die Demokratie lebt vom Kompromiss. Wer keine Kompromisse machen kann, ist für die Demokratie nicht zu gebrauchen."
Helmut Schmidt (1918 – 2015)

„In einer Demokratie brauchen Entscheidungen Zeit. Nur die Diktatur ist schnell."
Rita Süssmuth (*1937)

„Die Demokratie ist die schlechteste aller Staatsformen, ausgenommen alle anderen."
Winston Churchill (1874 – 1965)

„Demokratie lebt vom Streit, von der Diskussion um den richtigen Weg. Deshalb gehört zu ihr der Respekt vor der Meinung des anderen."
Richard von Weizsäcker (1920 – 2015)

Der Begriff **Demokratie** hat seinen Ursprung in den Stadtstaaten des antiken Griechenlands. Er bedeutete ursprünglich nur „Volksherrschaft".
Laut eines Urteils des Bundesverfassungsgerichtes hat die Demokratie folgende Merkmale:

- **Die Achtung der Menschenrechte**
  Die staatlichen Machtorgane sind verpflichtet, die Menschenrechte zu achten und zu garantieren. Die Menschen- bzw. Grundrechte sind für die Demokratie ausgesprochen wichtig. Sie stehen daher im Grundgesetz der Bundesrepublik Deutschland an erster Stelle (vergleiche Abschnitt 5.2.1).

- **Die Volkssouveränität**
  Volkssouveränität bedeutet, dass alle Macht des Staates vom Volk ausgeht. Die wahlberechtigte Bevölkerung bestimmt also durch Wahlen, wer staatliche Macht ausüben darf (siehe hierzu in Abschnitt 5.2.3 das Grundgesetz, Artikel 20 Absatz 2).

- **Die Gewaltenteilung**
  Gewaltenteilung bedeutet, dass die Staatsgewalt oder Staatsmacht nicht von einer Person oder einer Gruppe von Personen allein ausgeübt wird, sondern auf drei staatliche Machtorgane verteilt ist:
  - Legislative (gesetzgebende Gewalt),
  - Exekutive (ausführende/vollziehende Gewalt),
  - Judikative (rechtsprechende Gewalt).

  Diese drei Machtorgane sollen sich gegenseitig kontrollieren, damit die Bevölkerung vor einem Machtmissbrauch geschützt ist (siehe Abschnitt 5.2.4).

- **Die Verantwortlichkeit der Regierung**
  Eine demokratische Regierung muss sich für ihr Handeln vor dem Parlament verantworten. Das bedeutet, dass die Regierung bzw. der Regierungschef

Formen der Demokratie:

- **Die unmittelbare oder direkte Demokratie:** Bei dieser ursprünglichsten Form der Demokratie entscheiden die Bürger selbst per Abstimmung alle wichtigen Fragen (z. B. einige Kantone der Schweiz).
- **Die mittelbare oder repräsentative Demokratie:** Hier wählen die Bürger in bestimmten zeitlichen Abständen Volksvertreter (Abgeordnete, Repräsentanten). Diese Volksvertreter stimmen anstelle der Bevölkerung über alle wichtigen Fragen ab. Diese Form der Demokratie ist bei großen Gemeinwesen notwendig, da Millionen von Bürgern nicht ständig über alles abstimmen können (z. B. Italien, Dänemark).

Politik verstehen und handeln ISBN 978-3-582-74132-5

vom Parlament abgewählt werden kann. In Deutschland besteht die Möglichkeit, dass der Bundestag einen Bundeskanzler abwählt.

- **Die Gesetzmäßigkeit der Verwaltung**
  Die gesamte öffentliche Verwaltung muss sich in einer Demokratie an Gesetz und Ordnung halten.

- **Die Unabhängigkeit der Richter**
  Richter müssen unparteiisch entscheiden. Sie sind bei ihren Entscheidungen nur an die gültigen Gesetze gebunden. Keine Regierung und keine andere Macht darf ihnen vorschreiben, wie sie urteilen.

- **Das Mehrparteienprinzip und die Chancengleichheit für alle politischen Parteien**
  Im Gegensatz zu verschiedenen Diktaturen muss es in einer Demokratie mehrere unterschiedliche Parteien geben. Der Wähler kann sich bei einer demokratischen Wahl zwischen diesen frei entscheiden. Die konkurrierenden Parteien müssen im Wahlkampf die gleichen Chancen haben (vergleiche Abschnitt 5.3.1).

- **Das Recht auf Opposition**
  In einer Demokratie gibt es das Recht, politischer Gegner der Regierung zu sein. Diese so genannte Opposition kontrolliert die Regierung (siehe Abschnitt 5.2.7).

Diktatur ist die Herrschaft einer Person, Gruppe, Partei oder Klasse, die die alleinige Staatsmacht besitzt und sie ohne Einschränkung ausübt. Eine Diktatur besitzt folgende Merkmale:

- Die Gewaltenteilung ist abgeschafft. Alle Staatsmacht liegt also in einer Hand. Die Diktatoren erlassen Gesetze, sprechen Recht und regieren, wie sie wollen.
- Eine Opposition ist nicht erlaubt. Die Diktatoren werden nicht kontrolliert.
- Es gibt keine Pressefreiheit.
- Es gibt keine unabhängigen Richter.
- Die Bevölkerung kann sich nicht auf Menschenrechte berufen, denn diese spielen keine Rolle in den Entscheidungen der Diktatoren.

- **Die parlamentarische Demokratie:**
  Der Regierungschef wird von den Volksvertretern, dem Parlament, gewählt. Er wird vom Parlament kontrolliert und kann von diesem auch abgesetzt werden. In dieser Demokratieform ist der Regierungschef nicht gleichzeitig Staatsoberhaupt (z. B. Polen, Österreich).

- **Die präsidiale Demokratie:**
  Der Regierungschef wird direkt von den wahlberechtigten Bürgern gewählt. Er wird als Präsident bezeichnet und ist auch das Staatsoberhaupt. Da der Präsident nicht vom Parlament gewählt wird, ist er diesem auch nicht verantwortlich. Er kann vom Parlament auch nicht abgesetzt werden (z. B. die USA).

5

Aufgaben

1. a) Wählen Sie aus den Zitaten am Kapitelbeginn dasjenige aus, das Ihnen am besten gefällt. Erläutern Sie vor der Klasse, was das Zitat bedeutet und warum es Ihnen gefällt.
   b) Recherchieren Sie, wer die Person Ihres ausgewählten Zitats ist.
2. Ordnen Sie die Bundesrepublik Deutschland den Formen der Demokratie zu. Begründen Sie Ihre Zuordnung.
3. Stellen Sie in einer Tabelle stichpunktartig die Unterschiede zwischen Demokratie und Diktatur gegenüber.
4. Nennen Sie Beispiele für demokratische und diktatorische Staaten.
5. Beurteilen Sie die Aussagerichtigkeit der folgenden These: „In einer Diktatur gibt es auch immer politische Flüchtlinge."

5.2.3 Das Fundament der Demokratie – die Verfassungsgrundsätze

Das **Grundgesetz (GG)** hat sich für die Republik und gegen die Monarchie entschieden. Das bedeutet die Ablehnung eines Königs oder Kaisers und die Einführung eines gewählten Staatsoberhauptes auf Zeit.

Wer im Grundgesetz der Bundesrepublik Deutschland liest, wird früher oder später auf einen Artikel stoßen, der als „Verfassung in Kurzform" bezeichnet wird. Es handelt sich hierbei um den Artikel 20 GG. Was ist darunter zu verstehen?

Artikel 20 Grundgesetz:
(1) Die Bundesrepublik Deutschland ist ein demokratischer und sozialer Bundesstaat.
(2) Alle Staatsgewalt geht vom Volke aus. Sie wird vom Volk in Wahlen und Abstimmungen und durch besondere Organe der Gesetzgebung, der vollziehenden Gewalt und der Rechtsprechung ausgeübt.
(3) Die Gesetzgebung ist an die verfassungsmäßige Ordnung, die vollziehende Gewalt und die Rechtsprechung sind an Gesetz und Recht gebunden.
(4) Gegen jeden, der es unternimmt, diese Ordnung zu beseitigen, haben alle Deutschen das Recht zum Widerstand, wenn andere Abhilfe nicht möglich ist.

Das Grundgesetz regelt die Aufgaben und die Organisation des Staates und darüber hinaus die verfassungsrechtliche Stellung der Bürger. Es stellt demnach die rechtliche Grundordnung unseres Staates dar. Der Artikel 20 GG enthält entscheidende Grundsätze über unseren Staatsaufbau und die politische und staatliche Ordnung. Hierzu zählen:
■ Demokratie, ■ Sozialstaat, ■ Bundesstaat und ■ Rechtsstaat
In Artikel 79 Absatz 3 des Grundgesetzes sind die unveränderbaren Kernelemente unserer Verfassung festgelegt. Demnach sind auch die Verfassungsgrundsätze unabänderbar.

Die Demokratie des Grundgesetzes
Die Bundesrepublik Deutschland ist ein demokratischer Staat, in dem die Staatsgewalt – durch Wahlen und Abstimmungen – vom Volk ausgeht. Das Volk wählt in bestimmten Abständen die Volksvertretungen des Bundes, der Länder und der Kommunen. Diese Form der Herrschaftsausübung wird auch als Volkssouveränität bezeichnet.

Der Sozialstaat im Grundgesetz
Die zentrale Zielsetzung des Sozialstaates ist das Prinzip der sozialen Gerechtigkeit. Dies wird in der Bundesrepublik mithilfe des sozialen Handelns des Staates ange-

Politik verstehen und handeln ISBN 978-3-582-74132-5

strebt, z. B. in Form von Kindergeld, sozialer Steuervergünstigung, Sozialversicherungen, Arbeitsförderung, Sozialhilfe, Arbeitslosenhilfe usw. Die Ausgestaltung der sozialen Sicherung hängt zum einen von der wirtschaftlichen und sozialen Lage, aber auch vom gesellschaftlichen Bewusstsein ab. Das Sozialstaatsprinzip ist demnach ein sich wandelndes Prinzip, das einer ständigen Anpassung bedarf (vergleiche Abschnitt 3.1.1).

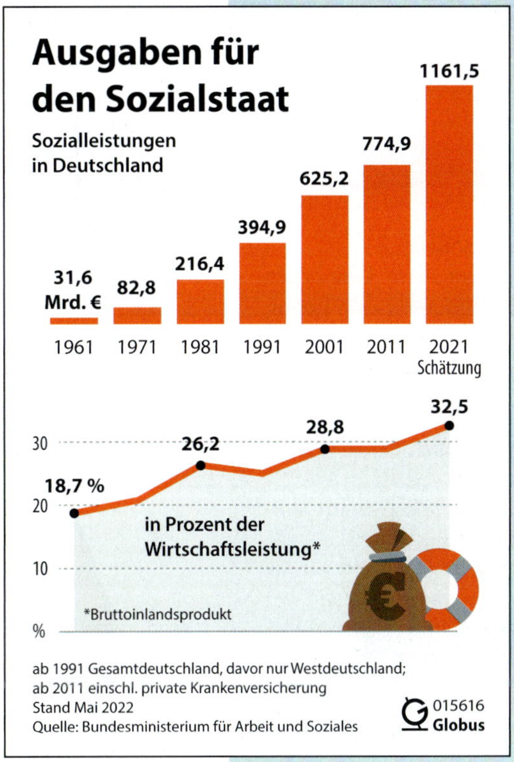

Der Bundesstaat im Grundgesetz

Die Bundesrepublik Deutschland setzt sich aus 16 Bundesländern zusammen. In Artikel 20 GG ist diese Gliederung des Staates in Bund und Länder verbindlich vorgeschrieben. Einen solchen Staatsaufbau bezeichnet man als föderalistisch (vergleiche Abschnitt 5.2.4).

Der Rechtsstaat im Grundgesetz

Der Rechtsstaat hat die Aufgabe, die Freiheit zur Entfaltung der Persönlichkeit und die Rechtsgleichheit des Einzelnen zu gewährleisten. Wichtige Grundsätze sind hierbei unter anderem:

- Garantie und Schutz der Grundrechte durch den Staat,
- Gewaltenteilung in Gesetzgebung, vollziehende Gewalt und Rechtsprechung,
- Bindung aller Staatsorgane an Gesetz und Recht,
- Bindung aller Gesetze an die verfassungsmäßige Ordnung,
- gerichtlicher Schutz gegen Rechtsverletzungen durch die öffentliche Gewalt,
- das Bundesverfassungsgericht als Hüter der verfassungsmäßigen Ordnung (vergleiche Abschnitt 5.2.10).

Das Widerstandsrecht

Das Widerstandsrecht in Artikel 20 Absatz 4 GG ist nur zulässig, wenn versucht wird, die Prinzipien Demokratie, Sozialstaat, Bundesstaat oder Rechtsstaat zu beseitigen. Der Widerstand kann sich dabei gegen die Staatsgewalt, revolutionäre Kräfte, einen Volksaufstand usw. richten. Der Widerstand ist das letzte Mittel, wenn alle anderen Möglichkeiten ausgeschöpft sind und die Institutionen des Rechtsstaates handlungsunfähig sind.

Aufgaben

1. Entwerfen Sie in Partnerarbeit oder Kleingruppen ein Plakat, das alle Verfassungsgrundsätze darstellt und stichpunktartig erläutert. Besteht die Möglichkeit, dann hängen Sie es in Ihrem Klassenraum auf.
2. Nehmen Sie zu der Abbildung am Abschnittsbeginn Stellung, indem Sie sich auf die Verfassungsgrundsätze und auch das Widerstandsrecht beziehen.

föderalistisch: bundesstaatlich

Das Grundgesetz kann nach Artikel 79 Absatz 2 durch ein Gesetz geändert werden (vgl. Abschnitt 5.2.8). Ein solches Gesetz bedarf aber der Zustimmung von **zwei Dritteln** der Mitglieder des Bundestages und **zwei Dritteln** der Stimmen des Bundesrates. Die Artikel 1 und 20 des Grundgesetzes dürfen nicht geändert werden.

Artikel 79 GG:

(3) Eine Änderung dieses Grundgesetzes, durch welche die Gliederung des Bundes in Länder, die grundsätzliche Mitwirkung der Länder bei der Gesetzgebung oder die in den Artikeln 1 und 20 niedergelegten Grundsätze berührt werden, ist unzulässig.

5.2.4 Wie der Staatsaufbau der Bundesrepublik gegliedert ist

Föderalismus

Was ist Föderalismus?

1949 beschloss der Parlamentarische Rat (vgl. Abschnitt 6.2.2) die Einführung eines föderalistischen Systems. Das bedeutet, mehrere Gliedstaaten werden zu einem Gesamtstaat zusammengefasst. Dabei behalten die Gliedstaaten – in der Bundesrepublik Deutschland sind es die Bundesländer – weitreichende Entscheidungskompetenzen. In diesen Bereich der eigenständigen Entscheidung fallen z. B.:

- Bildungswesen,
- Polizei,
- Kultur,
- Gesundheitswesen,
- Verwaltungsorganisation von Städten, Gemeinden und Landkreisen.

Darüber hinaus wirken die Bundesländer über den Bundesrat bei der Gesetzgebung des Bundes mit (vgl. Abschnitt 5.2.6).

Die Aufteilung staatlicher Macht zwischen Bund und Ländern wird als **vertikale Gewaltenteilung** bezeichnet. Neben dieser vertikalen Gewaltenteilung gibt es in der Bundesrepublik Deutschland noch die **horizontale Gewaltenteilung**. Hierbei handelt es sich um eine scharfe Trennung der Staatsgewalt in

- Gesetzgebung (Legislative),
- Verwaltung (Exekutive) und
- Rechtsprechung (Judikative).

Das Ziel dieser doppelten Gewaltenteilung ist ein System gegenseitiger Kontrolle und Mäßigung.

Föderalismus:
kommt von dem lateinischen Wort foedus, was so viel bedeutet wie Bund, Bündnis oder Vertrag.

Kompetenz:
Zuständigkeit, Fähigkeit

Die **horizontale Gewaltenteilung** wird auch als klassische Gewaltenteilung bezeichnet. Sie wurde in ihrer Bedeutung bereits von dem griechischen Philosophen Aristoteles (384–322 v. Chr.) erkannt. Der Engländer John Locke (1632–1704) und der Franzose Charles de Montesquieu (1689–1755) arbeiteten sie theoretisch aus und forderten sie politisch.

Föderalismusreform:
Am 1. September 2006 wurde die Föderalismusreform mit der notwendigen Zweidrittelmehrheit in Bundestag und Bundesrat angenommen. Das Gesetz sieht eine Neugliederung in den Bereichen Gesetzgebungskompetenz, Beamtenrecht, Umwelt und Bildung vor. Besonders das Gesetzgebungsverfahren soll schneller und transparenter gestaltet werden. Aus diesem Grunde werden weniger Verfahren auf die Zustimmung des Bundesrates angewiesen sein.
Am 8. März 2007 hat sich eine Kommission aus Bundestag und Bundesrat gebildet, deren Aufgabe es ist, Vorschläge zur Modernisierung der Bund-Länder-Finanzbeziehungen zu erarbeiten. Diese Reform wird als Föderalismusreform II bezeichnet.

Politik verstehen und handeln ISBN 978-3-582-74132-5

Vor- und Nachteile des Föderalismus	
Einige Vorteile	*Einige Nachteile*
■ **Vertikale Gewaltenteilung:** Da die staatlichen Aufgaben zwischen Bund und Ländern aufgeteilt sind, müssen sie zusammenarbeiten. Dadurch kontrollieren sie sich gegenseitig. ■ **Mehr Demokratie:** Die Bürger haben nicht nur die Möglichkeit, bei der Bundestagswahl ihre Stimme abzugeben, sondern auch bei den Landtagswahlen. Das bedeutet mehr politische Beteiligung. ■ **Chance zum politischen Wechsel:** In den Bundesländern kann die Opposition politische Alternativen zur Bundesregierung anbieten, die durchaus die richtigen Antworten für bestimmte Länder darstellen. Dadurch wird der Wettbewerb der Parteien untereinander gefördert, und die Chancen für einen Wechsel werden ermöglicht. ■ **Einheit in Vielfalt:** Kulturelle Unterschiede, landsmannschaftliche Eigenheiten und Traditionen einzelner Länder bleiben erhalten. Jedes Bundesland kann sich nach seinen Gegebenheiten entwickeln.	■ **Schwerfälliger Entscheidungsprozess:** Der Entscheidungsprozess ist schwerfällig, denn Bund und Länder müssen zum Teil langwierige Verhandlungen führen, bis es zu einer Entscheidung kommen kann. ■ **Unübersichtliches System:** Das Zusammenwirken vieler politischer Zentren verwischt eine klare Abgrenzung der Kompetenzen. Dadurch können Entscheidungsprozesse für den Bürger undurchsichtig werden. ■ **Uneinheitlichkeit:** Die Eigenständigkeit der Bundesländer führt zwangsläufig zu Unterschieden, so z. B. im Bildungswesen, sodass Zeugnisse und Ausbildungsnachweise nicht immer vergleichbar sind. Dadurch können sich bei einem Wohnortwechsel Nachteile für die Bürger ergeben. ■ **Hohe Kosten:** Die Bundesrepublik Deutschland hat 16 Landesregierungen, -parlamente und -verwaltungen. Kritiker des Bundesstaates behaupten, diese kosteten viel mehr Geld als die Organe eines Einheitsstaates.

Hinweis: Es gibt in der Politik immer wieder Diskussionen darüber, einzelne Bundesländer zusammenzulegen.
Die rechtliche Grundlage für solche Zusammenlegungen liefert der Artikel 29 des Grundgesetzes:

Artikel 29 Absatz 1:
Das Bundesgebiet kann neu gegliedert werden, um zu gewährleisten, dass die Länder nach Größe und Leistungsfähigkeit die ihnen obliegenden Aufgaben wirksam erfüllen können. [...]

Viele Staaten der Erde sind nach ihrer Verfassung Bundesstaaten, z. B. die Vereinigten Staaten von Amerika, Kanada, Indien, die Schweiz und die Bundesrepublik Deutschland. In Frankreich gibt es keine Länder mit Eigenstaatlichkeit, sondern nur Verwaltungsprovinzen. Entsprechend gibt es auch nur ein Parlament, eine Verfassung und eine Regierung. Diese Staatsform wird als **Einheitsstaat** oder **Zentralstaat** bezeichnet.

5

← Horizontale Gewaltenteilung →

Vertikale Gewaltenteilung ↕	**Gesetzgebung** (Legislative): Parlament	**Vollziehende Gewalt** (Exekutive): Regierung, Verwaltung	**Rechtssprechung** (Judikative): Gerichte
Bundesebene	Bundestag, Bundesrat	Bundesregierung, Bundeseigene Verwaltung	Bundesverfassungsgericht, Obere Bundesgerichte
Landesebene	Parlamente der Länder	Auftragsverwaltung, Länderregierungen, Länderverwaltungen	Gerichte der Länder (z. B. Landgericht, Amtsgericht)
Gemeindeebene		Kreisverwaltungen, Stadtverwaltungen, Gemeindeverwaltungen	

Aufgaben

1. Entscheiden Sie sich für eine Antwort der Auszubildenden in der Abbildung am Abschnittsbeginn und begründen Sie Ihre Wahl.
2. Nennen Sie die Unterschiede zwischen horizontaler und vertikaler Gewaltenteilung.
3. Der Föderalismus hat Vor- und Nachteile. Finden Sie in Ihrer Klasse Argumente und Beispiele, die diese Vor- und Nachteile untermauern, und diskutieren Sie darüber.

5.2.5 Das Spielfeld der Politik – der Deutsche Bundestag

Die Mitglieder des Deutschen Bundestages

Der Bundestag ist das einzige Verfassungsorgan auf Bundesebene, das vom Volk direkt gewählt wird (vgl. Abschnitt 5.3.3). Die Mitglieder des Deutschen Bundestages sind die Abgeordneten, sie gelten als Vertreter des gesamten Volkes. Sie sind nach Artikel 38 GG nicht an Aufträge und Weisungen ihrer Partei oder der Wähler gebunden. Die Abgeordneten haben ein freies Mandat, das ihnen ermöglicht, sich im Bundestag so zu entscheiden, wie es nach ihrem Gewissen notwendig ist. Da in der Regel jeder Abgeordnete das Mitglied einer Partei ist, deren Ziele und Aufgaben er mitbestimmt, ist er einer Fraktionsdisziplin verpflichtet. Dies bedeutet aber nicht, dass ein Abgeordneter zu einer bestimmten Ausübung gezwungen werden darf, denn Fraktionszwang ist verboten.

Im Gegensatz zum freien Mandat gibt es das so genannte **imperative Mandat**. Hier müssen sich die Abgeordneten an Weisungen ihrer Wähler halten, ansonsten können sie abberufen werden.

Fraktion: Mitglieder der gleichen Partei bilden eine Fraktion.

Disziplin: Gehorsam

Artikel 46 GG:
(Indemnität)
(1) Ein Abgeordneter darf zu keiner Zeit wegen seiner Abstimmung oder wegen einer Äußerung, die er im Bundestag oder in einem seiner Ausschüsse getan hat, gerichtlich oder dienstlich verfolgt oder sonst außerhalb des Bundestages zur Verantwortung gezogen werden. Dies gilt nicht für verleumderische Beleidigungen.
(Immunität)
(2) Wegen einer mit Strafe bedrohten Handlung darf ein Abgeordneter nur mit Genehmigung des Bundestages zur Verantwortung gezogen oder verhaftet werden, es sei denn, dass er bei Begehung der Tat oder im Laufe des folgenden Tages festgenommen wird.

Die eigentliche parlamentarische Arbeit wird in Ausschüssen geleistet. Die Mitglieder der Ausschüsse sind Abgeordnete des Bundestages. Hier werden z. B. Gesetzesentwürfe diskutiert und entworfen.

Hinweis: *Informationen zum Bundestag finden Sie unter:* **www.bundestag.de**

Politik verstehen und handeln ISBN 978-3-582-74132-5

Um die Funktionsfähigkeit des Deutschen Bundestages zu schützen, stehen nach Artikel 46 GG dem Abgeordneten **Indemnität** (Art. 46 GG Abs. 1) und **Immunität** (Art. 46 GG Abs. 2) zu (siehe Randspalte links). Darüber hinaus hat der Abgeordnete nach Artikel 47 GG ein Zeugnisverweigerungsrecht. Vertrauliche Mitteilungen zwischen Bürgern und Abgeordneten werden somit geschützt.

Aufgaben des Deutschen Bundestages

Zu den wichtigsten Aufgaben des Bundestages zählen

- die Regierungsbildung (vergleiche Abschnitt 5.2.7),
- die Gesetzgebung (vergleiche Abschnitt 5.2.8),
- die Kontrolle der Exekutive (Regierung und Verwaltung).

Kontrolle der Exekutive

Die Kontrolle von Regierung und Verwaltung bedarf einer Vielzahl von Kontrollmitteln. So z. B.:

- **Das Budgetrecht** bildet den Rahmen für den Bundestag, wenn er durch das Haushaltsgesetz den Haushaltsplan des Bundes festlegt. Die Bundesregierung hat jedes Jahr Rechenschaft über die Ausgaben und Einnahmen des Staates abzulegen.
- Bei der **kleinen Anfrage** können schriftlich Fragen einer Fraktion an die Regierung gestellt werden. Diese müssen schriftlich beantwortet werden. Bei der **großen Anfrage** wird nach der schriftlichen Beantwortung zusätzlich eine Debatte im Plenum angesetzt. So werden wichtige politische Fragen öffentlich diskutiert.
- Die **aktuelle Stunde** kann von einer Fraktion zu einem aktuellen Thema beantragt werden. Die Diskussionsbeiträge werden im Plenum abgehalten. Jeder Redner hat dazu maximal fünf Minuten Zeit.
- In der **Fragestunde** können einzelne Abgeordnete Fragen an die Regierung stellen. Die Fragen müssen zuvor schriftlich eingereicht worden sein, sie werden dann in einer Plenarsitzung mündlich beantwortet.
- Der **Untersuchungsausschuss** ist ein Kontrollmittel, um z. B. Missstände in der Verwaltung oder Affären zu untersuchen. Er wird tätig, wenn ein Viertel der Mitglieder des Bundestags ihn beantragt.
- Das **konstruktive Misstrauensvotum** ist das Recht, den Bundeskanzler abzuberufen, indem die absolute Mehrheit des Bundestages einen neuen Kanzler wählt.
- Der **Petitionsausschuss** gehört zu den ständigen Ausschüssen des Bundestags. Jeder Bürger hat das Recht, Beschwerden oder Bitten an die Volksvertretung zu richten. Der Petitionsausschuss bearbeitet die Beschwerden und Bitten und leitet die Ergebnisse an den Bundestag weiter.

Weitere Aufgaben des Bundestages sind z. B.:

- Mitwirkung bei der Wahl des Bundespräsidenten (vergleiche Abschnitt 5.2.9)
- Wahl der Hälfte der Bundesverfassungsrichter (vergleiche Abschnitt. 5.2.10)

Möchten Sie mit Ihrer Klasse den Bundestag besuchen und eine Plenarsitzung miterleben?
Es ist möglich, eine Plenarsitzung auf der Besuchertribüne live mitzuerleben. Dazu ist eine schriftliche Anmeldung notwendig. In der Anmeldung müssen neben Anschrift und Telefonnummer auch die Anzahl der Besucher sowie gewünschtes Datum und Uhrzeit angegeben werden. Aufgrund der großen Nachfrage sollten Sie auch zusätzliche Ausweichtermine angeben. Diese Anmeldung schicken Sie dann an:
Deutscher Bundestag
- Besucherdienst -
Platz der Republik 1
11011 Berlin

Absolute Mehrheit:
vergleiche Abschnitt 5.3.3

Für seine Tätigkeit erhält der Abgeordnete ein Einkommen, Diäten genannt. Da es sich bei seiner politischen Ausübung um eine Ganztagsbeschäftigung handelt, die mit großer Belastung und Verantwortung verknüpft ist, hat er Anspruch auf eine angemessene Entlohnung. In der Öffentlichkeit werden die Höhe der Einkünfte und die Tatsache, dass die Abgeordneten selbst die Entlohnung festlegen, oft kritisiert.

5

Aufgaben

1. Erklären Sie Sam in schriftlicher Form den Aufbau und die wesentlichen Aufgaben des Deutschen Bundestags.
2. Bringen Sie in Erfahrung, welcher Bundestagsabgeordnete in Ihrem Wahlkreis tätig ist und was er für seinen Wahlkreis leistet.
3. Beschreiben Sie mit eigenen Worten den Unterschied zwischen Indemnität und Immunität.
4. Diskutieren Sie in Ihrer Klasse, warum es zur Kontrolle der Exekutive einer so großen Anzahl von Kontrollmitteln bedarf.

5.2.6 Ländereinfluss auf die Bundespolitik – der Bundesrat

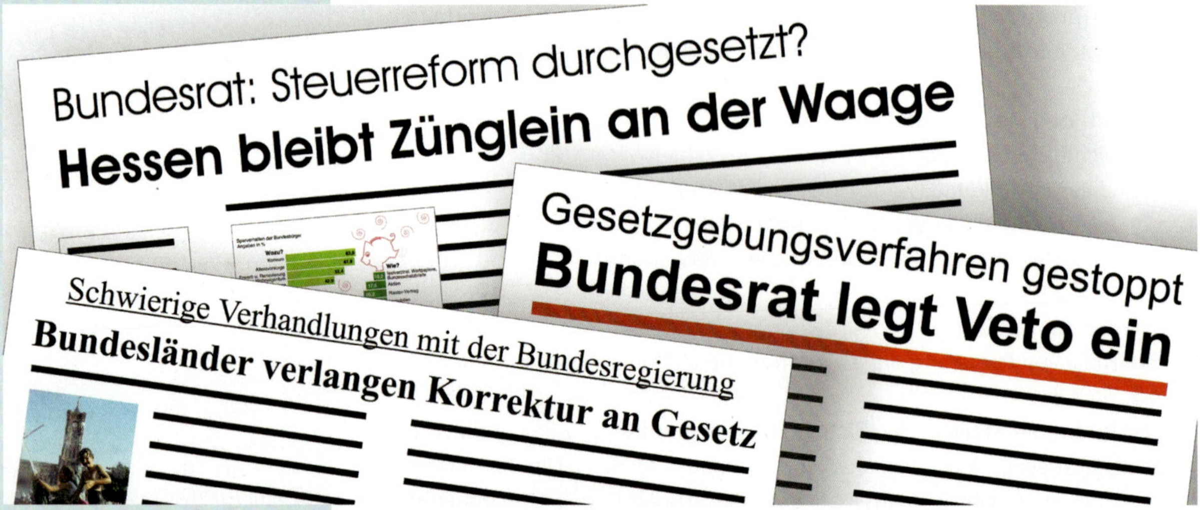

Die Stimmen der Bundesländer im Bundesrat teilen sich wie folgt auf

Bundesland	*Stimmen*
Nordrhein-Westfalen	6
Bayern	6
Baden-Württemberg	6
Niedersachsen	6
Hessen	5
Sachsen	4
Rheinland-Pfalz	4
Berlin	4
Sachsen-Anhalt	4
Thüringen	4
Brandenburg	4
Schleswig-Holstein	4
Mecklenburg-Vorpommern	3
Hamburg	3
Saarland	3
Bremen	3

Bei den Landtagswahlen entscheidet der Wähler über die Landesregierung und die Zusammensetzung des Landtages. Indirekt wird mit der Landtagswahl festgelegt, wer im Bundesrat Stimme und Sitz erhält.

Mitglieder und Aufbau des Deutschen Bundesrates

Der Deutsche Bundesrat setzt sich nach Artikel 51 des Grundgesetzes aus Mitgliedern der Regierungen der Länder zusammen. Jede Landesregierung entsendet demnach Regierungsmitglieder in den Bundesrat. Das können die Ministerpräsidenten und Minister der Länder und die Bürgermeister und Senatoren der Stadtstaaten sein. Da es keine Bundesratswahlen gibt, stellt er verfassungsrechtlich ein „ewiges Organ" dar. Nur die Landtagswahlen haben Einfluss auf seine Zusammensetzung und erneuern ihn von Zeit zu Zeit.

Jedes Bundesland hat entsprechend seiner Einwohnerzahl zwischen 3 und 6 Stimmen. Zurzeit hat der Bundesrat insgesamt 69 Stimmen. Jede Stimme steht für ein Mitglied im Bundesrat.

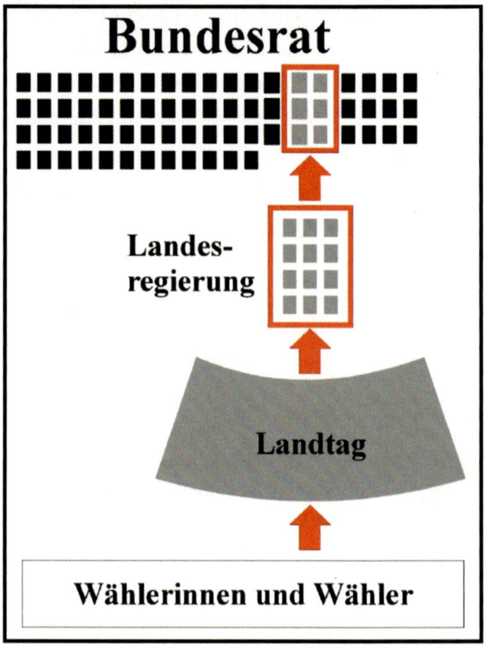

Politik verstehen und handeln ISBN 978-3-582-74132-5

Das Grundgesetz schreibt vor, dass jedes Land seine Stimmen nur einheitlich abgeben darf. Die Landesregierungen müssen sich also im Vorfeld jeder Bundesratssitzung einigen, wie ihre Stimmen abgegeben werden sollen. Für einen Beschluss im Bundesrat ist in der Regel die absolute Mehrheit (35 Stimmen erforderlich. Bei einer Verfassungsänderung muss eine Zweidrittelmehrheit (46 Stimmen) erreicht werden.

Organe des Bundesrates:

- **Bundesratspräsident:** Jedes Jahr wird der Regierungschef eines Landes zum Bundesratspräsidenten gewählt. Die wichtigsten Aufgaben des Bundesratspräsidenten liegen in der Einberufung und Leitung der Plenarsitzungen, der Vertretung des Bundesrates nach außen und der **Vertretung des Bundespräsidenten**, wenn dieser verhindert ist oder sein Amt vorzeitig beendet.
- **Ausschüsse:** Die eigentliche Arbeit wird im Bundesrat in den Ausschüssen geleistet. Hier werden alle eingereichten Vorlagen beraten und dem Plenum entsprechende Empfehlungen gegeben.
- **Plenum:** Das Plenum, auch Vollversammlung genannt, tagt meistens im Abstand von drei Wochen. Auf der Basis der Empfehlungen der Ausschüsse fasst das Plenum verbindliche Beschlüsse.
- **Ständiger Beirat:** Der ständige Beirat wird von 16 Bevollmächtigten der Länder gebildet. Seine Aufgabe ist es, wichtige Informations- und Koordinationsaufgaben wahrzunehmen. Er ist darüber hinaus als beratendes Gremium für den Bundesratspräsidenten und das Präsidium tätig.

Der Bundesrat hat derzeit 16 Ausschüsse (Stand 2023):

- Agrarpolitik und Verbraucherschutz
- Arbeit, Integration und Sozialpolitik
- Auswärtige Angelegenheiten
- Europa
- Familie und Senioren
- Finanzen
- Frauen und Jugend
- Gesundheit
- Inneres
- Kultur
- Recht
- Umwelt, Naturschutz und nukleare Sicherheit
- Verkehr
- Verteidigung
- Wirtschaft
- Städtebau, Wohnungswesen und Raumordnung

Aufgabe des Deutschen Bundesrates

Zu den wesentlichen Aufgaben des Deutschen Bundesrates zählen:

- Mitwirkung bei der Gesetzgebung des Bundes (vergleiche Abschnitt 5.2.8),
- Mitwirkung bei der Verwaltung des Bundes: Die meisten Rechtsverordnungen und allgemeinen Verwaltungsvorschriften erfordern eine Zustimmung des Bundesrates. Hierbei haben Länder oft wichtige Entscheidungen zu treffen, so z. B. beim Lebensmittelrecht, beim Umweltschutz oder beim Straßenverkehrsrecht. Auf diese Weise ist eine wirksame Kontrolle über den weiten Bereich der Verwaltung des Bundes möglich.

5

Aufgaben

1. Bringen Sie in Erfahrung, welche aktuellen Gesetzesentwürfe zurzeit im Bundesrat beraten werden. Nutzen Sie hierzu Nachrichtensendungen, Tageszeitungen oder das Internet. Verfolgen Sie die aktuelle Entwicklung und berichten Sie anhand eines Beispiels darüber in Ihrer Klasse.
2. Die Anzahl der Stimmen im Bundesrat richtet sich nach der Bevölkerungszahl eines jeden Bundeslandes. Diskutieren Sie in Ihrer Klasse, ob es sich hierbei um ein gerechtes Verfahren handelt oder ob es noch andere Möglichkeiten geben könnte.
3. Erläutern Sie die Bedeutung von Landtagswahlen auf die aktuelle Bundespolitik.

5.2.7 Die Akteure im Deutschen Bundestag – Regierungsfraktionen und Opposition

Artikel 65 GG:
Die Bundeskanzlerin bzw. der Bundeskanzler bestimmt die Richtlinien der Politik und trägt dafür die Verantwortung. Innerhalb dieser Richtlinien leitet jeder Bundesminister seinen bzw. jede Bundesministerin ihren Geschäftsbereich selbstständig und unter eigener Verantwortung. Über Meinungsverschiedenheiten zwischen den Bundesministern entscheidet die Bundesregierung. Der Bundeskanzler bzw. die Bundeskanzlerin leitet ihre Geschäfte nach einer von der Bundesregierung beschlossenen und vom Bundespräsidenten genehmigten Geschäftsordnung.

Ressort:
Arbeits- und Aufgabengebiet

Der **Stellvertreter** des Bundeskanzlers ist ein von ihm ernannter Bundesminister.

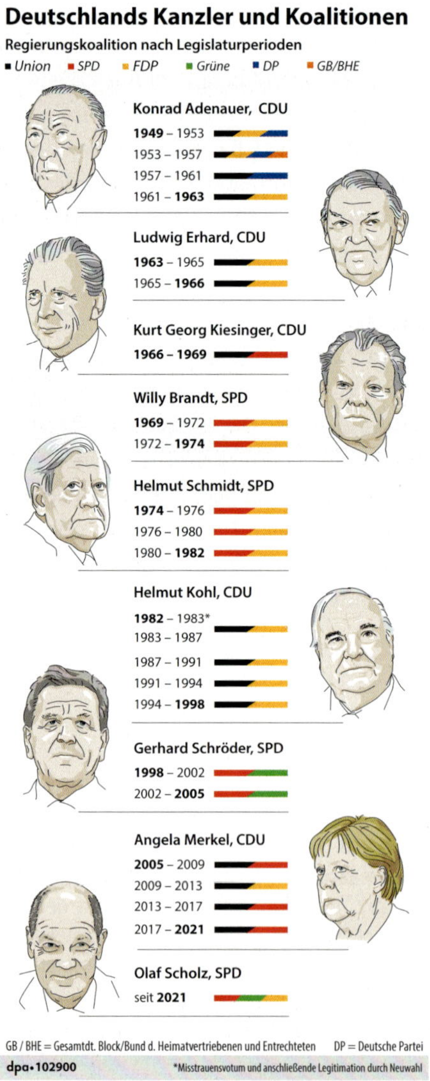

Die Bundesregierung

Die Bundesregierung muss sich nach Artikel 62 GG aus dem Bundeskanzler bzw. der Bundeskanzlerin und den Bundesministern zusammensetzen. Sie bilden das so genannte Kabinett. Die Bundeskanzlerin bzw. der Bundeskanzler wird auf Vorschlag des Bundespräsidenten vom Bundestag mit der absoluten Mehrheit der Abgeordneten gewählt. Die Minister werden auf Vorschlag des Bundeskanzlers bzw. der Bundeskanzlerin vom Bundespräsidenten ernannt bzw. entlassen. Die Aufgabe der Bundesregierung ist es, die politische Führung in der Bundesrepublik Deutschland zu übernehmen, indem sie den Willen der parlamentarischen Mehrheit politisch umsetzt. Zu den Besonderheiten der Arbeit der Bundesregierung gehören nach Artikel 65 GG:

- Kanzlerprinzip
- Ressortprinzip
- Kollegialprinzip

Politik verstehen und handeln ISBN 978-3-582-74132-5

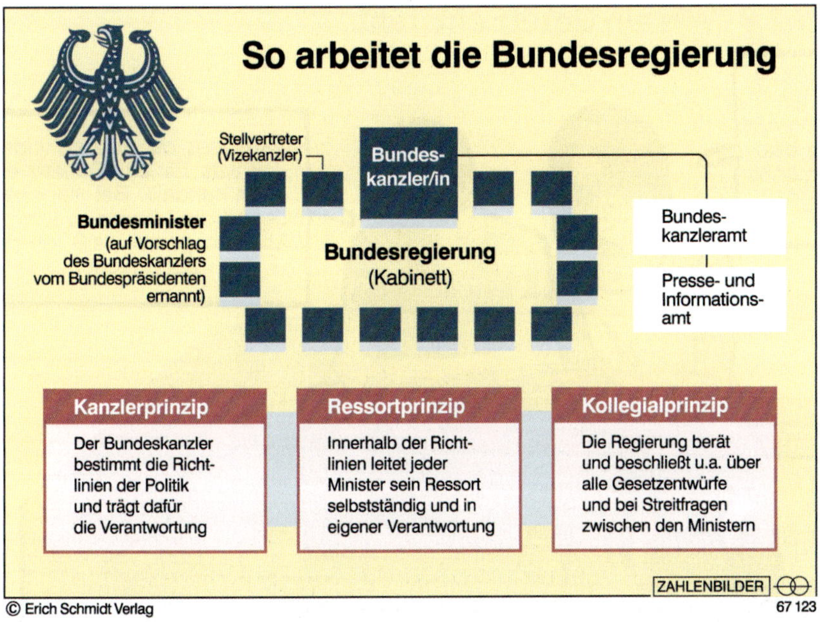

oppositionell:
gegensätzlich, gegnerisch

Zu den wichtigen **Funktionen der Opposition** gehören:
- Kritik und Kontrolle der Regierung durch z. B. kleine und große Anfragen oder Untersuchungsausschüsse.
- Mitwirkung bei Gesetzgebungsverfahren durch Vorschläge und Einwände, um so die Gesetze in ihrem Sinn zu verbessern.
- Anbieten von Alternativen im sachlichen und personellen Bereich, um für einen Regierungswechsel bereitzustehen.
- Informieren der Öffentlichkeit über die eigenen politischen Vorhaben und Sachthemen.

Die Opposition

All die Abgeordneten des Deutschen Bundestages, die nicht zur Regierungsmehrheit zählen, gehören zur Opposition. Der Begriff „Opposition“ kommt im Grundgesetz nicht vor. Durch das Bundesverfassungsgericht wurde aber festgeschrieben, dass das Recht, eine Opposition zu bilden und auszuüben, zu den grundlegenden Prinzipien der freiheitlich demokratischen Grundordnung gehört. Die Opposition als politische Gegenkraft zur Regierungsmehrheit ist somit ein unverzichtbarer Bestandteil einer jeden parlamentarischen Demokratie. Die Oppositionsarbeit zielt darauf ab, die Regierungsverantwortung zu übernehmen, indem sie den Wähler von der Notwendigkeit eines politischen Richtungswechsels überzeugt.

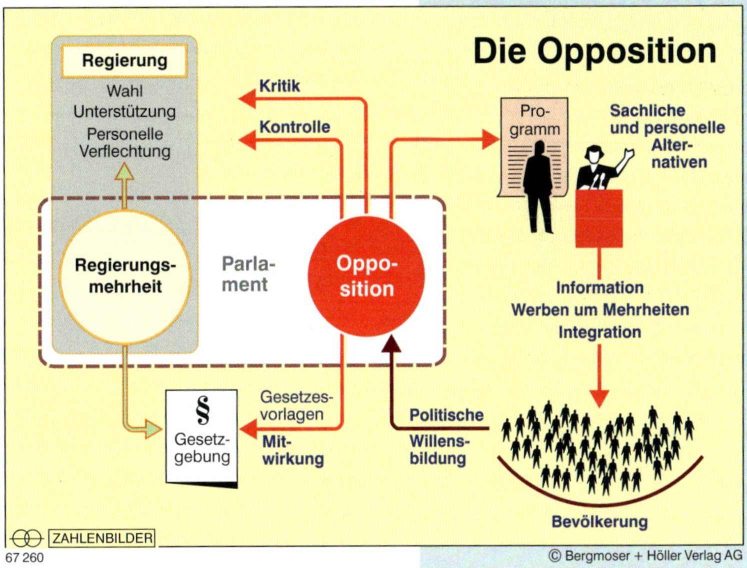

Aufgaben

1. Erläutern Sie, was der Zeichner mit der Karikatur zu Beginn des Abschnitts zum Ausdruck bringen will. Fassen Sie Ihre Meinung stichpunktartig zusammen und präsentieren Sie sie der Klasse.
2. Recherchieren Sie, wie sich die derzeitige Bundesregierung zusammensetzt. Bringen Sie die Namen der Bundesministerinnen und Bundesminister in Erfahrung und ordnen Sie die einzelnen Personen ihrem jeweiligen Ministerium zu.
3. Begründen Sie mit eigenen Worten, warum die Oppositionsarbeit so wichtig für unsere parlamentarische Demokratie ist.
4. Stellen Sie dar, wie Regierung und Opposition in Bundestagsdebatten sprachlich miteinander umgehen. Sehen Sie sich hierzu Ausschnitte aus einer Bundestagsdebatte an und beurteilen Sie die Art und Weise der Auseinandersetzung.

5.2.8 Wie ein Gesetz entsteht

Artikel 76 GG:
(1) Gesetzesvorlagen werden beim Bundestag durch die Bundesregierung, aus der Mitte des Bundestages oder durch den Bundesrat eingebracht.

Initiativrecht:
das Recht, Gesetzesvorlagen einzubringen

Gesetzesvorlagen der Bundesregierung
werden zunächst dem Bundesrat zur Stellungnahme zugeleitet. Erst nach dieser Stellungnahme kann die Gesetzesvorlage im Bundestag eingereicht werden.

Gesetzesvorlagen des Bundesrats
müssen zunächst an die Bundesregierung geleitet werden. Die Bundesregierung leitet dann die Gesetzesvorlage mit einer eigenen Stellungnahme an den Bundestag weiter.

Gesetzesvorlagen aus der Mitte des Bundestages
können nur von einer Fraktion oder mindestens 5 % der Abgeordneten eingereicht werden.

Opposition:
siehe Seite 196

5

Nach Artikel 76 des Grundgesetzes hat das Initiativrecht zur Gesetzesvorlage
- die Bundesregierung,
- der Bundestag,
- der Bundesrat.

Mit dem Einbringen eines Gesetzentwurfs beim Bundestag beginnt das eigentliche Gesetzgebungsverfahren.
Alle Gesetzentwürfe müssen im Bundestag dreimal beraten werden. Diese Beratungen werden Lesungen genannt.
- In der **ersten Lesung** findet eine Aussprache über die Gesetzesvorlage nur bei politisch wichtigen Entwürfen statt. Der Gesetzentwurf wird an einen Ausschuss oder in besonderen Fällen an mehrere Ausschüsse überwiesen. Im Ausschuss werden die Gesetzesvorlagen geprüft und mehr oder weniger stark verändert. Der Ausschuss gibt dann die Gesetzesvorlage mit einer Beschlussempfehlung an den Bundestag zurück.
- In der **zweiten Lesung** werden die einzelnen Vorschriften der Gesetzesvorlage einzeln beraten, Änderungsanträge durch einzelne Abgeordnete gestellt und zur Abstimmung aufgerufen.
- Die **dritte Lesung** erfolgt sofort nach der zweiten Lesung, wenn keine Änderungsanträge angenommen wurden. Der Schwerpunkt der dritten Lesung ist die allgemeine Aussprache im Plenum. Regierung und Opposition legen ihre Entscheidungen dar und begründen diese. Der Adressat dieser Aussprache ist in erster Linie die Öffentlichkeit. Die dritte Lesung endet mit der Schlussabstimmung. Dadurch wird die Gesetzesvorlage zum Gesetz, das noch durch den Bundesrat geprüft werden muss.

An dieser Stelle muss nun unterschieden werden, um welches Gesetz es sich handelt. Denn dadurch wird der weitere Gang der Gesetzgebung bestimmt.

Politik verstehen und handeln ISBN 978-3-582-74132-5

Zustimmungsgesetze sind Gesetze, die Länderrecht und Länderinteressen berühren. Sie benötigen eine Zustimmung durch den Bundesrat, um in Kraft treten zu können. Hierzu zählen Gesetze, die

- das Grundgesetz ändern,
- Einfluss auf die Finanzen der Länder haben,
- die Verwaltungshoheit der Länder betreffen.

Einfache Gesetze, auch **Einspruchsgesetze** genannt, sind Gesetze, die keine Zustimmung durch den Bundesrat benötigen, um in Kraft treten zu können. Der Bundesrat hat hier nur die Möglichkeit, Einspruch einzulegen. Er kann aber durch den Bundestag überstimmt werden.
Der genaue Ablauf der Gesetzgebung lässt sich anhand der nebenstehenden Grafik nachvollziehen. Eine zentrale Rolle nimmt hierbei der Vermittlungsausschuss ein.

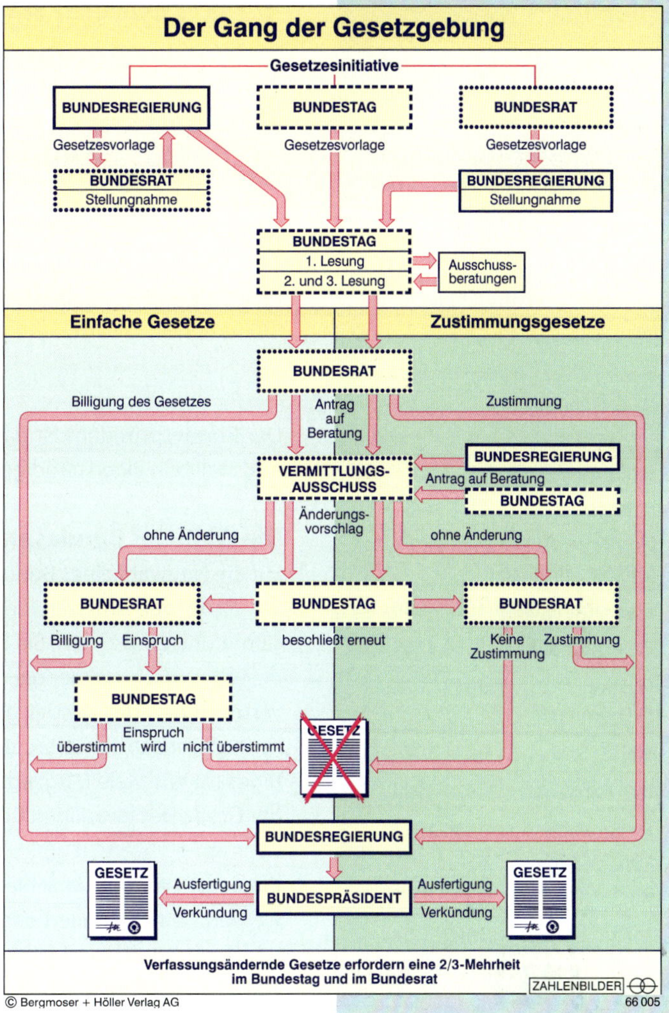

Der **Vermittlungsausschuss** setzt sich im gleichen Verhältnis aus Mitgliedern des Bundestages und des Bundesrates zusammen. Er kann bei Meinungsverschiedenheiten über ein strittiges Gesetz angerufen werden. Je nachdem, ob es sich um Einspruchsgesetze oder Zustimmungsgesetze handelt, können Bundesrat, Bundesregierung oder Bundestag den Vermittlungsausschuss anrufen (siehe die Grafik). Seine Hauptaufgabe besteht darin, zwischen Bundestag und Bundesrat zu vermitteln, was häufig in einem Kompromissvorschlag endet. Die Sitzungen des Vermittlungsausschusses sind nicht öffentlich.

Sind alle Hürden der Gesetzgebung genommen, da der Bundesrat einem Gesetz des Bundestages zugestimmt hat, keinen Einspruch eingelegt hat oder der Einspruch zurückgewiesen wurde, wird das Gesetz ausgefertigt. Hierbei unterschreiben zunächst die Fachminister und der Bundeskanzler. Das Gesetz wird dann dem Bundespräsidenten zur Unterschrift und Verkündung zugeleitet. Das neue Gesetz wird zu guter Letzt im Bundesgesetzblatt veröffentlicht.

Aufgaben

1. Beantworten Sie mit eigenen Worten die Frage der Person aus dem Eingangsbild. Fassen Sie Ihre Antwort stichpunktartig zusammen und tragen Sie sie in Ihrer Klasse vor.
2. Verfolgen Sie an einem aktuellen Beispiel den Verlauf der Gesetzgebung in den Medien. Unterscheiden Sie, ob es sich hierbei um ein Zustimmungsgesetz oder Einspruchsgesetz handelt. Erstellen Sie ein Plakat, das den Gang der Gesetzgebung für Ihr Beispiel deutlich zeigt.

5.2.9 Oberster Repräsentant des Staates – der Bundespräsident

Hinweis:
Das Amt des Bundespräsidenten ist bisher nur von Männern besetzt worden (vergleiche die weiter unten folgende Liste). Natürlich kann dieses Amt auch von einer Frau ausgeführt werden.

Amtseid des Bundespräsidenten

„Ich schwöre, dass ich meine Kraft dem Wohle des deutschen Volkes widmen, seinen Nutzen mehren, Schaden von ihm wenden, das Grundgesetz und die Gesetze des Bundes wahren und verteidigen, meine Pflichten gewissenhaft erfüllen und Gerechtigkeit gegen jedermann üben werde. So wahr mir Gott helfe.“

Artikel 56 GG

Der Bundespräsident ist das Staatsoberhaupt der Bundesrepublik Deutschland und stellt ein eigenständiges Verfassungsorgan dar.

Deutsche Bundespräsidenten und ihre Amtszeit:	
Theodor Heuss	(1949-1959)
Heinrich Lübke	(1959-1969)
Gustav Heinemann	(1969-1974)
Walter Scheel	(1974-1979)
Karl Karstens	(1979-1984)
Richard von Weizsäcker	(1984-1994)
Roman Herzog	(1994-1999)
Johannes Rau	(1999-2004)
Horst Köhler	(2004-2010)
Christian Wulff	(2010-2012)
Joachim Gauck	(2012-2017)
Frank-Walter Steinmeier	(seit 2017)

Die Wahl des Bundespräsidenten

Für die Neuwahl eines Bundespräsidenten tritt alle fünf Jahre, spätestens 30 Tage vor Ende der Amtszeit des amtierenden Bundespräsidenten, die Bundesversammlung zusammen. Sie besteht aus allen Abgeordneten des Deutschen Bundestages und aus einer gleich großen Anzahl von Mitgliedern, die von den Volksvertretungen der Länder gewählt werden. Die Größe der Bundesversammlung kann demnach variieren, da sie abhängig von der Mitgliederzahl des Bundestages ist. Wie viele Mitglieder jedes Länderparlament entsenden darf, hängt von der Größe des jeweiligen Bundeslandes ab.

Zunächst müssen Vorschläge für einen neuen Bundespräsidenten gesammelt werden. Jedes Mitglied der Bundesversammlung ist berechtigt, einen Wahlvorschlag einzureichen. Als Kandidat kann jede und jeder Deutsche, die oder der das Wahlrecht zum Deutschen Bundestag besitzt und mindestens 40 Jahre alt ist, benannt werden.

Die Wahl erfolgt geheim und ohne vorherige Debatten. Gewählt ist, wer die meisten Stimmen auf sich vereinen kann. Hat im ersten Wahlgang keiner der Kandidaten die absolute Mehrheit erreicht, kommt es zu einem weiteren Wahlgang. Gibt es auch im zweiten Wahlgang keine absolute Mehrheit für eine Kandidatin oder einen Kandidaten, wird schließlich in einem dritten Wahlgang die Kandidatin oder der Kandidat mit den meisten Stimmen die Wahl für sich entscheiden.

Schon Gewusst?
Die Bundespräsidenten Christian Wulff und Horst Köhler sind beide aufgrund politischer Gründe von ihrem Amt mit sofortiger Wirkung zurückgetreten.

Der neu gewählte Bundespräsident hat nun eine Amtszeit von fünf Jahren vor sich. Er kann nur einmal wiedergewählt werden.

Aufgaben des Bundespräsidenten

Die Weimarer Verfassung hatte seinerzeit den Reichspräsidenten mit umfangreichen Machtbefugnissen ausgestattet (vergleiche Abschnitt 6.1.1). Mit diesen Befugnissen, insbesondere dem Notverordnungsrecht, hatte Reichspräsident von Hindenburg den Weg zur nationalsozialistischen Machtübernahme geebnet (vergleiche Abschnitt 6.1.2). Der Parlamentarische Rat hatte dieses unheilvolle

Politik verstehen und handeln ISBN 978-3-582-74132-5

Ereignis bei der Gestaltung des Grundgesetzes mit berücksichtigt und dem Bundespräsidenten eine wesentlich schwächere Stellung zugewiesen. Zu den klassischen Aufgaben des Bundespräsidenten zählen die Repräsentation der Bundesrepublik Deutschland und ihre völkerrechtliche Vertretung (vergleiche Artikel 59 GG). Weitere Aufgaben sind in der folgenden Grafik dargestellt:

 67 100

Artikel 59 GG:

(1) Der Bundespräsident vertritt den Bund völkerrechtlich. Er schließt im Namen des Bundes die Verträge mit auswärtigen Staaten. Er beglaubigt und empfängt die Gesandten.

Artikel 60 GG:

(1) Der Bundespräsident ernennt und entlässt die Bundesrichter, die Bundesbeamten, die Offiziere und Unteroffiziere, soweit gesetzlich nichts anderes bestimmt ist.

(2) Er übt im Einzelfall für den Bund das Begnadigungsrecht aus.

Weitere Informationen über den Bundespräsidenten finden Sie im Internet unter:
www.bundespraesident.de

5

Nach Artikel 82 Grundgesetz gehört die Prüfung, Unterzeichnung und Verkündung von Bundesgesetzen zu den Aufgaben des Bundespräsidenten (vergleiche die Grafik). Mit anderen Worten, wenn er sich weigert, ein Gesetz zu unterzeichnen, tritt es nicht in Kraft. Ein Beispiel hierfür: Im Dezember 2006 wies der damalige Bundespräsident Horst Köhler das Verbraucherinformationsgesetz zurück, da es aus seiner Sicht nicht mit Artikel 84 vereinbar ist. Bereits wenige Wochen vorher, im Oktober 2006, hatte er seine Zustimmung zum Gesetz über die Teilprivatisierung der Flugsicherung verweigert.
In der Geschichte der Bundesrepublik kam ein Nein des Bundespräsidenten erst acht Mal vor. (Stand: 2023)

Aufgaben

1. Besprechen Sie den Inhalt des Amtseides, den der Bundespräsident bei seinem Amtsantritt leisten muss. Führen Sie hieraus Rückschlüsse auf seine Tätigkeit und notieren Sie diese stichpunktartig.
2. Erläutern Sie, welche Vor- und Nachteile Sie darin sehen, dass der Bundespräsident durch die Bundesversammlung und nicht direkt durch das Volk gewählt wird.
3. Recherchieren Sie den politischen Werdegang des jetzigen Bundespräsidenten.

   Hinweis: Nutzen Sie das Internet oder setzen Sie sich mit der Pressestelle des Bundespräsidialamtes in Verbindung, um aktuelle Informationen zu erhalten.

5.2.10 Hüter des Grundgesetzes – das Bundesverfassungsgericht

Gesamte Verfahrenseingänge beim Bundesverfassungsgericht	
Jahr	*Verfahrenseingänge*
1951	481
1955	594
1960	1382
1965	1504
1970	1677
1975	1588
1980	3107
1985	3141
1990	3400
1995	5246
1999	4885
2000	4831
2001	4620
2002	4692
2003	5200
2004	5589
2005	5105
2006	6115
2007	6154
2008	6378
2009	6508
2010	6422
2011	6208
2012	5947
2013	6686
2014	6811
2015	5891
2016	5754
2017	5982
2018	5959
2019	5446
2020	5529
2021	5561

Das Bundesverfassungsgericht hat seinen Sitz in Karlsruhe. Es ist ein selbstständiges und unabhängiges Verfassungsorgan mit der Aufgabe, über die Einhaltung des Grundgesetzes zu wachen und für die Durchsetzung der Grundrechte zu sorgen.

Die Entscheidungen des Bundesverfassungsgerichts sind unantastbar und für alle Staatsorgane verbindlich. In Artikel 93 GG ist die Zuständigkeit des höchsten deutschen Gerichtes festgelegt. So entscheidet das Gericht z. B. über

- Auslegung des Grundgesetzes,
- Vereinbarkeit von Bundesrecht und Landesrecht mit dem Grundgesetz,
- Meinungsverschiedenheiten über Rechte und Pflichten des Bundes und der Länder,
- Verfassungsbeschwerden von Bürgern, die in ihren Grundrechten durch die öffentliche Gewalt verletzt wurden,
- Verfassungsbeschwerden von Gemeinden und Gemeindeverbänden wegen Verletzung des Rechtes auf Selbstverwaltung.

Die Organisation des Bundesverfassungsgerichtes

Das Bundesverfassungsgericht besteht aus 16 Richterinnen und Richtern, welche in zwei Senaten zu je 8 Mitgliedern aufgeteilt sind. Sie werden je zur Hälfte vom Bundestag und Bundesrat gewählt. Die Amtszeit der Richterinnen und Richter beträgt 12 Jahre, längstens bis zum 68. Lebensjahr.

 129 015

Verlauf einer Verfassungsbeschwerde durch einen Bürger

Jeder Bürger besitzt in der Bundesrepublik Deutschland einen Individualrechtsschutz. Das heißt, jeder kann durch eine Verfassungsbeschwerde seine Grundrechte wahren und durchsetzen. Eine Grundrechtsverletzung kann

Politik verstehen und handeln ISBN 978-3-582-74132-5

- in einem Gesetz,
- einer Anordnung durch eine Verwaltungsbehörde oder
- in einem Gerichtsurteil liegen.

Das Bundesverfassungsgericht wird nur auf Antrag tätig.

Die Verfassungsbeschwerde kann nur schriftlich eingereicht werden. Bevor der Bürger Verfassungsbeschwerde einlegen kann, muss er zunächst den allgemeinen Instanzenweg durchlaufen. Erreicht der Bürger dabei keine Beseitigung der Grundrechtsverletzung, kann er die Verfassungsbeschwerde beim Bundesverfassungsgericht einreichen. In Ausnahmefällen darf eine Verfassungsbeschwerde an das Bundesverfassungsgericht ohne Einhaltung des Rechtsweges durch die Instanzen direkt erhoben werden. Solch eine Ausnahme liegt z. B. dann vor, wenn der Bürger durch ein Gesetz selbst und unmittelbar betroffen ist.

Ist bei der Verfassungsbeschwerde der richtige **Rechtsweg** eingehalten worden, so ist das Verfahren kostenlos. Es besteht kein Anwaltszwang. Bei Missbrauch kann das Bundesverfassungsgericht aber eine Gebühr von bis zu 2600,00 Euro auferlegen.

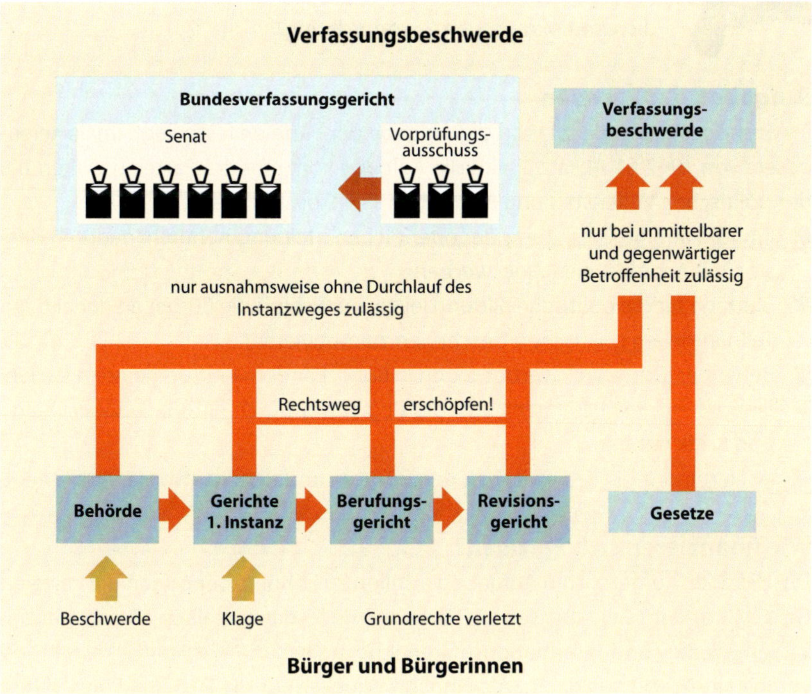

Aufgaben

1. Recherchieren Sie ein aktuelles Beispiel, bei dem das Bundesverfassungsgericht angerufen wurde.
   Hinweis: Unter der Internetadresse **www.bundesverfassungsgericht.de** können Sie unter der Rubrik Pressemitteilungen aktuelle Materialien finden. Tragen Sie Ihr Ergebnis in Ihrer Klasse vor.
2. Im Vergleich zu 1951 haben die Verfassungsbeschwerden beim Bundesverfassungsgericht drastisch zugenommen. Stellen Sie gemeinsam in Ihrer Klasse Überlegungen darüber an, warum dies so ist.

5.2.11 Die politischen Vereine – die Parteien

Quelle: F. Stier-Somlo: Politik, 2. Auflage, Leipzig 1911

Im pluralistischen System der Bundesrepublik Deutschland, in dem viele unterschiedliche Meinungen und Interessen vorhanden sind, hat ein Einzelner kaum Möglichkeiten, auf Entscheidungsprozesse Einfluss zu nehmen. Eine größere Anzahl an Bürgern mit den gleichen Interessen und Meinungen hat dagegen die Möglichkeit, Einfluss zu nehmen, indem sie sich organisieren und einen gewissen „Druck" ausüben. So kann es zur Bildung z. B. von Vereinen, Verbänden (vergleiche Abschnitt 5.2.12) oder Parteien kommen. Der größte Teil der politischen Beteiligung vollzieht sich über Parteien. Sie treten somit als Mittlerinstanz im politischen Entscheidungsprozess zwischen Bevölkerung und Staat auf. Sie sind ein notwendiger Baustein in unserer freiheitlich demokratischen Grundordnung.

§2 Parteiengesetz

(1) Parteien sind Vereinigungen von Bürgern, die dauernd oder für längere Zeit für den Bereich des Bundes oder eines Landes auf die politische Willensbildung Einfluss nehmen und an der Vertretung des Volkes im Deutschen Bundestag oder einem Landtag mitwirken wollen, wenn sie nach dem Gesamtbild der tatsächlichen Verhältnisse, insbesondere nach Umfang und Festigkeit ihrer Organisation, nach der Zahl ihrer Mitglieder und nach ihrem Hervortreten in der Öffentlichkeit eine ausreichende Gewähr für die Ernsthaftigkeit dieser Zielsetzung bieten. Mitglieder einer Partei können nur natürliche Personen sein.

Artikel 21 GG:

(1) Die Parteien wirken bei der politischen Willensbildung des Volkes mit. [...]

5

Aufgaben der Parteien

Im Grundgesetz Artikel 21 wird die Aufgabe der Parteien festgelegt. Im Parteiengesetz von 1967 §1 Absatz 2 wird die Aufgabe konkretisiert. Parteien wirken bei der politischen Willensbildung mit, indem sie insbesondere

- Einfluss auf die Gestaltung der öffentlichen Meinung nehmen, dadurch dass sie für ihre politischen Ziele werben;
- Beiträge für die politische Bildung leisten, um somit die Bürger an der aktiven Teilnahme am politischen Geschehen zu motivieren;
- Bewerber für die Volksvertretungen in Bund, Ländern und Gemeinden stellen;
- Einfluss auf das Parlament und die Regierung durch alternative Vorschläge und Kritik nehmen;
- als Verbindungsglied zwischen den Bürgern und den Staatsorganen dienen.

Wie finanzieren sich Parteien?

Um die eben aufgeführten Aufgaben erfüllen zu können, benötigen die Parteien Geld. Mit diesem Geld müssen die Parteien ihre fest angestellten Mitarbeiter bezahlen, Werbe- und Informationsmaterial herstellen, die Wahlkampfkosten und Veranstaltungen finanzieren. Als Einnahmequellen für die Parteien können hier hauptsächlich

- Mitgliedsbeiträge,
- Spenden und
- die Wahlkampfkostenerstattung aus staatlichen Steuermitteln

genannt werden (vergleiche auch Abschnitt 5.3.5).

Die Parteien sind verpflichtet, über ihre Einnahmen jedes Jahr einen so genannten Rechenschaftsbericht abzulegen. Dabei müssen sie die Einnahmen nach Mitgliederbeiträgen, Spenden, staatlichen Erstattungsbeiträgen und sonstigen Quellen belegen. Aufgrund einer Vielzahl von Affären (z. B. Flick-Spendenaffäre) müssen die Parteien seit 1984 darüber hinaus auch Rechenschaft über die Verwendung der Gelder ablegen.

Politik verstehen und handeln ISBN 978-3-582-74132-5

Mitwirkung in politischen Parteien

Neben den Wahlen hat jeder die Möglichkeit, aktiv in einer politischen Partei mitzuwirken, um so seine politischen Vorstellungen und Ziele wirkungsvoll einzubringen. Welche Möglichkeiten der Beteiligung es gibt, ist im folgenden Schaubild dargestellt:

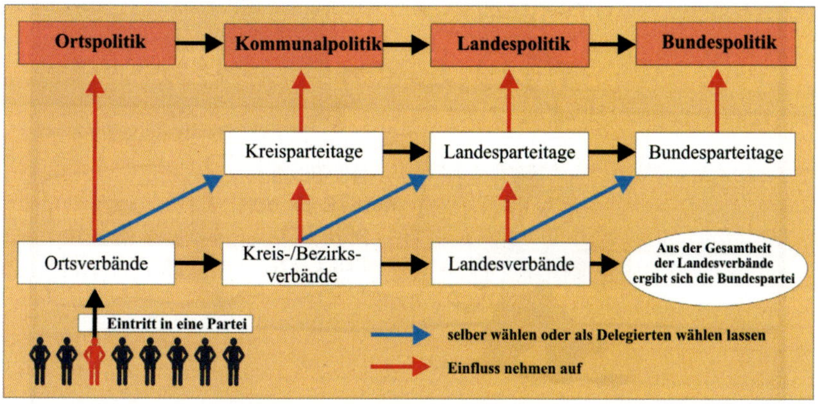

Gründung einer politischen Partei

Neben dem aktiven Mitwirken in politischen Parteien als Parteimitglied gibt es auch die Möglichkeit für engagierte Bürgerinnen und Bürger eine Partei zu gründen. Nach Artikel 21 Abs. 1 Grundgesetz ist die Gründung einer Partei frei und die innere Ordnung einer Partei muss demokratischen Grundsätzen entsprechen. Dabei müssen u. a. folgende Voraussetzungen erfüllt sein:

- Die Beteiligten der Parteigründung müssen ihren Willen, eine Partei gründen zu wollen, in einem Gründungsvertrag festhalten.
- Es muss der Beschluss über das Parteiprogramm und die Parteisatzung vorliegen.
- Ein Parteivorstand muss in geheimer Wahl gewählt und ein Gründerprotokoll erstellt werden, in dem alle Vereinbarungen, Beschlüsse und Wahlergebnisse der Partei dokumentiert sind.

All diese Gründungsunterlagen müssen dem Bundeswahlleiter zur Prüfung auf Vollständigkeit vorgelegt werden. Die Anerkennung einer neuen Partei erfolgt erst im Rahmen der Zulassung zu einer Wahl. Das bedeutet, dass eine neue Partei die Teilnahme an einer Wahl, je nach Bundes- oder Landtagswahl, beim zuständigen Bundes- bzw. zuständigen Landeswahlausschuss schriftlich beantragen muss.

Kann man politische Parteien verbieten?

Prinzipiell können politische Parteien verboten werden. Dies darf aber nur durch das Bundesverfassungsgericht (vergleiche Kapitel 5.2.10) geschehen. Die Voraussetzungen für das Verbot einer Partei sind im Artikel 21 Absatz 2 GG festgelegt.

In der Geschichte der Bundesrepublik Deutschland wurden bisher zwei Parteien verboten. 1952 wurde die Sozialistische Reichspartei (SRP) und 1956 die Kommunistische Partei Deutschlands (KPD) durch das Bundesverfassungsgericht verboten.

Hinweis:

Weitere Einnahmen der Parteien kommen zumeist durch Unternehmenstätigkeiten und -beteiligungen zustande; hier haben Parteien die Möglichkeit, Gewinne zu erzielen. Hinzu kommen auch Einnahmen aus Veranstaltungen und Vertrieb.

Artikel 21 Absatz 2 GG:

Parteien, die nach ihren Zielen oder nach dem Verhalten ihrer Anhänger darauf ausgehen, die freiheitliche demokratische Grundordnung zu beeinträchtigen oder zu beseitigen oder den Bestand der Bundesrepublik Deutschland zu gefährden, sind verfassungswidrig. [...]

5

Aufgaben

1. a) Führen Sie auf, was man 1911 unter dem Begriff „Partei" verstand.
   b) Vergleichen Sie die Definition aus dem Jahre 1911 mit dem §2 Absatz 1 des Parteiengesetzes und begründen Sie, ob die Definition aus dem Jahre 1911 heute noch zutrifft.
2. a) Bennen Sie die Ihrer Meinung nach wichtigste Aufgabe der Parteien nach dem Parteiengesetz.
   b) Sprechen Sie darüber in der Klasse und werten Sie die einzelnen Aufgaben der Parteien in einer Rangfolge.
3. Könnten Sie sich vorstellen, aktiv in einer Partei mitzuwirken? Erarbeiten Sie in Kleingruppen Vorschläge, die Sie als aktives Parteimitglied versuchen würden durchzusetzen.

5.2.12 Verbände – eine Möglichkeit für die Durchsetzung gesellschaftlicher Interessen

Artikel 9 GG:
(1) Alle Deutschen haben das Recht, Vereine und Gesellschaften zu bilden.
(2) Vereinigungen, deren Zweck oder deren Tätigkeit den Strafgesetzen zuwiderlaufen oder die sich gegen die verfassungsmäßige Ordnung oder gegen den Gedanken der Völkerverständigung richten, sind verboten.
(3) Das Recht, zur Wahrung und Förderung der Arbeits- und Wirtschaftsbedingungen Vereinigungen zu bilden, ist für jedermann und für alle Berufe gewährleistet. […]

5

Jeden Tag stehen Meldungen von Verbänden in der Zeitung, so z. B., dass

- die Gewerkschaften mehr Geld und kürzere Arbeitszeiten für die Arbeitnehmer verlangen,
- die Arbeitgeberverbände eine Kürzung in den Sozialversicherungsleistungen fordern,
- der Bundesverband der Ärzte die Gesundheitsreform kritisiert oder
- Greenpeace versucht, den Transport von radioaktiven Brennelementen aus Atomkraftwerken zu verhindern.

Diese Liste wäre fast beliebig fortzusetzen. Beim näheren Betrachten wird deutlich, dass in der Bundesrepublik Deutschland fast alle gesellschaftlichen Interessen über Verbände organisiert werden. Sind verhältnismäßig wenige Bürger Mitglied in einer Partei (ca. 2,5 Mio., d.h., 5 % aller Bürger), so sieht es bei der Mitgliedschaft in einem Verein oder einem Verband ganz anders aus. Schätzungen zufolge sind 55 % aller Frauen und 75 % aller Männer als Mitglieder in Verbänden und Vereinen organisiert.

Rechtliche Stellung der Verbände

Interessenverbände werden trotz ihrer wichtigen Funktionen, die sie erfüllen, im Grundgesetz nur **mittelbar** erwähnt. Das heißt, der Begriff „Verbände" taucht im Grundgesetz nicht auf. Die rechtliche Stellung der Verbände ist somit nur mittelbar mit **Artikel 9 GG** in Verbindung zu bringen. Demnach haben alle Deutschen – es handelt sich hier um ein Bürgerrecht – das Recht, Vereine zu bilden, ihnen beizutreten und auch wieder aus ihnen auszutreten.

Der Begriff **Lobby** steht für die Vorhalle des Parlamentes, in der sich auch Nichtparlamentarier aufhalten dürfen.

Einfluss der Interessenverbände auf die Politik

Die Verbände können Einfluss auf

- das **Parlament** durch so genannte Lobbyisten nehmen. Hierbei handelt es sich um Nichtparlamentarier unterschiedlichster Interessenvertretungen. Sie

Politik verstehen und handeln ISBN 978-3-582-74132-5

versuchen, durch gezielte Informationen, Argumente und Sachverstand Abgeordnete zu beeinflussen. Einfluss ist auch durch die Tätigkeit von Verbandsvertretern in Fraktionen und Bundestagsausschüssen gegeben.

- die **Regierung** nehmen, indem sie ihren Einfluss bei den so genannten **Hearings** (Anhörungen) in der Vorbereitung von Gesetzesentwürfen geltend machen.
- die **Parteien** durch finanzielle Unterstützung in Form von Spenden und personeller Durchdringung nehmen. Die Abgabe von Stimmenpaketen als Druckmittel wird als Einflussfaktor meistens überschätzt. Hier fordert ein Verband seine Mitglieder auf, einer bestimmten Partei die Stimme zu geben oder sich im Konfliktfall der Stimme zu enthalten.
- die **öffentliche Meinung** nehmen, indem die Verbände Massenmedien nutzen, um ihre Ziele einer breiten Öffentlichkeit zugänglich zu machen. Das können Handzettel, Verbandszeitschriften usw. sein. Ein weiteres Mittel, an die Öffentlichkeit zu gehen, sind die im Abschnitt 5.3.8 dargestellten Meinungsäußerungsformen der Demonstration und der Protestkundgebung, die insbesondere von Gewerkschaften oft eindrucksvoll eingesetzt werden.

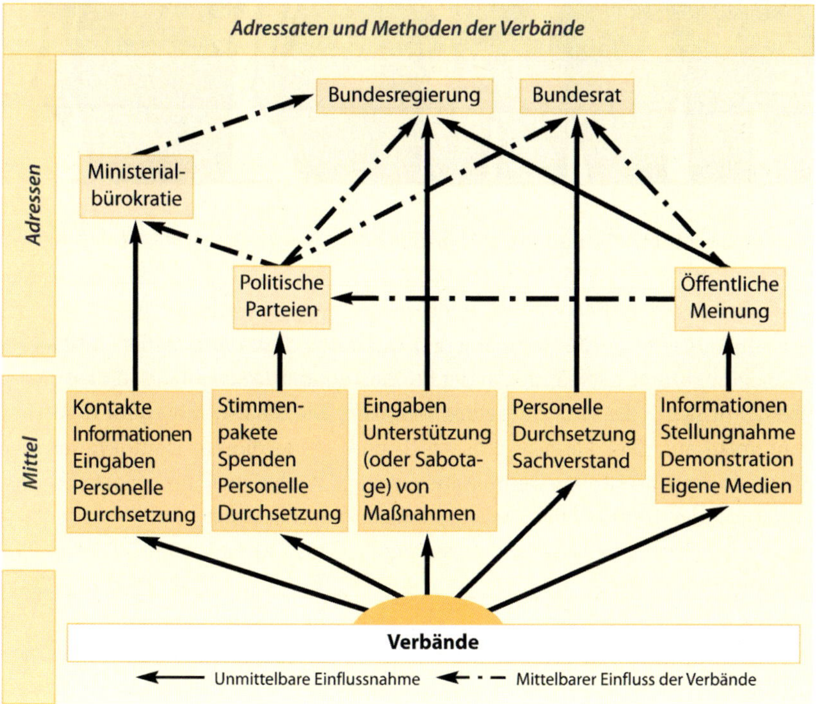

Aufgaben

1. Beschreiben Sie, was der Zeichner mit der eingangs gezeigten Karikatur ausdrücken möchte. Notieren Sie sich stichpunktartig die Kernaussagen.
2. Benennen Sie Interessensverbände, die in Ihrem Leben eine Rolle spielen. Stellen Sie eine Liste der einzelnen Verbände auf und sortieren Sie diese nach unterschiedlichen gesellschaftlichen Handlungsbereichen.
3. Beurteilen Sie den Einfluss der Verbände auf die Politik. Fassen Sie Ihre Meinung in einer Pro-und-Kontra-Liste stichpunktartig zusammen.

5.3 WÄHLEN UND MITBESTIMMEN – GRUNDLAGEN DER DEMOKRATIE

5.3.1 Begriff und Funktion der Wahl

5

Artikel 20 GG:
(2) Alle Staatsgewalt geht vom Volke aus. Sie wird vom Volk in Wahlen und Abstimmungen und durch besondere Organe der Gesetzgebung, der vollziehenden Gewalt und der Rechtsprechung ausgeübt.

Direkte Demokratie:
Das Volk übt die Staatsgewalt selbst aus durch direkte Entscheidungen wie z.B. in den Landesgemeinden einiger Schweizer Kantone.

Repräsentative Demokratie:
Das Volk wählt Vertreter, die in seinem Namen die Staatsgewalt ausführen.

Repräsentation: Vertretung

Integration:
Zusammenführung

Wählen bedeutet, aus mehreren Möglichkeiten eine Auswahl zu treffen. Beziehen wir die Aussage auf die Politik, so hat der Wähler die Möglichkeit, zwischen unterschiedlichen politischen Vorstellungen und Programmen, die durch Parteien und Politiker vertreten werden, zu wählen. Dabei treten die verschiedenen Parteien in offene Konkurrenz zueinander. In der Bundesrepublik Deutschland ist dies im Artikel 20 Absatz 2 des Grundgesetzes verankert. Die Staatsgewalt geht demnach vom Volke aus. Dies kann grundsätzlich durch eine **direkte Demokratie** oder durch eine **repräsentative** Demokratie erfolgen. Wir haben in unserem Land eine repräsentative Demokratie. Das wahlberechtigte Volk wählt seine Repräsentanten, sodass jede staatliche Handlung letztlich das Ergebnis einer Willenserklärung des Volkes ist.

Funktionen der Wahl in der parlamentarischen Demokratie

Die Wahlen erfüllen bestimmte Grundfunktionen, die eine repräsentative Demokratie erst möglich machen. Zu diesen Grundfunktionen gehören:

- **Repräsentation des Volkes:** Die Meinungen und Interessen der Bürger werden durch die Gewählten (z.B. Abgeordneten) vertreten, die diese Meinungen und Interessen in politische Entscheidungen umsetzen müssen. Das gesamte Volk wird vertreten, indem gewährleistet wird, dass sich jede soziale Gruppe an dem politischen Wettbewerb beteiligen kann. In der repräsentativen Demokratie liegen Mehrheitsentscheidungen zugrunde.
- **Integration der Meinungen:** Mit der Wahl gibt jeder der 60,4 Millionen wahlberechtigten Wähler seinen Willen kund. Das Wahlergebnis spiegelt den

Politik verstehen und handeln ISBN 978-3-582-74132-5

gesamten Wählerwillen wider, der so in das politische System eingefügt und zu einem politischen, aktionsfähigen Gemeinwillen zusammengefasst wird.

- **Legitimation der politischen Herrschaft:** Der Wille der Wähler kommt in der Wahl der Abgeordneten zum Deutschen Bundestag zum Ausdruck. Durch die Wahl in den Bundestag erhalten die Abgeordneten ihre auf vier Jahre begrenzte Legitimation für ihr politisches Handeln. Der gesamte Bundestag wird durch das Volk legitimiert, es zu vertreten. Doch nur die Mehrheit, die die Regierung stellt, ist zur Machtausübung berufen.
- **Kontrolle der politischen Herrschaft:** Die regelmäßige Wiederholung der Wahl – alle vier Jahre – hat die Funktion der Machtkontrolle. Durch die Wahl wird die Politik von Regierung und Opposition regelmäßig von den Wählern neu bewertet. Somit ist immer gewährleistet, dass die Opposition die Chance hat, an die Regierung zu kommen.

Legitimation: Rechtmäßigkeit

Die Informationsbroschüre von Karl-Rudolf Korte „Wahlen in der Bundesrepublik Deutschland", kann als PDF-Version unter folgender Internetadresse heruntergeladen werden:
www.bpb.de

Die Wahlbeteiligung in der Bundesrepublik Deutschland

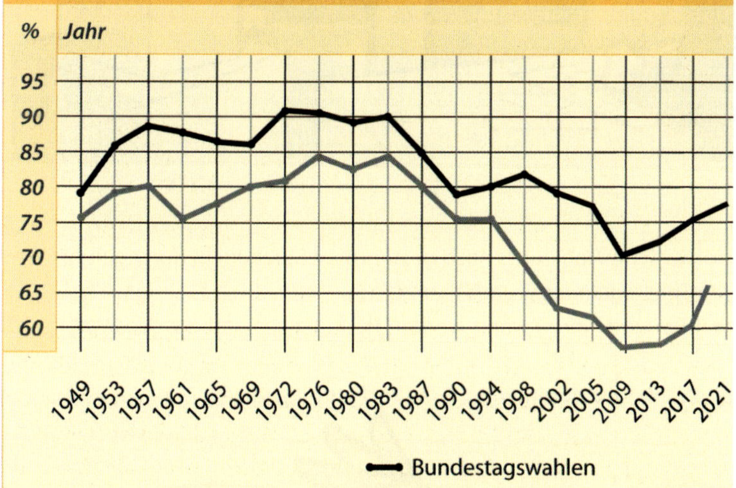

Wahl zum 20. Deutschen Bundestag 2021 Wahltermin 26.09.2021	Wahlbeteiligung %
Deutschland	76,6
Baden-Württemberg	77,8
Bayern	79,9
Berlin	75,2
Brandenburg	75,6
Bremen	71,9
Hamburg	77,8
Hessen	76,2
Mecklenburg-Vorpommern	71,1
Niedersachsen	74,7
Nordrhein-Westfalen	76,4
Rheinland-Pfalz	77,2
Saarland	77,3
Sachsen	76,5
Sachsen-Anhalt	67,9
Schleswig-Holstein	78,2
Thüringen	74,9

(Quelle: Der Bundeswahlleiter)

5

Aufgaben

1. Diskutieren Sie über die unterschiedlichen Aussagen, die die Jugendlichen in ihren Sprechblasen machen.
   Erläutern Sie den Begriff „Wählen" und stellen Sie stichpunktartig dar, welche Auswirkungen er auf Ihr berufliches und privates Leben hat.
2. Listen Sie die wichtigsten Funktionen der Wahl in einer repräsentativen Demokratie auf und erläutern Sie diese.
3. In der Bundesrepublik ist die Wahlbeteiligung in den letzten Jahren sehr zurückgegangen.
   a) Verfolgen und beschreiben Sie die Entwicklung der Wahlbeteiligung anhand des Diagramms.
   b) Diskutieren Sie in Ihrer Klasse folgende Aussage: „Ein Rückgang der Wahlbeteiligung ist darauf zurückzuführen, dass vielen die genaue Aufgabe und Funktion der Wahl nicht bekannt ist."

5.3.2 Spielregeln für die Wahl – Wahlrechtsgrundsätze

Eine demokratische Wahl muss nach bestimmten Spielregeln durchgeführt werden. In den Spielregeln muss enthalten sein,

- wer wählen und wer gewählt werden darf (aktives und passives Wahlrecht) und
- wie die Wahl durchzuführen ist (Wahlrechtsgrundsätze).

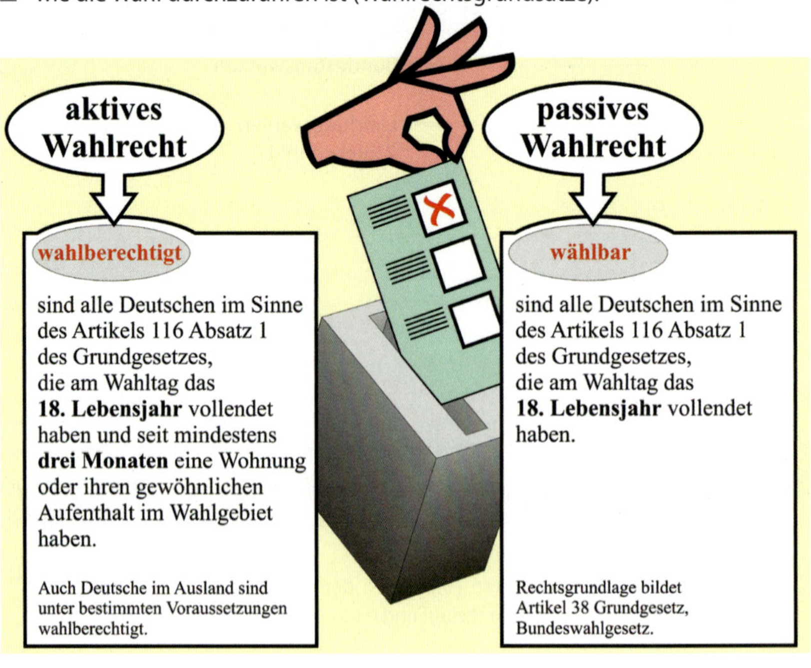

5

Für das Kommunalwahlrecht gilt die Klausel der deutschen Staatsangehörigkeit nicht mehr ohne weiteres, da sich mit der Unterzeichnung des Vertrages von Maastricht auch Staatsangehörige anderer EU-Länder an Kommunalwahlen beteiligen können. Sehen Sie hierzu auch in Artikel 28 Absatz 1 Satz 3 des Grundgesetzes nach.

Aktives Wahlrecht ab 16 Jahren: Niedersachsen führte es 1996 als erstes Bundesland auf Kommunalebene ein. Auch in Baden-Württemberg, Brandenburg, Mecklenburg-Vorpommern, Nordrhein-Westfalen, Sachsen-Anhalt, Schleswig-Holstein und Thüringen kann man ab dem 16. Geburtstag seine Stimme bei Kommunalwahlen abgeben. Auf Landesebene ist das bisher nur in Brandenburg, und Schleswig-Holstein möglich. Auch in den Stadtstaaten Berlin, Bremen und Hamburg kann man ab 16 wählen.

Politik verstehen und handeln ISBN 978-3-582-74132-5

Das aktive und passive Wahlrecht

Die Abgeordneten des Deutschen Bundestages und die Volksvertretung der Länder, Kreise und Gemeinden werden nach den Wahlrechtsgrundsätzen allgemeiner, unmittelbarer, freier, gleicher und geheimer Wahl gewählt. Die Wahlrechtsgrundsätze sind in unserem Grundgesetz verankert. Für die Bundestagswahl ergeben sich die Wahlrechtsgrundsätze aus Artikel 38 Absatz 1 GG und für die Landtags- und Kommunalwahlen aus Artikel 28 Absatz 1 GG.

Die Bedeutung der Wahlrechtsgrundsätze

- **Allgemeine Wahl:** Der Grundsatz der allgemeinen Wahl besagt, dass das aktive und passive Wahlrecht alle Staatsbürger unabhängig von Rasse, Geschlecht, Einkommen, Sprache, Beruf, Stand, Bildung, Religion oder politischer Überzeugung ausüben dürfen.

- **Unmittelbare Wahl:** Die Wähler wählen die Abgeordneten unmittelbar, ohne dass eine dritte Instanz, z. B. Wahlmänner, zwischengeschaltet wird. Mit anderen Worten, die Wählerstimmen werden direkt für die Zuteilung der Abgeordnetensitze verwendet.

- **Freie Wahl:** Die freie Wahl bedeutet, dass der Wähler ohne Druck und Zwang von staatlicher oder nichtstaatlicher Seite seine Wahlentscheidung treffen kann.

- **Gleiche Wahl:** Alle Wahlberechtigten haben gleich viele Stimmen zu vergeben. Jede Wählerstimme hat das gleiche Gewicht und somit den gleichen Einfluss auf das Wahlergebnis. Darüber hinaus betrifft dieser Grundsatz z. B. die Wahlkreiseinteilung – jeder Wahlkreis hat annähernd gleich viel Wähler. Auch die Zuteilung von Sendezeiten für die Wahlwerbung durch öffentlich-rechtliche Rundfunkanstalten ist gleichmäßig auf die Parteien verteilt.

- **Geheime Wahl:** Hiermit soll gewährleistet werden, dass der Einzelne seine Wahl frei treffen kann, ohne dass andere erfahren, wie er sich entscheidet. Um diesen Grundsatz zu schützen, gibt es Mindestbestimmungen, die in der Bundeswahlordnung festgelegt wurden. Hierzu zählen z. B. sichtgeschützte Wahlzellen, verdeckter Wahlzettel, versiegelte Wahlurne und amtliche Wahlzettel, damit der Wähler nicht an den Schriftzügen erkannt werden kann.

Artikel 38 GG:
(1) Die Abgeordneten des Deutschen Bundestages werden in allgemeiner, unmittelbarer, freier, gleicher und geheimer Wahl gewählt.

Artikel 28 GG:
(1) In den Ländern, Kreisen und Gemeinden muss das Volk eine Vertretung haben, die aus allgemeinen, unmittelbaren, freien, gleichen und geheimen Wahlen hervorgegangen ist.

Wahlmänner sind durch die Bevölkerung gewählte Personen, die ihrerseits letzte Wahlentscheidungen zu treffen haben, so z. B. bei der Präsidentenwahl in den USA.

5

Aufgaben

1. In der Zeichnung am Abschnittsbeginn werden Verletzungen der Wahlrechtsgrundsätze in einem Wahllokal dargestellt. Erörtern Sie in Ihrer Klasse, welche Wahlrechtsgrundsätze Ihrer Meinung nach verletzt werden, und notieren Sie diese stichpunktartig.
2. Das aktive und passive Wahlrecht gilt für Bürgerinnen und Bürger, die unter anderem das 18. Lebensjahr vollendet haben. Empfinden Sie diese Regelung als sinnvoll? Begründen Sie Ihre Meinung, indem Sie Vor- und Nachteile dieser Regelung gegenüberstellen.
3. Stellen Sie auf einem DIN-A4-Blatt die Wahlrechtsgrundsätze übersichtlich dar und beschreiben Sie diese kurz.
4. Beschreiben Sie, wie ein Wahllokal aussehen muss, damit die Wahlrechtsgrundsätze „geheim" und „frei" gewährleistet sind.

5.3.3 Das Wahlverfahren zum Deutschen Bundestag

Es gibt Länder, in denen im Gegensatz zur Bundesrepublik Deutschland in reiner Mehrheits- bzw. Verhältniswahl gewählt wird. So wird z. B. in Großbritannien das Britische Unterhaus nach dem relativen Mehrheitswahlsystem gewählt.

Jedes Wahlsystem lässt sich auf zwei Grundwahlsysteme zurückführen: auf das Mehrheits- und das Verhältniswahlsystem.	
Mehrheitswahl ⟷	*Verhältniswahl*
Bei diesem Wahlsystem wird das gesamte Wahlgebiet in so viele Wahlkreise aufgeteilt, wie Sitze im Parlament zu vergeben sind. Die Parteien stellen für jeden Wahlkreis einen Kandidaten auf, der sich direkt zur Wahl stellt. Das Mandat erhält derjenige Bewerber, der die absolute (mehr als 50 % der Stimmen) oder die relative Mehrheit (mehr Stimmen als seine Mitbewerber) auf sich vereinigt hat. Die Stimmen für die anderen Bewerber haben keinen Einfluss auf die Zusammensetzung des Parlamentes und bleiben somit unberücksichtigt.	Bei diesem Wahlsystem wird nicht ein einzelner Kandidat gewählt, sondern der Wähler gibt seine Stimme der Liste einer Partei. Auf dieser Parteiliste sind die Kandidaten in einer bestimmten Reihenfolge aufgestellt. Die Partei erhält dann so viel Mandate, wie es ihrem prozentualen Anteil an Wählerstimmen entspricht. Damit werden politische Strömungen in der Wählerschaft ziemlich genau über die Abgeordneten im Parlament repräsentiert.

5

Zwei Stimmen zur Wahl des Deutschen Bundestages

Bei der Wahl zum Deutschen Bundestag verfügt jeder Wähler über zwei Stimmen: die **Erststimme** und die **Zweitstimme**. Der Deutsche Bundestag zählt regulär 598 Abgeordnete. Die Hälfte der Abgeordneten, also 299, wird mit der Erststimme durch relative Mehrheitswahl direkt in den Wahlkreisen gewählt. Mit der Zweitstimme werden die Landeslisten der Parteien über eine reine Verhältniswahl gewählt. So gelangen weitere 299 Abgeordnete in den Bundestag.

Das Wahlverfahren zum Deutschen Bundestag wird auch **personalisierte Verhältniswahl** genannt. Die Bezeichnung „personalisiert" rührt daher, dass die Erststimme eine personenbezogene Wahl ist, da hier ein Kandidat direkt in einem Wahlkreis gewählt wird. Infolge des vollen Verhältnisausgleiches handelt es sich dennoch um eine Verhältniswahl.

Die Verteilung der 598 Abgeordnetensitze auf die einzelnen Parteien erfolgt auf Grundlage der Zweitstimmen. Entsprechend dem Anteil an Zweitstimmen wird ermittelt, wie viele von den insgesamt 598 Mandaten jeder Partei zustehen. Die gesamten Mandate einer Partei werden nach Abzug der Direktmandate aus den 299 Wahlkreisen auf deren Landeslisten verteilt. Hier kann es dazu kommen, dass eine Partei mehr Direktmandate errungen hat, als ihr nach dem Verhältnis der Zweitstimme zustehen würden.

Politik verstehen und handeln ISBN 978-3-582-74132-5

Diese sogenannten Überhangmandate verbleiben bei der Partei. Nach der Reform des Bundeswahlgesetzes 2013 werden Überhangmandate vollständig durch sogenannte Ausgleichsmandate für die anderen Parteien ausgeglichen. Die zusätzlichen Ausgleichsmandate werden aus den jeweiligen Landeslisten besetzt. So bleibt der Zweitstimmenproporz erhalten. In der Bundestagswahl 2021 wuchs der Deutsche Bundestag durch 138 Überhang- und Ausgleichsmandate von regulär 598 auf 736 Abgeordnete an. Es ist der größte Bundestag in der Geschichte der Bundesrepublik Deutschland. Politiker und Staatsrechtler diskutieren darüber, ob man eine Abgeordneten-Obergrenze einführen sollte, um einerseits die Kosten zu senken und andererseits die Arbeitsfähigkeit des Bundestages nicht zu gefährden. Im Sommer 2022 hat sich die Ampelkoalition aus SPD, Grüne und FDP auf Eckpunkte einer Wahlrechtsreform für die Bundestagswahl geeinigt. Mitte Januar 2023 hat die Ampelkoalition einen Gesetzesentwurf für eine Wahlrechtsreform im Bundestag vorgelegt, welcher bei der Opposition auf heftige Kritik stößt. Mit 400 Stimmen hat das Parlament im März 2023 die Reform angenommen. Die Regelgröße des Parlaments soll auf dauerhaft 630 Abgeordnete angehoben werden. Es soll eine strikte Fünf-Prozent-Klausel geben. Die Grundmandatsklausel, die es manchen kleinen Parteien erlaubt hat, trotzdem ins Parlament zu kommen, wenn sie mindestens drei Direktmandate gewonnen haben, wird abgeschafft. Überhangs- oder Ausgleichsmandate soll es nicht mehr geben. Die Anzahl der Wahlkreise und Stimmen soll unverändert bleiben. CSU und die Linke haben bereits angekündigt, gegen diese Wahlrechtsreform beim Bundesverfassungsgericht Klage einreichen zu wollen.

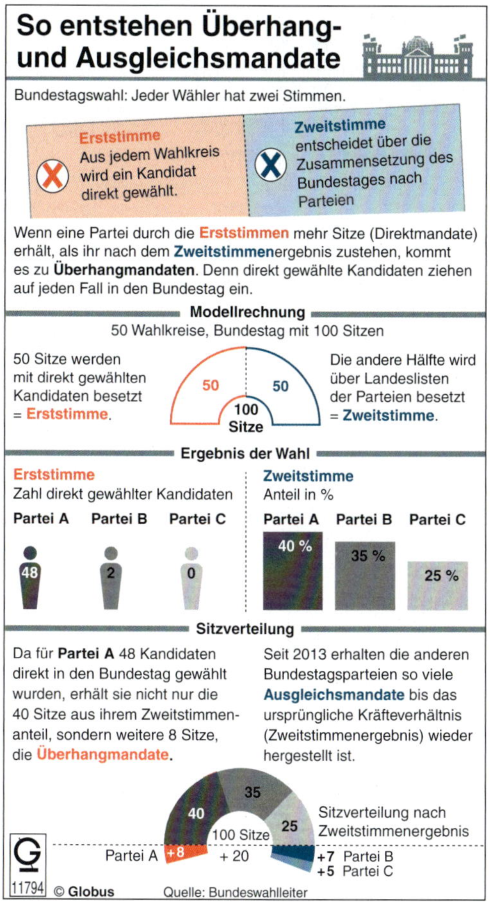

Eine Hürde – die Fünfprozentklausel

Bei der Vergabe der Bundestagsmandate werden Parteien nicht berücksichtigt,

- die weniger als 5 % der insgesamt abgegebenen gültigen Zweitstimmen oder
- nicht mindestens drei Direktmandate erreicht haben.

Somit wird verhindert, dass sehr kleine Parteien ins Parlament kommen und eine Parteienzersplitterung einsetzt. Auf der anderen Seite wird an der Fünfprozentklausel die Kritik geübt, dass z. B. kleine Parteien keine Möglichkeit haben, in den Bundestag einzuziehen, und somit die politische Meinungsvielfalt bedroht ist.

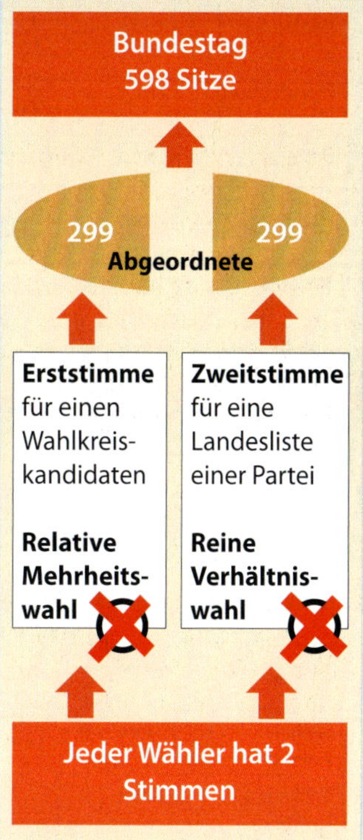

5

Aufgaben

1. Versuchen Sie mit eigenen Worten die Frage des jungen Wählers in der Abbildung zu beantworten.
2. Jedes Wahlverfahren hat Vor- und Nachteile. Diskutieren Sie in Ihrer Klasse, welche Vor- und Nachteile das Mehrheits- bzw. Verhältniswahlsystem hat. Notieren Sie sich tabellarisch diese Vor- und Nachteile.
3. Erarbeiten Sie einen Kurzvortrag, in dem Sie das Wahlsystem zum Deutschen Bundestag in Ihrer Klasse vorstellen.

5.3.4 Wählen, wählen, wählen – die Landtags- und Kommunalwahlen

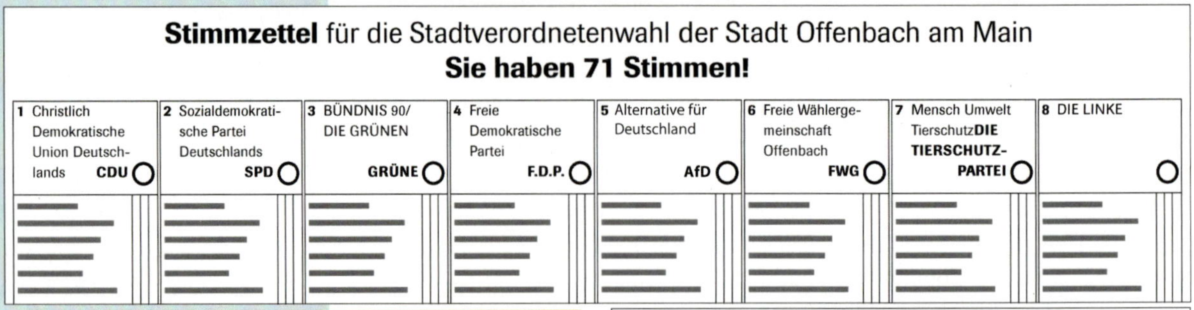

Stimmzettel für die Stadtverordnetenwahl der Stadt Offenbach am Main
Sie haben 71 Stimmen!

1 Christlich Demokratische Union Deutschlands CDU
2 Sozialdemokratische Partei Deutschlands SPD
3 BÜNDNIS 90/DIE GRÜNEN GRÜNE
4 Freie Demokratische Partei F.D.P.
5 Alternative für Deutschland AfD
6 Freie Wählergemeinschaft Offenbach FWG
7 Mensch Umwelt Tierschutz DIE TIERSCHUTZPARTEI
8 DIE LINKE

Bei den Landtagswahlen kommen auch andere Wahlsysteme als das personalisierte Verhältniswahlsystem mit zwei Stimmen zum Tragen. Eine Übersicht gibt die folgende Tabelle:

Bundesland	*Wahlperiode*	*Ausgleich von Überhangmandaten*	*Stimmen*	*Wahlsystem*
Baden-Württemberg	5 Jahre	getrennt nach Regierungsbezirken	1	personalisierte Verhältniswahl
Bayern	5 Jahre	getrennt nach Regierungsbezirken	2	personalisierte Verhältniswahl
Berlin	5 Jahre	ja	2	personalisierte Verhältniswahl
Brandenburg	5 Jahre	ja	2	personalisierte Verhältniswahl
Bremen	4 Jahre	Überhangmandate nicht möglich	5	Verhältniswahl mit offener Liste
Hamburg	5 Jahre	Überhangmandate möglich	10	Verhältniswahl mit offener Liste
Hessen	5 Jahre	ja	2	personalisierte Verhältniswahl
Mecklenburg-Vorpommern	5 Jahre	ja	2	personalisierte Verhältniswahl
Niedersachsen	5 Jahre	ja	2	personalisierte Verhältniswahl
Nordrhein-Westfalen	5 Jahre	ja	2	personalisierte Verhältniswahl
Rheinland-Pflaz	5 Jahre	ja	2	personalisierte Verhältniswahl
Saarland	5 Jahre	Überhangmandate nicht möglich	1	Verhältniswahl
Sachsen	5 Jahre	ja	2	personalisierte Verhältniswahl
Sachsen-Anhalt	5 Jahre	ja	2	personalisierte Verhältniswahl
Schleswig-Holstein	5 Jahre	ja	2	personalisierte Verhältniswahl
Thüringen	5 Jahre	ja	2	personalisierte Verhältniswahl

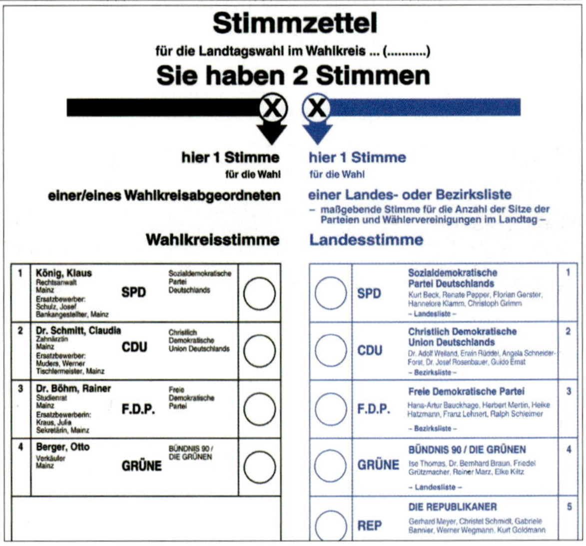

Stimmzettel
für die Landtagswahl im Wahlkreis ... (..........)
Sie haben 2 Stimmen

hier 1 Stimme für die Wahl einer/eines Wahlkreisabgeordneten – **Wahlkreisstimme**

hier 1 Stimme für die Wahl einer Landes- oder Bezirksliste – maßgebende Stimme für die Anzahl der Sitze der Parteien und Wählervereinigungen im Landtag – **Landesstimme**

1 König, Klaus, Rechtsanwalt, Mainz; Ersatzbewerber: Schulz, Josef, Bankangestellter, Mainz – SPD – Sozialdemokratische Partei Deutschlands
2 Dr. Schmitt, Claudia, Zahnärztin, Mainz; Ersatzbewerber: Muders, Werner, Tischlermeister, Mainz – CDU – Christlich Demokratische Union Deutschlands
3 Dr. Böhm, Rainer, Studienrat, Mainz; Ersatzbewerberin: Kraus, Julia, Sekretärin, Mainz – F.D.P. – Freie Demokratische Partei
4 Berger, Otto, Verkäufer, Mainz – GRÜNE – BÜNDNIS 90 / DIE GRÜNEN

SPD – Sozialdemokratische Partei Deutschlands – Kurt Beck, Renate Pepper, Florian Gerster, Hannelore Klamm, Christoph Grimm – Landesliste – 1
CDU – Christlich Demokratische Union Deutschlands – Dr. Adolf Weiland, Erwin Rüddel, Angela Schneider-Forst, Dr. Josef Rosenbauer, Guido Ernst – Bezirksliste – 2
F.D.P. – Freie Demokratische Partei – Hans-Artur Bauckhage, Herbert Mertin, Heike Hatzmann, Franz Lehnert, Ralph Schleimer – Bezirksliste – 3
GRÜNE – BÜNDNIS 90 / DIE GRÜNEN – Ise Thomas, Dr. Bernhard Braun, Friedel Grützmacher, Reiner Marz, Elke Kitz – Landesliste – 4
REP – DIE REPUBLIKANER – Gerhard Meyer, Christel Schmidt, Gabriele Bannier, Werner Wegmann, Kurt Goldmann – 5

Wie in Abschnitt 5.2.4 bereits behandelt, ist die staatliche Macht in Form einer vertikalen Gewaltenteilung in Bundesebene, Länderebene und Gemeindeebene aufgeteilt. Wie auf Bundesebene der Deutsche Bundestag gewählt wird, wurde bereits im vorhergehenden Abschnitt besprochen. Betrachtet wird jetzt das Wahlverfahren für die Länderebene und Gemeindeebene.

Das Wahlverfahren für die Landesparlamente

Bei einer Landtagswahl haben alle wahlberechtigten Bürger des betreffenden Bundeslandes die Möglichkeit, ihren politischen Willen in Form ihrer Wahlentscheidung auf Landesebene kundzutun. In den meisten Bundesländern herrscht das personalisierte Verhältniswahlsystem, so wie es für die Wahl des Deutschen Bundestages verwendet wird. Es gibt Wahlkreise, in denen

- die Landtagsabgeordneten in relativer Mehrheitswahl gewählt werden und
- weitere Landtagsabgeordnete auf der Grundlage der Verhältniswahl über Landeslisten der Parteien in den Landtag gelangen.

Politik verstehen und handeln ISBN 978-3-582-74132-5

Dem Wähler stehen dazu zwei Stimmen, die Erst- und Zweitstimme, zur Verfügung (eine Ausnahme bilden Hamburg und Bremen, siehe unten rechts). Unterschiede zur Bundestagswahl bestehen hinsichtlich der Wahlperiode, die – je nach Bundesland – fünf Jahre betragen kann.

Auch der Ausgleich der Überhangmandate ist bei den Landtagswahlen in den meisten Bundesländern möglich. Das bedeutet, dass die Parteien ohne Überhangmandate (siehe Abschnitt 5.3.3) weitere Sitze entsprechend ihrem Zweitstimmenanteil erhalten.

Die Kommunalwahlen

Auf kommunaler Ebene können die wahlberechtigten Bürger ihre parlamentarische Vertretung in den Städten, Gemeinden und Kreisen wählen sowie durch Direktwahl die Bürgermeister bzw. Oberbürgermeister.

Die wichtigsten Besonderheiten des Kommunalwahlrechts:

- Staatsangehörige eines Mitgliedslandes der Europäischen Union besitzen das aktive und passive Wahlrecht.
- Das Alter für die Teilnahme an der Kommunalwahl wurde in einigen Bundesländern von 18 auf 16 Jahre herabgesetzt.
- Der Wähler kann mehr als zwei Stimmen haben und besitzt die Möglichkeit, zu kumulieren und zu panaschieren.

Überblick über die Wahlsysteme bei den Kommunalwahlen in den einzelnen Bundesländern:

Bundesland	*Wahlperiode*	*Stimmen*	*Wahlsystem*
Baden-Württemberg	5	wie Gemeinderatsmitglieder zu wählen sind	Verhältniswahl mit offener Liste
Bayern	6	wie Gemeinderatsmitglieder zu wählen sind	Verhältniswahl mit offener Liste
Brandenburg	5	3	Verhältniswahl mit offener Liste
Hessen	5	wie Gemeinderatsmitglieder zu wählen sind	Verhältniswahl mit offener Liste
Mecklenburg-Vorpommern	5	3	Verhältniswahl mit offener Liste
Niedersachsen	5	3	Verhältniswahl mit offener Liste
Nordrhein-Westfalen	5	1	personalisierte Verhältniswahl
Rheinland-Pfalz	5	wie Gemeinderatsmitglieder zu wählen sind	Verhältniswahl mit offener Liste
Saarland	5	1	Verhältniswahl
Sachsen	5	bis zu 3	Verhältniswahl mit offener Liste
Sachsen-Anhalt	5	bis zu 3	Verhältniswahl mit offener Liste
Schleswig-Holstein	5	so viel, wie Direktmandate im Wahlkreis zu vergeben sind	personalisierte Verhältniswahl
Thüringen	5	bis zu 3	Verhältniswahl mit offener Liste

Kumulieren und Panaschieren

Wie aus der Tabelle (siehe Randspalte) zu sehen ist, kommt beim Kommunalwahlrecht auch das Prinzip der Verhältniswahl zum Tragen. Hier reicht die Bandbreite vom reinen Listenwahlverfahren bis zum stark personalisierten Verfahren mit der Möglichkeit des Kumulierens und Panaschierens.

Beim **Kumulieren** hat der Wähler die Möglichkeit, einem Bewerber mehrere Stimmen zu geben. Der Wähler kann somit die Reihenfolge der Kandidaten innerhalb der Liste verändern. Solche Wählerlisten nennt man offene Listen. Die Anzahl der Stimmen, die ein Wähler insgesamt vergeben kann, variiert zwischen drei und so viel Stimmen, wie Gemeinderatsmitglieder zu wählen sind. Der Wähler kann damit zum Ausdruck bringen, welchen Kandidaten er besonders bevorzugt. Beim **Panaschieren** hat der Wähler die Möglichkeit, mehrere Stimmen auf Kandidaten verschiedener Listen zu verteilen. Darüber hinaus kann der Wähler Bewerber einer Liste streichen. Er kann somit Kandidaten verschiedener Parteien mit seiner Stimme unterstützen oder ihnen seine Stimme entziehen.

Aufgaben

1. Erläutern Sie, welchen Vorteil Ihrer Meinung nach der Ausgleich von Überhangmandaten bietet.
2. Beurteilen Sie, welche Vor- und Nachteile das Herabsetzen des Wahlalters auf 16 Jahre bei den Kommunalwahlen mit sich bringt. Stellen Sie Ihre Argumente in einer Tabelle stichpunktartig gegenüber.
3. Erklären Sie mit eigenen Worten, was man unter Kumulieren und Panaschieren versteht. Benutzen Sie für Ihre Erklärung den eingangs gezeigten Stimmzettel für die Kommunalwahl.

5.3.5 Werbung um Wählerstimmen – der Wahlkampf

Der Wahlkampf lässt sich in zwei Hauptphasen unterteilen. Man nennt sie **„Vorwahlkampf"** und **„heiße Phase"**. Die heiße Phase beginnt etwa in den letzten vier Wochen vor der Wahl.

Was ist Wahlkampf?

Der Wahlkampf ist die politische Auseinandersetzung von Parteien um Wählerstimmen. Im Wahlkampf präsentieren die Parteien den Bürgern ihre politischen Ziele und stellen ihnen ihre personellen Entscheidungen vor. So steht bei den großen Parteien beispielsweise der Kanzlerkandidat von vornherein fest. Ziel ist es, die Sympathie und Zustimmung der Bürger zu gewinnen, um am Wahltag deren Stimme zu erhalten.

Im Vergleich zu früher hat der Anteil der **Wechselwähler** deutlich zugenommen. Hierbei handelt es sich um Wähler, die im Gegensatz zu den so genannten Stammwählern nicht auf eine bestimmte Partei festgelegt sind, sondern bei den verschiedenen Wahlen die gewählte Partei wechseln. Die Wechselwähler spielen für die Wahlwerbung der großen Parteien eine besondere Rolle, weil sie als wahlentscheidend gelten.

Politik verstehen und handeln ISBN 978-3-582-74132-5

Wahlkampf kostet Geld

Um die Gunst der Wähler zu gewinnen, wird Wahlwerbung heute von professionellen Werbebüros gestaltet. Dabei setzen die Parteien eine Vielzahl von Wahlkampfmitteln ein. So wird z. B. für TV-Spots, Hörfunkwerbung, Plakate, Flugblätter, Aufkleber, Anzeigen in Tages- und Wochenzeitungen, aber auch für Kleinwerbematerialien wie z. B. Luftballons, Kugelschreiber und neuerdings auch Kondome sehr viel Geld ausgegeben.

Da Wahlkämpfe zur modernen parlamentarischen Demokratie gehören und vom Bundesverfassungsgericht als staatspolitische Aufgabe anerkannt sind, erhalten die Parteien öffentliche Gelder für den Wahlkampf. Dabei dürfen die staatlichen Zuwendungen die selbst erwirtschafteten Einnahmen der Partei nicht übersteigen. So ist es für die Wahlkampfkostenerstattung nicht mehr so entscheidend, wie die Partei bei der Wahl abgeschnitten hat.

Wenn Sie wissen wollen,
- welche politischen Ziele eine Partei verfolgt,
- was sie den Wählern verspricht und
- was sie in ihrer Amtszeit erreichen will,

können Sie dies in den entsprechenden Wahlprogrammen der Parteien nachlesen. Die Wahlprogramme bekommen Sie kostenlos an den Wahlständen oder können Sie über die Parteigeschäftsstellen besorgen.

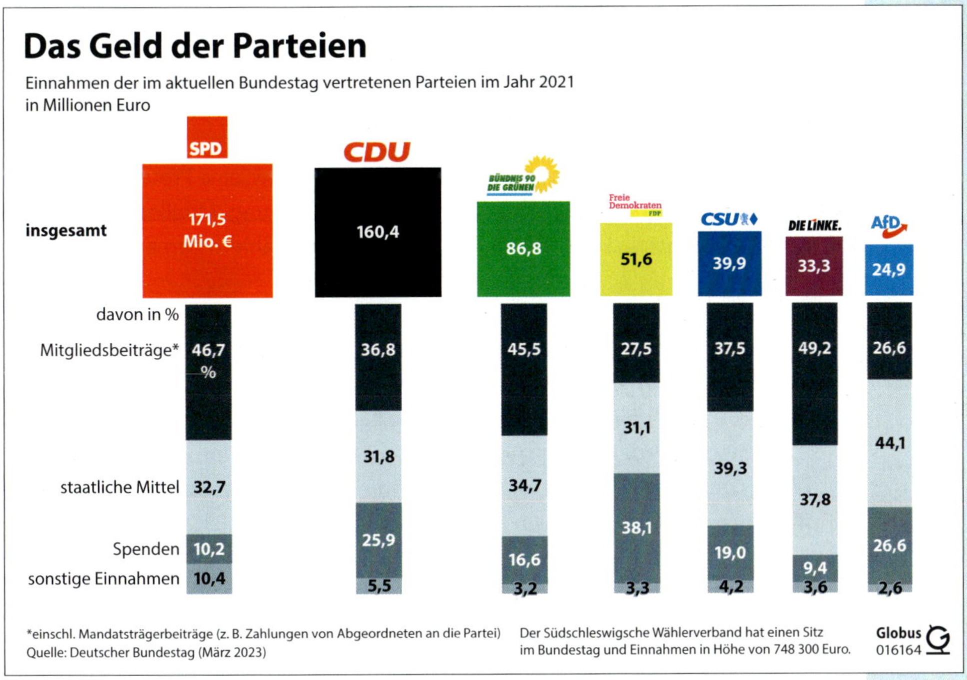

Aufgaben

1. Der Zeichner der links oben abgebildeten Karikatur will etwas Bestimmtes mitteilen. Besprechen Sie in Ihrer Klasse den Aussagegehalt dieser Karikatur. Vergleichen Sie die Ergebnisse mit eigenen Erfahrungen, die Sie in der Wahlkampfzeit schon gemacht haben.
2. Erläutern Sie, welche Funktion des Wahlkampfes für Sie persönlich am wichtigsten ist. Machen Sie sich dazu Notizen.
3. Besorgen Sie sich aktuelle Wahlplakate einzelner Parteien und analysieren Sie diese nach ihren Aussagen und politischen Inhalten. Hinweis: Wahlplakate kann man bei den Geschäftsstellen der Parteien bekommen.
4. Bei der Berechnung der staatlichen Zuwendungen und bei der Wahlkampfkostenerstattung ist es nicht mehr so entscheidend, wie die Partei bei der Wahl abgeschnitten hat. Diskutieren Sie in Ihrer Klasse, welche Folgen diese Regelung für die Parteien hat.

5.3.6 Keine Lust auf Politik – Politikverdrossenheit

Was verstehen wir unter Politikverdrossenheit?

Unzufriedenheit und Enttäuschung über Politiker, Parteien, politische Institutionen und Behörden oder ganz allgemein Misstrauen gegenüber der Politik können bei den Bürgern eine sogenannten Politikverdrossenheit hervorrufen. Im Mittelpunkt der Politikverdrossenheit stehen immer wieder die Parteien, die häufig zur Zielscheibe von Kritik, Wut und Frustration werden. Dies führt u. a. dazu, dass sich die Bürgerinnen und Bürger von der Politik abwenden bzw. eine Protesthaltung einnehmen. Dies macht sich dann durch Wahlverweigerung, Mitgliederschwund in den großen Parteien oder die Zunahme von Protestwählern bemerkbar.

Wahlverweigerung

Es gibt verschiedene Gründe dafür, warum die Bürgerinnen und Bürger nicht wählen gehen, unter anderem,

- weil sie von der Politik und den etablierten Parteien enttäuscht sind oder sich nicht dafür interessieren.
- aus dem Gefühl heraus, dass sie mit ihrer Stimme nichts ausrichten können.
- weil sie denken, dass sich an der Politik nichts ändert, egal wer die Wahl gewinnt und was vorher versprochen wurde.
- aus dem Grund heraus, dass sie sich mit keiner Partei mehr identifizieren können.

Mitgliederschwund in Parteien

Neben der Wahlverweigerung ist ein weiteres mögliches Indiz für die Politikverdrossenheit der Bürger der massive Mitgliederschwund in den großen Parteien. Seit 1990 haben CDU und SPD fast die Hälfte ihrer Mitglieder verloren (siehe die Grafik). Daneben wächst die Mitgliedschaft bei der AfD und den Grünen. Beide Parteien haben es offensichtlich aufgrund ihrer politischen Themen wie Flüchtlings- und Klimapolitik geschafft, neue Mitglieder zu gewinnen.

Protestwähler

Wenn Bürgerinnen und Bürger nur zur Wahl gehen, um den großen Parteien „eins auszuwischen“, wird dieses Wahlverhalten als Protestwahl bezeichnet. Die Protestwählerinnen und -wähler sind meistens in ihrer politischen Richtung nicht festgelegt. Das Parteienspektrum dieser Wählergruppe kann zwischen links- und rechtspopulistischen Parteien schwanken. So konnte z. B. „Die Partei“ bei der Eu-

Diskussion über eine Wahlpflicht in Deutschland

Bei der Bundestagswahl 2021 sind 14,3 Millionen wahlberechtigte Bürgerinnen und Bürger nicht zur Wahl gegangen. Das sind 23,4 % der Wahlberechtigten, also fast ein Viertel. Als scheinbar einfache Methode, die Wahlbeteiligung zu erhöhen, wird häufig über die Einführung einer Wahlpflicht diskutiert. Länder wie z. B. Australien und Belgien haben schon seit Jahrzehnten die Wahlpflicht und erreichen damit Wahlbeteiligungen von über 90 %. Wer nicht wählen geht, dem drohen hohe Geldstrafen. Die Akzeptanz für eine Wahlpflicht ist in der deutschen Bevölkerung allerdings gering. Mehr als zwei Drittel aller wahlberechtigten Bürgerinnen und Bürger lehnen eine Wahlpflicht mit der Begründung ab, dass die Wahlpflicht einen tiefen Einschnitt in die Persönlichkeitsrechte darstelle und dass das Wahlrecht auch das Recht beinhalte, nicht zu wählen.

5

Politik verstehen und handeln ISBN 978-3-582-74132-5

ropawahl 2019 mit zwei Abgeordneten ins Europaparlament einziehen. Die Stimmen verdanken Sie vor allem jungen Protestwählerinnen und -wählern.

Den Wahlerfolg der AfD bei den Bundestagswahlen 2017 und 2021 ist aber weniger den Protestwählern zuzuschreiben, denn in Meinungsumfragen geben viele AfD-Wähler an, die Partei aufgrund ihrer politischen Inhalte gewählt zu haben. Das heißt, die Partei hat es vielmehr geschafft, mit ihren politischen Themen Nichtwählerinnen und -wähler zur Wahl zu motivieren.

Politikverdrossenheit kann nicht ohne negative Auswirkungen für die Demokratie bleiben, da diese durch die politische Beteiligung der Bürger lebt. Statt in Ohnmacht und Passivität zu verfallen, sollte man die Einsicht gewinnen, dass eine Weiterentwicklung der Demokratie auch von Mitgestaltung, Einsatz und Verantwortungsbewusstsein der einzelnen Bürgerinnen und Bürger abhängig ist.

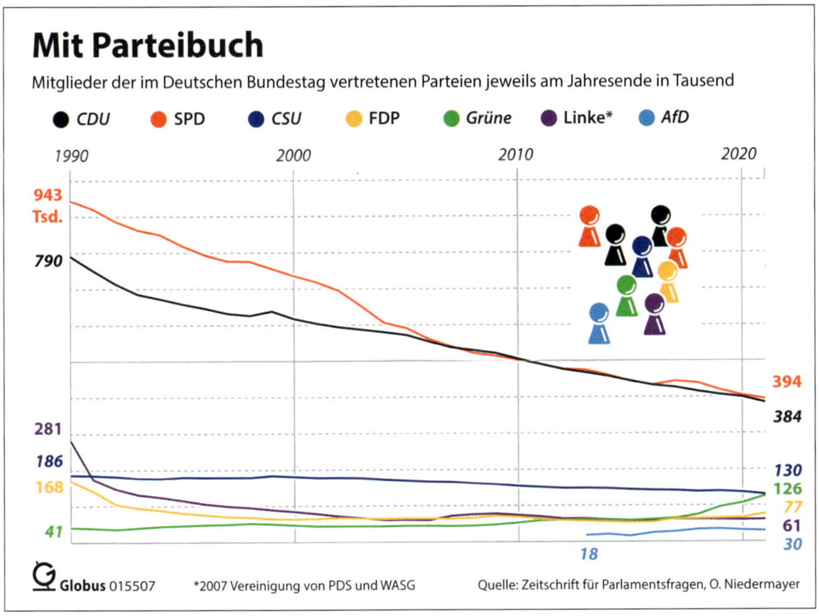

„Die Partei":
Eine durch Redakteure der Satirezeitschrift „Titanic" im Jahr 2004 gegründete Partei. Sie fällt vor allem durch ihre satirische Politik auf.

5

Aufgaben

1. Diskutieren Sie in Ihrer Klasse, welche Gründe dafürsprechen können, dass der Mitgliederschwund in den großen Parteien sich so drastisch darstellt.
2. Analysieren Sie die Karikatur. Dabei können Sie wie folgt vorgehen:
   a) Beschreiben Sie, was der Zeichner mit der Karikatur aussagen will.
   b) Nehmen Sie begründet Stellung zur Karikatur.
3. Informieren Sie sich über die politische Mitwirkungsmöglichkeiten als Mitglied einer Partei. Zeigen Sie in Form eines Kurzvortrages auf, welche Möglichkeiten der Mitwirkung und Entscheidung bestehen.
   Hinweis: Um Informationsmaterialien zu bekommen, können Sie die entsprechenden Webseiten der Parteien im Internet aufrufen.

5.3.7 Bürgerinitiativen – Möglichkeit politischer Einflussnahme?

Artikel 5 GG:

(1) Jeder hat das Recht, seine Meinung in Wort, Schrift und Bild frei zu äußern und zu verbreiten und sich aus allgemein zugänglichen Quellen ungehindert zu unterrichten. [...]

sympathisierend: gleich gesinnt

Was sind Bürgerinitiativen?

Unter Bürgerinitiativen versteht man Zusammenschlüsse von gleich gesinnten Personen, die auf lokaler Ebene meist spontan (ad hoc) entstehen. Anlass zur Bildung einer Bürgerinitiative ergibt sich z. B., wenn Bürger sich wehren wollen gegen

- politische Maßnahmen,
- öffentliche Planungen oder Unterlassungen,
- Missstände und befürchtete Fehlentwicklungen in sozialen und kulturellen Bereichen oder in der natürlichen Umwelt.

Dieses geschieht entweder auf dem Weg der Selbsthilfe oder auf dem Weg der öffentlichen Meinungswerbung und der Ausübung von politischem Druck.

Eine Bürgerinitiative besteht meist aus einer überschaubaren Gruppe von Mitgliedern mit einer mehr oder weniger großen Zahl von sympathisierenden Anhängern. Jeder von uns kann eine Bürgerinitiative gründen und jedes denkbare Anliegen kann zum Gegenstand gemacht werden.

Die rechtlichen Grundlagen zur Gründung von Bürgerinitiativen, ohne dass sie aber ausdrücklich benannt werden, sind im Grundgesetz in den Artikeln 5 GG (Meinungsfreiheit), 8 GG (Versammlungsfreiheit) und 9 GG (Vereinigungsfreiheit) festgelegt.

Artikel 8 GG:

(1) Alle Deutschen haben das Recht, sich ohne Anmeldung oder Erlaubnis friedlich und ohne Waffen zu versammeln.

(2) Für Versammlungen unter freiem Himmel kann dieses Recht durch Gesetz oder aufgrund eines Gesetzes beschränkt werden.

Artikel 9 GG:

(1) Alle Deutschen haben das Recht, Vereine und Gesellschaften zu bilden.

(2) Vereinigungen, deren Zweck oder deren Tätigkeit den Strafgesetzen zuwiderlaufen oder die sich gegen die verfassungsmäßige Ordnung oder gegen den Gedanken der Völkerverständigung richten, sind verboten.

Funktionsweise von Bürgerinitiativen

Die Aktivitäten von Bürgerinitiativen bestehen im Allgemeinen darin, sich direkt an die zuständigen Stellen zu wenden, wie z. B. Planungs- und Genehmigungsbehörden, den Bürgermeister, den Gemeinderat, das Stadtparlament usw. Dazu ste-

hen den Bürgerinitiativen eine Vielzahl von Mitteln zur Verfügung.
Damit erreichen die Bürgerinitiativen, dass die Missstände einer breiten Öffentlichkeit bekannt gemacht werden, um somit einen möglichst großen politischen Druck ausüben zu können. Bürgerinitiativen spielen als dritte Kraft neben Parteien und Verbänden eine wichtige Rolle in der politischen Willensbildung.

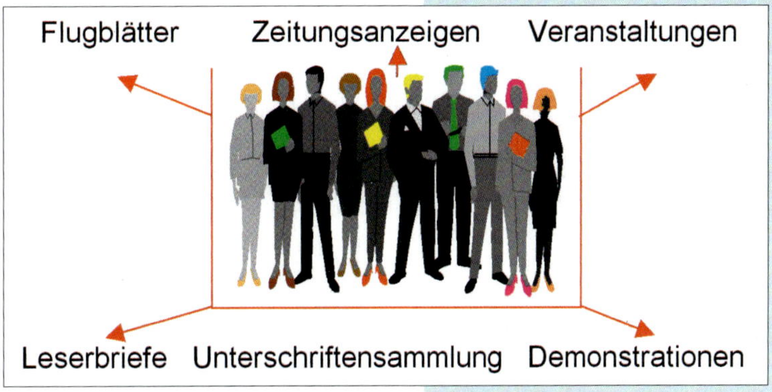

Der Schwerpunkt der Arbeit von Bürgerinitiativen liegt in der Kommunalpolitik. Hier sind Fehlentwicklungen für den Einzelnen am ehesten erkennbar, z. B. in den Bereichen von Bildung, Erziehung, Verkehr, Stadtplanung, Umweltschutz, Freizeit. Manchmal kommt es vor, dass sich Bürgerinitiativen auf das Gemeinwohlinteresse berufen, aber tatsächlich nur eine sehr begrenzte Anzahl von Bürgern repräsentieren.
Generell dienen Bürgerinitiativen dazu, dem Einzelnen zu helfen, die Realisierung seiner Grundrechte wirkungsvoll zu organisieren.

Erstmals sind Bürgerinitiativen in der Bundesrepublik Deutschland Ende der 60er-Jahre aufgetreten.
In den 70er-Jahren entstanden immer mehr Bürgerinitiativen und wuchsen schnell zu einer breiten Bewegung an. Gründe dafür lassen sich in der gesellschaftspolitischen Bewegung der außerparlamentarischen Opposition (APO) und dem Aufruf **„Mehr Demokratie wagen"** der ersten sozialliberalen Regierung finden.
Umfragen zeigen, dass Bürgerinitiativen in der Bevölkerung ein recht hohes Maß an Teilnahmebereitschaft vorfinden.

Der Unterschied von Parteien und Bürgerinitiativen

Partei	***Bürgerinitiative***
Teilnahme an Wahlen mit eigenen Kandidatinnen und Kandidaten	
Will Einflussnahme auf alle Gebiete des öffentlichen Lebens	Will Einflussnahme auf einen beschränkten Bereich bzw. ein Ziel
Gesamtgesellschaftliche Ziele, die in einem Programm gebündelt sind	Setzt sich für ein Ziel einer Gruppe ein
Innere Ordnung einer Partei muss demokratischen Grundsätzen entsprechen	In der Regel freie Vereinbarung einer Verfahrensordnung
Kann zum besonderen Schutz der Verfassung verboten werden	
Bei Mitgliedern oder Mitgliedern des Vorstands darf die Mehrheit nicht aus Ausländern bestehen	Mitarbeit in der Regel für alle möglich
Dauerhafte Organisation; Mitgliedschaft ist nur in einer Partei möglich	Aktionsbündnis auf Zeit. In der Regel Mitarbeit ohne Mitgliedschaft möglich

5

Aufgaben

1. Diskutieren Sie in Ihrer Klasse, welche Möglichkeiten Rolf und Olaf haben, um sich dafür einzusetzen, dass sie ihren Jugendclub behalten.
2. Zählen Sie auf, welche Anlässe zur Gründung einer Bürgerinitiative Sie sich aufgrund von Mängeln, Missständen oder Fehlplanungen in Ihrer Gemeinde oder Stadt vorstellen könnten.
3. Erörtern Sie, was die Bürgerinitiativen mit ihren Aktivitäten, wie Austeilen von Flugblättern, Demonstrationen, Unterschriftensammlungen usw., erreichen wollen. Sprechen Sie darüber in Ihrer Klasse und notieren Sie sich die Ergebnisse stichpunktartig.
4. Erarbeiten Sie in Ihrer Klasse, was Rolf und Olaf unternehmen müssen, wenn sie eine Bürgerinitiative zum Erhalt ihres Jugendclubs gründen wollen.

5.3.8 Der wehrhafte Bürger – Petitionen und Demonstrationen

Friedliche Fridays-for-Future-Demonstration

Fridays for Future: eine von Schülern und Studierenden ausgehende globale Bewegung, die sich für schnelle und effiziente Klimaschutz-Maßnahmen einsetzt (siehe auch Seite 299). Bedingt durch die Corona-Pandemie wurden die bisherigen öffentlichen Streiks und Demonstrationen auf Online-Aktionen verlegt.

Demonstrationen können unter bestimmten Umständen sogar das politische System umfassend verändern (vergleiche hierzu auch Abschnitt 6.2.6)

Am Beispiel der Bürgerinitiative wurde bereits gezeigt, welche Möglichkeit neben den Wahlen besteht, sich politisch zu engagieren. In diesem Abschnitt sollen zwei weitere Beispiele für aktives politisches Handeln gezeigt werden.

Die Petition

In Artikel 17 GG ist das Grundrecht verankert, sich mit einer Bitte oder Beschwerde an die Volksvertretung zu wenden. Dies geschieht mithilfe einer Petition (Eingabe) in schriftlicher Form. Die Adressaten einer Petition sind die zuständigen Stellen und Volksvertretungen. Hierbei handelt es sich um

- die Gemeindevertretungen und Kreistage auf der kommunalen Ebene,
- die Länderparlamente auf der Landesebene und schließlich
- den Bundestag auf der Bundesebene.

Artikel 17 GG:
Jedermann hat das Recht, sich einzeln oder in der Gemeinschaft mit anderen schriftlich mit Bitten und Beschwerden an die zuständigen Stellen und an die Volksvertretung zu wenden.

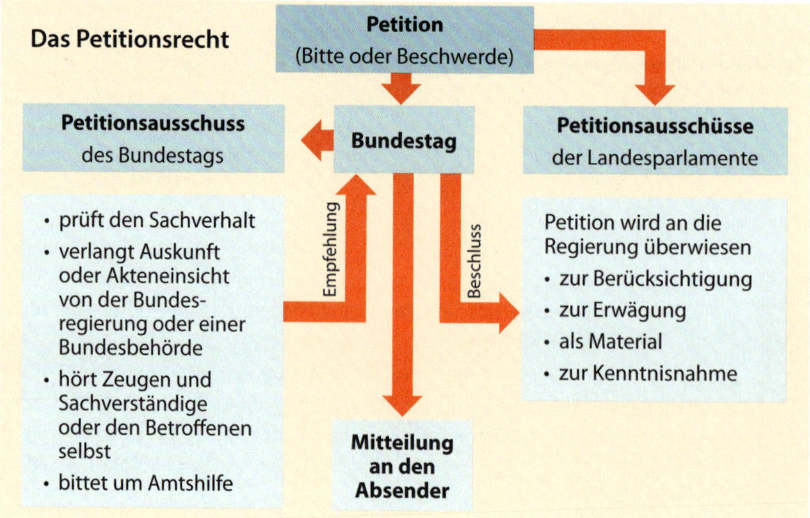

Hinweis:
In Thüringen sieht die Landesverfassung in Artikel 14 vor, dass eine Petition auch in mündlicher Form erfolgen kann: „Jeder hat das Recht, sich einzeln oder in Gemeinschaft mit anderen schriftlich oder mündlich mit Bitten oder Beschwerden an die zuständigen Stellen und an die Volksvertretung zu wenden. Es besteht Anspruch auf begründeten Bescheid in angemessener Frist."

Politik verstehen und handeln ISBN 978-3-582-74132-5

Hat ein Bürger eine Petition in der richtigen Form eingereicht, so hat er einen Anspruch darauf, dass der Petitionsausschuss diese sachlich prüft und darüber entscheidet. Ist der Sachverhalt geklärt und das Anliegen als berechtigt eingestuft, werden Maßnahmen ergriffen, um den Missstand zu beseitigen.

Somit ist das Petitionsrecht ein wichtiger Bestandteil unserer Demokratie, da es eine Möglichkeit darstellt, sich gegen Ungerechtigkeit oder Benachteiligung durch staatliche Stellen zur Wehr zu setzen. Darüber hinaus bieten Petitionen aber auch die Möglichkeit, durch politische Vorschläge zur Gesetzgebung auf die „große Politik" Einfluss zu nehmen.

Beispiel einer Petition:

Deutscher Bundestag
Petitionsausschuss
Platz der Republik 1
11011 Berlin

Herr
Mustermann
Musterstrasse 5
70815 Musterhausen

Sehr geehrte Damen und Herren,

ich möchte Sie hiermit bitten, den vorliegenden Fall zu überprüfen, da ich mich in meinem Recht erheblich verletzt fühle. Eine detaillierte Ausführung des Sachverhaltes ist beigelegt.

Mit freundlichen Grüßen

Mustermann

Das Demonstrationsrecht

Eine ganz andere – und auch viel lautere – Art, Forderungen zu stellen, Missstände und Beschwerden vorzutragen, ist die Demonstration. Sie hat das Ziel, die Aufmerksamkeit der Öffentlichkeit zu wecken und sie gegebenenfalls für sich zu gewinnen.
Im Grundgesetz wird das Demonstrationsrecht in Artikel 8 gewährleistet. Danach sind Versammlungen in **geschlossenen Räumen** ohne Anmeldung möglich. Sie unterliegen nur der Einschränkung, dass sie friedlich und ohne Waffen stattfinden müssen.

Bei Versammlungen unter **freiem Himmel** kann das Versammlungsrecht zusätzlich eingeschränkt werden. So müssen Veranstalter von Demonstrationen die geplante Demonstration mindestens 48 Stunden vor Beginn beim Ordnungsamt oder der Polizei anmelden. Die Polizei kann die geplante Demonstration verbieten oder nur unter bestimmten Auflagen genehmigen. Verbot und Auflösung von Demonstrationen dürfen allerdings nur als letzte Möglichkeit zur Gewährleistung der öffentlichen Sicherheit und Ordnung in Betracht gezogen werden. In Ausnahmen, z. B. bei einer spontan organisierten Demonstration aus aktuellem Anlass, entfällt die Anmeldepflicht.

Der Veranstaltungsleiter muss für einen ordentlichen Verlauf der Demonstration sorgen. Alle Teilnehmer sind verpflichtet, den Anordnungen des Veranstaltungsleiters Folge zu leisten.

Hinweis:
Es ist auch möglich, seine Petition online beim Portal des Petitionsausschusses auf der Homepage des Deutschen Bundestag einzureichen.

Artikel 8 GG:
(1) Alle Deutschen haben das Recht, sich ohne Anmeldung oder Erlaubnis friedlich und ohne Waffen zu versammeln.
(2) Für Versammlungen unter freiem Himmel kann dieses Recht durch Gesetz oder aufgrund eines Gesetzes beschränkt werden.

Aufgaben

1. Schreiben Sie eine Petition zu einem aktuellen Anlass in Ihrer Schule oder Region. Bilden Sie Kleingruppen und notieren Sie sich stichpunktartig Ihre Beschwerde oder Bitte. Tragen Sie Ihr Ergebnis in der Klasse vor und diskutieren Sie über die gemachten Vorschläge.
2. Neben den friedlichen Demonstrationen gibt es immer wieder solche, in denen es Gewaltausschreitungen gibt. Suchen Sie nach Beispielen und klären Sie mögliche Ursachen für Gewaltausschreitungen bei Demonstrationen.

METHODE

INFORMATIONSBESCHAFFUNG/RECHERCHE

Ziel

Eine Grundvoraussetzung für erfolgreiches Lernen ist es, sich selbstständig und zielgerichtet Informationen zu beschaffen. Beim Erstellen von Referaten und Hausarbeiten ist das Suchen und Nutzen von Informationsquellen ein wichtiger Arbeitsschritt. Das Wort **recherchieren** kommt aus dem Französischen und bedeutet nachforschen.

Will man erfolgreich zu einem Thema nachforschen, ist es u.a. notwendig, systematisch zu lesen, Wichtiges zu markieren, mit Nachschlagewerken arbeiten zu können, Informationen zusammenzufassen, Bibliotheken und Archive zu nutzen, im Internet Suchmaschinen einzusetzen usw.

Wo und wie man sich informieren kann

Es sollten immer unterschiedliche Quellen für die Informationsbeschaffung genutzt werden. Nur so kann die Gefahr gemindert werden, einseitige Informationen zu erhalten.
Gerade bei politischen Fragestellungen gibt es unterschiedliche Meinungen, die aber vom Leser oft nicht leicht zu erkennen sind und fälschlicherweise für Tatsachen gehalten werden könnten. Um sich ein möglichst neutrales Bild zu verschaffen, sollten mehrere Autoren und Quellen herangezogen werden. Wichtig ist es, jeweils sorgfältig die Quelle der Information zu vermerken und anzugeben.
Möglichkeiten, sich Informationen zu beschaffen:

- Bibliotheken (z.B. Stadt- oder Schülerbibliothek) und Archive (Zeitungsarchive) nutzen
- Nachrichten in Tageszeitungen oder im Fernsehen verfolgen, ausschneiden bzw. aufnehmen
- Vertreter von Parteien und Interessenverbänden, Abgeordnete usw. aufsuchen
- Expertenbefragungen durchführen
- Interviews und Befragungen von Verwandten, Freunden oder Passanten durchführen
- an Bürgerversammlungen, öffentlichen Diskussionen usw. teilnehmen
- schriftlich Informationsmaterialien bei Behörden, Verbänden, Betrieben anfordern
- in Lexika und anderen Nachschlagewerken recherchieren
- im Internet forschen (Achten Sie unbedingt auf die Glaubwürdigkeit bzw. Seriosität der Quelle.)

Informationen aus Texten gewinnen

Häufig ist es nicht notwendig, einen Text Wort für Wort zu lesen. Genaues Durchlesen ist oftmals viel zu zeitaufwändig und raubt letztendlich die Lust.
Um festzustellen, ob ein Text die benötigten Informationen enthält, reicht es völlig aus, sich zunächst einen **groben Überblick** zu verschaffen. Überschriften, Einleitungen und bestimmte Schlüsselbegriffe vermitteln einen Überblick darüber, ob der Text geeignet ist.
Nach dem groben Überfliegen können Sie dann entscheiden, ob es sinnvoll ist, genauer zu lesen. In diesem zweiten Schritt sollten dann alle **wichtigen Stellen markiert** werden.
Im nächsten Schritt werden dann wichtige Informationen möglichst in **eigenen Worten** aufgeschrieben.
Überprüfen Sie zum Schluss nochmals, ob Sie Ihre **Notizen** auch verstehen. Die **Quellenangabe** nicht vergessen!

Aufgaben

1. Besorgen Sie sich unterschiedliche Tageszeitungen und vergleichen Sie die verschiedenen Artikel zu einem Thema. Vergleichen Sie die enthaltenen Informationen im Hinblick auf die Gemeinsamkeiten und Unterschiede.
2. Recherchieren Sie im Internet mithilfe unterschiedlicher Suchmaschinen zu einem selbst gewählten Begriff.
3. Schreiben Sie Parteien an und fragen Sie gezielt nach Informationen z.B. zum Thema Familienpolitik, Ausländerpolitik, Umweltschutz. Vergleichen Sie die erhaltenen Informationen.

6

JÜNGERE DEUTSCHE GESCHICHTE – EIN ÜBERBLICK

Politik verstehen und handeln ISBN 978-3-582-74132-5

6.1 VON WEIMAR BIS ZUM ENDE DES ZWEITEN WELTKRIEGS

Friedrich Ebert (1871–1925), der erste Reichspräsident der Weimarer Republik

6.1.1 Aufstieg und Fall der Weimarer Republik

Arbeiter und Soldaten!

Das deutsche Volk hat auf der ganzen Linie gesiegt.
Das Alte, Morsche ist zusammengebrochen; der Militarismus ist erledigt.
Die Hohenzollern haben abgedankt!
Es lebe die Republik! [...]
[...] Sorgen Sie dafür, dass die neue deutsche Republik,
die wir errichten werden, nicht durch irgendetwas gefährdet werde!
Es lebe die deutsche Republik!"

(Auszug aus der Rede des sozialdemokratischen Reichstagsabgeordneten und späteren Reichskanzlers Philipp Scheidemann, die er vom Balkon des Reichstages zur Volksmenge sprach.)

Geburtsstunde der Weimarer Republik

Wie kam es zum Ausruf der Republik? Nach der Niederlage Deutschlands im Ersten Weltkrieg war das deutsche Kaiserreich politisch und militärisch am Ende. Am 3. November 1918 meutern in Kiel und Wilhelmshaven Marinesoldaten, und zwei Tage später finden die ersten Generalstreiks statt. Die revolutionäre Entwicklung breitet sich schnell auf fast ganz Deutschland aus. Am 9. November 1918 dankt Kaiser Wilhelm II. unter dem Druck der Revolution ab und flüchtet nach Holland ins Exil. Noch am selben Tag wird in Berlin von Philipp Scheidemann die Republik ausgerufen. Am 19. Januar 1919 finden in Deutschland die ersten demokratischen Wahlen zu einer Nationalversammlung statt. Die SPD, das Zentrum und die DDP (Deutsche Demokratische Partei) bilden in einer Koalition die Regierung, Friedrich Ebert wird der erste Reichspräsident und Philipp Scheidemann der erste Reichskanzler.

Neben den Sozialdemokraten gab es die Kommunisten, die jedoch einen deutschen Staat nach dem Vorbild der Sowjetunion aufbauen wollten. Hierzu gehörten der Spartakusbund und die unabhängigen Sozialisten. Führende kommunistische Köpfe waren Karl Liebknecht und Rosa Luxemburg, die im Januar 1919 ermordet wurden.

6

Die Nationalversammlung tagte – aufgrund der unruhigen politischen Situation in Berlin – im thüringischen Weimar.
Am 11. August 1919 wird die so genannte „Weimarer Verfassung" beschlossen. Die Weimarer Republik war geboren.

Philipp Scheidemann (1865–1939), Sozialdemokrat und erster Reichskanzler, ruft vom Balkon des Reichstages die Republik aus.

Politik verstehen und handeln ISBN 978-3-582-74132-5

Widerstand gegen die junge Demokratie

Die neue Weimarer Republik hatte schwer um ihren Bestand zu kämpfen. Aufstandsversuche und Putschversuche von linken und rechten Gruppen konnten nur mit Mühe niedergeschlagen werden.

Mit dem Friedensvertrag von Versailles, der am 28. Juni 1919 unterzeichnet wurde, musste Deutschland unter anderem Staatsgebiete (Elsass-Lothringen, Westpreußen, Oberschlesien und das Saargebiet) abtreten, hohe Reparation in Form von Geld- und Sachlieferungen leisten sowie die Alleinschuld am Krieg anerkennen.

Insbesondere rechte Parteien und Gruppierungen wollten sich diesem Friedensvertrag nicht beugen und bekämpften offen die Republik. Militärs, Nationalisten sowie Anhänger des Kaisers machten die Revolution für die Niederlage Deutschlands im Krieg verantwortlich. Die so genannte **„Dolchstoßlegende"** wurde verbreitet.

Schwächen der Weimarer Verfassung

1. Verhältniswahlrecht ohne 5 %-Klausel: Es führt zur Zersplitterung des Parlamentes. Mehrheitsbildung kaum möglich!
2. Starke Stellung des Reichspräsidenten: Er ist u.a. berechtigt, den Reichstag aufzulösen. Er hat den Oberbefehl über die Armee.
3. Notverordnungsrecht: Siehe Artikel 48 der Weimarer Verfassung.
4. Schwache Stellung des Reichskanzlers: Er kann jederzeit vom Reichstag gestürzt werden. Es kann zu häufigen Regierungswechseln kommen.

Wirtschaftskrise und Massenarbeitslosigkeit

In den Jahren von 1924 bis 1929 erlebte die Weimarer Republik einige Jahre der politischen Entspannung und wirtschaftlichen Erholung. Man spricht auch von den „Goldenen Zwanzigern". Mit dem „Schwarzen Freitag" an der New Yorker Börse am 24. Oktober 1929 begann die Weltwirtschaftskrise, die schnell auf Deutschland übergriff. Die Folge war eine hohe Arbeitslosigkeit, was für die Betroffenen zur damaligen Zeit Hunger und Elend bedeutete. In ihrer Not klammern sich viele Bürger an Versprechungen der radikalen Parteien. Sie geben der Weimarer Republik die Schuld an ihrem wirtschaftlichen Elend und glauben, eine Besserung der wirtschaftlichen Krise sei nur mit einer grundlegenden Änderung der Politik zu erreichen. So brachte die Reichstagswahl 1930 den Nationalsozialisten den ersten Erfolg. Sie konnten ihre bisher 12 Sitze auf 107 erhöhen. Mit den anderen radikalen Parteien zusammen wurde eine Mehrheitsbildung im Reichstag immer schwieriger und es ließ sich zu guter Letzt nur noch mit der Notverordnung des Reichspräsidenten regieren.

Reparation:
Wiedergutmachung

Dolchstoßlegende:
Es wurde fälschlicherweise verbreitet, dass das deutsche Heer im Krieg unbesiegt geblieben und die Revolution mit den Sozialdemokraten an ihrer Spitze dem Heer in den Rücken gefallen sei und ihm somit den „Dolchstoß" verpasst hätte.

Auszug aus der Weimarer Verfassung:
Artikel 48 (Notverordnungsrecht):
Wenn ein Land die ihm nach der Reichsverfassung oder den Reichsgesetzen obliegenden Pflichten nicht erfüllt, kann der Reichspräsident es dazu mithilfe der bewaffneten Macht anhalten. Der Reichspräsident kann, wenn im deutschen Reich die öffentliche Sicherheit und Ordnung gestört oder gefährdet ist, die zur Wiederherstellung der öffentlichen Sicherheit und Ordnung nötigen Maßnahmen treffen, erforderlichenfalls die in den Artikeln 114 (Freiheit der Person), 115 (Unverletzlichkeit der Wohnung), 117 (Postgeheimnis), 118 (Recht auf freie Meinungsäußerung), 123 (Versammlungsfreiheit),124 (Koalitionsfreiheit) und 153 (Sicherung des Eigentums) festgesetzten Grundrechte ganz oder zum Teil außer Kraft setzen. [...]

6

Aufgaben

1. Diskutieren Sie in Ihrer Klasse folgende Aussage: „Die Weimarer Republik" war eine Demokratie ohne Demokraten.
2. Notieren Sie sich, welche Vollmachten der Reichspräsident bei Anwendung des Artikels 48 der Weimarer Verfassung hatte, und vergleichen Sie diese mit den Vollmachten des heutigen Bundespräsidenten. Hinweis: Arbeiten Sie mit dem Grundgesetz.

6.1.2 Nationalsozialistische Machtergreifung

totalitär:
alles erfassend und sich unterwerfend

KPD:
Kommunistische Partei Deutschlands

SPD:
Sozialdemokratische Partei Deutschlands

Zentrum/Zentrumspartei:
Partei des politischen Katholizismus, genannt nach ihren Plätzen in der Mitte des Sitzungssaals im Parlament. Sie machte eine Politik für die Festigung der Republik und bekämpfte die Nationalsozialisten.

Für die Verabschiedung des **Ermächtigungsgesetzes** war eine Zweidrittelmehrheit im Reichstag erforderlich. Die SPD lehnte dieses Gesetz entschieden ab, die anderen Parteien hatten Bedenken. Das Zentrum, dessen Stimmen für dieses Gesetz notwendig waren, verlangte die Wiederherstellung der Grundrechte. Hitler stimmte mündlich zu und versprach eine schriftliche Bestätigung.
Als zu Beginn der entscheidenden Reichstagssitzung die Bestätigung noch nicht eingetroffen war und die Zentrumsabgeordneten dem Gesetz nicht zustimmen wollten, versicherte der nationalsozialistische Innenminister, dass der Brief unterwegs sei. Dadurch stimmte die Zentrumspartei dem Gesetz zu. Der Brief zur Wiederherstellung der Grundrechte war aber nur eine leere Versprechung der Nationalsozialisten, denn er wurde nie verfasst.

Die Zerstörung des Reichstags durch Brandstiftung schrieb Hitler den Kommunisten zu und nahm dies als Anlass für den Erlass von Notverordnungen. Die genauen Tatumstände, die zum Brand führten, wurden bis heute nicht restlos geklärt.

Gleichzeitig mit der Berufung Adolf Hitlers zum Reichskanzler durch den Reichspräsidenten Hindenburg am 30. Januar 1933 und der damit verbundenen Machtübernahme der Nationalsozialisten begann auch die Umwandlung der Weimarer Republik in eine **totalitäre Diktatur.**

Die Machteroberung der Nationalsozialisten verlief in den folgenden Schritten:

- Mit dem **Reichstagsbrand** in der Nacht vom 27. auf den 28. Februar. 1933 wurde eine Verhaftungswelle von Parteifunktionären der KPD und SPD eingeleitet. Noch am 28. Februar wurde „die Verordnung zum Schutz von Volk und Staat" erlassen, die die Grundrechte der Weimarer Reichsverfassung außer Kraft setzte.
- Am 24. März 1933 stimmte die Mehrheit des Reichstages dem **Ermächtigungsgesetz** zu. Damit machte der Reichstag Hitler zum Gesetzgeber und entmachtete sich gleichzeitig selbst.
- Im März 1933 wurden die Länder mit dem Reich gleichgeschaltet. Mit dieser **Gleichschaltung** wurde die föderative Struktur der Weimarer Republik aufgelöst. Kurze Zeit später wurden auch die Gewerkschaften und Parteien aufgelöst.
- Mit dem Tod des Reichspräsidenten Hindenburg am 2. August 1934 übernahm Hitler zusätzlich die Stellung des **Reichspräsidenten** und erlangte dadurch den Oberbefehl über die Wehrmacht.

Politik verstehen und handeln ISBN 978-3-582-74132-5

Der Leidensweg der jüdischen Bevölkerung

Die Rassenlehre war ein zentraler Bestandteil in der nationalsozialistischen Weltanschauung Adolf Hitlers (siehe Abschnitt 6.1.4). Schon kurze Zeit nach der Machtübernahme durch die Nationalsozialisten setzte eine gewaltige Propaganda gegen die jüdische Bevölkerung ein. Das menschenverachtende Vorgehen gegen diese Bevölkerungsminderheit war fester Bestandteil zur innen- und außenpolitischen Durchsetzung nationalsozialistischer Interessen und verlief in folgenden Etappen (siehe auch Abschnitt 6.1.5):

Nationalsozialistischer Boykott – Posten vor einem Berliner Warenhaus.

- In der Zeit von 1933 bis 1938 wurden die Bürger jüdischen Glaubens durch Gesetze und Verordnungen allmählich aus dem öffentlichen Leben verdrängt. Die Nürnberger Gesetze (September 1935) bildeten die Grundlage für einen vollständigen Ausschluss aus allen öffentlichen Arbeitsverhältnissen und verboten die Ehe zwischen Juden und Nichtjuden (Blutschutzgesetz). Die Möglichkeit zu arbeiten wurde auf wenige Berufszweige beschränkt. 1937 begann mithilfe von Drohung und Erpressung die so genannte „Arisierung" der Wirtschaft.
- In der Zeit von 1938 bis 1941 vollzog sich die massive Verfolgung der jüdischen Bevölkerung. Es wurden alle Lebensbereiche drastisch eingeschränkt. Ersten Verhaftungen folgte die staatlich organisierte Reichspogromnacht (9./10. November 1938). Jüdisches Eigentum wurde systematisch zerstört und 26.000 Bürger jüdischen Glaubens wurden verhaftet und in die Konzentrationslager Dachau, Buchenwald und Sachsenhausen verschleppt. Im Oktober 1941 wurde dann die Auswanderung verboten und die Verpflichtung zur Zwangsarbeit eingeführt. Es kam zu den ersten Deportationen nach Polen.
- Ab 1941 wurde die Massenvernichtung geplant und dann durchgeführt: In der Wannseekonferenz (Januar 1942) wurde die Durchführung der „Endlösung der europäischen Judenfrage" beschlossen. Im Sommer des gleichen Jahres fingen die Machthaber an, die Pläne zur Vernichtung umzusetzen (siehe hierzu Abschnitt 6.1.5).

Arisierung:
Jüdische Inhaber von Unternehmen und Läden wurden gezwungen, diese weit unter Wert an „arische" Deutsche zu verkaufen.

Deportation:
Zwangsverschickung

Endlösung:
Vernichtung der Juden

Verbrennungsöfen im Krematorium des KZs Auschwitz

Aufgaben

1. Ein Schritt der Machtergreifung durch die Nationalsozialisten war die Auflösung der föderalistischen Staatsstruktur der Weimarer Republik.
   a) Informieren Sie sich in Abschnitt 6.1.3 zum nationalsozialistischen System und in Abschnitt 5.2.4 zum Begriff des Föderalismus.
   b) Erläutern Sie, welchem Zweck die Zerschlagung der föderalistischen Staatsstruktur bei der Machtergreifung der Nationalsozialisten diente.

6.1.3 Das nationalsozialistische System

Auszüge aus Berichten der Gestapo:

Am 1. Februar 1934 wurde der Mechaniker Josef Gr. in Zumsweiher festgenommen, weil er die Wahl vom 12. November 1933 als einen Schwindel bezeichnete. (17.2.1934)

Der Staatsanwaltschaft überstellt wurde der Landwirt Alexander G. in Bühl, der dringend verdächtig ist, die in seinem Wohnort befindliche Hitler-Linde abgesägt zu haben. (17.3.1934)

Angezeigt wurde der verheiratete Kaufmann Hugo L. [...], weil er in der Wirtschaft [...] äußerte: „[...] jeden Tag wird es schlechter in Deutschland. Alle Steuern sind noch gleich hoch geblieben. Der Verdienst ist aber durch das schlechte Geschäft und die vielen Beitragszahlungen geschmälert worden." (1935)

Festgenommen wurde [...] der verheiratete Gastwirt Wilhelm A., [...] A. äußerte sich in seiner Wirtschaft: „Wenn die [früheren Regierungen] auch so rücksichtslos gewesen wären, dann wäre der Nationalsozialismus niemals an die Macht gekommen. Hitler ist überhaupt kein deutscher Staatsbürger, sondern er ist ja ein Ausländer. Überhaupt ist es eine Schande für das deutsche Volk, dass es so einen Führer hat." (15. – 24.8.1935)

(Quelle: J. Schadt: Verfolgung und Widerstand unter dem Nationalsozialismus in Baden, Stuttgart 1976)

Mit den Notverordnungen der Weimarer Republik beseitigten die Nazis alle bisherigen demokratischen Einrichtungen des Staates. So wurden

- alle Parteien außer der NSDAP aufgelöst,
- die Grundrechte aufgehoben,
- die deutschen Länder mit ihren gewählten Parlamenten und Regierungen aufgelöst und der Reichsregierung unterstellt **(Gleichschaltung)**,
- die wichtigsten Vereine, Verbände und Organisationen in die Organisation der NSDAP übernommen, um alle gesellschaftlichen Gruppen zu kontrollieren,
- die Gewerkschaften zerschlagen und
- mit Hitlers eigener Ernennung zum obersten Gerichtsherren wurde die Gewaltenteilung beseitigt.

Der Staat wurde nach dem **Führerprinzip** neu geordnet. Das Führerprinzip bezeichneten die Nationalsozialisten als „Grundgesetz der nationalistischen Weltanschauung". Jede „Gefolgschaft" hatte ihrem Führer absoluten Gehorsam, unbedingte Unterordnung und bedingungslose Treue entgegenzubringen. Jeder Führer wiederum war Teil einer größeren Gefolgschaft, über die der jeweils höher stehende Führer uneingeschränkte Befehlsgewalt hatte. Oberster Führer war Adolf Hitler. Entscheidungen wurden nicht mehr durch demokratische Abstimmungen, sondern immer durch Befehle getroffen.

Nach diesem Führerprinzip waren die NSDAP und die angeschlossenen Verbände organisiert. Seit 1934 herrschte das gleiche Prinzip auch im Verhältnis zwischen Arbeitgeber und Arbeitnehmer. An der Spitze eines Betriebes stand der so genannte Betriebsführer. Die als Gefolgschaft bezeichnete Belegschaft war ihm zu Treue und Gehorsam verpflichtet.

sogenannter Röhm-Putsch:
Wenn es um die Ausschaltung von Gegnern oder Konkurrenten ging, machte Hitler selbst vor alten Kampfgefährten nicht Halt. Am 30. Juni 1934 ließ Hitler etwa 200 hohe SA-Führer ohne Gerichtsverfahren von SS-Männern erschießen. Der oberste SA-Führer Ernst Röhm, ein alter Duzfreund Hitlers und bereits vor ihm Mitglied der NSDAP, wurde einen Tag später ermordet. Die Begründung für die Morde war, dass die Ermordeten einen Staatsstreich gegen die Hitlerregierung geplant hätten. Die Wahrheit war aber:
Die SA-Führung war zu stark und selbstbewusst geworden und wurde von SS und Reichswehr als Konkurrenz empfunden. Röhm hatte außerdem den Fehler begangen und Hitler kritisiert, indem er in einer Rede vom 18. April 1934 den Vorwurf äußerte, dass das neue Regime „nicht rücksichtslos aufgeräumt" hätte.

Politik verstehen und handeln ISBN 978-3-582-74132-5

Viele Deutsche waren mehr oder weniger freiwillig Mitglieder in verschiedenen militärisch ausgerichteten und streng nach dem Führerprinzip geleiteten nationalsozialistischen Organisationen. Auch Kinder und Jugendliche traten schon frühzeitig in das Jungvolk und später dann in die Hitlerjugend (HJ) oder in den Bund deutscher Mädel (BDM) ein. In diesen Organisationen wurde die Bevölkerung ideologisch geschult und auf den Krieg vorbereitet.

Menschen, die anders als die Nazis dachten und andere Meinungen äußerten, verspürten Misstrauen und Angst, denn Leute wie sie wurden verfolgt, verhaftet und oft auch ermordet. Allein bei der „Köpenicker Blutwoche" im Juni 1933, einer Racheaktion der SA an politischen Gegnern, wurden 91 Bürger ermordet. Überall im Reich wurden so genannte **Konzentrationslager** errichtet („konzentrieren" heißt „zusammenfassen"). Bald wurden sie nur noch abgekürzt „KZ" genannt.

Zuerst wurden politische Gefangene ohne Gerichtsurteile in den KZs inhaftiert und gefoltert: Kommunisten, Sozialdemokraten und andere politische Gegner. Nach den politischen Gegnern folgten Menschen, die aus den verschiedensten Gründen von den Nationalsozialisten verfolgt wurden: Juden, Sinti und Roma, Homosexuelle, Zeugen Jehovas, so genannte „Arbeitsscheue" und viele andere mehr. Auch tatsächliche Straftäter inhaftierten die Nazis in KZs. Während des Krieges gab es entgegen den international üblichen Regeln sogar Kriegsgefangene in den KZs.

Mehrere Organisationen wie die **Geheime Staatspolizei (Gestapo)** oder der Sicherheitsdienst der SS (SD) bespitzelten die Bürger. Die NSDAP beauftragte außerdem so genannte Blockleiter (auch Blockwarte genannt) mit der genauen Beobachtung der Bewohner des ihnen unterstellten Wohnblocks. So wurden während des Krieges Menschen wegen des Hörens englischer Radiosender bespitzelt, angezeigt und zum Tode verurteilt.

Die Nationalsozialisten versuchten auf diese Art und Weise, jede Opposition zu verhindern und zu beseitigen.

Bericht des ersten Gestapo-Chefs Rudolf Diel über die ersten Konzentrationslager:

„ […] Nach den Berichten von Beamten und Freunden trat die SA mit eigenen Vernehmungsstellen in Berlin selbst in eine grauenvolle Tätigkeit ein. In den einzelnen Stadtteilen entstanden Privatgefängnisse.

[…] Ich konnte nun mit den Polizeimannschaften die Marterhöhle betreten. […] Die Opfer, die wir vorfanden, waren dem Hungertod nahe. Sie waren tagelang stehend in enge Schränke gesperrt worden, um von ihnen Geständnisse zu erpressen. Diese Vernehmungen hatten mit Prügeln begonnen und geendet; dabei hatte ein Dutzend Kerle in Abständen von Stunden mit Eisenstäben, Gummiknüppeln und Peitschen auf die Opfer eingedroschen. Eingeschlagene Zähne und gebrochene Knochen legten von den Torturen Zeugnis ab. Als wir eintraten, lagen diese lebenden Skelette reihenweise mit eiternden Wunden auf dem faulenden Stroh. Es gab keinen, dessen Körper nicht vom Kopf bis zu den Füßen die blauen, gelben und grünen Male der unmenschlichen Prügel an sich trug. Bei vielen waren die Augen zugeschwollen, und unter den Nasenlöchern klebten Krusten geronnenen Blutes."

Quelle: W. Michalka (Hsg.), Das Dritte Reich. Dokumente zur Innen- und Außenpolitik, Band 1, München 1985.

Opposition:
mit der Regierungspolitik nicht einverstandene Menschen oder Gruppen

Aufgaben

1. Lesen Sie die Ausschnitte aus den Gestapo-Berichten am Beginn des Abschnitts und erläutern Sie, warum die Gestapo in diesen Vergehen eine Gefahr für den nationalsozialistischen Staat sah.
2. Beschreiben Sie mit Ihren eigenen Worten das Führerprinzip. Erläutern Sie dabei auch, warum das Führerprinzip undemokratisch ist.
3. Benennen Sie die Bedingungen im Verhältnis von Betriebsleitung und Belegschaft, die heutzutage vorherrschen und die zur Zeit des Nationalsozialismus galten. Vergleichen Sie beide Zustände miteinander.
4. Zählen Sie stichpunktartig auf, welche Merkmale des nationalsozialistischen Systems in keine Demokratie passen.

6.1.4 Die Ideologie der Nationalsozialisten

Nationalsozialistisches Hetzplakat

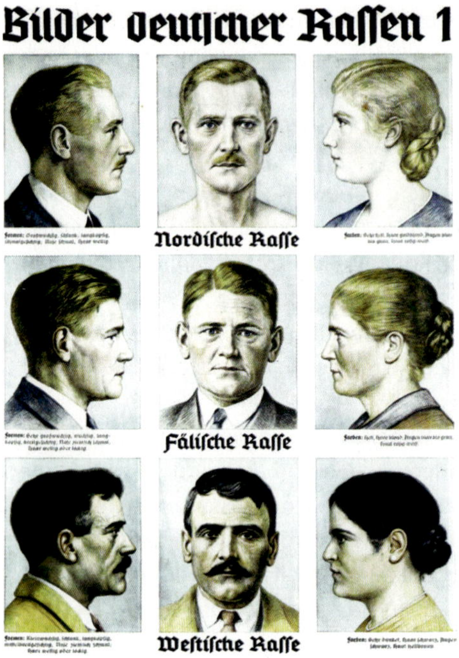

Rassenideologie

Die Grundlage für die Ideologie der Nationalsozialisten bildete Hitlers Buch „Mein Kampf".

Rassismus

Die Nationalsozialisten teilten die Menschen wie die Tiere in „Rassen" ein, deren Charaktere und Fähigkeiten von Natur aus unterschiedlich seien. Sie erklärten, dass in einem „ewigen Kampf ums Dasein" zwischen angeblich höherwertigen und angeblich minderwertigen „Rassen" die höherwertigen „Rassen" siegen würden.

Die Deutschen würden der höherwertigen Rasse der Arier angehören und die besseren Eigenschaften besitzen. Die Juden auf der ganzen Welt, also auch die jüdischen Deutschen, sollten nach der Meinung der Nazis zu einer minderwertigen Rasse gehören. Obwohl sich Juden nur aufgrund ihrer Religion von ihren Mitbürgern unterschieden, wurden sie trotzdem zu einer „Rasse" erklärt. Nach der Ansicht Hitlers und seiner Anhänger waren die Juden schuld an allem Bösen und Schlechten, wie z. B. an der Weltwirtschaftskrise und der Arbeitslosigkeit. Dies wurde behauptet, obwohl viele jüdische Deutsche hervorragende Leistungen in der Wissenschaft, der Wirtschaft, der Kunst und der Politik erbracht hatten und weltweit geachtet wurden.
Neben den Juden galten Sinti und Roma, farbige Menschen, Asiaten, Slawen u. a. ebenfalls als minderwertig.

„Erweiterung des Lebensraumes"

Die Nationalsozialisten behaupteten, dass den Deutschen nicht genug Lebensraum zur Verfügung stehe. Um ausreichenden Lebensraum zu schaffen, sollten „rassisch minderwertige Völker" wie die Polen, Tschechen und Russen durch Kriege unterworfen, verdrängt oder vernichtet werden. Die von ihnen bewohnten Gebiete böten angeblich einen „natürlichen Lebensraum" für die „Arier". Der Rassismus der Nazis diente dazu, ihre gegen das Völkerrecht verstoßende Eroberungspolitik zu rechtfertigen.

Ideologie:
ein System von Weltanschauungen, Grundeinstellungen und Wertungen, das der Rechtfertigung und Begründung eigener politischer und wirtschaftlicher Ziele dient

Antisemitismus:
eine besondere Art des Rassismus, die sich gegen Juden richtet (siehe auch Seite 163).

Die Rolle der Frau:
Nach der Meinung der Nationalsozialisten war die einzig wahre Berufung der Frau, möglichst viele Kinder zu gebären, um die „Vermehrung und Erhaltung der Art und Rasse" zu sichern. Ihre Aufgabe sollte die „Heranzüchtung kerngesunder Körper" sein. Die Frauen sollten ihren Platz hinter dem Herd einnehmen und aus dem Berufsleben verschwinden.
Während des Krieges allerdings, als die meisten Männer ihre Arbeitsplätze verlassen mussten, holte man die Frauen zur Munitions- und Waffenproduktion in die Fabriken zurück.
Die Nationalsozialisten schlossen Frauen aus politischen Ämtern fast vollständig aus.

 ISBN 978-3-582-74132-5

Antibolschewismus

Hitler meinte, dass der Kommunismus ein Teil der „jüdischen Weltverschwörung zur Vernichtung der Arier" sei. Deshalb ließ er Kommunisten zunächst in Deutschland und später auch in den besetzten Gebieten der Sowjetunion unbarmherzig verfolgen. Da die russischen Kommunisten sich Bolschewiki nannten, bezeichnet man diese Haltung als Antibolschewismus oder Antikommunismus.

„Volksgemeinschaft"

Alle deutschen „Volksgenossen" sollten zusammengefasst in der „Volksgemeinschaft" für den nationalsozialistischen Staat leben und arbeiten. Wer aber dazugehörte, bestimmten die Nationalsozialisten. Neben den jüdischen Deutschen wurden auch die politischen Gegner der Nazis aus dieser Gemeinschaft ausgeschlossen. Sie wurden meist ohne Gerichtsurteil in **Konzentrationslagern (KZ)** gefangen gehalten. Um aus der Volksgemeinschaft ausgeschlossen und in ein KZ eingeliefert zu werden, konnte es z. B. ausreichen, wenn jemand „arbeitsscheu" war. Dies war dann der Fall, wenn jemand arbeitslos war und „zwei angebotene Arbeitsplätze ohne berechtigten Grund" abgelehnt hatte. Andere Gründe konnten z. B. Kritik an der Regierung, die Partnerschaft mit einem „Nichtarier", Homosexualität, die Unterstützung Verfolgter, Landstreicherei oder eine körperliche oder geistige Behinderung sein.

„Lebensunwertes Leben"

Die Nationalsozialisten hielten körperlich oder geistig Behinderte für „lebensunwert". Zunächst wurde am 14. Juli 1933 das „Gesetz zur Verhütung erbkranken Nachwuchses" erlassen. In Schulbüchern und in der Presse wurde verbreitet, dass es für das deutsche Volk am besten wäre, wenn das „lebensunwerte Leben" vernichtet würde. Schließlich wurden 70.000 Geisteskranke und körperlich Behinderte mit Kohlenmonoxid vergast **(nationalsozialistisches Euthanasieprogramm)**. Nach Beschwerden katholischer Bischöfe wurden diese offensichtlichen Morde eingestellt. Nun mordete man verdeckt in Form von „Hungerkost" oder dem Versagen von notwendigen Medikamenten.

Gesetz zur Verhütung erbkranken Nachwuchses (Auszug):

§ 1

[1] Wer erbkrank ist, kann durch chirurgischen Eingriff unfruchtbar gemacht (sterilisiert) werden [...]

[2] Erbkrank im Sinne dieses Gesetzes ist, wer an einer der folgenden Krankheiten leidet:

1. angeborener Schwachsinn,
2. Schizophrenie,
3. zirkuläres Irresein,
4. erbliche Fallsucht,
5. erblicher Veitstanz,
6. erbliche Blindheit,
7. erbliche Taubheit,
8. schwere erbliche körperliche Missbildung.

[3] Ferner kann unfruchtbar gemacht werden, wer an schwerem Alkoholismus leidet [...]

Euthanasie:
eigentlich die beabsichtigte Herbeiführung des Todes bei unheilbar Kranken durch Anwendung von Medikamenten, bei den Nationalsozialisten Ermordung Behinderter

6

Aufgaben

1. Beantworten Sie mithilfe der Abbildung zu Beginn dieses Abschnittes folgende Fragen:

a) Welche Eigenschaften machen **nach Meinung der Nationalsozialisten** den Wert eines Menschen aus?

b) Welche Eigenschaften machen **Ihrer Meinung nach** den Wert eines Menschen aus?

2. Schreiben Sie folgenden Satz ab und beenden Sie ihn: Die Ideologie der Nationalsozialisten war unmenschlich, weil ...

3. Arbeiten Sie heraus, gegen welche Menschenrechte das „Gesetz zur Verhütung erbkranken Nachwuchses" verstößt. (Informationen zu den Menschenrechten finden Sie in Abschnitt 8.1.)

6.1.5 Die Verfolgung und Ermordung der jüdischen Bevölkerung

Holocaust:
(griech.: „ganz verbrannt") bezeichnet ursprünglich die biblischen Brandopfer; nach dem Zweiten Weltkrieg wurde der Ausdruck zur Bezeichnung für den nationalsozialistischen Völkermord an den Juden benutzt. Heute wird der Ausdruck auch für den politischen Massenmord und für katastrophale Zerstörungen globalen Ausmaßes verwendet (z. B. „atomarer" oder „ökologischer" Holocaust).

Die jüdischen Opfer des NS-Völkermords
aus den einzelnen europäischen Ländern (in den Grenzen von 1937):

Belgien:	28.500
Dänemark:	116
Deutsches Reich:	165.000
Estland:	1.000
Frankreich:	76.100
Griechenland:	59.200
Italien:	6.500
Jugoslawien:	60 – 65.000
Lettland:	67.000
Litauen:	220.000
Luxemburg:	1.200
Niederlande:	102.000
Norwegen:	760
Österreich:	65.500
Polen:	3.000.000
Rumänien:	270.000
Sowjetunion:	1.000.000
Tschechoslowakei:	260.000
Ungarn:	200.000

Nachdem das Römische Reich im Altertum den Staat der Juden zerstört hatte, waren die Juden in verschiedene Gegenden der Welt ausgewandert. Im Laufe von Jahrhunderten waren sie in vielen Ländern heimisch geworden. In Deutschland hatten sie enorm zur kulturellen, wissenschaftlichen und wirtschaftlichen Entwicklung beigetragen. Sie waren, wie alle anderen Deutschen, Bürger des Deutschen Reiches. Sie zahlten wie alle anderen Steuern und kämpften im Ersten Weltkrieg wie alle anderen für ihr Heimatland Deutschland.

Da die jüdische Minderheit eine andere Religion als die christliche Mehrheit ausübte, betrachteten viele Christen sie mit Argwohn. Seit dem Mittelalter kam es auch immer wieder zu gewalttätigen Übergriffen auf Juden. Als die Nationalsozialisten mit ihrer Ideologie an die Macht kamen, wurden die jüdischen Deutschen nicht mehr nur als religiöse Minderheit betrachtet, sondern als eine „Rasse", die der „Todfeind" des deutschen Volkes sei. Sofort nach der Regierungsübernahme durch Adolf Hitler begann die Verfolgung der jüdischen Bürger. Obwohl die deutschen Juden nur 0,8% der deutschen Gesamtbevölkerung ausmachten, stellten die Nationalsozialisten sie als Sündenböcke für alle Probleme dar. Viele Menschen glaubten dieser hasserfüllten Propaganda, nur wenige halfen jüdischen Mitbürgern.
Der nationalsozialistische deutsche Staat organisierte in einem bis dahin ungeahnten Maße die Diskriminierung, die Verfolgung und schließlich die millionenfache grausame Ermordung von jüdischen Menschen. Opfer wurden dabei nicht nur deutsche Juden, sondern auch die Juden der durch Deutschland besetzten Gebiete Europas.
Auf der Wannsee-Konferenz am 20.1.1942 in Berlin beschlossen und organisierten hohe NSDAP-Funktionäre und Ministerialbeamte die so genannte „Endlösung der Judenfrage", d. h. die systematische und organisierte Ermordung aller Juden im Herrschaftsbereich der Nationalsozialisten.

Nach den Beschlüssen der Wannsee-Konferenz wurden die großen Vernichtungslager eingerichtet (Auschwitz, Treblinka, Belzec, Sobibor, Kulmhof, Majdanek). Jüdische Menschen (Männer, Frauen, Kinder und alte Leute) wurden zusammengepfercht in Güterwagen dorthin gebracht. Viele starben bereits während der unmenschlichen Fahrt. Nach der Ankunft entschieden SS-Ärzte, wer sofort ermordet („Sonderbehandlung") oder wer noch eine bestimmte Zeit im Lager Sklavenarbeit leisten sollte. In eigens eingerichteten Gaskammern wurden die Menschen systematisch ermordet. Danach ließen die Mörder die Leichen in Krematorien verbrennen, um so wenig Spuren wie möglich zu hinterlassen. Viele Menschen, sogar Kinder, mussten vor ihrer Ermordung in den Konzentrations- oder Vernichtungslagern noch grausame „medizinische" Experimente durch nationalsozialistische Ärzte erleiden (z. B. die Infizierung mit tödlichen Krankheiten oder das Aushalten extremer Kälte).

Leidensweg der jüdischen Deutschen (Auszug)

1.4.1933 Boykott der jüdischen Geschäfte.

11.4.1933 Alle Beamten mit mindestens einem jüdischen Großelternteil werden entlassen.

22.4.1933 Jüdische Ärzte dürfen nicht mehr für Krankenkassen tätig sein.

4.5.1933 Alle jüdischen Arbeiter und Angestellten bei Behörden werden entlassen.

15.9.1935 Gesetz „zum Schutze des deutschen Blutes und der deutschen Ehre".
In ihm wird festgelegt:
§1 (1) Eheschließungen zwischen Juden und Staatsangehörigen deutschen oder artverwandten Blutes sind verboten. Trotzdem geschlossene Ehen sind nichtig [...]
§2 Außerehelicher Verkehr zwischen Juden und Staatsangehörigen deutschen oder artverwandten Blutes ist verboten.

20.6.1938 Juden dürfen keine Behörden betreten.

11.7.1938 Juden dürfen sich nicht an Kurorten aufhalten.

9.11.1938 Pogromnacht – Zerstörung vieler Synagogen, Wohnungen und Geschäfte jüdischer Bürger und Ausschreitungen gegen sie vor allem durch die SA.

12.11.1938 Juden dürfen keine Kinos, keine Konzerte und keine Theater mehr besuchen.

15.11.1938 Jüdische Kinder dürfen keine öffentlichen Schulen mehr besuchen.

3.12.1938 Juden müssen ihre Führerscheine abgeben.

1.1.1939 Juden müssen einen Zwangsvornamen annehmen. Männliche Juden erhalten zu ihrem Vornamen den Namen „Israel", weibliche den Zusatz „Sara".

21.2.1939 Juden müssen Schmuck und Edelsteine abliefern.

30.4.1939 Juden müssen „arische" Wohnhäuser räumen und werden in „Judenhäuser" eingewiesen.

12.9.1939 Juden dürfen nur in besonderen Geschäften einkaufen.

20.9.1939 Juden müssen ihre Radios abliefern.

23.1.1940 Juden erhalten keine Reichskleiderkarte, die zum Kauf von Kleidung berechtigt.

29.7.1940 Allen Juden werden die Telefonanschlüsse gekündigt.

4.3.1941 Juden werden zum Arbeitseinsatz herangezogen.

18.9.1941 Juden dürfen keine öffentlichen Verkehrsmittel mehr benutzen.

19.9.1941 Juden ab sechs Jahre müssen an ihrer Kleidung weit sichtbar einen gelben Stern tragen.

1.10.1941 Verbot der Auswanderung jüdischer Bürger aus dem Deutschen Reich.

10.10.1941 Juden dürfen ihren Wohnsitz nur mit einer besonderen Erlaubnis verlassen.

12.12.1941 Juden dürfen öffentliche Telefone nicht mehr benutzen.

20.1.1942 Auf der **Wannsee-Konferenz** in Berlin beschließen und organisieren hohe NSDAP-Funktionäre und Ministerialbeamte die so genannte „Endlösung der Judenfrage" (siehe linke Seite).

15.2.1942 Juden dürfen keine Haustiere mehr halten.

17.2.1942 Juden dürfen keine Zeitungen und Zeitschriften mehr abonnieren.

13.3.1942 Juden müssen ihre Wohnungstüren mit einem weißen Davidsstern kennzeichnen.

12.5.1942 Juden dürfen keine „arischen" Friseure aufsuchen.

12.6.1942 Juden müssen alle elektrischen und optischen Geräte, Fahrräder und Schreibmaschinen abliefern.

19.9.1942 Juden erhalten keine Fleisch- und Milchmarken.

20.6.1943 Schließung aller jüdischer Schulen.

9.10.1943 Juden dürfen keine Bücher mehr kaufen.

Aufgaben

1. Einige Zeit hätten viele Juden noch die Möglichkeit gehabt auszuwandern. Trotz Diskriminierung und Verfolgung taten es aber nur wenige. Notieren Sie sich mögliche Gründe dafür, warum so wenige auswanderten. Besprechen Sie Ihre Ergebnisse in Ihrer Klasse.
2. Listen Sie auf, gegen welche allgemein gültigen Meschenrechte Deutschland damals verstieß.
(Hinweis: Informationen und Hinweise finden Sie in Abschnitt 8.1.)

6.1.6 Widerstand gegen den Nationalsozialismus

Aus dem letzten Flugblatt der „Weißen Rose" (1943):

Erschüttert steht unser Volk vor dem Untergang der Männer von Stalingrad. Dreihundertdreißigtausend deutsche Männer hat die geniale Strategie des Weltkriegsgefreiten sinn- und verantwortungslos in Tod und Verderben gehetzt. [...]
Der Tag der Abrechnung ist gekommen, der Abrechnung der deutschen Jugend mit der verabscheuungswürdigsten Tyrannis, die unser Volk je erduldet hat. Im Namen der deutschen Jugend fordern wir vom Staat Adolf Hitlers die persönliche Freiheit, das kostbarste Gut der Deutschen, zurück, um das er uns in der erbärmlichsten Weise betrogen. [...]
In einem Staat rücksichtsloser Knebelung jeder freien Meinungsäußerung sind wir aufgewachsen. [...]
Freiheit und Ehre! Zehn lange Jahre haben Hitler und seine Genossen die beiden herrlichen deutschen Worte bis zum Ekel ausgequetscht, abgedroschen, verdreht, wie es nur Dilettanten vermögen, die die höchsten Werte einer Nation vor die Säue werfen. [...]
Auch dem dümmsten Deutschen hat das furchtbare Blutbad die Augen geöffnet, das sie im Namen von Freiheit und Ehre der deutschen Nation in ganz Europa angerichtet haben und täglich neu anrichten. Der deutsche Name bleibt für immer geschändet, wenn nicht die deutsche Jugend endlich aufsteht [...]

Weltkriegsgefreiter:
Hitler hatte im Ersten Weltkrieg den Soldatendienstgrad Gefreiter.

Tyrannis:
[gr.-lat.] Gewaltherrschaft

Dilettant:
Nichtfachmann, der sich aber auf einem Gebiet betätigt, das nur Fachmänner bewältigen können

Ein geringer Teil der Deutschen lehnte das nationalsozialistische Regime von Beginn an offen ab. Einige wandten sich später gegen die Nationalsozialisten, als sie von deren Verbrechen erfuhren. Aber nur wenige Mutige leisteten gezielt Widerstand. Sie riskierten dabei, inhaftiert, gefoltert und ermordet zu werden.
Aufgrund ihrer politischen Überzeugung leisteten vor allem **Kommunisten, Sozialdemokraten und Gewerkschafter** Widerstand. Sie verbreiteten unter Soldaten und Arbeitern Flugblätter (wir sagen heute „Flyer") und klebten kritische Plakate. Kommunistische Gruppen riefen zur Sabotage in Rüstungsfabriken auf, organisierten Anschläge, um die Rüstungsproduktion zu stören, und brachten Verfolgte in Sicherheit. Die Widerstandsgruppe Harnack/Schulze-Boysen, die aus Kommunisten, gläubigen Christen und Liberalen bestand, sammelte militärische Informationen, die sie der Sowjetunion zuleitete. Viele Beteiligte kamen dafür ins Zuchthaus oder ins KZ oder wurden sogar zum Tode verurteilt und hingerichtet.

6

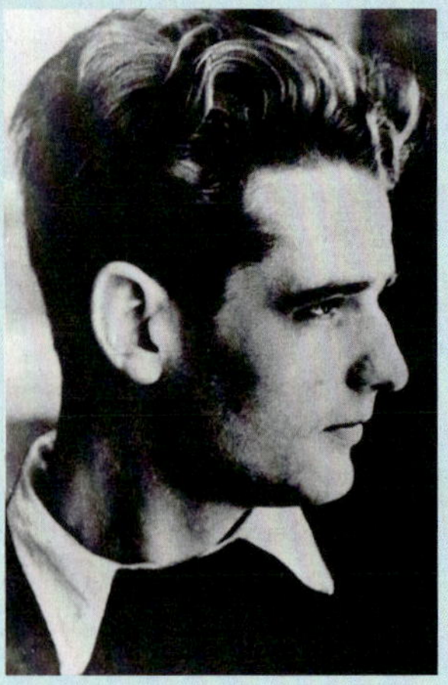

Hans Scholl und Sophie Scholl

Zunächst wollten die christlichen Kirchen den Ausgleich mit der Diktatur. Doch bald leisteten **Christen der beiden großen Konfessionen** Widerstand, weil sie erkannten, dass das System der Nationalsozialisten menschenverachtend war und den christlichen Idealen widersprach. Einzelne Pfarrer und Pastoren wurden wie andere Regimegegner in Konzentrationslager gesteckt, weil sie gegen das nationalsozialistische Unrecht predigten. Zu ihnen gehörten die evangelischen Pastoren Niemöller und Schneider und der katholische Pastor Lichtenberg. Die Nationalsozialisten folterten Schneider und Lichtenberg zu Tode.

Politik verstehen und handeln ISBN 978-3-582-74132-5

Die Bischöfe Wurm (evangelisch) und Graf von Galen (katholisch) erreichten durch ihre Predigten, dass die Ermordung von psychisch Kranken zeitweilig eingestellt wurde.

Auch **Jugendliche** kämpften gegen die Diktatur. Im Rheinland bildete sich spontan eine Gruppe, die sich **„Edelweißpiraten"** nannte. Diese Gruppe schrieb an Mauern Aufrufe wie „Nieder mit Hitler" oder „Nieder mit der Nazibestie" und verübte Sabotageakte. Wer verhaftet wurde, musste mit dem Schlimmsten rechnen. So wurden im Februar 1943 die Mitglieder einer anderen Gruppe, der **„Weißen Rose"** (die Geschwister Scholl und ihre Freunde), verhaftet und hingerichtet. Sie hatten auf Flugblättern zum Widerstand gegen Hitler aufgerufen.

Immer wieder gab es mutige Menschen, die das unmenschliche nationalsozialistische System stürzen wollten. Zu ihnen gehörte Georg Elser. Der 36-jährige Handwerker versuchte am 8. November 1939, Hitler mit einer selbst gebastelten Bombe bei einer Veranstaltung im Münchener Bürgerbräukeller zu töten. Er wollte mit der Tötung des Diktators den Zweiten Weltkrieg verhindern. Auf Hitlers Befehl hin wurde Georg Elser im April 1945 in einem KZ ermordet.

Die besten Chancen, wirkungsvoll Widerstand zu leisten, hatten hohe Offiziere der Wehrmacht, die eine bewaffnete Macht hinter sich bringen konnten. Die meisten von ihnen dachten allerdings, dass ein Aufstehen gegen Hitler Verrat an Deutschland wäre. Eine mutige Gruppe von Offizieren erkannte, dass der einzige Weg, sinnlose Opfer zu verhindern, die Beseitigung Hitlers war. Oberst Claus Graf von Stauffenberg schmuggelte am 20. Juli 1944 eine Sprengladung mit Zeitzünder zu einer Besprechung mit Hitler in die „Wolfsschanze" ein. Nachdem er die Bombe scharf gemacht hatte, verließ er die Besprechung und flog nach Berlin, um dort den Aufstand zu leiten. Nach der Explosion der Bombe stellte sich aber heraus, dass Hitler Glück gehabt hatte und nur leicht verletzt war. Damit war der Aufstand gescheitert. Stauffenberg wurde noch am gleichen Tag erschossen. Die übrigen Verschwörer wurden zumeist verhaftet, zum Tode verurteilt und grausam hingerichtet. Unter den vielen Verschwörern des 20. Juli waren nicht nur Offiziere, sondern auch Gewerkschafter, Beamte und ehemalige Politiker. Zu ihnen gehörten z. B. der ehemalige Leipziger Oberbürgermeister Carl Goerdeler und die Sozialdemokraten Julius Leber und Adolf Reichwein.

Aus der Predigt des Bischofs Graf von Galen in Münster 1941:
„Keiner von uns ist sicher, und mag er sich völliger Schuldlosigkeit bewusst sein, dass er nicht eines Tages aus seiner Wohnung geholt, seiner Freiheit beraubt, in den Kellern und Konzentrationslagern der Gestapo eingesperrt wird. […]
Wie viele deutsche Menschen schmachten in Polizeihaft, in Konzentrationslagern, sind aus ihrer Heimat ausgewiesen, die niemals von einem ordentlichen Gericht verurteilt sind […]"

Georg Elser
(1903–1945)

Claus Graf von Stauffenberg
(1907–1944)

6

Aufgaben

1. a) Nennen Sie die Gründe für den Widerstand, die im Flugblatt der „Weißen Rose" angeführt werden.
   b) Notieren Sie sich stichpunktartig die Gründe und beurteilen Sie, ob diese Gründe auch für Sie wichtig wären. Begründen Sie Ihr Urteil.
2. Formulieren Sie in Partnerarbeit mit eigenen Worten einen Flyer oder entwerfen Sie ein Plakat, der oder das zum Widerstand gegen die Nationalsozialisten aufruft. Stellen Sie Ihr Arbeitsergebnis der Klasse vor.
3. Diskutieren Sie, ob man gegen eine Diktatur Widerstand leisten darf. Ziehen Sie auch das Grundgesetz zu Rate (Informationen finden Sie in Abschnitt 5.2.3).

6.1.7 Das Dritte Reich im Zweiten Weltkrieg

„Das Verhängnis"
(1932) von A. Paul Weber

Die Außenpolitik Hitlers war gekennzeichnet durch Vertragsbrüche und Verträge, die der eigenen Machtausweitung dienten. Mit dem Überfall auf Polen am 1. September 1939 hatte Hitler den Zweiten Weltkrieg ausgelöst, um „Lebensraum für das deutsche Volk" zu schaffen. Innerhalb nur weniger Wochen kapitulierte Polen. Der „Blitzkrieg" war geschaffen, der in dieser Form noch einige Male glückte und Hitler mit dem Gefühl der absoluten Überlegenheit erfüllte.

Bis 1942 hatte Hitlers Armee nahezu ganz Europa unterworfen. Die Wende kam mit der Unterschätzung des Kriegsgeschehens in der UdSSR. Mit dem Verlust der VI. Armee in Stalingrad zeichnete sich das Ende von 1945 schon ab. Schließlich unterlag die Deutsche Wehrmacht der massiven Gegenwehr der alliierten Streitkräfte (USA, England, Sowjetunion). Am 9. Mai trat die Gesamtkapitulation Deutschlands in Kraft.

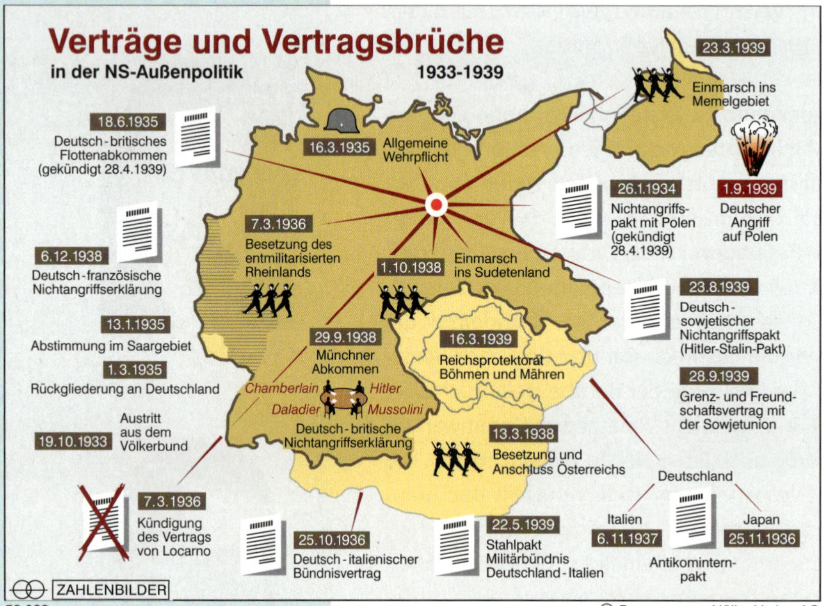

UdSSR:
Union der Sozialistischen Sowjetrepubliken (Sowjetunion)

„Natürlich empfanden die allermeisten Deutschen den 8. Mai 1945 schon deshalb befreiend, weil nicht mehr gestorben werden musste in einem längst sinnlos gewordenen Kriege. Und es steht leider fest, dass noch in den letzten zwölf Monaten des Krieges, der zum totalen geworden war, unter Einbeziehung der Heimat, der Greise und der Kinder, eine Million Deutsche ums Leben gekommen sind und unermessliche materielle und ideelle Güter in Schutt und Asche sanken. Denken Sie nur an die totale Zerstörung der herrlichen Stadt Dresden, des Elb-Florenz, am 13. und 14. Februar 1945, als das Ende schon absehbar geworden war und hier am Niederrhein der Krieg zahlreiche Städte und Dörfer zerstört hatte. In diesem Sinne der Genugtuung über das Ende des Sterbens und des Vernichtens bedeutet der 8. Mai sowohl Befreiung als auch Zusammenbruch und Niederlage."

Joachim Sobotta, Rheinische Post, Vortrag (Auszug) am 7. Mai 1985 in Krefeld

Politik verstehen und handeln ISBN 978-3-582-74132-5

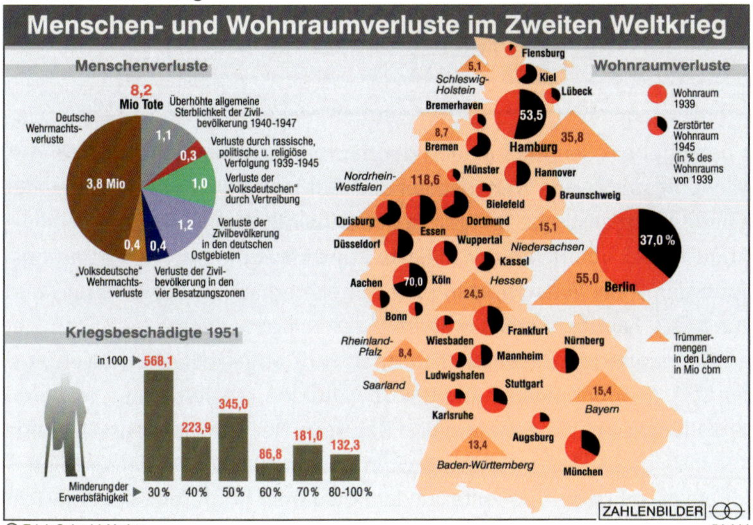

Deutsche Überlebende
nach einem Bombenangriff

6

Aufgaben

1. Finden Sie Gründe, die es dem Karikaturisten A. Paul Weber schon 1932 ermöglichten, seine Vorahnung in einer Karikatur darzustellen. Notieren Sie Ihre Überlegungen stichpunktartig und fassen Sie diese in einem kurzen Text zusammen. (Weitere Informationen finden Sie in den Abschnitten 6.1.1 bis 6.1.4)
2. Betrachten Sie die Grafik zu Hitlers Außenpolitik und benennen Sie in Stichpunkten die Kennzeichen dieser Außenpolitik.
3. Nennen Sie die Gründe Joachim Sobottas, in dem Textauszug über das Kriegsende sowohl von einer Befreiung wie auch von einer Niederlage zu sprechen.

6.2 VON DER TEILUNG BIS ZUM EINIGUNGSPROZESS

6.2.1 Deutschland nach 1945 – das Potsdamer Abkommen

Mit der bedingungslosen Kapitulation der deutschen Wehrmacht am 8. und 9. Mai 1945 wurde der Zweite Weltkrieg auf dem europäischen Kontinent beendet und die nationalsozialistische Diktatur in Deutschland zerschlagen.
Am 8. August 1945 übernahm der **Alliierte Kontrollrat** die oberste Regierungsgewalt und damit die Verantwortung zur Aufrechterhaltung der Ordnung und Verwaltung des Landes. Bereits während des Krieges wurden aufseiten der Alliierten Überlegungen zur Zukunft Deutschlands angestellt. Die Regierungschefs der USA, Großbritanniens und der Sowjetunion arbeiteten auf der **Jalta-Konferenz** Pläne für eine Besetzung und Kontrolle Deutschlands aus. Es wurde sich unter anderem darauf geeinigt, die Grenzen von 1937 wiederherzustellen.
Zwei Monate nach Kriegsende sollte auf der **Potsdamer Konferenz** sichergestellt werden, dass von Deutschland nie wieder eine Kriegsgefahr ausgeht. Die Grundlage hierfür bildeten die im Potsdamer Abkommen festgehaltenen Vereinbarungen (siehe die Auszüge auf nebenstehender Seite).
Die Lebenssituation in Deutschland verschlechterte sich nach Kriegsende drastisch. Eine zerstörte Infrastruktur und ausgebombte Städte führten zu Lebensmittelknappheit und Wohnungsnot (vgl. Abschnitt 6.2.4). Die Situation verschärfte sich zusätzlich durch die Millionen an eintreffenden Flüchtlingen aus den ehemaligen Grenz- und Ostgebieten des Deutschen Reiches, deren Umsiedelung das Potsdamer Abkommen vorsah.

Alliierter Kontrollrat:
das Organ, durch das die USA, die UdSSR, Großbritannien und Frankreich die Macht ausübten. Der Kontrollrat legte in Berlin die Richtlinien für die Maßnahmen der vier Besatzungszonen fest.
Die unterschiedlichen politischen und wirtschaftlichen Auffassungen, die zwischen den Westmächten und der Sowjetunion bestanden, führten 1948 dazu, dass seine Tätigkeit eingestellt wurde.

Jalta-Konferenz:
Vom 4. bis zum 11. Februar 1945 in Jalta auf der Halbinsel Krim im Schwarzen Meer.
Die Teilnehmer einigten sich unter anderem über
- Vorfragen zur Gründung der Vereinten Nationen,
- die Festlegung der polnischen Ostgrenze,
- die territoriale Entschädigung Polens durch deutsche Ostgebiete,
- die Grundzüge der Besatzungspolitik in Deutschland.

Potsdamer Konferenz:
Vom 17. Juli bis zum 2. August 1945 trafen sich die verbündeten Siegermächte im Schloss Cecilienhof in Potsdam.
Neben dem Potsdamer Abkommen wurde hier auch die Potsdamer Deklaration beschlossen – die letzte Aufforderung an Japan zu kapitulieren.

Politik verstehen und handeln ISBN 978-3-582-74132-5

Potsdamer Abkommen vom 2. August 1945 (Auszüge)

Teilnehmer: die USA, Großbritannien und die Sowjetunion

Politische und wirtschaftliche Grundsätze, deren man sich bei der Behandlung Deutschlands in der Anfangsperiode bedienen muss:

A. Politische Grundsätze

1. Entsprechend der Übereinkunft über das Kontrollsystem in Deutschland durch die Oberbefehlshaber der Streitkräfte der Vereinigten Staaten von Amerika, des Vereinten Königreiches, der Union der Sozialistischen Sowjetrepubliken und der Französischen Republik nach Weisungen ihrer entsprechenden Regierungen ausgeübt, und zwar von jedem in seiner Besatzungszone sowie gemeinsam in ihrer Eigenschaft als Mitglieder des Kontrollrates in den Deutschland als Ganzes betreffenden Fragen.
2. Soweit dies praktisch durchführbar ist, muss die Behandlung der deutschen Bevölkerung in ganz Deutschland gleich sein.
3. Ziele der Besetzung Deutschlands, durch welche der Kontrollrat sich leiten lassen soll, sind:

(i) Völlige Abrüstung und Entmilitarisierung Deutschlands [...].

(iii) Die Nationalsozialistische Partei mit ihren angeschlossenen Gliederungen und Unterorganisationen ist zu vernichten; alle nationalsozialistischen Ämter sind aufzulösen; [...]

4. Das Erziehungswesen in Deutschland muss so überwacht werden, dass die nazistischen und militaristischen Lehren völlig entfernt werden und eine erfolgreiche Entwicklung der demokratischen Ideen möglich gemacht wird.

B. Wirtschaftliche Grundsätze

12. In praktisch kürzester Frist ist das deutsche Wirtschaftsleben zu dezentralisieren mit dem Ziel der Vernichtung der bestehenden übermäßigen Konzentration der Wirtschaftskraft [...] Bei der Organisation des deutschen Wirtschaftslebens ist das Hauptgewicht auf die Entwicklung der Landwirtschaft und der Friedensindustrie für den inneren Bedarf (Verbrauch) zu legen.

(IV) Reparationen aus Deutschland

[...] wonach Deutschland gezwungen werden soll, in größtmöglichem Ausmaße für die Verluste und die Leiden, die es den Vereinten Nationen verursacht hat, und wofür das deutsche Volk der Verantwortung nicht entgehen kann, Ausgleich zu schaffen, wurde folgende Übereinkunft über Reparationen erreicht:

1. Die Reparationsansprüche der UdSSR sollen durch Entnahmen aus der von der UdSSR besetzten Zone in Deutschland und durch angemessene deutsche Aus-landsguthaben befriedigt werden.
2. Die Reparationsansprüche der Vereinigten Staaten, des Vereinigten Königreichs und der anderen zu Reparationsforderungen berechtigten Länder werden aus den westlichen Zonen und den entsprechenden deutschen Auslandsguthaben befriedigt werden.

XIII Ordnungsmäßige Überführung deutscher Bevölkerungsteile

Die Konferenz erzielte folgendes Abkommen über die Ausweisung Deutscher aus Polen, der Tschechoslowakei und Ungarn. Die drei Regierungen haben die Frage in all ihren Aspekten beraten und erkennen an, dass die Überführung der deutschen Bevölkerung oder Bestandteile derselben, die in Polen, Tschechoslowakei und Ungarn zurückgeblieben sind, nach Deutschland durchgeführt werden muss. Sie stimmen darin überein, dass jede derartige Überführung, die stattfinden wird, in ordnungsgemäßer und humaner Weise erfolgen soll.

6

Aufgaben

1. Erläutern Sie anhand der Landkarte, welche territorialen Folgen sich für Deutschland aus dem Zweiten Weltkrieg und der anschließenden Jalta-Konferenz ergaben. Zusätzliches Informationsmaterial finden Sie in Abschnitt 6.1.7.
2. Belegen Sie anhand der Auszüge aus dem Potsdamer Abkommen, welches die vorrangigen Absichten und Ziele der alliierten Siegermächte waren.
3. Beurteilen Sie folgende Aussage: „Die Potsdamer Konferenz war der Ausgangspunkt für die spätere Teilung Deutschlands." (Siehe Abschnitt 6.2.2.)

6.2.2 Zwei deutsche Staaten entstehen

Kalter Krieg:
Die Bezeichnung für die von den Machtblöcken USA und UdSSR und deren Stellvertretern geführte Konfrontation – im Gegensatz zum „heißen", mit Waffengewalt geführten Krieg.
Er begann 1948 mit der Blockade des Westteils von Berlin und wurde erst 1990 offiziell beendet.

Luftbrücke während der Berlinblockade 1948

Schon bald nach dem Ende des Zweiten Weltkrieges zeichneten sich die unterschiedlichen politischen und wirtschaftlichen Interessen der Besatzungsmächte ab. Die Sowjetunion wollte den Aufbau einer sozialistischen Gesellschaftsordnung vorantreiben, die Westmächte vertraten das Prinzip der Marktwirtschaft in Verbindung mit einer demokratischen Grundordnung.
Aus diesen Gegensätzen erfolgte 1947 der Zusammenschluss der britischen und amerikanischen Besatzungszone zur **Bizone.** 1948 kam die französische Zone hinzu **(Trizone).** Damit war eine Vorentscheidung für eine freie Wirtschaft und gegen eine staatlich gelenkte Wirtschaftsordnung für das von den Westmächten besetzte Gebiet gefallen. Aus dem Marshallplan erhielt die Trizone 1,5 Mrd. Dollar Kredit für den Wiederaufbau (vergleiche Abschnitt 6.2.4).

Erster Bundespräsident der Bundesrepublik Deutschland **Theodor Heuss** (1884–1963)

Auch die politische Zusammenarbeit unter den Westmächten wurde verstärkt, um so auf die sowjetische Machtausdehnung in Osteuropa zu reagieren. Die Gegensätze zwischen Ost und West verschärften sich zusätzlich durch die am 20.6.1948 in der Westzone durchgeführte Währungsreform. Die Sowjetunion nahm die Zusammenlegung der Westzonen und die Einführung der westdeutschen Währung zum Anlass, alle Zufahrtswege zwischen dem Westen Deutschlands und den drei Westsektoren Berlins zu unterbrechen. Auf diese „Berliner Blockade" reagierten vor allem die Amerikaner mit einer Luftbrücke, um West-Berlin zu versorgen und nicht an die UdSSR zu verlieren.
In der westlichen Besatzungszone gliederten sich einzelne Länder, in denen zwischen 1946 und 1947 die ersten Landtage gewählt wurden. Aus den Landtagen wurden 65 Mitglieder für die Bildung eines **Parlamentarischen Rates** bestimmt. Den Vorsitz übernahm Konrad Adenauer. Der Parlamentarische Rat verabschiedete am 23. Mai 1949 das **Grundgesetz,** durch dessen In-Kraft-Treten am 24. Mai die **Bundesrepublik Deutschland** entstand. Im August 1949 fanden die ersten Wahlen zum **Bundestag** statt.

6

Erster Bundeskanzler der Bundesrepublik Deutschland **Konrad Adenauer** (1876–1967)

Artikel 1 Grundgesetz der Bundesrepublik Deutschland (Absatz 1):
Die Würde des Menschen ist unantastbar. Sie zu achten und zu schützen ist Verpflichtung aller staatlicher Gewalt.

Der Bundestag entschied sich für Bonn als Hauptstadt der Bundesrepublik Deutschland. Bereits 1946 wurde in der sowjetischen Besatzungszone eine Verfassung entworfen. Ein Volkskongress, der 1947 und 1948 zusammentrat, wählte den „Volksrat", der im Rahmen seiner Aufgabenstellung den von der SED vorgelegten Verfassungsentwurf der Deutschen Demokratischen Republik in Kraft setzte. Mit der **Gründung der Deutschen Demokratischen Republik (DDR) am 7. Oktober 1949** in der sowjetischen Besatzungszone existierten nun zwei politisch und wirtschaftlich unterschiedlich orientierte deutsche Staaten. Zuerst wurden die angestrebten gesellschaftlichen Veränderungen in der DDR im Rahmen

Politik verstehen und handeln ISBN 978-3-582-74132-5

einer Bodenreform durchgesetzt: Alle größeren Höfe wurden enteignet und an Landarbeiter, Bauern und Vertriebene verteilt. Des Weiteren wurde die gesamte Wirtschaft verstaatlicht und in „Volkseigene Betriebe" (VEB) umgewandelt. Die Wirtschaftsabläufe entsprachen einer zentralen Planwirtschaft (vergleiche hierzu die Abschnitte 2.3.1 und 2.3.3).

Am 17. Juni 1953 kam es zu einem Volksaufstand im Ostteil Berlins und in der DDR. Anlass des Massenprotestes der Bevölkerung waren u.a. die Forderungen nach

- freien Wahlen für ganz Deutschland (Massenprotest gegen die SED),
- Rede- und Pressefreiheit,
- Abschaffung der im Mai erhöhten Arbeitsnorm,
- Abzug aller Besatzungstruppen.

Der Aufstand wurde mithilfe der sowjetischen Truppen niedergeschlagen. Die tatsächliche Zahl der Toten ist nicht bekannt. Die DDR-Regierung bezifferte sie offiziell mit 21 Toten und 187 Verletzten.

In den Jahren nach 1953 verließen immer mehr Menschen die DDR (vergleiche Abschnitt 6.2.5).

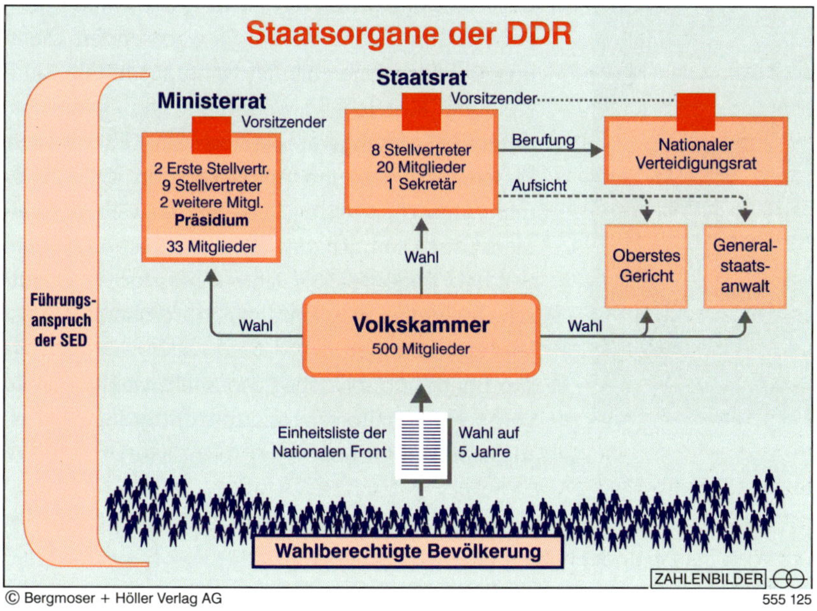

Erster Ministerpräsident der DDR
Otto Grotewohl
(1894–1964)

Erster Präsident der DDR
Wilhelm Pieck
(1876–1960)

SED:
Sozialistische Einheitspartei Deutschlands, 1946 aus dem Zusammenschluss von KPD und SPD entstanden

Artikel 1 der DDR-Verfassung:
Die Deutsche Demokratische Republik ist ein sozialistischer Staat der Arbeiter und Bauern. Sie ist die politische Organisation der Werktätigen in Stadt und Land unter der Führung der Arbeiterklasse und ihrer marxistisch-leninistischen Partei.

6

Aufgaben

1. Vergleichen Sie die Staatssysteme der Bundesrepublik Deutschland und der DDR miteinander und stellen Sie die wesentlichen Unterscheidungsmerkmale stichpunktartig in einer Tabelle gegenüber. Informationen und Übersichten zum Staatsaufbau der Bundesrepublik Deutschland finden Sie in Abschnitt 5.2.4.
2. Nennen Sie Ursachen, die 1953 zu einem Aufstand in der DDR führten.
3. Vergleichen Sie in der linken Randspalte den Artikel 1 des Grundgesetzes mit dem Artikel 1 der DDR-Verfassung in der rechten Randspalte.
   a) Welcher fundamentale Unterschied ist erkennbar?
   b) Wie kam es Ihrer Meinung nach zu dieser unterschiedlichen Ausführung des ersten Artikels der Verfassung bzw. des Grundgesetzes?

6.2.3 Das westdeutsche Wirtschaftswunder

Notunterkunft 1945

Familie Ende der 50er-Jahre

In den drei westlichen Besatzungszonen und später in der Bundesrepublik Deutschland vollzog sich der Wiederaufbau seit 1948 bis Mitte der 60er-Jahre außerordentlich schnell und erfolgreich. Nach den großen Zerstörungen des Zweiten Weltkrieges glich diese Entwicklung einem Wunder. Man sprach von einem Wirtschaftswunder.

Das bedeutete:
- Die Massenarbeitslosigkeit wurde beseitigt. Jeder bekam Arbeit. Es kam sogar zu einem Arbeitskräftemangel, sodass Arbeiter aus Südeuropa und der Türkei angeworben wurden. Diese damals als „Gastarbeiter" bezeichneten Menschen trugen in einem hohen Maße zum Wohlstand der westdeutschen Gesellschaft bei.
- Der Wohlstand großer Bevölkerungsschichten wuchs enorm. Grund dafür waren die wachsenden Löhne und Gehälter. Eine Fülle an Nahrungsmitteln, gute Kleidung, ausreichend Wohnraum und Gebrauchsgüter wie Fernsehgeräte, Radiogeräte, Kühlschränke, Waschmaschinen und Autos konnten sich immer mehr Menschen leisten. Jetzt war für viele der Verdienst auch so hoch, dass sie Geld sparen konnten. Seit dem Ende der 50er-Jahre war es für viele Deutsche außerdem möglich, einen Jahresurlaub im Ausland zu verbringen.
- Die Bundesrepublik stieg innerhalb weniger Jahre vom schwer zerstörten Land zum drittgrößten Industriestaat der Erde auf.

Das Wirtschaftswunder hatte mehrere Ursachen:
- Die soziale Marktwirtschaft (siehe Abschnitt 2.3.2)
- Hohe Steuervergünstigungen für die Unternehmen
- Gut ausgebildete Arbeitskräfte stellten Waren guter Qualität zu niedrigeren Löhnen als im Ausland her.
- Die Währungsreform:

  Nach dem Kriegsende blieb die Reichsmark weiterhin gültiges Zahlungsmittel. Da die Nationalsozialisten viel zu viel Geld gedruckt hatten, um den Krieg zu bezahlen, und die Warenproduktion durch Zerstörungen sehr in Mitleidenschaft gezogen war, war die Reichsmark kaum noch etwas wert. Wichtige Produkte bekam man nur noch auf Bezugsmarken oder im Tausch auf dem Schwarzmarkt. Um eine gesunde Wirtschaft aufzubauen, brauchte man also eine Währung, die etwas wert war. Am 20. Juni 1948 trat in den Westzonen

Politik verstehen und handeln ISBN 978-3-582-74132-5

eine Währungsreform in Kraft. Jeder Westdeutsche bekam 40,– Deutsche Mark (DM) und später noch einmal 20,– DM. Bargeld wurde von Reichsmark in Deutsche Mark im Verhältnis 10:1 umgetauscht, Sparguthaben sogar nur im Verhältnis 15:1.

Da die Rationierungen und die Preiskontrollen entfielen, waren die Geschäfte bereits am nächsten Tag mit Waren gefüllt. Händler hatten sie in Erwartung einer Währungsreform gehortet.

„Gewinner" der Währungsreform waren vor allem Eigentümer von Grund, Fabriken und Aktien, da dieser Besitz nicht wie Sparguthaben oder Bargeld abgewertet wurde.

Währungsreform1948

- Der Marshallplan (siehe Abschnitt 6.2.4)
- Neue Produktionsanlagen, die der Konkurrenz im Ausland überlegen waren: Die meisten Produktionsanlagen waren in Deutschland durch den Krieg zerstört. Mit den Mitteln aus dem Marshallplan wurden neue, moderne Maschinen gekauft.
- Staatliche Investitionen zum Wiederaufbau der zerstörten öffentlichen Einrichtungen: Mittel aus dem Marshallplan flossen auch in den Wiederaufbau von Schulen, Rathäusern, Bahnanlagen usw. Die Aufträge kurbelten zunächst die Bauwirtschaft an. Der Aufschwung in der Bauwirtschaft übertrug sich auch auf andere Bereiche der Wirtschaft.

6

Aufgaben

1. Vergleichen Sie die Fotos am Beginn des Kapitels.
   a) Benennen Sie die Unterschiede.
   b) Erläutern Sie anhand der Fotos, wie sich das Leben von Familien in der Zeit von 1945 bis zum Ende der 50er-Jahre in Westdeutschland verändert hatte.
2. Erläutern Sie mit Ihren eigenen Worten den Begriff „westdeutsches Wirtschaftswunder".
3. Erklären Sie den Begriff „Währungsreform".
4. Die Währungsreform war Voraussetzung für das westdeutsche Wirtschaftswunder. Erklären Sie, warum die Währungsreform so wichtig war.
5. Schauen Sie sich das Foto zur Währungsreform an. Schreiben Sie auf, was die Menschen vor dem Schaufenster in dieser Situation möglicherweise gedacht haben.

6.2.4 Der Marshallplan

Westdeutsches Plakat zum Marshallplan

Fast überall in Europa waren durch den Zweiten Weltkrieg Fabriken, Häuser und Verkehrswege zerstört. Selbst einfachste Güter waren nicht ausreichend vorhanden. In vielen europäischen Ländern, in besonderem Ausmaß auch in Deutschland, herrschten Hunger und Not. Die Menschen waren auf Lebensmittelsendungen aus den USA angewiesen, die auch die USA-Wirtschaft belasteten.

In dieser wirtschaftlich schlechten Situation erreichten die kommunistischen Parteien in Frankreich und Italien große Erfolge. 1947 schien es auch, dass die Kommunisten im griechischen Bürgerkrieg siegen würden. Außerdem dehnte sich in den Nachkriegsjahren das Einflussgebiet der kommunistischen Sowjetunion auf die osteuropäischen Staaten aus. Auf Druck der Sowjetunion schlugen sie auch den kommunistischen Weg ein. Damit waren die USA nicht einverstanden.

Die Vereinigten Staaten entschlossen sich in dieser Lage zu einem großen wirtschaftlichen Hilfsprogramm für Europa. Es wurde nach dem damaligen Außenminister der USA Marshallplan genannt. Der Marshallplan trat am 23. April 1948 in Kraft. Die USA vergaben an die europäischen Staaten rund 14 Milliarden Dollar, von denen nur ein Drittel zurückgezahlt werden sollte.

Nachdem die USA seit Kriegsende bereits für zwei Milliarden Dollar Lebensmittel geschickt hatten, erhielt Westdeutschland nun die damals riesige Summe von ca. 1,5 Milliarden Dollar.

Mit den Geldern sollten Rohstoffe und Maschinen für den Wiederaufbau der Wirtschaft eingekauft werden. Da die benötigten Güter vor allem in den USA eingekauft wurden (dort waren die Fabriken nicht zerstört), wurde durch den Marshallplan auch die Wirtschaft der USA angekurbelt.

Am 5. Juni 1946 erklärte der amerikanische Außenminister Marshall:
„Es ist nur logisch, dass die Vereinigten Staaten alles tun, um die Wiederherstellung gesunder wirtschaftlicher Verhältnisse in der Welt zu fördern, ohne die es keine politische Stabilität und keinen sicheren Frieden geben kann. Unsere Politik richtet sich nicht gegen ein Land oder irgendeine Doktrin, sondern gegen Hunger, Armut, Verzweiflung, Chaos. Ihr Zweck ist die Wiederbelebung einer Weltwirtschaft, damit die Entstehung politischer und sozialer Bedingungen ermöglicht wird, unter denen freie Institutionen existieren können."

(Quelle: Europa-Archiv 1947, S. 821 f., Verlag für Internationale Politik, Bonn)

Politik verstehen und handeln ISBN 978-3-582-74132-5

Die Unterstützungsmaßnahmen der USA erfolgten also nicht nur aus humanitären Gründen, sondern zu einem großen Teil auch zur wirtschaftlichen Selbsterhaltung.

Die Sowjetunion lehnte für sich Hilfen aus dem Marshallplan ab. Sie verbot auch der sowjetischen Besatzungszone und den anderen Staaten, die unter ihrem Einfluss standen, Hilfen aus den USA entgegenzunehmen. Erschwerend für die östliche Besatzungszone und spätere DDR kam hinzu, dass die Sowjetunion hohe Reparationszahlungen abzog.

Die Hilfe aus dem Marshallplan war eine wichtige Grundlage für den Wohlstand der Bundesbürger, von der die DDR-Bürger ausgeschlossen blieben. Mit dieser finanziellen Grundlage wuchsen die zerbombten westdeutschen Städte neu empor; neue moderne und besonders leistungsfähige Betriebe wurden anstelle der demontierten oder zerbombten errichtet.

Ostdeutsches Plakat zum Marshallplan

Westdeutsches Plakat zum Marshallplan

Marshallplan-Hilfe in Mrd. Dollar 1948 - 1952	
Land	***Mrd. Dollar***
Großbritanien	3,6
Frankreich	3,1
Italien	1,6
Bundesrepublik Deutschland	1,5
Niederlande	1,0
Griechenland und andere Länder	0,8

Reparationen:
Hierbei handelt es sich um Sach,- Geld- und Dienstleistungen, die ein besiegter Kriegsverursacher nach dem Völkerrecht den Siegerstaaten zur Wiedergutmachung überlassen muss.
Die deutschen Reparationen an die Westmächte betrugen 517 Mio. US-Dollar. Nach westlichen Angaben zog die Sowjetunion bis 1954 13 Milliarden US-Dollar an Reparationsleistungen aus ihrer Besatzungszone ab. Dies geschah in Form von Demontagen, Beschlagnahmen und Lieferungen aus der laufenden Produktion.

Aufgaben

1. Betrachten Sie die Plakate. Beschreiben Sie die beiden Standpunkte zum Marshallplan.
2. Zählen Sie die Gründe der USA auf, Europa mit dem Marshallplan zu helfen.
3. Nennen Sie mögliche Gründe, die Ihrer Meinung nach die Sowjetunion hatte, die Staaten in Ihrem Einflussbereich dazu zu zwingen, Gelder aus dem Marshallplan abzulehnen. Äußern Sie Ihre Vermutungen und begründen Sie diese.

6.2.5 Entwicklungen in Ost- und Westdeutschland im Überblick

Allein über die offene Berliner Sektorengrenze flüchteten zwischen 1955 und 1961 rund 1,5 Millionen Menschen. Im Sommer 1961 spitzte sich die Flüchtlingssituation dramatisch zu: Immer mehr Menschen meldeten sich in den West-Berliner Notaufnahmelagern. Auf die Frage, ob die DDR ihre Sektorengrenze schließen werde, erklärte der Staatsratsvorsitzende Walter Ulbricht am 15. Juni, niemand habe „die Absicht, eine Mauer zu errichten". Er verschwieg, dass er bereits die Zustimmung der Warschauer-Pakt-Staaten hatte.

Flucht aus der DDR

Jahr	*Flüchtlinge*
1950	199 788
1951	165 648
1952	182 393
1953	331 390
1954	184 198
1955	252 870
1956	279 189
1957	281 622
1958	204 092
1959	143 914
1960	199 188
1961	207 026

(Quelle: Gesamtdeutsches Institut, Berlin 1980)

6

Ostdeutschland

In den Jahren nach der Niederschlagung des Aufstandes vom 17. Juni 1953 verließen immer mehr Menschen die DDR. Trotz aller Bemühungen blieb der Lebensstandard der DDR-Bevölkerung unter dem ihrer Landsleute in der Bundesrepublik (siehe die Abschnitte 6.2.3 und 6.2.4).
Viele Pendler aus Ostberlin und den Stadtrandgebieten arbeiteten im Westen Berlins. Gleichzeitig destabilisierte die Flucht und Abwanderung der Bevölkerung zusehends die Wirtschaft der DDR.

In der Nacht vom **12. auf den 13. August 1961** wurde von Truppen der Nationalen Volksarmee (NVA) ein so genannter „Schutzwall" aus Stacheldraht errichtet, der in den folgenden Wochen durch eine **Mauer** ersetzt wurde. Damit war nicht nur die endgültige Teilung der zwei deutschen Staaten vollzogen, sondern auch ein Höhepunkt des Kalten Krieges nach 1945 erreicht. Die DDR war nun nicht nur politisch, sondern auch territorial vom westlichen Deutschland abgetrennt.

In den folgenden Jahren festigte die SED-Führung ihre politische Vormachtstellung im Lande und begann systematisch, eine Parteidiktatur aufzubauen. Der Führungsanspruch der SED wurde in Artikel 1 der DDR-Verfassung rechtlich abgesichert (vergleiche Abschnitt 6.2.2).

Mit der Errichtung von SED-Zweigorganisationen durchdrang sie das gesamte politische und kulturelle Leben: z. B. die Freie Deutsche Jugend (FDJ), der Deutsche Kulturbund, der Freie Deutsche Gewerkschaftsbund.
Walter Ulbricht trat 1971 von der Funktion des ersten Sekretärs der SED zurück. Sein Nachfolger war Erich Honecker, der von 1971 bis 1989 das Amt des Staats-

ratsvorsitzenden besetzte, also Staatsoberhaupt war. Gleichzeitig hatte er das Amt des Vorsitzes des Nationalen Verteidigungsrates inne, sodass ihm auch die Nationale Volksarmee unterstand.

Willi Brandt (1913–1992)
Er erhielt 1971 den Friedensnobelpreis für sein Bestreben nach Friedenssicherung in Europa.

Westdeutschland

Mit dem ersten Bundeskanzler Konrad Adenauer orientierte sich die Bundesrepublik politisch vor allem an den USA. Adenauer setzte 1955 den Eintritt der Bundesrepublik in die Westeuropäische Union (WEU) und die NATO durch (vergleiche Abschnitt 8.2.4). Sein Verdienst war – in langwierigen, aber stetigen Verhandlungen – die Wiederherstellung der unabhängigen Staatsgewalt für die Bundesrepublik.

Nach zwei Jahrzehnten Kalten Kriegs und starrer Blockbildung gelang es 1970 dem damaligen Bundeskanzler Willy Brandt, eine Entspannungspolitik im Ost-West-Verhältnis einzuleiten.

Der Grundlagenvertrag trat 1973 in Kraft. Er hob die Gleichberechtigung der beiden deutschen Staaten hervor und besiegelte so die Anerkennung der DDR als eigenständigen Staat durch die Bundesrepublik Deutschland. Seine Eckpunkte waren der Verzicht auf Gewalt und die Unverletzbarkeit der Grenzen.

Der Abschluss der so genannten **Ostverträge** mit der Sowjetunion und der Volksrepublik Polen war der entscheidende Schritt in Richtung Entspannungspolitik. Sie sahen eine bessere Zusammenarbeit und die Förderung von langfristigen Friedensstrukturen vor. Gleichzeitig wurde durch sie die Anerkennung der Oder-Neiße-Linie als westliche Staatsgrenze Polens vertraglich geregelt.

Um diese neue Ost-West-Politik voranzutreiben, machte die damalige SPD-Regierung Zugeständnisse an die DDR-Regierung. Ziel war es, mit kleinen Schritten eine Annäherung zu erreichen, um die Grenze der DDR durchlässiger und für die Menschen erträglicher zu machen. Dabei ging es im Wesentlichen um die Verbesserung des innerdeutschen Reiseverkehrs und sonstiger Kontaktmöglichkeiten.

Im Rahmen einer Entspannungspolitik zwischen den USA und der UdSSR kam es zu langen Verhandlungen, an deren Ende das so genannte **Viermächte-Abkommen** stand. Dieses Abkommen bildete gleichzeitig die rechtliche Voraussetzung für den **Grundlagenvertrag** zwischen der DDR und der Bundesrepublik.

58 021

Aufgaben

1. Führen Sie an, welche vermeintlichen Gründe vonseiten der DDR für den Mauerbau sprachen.
2. Nennen Sie Ursachen für die Flüchtlingszahlen aus der DDR und Ostberlin.
3. Benennen Sie die positiven Resultate aus dem Viermächte-Abkommen und dem Grundlagenvertrag für das Verhältnis zwischen der DDR und der Bundesrepublik.

6.2.6 Das Jahr 1989

Berlin war über 40 Jahre das Symbol für die Teilung Deutschlands.
Noch im Oktober 1989 während der Feierlichkeiten zum 40. Jahrestag der DDR war nicht vorhersehbar, mit welcher Schnelligkeit sich die politische Situation verändern würde.
Mit der Reformpolitik der Perestroika reagierte die UdSSR zusehends auf den sich abzeichnenden Zusammenbruch der staatlichen Planwirtschaft.
Der sowjetische Staatschef Michail Gorbatschow mahnte den reformfeindlichen DDR-Staatsratsvorsitzenden Erich Honecker mit den Worten: „Wer zu spät kommt, den bestraft das Leben!"

Angesichts der starren politischen Haltung der SED gegenüber der sich abzeichnenden Notwendigkeit politischer und wirtschaftlicher Reformen wuchs die Unzufriedenheit der DDR-Bevölkerung. Die Messestadt Leipzig wurde zum Zentrum zunehmender Bürgerproteste. Dort begannen die Menschen, mit dem Ruf **„Wir sind das Volk"** für demokratische Reformen zu demonstrieren.

Mitarbeiter des Ministeriums für Staatssicherheit und der Volkspolizei griffen bei den vielen sich häufenden und immer größer werdenden Massendemonstrationen nicht mehr ein.

Am 9. November 1989 verkündigte die DDR-Führung unter dem Druck der Straße den Beschluss über die Reisefreiheit. Kurz darauf strömten die Menschen zur Mauer am Brandenburger Tor. Als die ersten Bürger auf die Mauer steigen, ist ihr Fall besiegelt.

Nach dem Rücktritt der DDR-Regierung unter Erich Honecker wurde Hans Modrow letzter SED-Regierungschef. Er forderte eine Vertragsgemeinschaft zwischen DDR und Bundesrepublik.

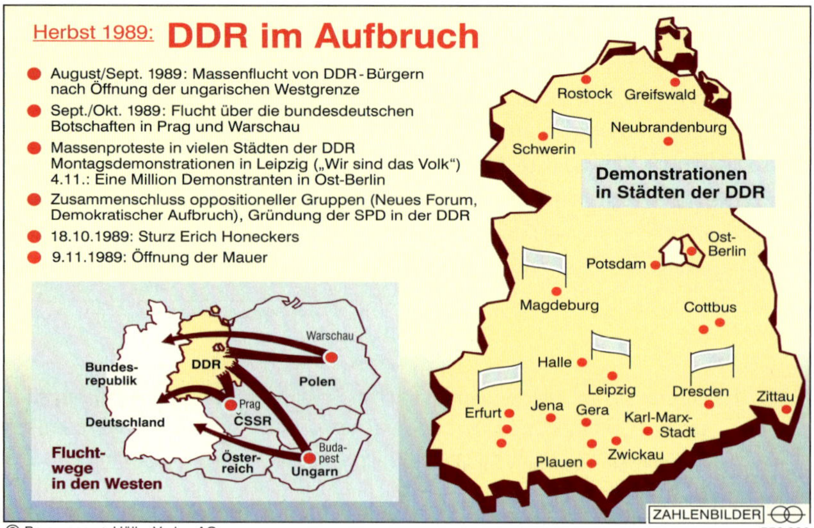

 552 800

Perestroika: *russisch: Umbau. Schlagwort für die neue, an marktwirtschaftlichen Prinzipien orientierte Politik des ehemaligen sowjetischen Parteichefs Gorbatschow*

Kurze Chronik der Ereignisse

9.11.1989
Reisefreiheit für die DDR-Bürger und Öffnung der Mauer
18.3.1990
Erste freie Volkskammerwahlen, aus denen die CDU mit 40,9 % als stärkste Partei hervorgeht
12.4.1990
Die erste demokratische Regierung der DDR wird durch die Volkskammer gewählt
18.5.1990
Der Staatsvertrag zur Wirtschafts-, Währungs- und Sozialunion zwischen der DDR und der Bundesrepublik wird unterzeichnet
1.7.1190
Der Staatsvertrag tritt in Kraft; die D-Mark ist nun auch Währung in der DDR
31.8.1990
Unterzeichnung des Einigungsvertrages von Volkskammer und Bundestag
3.10.1990
Die DDR tritt der Bundesrepublik bei – Tag der deutschen Einheit
14.10.1990
Wahlen in den neuen Bundesländern
2.12.1990
Gesamteutsche Bundestagswahlen

Dr. Helmut Kohl (1930–2017)

Politik verstehen und handeln ISBN 978-3-582-74132-5

Bundeskanzler Helmut Kohl legte dagegen ein Zehnpunkteprogramm vor, das die Errichtung föderativer Strukturen und somit eine schrittweise Einigung Deutschlands vorsah.

Die Mehrheit der DDR-Bevölkerung wollte jedoch eine baldige staatliche Einheit. Allein im Januar 1990 siedelten 58.000 DDR-Bürger in die Bundesrepublik über.

Mit den ersten freien und geheimen Volkskammerwahlen 1990 wurden die tiefgreifenden politischen Veränderungen sichtbar. Die Zahl der Übersiedler ging nach den Wahlen spürbar zurück. Der CDU-Vorsitzende Lothar de Maizière wurde zum letzten Ministerpräsidenten in der DDR-Geschichte gewählt.

Am 1. Juli 1990 tritt der **Staatsvertrag** über die Währungs-, Wirtschafts- und Sozialunion in Kraft. Die D-Mark wird alleiniges Zahlungsmittel in Deutschland. Entsprechend den vertraglichen Vereinbarungen sollte die DDR-Industrie in das neue Wirtschaftssystem eingebunden werden. Die Treuhandanstalt übernahm die Aufgabe, die Staatsbetriebe zu privatisieren.

Durch den **Zwei-plus-Vier-Vertrag** wird dem vereinigten Deutschland die volle Souveränität gewährt. Im **Einigungsvertrag** wird am 3. Oktober 1990 der Beitritt der DDR zur Bundesrepublik Deutschland festgelegt. Ab nun gilt das Grundgesetz für ganz Deutschland.

Auszug aus dem Vertrag über die Schaffung einer Währungs-, Wirtschafts- und Sozialunion

Artikel 1

(1) Die Vertragsparteien errichten eine Währungs-, Wirtschafts- und Sozialunion [...].

(3) Grundlage der Wirtschaftsunion ist die soziale Marktwirtschaft als gemeinsame Wirtschaftsordnung beider Vertragsparteien. Sie wird insbesondere bestimmt durch Privateigentum, Leistungswettbewerb, freie Preisbildung und grundsätzlich volle Freizügigkeit von Arbeit, Kapital, Gütern und Dienstleistungen [...].

Auszug aus dem Einigungsvertrag

Artikel 2

(1) Hauptstadt Deutschlands ist Berlin. Die Frage des Sitzes von Parlament und Regierung wird nach der Herstellung der Einheit Deutschlands entschieden.

Internationaler Rahmen der Wiedervereinigung

Zwei-plus-Vier-Gespräche
Mai 1990: Beginn der Verhandlungen der vier Siegermächte mit den beiden deutschen Staaten.

Treffen von Kohl und Gorbatschow
Juli 1990: In einer 10-Punkte-Erklärung des Bundekanzlers Kohl und des Präsidenten Gorbatschow stimmt die Sowjetunion der NATO-Mitgliedschaft Deutschlands zu.

Vertrag zwischen der Bundesrepublik Deutschland und der UdSSR
September 1990: Ein Vertrag über gute Nachbarschaft, Partnerschaft und Zusammenarbeit wird unterzeichnet.

Westgrenze Polens
November 1990: Abschluss des deutsch-polnischen Vertrages, in dem die Oder-Neiße-Linie als als endgültige Westgrenze Polens festgelegt wird.

Zwei-plus-Vier-Vertrag:
Er ist mehr als nur ein Vertrag zwischen den sechs beteiligten Staaten (USA, Großbritannien, Frankreich, UdSSR, Bundesrepublik Deutschland und DDR), da er gleichzeitig einen Schlussstrich unter die Nachkriegszeit zieht. Der Zwei-plus-Vier-Vertrag hat somit die Bedeutung eines Friedensvertrages.

Aufgaben

1. Erstellen Sie eine Mind Map zu den wichtigsten innenpolitischen und außenpolitischen Faktoren, die zur deutschen Wiedervereinigung führten.
   Informationen darüber, wie eine Mind Map aufzubauen ist, finden Sie auf Seite 102.
2. Wer hat – Ihrer Meinung nach – einen entscheidenden Anteil an der Wiedervereinigung? Begründen Sie Ihre Antwort.

6.2.7 War die DDR ein Unrechtsstaat?

Beurteilung der Lebenssituation in der DDR
Angaben in Prozent

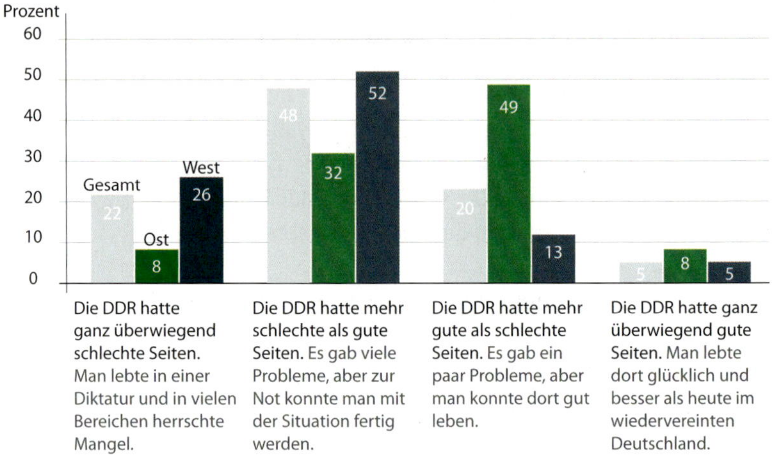

(Quelle: Repräsentative Befragung in eigenem Auftrag durchgeführt von TNS Emnid 20.04.-23.04.2009
Lizenz: Creative Commons by-nc-nd/3.0/de; Bundeszentrale für politische Bildung, 2010, www.bpb.de)

In der DDR gab es ein durch direkte Wahlen gewähltes Parlament, eine Verfassung, die unter anderem vorgab, Bürgerrechte zu schützen, und es gab mehrere Parteien. Viele ehemalige DDR-Bürger denken noch heute gern zurück an ihr Leben in dem ostdeutschen Staat. Andere, die aus politischen Gründen damals verfolgt wurden und vielleicht sogar in Gefängnissen inhaftiert waren, blicken mit negativen Gefühlen zurück.

Im Jahr 2009 kam es zu einer in den Medien geführten Diskussion zu der Frage: Kann die ehemalige DDR als Unrechtsstaat bezeichnet werden? Auslöser war die Äußerung des Ministerpräsidenten Mecklenburg-Vorpommerns, Erwin Sellering (SPD):

> „Sie [die DDR] war gewiss kein Rechtsstaat. Ich verwahre mich aber dagegen, die DDR als den totalen Unrechtsstaat zu verdammen, in dem es nicht das kleinste bisschen Gutes gab. Allerdings stimmt: Der Staat machte vielfach, was er wollte. Es gab keine Kontrolle durch unabhängige Gerichte. Insofern hat zur DDR immer auch ein Schuss Willkür und Abhängigkeit gehört."
>
> (aus: www.faz.net, 22.03.2009)

Angela Merkel (CDU), von 2005 bis 2021 Bundeskanzlerin:

> „Es gab keine legale Opposition. Es gab keine unabhängige Justiz. Es gab keine kritischen Medien. Bevormundung, Unterdrückung von Widerspruch, Überwachung und Bespitzelung waren ständig anwesende Begleiter des täglichen Lebens. Hinter dem Schießbefehl stand nichts anderes als pure Menschenverachtung."
>
> (aus: Rede von Bundeskanzlerin Angela Merkel anlässlich der Jubiläumsveranstaltung „Vor 20 Jahren – Am Vorabend der friedlichen Revolution", 08.05.2009)

Was ist ein Rechtsstaat?
Ein Rechtsstaat ist ein Staat, in dem keine Willkür herrscht, sondern die staatliche Macht an die Verfassung (bei uns Grundgesetz) und die verfassungsmäßig erlassenen Gesetze gebunden ist. Dabei muss die staatliche Macht Menschenwürde, Freiheit, Gerechtigkeit und Rechtssicherheit gewährleisten. Alles staatliche Handeln kann durch ein Gericht danach überprüft werden, ob die getroffene Entscheidung dem geltenden Recht entspricht. Die Rechte und die Freiheit des einzelnen Menschen unterliegen somit dem Rechtsschutz.
In einem Rechtsstaat sind alle Bürger vor dem Gesetz gleich.

Was ist ein Unrechtsstaat?
Ein Unrechtsstaat setzt nicht die Gleichheit aller Menschen vor dem Gesetz voraus. Der einzelne Bürger wird nicht durch Gerichte vor dem Missbrauch staatlicher Macht geschützt. Es gibt also keine wirkliche Gewaltenteilung, weil die Gerichte nicht unabhängig sind.
In einem Unrechtsstaat kontrolliert und kritisiert das Parlament nicht die Regierung, sondern beschließt lediglich die durch die Regierung formulierten Gesetze.
Allerdings kann es auch in einem Unrechtsstaat Bereiche geben, in denen Rechtsstaatlichkeit herrscht und Gerechtigkeit geübt wird.
Finden nur einzelne Rechts- und Verfassungsverstöße statt, so macht das aus einem Staat noch keinen Unrechtsstaat.

Politik verstehen und handeln ISBN 978-3-582-74132-5

Joachim Gauck, ehemaliger Bundespräsident, Theologe und bis 2000 Bundesbeauftragter für die Stasi-Unterlagen:

„Der Begriff trifft zu, weil es in der DDR keine Unabhängigkeit der Justiz gab, keine Gewaltenteilung. Es gab keine Herrschaft des Rechts, weil eine Instanz wie die herrschende SED in den Bereich des Rechts eingreifen konnte. Nicht jedermann konnte das, aber die zentralen Führungsinstanzen der Partei sehr wohl. Zudem war es unmöglich, staatliches Handeln auf dem Gerichtsweg anzugreifen, man hätte dazu die Verwaltungsgerichte gebraucht. Aber die gab es ebenso wenig wie ein Verfassungsgericht. Man konnte allerdings, wie im Feudalismus, Eingaben an die Herrschenden richten und appellieren: Hier geschieht Unrecht. Und dann hatte man vielleicht Glück. Oder eben nicht. Das spricht alles dafür, das Regime der DDR ein Unrechtsregime zu nennen, auch wenn es im Land zum Beispiel ein Zivil- und ein Verkehrsrecht gegeben hat, was die Verteidiger der DDR immer wieder anführen."

(aus: Joachim Gauck in der Mitteldeutschen Zeitung vom 18.4.2009)

Gregor Gysi (Die Linke):

„Die DDR war zwar eine Diktatur ohne demokratische Kontrolle und kein Rechtsstaat. Es gab in ihr auch Unrecht, sie war aber kein Unrechtsstaat."

(aus: www.bild.de, 18.04.2009)

Gesine Schwan (SPD), Politikwissenschaftlerin, SPD-Präsidentschaftskandidatin:

„Die DDR war kein Rechtsstaat. Es gab keine Gewaltenteilung. Sie war ein Staat, in dem Willkür und Unsicherheit begünstigt wurden. Die Justiz war ausdrücklich ein Instrument der SED und damit nicht unabhängig. Das hat zu einer allgemeinen Verunsicherung der Bevölkerung geführt. Das heißt aber doch nicht, dass jede einzelne Handlung etwa im Arbeits- oder Verkehrsrecht unrecht war. Es heißt ja auch nicht, dass in unserem Rechtsstaat jede einzelne Handlung dem Gerechtigkeitsempfinden entspricht oder unanfechtbar gerecht ist."

(aus: www.tagesspiegel.de, 17.05.2009)

Lothar de Maizière (CDU), letzter Ministerpräsident der DDR:

„Die DDR war kein vollkommener Rechtsstaat. Aber sie war auch kein Unrechtsstaat. Der Begriff unterstellt, dass alles, was dort im Namen des Rechts geschehen ist, Unrecht war. Wenn die DDR ein Unrechtsstaat gewesen wäre, hätte im Einigungsvertrag nicht vereinbart werden können, dass Urteile aus DDR-Zeiten weiter vollstreckt werden können", sagte der CDU-Politiker. „Auch in der DDR war Mord Mord und Diebstahl Diebstahl", sagte de Maizière dem Blatt. „Das eigentliche Problem waren das politische Strafrecht und die fehlende Verwaltungsgerichtsbarkeit."

(aus: www.welt.de, 23.08.2010)

SED: Sozailistische Einheitspartei Deutschlands

War die DDR ein Unrechtsstaat? Ein Wort, das trifft

[...] Was also war die DDR? Sie war eine Diktatur, in der ein totalitäres SED-Unrechtsregime eine Gewalt- und Willkürherrschaft aufgebaut hatte. Das ist unstrittig. Nur ein Begriff löst Unbehagen aus, der „Unrechtsstaat".

Das hat drei Gründe. Erstens schwingt in ihm etwas sehr Umfassendes mit. „Er wirkt so, als sei das ganze Leben in der DDR Unrecht gewesen", sagt die Ministerpräsidentin von Mecklenburg-Vorpommern, Manuela Schwesig. Ein Unrechtsstaat kennt Mitläufer und Widerständler. Das aber geht an der Lebenswirklichkeit von Arzt, Monteur und Lehrer vorbei. Müssen sie im Nachhinein ein schlechtes Gewissen haben, weil sie gegen den „Unrechtsstaat" nicht opponiert hatten?

Zweitens verführt der Begriff zu dem Missverständnis, dass alles, was in der DDR im Namen des Rechts geschah, Unrecht gewesen war. Dabei existierten, von der Straßenverkehrsordnung bis zum Zivilrecht, auch in der DDR viele Rechtsbereiche, die lediglich das Zusammenleben der Menschen regelten.

Drittens ist das Werturteil „Unrechtsstaat" eng mit der Zeit des Nationalsozialismus verknüpft. Wer es hört, denkt an Krieg, Konzentrationslager, Holocaust.

(aus: www.tagesspiegel.de, 08.10.2019)

6

Aufgaben

1. Lesen und interpretieren Sie die Grafik. Sprechen Sie in der Lerngruppe über eventuelle Gründe für die Antworten auf die dargestellte Befragung.
2. Lesen Sie die Meinungsäußerungen der Politiker und geben Sie die Meinungen mit Ihren eigenen Worten wieder.
3. Zeichnen Sie eine Tabelle mit zwei Spalten und ordnen Sie die Politiker in die Tabelle ein. Begründen Sie Ihre Zuordnung.

DDR = Unrechtsstaat	DDR ≠ Unrechtsstaat

METHODE

REFERAT

Ziel
Die Zuhörer sollen in einer vorgegebenen Zeit über ein Thema informiert werden. Dabei sollte der Redner das Vorwissen der Zuhörer berücksichtigen.

Form
Mündlicher Vortrag mit Stichwortzettel

Vorbereitung
- Aufgabenstellung klären
- Informationsquellen zum Thema suchen (Zeitschriften, Bücher, Internet)
- Informationsquellen auswerten (passende Texte, Bilder, Diagramme usw. auswählen und ordnen)
- Stichwortzettel anlegen (Stoff ordnen, Gliederung erstellen, in Stichworten das Wichtigste übersichtlich gegliedert aufschreiben)
- Anschauungsmaterial für die Darbietung vorbereiten (z. B. Karikaturen, Fotos, Tabellen, Diagramme besorgen und auf eine Folie kopieren)

Vortragen des Referates
- zu Hause das Referat zur Übung mehrmals sprechen
- klar, deutlich und nicht zu schnell sprechen wichtige Passagen wirkungsvoll betonen
- an den richtigen Stellen Pausen machen
- nicht an der Redevorlage „kleben bleiben“, am besten auch mal frei reden
- Blickkontakt mit den Zuhörern halten
- Gesten einsetzen
- Anschauungsmaterial nutzen

Tipps für ein gutes Referat

Tipps
Der Inhalt des Referates kann von den Zuhörern leichter aufgenommen werden, wenn sie vorher ein Blatt mit der Gliederung des Vortrages und wichtigen Definitionen bekommen (Hand-out).
Vermeiden Sie es, Wörter zu benutzen oder über Sachverhalte zu sprechen, die Sie selber nicht verstanden haben. Sie sind dann nicht in der Lage, auf Nachfragen zu reagieren und Sachverhalte zu erklären.

Aufgaben

Erarbeiten und halten Sie ein Referat zum Thema:
a) Die Währungsreform 1948 in den Westzonen Deutschlands
b) Die „Weiße Rose“ – jugendlicher Widerstand gegen den Nationalsozialismus
c) Der Umbau mit Andersdenkenden im Nationalsozialismus
d) Der Bau der Berliner Mauer
e) Widerstand in der DDR

7

EUROPA IM WANDEL – DIE EUROPÄISCHE UNION

Politik verstehen und handeln ISBN 978-3-582-74132-5

7.1 2000 JAHRE EUROPA – EINE BEWEGTE GESCHICHTE

Betrachtet man eine Weltkarte und vergleicht Europa mit anderen Kontinenten, fällt sofort auf, wie klein Europa ist. Berechnungen zufolge nimmt der Erdteil Europa, dessen Fläche ungefähr 10 Millionen Quadratkilometer ausmacht, nur sieben Prozent der festen Erdoberfläche ein.

Mythos:
überlieferte Dichtung, Sage oder Erzählung aus der Vorzeit eines Volkes

Völkerwanderung:
Völkerwanderungen hat es von der Antike bis in das Mittelalter immer gegeben. Als eine der historisch wichtigsten wird oft die germanische Völkerwanderung vom 4. bis zum 6. Jahrhundert genannt, da sie Europa nachhaltig veränderte.

Was ist Europa? Ein eigenständiger Kontinent bzw. Erdteil?
Geografisch gesehen ist ein Kontinent eine große, zusammenhängende Festlandmasse. Somit sind beispielsweise Afrika und Australien eigenständige Kontinente, während Europa zusammen mit Asien den Kontinent Eurasien bildet. Europa selbst wird nur aufgrund seiner geschichtlichen Rolle als eigenständiger Kontinent betrachtet.

Die Geschichte verleiht der Geografie Leben

Der Name Europa erscheint erstmals in der griechischen Mythologie des Altertums. Der griechische Dichter Hesiod (um 700 v. Chr.) zeichnete diese Mythen als Erster auf. Europa ist demnach die Tochter eines berühmten Königs aus Phönizien. Der griechische Göttervater Zeus verliebt sich in sie. Er nimmt die Gestalt eines schneeweißen Stieres an und verführt sie.

Die Geschichte Europas verzeichnet in den vergangenen 2000 Jahren unzählige Einigungsversuche und Spaltungsbestrebungen.
Der Aufstieg und die Ausbreitung des römischen Weltreiches unter Augustus (31 v. Chr.–14 n. Chr.) und seinen Nachfolgern waren der erste Anstoß für die Einheit der europäischen Kultur.

Dieses Reich brach auseinander in das oströmische und das weströmische Reich, das so genannte Abendland.
Die germanische Völkerwanderung setzte auch dem Westreich bald ein Ende. In dieser Zeit nahm Europa seine heutige Gestalt an. Aus der Verbindung der germanischen Kultur und der römischen Zivilisation entstanden die für Europa typischen Kulturen.

Europa. Allegorie, Stich aus der Cosmographia von Bastian Müster, 1580

Europa auf dem Stier –
Zeichnung von Albrecht Dürer (1471–1528)

Politik verstehen und handeln ISBN 978-3-582-74132-5

Als neues Herrschaftszentrum bildete sich das fränkische Reich heraus. Unter Karl dem Großen (768–814) wurde eine neue Idee von Einheit deutlich: „Europa" sah sich zur Verteidigung des Christentums berufen.
Das Fränkische Reich verlagerte auch den politischen Schwerpunkt Europas aus dem Mittelmeerraum in den Norden Europas. Aus den Resten antiker Kultur und den germanisch-christlichen Vorstellungen formte sich die abendländische Kultur des Mittelalters.

In der Französischen Revolution von 1789 setzten sich die politischen Ideen der Aufklärung durch. Sie bilden die Grundlage für liberale, demokratische und nationalstaatliche Entwicklungen im Staatswesen und in der Gesellschaft.

Individualismus und nationales Streben wurden im 18. Jahrhundert zur Leitidee.

Nach der Französischen Revolution scheiterte der Versuch Napoleons, Europa unter seiner Hand kriegerisch zu vereinigen.
Nach Napoleons Niederlage wurde im Wiener Kongress (1814–1815) unter der Leitung von Fürst Metternich versucht, bei der Neuordnung Europas ein Gleichgewicht zwischen den europäischen Mächten zu schaffen. Dieses Vorhaben scheiterte aber an den einzelnen nationalstaatlichen Interessen.

Europa im Angesicht zweier Weltkriege

Zweimal stand Europa im Mittelpunkt von Weltkriegen, die große Zerstörung und Millionen von Opfern mit sich brachten.
Der Erste Weltkrieg (1914–1918) hinterließ so schreckliche Erinnerungen, dass viele Europäer kriegsmüde sagten, es müsse der letzte bleiben.

Die Gründung des Völkerbundes nach dem Ersten Weltkrieg war ein wichtiger Schritt im Bemühen um ein friedliches und geeintes Europa.

Nicht einmal zwanzig Jahre später steuerte Europa erneut auf eine Katastrophe zu. Mit dem Überfall des nationalsozialistischen Deutschlands auf Polen begann der Zweite Weltkrieg (1939–1945), der alle bisherigen europäischen Einigungsbemühungen zunichte machte.

Die verheerenden Auswirkungen des Zweiten Weltkrieges förderten die Bereitschaft, endlich die Idee „Europa" **friedlich** in die Tat umzusetzen.

Mittelalter:
Die genaue zeitliche Zuordnung dieses Zeitabschnittes ist in der Geschichtsforschung umstritten. In der Regel bezeichnet man aber damit ungefähr die Zeitspanne vom 5. bis zum 15. Jahrhundert n. Chr.

Aufklärung:
Es handelt sich um eine geistesgeschichtliche Epoche, die ihren Anfang Ende des 17. Jahrhunderts hatte. Die Grundidee liegt in der Vorstellung, dass alle Menschen gleich sind und die Vernunft das Wesen des Menschen darstellt.

Napoleon (1769–1821)

Der **Zweite Weltkrieg** begann am 1.9.1939 um 4:45 Uhr mit dem Überfall der deutschen Wehrmacht auf Polen.

7

Aufgaben

1. Beschreiben Sie mithilfe einer aktuellen Europakarte, welche heutigen EU-Länder in der Darstellung aus dem Mittelalter zu finden sind.
2. a) Nennen Sie Gründe, die in der Vergangenheit hinter europäischen Einigungsbestrebungen standen.
   b) Notieren Sie diese stichpunktartig und vergleichen Sie diese mit den Gründen einer europäischen Einigung nach 1945.

7.2 DER WEG ZUR EUROPÄISCHEN UNION

Der Schuman-Plan

... ein schönes Papier ... mit geradezu ...

unwahrscheinlichen ... Möglichkeiten ...

Motive der europäischen Einigung nach 1945

Nach dem Zweiten Weltkrieg war Europa zerstört und lag in Trümmern. Staatsmänner wie z.B. Winston Churchill, Robert Schuman und Konrad Adenauer hatten Visionen und Vorschläge, wie Europa wirtschaftlich wieder aufgebaut und nationale Gegensätze durch Zusammenarbeit und Kooperation überwunden werden könnten. Gleichzeitig sollte diese Zusammenarbeit einen dauerhaften Frieden in Europa gewährleisten.

Bereits in einem Brief von 1945 beschrieb Konrad Adenauer die Notwendigkeit einer „wirtschaftlichen Verflechtung“ westeuropäischer Staaten mit dem Fernziel einer „Union der westeuropäischen Staaten“.
Winston Churchill sprach 1946 in seiner Züricher Rede von der Schaffung der „vereinigten Staaten von Europa“.

Im Jahre 1950 zeigte der französische Außenminister Robert Schuman die Bereitschaft der französischen Regierung an, eine deutsch-französische Gemeinschaft für Kohle und Stahl zu gründen. Dieser so genannte Schuman-Plan sah vor, die französisch-deutsche Stahl- und Kohleproduktion einer gemeinsamen „obersten Aufsichtsbehörde“ zu unterstellen. Schuman bezeichnete dies als die erste Etappe zu einer „europäischen Föderation“.

Winston Churchill
(1874–1965)

Konrad Adenauer
(1876–1967)

Robert Schuman
(1886–1963)

Europarat:
Der Europarat ist heute neben der Europäischen Union eine eigenständige Einrichtung. Sie wurde 1949 von zehn europäischen Staaten mit der Zielsetzung gegründet, die Einheit und Zusammenarbeit in Europa zu fördern.

Politik verstehen und handeln ISBN 978-3-582-74132-5

Der Weg der europäischen Einigung

Der Schuman-Plan führte 1951 zur Gründung der Europäischen Gemeinschaft für Kohle und Stahl (EGKS). Neben Frankreich und der Bundesrepublik Deutschland unterzeichneten auch Italien, Belgien, die Niederlande und Luxemburg den Vertrag. 1957 gründeten diese sechs Mitgliedstaaten der EGKS

- die Europäische Wirtschaftsgemeinschaft (EWG): gemeinsamer Markt,
- Zollunion und politische Zusammenarbeit;
- die Europäische Atomgemeinschaft (EURATOM): gemeinsame und friedliche Nutzung der Atomenergie.

Weitere Etappen der europäischen Einigung:

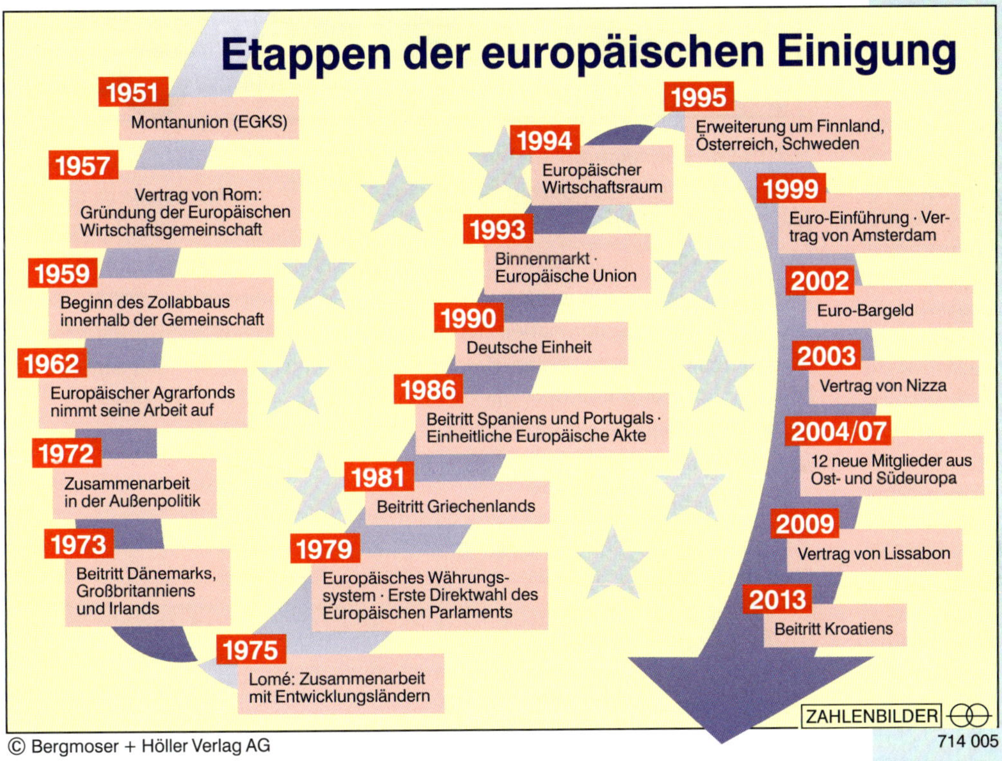

Schon 1952 war die Idee einer Europäischen Verteidigungsgemeinschaft (EVG) geboren. Doch für eine solche Gemeinschaft war die Zeit noch nicht reif. Eine Ratifizierung wurde 1954 von der französischen Nationalversammlung abgelehnt.

ratifizieren:
als gesetzgebende Körperschaft einen völkerrechtlichen Vertrag in Kraft setzen

7

Aufgaben

1. Erläutern Sie, was der Karikaturist mit der Karikatur am Beginn dieses Abschnitts ausdrücken wollte.
2. Beurteilen Sie, worin – Ihrer Meinung nach – das Hauptmotiv Frankreichs lag, mit der Bundesrepublik Deutschland eine Gemeinschaft für Kohle und Stahl zu gründen.
3. Erstellen Sie in Ihrer Klasse in Kleingruppen Kurzvorträge über die einzelnen Etappen der europäischen Einigung und tragen Sie diese vor. Hinweis: Nutzen Sie für die weitere Informationsbeschaffung u.a. Lexika oder das Internet.

7.3 AUFBAU UND FUNKTION DER EUROPÄISCHEN UNION

7.3.1 Europäische Institutionen und ihre Aufgaben

Jeder Staat hat seine politischen Organe. So gibt es z.B. in der Bundesrepublik Deutschland einen Bundestag, einen Bundesrat, eine Bundesregierung, das Bundesverfassungsgericht und den Bundespräsidenten. Die Europäische Union ist kein Staat, kann aber als ein Staatenbund bezeichnet werden. Sie nimmt Funktionen wahr, die bislang immer den einzelnen Staaten zustanden. Alle Mitglieder der Europäischen Union haben demnach der Gemeinschaft Souveränitätsrechte übertragen. Das hat zur Folge, dass in einigen Bereichen (z.B. in der Agrarpolitik, Finanzpolitik und Außenhandelspolitik) gemeinschaftliche „Gesetze“ für alle Staaten der EU gelten. Die Mitgliedsstaaten sind daran gebunden, diese Gesetze auf nationaler Ebene umzusetzen.

Die Organe der EU im Überblick

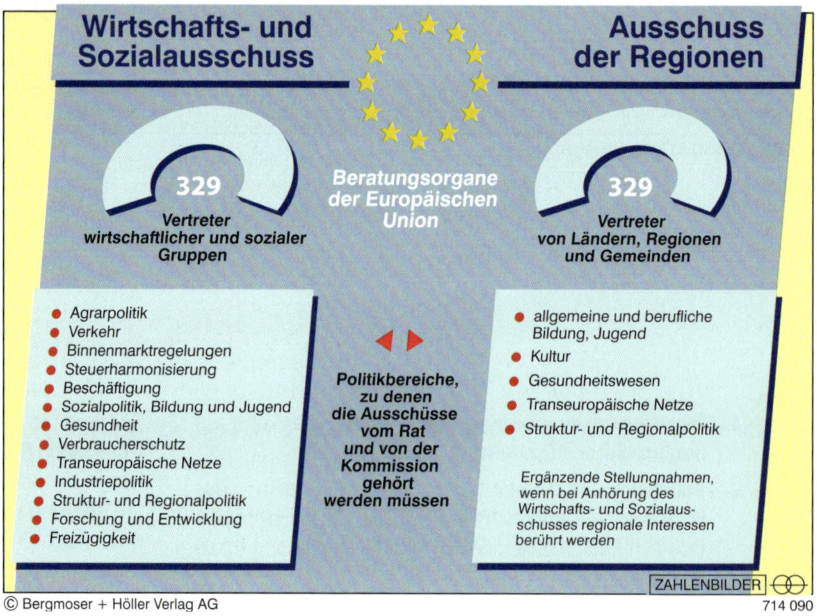

 714 090

Am 19.10.2007 einigten sich die EU-Regierungschefs auf einen neuen EU-Vertrag: den Reformvertrag oder **Lissabon-Vertrag**. Er ersetzt den abgelehnten EU-Verfassungsvertrag.

Wichtigste Bestimmungen sind:

- **Mehrheitsentscheidungen:** EU-Beschlüsse werden erleichtert, da künftig in vielen Fällen der Zwang zur Einstimmigkeit entfällt.
- **Prinzip der doppelten Mehrheit:** Beim Abstimmungsverfahren in der EU gilt ab 2014 das Prinzip der doppelten Mehrheit. Danach erfordern EU-Beschlüsse im Ministerrat eine Mehrheit von 55 Prozent der Staaten, die 65 Prozent der Bevölkerung auf sich vereinen.
- **Repräsentation nach außen:** Die EU bekommt einen Hohen Repräsentanten der Außen- und Sicherheitspolitik.
- **EU-Ratspräsident:** Die EU erhält einen Ratsvorsitzenden, dessen Amtszeit zweieinhalb Jahre beträgt.
- **Verkleinerte Kommission:** Von 2014 an sind in Brüssel nicht mehr alle, sondern abwechselnd nur noch zwei Drittel der Mitgliedstaaten mit einem Kommissar vertreten.
- **Austritt:** Der Vertrag sieht erstmals die Möglichkeit eines Austritts aus der Europäischen Union vor.
- **Volksbegehren:** Mit mindestens einer Million Unterschriften können Bürger künftig die EU-Kommission auffordern, Gesetzesvorschläge zu machen. Die Kommission ist dazu allerdings nicht verpflichtet.
- **Grundrechtecharta:** Durch einen Verweis im Reformvertrag wird die Grundrechtecharta aus dem Jahr 2000 rechtsverbindlich.

 ISBN 978-3-582-74132-5

- **Europäischer Rat**
  Der Europäische Rat setzt sich aus den Staats- und Regierungschefs der Mitgliedsstaaten sowie dem Präsidenten der Kommission zusammen.
  Er stellt das höchste Entscheidungsgremium dar und bestimmt die Leitlinien der Politik.
- **Rat der Europäischen Union (Ministerrat)**
  Der Ministerrat besteht aus je einem Fachminister aus jedem Mitgliedsstaat. Als politisches Organ stellt der Ministerrat die Legislative (gesetzgebende Gewalt) dar. Er beschließt europäische Gesetze.
- **Europäische Kommission**
  Die Kommission besteht derzeit aus 27 Kommissaren (Stand: 2023). Jedes Land entsendet dann einen Kommissar. Als politisches Organ hat die Kommission die Aufgabe der Exekutive (ausführende Gewalt).
  Sie kann somit als die europäische Regierung aufgefasst werden. Die Kommission wird auch als „Motor der EU" bezeichnet, da sie Vorschläge für europäische Gesetze erarbeitet.
- **Europäisches Parlament**
  Das Europäische Parlament ist das einzige Organ, das durch die Bürger der EU direkt gewählt wird. Seine Wahl erfolgt alle fünf Jahre. Seine Abgeordneten vertreten rund 450 Millionen Bürgerinnen und Bürger. Zu den wichtigsten Aufgaben des Parlamentes gehören die Beteiligung an der europäischen Gesetzgebung, das Kontrollrecht gegenüber der Kommission und dem Ministerrat, die Verabschiedung des EU-Haushaltes.
- **Europäischer Gerichtshof**
  Er besteht aus derzeit 27 Richtern und 9 Generalanwälten. Seine Aufgabe ist es, für die Einhaltung der europäischen Gesetze zu sorgen. Er stellt die Judikative (richterliche Gewalt) dar.
- **Europäischer Rechnungshof**
  Der Europäische Rechnungshof besteht aus derzeit 27 Mitgliedern (2023). Er überprüft die Haushaltsfürung der EU.

In der europäischen Politik gilt das **„Prinzip der Subsidiarität"**. D.h.,

- prinzipiell darf die EU nur in solchen Politikbereichen tätig werden, die vertraglich vereinbart sind,
- in den Politikbereichen, in denen die EU nicht uneingeschränkt tätig werden darf, sondern nur eine Zusammenarbeit vorgesehen ist, greift das Prinzip der Subsidiarität.

Demnach wird die Union nur dann tätig, wenn ein vertraglich festgelegtes Ziel alleine durch die Mitgliedsstaaten nicht erreicht werden kann und ein Handeln der Gemeinschaft ein besseres Ergebnis verspricht.

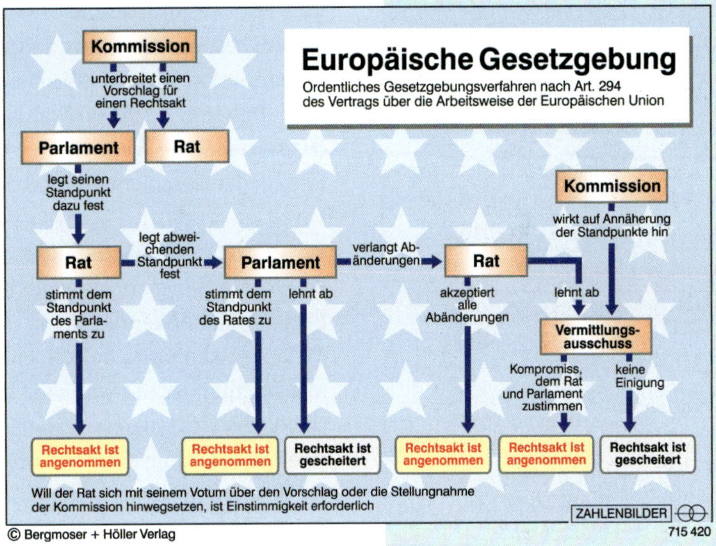

© Bergmoser + Höller Verlag

Aufgaben

1. Beschreiben Sie in eigenen Worten, welche Aufgaben den Organen der EU in der Abbildung am Abschnittsbeginn zugeordnet werden.
2. Vergleichen Sie die europäische Gesetzgebung mit dem Gesetzgebungsverfahren der Bundesrepublik Deutschland (vgl. Abschnitt 5.2.8). Arbeiten Sie die Gemeinsamkeiten und Unterschiede im Gesetzgebungsverfahren heraus und notieren Sie diese stichpunktartig.
3. Erstellen Sie in Gruppenarbeit Wandzeitungen, in denen Sie die Organe der Europäischen Union erläuternd darstellen. Nutzen Sie hierfür auch weiter gehende Informationen aus Ihrer Schulbibliothek, der Bücherei oder dem Internet (**http://europa.eu**). Informationen und Hilfestellungen zum Erstellen einer Wandzeitung finden Sie auf Seite 174.

7.3.2 Die drei Säulen der Europäischen Union

„… und das hier ist die Gebrauchsanweisung."

Dass sich die Europäische Union – so wie wir sie heute kennen – stufenweise entwickelt hat, wurde bereits dargestellt (vergleiche Abschnitt 7.2). Ein sehr bedeutender Schritt im europäischen Einigungsprozess war die Unterzeichnung des am 1. November 1993 in Kraft getretenen „Vertrags über die Europäische Union", der so genannte „Vertag von Maastricht". Er stellt die bislang umfassendste Reform in der Geschichte der EU dar.

Wie sieht nach Maastricht das „Gebäude Europa" aus?

Betrachtet man einen griechischen Tempel, so tragen die Säulen den Aufbau. Alle Säulen sind notwendig, damit die Architektur des Gebäudes standfähig ist. Diese Metapher kann nun auf die Europäische Union übertragen werden. Nach dem Maastrichter Vertrag wird die EU durch drei Säulen „getragen".
Neben der reformierten ersten Säule der Europäischen Gemeinschaft entstanden zwei weitere neue Kooperationsbereiche:

- die gemeinsame Außen- und Sicherheitspolitik (GASP) (zweite Säule),
- die Zusammenarbeit im Bereich des Inneren und der Justiz (dritte Säule).

Die **Wirtschafts- und Währungsunion (WWU)** ist und war für die unionsweite Einführung des Euros verantwortlich. Zurzeit zahlen über 330 Millionen Menschen mit dem Euro. Er hat sich seit seiner Einführung 2002 als Bargeld auf den internationalen Finanzmärkten behaupten können. Nahezu 20% aller Weltwährungsreserven werden in Euro gehalten.

Die **Europäische Zentralbank** ist als Wächter des Euros eingesetzt. Sie hat dafür zu sorgen, dass die Preisstabilität des Euros gewährleistet wird. Sie ist ein politisch unabhängiges Organ und an keine Weisungen gebunden.

Maastricht
ist die Hauptstadt der Provinz Limburg im Süden der Niederlande. Nach ihr wurde der Maastrichter Vertrag benannt, da sich hier die Regierungschefs der EU-Mitgliedsländer zur Unterzeichnung des Vertrages trafen.

Metapher:
bildlicher Ausdruck

Schon gewusst?
Zu den Stabilitätsvereinbarungen im Rahmen der Währungsunion gehört unter anderem die Staatsneuverschuldung. Sie ist auf 3 % des Bruttoinlandsprodukts begrenzt.
Seit 2001 hatte Deutschland viermal gegen den Euro-Stabilitätspakt verstoßen und musste Strafzahlungen in Milliardenhöhe fürchten, nachdem auch 2006 ein Defizit von 3,4 Prozent vorausgesagt wurde. Doch aufgrund der positiven Wirtschaftsentwicklung konnte der Stabilitätspakt schon 2006 (statt wie geplant 2007) mit einem Defizit von 2,8 Prozent erfüllt werden.

Was ist unter Unionsbürgerschaft zu verstehen?

Mit dem Vertrag von Maastricht wurde die Unionsbürgerschaft eingeführt. Die Rechte des EU-Bürgers wurden somit erweitert. Dazu gehören z.B.:

- das Wahlrecht von EU-Bürgern, die nicht in ihrem Heimatland leben, bei den Europa- und Kommunalwahlen
- Petitionsrecht beim Europäischen Parlament
- Rechtsschutz der Grundrechte mit der Möglichkeit der Klage beim Europäischen Gerichtshof
- Das Recht, sich in der EU frei bewegen zu können, in allen Staaten zu wohnen, zu arbeiten oder zu studieren

Politik verstehen und handeln ISBN 978-3-582-74132-5

Damit die Währung auch langfristig stabil bleibt, sind im Maastrichter Vertrag Maßnahmen festgelegt, um Staaten daran zu hindern, aus den Stabilitätsvereinbarungen auszuscheren. Der Maßnahmenkatalog sieht unter anderem vor, dass

- Staatsschulden nationale Angelegenheiten bleiben, keine Kredite von der Europäischen Zentralbank gewährt werden, (aber siehe hierzu auch Kapitel 7.5),
- Sanktionen in Form von politischem Druck bis hin zu Geldstrafen ausgesprochen werden, wenn gegen die Stabilitätsvereinbarungen verstoßen wird.

Die Staaten, die noch nicht an der Währungsunion teilgenommen haben, müssen besondere Voraussetzungen erfüllen, um an der WWU teilnehmen zu können. Zu diesen Staaten zählen auch alle neu beigetretenen Mitgliedsstaaten (vergleiche Kapitel 7.4). Diese Voraussetzungen werden durch die so genannten **„Konvergenzkriterien"** festgelegt. Vereinfacht gesagt: Es können sich nur Länder mit einer stabilen Währung an der WWU beteiligen.

Die Frage, wie strikt die Erfüllung der Konvergenzkriterien gehandhabt werden solle, ist seit ihrer Einführung umstritten. Einige Länder heben den politischen Nutzen der Währungsunion hervor, der nicht durch zu strenge Beitrittsregeln gefährdet werden sollte, andere bestehen auf eine harte haushalts- und währungspolitische Linie.

Mit der Unterzeichnung des Maastrichter Vertrages stand bereits fest, dass die in ihm gefassten Beschlüsse in einer Folgekonferenz überprüft werden sollen. Diese Folgekonferenz umfasst den so genannten „Vertrag von Amsterdam" (vergleiche Abschnitt 7.4).

Konvergenz:
Übereinstimmung, gegenseitige Annäherung

Konvergenzkriterien:
Sie umfassen folgende Kriterien:

- Wechselkursstabilität: Die Währung des Landes darf mindestens zwei Jahre lang nur in einer bestimmten Wechselkursbandbreite vom Eurokurs abweichen.
- Langfristige Zinssätze: Der Zinssatz langfristiger Staatsanleihen darf nicht mehr als 2 Prozentpunkte über dem Durchschnitt der drei preisstabilsten Mitgliedstaaten liegen.
- Finanzlage der öffentlichen Hand: Der staatliche Schuldenstand darf nicht mehr als 60 % und das jährliche Haushaltsdefizit darf nicht mehr als 3 % des Bruttoinlandsprodukts betragen.
- Preisstabilität: Die Inflationsrate darf nicht mehr als 1,5 Prozentpunkte über derjenigen der drei preisstabilsten Mitgliedstaaten liegen.

Aufgaben

1. Beschreiben Sie, was der Karikaturist mit der Karikatur am Abschnittsbeginn zum Ausdruck bringen will. Diskutieren Sie darüber in Ihrer Klasse.
2. Legen Sie dar, welche der drei tragenden Säulen der EU Ihrer Meinung nach die am stärksten ausgeprägte ist. Begründen Sie Ihre Antwort.
3. Zählen Sie auf, welche persönlichen Vor- und Nachteile Sie in unserer gemeinsamen Währung sehen.
   Stellen Sie die Vor- und Nachteile stichpunktartig in einer Tabelle gegenüber

7.3.3 Wir leben und arbeiten im europäischen Binnenmarkt

Die Idee eines europäischen Binnenmarktes

Die Idee eines Binnenmarktes, in dem es einen freien Verkehr von Waren, Personen, Dienstleistungen und Kapital gibt, wurde mit der Gründung der Europäischen Wirtschaftsgemeinschaft (EWG) 1957 geboren. Die Durchsetzung und Verwirklichung einer Zollunion benötigte jedoch einen Zeitraum von 10 Jahren, bis zum Jahr 1968. Erst 1993 waren dann die endgültigen Rahmenbedingungen für einen gemeinsamen Binnenmarkt geschaffen. Auf dem Weg dorthin waren viele Reformen innerhalb der Europäischen Gemeinschaft für die Verwirklichung der „vier Freiheiten" nötig.

© Bergmoser + Höller Verlag AG

So stellte schon 1985 eine Untersuchung der Europäischen Kommission fest, dass Europa weit hinter den erwarteten Entwicklungen zurückgeblieben war und eine große Zahl an Hindernissen der Verwirklichung des europäischen Binnenmarktes im Wege standen.

Der **Europäische Bildungspass** (auch **europass**) erleichtert EU-weit Praktika sowie Studienaufenthalte vor, während und nach der Berufsausbildung (siehe auch Kapitel 1.1.8).
Damit die Schul- und Berufsabschlüsse länderübergreifend vergleichbar werden, wurde ein sogenannter **Europäischer Qualifikationsrahmen (EQR)** geschaffen (Englisch: EQF = European Qualification Frame). Schul- und Berufsabschlüsse werden hierfür in sechs Niveaustufen eingeteilt. Die in Aus- und Fortbildung erworbenen Kompetenzen werden mit Kreditpunkten (credit points) bewertet und sollen so ein berufliches Niveau beschreiben, das EU-weit vergleichbar ist.
Für die Berechnung und Anrechnung der Kreditpunkte zur jeweiligen Qualifikationsstufe wurde von der EU das System **ECVET** geschaffen (ECVET = European Credit System for Vocational Education and Training = Europäisches System zur Anrechnung der Punkte in der beruflichen Bildung). Darin ist beschrieben, wie Ausbildungs- und Weiterbildungsmaßnahmen zu bewerten sind.

Zollunion:
In einer Zollunion werden keine Zölle auf Waren erhoben, die zwischen den Mitgliedsstaaten ausgetauscht werden. Auf Waren, die aus Staaten außerhalb der Gemeinschaft kommen, werden gemeinsame Zollsätze angewendet.

Die Ergebnisse dieser Untersuchung wurden im so genannten „Weißbuch" zusammengefasst und legten die weitere Marschroute fest.
Mit der Unterzeichnung der Einheitlichen Europäischen Akte von 1986 wurde die Realisierung des Binnenmarktes bis zum 31. Dezember 1992 beschlossen.

Ist der Binnenmarkt tatsächlich verwirklicht?

Trotz des nun bestehenden und im Rahmen des geschaffenen Regelwerks funktionierenden europäischen Binnenmarktes zeigt sich, dass das gemeinsame Gesetzes- und Regelwerk nur einen Status quo darstellt. Der gegenwärtige Zustand ist lediglich ein erreichtes Ziel in einem Prozess, das ständig verbessert und ergänzt werden muss. Bereits drei Jahre nach der Vollendung des Binnenmarktes hat die Europäische Kommission einen „Aktionsplan für den Binnenmarkt" vorgelegt. Er sieht unter anderem die Beseitigung bestehender Mängel im Bereich Gesellschafts-, Steuer- und Verbraucherrecht sowie in der Wettbewerbspolitik vor.

Und was gibt es sonst noch?

Der Binnenmarkt bringt eine Reihe von Freiheiten für jeden einzelnen Bürger. So ist es nun möglich, in der gesamten EU

- zu leben,
- zu arbeiten,
- zu studieren,
- sich selbstständig zu machen,
- ohne Zollformalitäten und Kontrollen zu reisen usw.

Doch kann beispielsweise die zuletzt genannte Freiheit auch die öffentliche Sicherheit gefährden. Die nebenstehende Karikatur versucht, solche Gefahren für ein Europa ohne Grenzkontrollen in übertriebener Weise darzustellen. In der EU wurden diese Gefahren frühzeitig erkannt und die Freizügigkeit durch Maßnahmen für die Sicherheit der Bürger in der Europäischen Union ergänzt.
Das so genannte „Schengener Abkommen" regelt zwischen den Staaten z.B.

- die polizeiliche Zusammenarbeit zur wirksamen Bekämpfung der internationalen Kriminalität (Terrorismus, Drogenhandel, organisierte Kriminalität usw.),
- die verstärkte Zusammenarbeit der Justiz.

Im Vertrag von Amsterdam (vergleiche Abschnitt 7.4) wurde das „Schengener Abkommen" in das gemeinsame EU-Recht mit einbezogen.

Nicht alle Staaten der EU haben die Grenzkontrolle untereinander aufgehoben. So bestehen z.B. an den Binnengrenzen zu den neuen ost- und mitteleuropäischen Staaten Grenzkontrollen (vergleiche Abschnitt 7.4). Andererseits hatte Dänemark trotz heftiger Kritik im Juli 2011 umstrittene dauerhafte Zollkontrollen wieder eingeführt. Die EU-Kommission kündigte an, die Kontrollen zu beobachten, um zu gewährleisten, dass die Kontrollen nicht gegen EU-Recht verstoßen.

Status quo:
gegenwärtiger Zustand

Schon gewusst?
Im März 2010 wurde der europäische Hochschulraum eröffnet, so dass es in ganz Europa ein einheitliches Hochschulsystem gibt. Jetzt kann man an jeder europäischen Universität studieren und unkompliziert seinen Studiengang wechseln.

Ehrenwort!

7

Aufgaben

1. a) Nennen Sie persönliche Chancen und Risiken, die Sie in den vier Freiheiten des Binnenmarktes sehen.
   b) Stellen Sie Ihre Einschätzungen stichpunktartig in einer Tabelle zusammen.
2. Durch den Binnenmarkt werden Vorschriften EU-weit in Übereinstimmung gebracht, so z. B. Produktnormen oder Bildungsabschlüsse. Nennen Sie die Vor- und Nachteile einer solchen einheitlichen Regelung anhand eines aktuellen Beispiels.

7.3.4 Ein Beispiel europäischer Zusammenarbeit – die Agrarpolitik

Es gibt viele Politikbereiche, in denen in der Europäischen Gemeinschaft zusammengearbeitet wird. In manchen Bereichen wie z.B.

- der Agrarpolitik,
- der Sozialpolitik,
- dem Verbraucherschutz,
- dem Gesundheitswesen oder
- der Strukturpolitik

ist die Entscheidungskraft der Gemeinschaft so groß, dass sie das Leben der Bürger unmittelbar beeinflusst.

Die Agrarpolitik

Bereits mit der Gründung der EWG 1957 wurde eine gemeinsame Agrarpolitik beschlossen. Zu den wichtigsten Aufgaben und Zielen gehörte die Überwindung des damals in Europa herrschenden Mangels an Nahrungsmitteln. Wie schwierig es war, eine gemeinsame Marktordnung einzuführen, zeigt sich daran, dass erst 1962 zwischen den EWG-Staaten eine Angleichung der Agrarpolitik möglich war. Im Artikel 33 des EG-Vertrages sind die Ziele der Agrarpolitik festgelegt:

- […] die Produktivität der Landwirtschaft […] zu steigern;
- auf diese Weise der landwirtschaftlichen Bevölkerung […] eine angemessene Lebenshaltung zu gewährleisten;
- die Märkte zu stabilisieren;
- die Versorgung sicherzustellen;
- für die Belieferung der Verbraucher zu angemessenen Preisen zu sorgen.

7

Aus der Zeit der landwirtschaftlichen Überproduktion kommen auch die Begriffe: „Butterberge",„Milchseen", „Fleischhalden" usw.

Mit dem technischen Fortschritt wurde der Mangel an Lebensmitteln beseitigt. In den 70er- und 80er-Jahren kam es dann jedoch zu einer Überproduktion an Lebensmitteln, wie z.B. Butter, Milch, Obst und Fleisch.
Die garantierte Abnahme aller landwirtschaftlichen Erzeugnisse zu festgesetzten Mindestpreisen förderte diese Überproduktion zusätzlich. Lebensmittelüberschüsse wurden vernichtet. Im Rahmen des weltweit verbreiteten Hungers erwies sich diese Politik als nicht tragbar (vergleiche Abschnitt 8.4.1 zur Situation der Entwicklungsländer).

Politik verstehen und handeln ISBN 978-3-582-74132-5

Es wurde ein Lösungsweg eingeschlagen, der auf eine Verringerung der Produktion abzielte, um so die Überschüsse abzubauen. In den 80er-Jahren wurde versucht, das Problem der Überproduktion durch Mengenbegrenzungen zu lösen. Es wurde eine Quote eingeführt, die die Produktionsmenge einzelner Erzeuger landwirtschaftlicher Produkte regelte. Diese Quote richtete sich nach der Menge, die ein Erzeuger vor der Reform produzierte. Landwirte, die mehr produzierten, als ihnen zustand, wurden mit Preisabschlägen für ihre Überproduktion belegt. Diese Maßnahme konnte die Überschussproduktion aber nicht stoppen. 1992 einigte sich der Rat der Agrarminister auf eine umfangreiche Agrarreform.

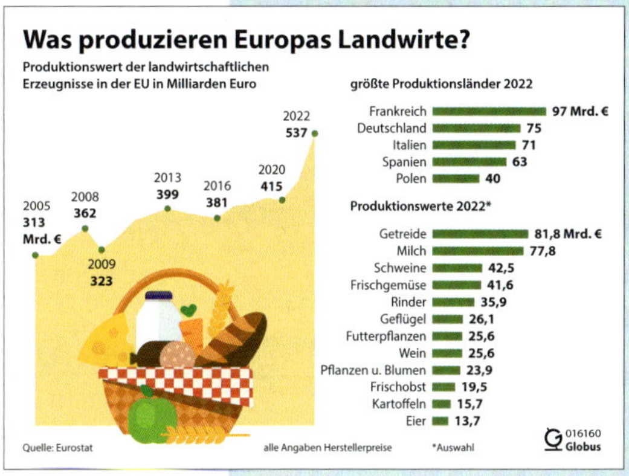

Die Reformen der gemeinsamen Agrarpolitik

Als Kern der ersten umfangreichen Agrarreform von 1992 können die Preissenkung für Getreide um 30%, das Flächenstilllegungsprogramm und die Direkthilfen für Landwirte bei Einkommensbußen angesehen werden. Umweltverträglichere Landwirtschaft und Aufforstungsprogramme werden subventioniert.

Im Zuge der EU-Erweiterung haben die EU-Agrarminister im Juni 2003 eine weitere grundlegende Agrarreform verabschiedet. So gehören zu den wesentlichen Reformvorschlägen, die 2004 und 2005 in Kraft traten, u.a. folgende Elemente:

- Direkthilfe wird für landwirtschaftliche Einzelbetriebe unabhängig von der landwirtschaftlichen Produktion gewährt. Dabei können die Mitgliedstaaten in begrenztem Maße eine Kopplung der Beihilfe an die Produktion zulassen, um Produktionseinstellungen zu vermeiden.
- Die Zahlungen werden an die Einhaltung von Umwelt-, Tierschutz- und Lebensmittelnormen gebunden.

Im Juni 2013 hatten sich die EU-Agrarminister auf eine weitere umfassende Reform der Agrarpolitik geeinigt. Durch die Reform soll die Landwirtschaft in Europa ökologischer und nachhaltiger werden und durch die bereitgestellten EU-Mittel sollen stabile Rahmenbedingungen für kommende Jahre geschaffen werden. Heutzutage (2023) und zukünftig muss sich die gemeinsame Agrarpolitik, neben den Herausforderungen, die im Zusammenhang mit dem Klimawandel und der Nachhaltigkeit entstehen, auch auf technische Innovationen, wie z.B. den digitalen Wandel bzw. die Digitalisierung, einstellen. Diese Veränderungen werden in Zukunft erhebliche Folgen für die Produktion, Verarbeitung und Vermarktung von Lebensmitteln haben und bedürfen neben entsprechenden Förderprogrammen auch stetige Reformen.

Hinweis

Der GAP-Strategieplan 2023–2027 ist der neueste Fünf-Jahres-Plan der EU. Er zielt darauf ab, die europäische Landwirtschaft nachhaltiger, klimafreundlicher und wettbewerbsfähiger zu machen und eine Klimaneutralität bis zum Jahr 2050 zu erreichen. Der Plan konzentriert sich auf

- die Förderung von umweltfreundlicheren landwirtschaftlichen Praktiken,
- die Stärkung der Position von Landwirten,
- die Vereinfachung der Gemeinsamen Agrarpolitik,
- die Förderung der Digitalisierung in der Landwirtschaft,
- die Unterstützung von Forschung und Innovation sowie
- die Verbesserung des Tierwohls und der Lebensmittelsicherheit.

Aufgaben

1. Erläutern Sie, warum die Agrarreform von 2003 so wichtig war.
2. Führen Sie in der Klasse eine Pro-und-Kontra-Diskussion über die drei Hauptziele der gemeinsamen Agrarpolitik zur Unterstützung der Landwirte in Europa.
3. Recherchieren Sie in Zeitungen und im Internet, welche aktuellen Missstände und Probleme es derzeit in der gemeinsamen Agrarpolitik der EU gibt. Tragen Sie Ihre Beispiele in der Klasse zusammen.
4. Betrachten Sie die Übersichtsgrafik und nennen Sie landwirtschaftliche Produkte Ihrer Region bzw. Ihres Bundeslandes, die für die EU von Bedeutung sind.

7.4 EIN GEWACHSENES HAUS – DIE EU-ERWEITERUNG

Die heutige EU ist von ursprünglich sechs auf derzeit 27 Mitgliedsstaaten angewachsen. Zuletzt trat ihr 2013 Kroatien bei, allerdings verließ Großbritannien 2020 die EU. Der Vertrag über die Europäische Union legt fest: „Jeder europäische Staat kann beantragen, Mitglied der Europäischen Union zu werden."

Vorgeschichte der EU-Osterweiterung

Seit dem Jahr 1989 hat sich das politische Bild in Gesamteuropa durch die Umwälzungen in Mittel- und Osteuropa stark verändert. Die über 40 Jahre lang vorhandene Zweiteilung in einen „politischen Westen" und einen „politischen Osten" existiert nicht mehr (vergleiche Abschnitt 8.2.4). Es wurde seitdem oft dafür argumentiert, dass ein Heranführen der mittel- und osteuropäischen Staaten an die Union ein wichtiger Beitrag zur Stabilisierung der noch jungen Demokratien und zur Sicherung des Friedens sei.

Ein erster Schritt der EU zur Integration von Ost- und Mitteleuropa war das so genannte Assoziierungsabkommen. Dort getroffene Vereinbarungen dienten dazu, die beitrittswilligen Staaten schrittweise politisch und wirtschaftlich an die Europäische Union heranzuführen.

Seit dem EU-Gipfel von Nizza im Dezember 2000 gibt es für die beitrittswilligen Staaten einen konkreten Fahrplan, um eine Mitgliedschaft zu erreichen. Darüber hinaus wurde auf diesem Gipfel beschlossen, wie die Neuverteilung des Stimmrechts im Ministerrat, die Sitzverteilung im Europäischen Parlament, im Ausschuss der Regionen und im Wirtschafts- und Sozialausschuss sein wird, um die zukünftigen Mitglieder entsprechend zu berücksichtigen.

Beitrittskriterien für die EU-Mitgliedschaft

Einzelne Voraussetzungen für die Mitgliedschaft legt der Artikel 6 des EU-Vertrages fest. Hierzu gehören u.a.:

- Demokratie,
- Wahrung der Menschenrechte und Grundfreiheiten,
- Grundsätze der Freiheit und
- Rechtsstaatlichkeit

Darüber hinaus hat die EU auf der Ratssitzung in Kopenhagen 1993 zusätzliche Beitrittskriterien für eine Mitgliedschaft in der EU aufgestellt (in Zukunft werden weitere Kriterien durch den Reformvertrag der EU hinzukommen – vergleiche Seite 260):

- **politische Beitrittskriterien:**
  Stabilität der Demokratie (Menschenrechte, Rechtsstaat usw.)
- **wirtschaftliche Beitrittskriterien:**
  funktionierende Marktwirtschaft, Wettbewerbsfähigkeit innerhalb der Europäischen Union
- **sonstige Beitrittskriterien:**
  Einverständnis mit den Zielen der politischen Union; Wirtschafts- und Währungsunion; Bereitschaft vom Augenblick des Beitritts, alles EU-Recht mit seinen Verträgen, Gesetzen und Verordnungen zu übernehmen.

Derzeitige EU-Mitgliedsstaaten (2023)

- Belgien
- Bulgarien
- Dänemark
- Deutschland
- Estland
- Finnland
- Frankreich
- Griechenland
- Italien
- Irland
- Kroatien
- Lettland
- Litauen
- Luxemburg
- Malta
- Niederlande
- Österreich
- Polen
- Portugal
- Rumänien
- Schweden
- Slowakai
- Slowenien
- Spanien
- Tschechien
- Ungarn
- Zypern

Hinweis:
Am 23. Juni 2016 haben rund 52 % der Britischen Bevölkerung in einem Referendum für den Austritt Großbritanniens aus der Europäischen Union gestimmt. Großbritannien ist nach über 40 Jahren Mitgliedschaft das erste Land, welches die Europäische Union am 31. Januar 2020 verlassen hat (sogenannter „Brexit"). Siehe hierzu auch Seite 275.

Politik verstehen und handeln ISBN 978-3-582-74132-5

1995 wurden durch den Europäischen Rat die Beitrittskriterien präzisiert. So müssen beitrittswillige Länder in ihrer Beitrittsvorbereitung auch sicherstellen, dass das Gemeinschaftsrecht nicht nur in einzelstaatliches Recht übernommen wird, sondern auch die entsprechenden Strukturen in Verwaltung und Justiz aufgebaut werden, um dessen Anwendung zu gewährleisten.

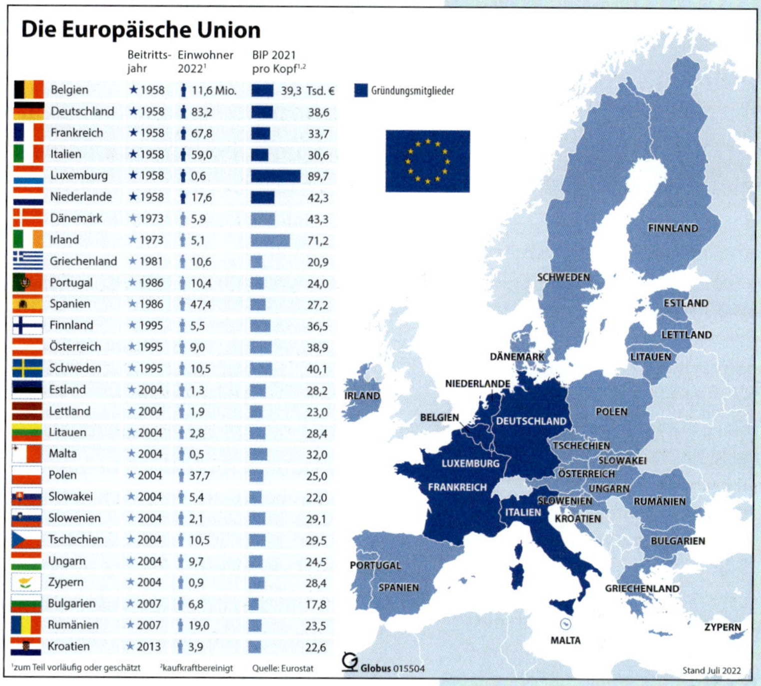

	Beitrittsjahr	Einwohner 2022[1]	BIP 2021 pro Kopf[1,2]
Belgien	★1958	11,6 Mio.	39,3 Tsd. €
Deutschland	★1958	83,2	38,6
Frankreich	★1958	67,8	33,7
Italien	★1958	59,0	30,6
Luxemburg	★1958	0,6	89,7
Niederlande	★1958	17,6	42,3
Dänemark	★1973	5,9	43,3
Irland	★1973	5,1	71,2
Griechenland	★1981	10,6	20,9
Portugal	★1986	10,4	24,0
Spanien	★1986	47,4	27,2
Finnland	★1995	5,5	36,5
Österreich	★1995	9,0	38,9
Schweden	★1995	10,5	40,1
Estland	★2004	1,3	28,2
Lettland	★2004	1,9	23,0
Litauen	★2004	2,8	28,4
Malta	★2004	0,5	32,0
Polen	★2004	37,7	25,0
Slowakei	★2004	5,4	22,0
Slowenien	★2004	2,1	29,1
Tschechien	★2004	10,5	29,5
Ungarn	★2004	9,7	24,5
Zypern	★2004	0,9	28,4
Bulgarien	★2007	6,8	17,8
Rumänien	★2007	19,0	23,5
Kroatien	★2013	3,9	22,6

[1] zum Teil vorläufig oder geschätzt [2] kaufkraftbereinigt Quelle: Eurostat

Übergangsregelungen für die neuen Mitglieder

Für alle neuen Mitgliedsländer der EU gilt nun auch das europäische Recht. In einigen Bereichen aber hat die Union Übergangsregeln bzw. -fristen geschaffen. So gibt es beispielsweise Übergangsregeln in folgenden Bereichen:

- Die Arbeitnehmerfreizügigkeit für Zuwanderer aus den meisten neuen Mitgliedsstaaten ist mit Übergangsfristen von bis zu 7 Jahren geregelt, sodass eine Beschäftigung ohne Arbeitsgenehmigung, beispielsweise für Deutschland, vorher nicht möglich ist.
- Die Personenkontrollen an den Binnengrenzen zwischen den alten und neuen EU-Ländern bleiben so lange bestehen, bis gewährleistet ist, dass die Grenzen zu Drittstaaten gesichert sind.
- Die Direktzahlungen, welche die Bauern der neuen Mitgliedsstaaten bekommen, werden schrittweise innerhalb eines Zeitraums von 10 Jahren eingeführt.
- Die gemeinsame Währung – der Euro – wird erst dann in den neuen Mitgliedsstaaten eingeführt, wenn diese die Maastrichter Konvergenzkriterien erfüllen.

Der Vertrag von Amsterdam – Fortschritte in vier zentralen Feldern	
Stärkung der gemeinsamen Außen-und Sicherheitspolitik (GASP)	Verbesserung der Zusammenarbeit in den Bereichen Justiz und Inneres
Gegenleistung von Frieden und äußerer Sicherheit	Bekämpfung von Kriminalität und Terrorismus
Handlungsmöglichkeiten bei humanitären und friedenserhaltenden Maßnahmen	Gemeinschaftliches Asyl- und Einwanderungsrecht
Amt eines hohen Vertreters für die GASP	
Grundrechtsschutz für Unionsbürger	Handlungsfähigkeit der Europäischen Union
Gemeinsame Beschäftigungs- und Arbeitsmarktpolitik	Bekämpfung von Kriminalität und Terrorismus
Europäische Sozialpolitik	Gemeinschaftliches Asyl- und Einwanderungsrecht
Stärkung des Umweltschutzes	Amt eines hohen Vertreters für die GASP

Kritiker fragen oft, ob eine EU mit 27 und ggf. mehr Mitgliedsstaaten überhaupt noch handlungs- und entscheidungsfähig sein könne. Um dies zu ermöglichen, sind Reformen angestrebt, die ihren Ausgangspunkt im **Vertrag von Amsterdam (1997)** haben. Einen Schwerpunkt stellt der Fortschritt im Bereich der Handlungsfähigkeit der EU dar (vgl. die oben stehende Abbildung).

7

Aufgaben

1. Vergleichen Sie die Beweggründe für eine EU-Erweiterung mit den Motiven der europäischen Einigung nach 1945 (vergleiche Abschnitt 7.2).
2. Bereits 1987 stellte die Türkei einen Beitrittsantrag. Diskutieren Sie in Ihrer Klasse über die möglichen Gründe der damaligen Ablehnung des Antrags.
3. Neben der Reform der Handlungsfähigkeit der EU sind weitere zentrale Felder der EU-Politik betroffen. Welche Chancen und Gefahren für eine Erweiterung der EU lassen sich daraus herleiten? Diskutieren Sie darüber in Ihrer Klasse und notieren Sie das Ergebnis in Form einer Tabelle.

Auswirkungen der Weltfinanzkrise:
Es traf Kleinsparer in der Schweiz und Hausbauer in Amerika, es traf Händler in Argentinien, thailändische Bauern, australische Wirte, die nur ein wenig oder viel mehr Rendite aus ihrem Geld herausholen wollten, als das mit Sparzinsen möglich war. Es traf Leute wie den Elektriker Manfred Blume aus Hamburg-Uhlenhorst, Männer wie den Ingenieur Tim Smith aus Ohio, es traf die Evangelisch-Lutherische Landeskirche Oldenburg [...]
(aus: ww.spiegel.de, 17.11.2008)

Europäischer Stabilitätsmechanismus (auch Euro-Rettungsschirm): eine Regelung der Europäischen Wirtschafts- und Währungsunion, um krisenhafte Folgen durch übermäßige Verschuldungen einzelner Mitgliedstaaten abzumildern. Damit sollen mögliche Staatsbankrotte überschuldeter Mitgliedstaaten verhindert werden, die auch die Wirtschaft der übrigen Mitgliedstaaten in Mitleidenschaft ziehen würden.

Euro-Plastik im Europa-Viertel von Brüssel

7.5 DIE EUROKRISE – FOLGE DER WELTFINANZKRISE

Krise der Währungsunion: Sein oder Nicht-Sein ist die Euro-Frage!
Die Euro-Krise war eine Staatsschuldenkrise mehrerer Mitgliedstaaten des Euro-Raums, die ab 2010 zu verschiedenen Reformen im System der Europäischen Wirtschafts- und Währungsunion führte. Besonders betroffen war Griechenland. Aber auch Irland, Spanien, Italien und Portugal hatten enorme Staatsschulden aufgebaut. Um diese Länder finanziell zu stärken und damit die gesamte Eurozone zu stabilisieren, wurde der europäische Stabilisierungsmechanismus entwickelt. Das heißt: Im Notfall treten Hilfsmaßnahmen für Staaten mit der gemeinsamen Währung Euro in Kraft, um deren Staatsbankrott zu verhindern.

Um Meldungen wie oben besser verstehen zu können, ist es wichtig, auch etwas über die weltweite Finanzkrise und ihre Folgen auf den Euro zu wissen.

Verlauf der Krise

1. Mit billigen Krediten wollte die Regierung der USA nach dem Jahr 2000 auch Menschen mit geringem Einkommen den Kauf eines Hauses ermöglichen und die Wirtschaft ankurbeln. US-Banken vergaben Kredite an Hausbauer oder -käufer, die sich das eigentlich gar nicht leisten konnten. Zunächst verdienten alle: Handwerker durch Bau oder Renovierung, Banker und Makler durch Provisionen und Zinsen. Um alles zu bezahlen, nahmen die Hausbesitzer weitere Kredite auf. Das war kein Problem, da ihre Gebäude als Sicherheit für die Kredite galten. Da viele Menschen die Möglichkeit hatten, an Kredite zu kommen, waren Häuser sehr begehrt und stiegen ständig in ihrem Marktwert. Daher konnten die Hausbesitzer neue, noch höhere Kredite aufnehmen.
2. Die Eigentümer gaben das Geld ihrer neuen Kredite für Vergrößerungen der Gebäude, für Autos, Fernseher usw. aus. Sie machten sich keine Sorgen, da ihre Häuser, die den Banken als Sicherheit dienten, ja ständig im Marktwert wuchsen. So wuchs durch das viele Geld, was ausgegeben wurde, die gesamte US-Wirtschaft. Und auch Firmen aus dem Ausland, wie z. B. deutsche Maschinenbaufirmen, verdienten viel.
3. Die Banken, die das Geld verliehen hatten, bündelten die Kredite von jeweils mehreren Tausend Kreditnehmern und verkauften diese Bündel (Fachbegriff: Verbriefung) weiter an andere, auch ausländische Banken.
   Die Verbriefung der Kredite sollte, falls einige Kredite nicht zurück gezahlt werden könnten, die Kosten auf viele Anleger verteilen und somit erträglich machen. Heute ist klar, dass das ein Fehler war: Der Wert vieler Häuser war nicht so hoch, wie die ausgezahlten Kredite. Das bedeutete, dass die Preise der Verbriefungen dieser Kredite viel höher waren als ihr eigentlicher Wert.
4. Plötzlich ließ das Kaufinteresse an Häusern nach und die Hauspreise fielen. Damit die Banken weiterhin gut verdienten, wurden die Zinsen erhöht. Viele Hausbesitzer konnten ihre nun höheren Raten nicht mehr bezahlen. Häuser wurden massenweise zwangsversteigert, ihre Besitzer obdachlos.
5. Die kreditgebenden Banken verloren 2007 so viel Geld, dass einige (z. B. die Bank Lehman Brothers) im September 2008 sogar bankrott gingen. Da überall auf der

Politik verstehen und handeln ISBN 978-3-582-74132-5

Welt Banken Verbriefungen gekauft hatten, gab es weltweit riesige finanzielle Verluste. Banken entließen im großen Maßstab ihre Mitarbeiter. Viele amerikanische Handwerker und Baufirmen hatten zwar ihre Arbeit getan, bekamen aber ihr Geld nicht, ausländische Firmen erhielten aus den USA keine Aufträge mehr. Aus der Immobilienkrise wurde so eine Banken- und eine Wirtschaftskrise.

6. Da die Struktur der Kreditverbriefungen sehr kompliziert war, wusste niemand genau, in welchen Verbriefungen sich wie viele faule Kredite befanden. Jeden Anleger konnten hohe Verluste treffen. Für jede Bank bestand die Möglichkeit, Pleite zu gehen. Da die Banken sich sorgten, dass sie das Geld, was sie einer anderen Bank verliehen hatten, nicht mehr zurückbekommen könnten, liehen sie sich gegenseitig kein Geld mehr. Das verschärfte die Krise.
7. Die Zentralbanken (Europäische Zentralbank, US-Notenbank und andere) stellten daraufhin den Banken Milliarden zur Verfügung, um sie zu beruhigen und den Geldkreislauf wieder in Gang zu bringen. Das funktionierte nur sehr zögerlich. Außerdem legten die Notenbanken sehr niedrige Leitzinsen fest, um die Wirtschaft anzukurbeln. Das erhöhte allerdings die Gefahr einer Inflation, weil durch niedrigere Zinsen mehr Geld in den Umlauf gelangt als zuvor. Die USA stellten 700 Milliarden Dollar bereit, um ihre Banken vor dem Einsturz zu bewahren. Die Verschuldung der USA erhöhte sich enorm und der Wert des Dollars im Vergleich zum Euro sank.

Da ebenso deutsche Banken in eine kritische Lage gekommen waren, musste auch Deutschland reagieren. Die Bundeskanzlerin Angela Merkel garantierte persönlich, dass die Spareinlagen der Bevölkerung sicher seien. Die Bank *Hypo Real Estate* und Teile der Commerzbank wurden vom Staat gekauft – also verstaatlicht.

Die Stabilität des Wirtschafts- und Finanzsystems konnte in den meisten Staaten durch umfangreiche staatliche Eingriffe wieder hergestellt werden. Seit 2010 begann die Konjunktur in Deutschland wieder anzuziehen. Finanzkrisen gibt es in marktwirtschaftlichen Wirtschaftssystemen regelmäßig. Sie treten national (in Argentinien 1998), regional (Asien 1997/98) und weltweit auf (Finanzkrise seit 2007). Wenn die Banken in einer Finanzkrise nicht mehr funktionieren, kann auch die restliche Wirtschaft darunter leiden. Besonders gefährlich an Finanzkrisen ist, dass sie zu hoher Arbeitslosigkeit und dadurch zu gesellschaftlichen Spannungen führen können. So ließ die Weltwirtschaftskrise von 1929 in Deutschland die Arbeitslosigkeit von 1,4 Millionen im September 1929 auf 6,1 Millionen im Februar 1932 wachsen. Das hatte zur politischen Folge, dass soziale Unruhen zunahmen und die Nationalsozialisten erstarkten. Seit der Eurokrise kam es z.B. in Griechenland auch immer wieder zu Streiks, Demonstrationen und Protesten gegen die Sparmaßnahmen des Staates.
Allerdings können die Auswirkungen von Krisen auch abgeschwächt werden, indem z. B. die Geschäfte von Banken streng überwacht werden.

faule Kredite: Kredite, bei denen der Schuldner mit der Zahlung seiner Raten bereits in Verzug geraten ist.

Zentralbank: auch Notenbank, ist für die Geld- und Währungspolitik eines Staates oder eines Währungsraums (z. B. den Euro-Raum) zuständig (z. B. Europäische Zentralbank, siehe auch Seite 100 und 262).

Schon gewusst?
Zusätzlich zur Verstaatlichung bestimmter Banken beschloss die Bundesregierung während der Krise milliardenschwere Konjunkturpakete, die unter anderem der Wirtschaft Kredite zusicherten und die Autoindustrie durch die sogenannte Abwrackprämie unterstützten. Durch die Abwrackprämie bekamen Besitzer von alten Autos je 2500,-€, wenn sie ihr altes Auto verschrotteten und ein neues kauften.

Euroraum: Gruppe der Staaten, die den Euro als offizielle Währung eingeführt haben (die 20 Mitgliedstaaten der Europäischen Union, die Vollmitglieder der Europäischen Wirtschafts- und Währungsunion sind, siehe auch Seite 272).

Aufgabe

1. Recherchieren Sie (z.B. im Internet oder in der Presse), welche derzeitig aktuellen Folgen die Banken- bzw. Weltfinanzkrise für den Euroraum immer noch hat.

7.6 DER EURO-RETTUNGSSCHIRM AM BEISPIEL GRIECHENLANDS

GUTGLÄUBIGER GLÄUBIGER

Griechenland ist seit Januar 2001 Mitglied des Euroraums. Um Mitglied des Euroraums werden zu können, müssen die sogenannten Konvergenzkriterien, die im Maastrichter Vertrag festgelegt sind, erfüllt werden (siehe links in der Randspalte).

Nach dem Euro-Eintritt müssen zwei wichtige Kriterien weiterhin erfüllt werden, um im Staat Stabilität und Wachstum zu gewährleisten:

- die Neuverschuldung darf maximal 3 % betragen,
- die Staatsverschuldung muss unter 60 % des Bruttoinlandprodukt (BIP) liegen.

Beides erfüllte Griechenland nicht mehr. Wie kam es dazu?

Ursachen der Wirtschaftskrise in Griechenland

Die Ursachen der Wirtschaftskrise in Griechenland sind u.a.:

- **Fehlende internationale Wettbewerbsfähigkeit:** Die Lohnstückkosten sind in den letzten Jahren enorm gestiegen. Das bedeutet, dass die Arbeitskosten für ein bestimmtes Produkt wesentlich höher sind als in anderen Ländern. So ging der Export von Gütern stark zurück.
- **Finanzlage:** Die Regierung ist nicht in der Lage, Einnahmen und Ausgaben richtig zu planen und zu überwachen. Sie hat die Finanzen in Griechenland nicht im Griff. Es gibt keine funktionierende Finanzbehörde.
- **Spekulation:** Die Wirtschaftskrise in Griechenland wurde durch Spekulanten verschärft. Sie trieben mit ihren Spekulationen die Kosten für die Aufnahme neuer Kredite an den Finanzmärkten stark in die Höhe, sodass Griechenland die Zinsen nicht mehr bezahlen konnte.
- **Steuerhinterziehung:** Die Steuerhinterziehung ist in Griechenland weit verbreitet. Nach Schätzungen gehen dem Staat durch Steuerhinterziehung jährlich 13 Millarden Euro verloren.

Euroraum:
Der Euroraum besteht aus den Staaten der Europäischen Union, in denen der Euro als Währung eingeführt wurde. Dem Euroraum gehören folgende 20 Staaten an:

- Belgien
- Deutschland
- Estland
- Finnland
- Frankreich
- Griechenland
- Italien
- Irland
- Kroatien
- Lettland
- Litauen
- Luxemburg
- Malta
- Niederlande
- Österreich
- Portugal
- Slowakei
- Slowenien
- Spanien
- Zypern

Konvergenzkriterien
Ein EU-Land kann nur dann an der Währungsunion teilnehmen, wenn

- der Anstieg der Verbraucherpreise nicht mehr als 1,5 Prozentpunkte über der Teuerungsrate der drei preisstabilsten EU-Länder liegt;
- der langfristige Zinssatz das Niveau in den drei preisstabilsten EU-Ländern nicht mehr als zwei Prozentpunkte übersteigt;
- der Wechselkurs sich seit mindestens zwei Jahren ohne starke Spannungen innerhalb der normalen Bandbreite des Wechselkursmechanismus des EWS bewegt hat;
- das Budgedefizit, gemessen am Bruttoinlandsprodukt, unter drei Prozent liegt;
- die Bruttostaatsverschuldung, gemessen am Bruttoinlandsprodukt, nicht die 60 % überschreitet.

(Siehe auch Seite 263.)

Hilfspakete für Griechenland

Aufgrund drohender Zahlungsunfähigkeit hatte Griechenland im April 2010 um internationale Hilfe gebeten. Die Mitgliedsstaaten der Eurozone haben sich bereiterklärt, Kredite für Griechenland bereitzustellen, um die Zahlungsfähigkeit Griechenlands zu erhalten.
Die Kredite in Höhe von 110 Milliarden Euro wurden von den Mitgliedern der Eurozone mit 80 Milliarden Euro und vom Internationalen Währungsfonds mit 30 Milliarden Euro über drei Jahre bereitgestellt.

Griechenland musste ebenfalls einen erheblichen Beitrag in Form eines strengen Sparprogrammes leisten, damit die Gelder fließen. Hierzu gehören u. a.: höhere Steuern auf Tabak, Alkohol, Benzin und Luxusgüter; eine Erhöhung der Mehrwertsteuer von 19 % auf 23 %; eine Kürzung der Renten sowie der Abbau des viel zu großen Beamtenapparates. Darüber hinaus musste die Regierung Griechenlands bis 2013 30 Milliarden Euro einsparen.

2012 wurde ein zweites Rettungspaket für Griechenland geschnürt. Es umfasste Hilfen in Höhe von 164,4 Milliarden Euro (einschließlich 24,4 Milliarden Euro noch nicht ausgezahlter Kreditzusagen des ersten Hilfspaketes). Griechenland musste allerdings weitere Sparmaßnahmen umsetzen, damit die Gelder flossen. Im August 2015 einigten sich Griechenland und die europäischen Partner auf ein drittes, bis August 2018 befristet Rettungspaket. Die Stabilitätshilfen umfassen bis zu 86 Milliarden Euro, welche schrittweise an Griechenland ausgezahlt werden. Bedingung hierfür ist, dass Griechenland eine Reihe weiterer Reformen umsetzt und weitere Schritte zum Abbau des bestehenden Haushaltsdefizits unternimmt.

Schon gewusst?
Vor der Aufnahme in den Euroraum hatte Griechenland ein Staatsdefizit: 1993 betrug es rund 13 %, 1998 auf einmal nur noch 2,5 % und im Jahr der Entscheidung über die Aufnahme Griechenlands in den Euroraum betrug es nur noch ein Prozent. Viele Experten gehen davon aus, dass Griechenland die Zahlen frisierte, damit es in den Euroraum aufgenommen werden konnte.

Neben Griechenland leiden auch Portugal, Spanien, Irland und Italien unter der Schuldenkrise. Die 19 Staaten des Euro-Raums haben aus diesem Grund einen dauerhaften Krisenmechanismus, den sogenannten „Europäischen Stabilitätsmechanismus" (ESM), in Kraft gesetzt. Er dient dem Ziel, Staaten des Euroraums zu unterstützen, die große Finanzprobleme aufweisen.

Das hochverschuldete Griechenland ist seit 2010 von internationalen Finanzhilfen abhängig. Im Gegenzug ist die Regierung Griechenlands gegenüber den Euro-Partnerländer und dem Internationalen Währungsfons zu radikalen Kürzungen und Sparmaßnahmen verpflichtet.

Am 20. August 2018 wurden die Finanzhilfen für Griechenland offiziell beendet. Zu Beginn der Krise 2010 hatte Griechenland ein Staatsdefizit von über 25 Milliarden Euro. 2018 hingegen konnte durch die beschlossenen Reformen in Griechenland ein Staatsüberschuss von 780 Millionen Euro erwirtschaftet werden. Um das Staatsdefizit auch zukünftig möglichst klein halten zu können, muss Griechenland seine Reformen weiterhin umsetzen. Die Rückzahlung der Finanzhilfen ist zwischen 2034 und 2060 vorgesehen.

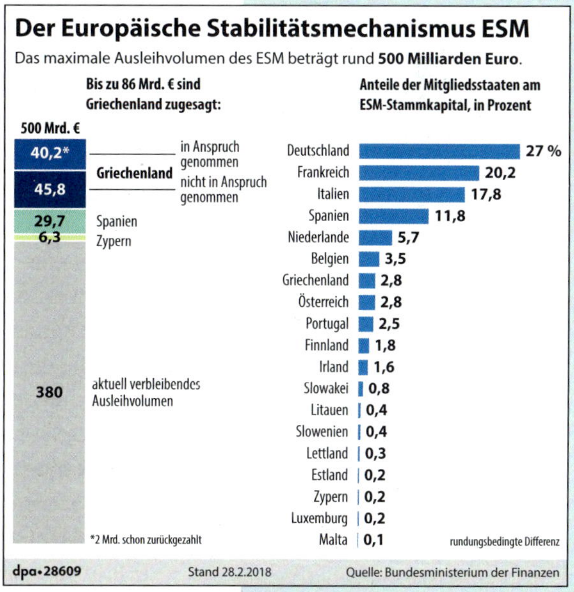

Aufgabe

1. Beschreiben Sie, was der Zeichner der Karikatur am Anfang des Kapitels zum Ausdruck bringen wollte. Diskutieren Sie darüber in der Klasse.

7

7.7 WIE WEITER MIT DER EU?

Im Mai 2019 fand die neunte Europawahl statt, bei der das Europäische Parlament direkt gewählt wurde. Die EU ist damit die zweitgrößte Demokratie der Welt. Gleichzeitig war es die erste Europawahl nach Inkrafttreten des Vertrags von Lissabon, sodass sich die Sitzzahl erstmals nach der Größe der Einwohnerzahl des jeweiligen Landes richtet.

Rund 400 Millionen Bürgerinnen und Bürger aus 27 EU-Mitgliedstaaten waren aufgerufen, an der Europawahl teilzunehmen. Die Wahlbeteiligung lag in Deutschland bei 61,4 Prozent (2014: 48,1 %) und europaweit bei 50,7 Prozent (2014: 42,6 %). Es stellt sich die Frage, warum die Wahlbeteiligung deutlich geringer als bei Bundestagswahlen ist. Zeigt das Ergebnis eventuell eine steigende Skepsis gegen die EU oder sind die Bürger nicht interessiert, weil sie nicht ausreichend über die EU und ihre Institutionen informiert sind?

EU-Skepsis

Im Vorfeld dieser Wahlen machten besonders die EU-Skeptiker sowie populistische Parteien in der Presse Schlagenzeilen. Rund 19 Prozent der Stimmen sind auf euroskeptische, rechtsradikale und andere nichtetablierte Parteien entfallen. Doch was bedeutet EU-Skepsis überhaupt? Dieser Begriff ist an sich unscharf und umfasst ganz verschiedene Pole einer Skala. Er kann sich auf eine allgemeine Ablehnung der europäischen Einigung beziehen, oder aber nur auf eine Kritik an Einzelaspekten dieses Prozesses.

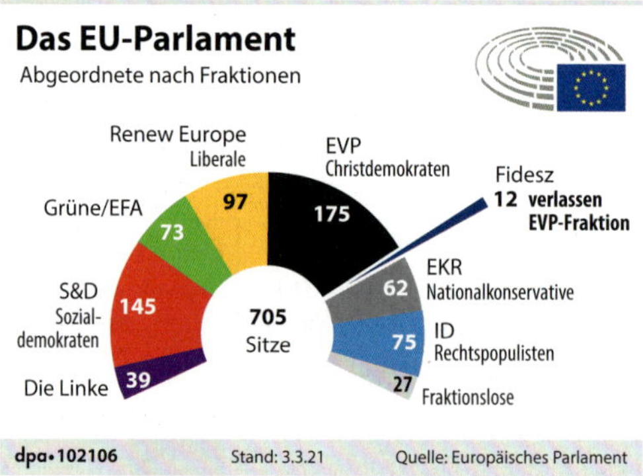

So gibt es beispielsweise zwei Pole bezüglich der allgemeinen Gestaltung der EU:

- Auf der einen Seite stehen die Befürworter einer starken nationalen Unabhängigkeit der einzelnen EU-Länder. Sie gehen davon aus, dass viele der politischen Entscheidungen sinnvoller auf einzelstaatlicher Ebene getroffen werden können (Subsidiaritätsprinzip). Sie befürchten, dass eine starke zentrale EU-Regierung an den (wirtschaftlichen) Belangen der Einzelstaaten vorbei entscheiden könnte.
- Auf der anderen Seite befinden sich die Befürworter einer engen politischen Union – mit dem Ziel eines europäischen Bundesstaates und einer gemeinsamen Verfassung. Sie befürchten, dass die EU ihre politischen Ziele aufgeben könnte (z. B. in der Außen- oder in der Klimapolitik) und sich nur noch auf ihr wirtschaftliches Programm (EU-Binnenmarkt, siehe Seite 264) konzentrieren wird.

Sitze im Europaparlament pro Mitgliedstaat (Stand:2023):

Europäische Union	705
Belgien	21
Bulgarien	17
Dänemark	14
Deutschland	96
Estland	7
Finnland	14
Frankreich	79
Griechenland	21
Irland	13
Italien	76
Kroatien	12
Lettland	8
Litauen	11
Luxemburg	6
Malta	6
Niederlande	29
Österreich	19
Polen	52
Portugal	21
Rumänien	33
Schweden	21
Slowakei	14
Slowenien	8
Spanien	59
Tschechien	21
Ungarn	21
Zypern	6

Neben der Wirtschaftskrise (S. 270 ff.) und dem Brexit muss sich die Europäische Union seit dem Herbst 2015, einer der größten Herausforderungen unserer Zeit, der sogenannten **Flüchtlingskrise**, stellen. Millionen von Menschen sind in den vergangenen Jahren aufgrund von Krieg, Terror und Verfolgung nach Europa geflüchtet. Alleine im Jahr 2016 sind europaweit mehr als 1,2 Millionen Asyl-Erstanträge gestellt worden, wobei ein Viertel der Anträge allein von syrischen Migranten und Migrantinnen gestellt wurde. Seit dem Überfall Russlands auf die Ukraine am 24.2.2022 suchen auch 8 Millionen ukrainische Menschen Zuflucht in der EU (Stand: 02.05.23). Infolge dieser hohen Zahl ist es für einige EU-Länder wie Deutschland eine große Aufgabe, die Geflüchteten angemessen unterzubringen.

Politik verstehen und handeln ISBN 978-3-582-74132-5

Perspektiven der EU – Europa im Wandel: der Brexit

Die EU-Skepsis in Großbritannien hat Geschichte. Bereits 1975 gab es ein Referendum über eine Mitgliedschaft in der EU. Damals sprachen sich 67 % der britischen Bevölkerung für eine EU-Mitgliedschaft aus. Die Skepsis an einer EU-Mitgliedschaft ebbte aber nicht ab. Großbritannien blieb beispielweise beim Schengener Abkommen (siehe S. 265) zwischen 1985 und 2005 weitgehend außen vor und trat auch nicht der 1999 eingerichteten Europäischen Währungsunion bei.

Der 23. Juni 2016 wird schließlich als ein historisches Datum in die EU-Geschichte eingehen. An diesem Tag haben die Briten in einem Referendum über den „**British exit**" – kurz Brexit – abgestimmt. 51,9 % der Bevölkerung stimmten für einen Austritt, 48,1 % für einen Verbleib in der EU. Das Ergebnis war sehr knapp und es gab in einzelnen Landesteilen große Unterschiede im Wählervotum.

Nachdem Premierministerin Theresa May offiziell den Austritt Großbritanniens im März 2017 aus der EU nach Artikel 50 des EU-Vertrages beantragt hat, wurde der Weg für die zweijährigen Austrittsverhandlungen frei gemacht. Der Europäische Rat hat daraufhin im April 2017 die Leitlinien für den Austritt aus der EU bestimmt. Es folgten zahlreiche Verhandlungsrunden mit dem Ziel, die Details für den Austritt Großbritanniens zu klären. Insbesondere die sogenannte „Backstop"-Klausel, welche eine harte Grenze zwischen Nord- und Südirland verhindern sollte, wollte die britische Regierung nachverhandeln. Um einen ungeregelten Austritt zu verhindern, einigten sich im Laufe des Jahres 2019 der Europäische Rat und die britische Regierung mehrmals auf eine Verschiebung des Austrittstermins. Am 07. Juni 2019 trat Theresa May von ihrem Amt als Premierministerin zurück. Ihr Nachfolger Boris Johnson galt als politischer Hardliner, der Großbritannien bis zum 31. Oktober 2019 aus der EU führen wollte. Dafür wollte Boris Johnson auch einen No-Deal-Brexit in Kauf nehmen. Letzten Endes konnte sich der Premierminister aber nicht durchsetzen. Großbritannien verließ letztendlich am 31. Januar 2020 die Europäische Union.

Als Reaktion auf die Angriffe der russischen Streitkräfte auf die Ukraine hat die EU, abgestimmt mit den USA, Großbritannien, Kanada und weiteren Partnerländer, harte Wirtschafts- und Finanz-Sanktionen gegen Russland beschlossen. Das zeigt, dass die EU in Krisensituationen geschlossen reagieren und auch mit dem ehemaligen Mitglied Großbritannien wirkungsvoll zusammenarbeiten kann.

Das gemeinsame **Europäische Asylsystem mit der Dublin-Verordnung** als Kernelement stößt aufgrund der Flüchtlingskrise ebenfalls an seine Grenzen. Die Dublin-Verordnung besagt, dass das Land für die Prüfung eines Asylantrags zuständig ist, welches als erstes EU-Land betreten wird (Erstaufnahmeland). Im November 2017 wurde daher eine Dublin-Reform verabschiedet, welche die Geflüchteten nach einem speziellen Verteilungsschlüssel auf die Länder innerhalb der Europäischen Union verteilt, der die Bevölkerungszahl und die Wirtschaftsleistung des jeweiligen EU-Staates zugrunde legt.

Subsidiaritätsprinzip: Entscheidungen werden immer auf der niedrigstmöglichen Entscheidungsebene getroffen (siehe hierzu auch Seite 261).

Artikel 50 EU-Vertrag
(1) Jeder Mitgliedstaat kann im Einklang mit seinen verfassungsrechtlichen Vorschriften beschließen, aus der Union auszutreten.

Hinweis:
Die Regierung Johnson verschobt Mitte September 2021 erneut die für den 1. Januar 2022 geplanten Kontrollen von Waren, die aus EU-Ländern nach Großbritannien importiert werden. Gründe hierfür waren wohl Engpässe des Handels mit frischen Lebensmitteln. Ebenso fehlten Lastwagenfahrer, gleichzeitig waren die Transportkosten erheblich gestiegen.

Aufgaben

1. a) Recherchieren Sie in der Presse und im Internet, welchen besonderen Aufgaben sich die Europäische Union aktuell stellen muss.
b) Wählen Sie ein aktuelles Problem der EU aus und zeigen Sie, welche Positionen durch welche Parteien vertreten werden. Tragen Sie die jeweilig angeführten Argumente zusammen.
c) Beziehen Sie begründet Stellung: Welche der unterschiedlichen Argumentationen überzeugt Sie?

METHODE

SZENARIO

Die Szenario-Methode

Durch die Szenario-Methode soll ein möglichst realistisches Bild der Zukunft entworfen werden. Im Gegensatz zur Prognose, die einfach vergangene Zahlen fortschreibt, werden hier auch Meinungen, Einschätzungen und solche Daten mit einbezogen, die sich nicht unbedingt quantitativ ausdrücken lassen. Dennoch müssen Annahmen wohlbegründet und nachvollziehbar sein. Es soll also keine „wünschenswerte" und damit vielleicht utopische Zukunft entwickelt werden, sondern eine möglichst realistische.

Bei der Entwicklung und Auswertung eines Szenarios werden fünf Phasen durchlaufen:

(1) Aufgaben- und Problemanalyse

Um eine „mögliche" Zukunft zu entwerfen, muss die Aufgabe sachlich, räumlich und zeitlich eingegrenzt werden. Hierfür werden Informationen gesammelt, die die gegenwärtige Situation möglichst genau beschreiben – also solche Lösungsansätze, die derzeit für ein Problem angeboten werden.

(2) Einflussanalyse und Bestimmung der Kenngrößen (Deskriptoren)

Welche Einflüsse können auf die Situation einwirken und sie verändern? Gegebenenfalls können diese Bereiche noch in weitere verschiedene Faktoren untergliedert werden. Für jeden Einflussfaktor muss nun eine Kenngröße (Deskriptor) bestimmt werden, um ein Maß für die Einflussnahme zu erhalten. Deskriptoren können

- **quantitativ** (z.B. Anzahl der Eheschließungen pro 1000 Einwohner) oder
- **qualitativ** (z.B. Einstellung der jungen Erwachsenen zur Ehe) sein.

(3) Projektion und Alternativenbündelung

Für jeden Einflussfaktor wird jetzt die voraussichtliche Entwicklung ermittelt. Dann werden alle Faktoren zusammengefasst, die sich gegenseitig stützen und verstärken, sodass sich i. d. R. eine positive und eine negative Extremsituation ergeben.

(4) Szenarioentwicklung und -interpretation

Für ein Szenario müssen alle diese Faktoren, deren Entwicklung und gegenseitige Einflussnahme miteinander verknüpft werden, um so eine möglichst detaillierte Beschreibung zweier möglicher Zukunftsversionen zu erreichen.

- Das **positive Extremszenario** bezeichnet dabei die Zukunftsentwicklung im besten Fall,
- das **negative Extremszenario** die Entwicklung im schlechtesten Fall.

Ggf. kann auch noch ein Trendszenario, d.h. die wahrscheinlichste Zukunft, die sich zwischen diesen beiden Extremen bewegt, erstellt werden. Die Ergebnisse werden schriftlich festgehalten und möglichst anschaulich dargestellt (z.B. Schaubilder, Wandzeitungen usw.).

(5) Maßnahmen und Handlungsmöglichkeiten

Es sollen nun Maßnahmen und Handlungsmöglichkeiten erarbeitet werden, die erwünschte Entwicklungen verstärken, unerwünschte jedoch abschwächen können – d.h., es werden die Konsequenzen aus den Szenarios gezogen. Dabei müssen alle betroffenen gesellschaftlichen und wirtschaftlichen Gruppen betrachtet werden. Was kann der Einzelne tun, was der Gesetzgeber, die Parteien, Gewerkschaften, Verbände, Bürgerinitiativen usw.? **Als Ergebnis erhält man einen Maßnahmenkatalog.**

Durchführung:

Bilden Sie in Ihrer Klasse (je nach Klassenstärke) 2 oder 4 Gruppen. Bearbeiten Sie die Phasen (1) bis (3). Vergleichen Sie danach Ihre Einzelergebnisse gemeinsam in der Klasse (Plenum): Wurde etwas vergessen? Warum hat eine Gruppe den Faktor so, eine andere so eingeschätzt? Einigen Sie sich dann, welches Extremszenario Ihre Gruppe entwerfen will. Stellen Sie dann Ihr Gruppenergebnis der Klasse vor. Entwickeln Sie gemeinsam im Plenum ein Trendszenario. Der Maßnahmenkatalog sollte dann wieder in den Gruppen entworfen und im Plenum vorgestellt und abgeglichen werden.

Aufgaben

1. Stellen Sie dar, wie die wirtschaftliche Situation der deutschen Landwirtschaft in 15 Jahren aussehen wird.
2. Erläutern Sie, welche langfristigen Auswirkungen der Brexit für die EU haben wird.

8 MENSCHENRECHTE – FRIEDEN – UMWELT

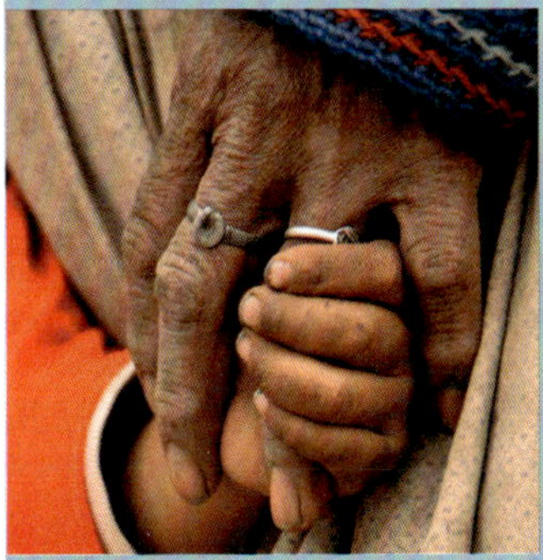

Politik verstehen und handeln ISBN 978-3-582-74132-5

8.1 DURCHSETZUNG DER MENSCHENRECHTE

Iran: Sechs Männern der verfolgten arabischen Minderheit der Ahwazi im Iran droht unmittelbar die Hinrichtung. Ein Revolutionsgericht verurteilte sie im Februar nach einem grob unfairen Gerichtsverfahren auf der Grundlage unter Folter erzwungener „Geständnisse" zum Tode. Der Oberste Gerichtshof des Iran hat nun die Schuldsprüche und Todesurteile aufrechterhalten, sodass die Männer jederzeit hingerichtet werden könnten.

(aus: www.amnesty.de, Mai 2023)

Uganda: In Uganda werden lesbische, schwule, bisexuelle, trans- und intergeschlechtliche Menschen (LGBTI) systematisch diskriminiert. Nun hat das ugandische Parlament ein überarbeitetes Gesetz verabschiedet, das die Rechte von LGBTI massiv beschneidet und weiter die Todesstrafe für „schwere Homosexualität" vorsieht.

(aus: www.amnesty.de, Mai 2023)

Russland: Der bekannte russische Aktivist und Journalist Wladimir Kara-Mursa wurde am 17. April zu 25 Jahren Haft verurteilt. Er war im April 2022 festgenommen und wegen seiner Menschenrechtsarbeit und Kritik an dem russischen Einmarsch in der Ukraine vor Gericht gestellt worden. Die Anklagen gegen ihn lauten auf „Hochverrat", „Verbreitung falscher Informationen über die Streitkräfte" und „Zusammenarbeit mit einer unerwünschten Organisation". Wladimir Kara-Mursa hat schwere gesundheitliche Probleme. Amnesty International betrachtet ihn als gewaltlosen politischen Gefangenen, der umgehend und bedingungslos freigelassen werden muss.

(aus: www.amnesty.de, April 2023)

Alle Menschen sind frei und gleich geboren und haben deshalb „von Natur aus" Rechte, die ihnen kein Staat und kein anderer Mensch nehmen darf.

Menschenrechte können nicht abgegeben werden, sie sind unteilbar und gelten für alle Menschen auf der ganzen Welt gleichermaßen.

Im Gegensatz zu den Gesetzen, die ein Staat gewähren und wieder nehmen kann, sind Menschenrechte sozusagen angeboren.

Menschenrechte sind vor allem dazu da, die Macht der Staaten über die Menschen zu begrenzen.

Auszüge aus der Allgemeinen Erklärung der Menschenrechte:

Art. 1: Alle Menschen sind frei und gleich an Würde und Rechten geboren. […]

Art. 3: Jeder Mensch hat das Recht auf Leben, Freiheit und Sicherheit der Person.

Art. 5: Niemand darf der Folter oder grausamer, unmenschlicher oder erniedrigender Behandlung oder Strafe unterworfen werden.

Art. 9: Niemand darf willkürlich festgenommen, in Haft gehalten oder des Landes verwiesen werden.

Art. 12: Niemand darf willkürlichen Eingriffen in sein Privatleben, seine Familie, sein Heim oder seinen Briefwechsel noch Angriffen auf seine Ehre und seinen Ruf ausgesetzt werden. Jeder Mensch hat Anspruch auf rechtlichen Schutz gegen derartige Eingriffe oder Anschläge.

Art. 14: (1) Jeder Mensch hat das Recht, in anderen Ländern vor Verfolgung Asyl zu suchen und zu genießen.

Art. 18: Jeder Mensch hat Anspruch auf Gedanken-, Gewissens- und Religionsfreiheit […].

Informationen finden Sie unter folgenden Internetadressen:

- Amnesty International: **www.amnesty.de**
- Internationale Gesellschaft für Menschenrechte (IGFM): **www.igfm.de**

Folter: Der Begriff bezeichnet das gezielte Zufügen von psychischem oder physischem Leid (Gewalt, Qualen, Schmerz) an Menschen durch andere Menschen, um für einen zielgerichteten Zweck – beispielsweise um eine Aussage, ein Geständnis, eine Widerrufung oder eine wichtige Information zu erhalten – den Willen und Widerstand der Folteropfer (dauerhaft) zu brechen.

Hinweis:
Die Hilfs- und Entwicklungsorganisation Oxfam veröffentlicht eine Liste von Menschenrechtsverletzungen, an denen Unternehmen beteiligt sind: **www.oxfam.de/unsere-arbeit/themen/menschenrechtsverletzungen-fuer-profite**

Politik verstehen und handeln ISBN 978-3-582-74132-5

Am 10. Dezember 1948 verkündete die Generalversammlung der UNO die Allgemeine Erklärung der Menschenrechte.

Alle Mitgliedsstaaten der UNO, und das sind nahezu alle Staaten der Erde, haben diese Erklärung akzeptiert und unterschrieben.

Der UN-Menschenrechtsausschuss, ein Expertengremium, wacht darüber, ob die Mitgliedsstaaten ihren Verpflichtungen nachkommen.

Liest man Tageszeitungen und sieht oder hört Nachrichtensendungen, so wird man feststellen, dass in vielen Gegenden der Welt trotz allem immer wieder Menschenrechte verletzt werden.

Die Menschenrechtsorganisation **Amnesty International** veröffentlicht jährlich einen Bericht über die Menschenrechtssituationen in den einzelnen Staaten. Meistens sind es Diktaturen, die hier durch besonders schwere Menschenrechtsverletzungen wie Folterungen und Morde auffallen. In diesen Staaten dienen die Menschenrechtsverletzungen in der Regel dem Machterhalt der Diktatoren, und der Einzelne hat kaum eine Möglichkeit, sich dagegen zu wehren. Es werden aber auch den Demokratien wie z. B. den USA oder der Bundesrepublik Deutschland Menschenrechtsverletzungen vorgeworfen. Hier besteht aber die Möglichkeit, rechtsstaatlich gegen die Verletzer dieser wichtigen Rechte vorzugehen, indem man diese anzeigt und vor Gericht bringt.

Neben den bereits erwähnten Menschenrechten sind in der Allgemeinen Erklärung der Menschenrechte auch Rechte aufgeführt, die den Menschen soziale Leistungen ihres Staates sichern sollen, oft aber weniger Beachtung finden (siehe hierzu die Artikel 22, 23 und 25 in der rechten Randspalte).

Die vollständige **Allgemeine Erklärung der Menschenrechte** kann im Internet unter **http://www.runic-europe.org/german/menschen/index.htm** abgerufen werden.

Artikel 22:
Jeder Mensch hat als Mitglied der Gesellschaft das Recht auf soziale Sicherheit. […]

Artikel 23:
(1) Jeder Mensch hat das Recht auf Arbeit. […]

Artikel 25:
(1) Jeder Mensch hat Anspruch auf eine Lebenshaltung, die seine und seiner Familie Gesundheit und Wohlbefinden, einschließlich Nahrung, Kleidung, Wohnung […] gewährleistet; er hat das Recht auf Sicherheit im Falle von Arbeitslosigkeit […] oder von anderweitigem Verlust seiner Unterhaltsmittel durch unverschuldete Umstände.

Aufgaben

1. Erläutern Sie, welche Menschenrechte in den Eingangsbeispielen verletzt werden.
2. Entscheiden Sie, welcher Einsatz für die Menschenrechte Ihrer Meinung nach den meisten Erfolg verspricht:
   - in einer Menschenrechtsorganisation ehrenamtlich mitarbeiten,
   - vor Botschaften von Staaten, die Menschenrechte verletzen, demonstrieren,
   - in Diskussionen die Meinung sagen,
   - durch Geldspenden Organisationen in den betreffenden Staaten unterstützen, die sich für Menschenrechte einsetzen.

   Begründen Sie Ihre Entscheidung.
3. Lesen Sie eine Woche lang täglich eine Tageszeitung. Schneiden Sie Artikel aus, die sich auf Menschenrechtsverletzungen beziehen. Geben Sie Ihrer Klasse einen Bericht über aktuelle Entwicklungen und sammeln Sie in Ihrer Klasse Vorschläge, wie Sie den betroffenen Menschen helfen können.
4. Menschenrechte, die soziale Leistungen des Staates garantieren sollen (Artikel 22–25), werden auch in vielen demokratischen Staaten nicht geschützt. Welche Gründe gibt es dafür? Äußern Sie Ihre Vermutungen.

8.2 FRIEDENSSICHERUNG

8.2.1 Zum Friedensbegriff

„Es kann der Frömmste nicht in Frieden leben, wenn es dem bösen Nachbarn nicht gefällt."
Friedrich Schiller (1759–1805)

„Was wir Frieden nennen, ist meist nur ein Waffenstillstand, in dem der Schwächere so lange auf seine Ansprüche verzichtet, bis er eine Gelegenheit findet, sie mit Waffengewalt von neuem geltend zu machen."
Vauvenargues, französischer Philosoph (1715–1804)

„Wenn du den Frieden willst, bereite den Krieg vor."
Vegetius, römischer Schriftsteller (4. Jh. n. Chr.)

Kalter Krieg
siehe Seite 242 und 286.

international:
zwischen mehreren Staaten, überstaatlich oder weltweit

ideal:
vollkommen, den höchsten Vorstellungen entsprechend

Die wohl einfachste Erklärung des Begriffes Frieden ist die Aussage: **„Frieden ist die Abwesenheit von Krieg."** Wenn dies zuträfe, wäre aber z. B. der so genannte Kalte Krieg (1945–1989) eigentlich Frieden gewesen, obwohl damals der kommunistische Osten und der demokratische Westen mit Atomwaffen aufeinander zielten, die die gesamte Erde mehrmals hätten vernichten können. Allein die Abwesenheit von Krieg ist also noch kein Frieden. Sie ist aber eine wichtige Voraussetzung für den Frieden.

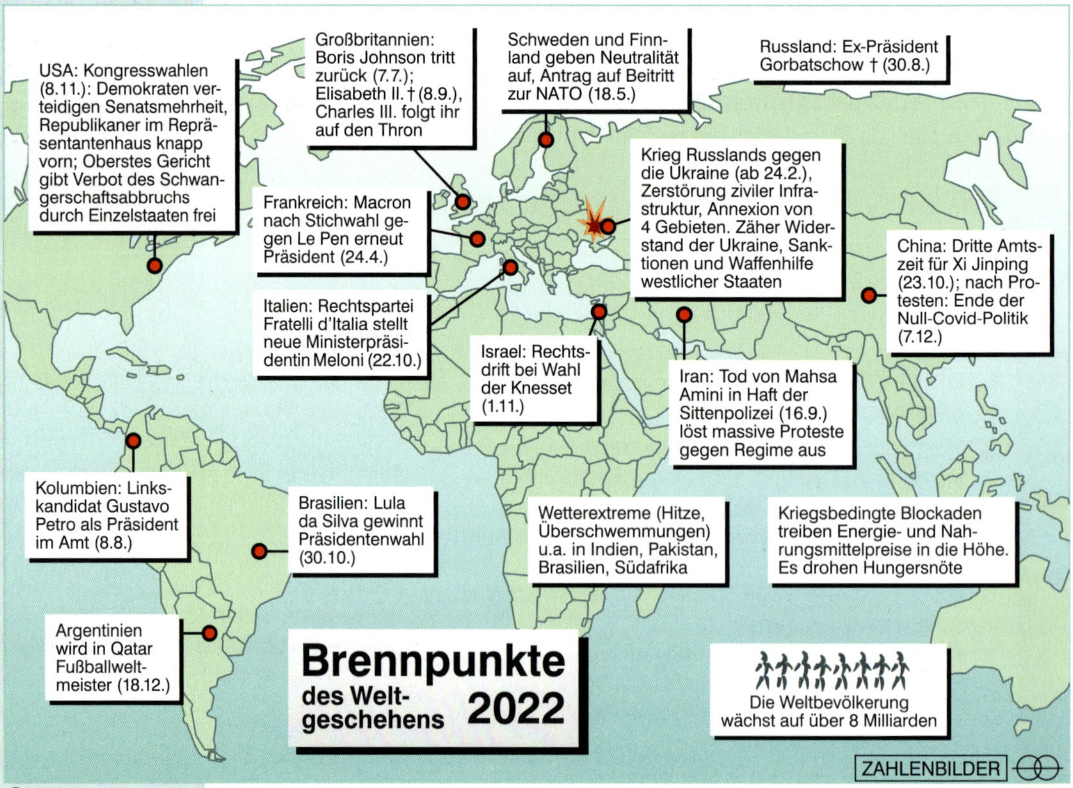

 600 101

8

Politik verstehen und handeln ISBN 978-3-582-74132-5

Zwischen Staaten herrscht Frieden, wenn sie nach der Regel handeln, dass Konflikte zwischen ihnen ohne Gewalt und Unterdrückung ausgetragen werden. Häufig ist diese Regel in internationalen Verträgen und Vereinbarungen festgehalten.
Ein solcher Frieden ist ein idealer Zustand des Zusammenlebens. Die meisten Menschen der Erde setzen sich für ihn ein. Man sollte also meinen, dass Frieden problemlos herzustellen sei. Er ist aber leider nur schrittweise zu erreichen und muss ständig bewusst gesichert werden. Dieser Widerspruch entsteht, da es für einige Menschen in manchen Staaten wichtigere Ziele gibt als den Frieden. Das können z. B. der Erhalt der eigenen Macht, ein hoher finanzieller Gewinn oder eine menschenverachtende Ideologie sein.

Ideologie:
System von Weltanschauungen, Grundeinstellungen und Wertungen

Die wirklichen Ziele und die eigentlichen Gründe für Kriege werden durch die kriegsführenden Parteien zumeist nicht offiziell genannt. So begründeten die USA und Großbritannien ihren Krieg gegen den Irak (2003) mit einer wachsenden akuten Bedrohung durch Massenvernichtungsmittel des Irak und einer Verbindung des Irak mit dem Terrornetzwerk Al-Kaida, das die Terroranschläge am 11. September 2001 ausgeführt hatte. Im Irak wurden nach dem Einmarsch jedoch keine Massenvernichtungsmittel gefunden. Auch eine Verbindung zu Al-Kaida wurde widerlegt. Viele Kriegsgegner meinen, dass der eigentliche Grund für den Krieg gegen den Irak der Zugang zum Erdöl war.

Al-Kaida:
ein loses, weltweit operierendes Terrornetzwerk meist sunnitischer islamistischer Organisationen, das seit 1993 zahlreiche Terroranschläge in mehreren Staaten verübt hat.

All das bisher Beschriebene erklärt die politische Bedeutung des Begriffes Frieden. Es existieren aber auch noch weitere Bedeutungen, so z. B.

- der **ökologische Frieden:** Die Natur wird geschont und geschützt;
- der **soziale Frieden:** Es besteht keine Feindschaft zwischen den Schichten der Gesellschaft, keine Ausbeutung und Unterdrückung in der eigenen Gesellschaft sowie derjenigen der Entwicklungsländer.

Christen benutzen noch einen weiteren Friedensbegriff. Sie verstehen unter Frieden auch die Gemeinschaft mit Gott, die persönliche Friedfertigkeit und die Harmonie mit sich selbst und dem Nächsten. Dieser Friedensbegriff findet sich auch in den anderen großen Weltreligionen.

Ein umfassender Frieden ist nur erreichbar, wenn		
die extreme wirtschaftliche Ungleichheit zwischen den Industrie- und den Entwicklungsländern verringert wird,	die Menschenrechte überall anerkannt und eingehalten werden,	die Umweltprobleme (Luftverschmutzung, Weltklima, Trinkwassergefährdung usw.) gelöst werden und somit die Lebenschancen der folgenden Generationen gesichert werden.

Aufgaben

1. Formulieren Sie die Zitate der Einleitung in eigenen Worten. Sind diese Äußerungen richtig? Urteilen Sie und begründen Sie Ihr Urteil.
2. Die in der Grafik aufgeführten weltweit verbreiteten Brennpunkte haben unterschiedliche Ursachen. Notieren Sie alle die Brennpunkte, durch die deutlich wird, dass kein politischer Frieden herrscht.
3. a) Lesen Sie eine aktuelle Tageszeitung und streichen Sie alle Artikel an, die Hinweise auf Regionen geben, in denen kein politischer Frieden herrscht.
   b) Vergleichen Sie Ihre Ergebnisse mit den Ergebnissen aus Aufgabe 2. und kennzeichnen Sie vorhandene Übereinstimmungen.

8.2.2 Die Bedrohung des Friedens

Krieg:
ein organisierter und mit Waffengewalt ausgetragener Konflikt zwischen Staaten oder Bevölkerungsgruppen

Schwellenländer:
Entwicklungsländer mit einem verhältnismäßig fortgeschrittenen Entwicklungsstand, die mit Wahrscheinlichkeit in absehbarer Zeit die Merkmale von Entwicklungsländern überwunden haben werden (vergleiche Abschnitt 8.4.1)

Seit dem Ende des Zweiten Weltkrieges erlebte Mitteleuropa – und somit auch Deutschland – seine bisher längste Friedensphase. Dies änderte sich Anfang 2022 mit dem Angriff Russlands auf die Ukraine schlagartig.

Schreckensmeldungen gibt es auch aus vielen anderen Gegenden der Welt: Kriege im Nahen Osten, in Syrien, im Irak, in Afghanistan, zwischen Indien und Pakistan, in Teilen Afrikas und anderen Staaten.
Diese bewaffneten Auseinandersetzungen bringen den dortigen Menschen unendliches Leid: getötete Familienangehörige, körperliche Verstümmelungen und seelische Verletzungen, zerbombte und verminte Felder, zerstörte Betriebe und Arbeitsplätze, verseuchtes Wasser, unbewohnbare Häuser.

Seit 1945 kam es auf der Erde zu mehr als 250 Kriegen oder kriegsähnlichen Konflikten. Dabei kamen mehr als 35 Millionen Menschen um. Ungefähr 70 Millionen Menschen haben momentan (2022) ihre Heimat als Flüchtlinge verlassen, um ihr Leben und das Leben ihrer Familien zu retten.

Die meisten kriegerischen Auseinandersetzungen finden heutzutage in oder zwischen Entwicklungsländern statt. Obwohl diese Länder unter sehr vielen Problemen leiden, sind deren Rüstungsausgaben oft enorm hoch. Die teuren Waffen werden zum überwiegenden Teil in den Industrieländern gekauft. Neben den USA und Russland gehört Deutschland zu den größten Herstellern und Exporteuren von Waffen. In der Bundesrepublik werden zum Beispiel Panzer, U-Boote und Schusswaffen hergestellt und ins Ausland verkauft. Deutschen Firmen ist es allerdings nicht erlaubt, Waffen in Krisengebiete zu veräußern. Jedoch kommt es immer wieder zu fragwürdigen Rüstungsexporten. So tauchten z. B. mitten im Bürgerkrieg in Libyen deutsche Sturmgewehre auf. Auch Panzerlieferungen in das Krisengebiet Naher Osten, nach Saudi-Arabien und Katar sind höchst umstritten.

Eine besondere Gefahr für den Frieden geht von Kern- oder Atomwaffen aus, weil diese Massenvernichtungswaffen mit nur einer Bombe hunderttausende Menschen töten können. Mittlerweile sind auch einige **Schwellenländer** ebenso in der Lage – so wie die Industrieländer USA, Russland, Großbritannien und Frankreich – Atomwaffen selbst herzustellen. China und Indien besitzen bereits diese gefährlichen Massenvernichtungswaffen. Auch Nordkorea, eine stalinistische Diktatur, hat bereits einige Atomtests durchgeführt und Raketen entwickelt, die vermutlich bis in die USA fliegen können. Da sich die USA nun bedroht fühlen, könnte aus dieser Situation unter ungünstigen Bedingungen ein Atomkrieg entstehen. Eine akute Gefahr geht seit 2022 von Russland aus, das

Bachmut (Ukraine) 2023

Front bei Bachmut (Ukraine) 2023

 Politik verstehen und handeln ISBN 978-3-582-74132-5

mehrmals damit gedroht hat im Krieg mit der Ukraine Atomwaffen einzusetzen.

Syrien 2020

Ursachen von Konflikten

Konflikte, so scheint es, liegen in der menschlichen Natur. Ob es Konflikte sind zwischen

- einzelnen Menschen (z. B. zwischen Arbeitskollegen),
- zwischen Gruppen (z. B. zwischen Gewerkschaften und Arbeitgeberorganisationen) oder
- zwischen Staaten (z. B. Grenzstreitigkeiten),

es treffen dabei immer unterschiedliche Interessen aufeinander.
Konflikte lassen sich nur friedlich lösen oder zumindest abschwächen, wenn deren Ursachen beseitigt oder gemildert werden. Hierzu muss man zunächst die Ursachen erkennen.

Kriegerische Konflikte können folgende Ursachen haben:

- Gebietsansprüche eines Staates gegenüber einem anderen,
- wirtschaftliche Ursachen (z. B. Rohstoffbedarf, Verkehrswege, Vorherrschaft über andere Staaten oder Gruppen im eigenen Land),
- militärpolitische Ursachen (z. B. wichtige strategische Positionen wie Gebirgshöhen),
- Ablenkung von inneren Problemen des Staates (z. B. hohe Arbeitslosigkeit),
- besonders starke soziale Ungleichheiten,
- ideologische, rassistische, religiöse, nationalistische Ursachen (z. B. nationalsozialistische Rassentheorie, kommunistische Klassenkampftheorie, Kampf der „Gläubigen" gegen die „Ungläubigen"),
- Furcht vor einer Bedrohung durch andere, „Vorbeugung",
- Aufleben von alten, in der Geschichte liegenden Ursachen,
- persönliche Gründe von Diktatoren (z. B. Eroberungssucht zur Selbstdarstellung),
- politische Unterdrückung eines Staates durch einen anderen oder einer Bevölkerungsgruppe durch eine andere.

Oft liegen kriegerischen Konflikten mehrere dieser Ursachen zugrunde.

Aufgaben

1. Listen Sie zur Eingangsbehauptung in der Abbildung Pro- und Kontraargumente in einer Tabelle auf. Diskutieren Sie danach diese Behauptung.
2. Befragen Sie ältere Menschen, wie z. B. Ihre Großeltern, über die Auswirkungen des Zweiten Weltkrieges in Deutschland. Berichten Sie der Klasse davon.
3. Ordnen Sie drei historischen oder aktuellen kriegerischen Konflikten oben angeführte Ursachen zu.

Im **syrischen Bürgerkrieg** kämpfen seit 2011 die Streitkräfte der Regierung des Diktators Baschar
al-Assad gegen Kämpfer unterschiedlicher Oppositionsgruppen. Mittlerweile sind auch ausländische Truppen an Kämpfen beteiligt.
Ausgelöst wurde der Krieg 2011 durch friedliche Demonstrationen für die Demokratisierung des Landes.

Bisher wurden in diesem Krieg ca. 400.000 Menschen getötet. Von den 19,5 Millionen Menschen, die in Syrien leben, sind 6,6 Millionen Binnenflüchtlinge. Sie sind also innerhalb Syriens auf der Flucht. 6,7 Millionen Menschen sind seit 2011 vor Krieg und Verfolgung in andere Länder geflüchtet. In Deutschland leben zurzeit 780.000 schutzbedürftige Syrer.

Krieg in der Ukraine:
Seit Februar 2014 bestand ein bewaffneter Konflikt in den von prorussischen Separatisten kontrollierten ukrainischen Gebieten Donezk und Lugansk. Dort kämpften russische Streitkräfte und von Russland unterstützte Milizen gegen ukrainische Truppen und Freiwilligenmilizen. Am 24. Februar 2022 begann Russland einen Großangriff auf das gesamte Staatsgebiet der Ukraine und damit eine militärische Invasion auf einen unabhängigen Nachbarstaat. Dabei handelt es sich um den größten kriegerischen Konflikt in Europa seit dem Ende des Zweiten Weltkriegs. Der russische Präsident Wladimir Putin möchte, dass Russland wieder eine Rolle als Weltmacht spielen soll. Er strebt ein international einflussreiches Staatsgebilde aus Russland, Belarus und der Ukraine an. Dazu scheint ihm jedes Mittel recht.

8.2.3 Terrorismus

Am 11. September 2001 rasten zwei Passagierflugzeuge in die beiden Türme des World Trade Center in New York und eines in das Gebäude des Verteidigungsministeriums der USA. Dabei wurden tausende unschuldige Menschen in den Tod gerissen. Die Mitglieder des Nationalsozialistischen Untergrunds (NSU) Uwe Mundlos, Uwe Böhnhardt und Beate Zschäpe ermordeten zwischen 2000 und 2007 neun Migranten und eine Polizistin, verübten 43 Mordversuche, drei Sprengstoffanschläge und 15 Raubüberfälle. Am 2. Juni 2019 wurde der Politiker Walter Lübcke auf der Terrasse vor seinem Haus im hessischen Wolfhagen-Istha von einem Kasseler Rechtsextremisten erschossen. Ebenfalls 2019 versuchte ein extrem rechts eingestellter Täter, schwerbewaffnet die Synagoge in Halle zu stürmen. Er erschoss eine Passantin und einen Gast in einem Dönerimbiss. Am 19. Dezember 2016 erschoss der islamistische Attentäter Anis Amri den polnischen Fahrer eines Sattelzugs und steuerte den LKW in eine Menschenmenge auf dem Weihnachtsmarkt auf dem Breitscheidplatz in Berlin. Durch die Kollision mit dem Lkw starben elf Menschen und weitere 55 wurden verletzt.
Diese Anschläge verdeutlichen, wie sehr Terrorismus das friedliche Zusammenleben der Menschen weltweit, aber auch bei uns in Deutschland bedroht.

Hauptformen des Terrorismus

- **Terrorismus rechtsextremistischer Gruppen:** Diese Gruppen wollen die parlamentarische Demokratie durch eine autoritär-faschistische Staatsordnung ersetzen oder eine vermeintliche Bedrohung der Gesellschaft von „links“ oder „durch Ausländer“ verhindern. In der Bundesrepublik Deutschland gibt es bereits seit den fünfziger Jahren des letzten Jahrhunderts immer wieder rechtsextremistischen Terror mit erheblichen Sachschäden und vielen Todesopfern. Besondere Aufmerksamkeit errangen der Anschlag auf das Münchener Oktoberfest 1980 und die 2011 bekannt gewordenen Morde des Nationalsozialistischen Untergrundes (NSU).
- **Terrorismus ethnischer Minderheiten:** Angehörige von Bevölkerungsgruppen, die sich durch eine eigene Sprache, Tradition und oft auch Religion deutlich von der restlichen Bevölkerung des Staates unterscheiden, versuchten bzw. versuchen durch Terror Autonomie zu erhalten (z. B. Basken, Kurden).

Terrorismus:
Terrorismus ist politisch motivierte und systematisch geplante Gewalt.
Er geht von nichtstaatlichen Gruppen aus und richtet sich gegen einen bestehenden politischen und gesellschaftlichen Zustand. Terrorismus ist ausgerichtet auf Veränderung. Terroristische Gruppen sind meist klein und im Vergleich zum Staat schwach. Daher meinen sie, dass ihnen nur der Krieg aus dem Untergrund und Hinterhalt bleibt. Terroristen geht es in erster Linie nicht um materielle Zerstörung, sondern darum, Angst, Schrecken und Verunsicherung in die Gesellschaft zu tragen.

Terror: Im Gegensatz zum „Terrorismus“ ist „Terror“ eine von oben gesteuerte systematische, Gewaltanwendung durch staatliche oder staatsnahe Organe, die eine bestimmte Ordnung erhalten soll.

Kapitalismus: Der Begriff bezeichnet eine Wirtschaftsform, in der Unternehmer das Kapital besitzen. Kapital ist dabei alles, was zur Herstellung von Waren oder Dienstleistungen nötig ist: Geld, Werkzeuge, Maschinen, Autos, Fabrikhallen, Äcker, Geschäftsräume usw. Unternehmer können selbst bestimmen, was sie mit ihrem Kapital machen. Da Unternehmer ihr Kapital möglichst vermehren wollen, bieten sie Waren und Dienstleistungen an, die sich auch verkaufen. So regeln Angebot und Nachfrage den Markt.

Ethnie: Menschengruppe mit einheitlicher Kultur

8

Politik verstehen und handeln ISBN 978-3-582-74132-5

- **Terrorismus linksextremistischer Gruppen:** Diese Gruppen versuchten in hoch industrialisierten Staaten einen Wandel der politischen und sozialen Ordnung zu erzwingen, die in ihren Augen ungerecht ist. Sie wollten eine revolutionäre Situation herbeiführen (z.B. Rote-Armee-Fraktion in Deutschland, Rote Brigaden in Italien).
- **Terrorismus religiös-fundamentalistischer Gruppen:** Diese Gruppen wollen die in ihren Augen verzweifelte und verdorbene Welt durch die Herrschaft ihrer Religion erlösen. Sie sind oft der Meinung, durch den eigenen Tod im Kampf ins Paradies zu kommen (z. B. IS, Moslembruderschaft in Ägypten, islamistische Hisbollah-Miliz im Südlibanon und Palästina, Terrornetzwerk Al-Kaida, die salafistische Miliz „Islamischer Staat“ (IS)).

Ziel aller Terroristen ist es, mit Gewalt oder Androhung von Gewalt die Bevölkerung und die Regierungen einzuschüchtern, um vollständige Macht über die Welt, den Staat, ihr Heimatland oder ihr Volk zu erzwingen. Mit dieser Macht wollen sie eine tiefgreifende Veränderung der Politik erreichen. Mitunter wird Terrorismus auch durch Geheimdienste gefördert, um z.B. einen verfeindeten Staat zu destabilisieren oder Unsicherheit in der eigenen Bevölkerung zu erzeugen, damit sie eine Erweiterung der Sicherheitssysteme, also auch der Geheimdienste durch den Staat fordert.

Terroristen üben in unterschiedlicher Art und Weise Gewalt aus. Die Bandbreite reicht von einfacher Sachbeschädigung über Banküberfälle, Attentate, Besetzung von Botschaften, Geiselnahmen, Flugzeugentführungen bis zur geplanten Ermordung tausender Menschen, wie beispielsweise 2001 in New York. Fachleute schließen für die Zukunft selbst den Einsatz atomarer oder biologischer Waffen durch Terroristen nicht aus.

Autonomie: Selbstständigkeit, Unabhängigkeit

Fundamentalismus: Beharren auf festen religiösen, manchmal auch politischen Grundsätzen. Die göttlichen Überlieferungen (z.B. Bibel, Koran) werden buchstäblich so gedeutet, wie sie vor hunderten von Jahren aufgeschrieben wurden. Das Leben nach den alten Geboten wird als absolute Lösung für alle Lebensfragen angesehen.

Islamismus: fundamentalistische Auslegung des Islam. Sie fordert die Wiedereinführung der alten islamischen Gesetze (so genannte Scharia), d. h. zum Beispiel drakonische Strafen, Geschlechtertrennung, Verhüllung der Frauen, keine Unterhaltung durch Spiel und Tanz.
Durch solche Maßnahmen sollen alle politischen, gesellschaftlichen und wirtschaftlichen Probleme gelöst werden.

Reichsbürger: Sie lehnen die Existenz der Bundesrepublik Deutschland und deren Rechtssystem ab. Sie berufen sich unter anderem auf das historische Deutsche Reich und meinen, dass Deutschland von einer geheimen Elite regiert wird. Daher haben die Vertreter des deutschen Staates ihres Erachtens nach keine Rechte gegenüber der Bevölkerung. Reichsbürger haben häufig extrem rechte Ansichten.

Aufgaben

1. Suchen Sie in der aktuellen Presse nach Darstellungen von terroristischen Anschlägen. Tragen Sie diese in der Klasse vor und erklären Sie, welche Terrorismusform Ihrer Meinung nach vorliegt. Informieren Sie sich auch über die möglichen Hintergründe.
2. Terrorismus war bisher immer in letzter Konsequenz erfolglos. Welche Gründe gibt es Ihrer Meinung nach dafür? Diskutieren Sie dies in der Klasse. (Informationen darüber, wie eine Diskussion geführt wird, finden Sie auf Seite 314.)
3. Nehmen Sie begründet Stellung zu der Kontroverse der abgebildeten Jugendlichen. Wer hat Ihrer Meinung nach Recht?
4. a) Erstellen Sie eine von dem Begriff „Reaktionsmöglichkeiten des Staates“ ausgehende Mind Map (Hilfe finden Sie auf Seite 102).
   b) Erörtern Sie, inwieweit Sie einzelne zur Verfügung stehende Maßnahmen im Kampf gegen den Terrorismus für angemessen halten.
5. Interpretieren Sie die oben stehende Karikatur. Welche Problematik stellt der Zeichner in den Vordergrund?

8.2.4 Die NATO

Nach dem Sieg der Alliierten 1945 über den gemeinsamen Feind, das Deutsche Reich, brachen die Gegensätze zwischen den USA und der kommunistischen UdSSR auf. Es entstand der so genannte **Ost-West-Konflikt.** Die beiden Großmächte sicherten ihre Einflusszonen durch Militärbündnisse. Die westeuropäischen Staaten schlossen sich mit den USA und Kanada 1949 in der NATO zusammen. Die osteuropäischen Staaten (Albanien, Bulgarien, DDR, Tschechoslowakei, Ungarn, Polen, Rumänien, UdSSR) gründeten daraufhin 1955 den **Warschauer Pakt (WPO).** Die Bundesrepublik Deutschland wurde nach langen Verhandlungen 1955 in die NATO aufgenommen.

NATO (engl.: North Atlantic Treaty Organization): Nordatlantische Verteidigungsorganisation, Hauptquartier in Brüssel (Belgien)

Alliierte:
verbündete Staaten, die während des Zweiten Weltkrieges gegen Deutschland kämpften

Kalter Krieg:
Konflikt zwischen Ost und West nach dem Ende des Zweiten Weltkrieges. Die Gegner kämpften nicht mit Waffengewalt gegeneinander, sondern versuchten, sich durch Hochrüstung, Spionage und Stellvertreterkriege zu besiegen.

In der folgenden Zeit entwickelte sich eine erbitterte Gegnerschaft zwischen den beiden Machtblöcken, die man auch als „Kalten Krieg" bezeichnet.
Ziel der NATO war es, das weitere Vorrücken des Kommunismus zu verhindern. Die verbündeten Staaten wollten durch Abschreckung den Frieden bewahren und im Kriegsfall gemeinsam einen Angriff abwehren. Die Mitglieder der NATO waren und sind verpflichtet, im Fall des Angriffs auf einen Bündnispartner diesem militärisch beizustehen. Außerdem verpflichten sich die NATO-Mitglieder, Konflikte untereinander friedlich beizulegen.
Nach der politischen Wende in Osteuropa und der Abkehr dieser Staaten vom Kommunismus beschlossen die Mitgliedsländer des Warschauer Vertrages dessen Auflösung. Als sich schließlich auch noch die UdSSR auflöste und aus einigen ihrer Teilrepubliken die Gemeinschaft Unabhängiger Staaten (GUS) entstand, mussten sich auch die Ziele der NATO ändern. Ihr bisheriger Gegner existierte nicht mehr.

Blockbildung in Europa

1950–1990
Nato
Warschauer Pakt

Wichtigstes Ziel ist heute der Einsatz für Frieden und Freiheit und deren Verteidigung, z. B. im Auftrag der UNO. Diese Einsätze finden in der Regel außerhalb der Bündnisgrenzen statt (Out-of-Area-Einsätze).
Bei dem Einsatz der NATO 1999 im Kosovo war zum ersten Mal die Bundesrepublik an einem militärischen Friedenseinsatz beteiligt.
Im gleichen Jahr nahm die NATO erstmalig ehemalige Mitglieder des Warschauer Vertrages auf: Ungarn, Polen, Tschechien. Diese Erweiterung war Teil eines neuen Ansatzes für die Partnerschaft mit den ehemaligen Gegnern. Im Jahr 2004 wurden außerdem Bulgarien, Estland, Litauen, Lettland, Rumänien, die Slowakei und Slowenien in die Nato aufgenommen. 2009 kamen Albanien und Kroatien hinzu.
1997 versuchte die NATO mit dem Euro-Atlantischen-Partnerschafts-Rat (EAPR) mit Russland eine partnerschaftliche Zusammenarbeit zu stärken und zu institutionalisieren. Am EAPR beteiligten sich 51 Staaten aus Ost und West.

Die militärische Entspannung zwischen der NATO und Russland war mit der russischen Annexion der Krim seit 2014 und der russischen Unterstützung der Aufständischen in der Ukraine beendet. Hinzu kam, dass Russland seit einigen Jahren gezielt aufgerüstet hatte und seine Truppenstärke an den Grenzen der baltischen Republiken erhöhte.

In den letzten Jahren waren Unstimmigkeiten zwischen den Mitgliedern der NATO durch die Forderungen der USA nach höheren Rüstungsausgaben der einzelnen Staaten auf der einen Seite und einer Reduzierung der amerikanischen Truppen auf der anderen Seite entstanden.

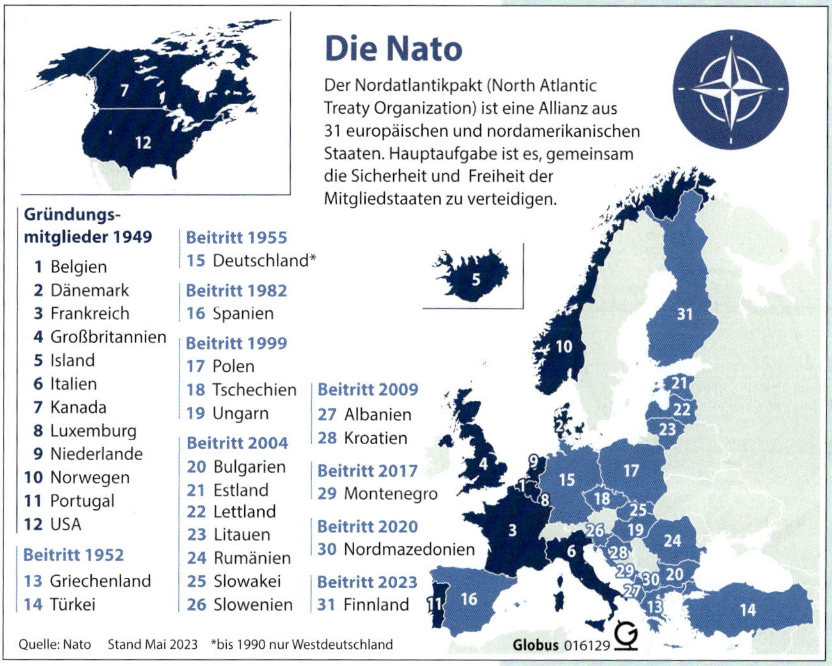

Kosovo-Konflikt:
1999 begann der serbische Diktator Milosevic, die Albaner aus ihrer Heimat zu vertreiben, die in der zu Serbien gehörenden Provinz Kosovo leben. Die NATO griff militärisch ein und ermöglichte die Rückkehr der Vertriebenen.

Mit dem Angriff Russlands auf die Ukraine am 24.02.2022 änderte sich die Situation unmittelbar. Einerseits wurde den Europäischen Bündnispartnern bewusst, wie militärisch hilflos sie im Falle einer möglichen Aggression durch Russland ohne ihren transatlantischen Bündnispartner die USA sind. Andererseits zeigte sich, dass wirtschaftliche Sanktionen alleine nicht ausreichend sind, den Krieg in der Ukraine zu beenden. Auch ein hinreichendes militärisches Abschreckungspotenzial ist notwendig, um die eigene Sicherheit zu garantieren.

Besonders für die Staaten, die sich in unmittelbarer Nachbarschaft zu Russland befinden, gibt die NATO Sicherheit, weil nach Artikel 5 des NATO-Vertrages ein Angriff auf einen Verbündeten als Angriff auf alle Bündnispartner betrachtet wird. Aus diesem Grund haben 2022 auch Schweden und Finnland den Beitritt beantragt. Finnland wurde daraufhin 2023 das 31. Mitglied der NATO.

Hinweis:
Erstmalig bezogen die Nato-Staaten 2019 Position gegenüber China. Der Nato-Generalsekretär Jens Stoltenberg machte darauf aufmerksam, dass China das zweitgrößte Verteidigungsbudget der Welt habe. Unter anderem verfüge China über moderne Raketen, die Europa oder die USA erreichen könnten.
Das kann Auswirkungen auf die Sicherheit der NATO-Alliierten haben.

Aufgaben

1. Erklären Sie mit Ihren eigenen Worten, welche Veränderungen in der NATO nach der Auflösung des Warschauer Paktes stattgefunden haben.
2. Betrachten Sie die Karikatur. Stammt sie aus der Zeit vor der Auflösung des Warschauer Paktes oder danach? Begründen Sie Ihre Antwort.
3. Recherchieren Sie in den Medien, inwieweit der Krieg in der Ukraine zu Veränderungen innerhalb der NATO geführt hat und wie sich die Haltung der Bevölkerung der Bundesrepublik zur NATO entwickelt hat.

humanitär:
auf das Wohl der Menschen gerichtet

Forum:
Ort für Diskussionen und Aussprachen

8.2.5 Die OSZE

Die Organisation für Sicherheit und Zusammenarbeit in Europa (OSZE) wurde in den frühen 70er-Jahren unter dem Namen „Konferenz über Sicherheit und Zusammenarbeit in Europa" (KSZE) gegründet.
In dieser Runde wollten die gegnerischen Staaten des Ostens und des Westens Gespräche und Verhandlungen führen.

Am 1. August 1975 unterzeichneten die Staats- und Regierungschefs der 35 Teilnehmerstaaten in Helsinki einen gemeinsamen Vertrag, die Schlussakte von Helsinki der KSZE.
Die Akte schuf grundlegende Regeln für das Verhalten der Teilnehmerstaaten untereinander. Es wurde aber auch festgelegt, wie die Regierungen sich gegenüber ihren eigenen Bürgern zu verhalten haben.
Man vereinbarte eine Zusammenarbeit der Staaten in den Bereichen

- Sicherheit in Europa,
- Wirtschaft, Wissenschaft, Technik und Umwelt und
- im humanitären Bereich.

Auf dieser Grundlage arbeitete die KSZE zwischen 1975 und 1990 als eine ständig tagende Konferenz. Bei mehreren Treffen vereinbarten die KSZE-Teilnehmerstaaten u. a. wichtige Verpflichtungen zum Schutz der Menschenrechte und Maßnahmen zur Vertrauensbildung zwischen den Teilnehmern (Ankündigung militärischer Aktivitäten, Austausch militärischer Informationen).

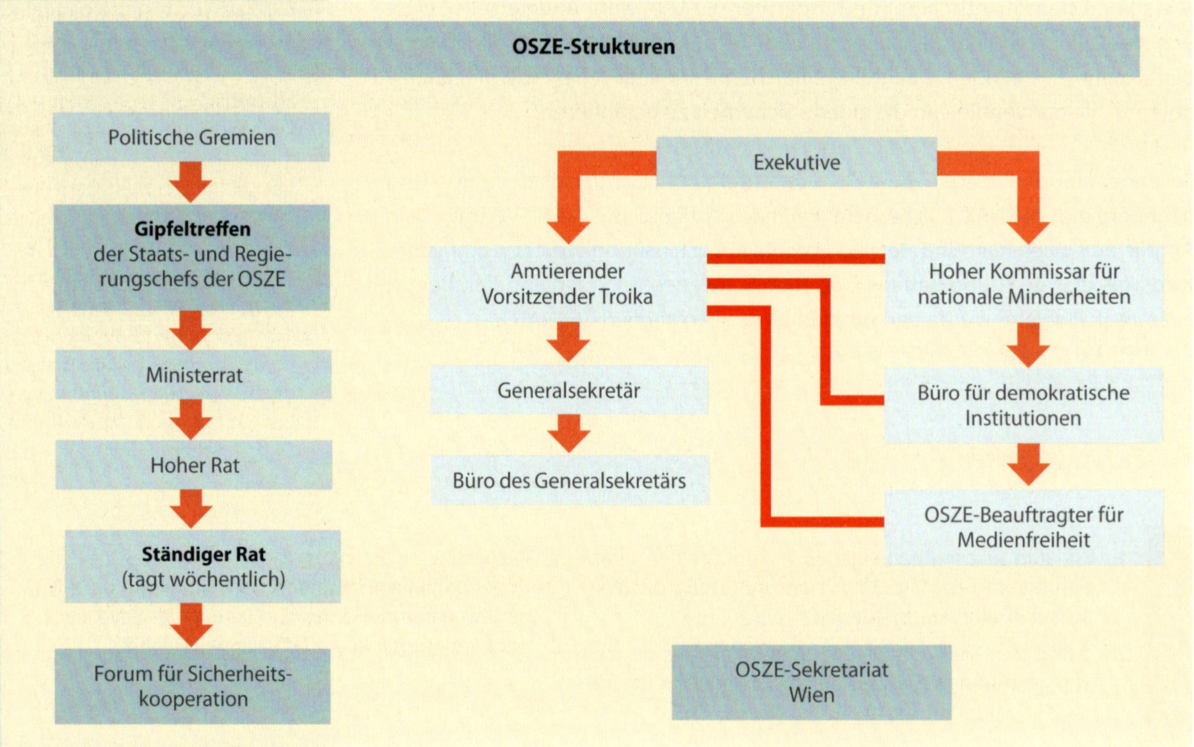

Politik verstehen und handeln ISBN 978-3-582-74132-5

Im November 1990 wurde beim Pariser Gipfeltreffen die „Charta von Paris für ein neues Europa" unterzeichnet. Sie war ein Wendepunkt in der Geschichte der KSZE, denn sie leitete die Umwandlung der KSZE von einem Forum für Verhandlung und Dialog zu einer handelnden Organisation ein.
Seit 1992 hat die KSZE nach dem Willen ihrer Teilnehmerstaaten das Recht und die Aufgabe, in ihrem Anwendungsgebiet streitschlichtend selbstständig tätig zu werden. Dies erfolgt in Form von

- Frühwarnung,
- Konfliktverhütung und
- Krisenbewältigung.

Auf dem Gipfeltreffen von Budapest 1994 wurde die KSZE mit Wirkung vom 1. Januar 1995 in OSZE umbenannt.

Besondere Aufmerksamkeit richtet die OSZE auf den Kampf gegen Intoleranz und Antisemitismus sowie auf Maßnahmen gegen den Menschenhandel.

Heute umfasst die OSZE 57 Teilnehmerstaaten (Stand: 2023) in einem Gebiet, das von Wladiwostok bis Vancouver reicht: die Vereinigten Staaten, Kanada, alle Staaten Europas (inklusive Türkei, aber nicht dem Kosovo), die Mongolei und die Nachfolgestaaten der ehemaligen Sowjetunion. Die OSZE ist die einzige Sicherheitsorganisation, in der all diese Staaten unter einem Dach vereint sind. Sie muss daher mithelfen, ein sicheres und friedliches Europa zu erhalten.

Die Schwerpunkte der Aktivitäten der OSZE sind unverändert:

- die Vereinbarung von Grundsätzen und staatlichen Verhaltensnormen,
- die vorbeugende Diplomatie,
- die Konfliktverhütung,
- die Krisenbewältigung,
- die Konfliktnachsorge,
- die Kontrolle der konventionellen Rüstung.

Konventionelle Rüstung:
Aufbau eines militärischen Schutzes durch Waffen wie z. B. Panzer, Gewehre u.Ä. Atomwaffen, chemische und biologische Waffen gehören nicht zu den konventionellen Waffen.

Hauptaufgabenfelder sind

- die Eindämmung inner- und zwischenstaatlicher Konflikte,
- der Aufbau demokratischer Strukturen,
- Menschenrechtsfragen (vergleiche Abschnitt 8.1),
- wirksamer Minderheitenschutz sowie
- vertrauens- und sicherheitsbildende Maßnahmen.

Hinweis:
Die OSZE ist das einzige regionale Sicherheitsforum, bei dem NATO-Staaten regelmäßig mit Russland zusammentreffen.

Die wichtigsten Instrumente der OSZE für die Erfüllung ihrer Aufgaben sind der Hohe Kommissar für nationale Minderheiten, das Büro für demokratische Institutionen und Menschenrechte sowie die OSZE-Langzeitmissionen.
Die OSZE-Regeln werden jedoch nur dann wirklich friedensstiftend wirken können, wenn alle ihre Mitglieder sie anwenden, und zwar jederzeit.

Aufgaben

1. Antworten Sie mithilfe des Textes auf die Eingangsfrage des abgebildeten Schülers.
2. Der Sitz der OSZE befindet sich in Wien, der Hauptstadt Österreichs. Österreich ist neutral, d. h. in keinem Militärbündnis Mitglied. Äußern Sie Ihre Überlegungen zum Grund dieser Regelung.
3. Erläutern Sie, welche Maßnahmen der OSZE friedensstiftend wirken sollen.

8.2.6 Die UNO – Sicherung des Weltfriedens

Hinweis:
Informationen über den Aufbau der UNO finden Sie im Internet unter:
https://new-york-un.diplo.de/un-de/deutschlandvn/aufbau-der-vn/944724

Am 26. Juni 1945 gründeten 51 Nationen in San Francisco die UNO (United Nations Organization, Vereinte Nationen). Heute sind fast alle Staaten (Mai 2023: 193 Staaten) der Welt Mitglied in dieser Organisation. Der Hauptsitz der UNO befindet sich in New York.

Die Gründung der UNO war eine Reaktion auf den damals gerade beendeten Zweiten Weltkrieg. Seit dem 1. Januar 2017 ist der Portugiese António Guterres Generalsekretär (Stand: August 2023).

Folgende Ziele strebt die UNO an:

- die Wahrung des Weltfriedens und der internationalen Sicherheit,
- die Entwicklung freundschaftlicher Beziehungen zwischen allen Nationen,
- die Förderung der internationalen Zusammenarbeit, um Probleme zu lösen und die Menschenrechte für alle zu fördern und zu festigen.

Um die vielen speziellen Probleme besser lösen zu können, haben sich einige Unterorganisationen der UNO gebildet. Hier die wichtigsten:

Unterorganisationen der UNO	Aufgabenbereiche:
UNESCO	Organisation für Erziehung, Wissenschaft und Kultur
UNICEF	Weltkinderhilfswerk
WHO	Weltgesundheitsorganisation
IWF	Internationaler Währungsfonds
FAO	Welternährungsorganisation
GATT	Allgemeines Zoll- und Handelsabkommen
UNCTAD	Welthandelskonferenz
UNIDO	Organisation für industrielle Entwicklung
ILO	Internationale Arbeitsorganisation

Friedenserhaltende Maßnahmen (peace-keeping):

- **Friedenstruppen im engeren Sinne**
  Dabei bilden größere Truppenteile eine Pufferzone und halten die Streitparteien zur Beachtung von Waffenstillstandsvereinbarungen, Truppenentflechtungsabkommen usw. an.
- **Militärische Beobachtergruppen**
  Hierbei handelt es sich um kleine Einheiten von Militärexperten zur Überwachung von Friedensabkommen.
- **Friedensmissionen unter ziviler Leitung mit gemischt militärisch-ziviler Komponente**
  Bei diesem neu entwickelten Typus handelt es sich um Operationen mit dem Ziel, nicht nur den Frieden im engeren Sinn zu sichern, sondern auch zur innerstaatlichen Befriedung und zur Herstellung des politischen Ausgleichs in einem Staatswesen beizutragen.

(Quelle: Frieden und Sicherheit, Lehrerhandreichungen S. 24. Hrsg. AG Jugend und Bildung e.V.,1999)

Das höchste Organ der UNO ist die **Vollversammlung** oder **Generalversammlung.** Hier hat jeder Mitgliedsstaat eine Stimme. Beschlüsse (Resolutionen) der Vollversammlung sind für die Mitglieder nur Empfehlungen, da die Vereinten Nationen keine „Weltregierung" sind.

An der Spitze der UNO steht der **Generalsekretär.** Seine friedensichernde Funktion besteht vor allem darin, durch diplomatische Gespräche zwischen Streitparteien zu schlichten.
Der **Sicherheitsrat** ist für die Friedenssicherung besonders wichtig. Seine Beschlüsse müssen von allen Mitgliedern befolgt werden. Er besteht aus fünf ständigen Mitgliedern und zehn nichtständigen Mitgliedern. Diese werden alle zwei Jahre durch die Vollversammlung neu gewählt. Jeder Entscheidung muss jedes ständige Mitglied zustimmen. Stimmt ein ständiges Mitglied nicht zu (Vetorecht), dann kommt der Beschluss nicht zustande.

Die UNO kann zur Friedenssicherung Streitkräfte einsetzen. Allerdings besitzt sie keine eigenen Truppen. Stattdessen stellen Mitgliedsstaaten freiwillig ihre Soldaten zur Verfügung. UNO-Truppen haben niemals einen Kampfauftrag. Sie sind aber bewaffnet und ermächtigt, sich selbst und teilweise auch ihre Stellung zu verteidigen sowie ihre Bewegungsfreiheit zu gewährleisten. Die Soldaten, die zur Friedenssicherung eingesetzt werden, tragen im Einsatz für die UNO blaue Stahlhelme, um besser erkannt zu werden. Daher werden sie auch „Blauhelme" genannt.

Eine Friedensmission der UNO findet immer nur mit Zustimmung der Regierung des Gastgeberlandes oder aber mit allen Konfliktparteien statt. Die Missionen dienen der humanitären Hilfe, der Überwachung eines Waffenstillstandes oder der Entwaffnung von Bürgerkriegsparteien.

Der Sicherheitsrat kann aber auch Mitgliedsstaaten bitten, den Frieden in einer Krisenregion militärisch zu erzwingen. Dies geschieht mit internationalen Truppen. Solche Einsätze fanden z. B. im zweiten Golfkrieg zur Befreiung Kuwaits und in Jugoslawien statt. Am Einsatz in Jugoslawien nahmen auch deutsche Soldaten teil.
Zur Ergänzung der bereits bestehenden Möglichkeiten wurde vorgeschlagen, eine unmittelbar dem Sicherheitsrat unterstehende UN-Eingreiftruppe zu schaffen. Diese könnte aus 10 000 Personen bestehen und die Zuspitzung von Krisensituationen rechtzeitig verhindern.

Friedenschaffende Maßnahmen (peace-enforcement):
Vom Sicherheitsrat beschlossene militärische Zwangsmaßnahmen können im Unterschied zu den friedensichernden Operationen auch gegen den Willen der Konfliktparteien durchgeführt werden. Dazu können Einsätze von Luft-, See- oder Landstreitkräften durch den Sicherheitsrat beschlossen werden, wenn gewaltlose Sanktionen sich als unzulänglich erweisen.

Die fünf ständigen Mitglieder des Sicherheitsrates:

- Volksrepublik China
- Frankreich
- Großbritannien
- Russland
- USA

Voraussetzungen für den Einsatz von Blauhelmen:

- Einverständnis aller Streitparteien,
- Beschluss des Sicherheitsrates,
- freiwillige Bereitstellung von Truppen durch Mitgliedsstaaten,
- Waffen dürfen nur zur Selbstverteidigung eingesetzt werden,
- strikte Unparteilichkeit,
- UN-Generalsekretär leitet den Einsatz,
- der Einsatz wird durch alle Mitgliedsländer finanziert.

Aufgaben

1. Die beiden Jugendlichen im Eingangsbeispiel äußern ihre Meinungen zur UNO. Welcher Meinung sind Sie? Begründen Sie Ihre Stellungnahme.
2. Die Einsätze deutscher Soldaten im Auftrag der UNO hat zwar das Bundesverfassungsgericht 1994 gebilligt. Sie sind aber umstritten. Stellen Sie in einer Tabelle Pro- und Kontraargumente gegenüber.
3. Beschreiben Sie kurz die Zusammensetzung des Sicherheitsrates. Ist es gerecht, dass fünf Staaten ständige Mitglieder sind und die anderen immer nur für zwei Jahre gewählt werden? Begründen Sie Ihre Meinung.
4. Erläutern Sie, welche Schwierigkeiten sich für Friedenseinsätze aus dem Vetorecht ergeben können.

8.2.7 Die Bundeswehr

Präambel:
feierliche Einleitung

Artikel 26 GG
(Verbot des Angriffskrieges):
(1) Handlungen, die geeignet sind und in der Absicht vorgenommen werden, das friedliche Zusammenleben der Völker zu stören, insbesondere die Führung eines Angriffskrieges vorzubereiten, sind verfassungswidrig [...]
(2) Zur Kriegführung bestimmte Waffen dürfen nur mit Genehmigung der Bundesregierung hergestellt, befördert und in Verkehr gebracht werden [...]

Präambel des Grundgesetzes:

„Im Bewusstsein seiner Verantwortung vor Gott und den Menschen, von dem Willen beseelt, als gleichberechtigtes Glied in einem vereinten Europa dem Frieden der Welt zu dienen, hat sich das deutsche Volk kraft seiner verfassungsgebenden Gewalt dieses Grundgesetz gegeben."

Im Potsdamer Abkommen (1945) hatten die Sieger des Zweiten Weltkrieges, die Alliierten USA, Sowjetunion und Großbritannien, für Deutschland unter anderem die Demilitarisierung festgelegt. Dies bedeutete, dass sämtliche deutsche Streitkräfte aufgelöst wurden, damit von Deutschland kein weiterer Krieg ausgehen konnte. Als die Bundesrepublik Deutschland 1949 gegründet wurde, ging die verfassungsgebende Versammlung davon aus, dass die Bundesrepublik keine Streitkräfte aufstellen würde.

Der beginnende Kalte Krieg (vergleiche Abschnitt 8.2.4) teilte Europa in zwei sich feindlich gegenüberstehende Lager. Beide Lager fühlten sich durch das jeweils andere bedroht. In diesem Zusammenhang trat die Bundesrepublik 1955 der NATO bei, die DDR dem Warschauer Pakt. Beide deutschen Staaten bauten Armeen auf: die DDR die Nationale Volksarmee, die Bundesrepublik die Bundeswehr. Die Bundeswehr wurde auf der Grundlage der Wehrverfassung gegründet, die der Bundestag 1956 beschloss.
In der Wehrverfassung wurde festgelegt, dass

- die Bundeswehr der Bundesregierung untersteht, d. h., im Frieden besitzt der Bundesverteidigungsminister die Befehls- und Kommandogewalt, im Kriegsfall der Bundeskanzler;
- jeder Soldat die gleichen staatsbürgerlichen Rechte wie alle anderen Staatsbürger besitzt;
- der Wehrbeauftragte des Bundestages die Bundeswehr parlamentarisch kontrolliert und die Grundrechte der Soldaten schützt.

Bundeswehrsoldaten

Die wichtigste Aufgabe der Bundeswehr ist die Verteidigung Deutschlands und seiner Staatsbürger gegen äußere Gefahren. Allerdings scheint diese Aufgabe nach dem Ende des Ost-West-Konfliktes an Bedeutung verloren zu haben. In den Vordergrund rücken immer mehr internationale humanitäre, friedenserhaltende und friedenschaffende Einsätze (vergleiche Abschnitt 8.2.7). Die Auslandseinsätze sind aus mehreren Gründen umstritten. Ein wichtiger Grund für die Ablehnung ist, dass nach offiziellen Angaben in Auslandseinsätzen der Bundeswehr allein in Afghanistan bis Ende 2021 59 Soldaten gestorben sind.
Die Bundeswehr ist ein militärisches Instrument zur Friedenssicherung. Ihr ist die Vorbereitung und Führung eines Angriffskrieges durch das Grundgesetz verboten (Artikel 26).

Politik verstehen und handeln ISBN 978-3-582-74132-5

In besonderen Fällen kann die Bundeswehr auch zur Unterstützung der Polizei und des Bundesgrenzschutzes zum Schutz ziviler Objekte und bei der Bekämpfung organisierter und militärisch bewaffneter Aufständischer eingesetzt werden. Nach der Wiedervereinigung 1990 wurde ein Teil der Soldaten der Nationalen Volksarmee der DDR in die Bundeswehr eingegliedert und so eine gesamtdeutsche Armee geschaffen.

Die Streitkräfte sind in drei Kräftekategorien gegliedert: Eingreifkräfte, Stabilisierungskräfte und Unterstützungskräfte. Sie werden für die unterschiedlichen Aufgaben ausgerüstet und ausgebildet. Diese Aufteilung wurde eingeführt, um nicht alle Kräfte in derselben Weise aufwändig ausstatten zu müssen.

Bundeswehreinsatz in Afghanistan vor dem Abzug 2021

Seit 1990 ist die Personalstruktur der Bundeswehr in mehreren Schritten den veränderten Anforderungen angepasst worden (siehe hierzu Abschnitt 8.2.9).

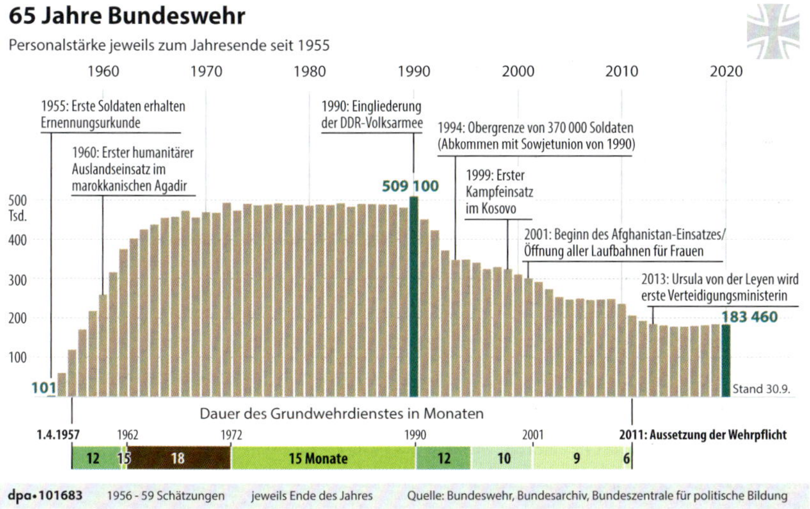

Nach dem Überfall Russlands auf die Ukraine gelangte der materielle und personelle Zustand der Bundeswehr ins Blickfeld. Es wurde festgestellt, dass sie nur bedingt einsatzbereit sei. Der Bundeskanzler Olaf Scholz erklärte daraufhin in seiner „Zeitenwende-Rede" am 27.02.22, dass der Bundeswehr zusätzlich 100 Milliarden Euro für bessere Ausrüstung, modernes Einsatzgerät und mehr Personal zur Verfügung gestellt werde. Zusätzlich soll der jährliche Wehretat auf Dauer erhöht werden.

Frauen in der Bundeswehr:
Für Frauen bestand keine Wehrpflicht, aber seit
- dem Grundsatzurteil des Europäischen Gerichtshofs vom 11.01.2000 (Anwendung der EU-Gleichbehandlungsrichtlinie auch auf die Bundeswehr) und
- der entsprechenden Änderung des Grundgesetzes (27.10.2000)

können auch Frauen den Kampftruppen beitreten.
Am 2. Januar 2001 traten 244 Frauen ihren Dienst bei der Bundeswehr an.

Aufgaben

1. Beantworten Sie die Fragen des Soldaten in der Grafik am Abschnittsbeginn.
2. Die Bundeswehr wird oft wie folgt bezeichnet:
   - Armee im Bündnis,
   - Armee in der Demokratie,
   - Defensiv-Armee,
   - Armee der Einheit.

   Erklären Sie, was mit diesen Bezeichnungen gemeint ist.
3. Erläutern Sie, wer die oberste Befehls- und Kommandogewalt über die Streitkräfte ausübt.
4. Sollen deutsche Soldaten an UN-Kampfeinsätzen teilnehmen? Diskutieren Sie diese Frage in Ihrer Klasse. Stellen Sie Ihre Pro- und Kontraargumente gegenüber.

8

8.2.8 Die Wehrpflicht

Einführung der Wehrpflicht: Preußisches Heer während der Befreiungskriege gegen das napoleonische Frankreich

Seit dem 1. Juli 2011 ist die Wehrpflicht in Deutschland ausgesetzt. Das bedeutet, dass niemand mehr verpflichtet ist, ohne seine Zustimmung in der Bundeswehr zu dienen. Da nach Artikel 4 des Grundgesetzes die Möglichkeit besteht, den Dienst an der Waffe zu verweigern und Zivildienst zu leisten, gilt das Gleiche für den Zivildienst. Die Wehrpflicht ist allerdings weiterhin im Grundgesetz verankert. Sollte es die Sicherheitslage erfordern, dass Deutschland wieder eine große Armee braucht, so kann das Parlament (der Bundestag) die Wehrpflicht mit einfacher Mehrheit wieder einführen. Seit Juli 2011 gibt es einen neuen freiwilligen Wehrdienst. Die Bundeswehr besteht also nur noch aus Berufs- und Zeitsoldaten. Wehrpflichtige gehören ihr nicht mehr an. Der Zivildienst ist durch den Bundesfreiwilligendienst ersetzt worden.

Geschichte

Die allgemeine Wehrpflicht wurde in Deutschland zuerst 1814 in Preußen eingeführt, da die preußische Berufsarmee zuvor vom französischen Volksheer unter Napoleon vernichtend geschlagen worden war. Nach und nach führten auch die anderen deutschen Staaten die Wehrpflicht ein. Auch im 1871 gegründeten deutschen Kaiserreich bestand die Wehrpflicht. Männer mussten zunächst 3, später 2 Jahre in den Streitkräften dienen.

1918 verlor Deutschland den Ersten Weltkrieg. Die Sieger bestimmten im Versailler Friedensvertrag, dass Deutschland nur eine Armee von 100 000 Berufssoldaten besitzen durfte.

Der Diktator Adolf Hitler brach 1935 diese Bestimmung des Vertrages, indem er die Wehrpflicht zur Vorbereitung des Zweiten Weltkrieges wieder einführte. Die ungefähr 5 000 000 deutschen Kriegstoten waren zum größten Teil Wehrpflichtige.

Nachdem das Deutsche Reich 1945 den Krieg verloren hatte, wurde die Wehrpflicht zunächst wieder abgeschafft.

1955 trat die Bundesrepublik der NATO (siehe Abschnitt 8.2.4) bei. Im gleichen Jahr wurde die Bundeswehr gegründet, die zunächst nur aus freiwilligen Soldaten bestand. Viele Deutsche lehnten den Aufbau der Bundeswehr ab. Vor allem die SPD, der DGB und große Teile der evangelischen Kirche protestierten gegen die Wiederbewaffnung. Sie befürchteten, dass die Aufstellung deutscher Streitkräfte in der Bundesrepublik und in der DDR eine Wiedervereinigung in absehbarer Zeit verhindern würde.

Auch das Wehrpflichtgesetz war sehr umstritten. Nach heftigem Streit im Bundestag wurde das Gesetz am 7. Juli 1956 gegen die Stimmen von SPD und FDP beschlossen. Die Dauer des Wehrdienstes wurde auf 12 Monate festgesetzt und änderte sich über die Jahrzehnte mehrmals.

In der DDR wurde 1956 die Nationale Volksarmee gegründet. Jedoch führte die DDR erst im Mai 1962 die Wehrpflicht mit einer Dienstzeit von 18 Monaten ein.

Wehrpflicht: Der Begriff bezeichnet die Pflicht eines Staatsbürgers bzw. einer Staatsbürgerin (meist jedoch nur Männer), für einen bestimmten Zeitraum in der Armee oder einer anderen Wehrinstitution (zum Beispiel in der Polizei, der Feuerwehr oder beim Katastrophenschutz) eines Landes zu dienen.

Artikel 12a Grundgesetz (GG) in Auszügen:

(1) Männer können vom vollendeten achtzehnten Lebensjahr an zum Dienst in den Streitkräften, im Bundesgrenzschutz oder in einem Zivilschutzverband verpflichtet werden.

(2) Wer aus Gewissensgründen den Kriegsdienst mit der Waffe verweigert, kann zu einem Ersatzdienst verpflichtet werden. […]

Versailler Friedensvertrag: siehe Abschnitt 6.1.1

SPD: Sozialdemokratische Partei Deutschlands

DGB: Deutscher Gewerkschaftsbund

Politik verstehen und handeln ISBN 978-3-582-74132-5

Ausland

Die folgende Weltkarte zeigt, dass in vielen Ländern der Welt eine Wehrpflicht besteht, in anderen wiederum nicht (Stand 2023).

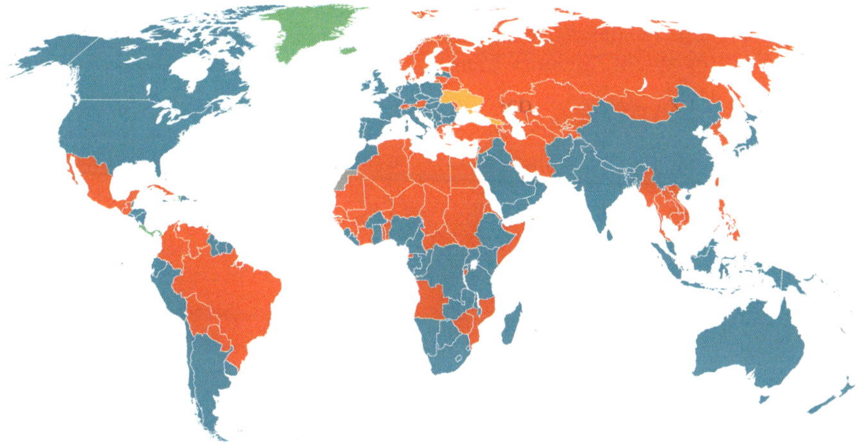

Farbschlüssel
■ Keine Streitkräfte ■ Keine Wehrpflicht (Freiwilligenarmee/Berufsarmee) ■ Noch Wehrpflicht, aber eine Abschaffung ist bereits beschlossen ■ Wehrpflicht ■ Keine Angaben

Argumente für und gegen die Wehrpflicht

a) Die Bundeswehr ist nur demokratisch verankert, wenn ganz normale Bürger dort ihre Wehrpflicht leisten. Eine Freiwilligenarmee kann sich leichter verselbstständigen und zu einem Staat im Staat werden.

b) Freiwillige haben sich bewusst für einen Dienst bei der Bundeswehr entschieden und sind daher stärker motiviert als Wehrpflichtige.

c) Eine unmittelbare Bedrohung Deutschlands gibt es nicht mehr und bei den heutigen Auslandseinsätzen der Bundeswehr braucht man keine Wehrpflichtigen, sondern gut ausgebildete, spezialisierte Freiwillige.

d) Ohne Wehrpflicht gibt es auch keinen Zivildienst. Das bedeutet höhere Personalkosten in Krankenhäusern und anderen sozialen Einrichtungen und somit höhere Kosten für die Sozialversicherungen.

e) Die Wehrpflicht ist ungerecht, weil sie sich nur auf Männer und nicht auf Frauen bezieht. Außerdem kann oft nur ein Teil der Männer eines Jahrgangs eingezogen werden. Die übrigen sind im Vorteil, da sie keine Verdienstverluste und Karrierenachteile haben.

Problem Personalfindung:
Durch die Aussetzung der Wehrpflicht hat die Bundeswehr Probleme, genügend Soldaten zu rekrutieren. Dafür gibt es unterschiedliche Gründe. Ein Zeitsoldat muss z.B. bereit sein, jederzeit an einen anderen Dienstort versetzt zu werden. Außerdem kann ein Einsatz in den Krisengebieten der Welt sehr gefährlich werden.

Perspektive der Bundeswehr:
Im Zusammenhang mit der Aussetzung der Wehrpflicht wird es voraussichtlich für die Bundeswehr einige Veränderungen geben:

- mehr und auch längere Auslandseinsätze, die von der Beobachtung von Wahlen bis hin zu einer Intervention reichen könnten,
- eine deutliche Verkleinerung der Bundeswehr,
- Schließung von Kasernen,
- mehr Soldaten für die Auslandseinsätze.

Aufgaben

1. a) Sortieren Sie die oben stehenden Argumente danach, ob sie für oder gegen die Wehrpflicht sprechen.

b) Formulieren Sie Ihren Standpunkt zur Wehrpflicht und begründen Sie ihn.

2. Führen Sie ein Debatte (siehe hierzu Seite 314) zum Thema: „Sollte Deutschland wieder die Wehrpflicht einführen?" Suchen Sie in der Vorbereitung dazu nach weiteren Argumenten oder nach Beispielen, die die bereits benannten Argumente stützen.

8.2.9 Freiwilligendienste

Auszüge aus Berichten von Freiwilligen:

Susann T.: „In meinem Freiwilligenjahr habe ich vor allem gelernt, wie viel Spaß es macht, anderen Menschen zu helfen."

Moses M.-B.: „Meine Entsendeorganisation hat mich eigentlich allein gelassen. Das hatte den Nachteil, dass ich zunächst zu wenig über meine Arbeit und die Kinder, die ich betreute, wusste. Ich hab es aber alleine geschafft. Heute weiß ich, was ich alles kann."

Mandy K.: „Durch meine Arbeit hat sich mein Spanisch sehr verbessert. Mit meinem Schul-Spanisch hab ich mich zuerst nicht getraut zu sprechen. Die Kollegen haben mir aber sehr geholfen."

Paul P.: „Ich habe zwar Land und Leute kennengelernt, aber das nur in meiner Freizeit. Während meiner Arbeitszeit in der Küche, habe ich nur Kartoffeln geschält und abgewaschen."

Finn Q.: „Ich habe meinen Dienst in einem Altenheim in Südafrika geleistet. Die alten Menschen waren mir sehr dankbar für meine Hilfe."

Eine Gesellschaft braucht Menschen, die sich sozial engagieren. Neben der Mitarbeit z.B. bei der Freiwilligen Feuerwehr, beim Technischen Hilfswerk (THW) oder beim Deutschen Roten Kreuz (DRK) bieten Freiwilligendienste gute Möglichkeiten, wertvolle ehrenamtliche und gemeinnützige Arbeit zu leisten.
Folgende Freiwilligendienste gibt es in Deutschland:

Freiwilliges Soziales Jahr (FSJ) und Freiwilliges Ökologisches Jahr (FÖJ)

Das FSJ und das FÖJ werden vom Bundesministerium für Familie, Senioren, Frauen und Jugend (BMFSFJ) gefördert. Man muss, um teilnehmen zu können, die Vollzeitschulpflicht (je nach Bundesland mit 15 oder 16 Jahren) erfüllt haben und darf nicht älter als 26 Jahre sein. Das FSJ und das FÖJ dauern in der Regel 12 Monate. Will man seinen Dienst im Ausland leisten, muss man 18 Jahre alt sein. Während der Zeit des Dienstes ist jeder Teilnehmer und jede Teilnehmerin sozialversichert und bekommt ein Taschengeld sowie je nach Einsatzstelle Unterkunft und Verpflegung. Außerdem erhalten die Eltern weiterhin Kindergeld.
Das FSJ kann z.B. in einer Kindereinrichtung, einer Pflegestation, einem Sportverein oder in einem Museum, das FÖJ bei einem Tierschutzverein, einer Umweltstiftung oder in einem landwirtschaftlichen Betrieb geleistet werden.

Internationaler Jugendfreiwilligendienst (IJFD)

Der IJFD wird ebenso vom BMFSFJ gefördert. Es ermöglicht allen Jugendlichen zwischen 18 und 26 Jahren, dass sie für sechs bis 18 Monate Freiwilligenarbeit in gemeinwohlorientierten Einrichtungen im Ausland leisten können. Den Teilnehmern werden Taschengeld, Unterkunft und Verpflegung kostenfrei zur Verfügung gestellt. Außerdem werden die Reisekosten gefördert und 25 Seminartage bezahlt. Der Teilnehmer wird allerdings gebeten, einen Teil der Kosten durch Spenden oder einen Unterstützerkreis mitzutragen.

Was ist ein Freiwilligendienst?
Einen Freiwilligendienst zu leisten, bedeutet, dass man freiwillig und ohne Lohn oder Gehalt in einer gemeinwohlorientierten Einrichtung in einem festgelegten zeitlichen Rahmen arbeitet. In der Regel leistet man diesen Einsatz ganztägig.

Was bringt ein Freiwilligendienst?
- Man sammelt viele persönliche und berufliche Erfahrungen;
- man knüpft neue Kontakte;
- man übernimmt für andere Menschen Verantwortung und eignet sich so wertvolle soziale Kompetenzen an;
- Freiwilligendienste können als Vorpraktikum des nachfolgenden Studiums oder als Wartesemester angerechnet werden;
- mit einem Freiwilligendienst kann sinnvoll die Zeit zwischen der Schulzeit und der Berufsausbildung bzw. dem Studium überbrückt werden;
- bei einem Auslandseinsatz kann man umfassende Erfahrungen in einem Gastland sammeln.

Informationen zum FSJ und FÖJ: www.foej.de
www.bmfsfj.de
Informationen zum IJFD:
www.internationaler-jugend-freiwilligendienst.de

Politik verstehen und handeln ISBN 978-3-582-74132-5

Europäischer Freiwilligendienst (EFD)

Der EFD ist ein Programm der Europäischen Union, das es jungen Menschen zwischen 18 und 25 Jahren (in Ausnahmefällen auch schon ab 16 Jahren und bis 30 Jahre) ermöglicht, für 6 bis 12 Monate in einem gemeinnützigen Projekt im sozialen, ökologischen, kulturellen oder sportlichen Bereich im europäischen Ausland mitzuarbeiten. Den Teilnehmern entstehen keine Kosten.

Internationaler kultureller Freiwilligendienst "kulturweit"

»kulturweit« ist ein Freiwilligendienst des Auswärtigen Amtes für junge Menschen im Alter von 18 bis 26 Jahren. Die Einsatzdauer beträgt 6 oder 12 Monate. Der Auslandseinsatz wird von einem Vor- und Nachbereitungsseminars begleitet. Für die Freiwilligen werden Versicherungen abgeschlossen und Sozialversicherungsbeiträge abgeführt.

Entwicklungspolitischer Freiwilligendienst »weltwärts«

Der entwicklungspolitische Freiwilligendienst des Bundesministeriums für wirtschaftliche Zusammenarbeit und Entwicklung [BMZ] ermöglicht jungen Menschen im Alter von 18 bis 28 Jahren, sich ehrenamtlich in Entwicklungsländern zu engagieren. Der Dienst dauert 6 bis 24 Monate. Die Bewerber müssen sich gesundheitlich für den Auslandseinsatz eignen.

Der Bundesfreiwilligendienst (BFD)

Seit dem 1. Juli 2011 gibt es als Ergänzung der bereits bestehenden Freiwilligendienste den BFD. Der BFD ist der Nachfolger des Zivildienstes, der wegfiel, weil die Wehrpflicht ausgesetzt wurde. Beim BFD besteht nach oben keine Altersgrenze. Die Mitarbeit steht allen Bürgerinnen und Bürgern offen, die ihre Vollschulzeitpflicht erfüllt haben. Geschlecht, Nationalität oder die Art des Schulabschlusses spielen keine Rolle.

Der Einsatz kann in sozialen, ökologischen und kulturellen Bereichen sowie im Sport, im Zivil- und Katastrophenschutz oder der Integration stattfinden.

Jugendliche leisten im BFD grundsätzlich 40 Stunden pro Woche (Vollzeitstelle). Für Freiwillige über 27 Jahre ist auch Teilzeit möglich. Wer den Bundesfreiwilligendienst ableistet, erhält ein Taschengeld von maximal 438 Euro (Stand: 2023), Verpflegung, Unterkunft und Dienstkleidung.

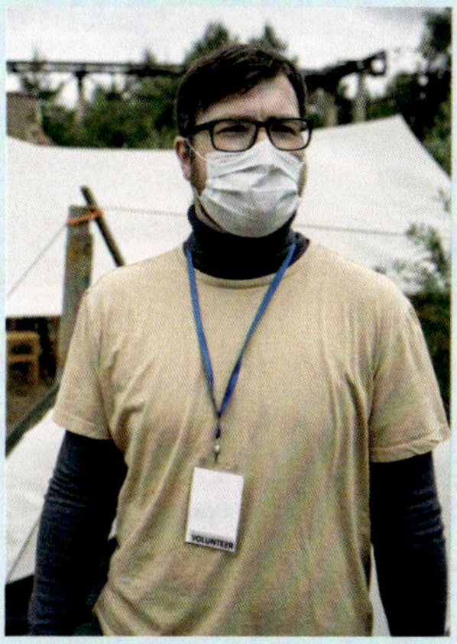

Entsendeorganisationen für den EFD: www.go4europe.de

Informationen zu »kulturweit«: www.kulturweit.de

Informationen zu »weltwärts«: www.weltwaerts.de

Renten- und Unfallversicherung
Bei der Teilnahme am Bundesfreiwilligendienst ist man gesetzlich unfall- und rentenversichert.

Bürgergeld und BFD: Bürgergeld-Bezieher können auch den BFD leisten. 60 Euro des BFD-Taschengeldes werden nicht auf den Regelsatz angerechnet.

Nicht geförderte Freiwilligendienste
müssen durch die Teilnehmer oder durch Spenden finanziert werden. Häufig wird auch das Kindergeld nicht mehr weiter gezahlt. Die Chancen, einen Platz zu bekommen, sind aber deutlich höher als in einem geförderten Dienst.

Aufgaben

1. Lesen Sie Äußerungen ehemaliger Freiwilliger am Beginn des Kapitels. Welche positiven und negativen Erfahrungen werden erwähnt? Notieren Sie hierzu Stichworte. Nennen Sie eine positive Erfahrung, die Ihnen wichtig wäre.
2. Wählen Sie ein Freiwilligenprogramm aus, das Ihnen zusagt. Begründen Sie Ihre Entscheidung.
3. Welche Tätigkeit käme für Sie in einem Freiwilligendienst in Frage? Begründen Sie Ihre Wahl.
4. Die Kritiker der Freiwilligendienste behaupten unter anderem, dass die Dienste reguläre Arbeitsplätze verhindern. Beurteilen Sie, was Ihrer Meinung nach für und was gegen diese Behauptung spricht.

8.3 ÖKOLOGIE

8.3.1 Umweltprobleme

Obwohl in den letzten Jahren viele Maßnahmen zum Schutz der Umwelt beschlossen wurden, steigen weltweit die Umweltbedrohungen. Besonders gefährlich sind die **Klimaerwärmung** und die damit verbundene Erwärmung der Meere. Grund für die Erwärmung ist die erhöhte Konzentration von Kohlendioxid in der Luft: der sogenannte Treibhauseffekt. Grund für die sehr hohe Kohlendioxidkonzentration in der Luft ist die Verbrennung von fossilen Energieträgern wie Kohle und Erdöl in Kohlekraftwerken, Flugzeugen, Schiffen, Autos und in der Stahlherstellung. Ebenso die Abholzung von Wäldern trägt entscheidend dazu bei. Folgen der Klimaerwärmung werden die Vergrößerung der Wüsten und das Abschmelzen des Eises des Nord- und des Südpols sein. Schmelzen die Pole, wird der Meeresspiegel ansteigen und das Meer wird Inseln und Küstengebiete überfluten.

Konsequenzen für Deutschland

Wissenschaftler können immer genauere Aussagen über die Folgen des Klimawandels auch für Deutschland machen: Extreme Wetterereignisse nehmen zu und es wird trockener und wärmer. Das bedeutet z. B., dass

- die durchschnittlichen Temperaturen zunehmen werden,
- die Zahl der heißen Tage mit Temperaturen von mindestens 30 Grad deutlich steigen wird,
- langfristig Dürren zunehmen werden,
- Überflutungen von Küstengebieten und -städten häufiger werden,
- es auch im Binnenland zu häufigeren und schwereren Überschwemmungen durch Starkregen kommen wird,
- das Wasser in vielen deutschen Flüssen im Sommer künftig weniger und wärmer sein wird und es daher einerseits zu massenhaftem Fischsterben kommen kann und andererseits Kraftwerke und Fabriken, die das Flusswasser zur Kühlung einsetzen, gedrosselt oder ganz abgeschaltet werden müssen.

Erneuerbare-Energien-Gesetz

Die globale Durchschnittstemperatur liegt heute um ca. 1 °C höher als vor 100 Jahren. Bei einem Anstieg um 2 °C und mehr gegenüber der Durchschnittstemperatur der Zeit vor der Industrialisierung wird es gefährliche und möglicherweise katastrophale Veränderungen der globalen Umwelt geben. Aus diesem Grund einigten sich alle knapp 200 UN-Mitgliedsstaaten bei der UN-Klimakonferenz in Paris 2015 darauf, die Erderwärmung auf deutlich unter 2 °C zu begrenzen. Momentan ist es fraglich, ob dieses Ziel noch erreicht werden kann.

Neue Umweltprobleme: Mikroplastik

In den letzten Jahren wird immer häufiger Mikroplastik in der Umwelt, in der Luft, im Trinkwasser oder in Nahrungsmitteln gefunden. Die langfristigen Auswirkungen auf Mensch und Umwelt sind bisher unklar. Es handelt sich um mikroskopisch kleine Partikel mit einer Größe kleiner als 5 mm. Mikroplastik ist fest, unlöslich und nicht biologisch abbaubar. Allein in Deutschland entstehen über 330.000 Tonnen Mikroplastik. Zum größten Teil aus Pkw-Reifenabrieb, aber auch durch Zusätze in kosmetischen Produkten.

Was tun? Nutzen Sie Naturprodukte, Duschgel ohne Peeling-Zusätze, Seifen aus Naturprodukten, die statt Plastik Kieselerde oder gemahlene Nussschalen für das Peeling enthalten, Zahncremes ohne "Schleifmittel" aus Mikroplastik, Kleidung aus natürlichen Materialien.

fossil:

urzeitlich, als Versteinerung erhalten; in früheren Zeiten entstanden

Politik verstehen und handeln ISBN 978-3-582-74132-5

Im Jahr 2000 trat in Deutschland das „Erneuerbare-Energien-Gesetz“ (EEG) in Kraft (siehe auch Seite 305). Ziel des EEG ist es, im Interesse des Klima- und Umweltschutzes den Anteil der erneuerbaren Energien an der Stromversorgung bis 2050 auf mindestens 80 Prozent zu steigern. Dadurch sollen auch die fossilen Energieressourcen geschont und die Technologieentwicklung im Bereich der erneuerbaren Energien vorangetrieben werden. Mittlerweile stammen bereits 55 Prozent des Stroms (Stand: März 2023) in Deutschland aus Wind, Sonne, Wasser oder Biomasse.

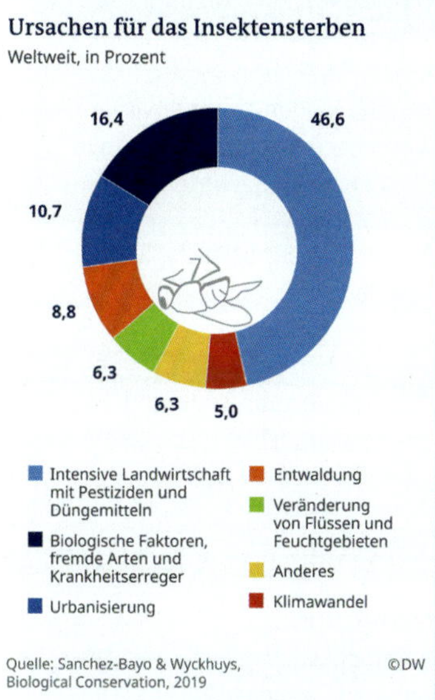

Klimaskeptiker

Nahezu alle dazu forschenden Wissenschaftler bestätigen die menschliche Verantwortung für die Klimaerwärmung. Trotzdem bestreiten sogenannte Klimaskeptiker vor allem aus dem Umfeld populistischer Parteien, dass die Klimaerwärmung menschengemacht ist. Argumentativ unterstützt werden diese Klimaskeptiker mitunter von bezahlten Lobbyisten, Stiftungen und Instituten, die der Öl-, Gas- oder Kohleindustrie nahestehen. Sie behaupten, dass die wissenschaftliche wie politische Beschäftigung mit dem Klimawandel vor allem Angstmacherei oder sogar eine Lüge sei.

Fridays for Future

2018 entstand eine weltweite Bewegung von Schülerinnen, Schülern und anderen jungen Menschen, die seitdem die Regierungen dazu auffordert, die im Pariser Abkommen 2015 beschlossenen Klimaziele einzuhalten. Die Aktiven der Bewegung sehen ihre Zukunft auf einer lebenswerten Erde durch zu langsames und nicht konsequentes Handeln der Regierungen und der Wirtschaft gefährdet. Damit ihre Forderungen ernst genommen werden, streikten Schülerinnen und Schüler freitags während der Schulzeit (deswegen der Name Fridays for Future).

Insektensterben: Die Masse an Fluginsekten-Biomasse ist in den letzten Jahrzehnten um 75 Prozent zurückgegangen. Betroffen sind z. B. Schmetterlinge, Wildbienen, Wespen, Motten und andere. Als Folge des Insektensterbens ist die Zahl insektenfressender Vögel in den vergangenen 25 Jahren deutlich gesunken. In manchen Obstanbaugebieten Chinas müssen die Obstbäume wegen fehlender Insekten durch Arbeiter/-innen bestäubt werden.

Letzte Generation

Die *Letzte Generation* (LG) erregt seit 2022 Aufsehen, weil sich die Aktivisten der Gruppe – neben anderen Protestformen – in Großstädten auf dem Straßenbelag festkleben und damit den Autoverkehr blockieren. Das Bündnis von Klimaaktivisten will damit erreichen, dass die Bundesregierung konsequenter die Klimakrise bekämpft. Der Name des Bündnisses wurde gewählt, weil die Aktivisten der Meinung sind, dass sie der letzten Generation angehörten, die noch in der Lage sei, den völligen Zusammenbruch der Erde vielleicht noch aufhalten zu können. In der Öffentlichkeit stoßen die Aktionen der Gruppe häufig auf Kritik.

Aufgaben

1. a) Beschreiben Sie, was in der Karikatur dargestellt ist.
   b) Erläutern Sie, was der Zeichner kritisiert.
   c) Teilen Sie die Kritik oder sind Sie anderer Meinung? Begründen Sie Ihren Standpunkt.
2. Recherchieren Sie, durch welche Maßnahmen die Klimaerwärmung abgemildert werden kann. Unterscheiden Sie dabei, was der Staat, die Wirtschaft und Sie persönlich leisten können.
3. Den *Fridays for Future* wird von Kritikern die Verletzung der Schulpflicht vorgeworfen. FfF-Aktivisten berufen sich auf Artikel 8 des Grundgesetzes: „Alle Deutschen haben das Recht, sich ohne Anmeldung oder Erlaubnis friedlich und ohne Waffen zu versammeln.“ Nehmen Sie dazu begründet Stellung.
4. Die *Letzte Generation* will die Erde vor der Klimakatastrophe schützen. Welche Mittel sind aus Ihrer Sicht dafür geeignet und angemessen? Begründen Sie Ihre Meinung.

8.3.2 Ökologie kontra Ökonomie

Bei der Produktion eines einzigen Autos, von der Rohstoffförderung bis zum fertigen Wagen, entstehen 25 t Abfall. Daneben wird noch eine enorme Menge Energie verbraucht, um z.B. Eisenerz zu schmelzen. Während der Nutzungsdauer eines PKW wird durch Verbrennung von Kraftstoff die Luft mit Schadstoffen belastet. Außerdem müssen Altöl, Bremsbeläge und andere Verschleißteile entsorgt werden. Auch Elektroautos belasten im Laufe ihrer Nutzung die Luft, solange Elektroenergie zu einem großen Teil noch durch Verbrennung von Kohle oder Gas hergestellt wird. Bei der Verschrottung eines Autos fällt als Abfall an: Stahl bzw. Eisen, Aluminium und andere Metalle, Kunststoff, Gummi, Glas und andere Materialien. Für die Verschrottung muss ebenfalls wieder Energie aufgewendet werden. Wird ein Auto recycelt, fällt weniger Abfall an. Es muss jedoch mehr Energie und Arbeit genutzt werden. In Deutschland sind ca. 60 Millionen Autos zugelassen (Stand: 2023). Rund 3,5 Millionen Autos werden jährlich neu zugelassen und ungefähr gleich viel verschrottet.

Seitdem es Menschen gibt, verändern sie ihre Umwelt, um ihre Lebensbedingungen zu verbessern. Früher, als es viel weniger Menschen und keine Industrie gab, konnten die meisten Ökosysteme die Umweltveränderungen ohne einschneidende Folgen ertragen. Seit dem Beginn der Industrialisierung nahm aber die Verschmutzung der Umwelt mehr und mehr zu. Viele Ökosysteme sind aus dem Gleichgewicht geraten.

Die Wirtschaft ist der größte Umweltverschmutzer. Sie benötigt, um uns Verbraucher zufrieden zu stellen und somit Geld zu verdienen, im großen Maße Rohstoffe, die teilweise nie mehr nachwachsen werden (z.B. Erdöl). Aus diesen Rohstoffen werden alle denkbaren Güter hergestellt, die nach ihrem Gebrauch irgendwann nur noch Abfall sind. Diese übliche Art der Wirtschaft wird **Durchlauf- oder Kurzzeitökonomie** genannt.

Durchlauf- oder Kurzzeitökonomie

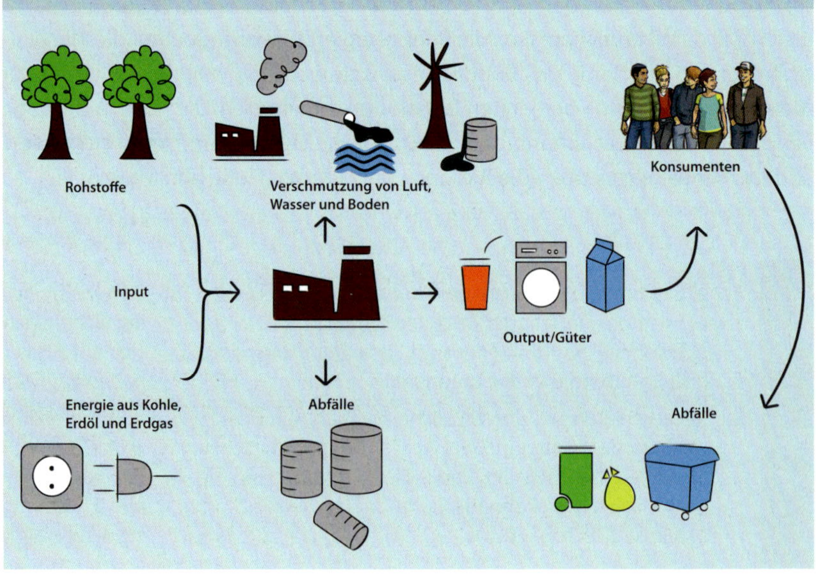

Ökologie kann bedeuten:
1. Lehre von den Beziehungen der Lebewesen zu ihrer Umwelt (Teilgebiet der Biologie)
2. Wechselbeziehungen zwischen den Lebewesen und ihrer Umwelt
3. der ungestörte Haushalt der Natur
4. Umweltschutz

Ökonomie kann bedeuten:
1. Wirtschaftlichkeit (sparsames Umgehen mit etwas)
2. Wirtschaftswissenschaft
3. Wirtschaft

Ökosystem:
natürliches, ausgewogenes System von Lebewesen und unbelebter Umwelt, welches auf deren gegenseitigen Wechselwirkungen beruht (z.B. ein See)

Umweltökonomische Gesamtrechnung:
Seit den 90er-Jahren des vorigen Jahrhunderts führen das Umweltbundesamt und das Statistische Bundesamt eine so genannte umweltökonomische Gesamtrechnung durch und veröffentlichen die Ergebnisse. Die umweltökonomische Gesamtrechnung soll den Zustand der Umwelt bilanzieren und Prognosen dazu abzugeben. Zentrale Fragen dabei sind:
- Welche wirtschaftlichen Aktivitäten verursachen welche Belastungen der Umwelt?
- Wie verändert sich der Zustand der Umwelt?
- Wie viel Geld geben Staat und Wirtschaft für Umweltschutz aus?
- Wie viel Energieträger (Kohle, Erdgas usw.), Wasser und sonstige Rohstoffe werden der Umwelt entnommen?
- Wie viel Luftemissionen (CO_2, NOx, SO_2, ...), Abfälle und Abwasser werden freigesetzt?
- Wie entwickelt sich der Flächenverbrauch?

8

Politik verstehen und handeln ISBN 978-3-582-74132-5

Folgen einer wachsenden Durchlaufökonomie sind:

- Vergeudung wichtiger begrenzter Rohstoffe,
- Erhöhung der Müllmengen, Probleme bei der Entsorgung,
- Erhöhung des Schadstoffgehalts in Luft, Boden und Wasser.

In Deutschland entstehen dadurch jährlich große volkswirtschaftliche Verluste in Höhe von 25–45 Milliarden Euro.

Seit dem Ende des letzten Jahrhunderts findet mehr und mehr eine neue Art des Wirtschaftens Befürworter: die **Kreislauf- oder Langzeitökonomie**.
Sie beinhaltet

- einen äußerst sparsamen Einsatz von Rohstoffen und Energie,
- die von vornherein schadstoffarme Entwicklung neuer Produkte und
- Produktionsverfahren (wenig Abfälle),
- biologisch abbaubare und mehrfach **recycelbare** Abfälle.

Sollte sich die Kreislaufökonomie durchsetzen, so können wir die Erde vor noch größeren Schäden, als sie bereits entstanden sind, schützen.

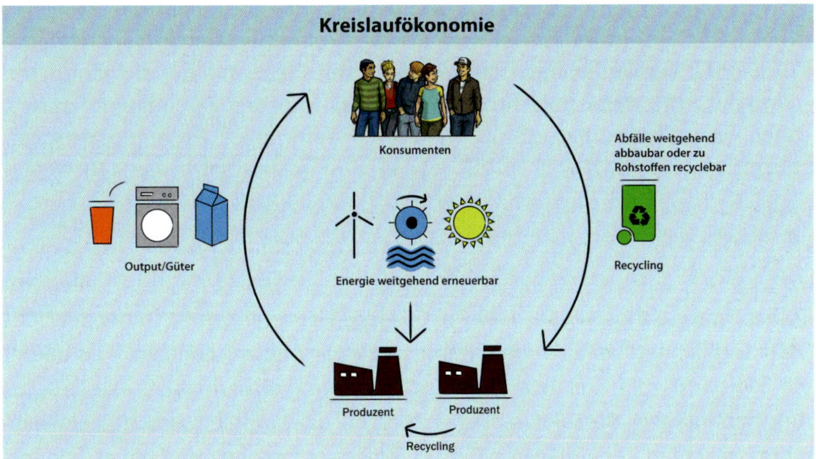

Um die **Erderwärmung** auf ein erträgliches Mindestmaß zu begrenzen, wurde auf verschiedenen internationalen Klimakonferenzen eine Verminderung des Ausstoßes (Emissionen) des Treibhausgases CO_2 beschlossen. Im Bundes-Klimaschutzgesetz sind die deutschen Ziele der Treibhausgasminderung festgelegt. Die Emissionen sollen bis 2030 um mindestens 65 % und bis 2040 um mindestens 88 % gesenkt (gegenüber 1990) und bis 2045 Treibhausgasneutralität verbindlich erreicht werden. Dazu wird neben der Abschaffung der Kohle- und Erdgaskraftwerke und der Umstellung auf emissionsfreie Automotoren u. a. auch eine Umstellung der Heizungen auf erneuerbare Energien notwendig sein.

Recycling:
Weiter- und Wiederverwendung von bereits benutzten Rohstoffen, Abfällen und Nebenprodukten

Emissionen:
Mit Emissionen ist das Ausströmen luftverunreinigender Stoffe in die Luft gemeint. Sie, insbesondere das Kohlendioxid (CO_2), sind für den Treibhauseffekt verantwortlich. Wenn der Anstieg der Emissionen nicht aufgehalten wird, werden sie sich bis zum Jahr 2100 verdreifachen. Katastrophale Klimaveränderungen wären die Folge.

Emissionshandel:
Der Emissionshandel ist ein Handel mit Treibhausgasen. Teilnehmer am Handel sind die Betreiber von Kraftwerken und bestimmten Industrieanlagen, die Treibhausgase ausstoßen.
Diesen Unternehmen werden jeweils bestimmte Emissionsmengen zugebilligt. Ziel des Emissionshandels ist es, Kohlendioxid dort zu vermindern, wo es am wirtschaftlichsten ist.
Unternehmen, die mehr Treibhausgase ausstoßen, können bei anderen Unternehmen, die ihre Emissionsmengen unterschreiten, Genehmigungen für den Ausstoß von Emissionen kaufen. Unternehmen, die weniger Emissionen ausstoßen, als sie dürften, können somit mit Gewinn nicht verwendete Emissionsmengen verkaufen. Damit gibt es den Anreiz, weniger Emissionen auszustoßen als zugebilligt wurden.

Aufgaben

1. Lesen Sie den Einstiegstext und diskutieren Sie in Ihrer Klasse die Behauptung mancher Umweltpolitiker: „Das Autofahren ist für den Verbraucher noch viel zu billig."
2. Schreiben Sie den folgenden Satz ab und beenden Sie ihn: Die Kreislaufökonomie ist für die Umwelt und die Menschen besser, weil …
3. Stellen Sie die Grafik zur Durchlaufökonomie und die Grafik zur Kreislaufökonomie gegenüber und arbeiten Sie die Unterschiede stichpunktartig heraus.

toxisch: giftig

Immunsystem: für die Unempfindlichkeit gegenüber Krankheitserregern verantwortliches Abwehrsystem des Körpers

Rezeptor: Ende einer Nervenzelle oder eine spezialisierte Zelle zur Aufnahme von Reizen

Die Umweltpolitik der EU: Im Vertrag von Lissabon (2009) wird die Umweltpolitik der EU als gemeinsame Aufgabe aller Mitgliedstaaten definiert. Dazu gehören Maßnahmen zum Schutz des Klimas und zur ökologischen Modernisierung der Wirtschaft. Die Europäische Kommission stellte 2019 das Konzept des European Green Deal vor. Ziel ist es bis 2050 in der EU die Emissionen von Treibhausgasen um 55 % zu reduzieren und somit als erster Kontinent klimaneutral zu werden. Unter anderem die Grünen fordern sogar eine Senkung um 65 %.

Artikel 20a GG
(Schutz der natürlichen Lebensgrundlagen):
Der Staat schützt auch in Verantwortung für die künftigen Generationen die natürlichen Lebensgrundlagen im Rahmen der verfassungsmäßigen Ordnung durch die Gesetzgebung und nach Maßgabe von Gesetz und Recht durch die vollziehende Gewalt und die Rechtsprechung.

Hinweis:
Das Bundesverfassungsgericht erklärte in einem Urteil aus dem Jahr 2021, dass es nicht einer Generation zugestanden werden darf, unter milden Bedingungen große Teile des CO_2-Budgets zu verbrauchen, wenn damit zugleich den nachfolgenden Generationen umfassende Freiheitseinbußen entstehen, weil diese sich radikal einschränken müssen.

8

8.3.3 Ziele und Instrumente der Umweltpolitik

Umweltgift schwächt das menschliche Immunsystem

Ein internationales Forschungsteam der Universität Basel und der Universität von Kalifornien, San Diego, belegt in einer Studie die Toxizität der Chemikalie Dibutylzinn auf unser Immunsystem. Das Umweltgift stört die Regulation von Genen des Immunsystems, indem es die Aktivierung eines für den Entzündungsprozess wichtigen Rezeptors hemmt.

Tributylzinn (TBT) und Dibutylzinn (DBT) sind nach eigenen Angaben weitverbreitete, hochtoxische Chemikalien, die zum Beispiel in der Fischerei, im Segel- und Motorbootsport und in der Schifffahrtindustrie als Antifaulmittel in den Anstrichfarben für den Außenschutz der Boote verwendet werden. DBT wird in geringem Umfang in der Verarbeitung von Polyvinylchlorid (PVC) verwendet.

In Europa enthalten aufgrund der bestehenden Lebensmittelgesetzgebung PVC-Produkte für die Trinkwasserversorgung kein DBT. DBT ist mit TBT verwandt, einer bekannten Umweltchemikalie, die kürzlich von der «International Maritime Organisation» der Vereinigten Nationen wegen schwerwiegenden toxischen Wirkungen verboten wurde. Für Dibutylzinn, das ebenfalls sehr toxisch ist, besteht bisher kein Verbot.

(www.chemie.de, 09.07.2014)

Da der Umweltschutz als Staatsziel im Grundgesetz verankert ist, ist der deutsche Staat verpflichtet, bei all seinem Handeln die Umwelt zu schützen. Dies betrifft die Legislative, die Exekutive und die Judikative gleichermaßen. Alle Gesetze, Amtshandlungen, Beschlüsse, Richtersprüche usw. müssen also den Umweltschutz beachten. Die Umweltpolitik des Staates sollte folgende Ziele verfolgen:

- Sicherung einer Umwelt, wie die Menschen sie für ihre Gesundheit und für ein menschenwürdiges Dasein brauchen,
- Schutz von Luft, Wasser und Boden, Pflanzenwelt und Tierwelt vor nachteiligen Wirkungen menschlicher Eingriffe,
- Beseitigung von Schäden oder Nachteilen aus menschlichen Eingriffen in die Umwelt.

Vier **Prinzipien** leiten dabei das staatliche Handeln:

Verursacherprinzip

Es trägt derjenige die Kosten der Vermeidung oder Beseitigung einer Umweltbelastung, der sie verursacht. So kann Umweltschutz marktwirtschaftlich geregelt werden.

Gemeinlastenprinzip

Dieses Prinzip ist das Gegenstück zum Verursacherprinzip. Es geht davon aus, dass die Erhaltung der Umwelt eigentlich im Interesse aller liegt. Daher soll auch

Politik verstehen und handeln ISBN 978-3-582-74132-5

die Allgemeinheit sich an den Umweltschutzkosten beteiligen. Würde man nur dieses Prinzip anwenden, bräuchten die Verursacher von Umweltbelastungen nicht mehr für diese aufzukommen. Daher wird es oft im Zusammenhang mit dem Verursacherprinzip angewendet.

Kooperationsprinzip

Alle gesellschaftlichen Gruppen sollen zum Umweltschutz beitragen, da er eine Gemeinschaftsaufgabe ist. Dazu müssen die Bürger, die Wirtschaft und der Staat bereit zur Zusammenarbeit sein, um umweltpolitische Ziele einvernehmlich durchzusetzen.

Vorsorgeprinzip

Es ist billiger, Umweltschäden von vornherein zu vermeiden, als sie nachträglich zu beseitigen. Umweltschutz muss daher vorausschauend und zukunftsorientiert sein. Die Natur soll also so genutzt werden, dass erst gar keine Schäden entstehen.

Seit 1999 wird in der Bundesrepublik das Staatsziel **Umweltschutz** mit einer Ökosteuer auf den Verbrauch von Energie verfolgt. Seitdem sind die Preise für Kraftstoffe und Strom gestiegen. Mit dieser Verteuerung, hoffen die Befürworter, wird der Verbrauch von Energie und damit die Belastung der Umwelt zurückgehen sowie unsere Lebensqualität und die kommender Generationen steigen. Mit den steuerlichen Mehreinnahmen sollen die Lohnnebenkosten gesenkt werden. Somit wird die menschliche Arbeitskraft billiger werden, und es könnten durch die Wirtschaft mehr neue Arbeitsplätze geschaffen werden. Ein Beitrag für die Lösung zweier Probleme wäre so geleistet: Die Arbeitslosigkeit könnte zurückgehen, und die Umweltzerstörung könnte eingedämmt werden. Die Gegner der Ökosteuer sehen in ihr nur eine Verschlechterung der Chancen der deutschen Wirtschaft auf dem Weltmarkt und eine Belastung für Bürger und Wirtschaft. Manchen dagegen geht die neue Steuer noch nicht weit genug.

Legislative: Gesetzgebung

Exekutive: Verwaltung

Judikative: Rechtsprechung

Prinzipien: Grundsätze, grundlegende Ideen

Was der Einzelne für den Umweltschutz tun kann:
- beim Autofahren langsam beschleunigen
- Waren mit so wenig Verpackung wie möglich kaufen
- Produkte mit dem Kennzeichen des Umweltengels kaufen
- Obst und Gemüse vorwiegend aus der Region kaufen usw.
- Mehrwegbehältnisse (z. B. Pfandflaschen) statt Einwegverpackungen (z. B. Getränkedosen) benutzen
- Müll trennen und beim dualen System (grüner Punkt) mitmachen
- Problemmüll fachgerecht entsorgen lassen
- organische Abfälle kompostieren
- zu Hause Stromsparlampen benutzen
- öffentliche Nahverkehrsmittel statt private Autos nutzen
- alte Textilien und Schuhe an Kleidersammlungen geben

Aufgaben

1. a) Lesen Sie den Zeitungsausschnitt. Beurteilen Sie begründet, inwieweit bei dem dargestellten Problem von einer verfehlten Umweltpolitik gesprochen werden kann.

b) Recherchieren Sie, was sich seit 2014 hinsichtlich dieses Problems geändert hat.

2. Ordnen Sie folgende Maßnahmen den entsprechenden Prinzipien des staatlichen Handelns zu.

Begründen Sie Ihre Zuordnung.

a) Geschäfte, die Batterien verkaufen, müssen alte Batterien kostenlos annehmen und sie fachgerecht entsorgen lassen.

b) Ein Landtag beschließt ein Gesetz, nach dem nur noch eine besonders geringe Menge Schadstoffe in Gewässer eingeleitet werden darf.

c) Die Gemeinde bezahlt aus Steuergeldern das Beseitigen einer illegalen Müllkippe im Park, da die Verursacher nicht festgestellt werden konnten.

d) Eine Malerfirma wird dazu verurteilt, die Verschmutzung des Bodens durch ausgelaufene Lacke und Farben auf ihrem alten, mittlerweile verkauften Firmengelände zu beseitigen.

e) Die Autoindustrie verpflichtet sich nach Verhandlungen mit der Regierung, die Entwicklung Energie sparender Autos voranzutreiben.

f) Bürger sammeln und trennen Glas, Papier, Kunststoffe usw. Die Wirtschaft recycelt diesen Müll.

3. Zählen Sie drei konkrete Aktivitäten auf, wie Sie persönlich den Umweltschutz unterstützen können.

Wählen Sie dafür Beispiele aus dem Alltag.

8.3.4 Energiewende – Chance oder Risiko?

Unter dem Eindruck des Reaktorunfalls 2011 im japanischen Ort Fukushima und der Klimaerwärmung durch den CO_2-Austoß in Kraftwerken, Industrie und im Verkehr hat die damalige Bundesregierung die Energiewende beschlossen. Auch die Oppositionsparteien – außer der AfD – tragen diese Entscheidung mit.

Unter Energiewende wird der Wechsel von fossilen Brennstoffen und Kernenergie auf erneuerbare Energien bezeichnet. Zu den erneuerbaren Energien zählen z. B. Wind- und Wasserkraft, Solarenergie sowie Erdwärme. Außerdem soll durch Energieeinsparung und leistungsfähigere Betriebsmittel die Energieeffizienz gesteigert werden. Des Weiteren sollen die Elektromobilität ausgebaut und die Treibhausgasemissionen gesenkt werden.

Umstritten scheint, neben dem Aufstellen von Windkraftanlagen in der Nähe von Siedlungen und der Errichtung einer Stromtrasse für Windstrom von Nord nach Süd, der Austausch von herkömmlichen Autos mit Verbrennungsmotoren durch Elektroautos zu sein. Elektroautos haben zwar den großen Vorteil, dass sie keine umwelt- oder klimaschädlichen Gase ausstoßen. Problematisch sind aber folgende Aspekte:

- Elektroautos sind umweltfreundlich unterwegs, wenn sie auch mit Strom aus Sonnen-, Wind- oder Wasserkraft geladen werden. Oft wird der Strom aber noch in Kohle- oder Gaskraftwerken hergestellt, wobei das klimaschädliche Gas CO_2 entsteht.
- Elektroautos benötigen eine starke Batterie. Für die Herstellung der Batterien braucht man das Metall Lithium. Um Lithium zu fördern wird die Umwelt in den Fördergebieten schwer geschädigt: Flüsse trocknen aus, Pflanzen verdorren, für Tiere und Menschen gibt es nicht mehr genügend Nahrung und Trinkwasser.

Schon gewusst?
Nach dem schweren Erdbeben vom 11. März 2011, das einen Tsunami zur Folge hatte, kam es in drei Reaktoren des japanischen Atomkraftwerks Fukushima zur Kernschmelze. Dabei wurde in großen Mengen radioaktives Material freigesetzt. Weite Gebiete mussten evakuiert werden, um die Menschen vor der radioaktiven Strahlung zu schützen. 2012 beschloss die japanische Regierung daraufhin den schrittweisen Ausstieg aus der Atomenergie bis spätestens 2040.
Durch Druck aus der Industrie, die die Wirtschaft mit steigenden Energiekosten durch den Import von Öl, Kohle und Gas stark belastet sieht, hat die japanische Regierung den geplanten Atomausstieg eingeschränkt. Die Regierung billigte der Energiewende zu, allerdings ohne einen Zeitpunkt für die Stilllegung der Atomkraftwerke festzulegen.
Am 15. April 2023 sind die letzten drei Atomkraftwerke in Deutschland abgeschaltet worden.

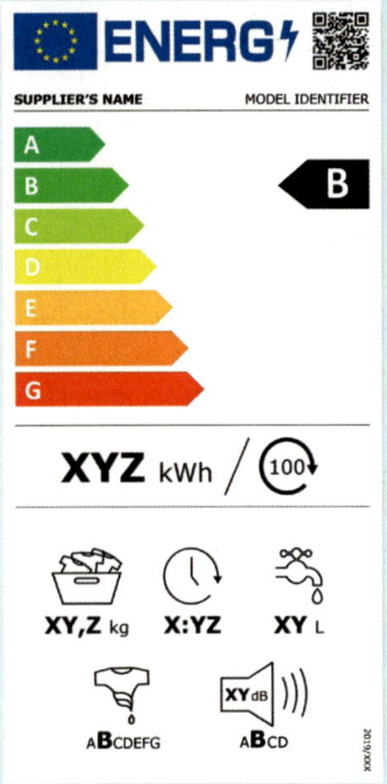

Politik verstehen und handeln ISBN 978-3-582-74132-5

- Neben Lithium wird für die Batterie u. a. auch Kobalt gebraucht. Neben Umweltproblemen treten in der Kobaltförderung im Kongo extreme soziale Probleme auf: katastrophale Arbeitsbedingungen und Kinderarbeit.
- Außerdem verbraucht die Herstellung der Batterien sehr viel Energie, die wiederum häufig in Kohlekraftwerken hergestellt wird.

Energieeffizienz bedeutet, mit kleinstem Energieaufwand größtmöglichen Nutzen zu erreichen. Vergleichen Sie die Energieverbrauchskennzeichnung einer Waschmaschine. Eine Waschmaschine der Kategorie A benötigt für den gleichen Nutzen „Waschwirkung" weniger Energie als eine Waschmaschine der Kategorie C (siehe linke Randspalte).

Erneuerbare-Energien-Gesetz-Umlage (EEG-Umlage)

Um den Prozess der Energiewende zu beschleunigen und Anreize zu schaffen, Strom aus erneuerbaren Energien zu erzeugen und ins öffentliche Stromnetz einzuspeisen, gibt es staatliche Förderung. Dies unabhängig davon, ob es sich um einen Windparkbetreiber oder einen Privathaushalt mit einer Photovoltaik-Anlage auf dem Dach handelt.

Erneuerbare-Energien-Gesetz: siehe auch Seite 298.

Finanziert wird diese Förderung durch die EEG-Umlage, die private und gewerbliche Nutzer über die Stromrechnung zahlen müssen. 2022 betrug die EEG-Umlage 3,723 Cent pro Kilowattstunde bei einem durchschnittlichen Strompreis von ungefähr 35–40 Cent pro Kilowattstunde. Da 2022 die Stromkosten u. a. als Folge des russischen Überfalls auf die Ukraine stark stiegen, beschloss die Bundesregierung zunächst eine Absenkung der EEG-Umlage. Ab Januar 2023 wurde die EEG-Umlage dann auf Dauer abgeschafft. Dadurch konnte die Belastung der Verbraucher merklich gesenkt werden.

Beschäftigung durch Erneuerbare Energien in Deutschland im Jahr 2021
Zahl der Arbeitsplätze nach Branchen

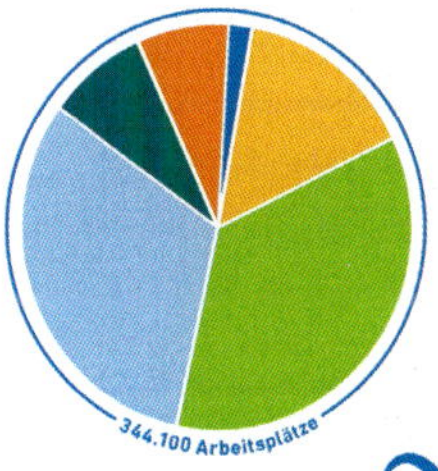

Quelle: BMWK
Stand: 12/2022

AGENTUR FÜR ERNEUERBARE ENERGIEN

Neue Arbeitsplätze durch die Energiewende

Die Energiewende macht es erforderlich, dass neue und verbesserte Energieerzeugungsanlagen und neue Energiekonzepte entwickelt werden. So hat der Klimaschutz durch die Herstellung von Solarmodulen, Blockheizkraftwerken, Wärmepumpen usw. viele neue Arbeitsplätze geschaffen. Ebenso in der Kraftwerkstechnik und in der Kraftstoffproduktion wird das Thema Energieeffizienz viele Hundert Jobs sichern.
Aber auch in Handwerksberufen entstehen durch energetische Modernisierung und erneuerbare Energien neue Tätigkeitsbereiche. So führen z. B. Bauunternehmen Wärmedämmmaßnahmen an Wohngebäuden durch, Elektriker montieren Photovoltaik-Anlagen und im Heizungs- und Sanitärbereich werden energiesparende Heizungsanlagen und Blockkraftwerke installiert.

Der **russische Angriffskrieg** auf die Ukraine hat einen großen Einfluss auf die Energiepolitik in Deutschland und Europa. Ein großer Teil des in Europa verbrauchten Erdgases stammte bisher aus Russland. Die Sanktionen gegen Russland haben den Gasexport aus Russland aber gestoppt, damit die Sorge um die Versorgungssicherheit erhöht und die Preise negativ beeinflusst.

Aufgaben

1. In den Zeitungsüberschriften am Beginn des Kapitels wird die Energiewende kontrovers dargestellt. Finden Sie aktuelle Beispiele in der Zeitung oder im Internet, die für die Energiewende bzw. gegen die Energiewende sprechen, und stellen Sie diese in Ihrer Klasse vor.
2. Finden Sie aktuelle Beispiele für Ausnahmen zur EEG-Umlage und diskutieren Sie in Ihrer Klasse, ob diese Ausnahmen gerechtfertigt sind.
3. Erstellen Sie eine Tabelle, in der Sie Berufe aufführen,
   a) die unmittelbar mit der Energiewende zu tun haben und
   b) Berufe, die durch die Energiewende voraussichtlich abgebaut werden.
4. Da herkömmliche Autos mit Verbrennungsmotoren, aber auch Elektroautos die Umwelt belasten, fordern einige Aktivisten, den Individualverkehr nur noch mit Fahrrädern zuzulassen.
   a) Was würde das für Sie persönlich bedeuten? Listen Sie die Konsequenzen auf.
   b) Durch diese Maßnahme würde die Umwelt deutlich sauberer werden. Wären Sie für oder gegen den Verzicht auf Autos? Begründen Sie Ihre Meinung.

8.4 EINE WELT?

8.4.1 Zur Situation der Entwicklungsländer

Flüchtlingskrise Mittelmeer – Flucht nach Europa

Schon seit Jahren fliehen Menschen aus den Krisenregionen der Welt über das Mittelmeer nach Europa – mit verheerenden Auswirkungen. Jedes Jahr werden über 1.000 Menschen als vermisst oder verstorben registriert. 2022 starben oder verschwanden laut dem Flüchtlingshilfswerk der Vereinten Nationen (UNHCR) mehr als 1.940 Menschen. Die Zahl der Toten und Vermissten können jedoch nur geschätzt werden. Die genaue Zahl der Opfer wird für immer im Dunkeln bleiben.

Seit 2016 sank die Zahl der über die Mittelmeerroute ankommenden Personen weiter. Jedoch steigt die Zahl der Ankommenden sowie der als vermisst oder verstorben gemeldeten Menschen seit 2021 erstmals wieder an. 2022 erreichten 150.177 Flüchtlinge und Migranten und Migrantinnen die Küsten Europas.

(aus: www.uno-fluechtlingshilfe.de, 15.05.2023)

Allein bis Mai 2023 starben 1.074 Menschen bei der Flucht über das Mittelmeer. Seit dem Jahr 2014 waren bis zu diesem Zeitpunkt mehr als 26.832 Geflüchtete im Mittelmeer ertrunken. Im Jahr 2016 starben über 5.000 Menschen auf dem Seeweg nach Europa.

Schwellenländer:
siehe Seite 313

Derartige Vorkommnisse ereignen sich jede Woche irgendwo an den Grenzen der EU, der USA oder anderer Industrieländer. Die Einwanderer kommen meist aus sogenannten Entwicklungsländern.
Die Industrieländer befinden sich hauptsächlich auf der Nordhalbkugel der Erde, die Entwicklungsländer auf der Südhalbkugel. Der Unterschied zwischen den reichen Industrieländern und den armen Entwicklungsländern wird als **„Nord-Süd-Gefälle"** bezeichnet.

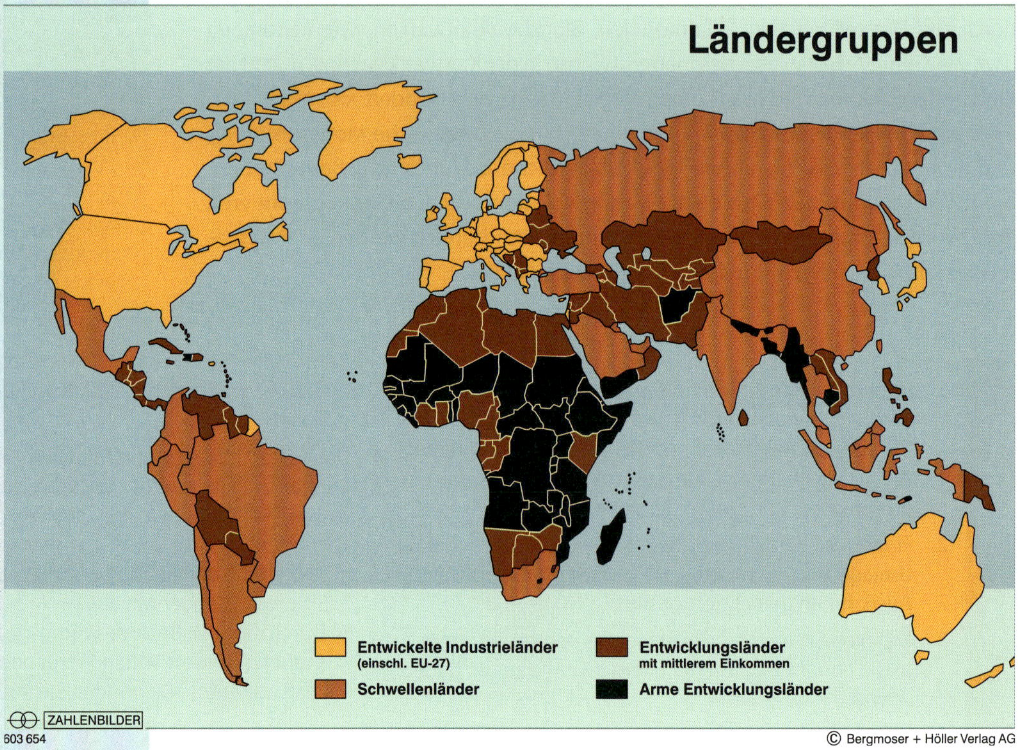

Politik verstehen und handeln ISBN 978-3-582-74132-5

Das grundlegendste Problem für die meisten Menschen in den Entwicklungsländern ist ihre Armut, denn diese Armut hat bedenkliche Folgen:

- Die Armen können sich für schlechte Zeiten kein Geld zurücklegen. Sie werden daher durch Krisen (z. B. Missernten) besonders hart getroffen.
- Arme ernähren sich unzureichend, da nicht genügend Geld für gute und ausreichende Nahrungsmittel vorhanden ist.
- Es ist nicht ausreichend sauberes Trinkwasser verfügbar.
- Durch diese Ernährung sind viele Menschen dort für Krankheiten anfälliger als Europäer.
- Sie können diese Krankheiten nur schlecht heilen, da ihnen das Geld für die notwendigen Medikamente und eine gute ärztliche Versorgung fehlt.
- Kinder müssen durch Kinderarbeit schon früh für die Familie sorgen.

Kinderarmut in Indien

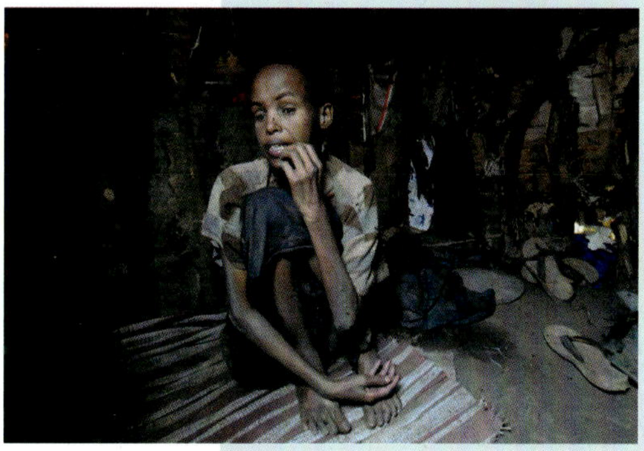

Hunger in Äthiopien

Neben der Armut zeigen die Entwicklungsländer noch andere wichtige Merkmale. So wächst die Bevölkerung in einem stärkeren Maß, als die Landwirtschaft ihre Ernten steigern kann.
Viele Menschen in diesen Ländern können nicht lesen und schreiben, deswegen erhalten sie keine Berufsausbildung und können nur schlecht bezahlte Jobs annehmen.
Das Straßen- und das Telefonnetz weisen große Lücken auf und sind meist in einem sehr schlechten Zustand. Wenn man viele Orte nur schlecht erreichen kann, werden die Wirtschaft und eine gerechte Verteilung von Nahrungsmitteln behindert.
Der größte Teil der erwerbsfähigen Bevölkerung arbeitet in der Landwirtschaft. Dagegen gibt es nur wenige Arbeitsplätze in Industrie und Handwerk.
Entwicklungsländer sind stark vom Weltmarkt abhängig. Sie verkaufen zu 80 % billige Rohstoffe, müssen aber teure Waren einkaufen.
Sehr viele Menschen besitzen dort keine Arbeit oder bekommen einen sehr niedrigen Lohn, einige wenige aber sind sehr reich.

Aufgaben

1. Beschreiben Sie kurz eine Situation, in der Sie Ihr Heimatland dauerhaft verlassen würden.
2. Betrachten Sie die abgebildete Weltkarte.
   a) Listen Sie mithilfe der Karte zehn Entwicklungsländer auf.
   b) Beschreiben Sie die Verteilung der Entwicklungsländer auf der Erde.
3. Erstellen Sie nach folgendem Schema eine Tabelle zum Vergleich zwischen den Entwicklungsländern und der Bundesrepublik.

Vergleich zwischen den Entwicklungsländern und der Bundesrepublik:

Entwicklungsländer	Armut, die zu Kinderarbeit, Hunger und Krankheiten führt	Bevölkerungszahl wächst sehr stark	…	…	…
Bundesrepublik Deutschland	…	…	…	…	…

8

8.4.2 Ursachen der Unterentwicklung

Für die schlechte Situation der Entwicklungsländer im Vergleich zu den Industrieländern gibt es mehrere unterschiedliche Ursachen.
Zur besseren Übersichtlichkeit unterteilen Experten diese Ursachen in drei Bereiche (nach: U. Andersen, in: Informationen zur politischen Bildung Nr. 252, Bonn 1996, S. 28 ff.):

Natürliche Gegebenheiten

Die meisten Entwicklungsländer müssen wichtige Rohstoffe wie Erdöl importieren, da sie selbst keine solchen Vorkommen besitzen. Kommt es auf dem Weltmarkt zu einem starken Anstieg der Preise für diese Rohstoffe, so entstehen besonders für die Entwicklungsländer große Probleme.
Viele Entwicklungsländer leiden außerdem unter einem „menschenfeindlichen" Klima. So wird Bangladesch regelmäßig von Überschwemmungen heimgesucht, die große Teile der Ernte vernichten. In Äthiopien hingegen kam es bereits mehrmals zu großen, teilweise Jahre andauernden Dürrekatastrophen.

Export: Ausfuhr
Import: Einfuhr

Sterbeziffer:
Zahl der Verstorbenen pro 1000 Einwohner

Innere Ursachen

Ein wichtiges Problem ist das bereits erwähnte starke Bevölkerungswachstum (siehe Abschnitt 8.4.1). Durch eine bessere Medizin sind auch in den Entwicklungsländern die Sterbeziffern zurückgegangen. Die Zahl der Geburten ist dort allerdings im Gegensatz zu den Industrieländern hoch geblieben, denn Kinder werden von ihren Eltern für wichtige Aufgaben gebraucht. Sie müssen mitarbeiten, um für ihre Familien den Lebensunterhalt zu verdienen. Außerdem sind die Kinder für die Alterssicherung ihrer Eltern zuständig, da es für alte Menschen keine soziale Sicherung in Form von Renten gibt.
Ein großes Bevölkerungswachstum bedeutet auch gleichzeitig, dass immer mehr Nahrung, immer mehr Wohnungen, immer mehr Schulen usw. benötigt werden. Dies alles kostet viel Geld.
Geld, also Kapital, ist aber wenig vorhanden. Und wer viel hat, der legt es lieber in den Industriestaaten an, weil diese Anlage sicherer ist.

Äußere Ursachen

Eine wichtige Ursache der Unterentwicklung ist in der Geschichte zu suchen: Fast alle Entwicklungsländer waren einmal Kolonien europäischer Staaten. Die Kolonien wurden gezwungen, nur das anzubauen oder zu fördern, was für ihr europäisches „Mutterland" wichtig war. Da die europäischen Länder vor allem Rohstoffe wie Kaffee, Bananen, Tee, Diamanten usw. brauchten, wurde in den Kolonien der Aufbau von Industrie verhindert.
Fast alle diese ehemaligen Kolonien sind heute politisch unabhängige Staaten. Sie können aber wie in der Kolonialzeit nur wenige Waren exportieren.
In den letzten Jahren sind die Preise für diese Waren meist gesunken, da ein Überangebot am Weltmarkt herrscht. Die Preise für Industriegüter sind hingegen gestiegen. So müssen die Entwicklungsländer immer mehr exportieren oder Kredite bei den Industrieländern aufnehmen, um die notwendigen Güter kaufen zu können.

Kinderarbeit auf einer Mülldeponie

Politik verstehen und handeln ISBN 978-3-582-74132-5

Die Entwicklungsländer sind also weiterhin von den ehemaligen Kolonialmächten abhängig.

Viele Entwicklungsländer sind mittlerweile so hoch verschuldet, dass sie bereits Kredite aufnehmen müssen, um Teile ihrer Schulden zurückzuzahlen. Auf diesem Wege geraten sie in eine immer hoffnungslosere Lage.

Kolonien

(lat. = Siedlungen):

Besitzungen eines Staates, die meist weit entfernt von diesem liegen.

Die Kolonien sind von ihrem „Mutterland" politisch, wirtschaftlich und kulturell abhängig.

Auch Deutschland besaß einige Jahre Kolonien (das heutige Namibia, Togo, Kamerun, Tansania, ein kleines Gebiet in China und einen Teil von Papua-Neuguinea).

Der deutsche Kolonialismus war gekennzeichnet durch Ausbeutung der Menschen in den kolonisierten Ländern und durch den Raub von Kunst und Kulturgütern in großem Ausmaß. Besonders grausam war jedoch Anfang des 20. Jahrhunderts die Ermordung von geschätzt 300.000 Widerständischen aus dem heutigen Tansania und rund 75.000 Ovaherero und Nama aus dem heutigen Namibia. Damit begangen deutsche Kolonialtruppen den ersten Völkermord des 20. Jahrhunderts.

Aufgaben

1. Die Experten sind sich nicht einig, welche der Ursachen für die Situation der Entwicklungsländer die wichtigste ist. Entscheiden Sie und begründen Sie Ihre Entscheidung.
2. Nehmen Sie Stellung zu der Aussage des jungen Mannes am Beginn dieses Abschnitts. Begründen Sie Ihre Meinung.
3. Einige Entwicklungsländer fordern den Erlass ihrer Schulden. Was spricht für einen solchen Erlass und was dagegen? Listen Sie Ihre Argumente, die dafür und dagegen sprechen, in einer Tabelle stichpunktartig auf.
4. Schreiben Sie folgende Teilsätze ab und vervollständigen Sie diese:
   a) Wenn wir den Kaffeebauern in den Entwicklungsländern faire, also höhere Preise für ihren Kaffee zahlen würden, dann [...]
   b) Wenn das Wachstum der Bevölkerung in den Entwicklungsländern so weitergeht, dann [...]
   c) Die Menschen in den Entwicklungsländern werden erst weniger Kinder bekommen, wenn [...]
5. Beschreiben Sie in einem ersten Schritt die Handlung des Comics. Beachten Sie dabei, wie sich die beiden handelnden Personen verändern. Versuchen Sie zu erklären, was der Zeichner mit dem Comic aussagen will.

8.4.3 Entwicklungshilfe

Im Jahr 2000 beschlossen die damals 189 Mitgliedsstaaten der UNO die Armut und den Hunger auf der Welt zu halbieren. Bereits 2010 konnte die Armut halbiert werden.
Die Zahl der Hungernden ist zwar zurückgegangen, konnte jedoch bislang nicht halbiert werden. So ist z.B. weltweit jedes siebte Kind unter fünf Jahren untergewichtig. Die Hungernden leben vor allem in Entwicklungsregionen. Besonders betroffen sind afrikanische Länder südlich der Sahara.
Bereits 1970 hatte die UNO beschlossen, dass die Industrieländer 0,7 Prozent ihrer Wirtschaftsleistung pro Jahr für Entwicklungshilfe ausgeben sollten. Erst 2016 erreichte Deutschland endlich diese Investitionssumme.
Die Bundesregierung versucht seit 2017 die Entwicklungshilfe durch einen so genannten „Marshallplan mit Afrika" zu ergänzen. Dieser will die Entwicklung afrikanischer Staaten unterstützen, indem die Bedingungen für wirtschaftliche Investitionen in diesen Staaten so verbessert werden, dass Jobs und Perspektiven für Jugendliche entstehen. Dazu sollen die Bürokratie abgebaut, die Korruption bekämpft, die Infrastruktur entwickelt und die Sicherheit gestärkt werden.

Auch **private Träger** bemühen sich oft in einem beachtlichen Maß zu helfen. In Deutschland sind dies zum Beispiel die „Deutsche Welthungerhilfe" oder die kirchlichen Hilfswerke „Brot für die Welt" und „Misereor" (siehe rechte Seite oben).

Eine Umfrage von Infratest hat folgende Einstellungen ergeben:

- Die Hilfe für die armen Länder ist einfach eine moralische Pflicht. (79 % der befragten Deutschen stimmen dieser Aussage zu.)
- Wenn den Millionen von Armen auf der Erde nicht geholfen wird, dann werden sie kommen und uns alles wegnehmen. (34 % der befragten Deutschen stimmen dieser Aussage zu.)
- Grundsätzlich bin ich für die Entwicklungshilfe. Aber wenn es uns in der Bundesrepublik schlechter geht, dann sollten wir die Entwicklungshilfe stark kürzen oder eine Zeit lang mit der Hilfeleistung aussetzen. (56 % der befragten Deutschen stimmen dieser Aussage zu.)

(Quelle: Information zur politischen Bildung, Nr. 252)

Viele Industrieländer versuchen seit einigen Jahrzehnten den Entwicklungsländern zu helfen. Für diese Hilfe gibt es verschiedene Argumente:

- Für manche ist Entwicklungshilfe eine Wiedergutmachung für die frühere Ausbeutung in den Kolonien.
- Ein großer Teil der Bevölkerung in den Industrieländern will nicht zulassen, dass enorm viele Menschen auf der Welt hungern.
- Durch Entwicklungshilfe, meinen einige, lassen sich die Exporte in die Entwicklungsländer steigern und somit in den Industrieländern Arbeitsplätze sichern.
- Entwicklungshilfe soll eine sichere und friedliche Zukunft der Welt sichern, indem man die Gründe für das Flüchtlingsproblem in den Herkunftsländern beseitigt sowie die Entwicklungsländer unterstützt, gemeinsam die globale Umwelt zu schützen.

Hilfe für die Entwicklungsländer wird vor allem durch Staaten, Staatengruppen wie die EU oder deren staatliche Einrichtungen geleistet. Der größte Teil der Entwicklungshilfe wird für genau festgelegte Projekte vergeben (z. B. für den Aufbau einer Bewässerungsanlage). Manchmal wird aber auch ein ganzes Maßnahmenpaket für eine Region unterstützt (z. B. der Aufbau eines Gesundheitssystems). Oft brauchen diese Projekte eine jahrelange Unterstützung, um wirkungsvoll zu funktionieren. Katastrophen- und Lebensmittelhilfen dagegen sind nicht an einzelne Projekte gebunden und werden den bedürftigen Ländern recht kurzfristig zur Verfügung gestellt.

Entwicklungshilfe erfolgt meist als finanzielle Zusammenarbeit **(Kapitalhilfe):** Das Entwicklungsland erhält Zuschüsse oder günstige Kredite, um sich Sachgüter zu kaufen, die es braucht, um die eigene Infrastruktur auszubauen (z. B. das Verkehrsnetz).
Die technische Zusammenarbeit (**technische Hilfe**) ist die fachliche Hilfe für die Entwicklungsländer. Sie findet durch die Entsendung von Fachkräften, durch die Aus- und Fotbildung des einheimischen Personals sowie durch die Bereitstellung von Maschinen und Hilfsgütern statt.

Politik verstehen und handeln ISBN 978-3-582-74132-5

Damit die Entwicklungshilfe sinnvoll ist, muss sie nachhaltig die Situation in den Entwicklungsländern verbessern. Dies kann sie nur, wenn sie **Hilfe zur Selbsthilfe** ist. So kann z. B. die Vergabe von Kleinkrediten den Bauern helfen, sich wirksamere Arbeitsgeräte, Saatgut ertragreicher Pflanzensorten und Dünger zu kaufen. Gerade die Ankurbelung der landwirtschaftlichen Produktion ist ein wirksames Mittel zur Bekämpfung des Hungers in den Entwicklungsländern. Die Bauern sollen also nicht nur ihre Familien ernähren, sondern auch Einkünfte durch den Verkauf ihrer Produkte erwirtschaften, mit denen sie wieder neues Saatgut usw. kaufen können.

Mikrodarlehen – Kredit und Misskredit

Was für eine großartige Idee: Vergesst die Almosen, benachteiligte Menschen in armen Ländern wollen ihr Leben selbst in die Hand nehmen. Sie brauchen nur Hilfe zur Selbsthilfe, um kleine Unternehmen zu gründen und Nähereien, Rikschadienste oder Kioske zu betreiben. Kleine Summen reichen aus: 50, 500 oder 2000 Dollar. Eine neue, würdigere Form der Entwicklungshilfe, die in unsere Zeit passt. So lautet die Grundidee der Mikrokredit-Bewegung [...].

Das größte Problem im Mikrokreditwesen liegt in der banalen Erkenntnis, dass nicht jeder Mensch zum Unternehmer geboren ist. Studien zu diesen Programme ergeben regelmäßig: Kleinkredite sind erfolgreich, wenn sie an ohnehin unternehmerisch gesinnte Menschen oder schon bestehende Betriebe vergeben werden. Unternehmergeist zu wecken, wo vorher keiner war, gelingt nur selten, auch nicht bei guter Beratung. Solche Schuldner investieren das Geld nicht unternehmerisch, sondern geben es für Konsumgüter wie Fernseher oder Kühlschränke aus. [...]

Seit Jahren kritisieren Entwicklungshilfe-Organisationen, dass Mikrokredite gelegentlich als Ersatz für klassische Entwicklungshilfe-Programme verstanden werden, also öffentliche Investitionen oder direkte Hilfe für Hungernde ersetzen. Sie halten das für ein großes Problem, weil Mikrokredite die Allerärmsten ohnehin nicht erreichen und weil sich unternehmerisches Engagement nur dort entfalten kann, wo zumindest eine einfache Infrastruktur existiert und die Menschen ausreichend ernährt und gesund sind. [...]

(aus: www.zeit.de, 26.04.2011)

Adressen für weitere Informationen:

terre des hommes Deutschland e.V.
Hilfe für Kinder in Not
E-Mail: d.waechter@tdh.de
Internet: **www.tdh.de**

Brot für die Welt
Evangelisches Werk für Diakonie und Entwicklung e.V.
Internet: **www.brot-fuer-die-welt.de**

MISEREOR
E-Mail: info@misereor.de
Internet: **www.misereor.de**

Deutsche Welthungerhilfe e.V.
E-Mail: info@welthungerhilfe.de
Internet: **www.welthungerhilfe.de**

Deutsches Komitee für UNICEF e.V.
E-Mail: mail@unicef.de
Internet: **www.unicef.de**

Infrastruktur:
für das Bestehen einer entwickelten Volkswirtschaft erforderlicher „Unterbau", z. B. Energieversorgung, Verkehrseinrichtungen, öffentliche Gebäude, Ausbildungsstand der Arbeitskräfte

Mikrokredite:
Hierbei handelt es sich um Kleinstkredite bzw. -darlehen von einem Euro bis unter 1000 Euro. Sie werden in der Regel von spezialisierten Finanzdienstleistern und nichtstaatlichen Organisationen an Kleingewerbetreibende in Entwicklungsländern vergeben. Diese Kredite sollen der Förderung der Entwicklung dienen.

Aufgaben

1. Äußern Sie Ihre Meinung zu den Aussagen der aufgeführten Umfrage.
2. Erklären Sie den Unterschied zwischen finanzieller und technischer Zusammenarbeit.
3. Beschreiben Sie Situationen, in denen Katastrophenhilfe für die Entwicklungsländer notwendig ist.
4. Mikrokredite werden nicht von allen als Alternative zur Entwicklungshilfe betrachtet.
   a) Lesen Sie den oben stehenden Text von 2011 durch.
   b) Führen Sie die darin beschrieben Vor- und Nachteile von Mikrokrediten auf.
   c) Recherchieren Sie die aktuelle Situation.

8.5 DIE GLOBALISIERUNG

Am Beginn der neunziger Jahre des letzten Jahrhunderts brach der Kommunismus in den Staaten des Ostblocks zusammen. Damit war das Wirtschaftssystem dieser Staaten, die sozialistische Planwirtschaft, keine Alternative zur kapitalistischen Marktwirtschaft mehr.
Die Marktwirtschaft ist seitdem das Leitbild für die wirtschaftliche Entwicklung der Welt geworden. Ihre häufigen Krisen, die die wirtschaftliche Existenz großer Menschengruppen bedrohen, und die weltweiten Umweltzerstörungen lassen jedoch viele Menschen an diesem Leitbild zweifeln.
Die Marktwirtschaft hat jedoch erreicht, dass seit den achtziger Jahren des 20. Jahrhunderts das Weltwirtschaftswachstum und der Handel zwischen Industrie- und Schwellenländern wesentlich zunahmen.

Es ist zu beobachten, dass neben der zunehmenden Integration der Märkte auch Menschen, Völker, Staaten und Regionen mehr und mehr zusammenwachsen. Dieser Prozess wird als **Globalisierung** bezeichnet.

Ursachen der Globalisierung

Zu den wirtschaftspolitischen Ursachen der Globalisierung zählen:

- der Abbau von Handelshemmnissen (z.B. Zölle) in vielen Teilen der Welt. Dadurch kann im Ausland billiger eingekauft werden und die eigenen Waren können leichter verkauft werden.
- der weltweite Abbau von Beschränkungen des Devisen und Kapitalverkehrs. Das heißt, dass beispielsweise von Deutschland aus Aktien an der New Yorker Börse gekauft werden können.
- die Freiheit, im Ausland Firmen zu gründen oder sich finanziell an Firmen zu beteiligen. So kann z.B. ein deutscher Unternehmer problemlos in vielen Staaten der Welt eine Firma kaufen. Ebenso ist es möglich, dass ausländische Investoren in Deutschland eine Firma gründen oder übernehmen.
- die Öffnung der Dienstleistungsbereiche für den nationalen und internationalen Wettbewerb. So gab es z.B. im letzten Jahrhundert in Deutschland nur eine Firma, die Telefongespräche angeboten hat. Seit der Öffnung für den

Planwirtschaft:
siehe Seite 89

Integration:
Zusammenführung, Zusammenschluss

Finanzmärkte:
Märkte, auf denen Handel mit Kapital in Form von Geld und Wertpapieren und nicht mit Gütern (Gütermärkte) betrieben wird. Kapitalgeber (Sparer) stellen dabei Kapital zur Anlage bereit und Kapitalnehmer (Schuldner) fragen diese Zahlungsmittel nach.

Globalisierungsgegner:
Das sogenannte „Netzwerk Attac" gehört zu den wichtigsten Kritikern der Globalisierung. Es findet vor allem bei engagierten Jugendlichen großen Zuspruch. „Attac" ist die Abkürzung für *association pour une taxation des transactions financières pour l'aide aux citoyens* und bedeutet „Vereinigung für eine Besteuerung von Finanztransaktionen zum Nutzen der Bürger". „Attac" gibt es in über 45 Ländern, seit dem Jahr 2000 auch in Deutschland und zählt nach eigenen Angaben über 80.000 Mitglieder.

„Attac" fordert vor allem:
- eine gleichberechtigte internationale Zusammenarbeit,
- eine nachhaltige, umweltgerechte Entwicklung des Nordens wie des Südens,
- eine demokratische Welt für alle Menschen,
- den erhalt der kulturellen Vielfalt.

8

Politik verstehen und handeln ISBN 978-3-582-74132-5

Wettbewerb kann man zwischen mehreren Telekommunikationsanbietern wählen.

Zu den technischen Ursachen der Globalisierung zählen neue Transport-, Informations- und Kommunikationssysteme, die einen kostengünstigeren und schnelleren Transport von Gütern, Personen und Informationen ermöglichen (z. B. Mobiltelefonie sowie der Versand von Daten über das Internet).

Entwicklungsländer:
siehe Seite 306.

Schwellenländer:
Staaten, die traditionell noch zu den Entwicklungsländern zählen, aber auf dem Wege zur Industrialisierung sind.

Folgen der Globalisierung

Der Globalisierungsprozess hat dazu geführt, dass deutsche wie andere westeuropäische Unternehmen zunehmend einer Konkurrenz aus dem asiatisch-pazifischen Raum und aus Osteuropa gegenüber stehen. Um dieser Konkurrenz zu begegnen, müssen die Unternehmen ihre Produkte billiger anbieten. Sie streben daher eine Senkung der Produktionskosten auch durch die Senkung der Lohn- und Lohnnebenkosten und der verschiedenen Unternehmenssteuern an. Einige Unternehmen verlagern daher ihre Betriebe in Staaten, in denen deutlich geringerer Lohn als in Deutschland gezahlt wird. Dies führt einerseits zur Vernichtung von Arbeitsplätzen und andererseits zu geringeren Steuereinnahmen in Deutschland. Dadurch wird es für den deutschen Staat schwieriger, die gestiegenen sozialen Ansprüche (z. B. Renten, Krankheitskosten, Hilfe bei Arbeitslosigkeit) zu finanzieren.

Da das Niveau der deutschen Löhne nicht an die geringen Löhne z. B. in China angepasst werden kann, müssen Firmen, die in Deutschland produzieren, effizienter arbeiten, besonders gute Qualität liefern und innovative Produkte anbieten. Die Unternehmen, die durch geringe Kosten gegen ihre globale Konkurrenz bestehen, können ihre Gewinne enorm steigern. Davon profitieren die Eigentümer der Firmen, meist sind dies Anteilseigner (Aktionäre), die mehr Gewinnausschüttung pro Aktie erhalten. Außerdem können sich die Aktien an der Börse verteuern, so dass die Aktionäre die Möglichkeit bekommen, ihre Aktien teuer zu verkaufen.

In vielen Entwicklungs- und Schwellenländern, die sich dem internationalen Handel geöffnet haben, führt ein durch die Globalisierung angeregtes Wirtschaftswachstum zu neuen Arbeitsplätzen und zu höheren Lebensstandards. Aber auch in diesen Ländern gibt es negative Folgen der Globalisierung. So gefährden z. B. die Einfuhren von billigen Nahrungsmitteln die landwirtschaftlichen Kleinbetriebe in den Entwicklungsländern und die betroffenen Familien bekommen den Druck des Weltmarkts zu spüren.

Deglobalisierung?
In den letzten Jahren diskutieren einige Wirtschaftswissenschaftler, ob der Prozess der Globalisierung gestoppt sei und sich entgegengesetzt entwickle (Deglobalisierung). Befürworter der These berufen sich darauf, dass durch die Corona-Krise weltweit die Lieferketten ins Stocken gerieten, die Inflation die Wirtschaft schwäche, der Handelskrieg zwischen den USA und China die Märkte voneinander abschotte und der russische Überfall auf die Ukraine und die damit verbundenen Sanktionen des Westens den Handel stark beschränke. Gegner der These bestreiten langfristige Auswirkungen auf die Globalisierung.

Aufgaben

1. Stellen Sie in einer Tabelle die Vor- und Nachteile der Globalisierung gegenüber.
2. Der Standort Deutschland, so wird behauptet, sehe sich vor dem Hintergrund der Globalisierung besonderen und neuen Herausforderungen gegenüber. Beschreiben Sie diese Herausforderungen.
3. Lesen Sie in der Randspalte den Text über die Globalisierungsgegner. Schließen Sie aus den Forderungen von „Attac" auf die Kritik des Netzwerkes. Formulieren Sie Forderungen und nehmen Sie Stellung dazu.

METHODE

DEBATTE/PRO-UND-KONTRA-DISKUSSION

Die Debatte ist eine Form des Streits. Dieser Streit wird allerdings weder mit Fäusten noch mit beleidigenden Worten ausgetragen. Bei der Debatte findet ein sachlicher und fairer Austausch von Argumenten statt. Ziel ist es, den jeweils anderen von der Richtigkeit des eigenen Standpunkts zu überzeugen.

Vorbereitungsphase

1. Zuerst wird geklärt, was die These (Behauptung/Ansicht) bedeutet. Danach wird eine Abstimmung durchgeführt, wie viele mit der These einverstanden bzw. nicht einverstanden sind. Das Abstimmungsergebnis wird notiert.
2. Dann werden eine Pro-Gruppe und eine Kontra-Gruppe gebildet.
3. In der Vorbereitungsphase sucht die Pro-Gruppe nach Argumenten, die die These stützen, und die Kontra-Gruppe nach Argumenten, die die These widerlegen.
4. Suchen Sie auch nach Begründungen und konkreten Beispielen für Ihre Argumente. Wählen Sie die Form Argument – Begründung – Beispiel.

Material

Zeitungsartikel, kurze Texte zum Thema usw.

Die eigentliche Debatte

1. Jede Gruppe bestimmt mehrere Diskussionsredner. Empfehlenswert sind je nach Gruppenstärke drei bis sechs Redner. Beide Gruppen müssen gleich viele Redner bestimmen. Die restlichen Gruppenmitglieder sind Beobachter der Debatte.
2. Jede Gruppe bestimmt jeweils einen Gruppensprecher.
3. Die Diskussionsredner der beiden Gruppen sitzen sich an einem Längstisch gegenüber. Der Gesprächsleiter sitzt an der Stirnseite des Tisches.
4. Der Gesprächsleiter (er wurde vor der Debatte gewählt oder festgelegt)
   - begrüßt die Zuschauer,
   - nennt das Thema bzw. die These,
   - stellt die Teilnehmer der Debatte vor,
   - erklärt den Ablauf des Spiels und
   - eröffnet die Debatte, indem er einer Gruppe das Wort erteilt.
5. Der Gruppensprecher der ersten Gruppe hält einen kurzen Eingangsvortrag (1 bis 3 Min.). Dann hält der Gruppensprecher der zweiten Gruppe ebenso einen Eingangsvortrag.
6. Anschließend werden abwechselnd Argumente und Gegenargumente ausgetauscht. Nach einem Redner der Pro-Gruppe spricht ein Redner der Kontra-Gruppe, danach wieder ein Redner der Pro-Gruppe usw. Jeder Redner sollte nur eine vorgegebene Zeit sprechen (z. B. 1 Min.). Der Gesprächsleiter kontrolliert das Einhalten der Redezeit.
7. Je nach Zeit und nach der Fülle der Argumente kann mehrere Runden debattiert werden.

Auswertung

1. Die Beobachter teilen mit, welche Argumente sie überzeugend fanden, was an der Debatte gut war und was nicht, welchen Gesamteindruck sie von der Debatte haben.
2. Es findet noch einmal eine Abstimmung über die These statt.
3. Das zweite Abstimmungsergebnis wird mit dem ersten verglichen.

Zeit

30 – 45 Minuten für die Vorbereitungsphase
15 – 20 Minuten für die eigentliche Debatte
15 – 20 Minuten für die Auswertung

Aufgaben

Debattieren Sie eine der folgenden Thesen:

1. Die Bundeswehr braucht in der heutigen Zeit keine Wehrpflichtigen mehr. Berufssoldaten reichen aus, um die Aufgaben der Bundeswehr zu erfüllen.

2. Die Ökosteuer – Abzocke der Autofahrer oder eine wichtige Maßnahme für eine saubere Umwelt?

 Politik verstehen und handeln ISBN 978-3-582-74132-5

L

M

N

O

P

Politik verstehen und handeln ISBN 978-3-582-74132-5

Politik verstehen und handeln ISBN 978-3-582-74132-5